POLÍTICAS PÚBLICAS

ESTUDOS E CASOS

CIP – Brasil. Catalogação na Publicação
Sindicato Nacional dos Editores de Livros, RJ

P829

Políticas públicas: estudos e casos / organização: Luci M. M. Bonini; Ivone Panhoca; Tamara Iwanow Cianciarullo – 1. ed. – São Paulo: Ícone, 2014.

680 p.; 24 cm

Inclui bibliografia e índice
ISBN 978-85-274-1248-3

1. Política ambiental – Brasil. 2. Política de saúde – Brasil. 3. Brasil – Política cultural. 4. Política social. 5. Política pública – Brasil. 6. Ciência política. I. Bonini, Luci M. M. II. Panhoca, Ivone. III. Cianciarullo, Tamara Iwanow. IV. Título.

13-07265

CDD: 320
CDU: 32

Luci M. M. Bonini
Ivone Panhoca
Tamara Iwanow Cianciarullo
(Organizadoras)

POLÍTICAS PÚBLICAS
ESTUDOS E CASOS

Autores:

Adailson Feitoza de Jesus Santos
Alenilton da Silva Cardoso
Alexsandro Eugenio Pereira
Algacir José Rigon
Andréa Lícia de Almeida Oliveira
Bianca Schmid
Cristiane Paniágua de Souza Palaro
Cristina Schmidt
Dayane Barros Esteves
Dioceli Gabriela de Carvalho
Eliana Meneses de Melo
Eliete Maceno Novak
Elisa Esposito
Eugenia Vianna Picone
Fabio Konishi
Fernanda Pimenta
Francine Paulo Martins
Francisco Carlos Franco
Francisco Claudio Tavares
Gabriela Comuni Tordin
Gláuco Riciele Prado Lemes da Cruz Ribeiro
Heloisa Duarte Valente
Huáscar Fialho Pessali
Ivone Panhoca
Jefferson Baptista Macedo
Jefferson Mariano
Laura Beatriz de Carvalho
Luci M. M. Bonini

Luciano Nunes Sanchez Cores
Maria Beatriz Ferreira Leite
Marilei Schiavi
Marina Medeiros Queiroz de Moraes
Marli André
Marli Amélia Lucas Pereira
Marta de Oliveira Fonterrada
Moacir Wuo
Nadia Dumara Ruiz Silveira
Paula Meyer Soares
Renata Borges
Reny Aparecida Galvão
Rosália Maria Netto Prados
Rosemary Ruggero
Rute Prieto
Samira Khauchakje
Silvia Aparecida do Carmo Rangel
Silvia Regina dos Santos Pereira
Sonia Alvarez
Suely Mitie Kusano
Tamara Iwanow Cianciarullo
Tatiana Platzer do Amaral
Valéria Bressan Cândido
Valéria Velasco Bento
Vera Lúcia dos Santos Alves
Walter Vechiato Júnior
Wilton Garcia

1ª edição

Ícone
editora

Brasil – 2014

Projeto gráfico e diagramação
Richard Veiga

Capa
Suely Danelon

Revisão
Fabrícia Carpinelli Romaniv
Juliana Biggi
Paulo Teixeira

ÍCONE EDITORA LTDA.
Rua Anhanguera, 56 – Barra Funda
CEP: 01135-000 – São Paulo/SP
Fone/Fax.: (11) 3392-7771
www.iconeeditora.com.br
iconevendas@iconeeditora.com.br

APRESENTAÇÃO

A região metropolitana de São Paulo (RMSP) – embora dividida em diversas sub-regiões que apresentam variadas características geográficas e sociais, pode ser caracterizada como uma unidade urbana integrada quando se enfoca, por exemplo, o intenso processo de conurbação entre a capital do estado, os municípios e bairros que a compõe.

Tal processo é impulsionado fundamentalmente pela pujança financeira da capital e impõe à RMSP uma constante necessidade de rever e implantar políticas públicas e sociais, visando à manutenção e melhoria da qualidade de vida da população, constantemente pressionada por questões referentes à moradia, saúde, educação, lazer, segurança, abastecimento e preservação ambiental, entre outras.

A região é caracterizada pela riqueza de um cenário cultural que demanda mediações voltadas à sua preservação diante de inevitáveis tensões – sociais, políticas, econômicas, tecnológicas e midiáticas – que precisam ser equacionadas quando se almeja a valorização de bens públicos locais e globais, sem perder de vista temas como identidade, liberdade de expressão e cidadania.

Na área da saúde, destaca-se a intensa concentração da população de baixa e média rendas, que depende unicamente do Sistema Único de Saúde (SUS). Embora conte com mais de uma centena de Unidades Básicas de Saúde (UBS) distribuídas somente entre os municípios do Alto Tietê – que têm o apoio de hospitais de referência como o Santa Marcelina, na Zona Leste da capital, e o Hospital das Clínicas Luzia de Pinho Melo, em Mogi das Cruzes –, há considerável carência tanto no âmbito da saúde coletiva quanto na esfera dos atendimentos clínico-individuais.

Outro desafio da região – onde nasce o Rio Tietê – é conciliar o crescimento urbano com a preservação dos seus recursos naturais, dada a importância estratégica dos mananciais da região, o que impõe a necessidade de equacionar complexos dilemas que justapõem a necessidade de preservação de seus recursos naturais e as atividades econômicas da região, em cenário em que se destacam o crescimento urbano e as decorrentes questões de moradia e de licenciamento de atividades produtivas, que precisam ser planejadas e fiscalizadas pelo Poder Público e pela sociedade.

Da mesma forma, esta mesma região congrega práticas culturais bastante preservadas, tais como Festa do Divino, Congadas, Marujadas, que datam do Brasil colônia, ou, ainda, celebrações já reconhecidamente tradicionais organizadas pelos descendentes dos primeiros imigrantes japoneses que chegaram ao Brasil no início do século XX, como o Akimatsuri, ou Festa do Outono, por exemplo, que são desafios para as políticas de preservação de patrimônio material e imaterial.

É nesse cenário que nasce *Políticas Públicas – Estudos e Casos*, organizado por Tarama Iwanow Cianciarullo, Ivone Panhoca e Luci Mendes de Melo Bonini, respectivamente docentes e coordenadora do Mestrado em Políticas Públicas da Universidade de Mogi das Cruzes (UMC), programa de pós-graduação *stricto sensu* fundamentado em três linhas de pesquisa: 1.) Políticas e Práticas de Saúde e Inovação, 2.) Meio Ambiente: Políticas Públicas e Dinâmicas Sociais e 3.) Políticas Culturais: Diversidade e Cidadania.

Com a recente preocupação do estudo mais detalhado das políticas públicas, decidiu-se convidar amigos também pesquisadores de outras instituições que já haviam publicado trabalhos no eixo das políticas públicas, e, assim, o livro foi se delineando e tomando forma.

À medida que a discussão sobre o grande eixo dos estudos e casos foi surgindo, optou-se por separar os capítulos por grandes temas, de modo que o leitor possa escolher a área que mais lhe interessa.

Em primeiro lugar, são apresentados os textos relacionados às políticas públicas e sua necessidade urgente no processo democrático, na construção do

Estado de proteção social, respeito aos direitos e garantias individuais. Ao se apresentar diversos olhares sobre estas questões, repensa-se e se refaz novas leituras desses temas à luz das políticas públicas e seu papel na redução das desigualdades.

Em seguida, debate-se a saúde e a qualidade de vida. Ambas se complementam e se fundem na formação da cidadania e, nesse sentido, os textos apresentam discussões acerca das políticas de quem cuida e de quem recebe os cuidados.

O meio ambiente, que vem em seguida, nos dá uma mostra da variedade de questões que necessitam de olhos mais atentos de quem decide a preservação do planeta para as gerações futuras: a biodiversidade, a preservação do solo e das águas são temas importantes que se discutem em diferentes universos da nossa vida pessoal e profissional e, ainda assim, os frutos de uma consciência ambiental de preservação do planeta não são tão nítidos aos olhos dos que fazem as políticas públicas.

Da mesma forma que o meio ambiente precisa ser preservado para as gerações futuras, assim também elas precisam de guarnição das políticas públicas que garantam a construção da cidadania no panorama democrático atual – não só daquele que ensina como do que aprende. Não se constrói um país sem ter como pilar políticas educacionais que se efetivem dentro da sala de aula; por isso, em uma das partes do livro, fala-se sobre as políticas educacionais no país, trazendo reflexões importantes para todo o contexto atual dessas políticas.

À medida que avançamos nas trincheiras do livro, deparamos-nos com as políticas culturais tão relegadas ao segundo plano e que neste percurso surgem como estímulo a outros pesquisadores de fazerem o mesmo, partindo de pequenos pontos obscuros da preservação do patrimônio cultural, iluminando traços da memória e descobrindo caminhos metodológicos para elaborar um trabalho mais atento no futuro.

No Brasil, a distribuição de bens culturais, assim como sua preservação, vive à margem das políticas públicas. A conservação do patrimônio, a valorização da memória e o respeito aos bens culturais são imprescindíveis para a preservação da memória cultural de um povo.

Por fim, no cenário de tantas desigualdades, o clamor por justiça, pela paz e pela participação responsável de toda a sociedade na tentativa de criá-la mais justa, mais solidária, se faz presente neste percurso também, uma vez que é urgente e necessária esta discussão para as políticas públicas.

Esperamos que cada leitor, em cada texto, tenha a grata satisfação de nos auxiliar na construção da crítica sobre as políticas públicas no Brasil.

AUTORES

1. ADAILSON FEITOZA DE JESUS SANTOS

Biólogo, formado pela Universidade Estadual da Bahia – UNEB. Especialista em Biologia Celular pela Universidade Estadual de Feira de Santana – UEFS. Mestre em Microbiologia Agrícola pela Universidade Federal do Recôncavo da Bahia. Atualmente, doutorando em Biotecnologia na UEFS e professor assistente de Microbiologia na UNEB.

2. ALENILTON DA SILVA CARDOSO

Doutorando em Filosofia do Direito pela PUC-SP. Mestre em Função Social do Direito Civil pela FADISP. Especialista em Direito Tributário e em Direito Processual Civil. Professor universitário, advogado e procurador do município de São Bernardo do Campo e ex-procurador dos municípios de Mogi das Cruzes e Itaquaquecetuba. Autor de obras jurídicas.

3. ALEXSANDRO EUGENIO PEREIRA

Doutor em Ciência Política pela USP e Docente dos Programas de Pós-Graduação em Ciência Política e em Políticas Públicas da Universidade Federal do Paraná (UFPR). É coordenador do Núcleo de Pesquisa em Relações Internacionais da UFPR (NEPRI/UFPR).

4. ALGACIR JOSÉ RIGON

Professor graduado em Filosofia e Mestre em Educação pela Universidade de Passo Fundo (UPF) e Doutor em Educação pela Universidade de São Paulo (USP).

Atualmente, é professor da Universidade de Mogi das Cruzes (UMC) com destaque para as áreas de Psicologia da Educação, Filosofia e Ciências Sociais.

5. ANDRÉA LÍCIA DE ALMEIDA OLIVEIRA

Doutora em Biotecnologia pela Universidade de São Paulo (2005), mestre em Tecnologia Bioquímico-Farmacêutica pela Universidade de São Paulo (1997) e graduada em Engenharia Química pela Universidade de Mogi das Cruzes (1992). Docente da Universidade de Mogi das Cruzes desde 1995. Atualmente, é assessora pedagógica da Pró-Reitoria de Graduação da Universidade de Mogi das Cruzes (UMC) e Consultora do Instituto Brasileiro de Política e Cidadania (IBPC).

6. BIANCA SCHMID

Graduada em Farmácia pela Universidade Federal do Rio de Janeiro (1997), mestrado em Epidemiologia pela Universidade do Estado do Rio de Janeiro (2001) e doutorado em Epidemiologia pela Faculdade de Saúde Pública da Universidade de São Paulo (2010). Atualmente, é tecnologista da Fundação Instituto Brasileiro de Geografia e Estatística e docente colaboradora da Faculdade e Ciências de Salvador, FTC, Brasil.

7. CRISTIANE PANIÁGUA DE SOUZA PALARO

Mestre em Língua Portuguesa – PUC-SP (2010); graduada em Direito e Letras – UBC (2005); pós-graduanda em *Design* Instrucional – SENAC-SP (2013). Professora de Língua Portuguesa desde 2000; professora de cursos técnicos da UMC; professora da graduação dos cursos de Direito, Pedagogia e Administração da Faculdade de Bertioga; *Design* Instrucional da UMC.

8. CRISTINA SCHMIDT

Doutora em Comunicação e Semiótica pela PUC-SP e mestre em Teoria e Ensino da Comunicação pela UMESP (Universidade Metodista de São Paulo). É jornalista, graduada pela UMESP. Pesquisadora e sócio-fundadora da Rede Folkcom, Rede Brasileira de Estudos e Pesquisas em Folkcomunicação, vinculada à Cátedra UNESCO/Metodista. É professora de Mestrado em Políticas Públicas da UMC (Universidade de Mogi das Cruzes – SP) e pesquisadora no GRUPPU – Grupo de Pesquisa em Políticas Públicas na UMC.

9. DAYANE BARROS ESTEVES

Fisioterapeuta, mestre em Gerontologia pela PUC-SP, especialista em Fisioterapia em Gerontologia pelo HCFMUSP, especialista em Cuidados Paliativos pelo Instituto de Ensino e Pesquisa – Hospital Sírio-Libanês.

10. DÉBORA RODRIGUES DE SOUZA-CAMPANA

Formada em Ciências Biológicas pela Universidade de Mogi das Cruzes; fez mestrado e doutorado em Biotecnologia também pela UMC.

11. DIOCELI GABRIELA DE CARVALHO

Graduanda no curso de Administração da Universidade de Mogi das Cruzes-SP. Pesquisadora do CNPq no PIBIC – Programa Institucional de Bolsas de Iniciação Científica da Universidade de Mogi das Cruzes.

12. ELIANA MENESES DE MELO

Doutora em Linguística Geral e Semiótica pela Universidade de São Paulo – USP, com estágio pós-doutoral junto ao Instituto de Letras da UERJ. Professora e Pesquisadora do Programa de Mestrado em Políticas Públicas da UMC. Membro dos Grupos de Pesquisa CNPQ GRUPPUs – UMC e SELEPROT – UERJ.

13. ELIETE MACENO NOVAK

Formada em Pedagogia pela UFPR, com especialização em Psicopedagogia pela PUC-PR. Mestre em Organização e Desenvolvimento pela FAE Centro Universitário e professora e pedagoga pela Prefeitura Municipal de Curitiba.

14. ELISA ESPOSITO

Graduada em Biologia pela Universidade Federal do Rio Grande do Sul (1987), com mestrado (1992) e doutorado (1995) em Engenharia Química pela Universidade Estadual de Campinas. Bolsista de Produtividade DCR nível *A* na Universidade Estadual de Feira de Santana (BA) de 2010 a 2012. Professor-adjunto do Instituto de Ciência e Tecnologia da UNIFESP (*campus* São José dos Campos). Está vinculada aos cursos de pós-graduação em Biotecnologia na Universidade Estadual de Feira de Santana e na Universidade de Mogi das Cruzes (SP).

15. EUGENIA VIANNA PICONE

Formada em Pedagogia pela UTP; especialista em Psicopedagogia e Pedagogia Empresarial pelas instituições IBEPEX e Bagozzi, respectivamente. Mestre em Organização e Desenvolvimento pela FAE Centro Universitário; professora e pedagoga pela Prefeitura Municipal de Curitiba e consultora de Projetos Educacionais no Instituto GRPCOM.

16. FABIO KONISHI

Bacharel em Administração de Empresas – Faculdade de Ciências Econômicas de São Paulo (FACESP/FECAP). Especialista em Administração Financeira pela FECAP. Mestre em Administração – UMESP. Professor da FATEC/SP – Faculdade de Tecnologia de São Paulo.

17. FERNANDA PIMENTA

Graduada em Direito pela Universidade São Francisco. Especialista em Gestão e Direito Educacional pelo Instituto Internacional de Ciências Sociais. Mestre em Educação, na área de pesquisa em Políticas Públicas em Educação, pela UNICID. Secretária-Geral do IBMEC-Campinas e Assessora Jurídico-Educacional de diversas instituições de Educação Superior.

18. FRANCINE PAULO MARTINS

Doutoranda e mestre em Educação – Psicologia da Educação pela PUC-SP. Professora do Curso de Pedagogia da Universidade de Mogi das Cruzes – UMC e da rede municipal de Ensino de Mogi das Cruzes. Integrante do grupo de pesquisa em Processos Psicossociais na Formação do Professor, da PUC-SP.

19. FRANCISCO CARLOS FRANCO

Professor graduado em Artes e doutor em Educação pela Pontifícia Universidade Católica de São Paulo (PUC-SP). Atualmente, é professor em cursos de graduação e pós-graduação na Universidade de Mogi das Cruzes (UMC) – Mogi das Cruzes.

20. FRANCISCO CLAUDIO TAVARES

Doutor em Ciências Sociais pela PUC-SP. Professor-adjunto na Universidade de Mogi das Cruzes e professor Pleno I na Fatec Itaquaquecetuba.

21. GABRIELA COMUNI TORDIN

Graduada em Fonoaudiologia pela Pontifícia Universidade Católica de Campinas.

22. GLÁUCO RICIELE PRADO LEMES DA CRUZ RIBEIRO

Historiador, mestrando em Políticas Públicas na Universidade Mogi das Cruzes.

23. HELOISA DUARTE VALENTE

Docente e pesquisadora no Programa de Mestrado em Políticas Públicas da Universidade de Mogi das Cruzes (UMC); professora colaboradora e pesquisadora no Programa de Pós-Graduação em Música da Universidade de São Paulo (PPGMUS/ECA-USP).

24. HUÁSCAR FIALHO PESSALI

Doutor em Economia pela *University of Hertfordshire* (2003), mestre em Desenvolvimento Econômico pela UFPR (1998) e bacharel em Ciências Econômicas pela UFES (1994). Atua como Professor-adjunto IV no Departamento de Economia e nos Programas de Pós-Graduação em Políticas Públicas e em Ciência Política da UFPR.

25. IVONE PANHOCA

Fonoaudióloga com mestrado e doutorado em Linguística pelo Instituto de Estudos da Linguagem da UNICAMP. Pós-doutoramento nos EUA e na Espanha. Docente do Programa de Mestrado em Políticas Públicas da Universidade de Mogi das Cruzes.

26. JEFFERSON BAPTISTA MACEDO

Doutorando em Educação pela PUC-SP. Mestre em Semiótica, Tecnologia da Informação e Educação pela UBC. Especialista em Liderança e Gestão de Pessoas pelo *Leadership Training Ministry* (CAN). Pedagogo e especialista em Psicopedagogia pela UBC. Docente e Pesquisador na área de Políticas Públicas Educacionais e Práticas Educativas na Família/Escola na Universidade de Mogi das Cruzes-UMC/PUC-SP. Participou como delegado representante de Mogi das Cruzes na CONAE 2010/Brasília.

27. JEFFERSON MARIANO

Bacharel em Sociologia e Ciência Política pela Escola de Sociologia e Política de São Paulo; mestre em Economia Política pela PUC/SP e doutor em Desenvolvimento Econômico pela Unicamp. Analista socioeconômico do Instituto Brasileiro de Geografia e Estatística (IBGE), desenvolvendo trabalhos nas áreas de análise de políticas públicas e economia do setor público.

28. LAURA BEATRIZ DE CARVALHO

Formada em Letras e cursando Pedagogia na UMC. Aluna-pesquisadora do Projeto Bolsa Escola Pública e Universidade na Alfabetização desde 2009.

29. LUCI MENDES DE MELO BONINI

Doutora e mestre em Comunicação e Semiótica pela PUC-SP, coordenadora do Núcleo de Ciências Sociais aplicadas da Universidade de Mogi das Cruzes (UMC), do mestrado em Políticas Públicas da UMC e líder (CNPq) do GRUPPU – Grupo de Pesquisas em Políticas Públicas.

30. LUCIANO NUNES SANCHEZ CORES

Formado em Pedagogia. Mestre e doutorando em Educação pela Faculdade de Educação da USP. Docente do curso de Pedagogia da UMC. Professor-supervisor desde 2008 do Projeto Bolsa Escola Pública e Universidade na Alfabetização, parceria da UMC/Faep com a FDE/SEE. Professor de Ensino Fundamental da rede municipal de Mogi das Cruzes.

31. MARIA BEATRIZ FERREIRA LEITE

Graduada com Licenciatura Plena em Matemática; docente da Faculdade de Matemática da Pontifícia Universidade Católica de Campinas; mestre e doutora em Matemática Aplicada pelo Instituto de Matemática, Estatística e Computação Científica da Universidade Estadual de Campinas.

32.MARIA SANTINA DE CASTRO MORINI

Graduada em Licenciatura e Bacharelado em Ciências Biológicas pela Universidade Estadual Paulista. Mestrado, Doutorado e Pós-Doutorado em Ciências Biológicas - área de concentração Zoologia, pela UNESP (Campus de Rio Claro, SP). Os trabalhos de doutorado e pós-doutorado abordaram o controle de formigas cortadeiras, usando extratos vegetais. Atualmente é bolsista de Produtividade do CNPq (PQII) e professora do Curso de Ciências Biológicas da Universidade de Mogi das Cruzes (UMC).

33. MARILEI SCHIAVI

Jornalista e mestre em Ciências Sociais pela Pontifícia Universidade Católica de São Paulo (PUC-SP). Diretora de jornalismo da Rádio Metropolitana AM 1070, em Mogi das Cruzes (SP). Apresentadora do Programa Frente a Frente na TV Mogi News – canal 15 da NET – e articulista do jornal Mogi News. Professora da Universidade de Mogi das Cruzes (UMC) nas disciplinas Radiojornalismo e Linguagem e Estrutura do Discurso do curso de Comunicação Social – Jornalismo e Publicidade e Propaganda.

34. MARINA MEDEIROS QUEIROZ DE MORAES

Doutoranda em Direito Civil pela Universidade Federal de Buenos Aires (Argentina). Mestranda em Políticas Públicas pela UMC – Universidade de Mogi das Cruzes – SP. Especialista em Direito Público. Advogada e Procuradora do Município de Itaquaquecetuba-SP.

35. MARLI ANDRÉ

Doutorado em Psicologia da Educação pela *University of Illinois at Urbana Champaign* – Estados Unidos. Docente do Programa de Estudos Pós-Graduados em Educação: Psicologia da Educação da PUC-SP. Líder do grupo de pesquisa Processos Psicossociais na Formação do Professor da PUC-SP.

36. MARLI AMÉLIA LUCAS PEREIRA

Doutoranda em Educação: Psicologia da Educação da PUC-SP. Mestre em Educação pela UNICAMP. Coordenadora e Professora na Faculdade de Atibaia – FAAT. Integrante do grupo de pesquisa Processos Psicossociais na Formação do Professor da PUC-SP.

37. MARTA DE OLIVEIRA FONTERRADA

Mestranda no Programa de Mestrado em Políticas Públicas da Universidade de Mogi das Cruzes (UMC) e pesquisadora no Centro de Estudos em Música e Mídia.

38. MOACIR WUO

Graduado em Ciências Físicas e Biológicas, em Ciências Biológicas e Pedagogia, mestre e doutor em Psicologia pela PUCCAMP, professor dos cursos de Pós-Graduação em Biotecnologia e em Políticas Públicas da UMC, coordenador do curso de Ciências Biológicas da UMC.

39. NADIA DUMARA RUIZ SILVEIRA

Pedagoga, doutora em Ciências Sociais pela Universidade de São Paulo (USP). Docente e pesquisadora da Faculdade de Educação e do Programa de Estudos Pós-Graduados em Gerontologia da Pontifícia Universidade Católica de São Paulo (PUC-SP).

40. PAULA MEYER SOARES

Bacharel em Ciências Econômicas pela Universidade de Fortaleza – UNIFOR. Mestre em Economia de Empresas pela EAESP-FGVSP. Doutora em Economia de Empresas pela EAESP-FGVSP. Professora da Universidade de Mogi das Cruzes – UMC.

41. RENATA BORGES

Graduada em Pedagogia pela Universidade Braz Cubas. Especialista em Educação da Pessoa Deficiente em Audiocomunicação pela UniFMU. Mestranda em Políticas Públicas – área de pesquisa Diversidade e Cultura, pela Universidade de Mogi das Cruzes. Docente e professora conteudista em cursos em EaD e Presencial de diversas Instituições de Educação Superior.

42. RENY APARECIDA GALVÃO

Bacharel em Administração de Empresas – Faculdades Oswaldo Cruz, Especialista em Gestão Ambiental – Centro Universitário SENAC. Mestranda em Administração – UNINOVE. Professora da Universidade de Mogi das Cruzes – UMC.

43. ROSÁLIA MARIA NETTO PRADOS

Doutora em Semiótica e Linguística Geral pela Universidade de São Paulo; pós-doutora em Ciências da Comunicação pela Escola de Comunicação e Artes, da Universidade de São Paulo; especialista em Linguística Aplicada ao Ensino de Língua e graduada em Letras e em Pedagogia, pela Universidade de Mogi das Cruzes. Professora do Mestrado em Políticas Públicas da Universidade de Mogi das Cruzes.

44. ROSEMARY RUGGERO

Doutora em Educação: História, Política, Sociedade pela PUC-SP. Mestre em História e Filosofia da Educação pela PUC-SP. Especialista em Gestão de Pessoas pela FAAP. Graduada em Letras pela UMC. Docente Titular do PPGE e PROGEPE UNINOVE. Linha de Pesquisa em Políticas Educacionais.

45. RUTE PRIETO

Graduação em Estudos Sociais pela Universidade Braz Cubas; graduação em Pedagogia pela Faculdade de Ciências e Letras Geraldo Rezende; especialista em Didática do Magistério Superior pela Faculdade do Clube Náutico Mogiano e mestre em Psicologia pela Pontifícia Universidade Católica de Campinas.

46. SAMIRA KHAUCHAKJE

Cientista política. Graduada em Ciências Sociais (Linha de Formação em Ciência Política) (UFPR). Mestra em Ciência Política (UFPR). Doutora em Educação (UNICAMP). Bolsista Produtividade CNPq. Professora Titular da PUC-PR no Programa de Pós-Graduação em Gestão Urbana e no Curso de Ciências Sociais. Professora-colaboradora no Programa de Pós-Graduação em Ciência Política da Universidade Federal do Paraná. Líder de Grupo de Pesquisa Gestão e Políticas Públicas (PUC-PR). Membro do conselho executivo do Observatório de Elites Políticas e Sociais do Brasil. Temas de pesquisa: Análise do processo decisório e políticas públicas. Teorias da transferência e da difusão internacional de políticas; Política pública social.

47. SILVIA APARECIDA DO CARMO RANGEL

Graduada em Direito e mestranda em Políticas Públicas pela Universidade de Mogi das Cruzes.

48. SILVIA REGINA DOS SANTOS PEREIRA

Nascida em 08/08/1971 em São Luís do Maranhão, chegou a São Paulo em 1992. Formou-se Bacharel em Enfermagem pela Faculdade de Enfermagem do Hospital Israelita Albert Einstein em 1999. Pós-graduou-se em Enfermagem em Saúde Pública pela Universidade Estadual de São Paulo em 2005 e concluiu o mestrado em Enfermagem em 2012 pela Universidade de Guarulhos.

49. SONIA ALVAREZ

Graduada em Letras pela Universidade de Mogi das Cruzes, em Pedagogia pela Universidade de Mogi das Cruzes. Mestre e doutora em Linguística Aplicada ao Ensino de Línguas pela Pontifícia Universidade Católica de São Paulo e pós-doutorado pela Escola de Comunicação e Artes da Universidade de São Paulo.

50. SUELY MITIE KUSANO

Procuradora do Estado de São Paulo, professora nos cursos de graduação e pós-graduação da Universidade de Mogi das Cruzes. Especialista em Direito Empresarial pela UMC – Universidade de Mogi das Cruzes, mestre em Direito das Relações Sociais pela PUC/SP – Pontifícia Universidade Católica de São Paulo; doutora em Direito Internacional das Relações Sociais pela PUC-SP – Pontifícia Universidade Católica de São Paulo.

51. TAMARA IWANOW CIANCIARULLO

Graduada em Enfermagem pela Universidade Federal da Bahia. Mestre pela Escola de Enfermagem da Universidade de São Paulo. Doutora em Ciências Sociais pela Escola de Sociologia de São Paulo. Livre-docente e Professora Titular da Escola de Enfermagem da USP (aposentada). Professora Titular da Universidade Federal de Santa Catarina (1998-2002). Professora dos programas de Mestrado em Políticas Públicas e em Ciência e Tecnologia da Saúde na Universidade de Mogi das Cruzes (2010 – até o presente momento).

52. TATIANA PLATZER DO AMARAL

Cientista social e psicóloga. Mestre e doutora em Psicologia Escolar e do Desenvolvimento Humano pelo IP/USP. Docente e coordenadora do curso de

Pedagogia da UMC. Coordenadora desde 2008 do Projeto Bolsa Escola Pública e Universidade na Alfabetização, parceria da UMC/Faep com a FDE/SEE. Vice-líder do grupo de pesquisa Políticas Públicas em Educação, Formação Humana e Desafios Contemporâneos da UMC.

53. VALÉRIA BRESSAN CÂNDIDO

Graduada em Direito, pós-graduada em Direito Público e Direito Processual Civil, fez curso de formação em Conciliadores pela Escola Paulista de Magistratura e mestranda em Políticas Públicas pela Universidade de Mogi das Cruzes.

54. VALÉRIA VELASCO BENTO

Formada em Letras e cursando Pedagogia na UMC. Aluna-pesquisadora do Projeto Bolsa Escola Pública e Universidade na Alfabetização desde 2009.

55. VERA LÚCIA DOS SANTOS ALVES

Fisioterapeuta, pós-doutora em Ciências da Saúde pela Faculdade de Ciências Médicas da Santa Casa de São Paulo e mestre em Gerontologia pela Pontifícia Universidade Católica de São Paulo. Professora do programa de Mestrado em Políticas Públicas da Universidade Mogi das Cruzes.

56. WALTER VECHIATO JÚNIOR

Advogado. Professor da Escola Superior da Advocacia (ESA). Autor de Obras Jurídicas. Graduado em Direito pela Universidade Braz Cubas (1995) e mestre em Direito pela Universidade Metropolitana de Santos (2007). Atua nas áreas empresarial, consumerista e tecnologia da informação.

57. WILTON GARCIA

Doutor em Comunicação pela ECA-USP e Pós-Doutor em Multimeios pelo IA/Unicamp. Professor do Mestrado em Comunicação e Cultura da Uniso e da Fatec-Itaquá/SP. Autor de *O metrossexual no Brasil* (2011), entre outros.

SUMÁRIO

CAPÍTULO 7

Políticas públicas para a melhoria da qualidade de vida de idosos: considerações acerca da parceria poder público-universidade privada, 165

CAPÍTULO 8

Cuidadores de afásicos: desamparo e ausência de políticas públicas, 181

CAPÍTULO 9

As políticas públicas brasileiras e a diversidade sexual, 197

CAPÍTULO 10

Atenção básica à saúde no Brasil: uma análise longitudinal dos principais indicadores de saúde, 214

MEIO AMBIENTE E POLÍTICAS PÚBLICAS, 233

Parte 4

EDUCAÇÃO E POLÍTICAS PÚBLICAS, 359

POLÍTICAS CULTURAIS E CIDADANIA, 531

 **Parte 6**

DIREITO, POLÍTICA, JUSTIÇA E POLÍTICAS PÚBLICAS, 625

CAPÍTULO 31

Cultura de paz e a justiça restaurativa: o resgate da dignidade humana dos adolescentes, 627

CAPÍTULO 32

Políticas públicas e a *voz das ruas*: uma tentativa de interpretação da crise: junho/2013, 644

CAPÍTULO 33

Responsabilidade patrimonial do sócio, 664

Parte 1

POLÍTICAS PÚBLICAS, DEMOCRACIA, ESTADO DE PROTEÇÃO SOCIAL E DIREITOS HUMANOS

Estado de proteção social, pluralismo e direito fundamental das minorias: uma abordagem crítica a respeito da fixação do mínimo ético sobre Direitos Humanos
CARDOSO, Alenilton da Silva

Instituições e cultura internacionais: isomorfismo e singularidade na política pública brasileira de combate à pobreza
KAUCHAKJE, Samira & PESSALI, Huáscar F.

Políticas públicas e o pacto federativo
MARIANO, Jefferson

Welfare state: Direitos humanos e políticas públicas – o que na prática realmente tem sido feito?
MORAES, Marina Medeiros Queiroz de

Políticas públicas e democracia
PEREIRA, Alexsandro Eugenio

ESTADO DE PROTEÇÃO SOCIAL, PLURALISMO E DIREITO FUNDAMENTAL DAS MINORIAS: UMA ABORDAGEM CRÍTICA A RESPEITO DA FIXAÇÃO DO MÍNIMO ÉTICO SOBRE DIREITOS HUMANOS

Alenilton da Silva Cardoso

1. INTRODUÇÃO

O presente capítulo tende a demonstrar que a realização de um diálogo não hegemônico – que respeite não apenas as maiorias, mas, também, as minorias – é o caminho mais adequado para se chegar a uma concepção mínima e ética sobre Direitos Humanos.

Por mais estranho que isso possa parecer, o fato é que globalizar Direitos Humanos com base em uma visão hegemônica não gera outra coisa senão segregação e desigualdade entre os povos, pois quando a vontade majoritária desconsidera o direito das minorias de se autodeterminar, um clima de intolerância se instala e o desrespeito ao antagônico surge como único consenso entre os povos.

O ideal ocidental busca uma padronização dos Direitos Humanos, assumindo os universalistas o intuito de racionalizar os universalizáveis, estes últimos considerados seres brutos, que precisam ser apresentados àquilo que é, em tese, certo e verdadeiro.

Esquecem-se os universalistas, entretanto, de que a concepção de Direitos Humanos não permite exclusões. Por se tratar de derivação de direitos inerentes à própria humanidade, a universalização dos Direitos Humanos não pode ser elaborada a partir de uma concepção abstrata e absoluta, uma vez que os costumes das civilizações se baseiam em realidades culturais seculares e até milenares, que não podem simplesmente ser desconsideradas.

Equivale a dizer que o respeito à identidade de cada povo é pressuposto imprescindível para uma concepção multicultural dos Direitos Humanos e, apesar da necessidade da formação de um senso comum para se chegar a uma concepção mínima ética a esse respeito, não se mostra razoável universalizar direitos de maneira impositiva e homogeneizadora.

Com certeza, o Estado de Direito impõe a democracia como mecanismo adequado à realização do princípio da igualdade entre as pessoas, que são o centro das preocupações da doutrina moderna acerca dos Direitos Humanos.

Mas como resolver a diferença de interesses e acepções entre maiorias hegemônicas e minorias dissidentes? Estariam estas últimas amparadas por alguma proposição consentida também pelas maiorias?

Estas e outras indagações serão abordadas no decorrer deste trabalho, que adota como premissa máxima e histórica o respeito inarredável ao princípio da dignidade da pessoa humana, espectro norteador de todo o sistema jurídico nacional e internacional vigente. Com efeito, não dá para se pensar em Direitos Humanos por apenas uma visão. A compreensão do antagônico, além de necessária, é primordial para a cooperação evolutiva e pacífica entre os povos.[1]

2. A VISÃO CONTRAMAJORITÁRIA DO PROCESSO DE UNIVERSALIZAÇÃO DOS DIREITOS HUMANOS

Segundo Bobbio (1992), os Direitos Humanos e as liberdades fundamentais são globalmente respeitados a partir do momento em que seus fundamentos

---

1 Sobre tal ponderação, Bárbara Hudson lembra que os cidadãos da modernidade não vivem em sociedades homogêneas, razão pela qual novos princípios e novas instituições de justiça são necessárias, uma vez que a diversidade e a divisão são inevitáveis, sendo, assim, impossível estabelecer um conjunto compartilhado de valores e identidades (artigo: "Direitos Humanos e Novo Constitucionalismo – "Princípios de Justiça para Sociedades Divididas". In: CLÈVE, Clèmerson Merlin; SARLET, Ingo Wolfgang; PAGLIARINI, Alexandre Coutinho (Coord.). *Direitos Humanos e Democracia*. Rio de Janeiro: Forense, 2007, p. 12.

são reconhecidos universalmente. Por isso, a universalização dos Direitos Humanos baseia-se na perspectiva contemplativa de que todos os homens estão prontos a pactuar com uma concepção homogênea acerca dos princípios da justiça e da dignidade da pessoa humana, entendimento esse firmado com a Declaração Universal de 1948, quando a Assembleia Geral das Nações Unidas, em discurso vitorioso após a Segunda Guerra Mundial, adotou a concepção de que medidas de proteção e alargamento dos direitos civis, políticos, sociais, econômicos e culturais se faziam necessárias para a melhoria das condições de vida no mundo.

Para os universalistas, conclui Bobbio (idem), a humanidade partilha de valores comuns, existindo, por isso, certa universalidade de valores que nascem naturalmente, depois se tornam positivos particulares para, finalmente, se transformarem em direitos positivos universais. Essa visão se espelha na acepção de que todo homem é ou deveria ser abstratamente racionalizado, considerando-se as comunidades díspares como não desenvolvidas o suficiente para perceber o atraso e o irracionalismo de seus valores.

Assinala Tavares (2007), aliás, que é essa a razão do termo "universalização". À medida que se admite a existência de outros povos que não cultuam os mesmos direitos, acredita-se que eventualmente o farão, assim que forem capazes de identificar e perceber o que é certo, de acordo com a visão hegemônica ocidental de Direitos Humanos.

Segundo o supracitado autor, a universalização denota muito mais uma compreensão paternalista do que de cooperação. Enquanto os encampadores da universalização assumem a posição de catequizadores dos não civilizados, acreditando que determinadas comunidades ainda não alcançaram o nível necessário para vislumbrar a verdade, estas últimas resistem à efetivação de um idealismo do qual jamais participaram ou foram ouvidas para a respectiva formação, exercendo, destarte, um direito legítimo de tolerância e autodeterminação. (TAVARES, 2007)

A universalização pretende, então, a padronização dos direitos e concepções humanísticas, mas encontra sério obstáculo na diversidade cultural existente entre os povos. Daí se falar que a universalização implica um choque civilizatório (HUNTINGTON,1997), pois, como adverte Santos (1997), é muito difícil, senão impossível, compreender determinada cultura a partir dos modelos de outra cultura.

Apesar da inegável importância da afirmação dos Direitos Humanos na sociedade internacional, estes não se reduzem ao discurso de racionalização dos incultos. Diante de um quadro em que os diversos povos possuem uma identidade própria, a universalização representa uma forma de imposição de conduta, colimando, afinal, no desrespeito à diversidade cultural, porquanto de certos valores, ditos democráticos, não se apresentam universais.

Como ressalta Häberle (2007), os elementos de um Estado podem até ser "exportados". Todavia, os perigos dessa "importação" são evidentes, sendo o princípio contramajoritário uma das peças mais importantes para a proteção de Direitos Humanos.

A universalização dos Direitos Humanos, portanto, deve se dar numa perspectiva democrática e não impositiva. Sobre tal colocação, Jorge Reis Novais (2007) consigna que, numa sociedade **pluralista e aberta**, a questão das relações entre Estado de Direito e democracia nunca está encerrada. Ela ressurge em cada nova polêmica em que a liberdade individual se confronte com os interesses e a decisão da maioria, ocupando perenemente o debate jurídico, constitucional e de filosofia política.

As incertezas conceituais dos Direitos Humanos, acrescentam Tavares e Buck (2007), implicam uma inevitável mutabilidade discursiva, com posicionamentos antagônicos a respeito de um mesmo direito fundamental. Por isso, é necessário garantir ao cidadão o direito de se expressar e de ser compreendido, enfim, o direito a ter direitos (ARENDT, 1999).

Verdade seja dita: tirante os conceitos de liberdade e respeito incondicional pela pessoa do próximo, é extremamente difícil apontar quais direitos podem ser considerados absolutos no sentido de sempre valer como máxima a ser aplicada aos casos concretos, independentemente da consideração de outras circunstâncias ou valores culturais. Sendo assim, a ampla gama de hipóteses que acabam por restringir o alcance dos direitos fundamentais leva à conclusão de que os Direitos Humanos não representam a hegemonia de uma mentalidade sobre a outra.

Não por outro motivo, os Direitos Humanos invocam uma plataforma emancipatória. Neste tocante, Sarlet (2001) assevera que, por mais que se tenha a dignidade da pessoa como bem jurídico absoluto, o que é absoluto encontra-se de certa forma em aberto e, em certo sentido, irá depender da vontade do intérprete e de uma construção de sentido cultural e socialmente vinculada.

Assim, aplica-se aqui a máxima denominada por Tavares (2007, p. 488) como "princípio da convivência das liberdades", pela qual não se concebe a imposição de limites senão na medida da reciprocidade, isto é, cada um pode exercê-los até onde todos o puderem, sem desagregação social. O único limite ao direito fundamental de um indivíduo é o respeito ao igual direito dos seus semelhantes e a certas condições fundamentais das sociedades organizadas.

Ora, como alcançar o bem comum sem considerar o respeito pelas diferenças? É preciso lembrar que cada povo ou comunidade vive em realidades propiciadas por toda uma história de tradição e cultura. O que é inadmissível para uns, pode não o ser para outros. Claro que existe um mínimo absoluto a ser respeitado; no entanto, a diversidade é um fator inerente que identifica o ser humano, impedindo, destarte, atuações externas no sentido de padronizá-la.

Pior que tolher do indivíduo a sua identidade e liberdade de escolha é tratá-lo com indiferença. Todos os povos, todos os seres humanos, possuem a vida, a igualdade e a liberdade como direitos fundamentais irrestritos e inafastáveis. Por isso, a universalização dos Direitos Humanos deve se dar num processo de compreensão e reconhecimento democrático e não pela padronização das vontades, haja vista que, nem sempre, essas mesmas vontades confluem para um interesse comum.

A percepção de que todo ser humano é igual é inequivocadamente falsa. Nenhum homem, nenhuma comunidade nascem prontos e acabados. O contexto histórico da humanidade demonstra que cada povo se definiu pelas experiências vividas, que não podem ser desprezadas. Neste tocante, oportuno trazer à lume as palavras de Heidegger (*apud* COMPARATO, 2005), quando este afirma que é sempre possível morrer em lugar de outro; porém, é radicalmente impossível assumir a experiência existencial da morte alheia.

O ser humano, já dizia Kant (*apud* COMPARATO, idem), existe como um fim em si mesmo, não simplesmente como meio do qual esta ou aquela vontade possa servir-se a seu talante. Equivale afirmar que a pessoa não é personagem e sua dignidade como ser humano não permite tratá-la como coisa, mas como um ser racional, original por si próprio.

Como ressalta Comparato (idem), o caráter único e insubstituível de cada ser humano, portador de um valor próprio, veio demonstrar que a dignidade da pessoa existe singularmente em todo indivíduo. Noutros termos, todo homem tem dignidade e não um preço, bem como as coisas. A humanidade como espécie, e cada ser humano em sua individualidade, é propriamente insubstituível, não tendo equivalente, nem podendo ser trocado por coisa alguma.

Portanto, o problema não está somente no caráter individualista e potencialmente antidemocrático das concepções hegemônicas, mas, também, nos elementos autoritários e de exclusão da própria democracia, em razão das características estruturais do espaço de poder no qual se desenvolve.

A padronização dos Direitos Humanos, cumpre acrescentar, pode levar a humanidade a uma perda ruinosa de sua identidade. Ao passo que o processo civilizatório universal vai se alastrando, muitos povos romperão com suas respectivas crenças, valores e culturas, o que é por demais perigoso ao diálogo, pressuposto indispensável da democracia.

Em conclusão, os Direitos Humanos não se prestam a legitimar essa forma de possessão. Conforme se verá a seguir, não se tratam de privilégios concedidos pela maioria predominante em um Estado, mas, sim, de conquistas históricas e culturais ligadas à essência de cada povo, que não podem jamais deixar de ser sopesadas.[2]

3. ESTADO DEMOCRÁTICO DE DIREITO: A GARANTIA DAS MINORIAS CONTRA AS ACEPÇÕES MAJORITÁRIAS

Todas as culturas, afirma Santos (1997), tendem a considerar os seus valores máximos como os mais abrangentes, mas a cultura euro-atlântica tende a formulá-los como universais. Este fato, por si só, é um grande problema, pois a universalização, sob uma visão puramente parcial, apresenta-se como uma questão particular e específica, isto é, um "localismo globalizado", que se impõe a uma linha de pensamento vertical, de cima para baixo.

---

2 Os Direitos Humanos, pontifica José Afonso da Silva, "são o fruto das reivindicações e lutas para conquistar os direitos neles consubstanciados. E quando as condições materiais da sociedade propiciaram, eles surgiram, conjugando-se, pois, condições objetivas e subjetivas para sua formulação" (In *Curso de Direito Constitucional Positivo*. 21. ed. São Paulo: Malheiros, 2002, p. 173).

Questões principalmente econômicas definem a tônica da universalização como a estipulação unilateral dos interesses universais dos mais fracos, circunstância que torna ilegítima a assimilação dos Direitos Humanos universalizáveis, enquanto não sejam compatibilizados os interesses das minorias.

A globalização, os avanços da tecnologia, sobretudo os meios de comunicação, que levam a informação em tempo real a todas as partes do mundo, trouxeram essa nova concepção de Direitos Humanos, desconsiderando, todavia, a incompletude e o relativismo de cada ser humano.

É o que Santos (idem) define como "globalização contra-hegemônica", porquanto os Direitos Humanos devem ser vislumbrados numa acepção multicultural, num diálogo entre valores antagônicos, sendo esta a precondição de uma relação equilibrada e mutuamente potencializadora entre competência global e legitimidade local.

O respeito à identidade da cultura constitucional e jurídica estrangeira, acrescenta Häberle (2007), permanece um princípio para o Estado Constitucional cooperativo, devendo assim ser observado para que o processo de universalização se legitime pelo desejo universal, e não pela imposição ocidental.[3]

Para que tal empreitada seja possível, é necessária a adoção do pressuposto de que o direito das minorias deve ser respeitado, juntamente com a consciência de que as próprias acepções culturais não são absolutas ou inabaláveis.

Não há, explica Vincent (*apud* PIOVESAN, 2008), uma moral universal. A história do mundo é a história de uma pluralidade de culturas e buscar uma universalidade como critério para toda moralidade é uma versão imperialista de tentar fazer com que valores de uma determinada cultura sejam gerais.

Em todo esse contexto, o Estado de Direito é o que garante a posição contramajoritária das minorias, pois aos dissidentes é assegurado o direito de divergir, sendo esta uma das premissas mais importantes da democracia legítima e substancial.

---

3 Na análise dos relativistas, a pretensão de universalidade dos Direitos Humanos simboliza a arrogância do imperialismo cultural do mundo ocidental, que tenta universalizar suas próprias crenças, induzindo, nessa visão, à destruição da diversidade cultural. Já para os universalistas, a posição relativista revela o esforço de justificar graves casos de violações dos Direitos Humanos que, com base no sofisticado argumento do relativismo cultural, ficariam imunes ao controle da comunidade internacional (Flávia Piovesan. *Direitos Humanos e o Direito Constitucional Internacional*. 9. ed. São Paulo: Saraiva, 2008, p. 151).

O aspecto ideal moral para a realização cooperativa dos Direitos Humanos não se limita a uma dogmática dos direitos fundamentais (HABERLE, 2007). A discordância é fator preponderante para os avanços do conhecimento, sendo os abalos das opiniões tradicionais necessários para a produção de respostas ou concepções novas e mais abrangentes.

A afirmação de que o interesse da maioria é o interesse privado comum e homogêneo não pode ser aceita. O que deve ser respeitado numa democracia não pode ser apenas o interesse da maioria. Isso significaria a destruição dos interesses das minorias.

Um Estado Democrático de Direito, afirma Justen Filho (2006), caracteriza-se pela tutela tanto dos interesses das maiorias como das minorias. Abraçando a supremacia eventual da vontade da maioria e, também, os interesses da minoria, conquanto o interesse público não se prende a questões meramente quantitativas.

Nunca é demais lembrar que, numa democracia distorcida, a vontade das maiorias se perfaz pela identidade entre dominantes e dominados, aparecendo o Estado de Direito como grande obstáculo à realização dos desideratos predominantes. Isso se deve ao fato de que muitas vezes a legitimação do poder se dá de maneira transversa, ou seja, por mero populismo, quando a maioria é transformada em massa manipulável e inconsciente movida pela esperança cega de que seus anseios serão prontamente atendidos, sem qualquer senso crítico a respeito dos representantes que se apresentam.

São as posições minoritárias, lembra Novais (2007), que estão sujeitas à pressão avassaladora e tendencialmente abusiva, por parte da maioria, que têm necessidade de se socorrer da proteção e das garantias do Estado de Direito. É aí que se revela a natureza e a força do Estado de Direito e das suas instituições. Os direitos fundamentais vêm em auxílio da posição mais débil, mais impopular ou mais ameaçada, não para fazer prevalecer ou impor à maioria, mas para garantir ao indivíduo ou à minoria isolada o mesmo direito que têm todos a escolher livre e autonomamente os seus planos de vida, a expor e divulgar suas posições junto dos concidadãos, a ter as mesmas possibilidades e oportunidades que quaisquer outros para apresentar e defender suas concepções, opiniões ou projetos, enfim, competir com armas iguais no livre mercado das ideias.

A finalidade da democracia não consiste apenas em adotar decisões coletivas coincidentes com a vontade da maioria dos cidadãos. Consiste também que as decisões coletivas sejam adotadas por instituições políticas cuja estrutura, composição e práticas tratem todos os membros da comunidade, enquanto indivíduos, com idêntica preocupação e respeito (DWORKIN, *apud* JUSTEN FILHO, 2006)

A simples regra da maioria, alerta Novais (2007), admite uma racionalidade falha, mesmo porque a minoria de hoje pode se transformar na maioria do amanhã. Se não se garante a todos uma esfera de igual liberdade de escolha com efetividade e autonomia, a vida democrática não é livre nem igualitária e, logo, o poder não é democrático.

O fato de o Estado Democrático de Direito garantir a respeitabilidade pelo interesse das minorias contra as acepções majoritárias funciona como uma garantia contra preferências externas. Qualquer pretensão majoritária em impor ao indivíduo concepções de vida que não são as suas e que o Estado considere como merecedoras de superior consideração, mostra-se como um atentado contra os princípios da liberdade e da autodeterminação.

Sem Estado de Direito, a minoria seria inevitavelmente discriminada e suas concepções suprimidas ou perseguidas. Por isso, Novais (2007) assinala que ter um direito fundamental é o mesmo que ter um trunfo, significando isso duas coisas: de um lado, e no que respeita às relações entre indivíduo e Estado, significa ter uma posição, juridicamente garantida, forte, entrincheirada, contra as decisões da maioria política; de outro, e no que respeita às relações entre particulares, ter um direito fundamental significa, no mínimo, ter uma particular e concretizada posição de autonomia e liberdade que o Estado de Direito está igualmente vinculado a proteger contra ameaças ou lesões provindas de terceiros, esses terceiros formam uma maioria ou quando o particular está sujeito nas relações que estabelece com outros particulares, ao desequilíbrio de uma relação de poder assimétrica.

Explana Novais (idem) que é só no reconhecimento desta vocação contramajoritária, entendida como corolário da dignidade da pessoa humana, que os Direitos Humanos se defendem das múltiplas tentações de funcionalização e instrumentalização e desenvolvem plenamente as suas potencialidades de garantias efetivas da liberdade e autonomia individuais. É dentro desse quadro que se sustenta uma posição não apoiada pela maioria ou, mais ainda, que é impopular aos olhos desta última ou merece a sua rejeição ativa e até violenta, que os Direitos Humanos se sobressaem e o conceito de Estado de Direito revela a mais-valia, a força e a autonomia relativamente ao conceito de democracia.

Nynquist (*apud* DALLA-ROSA, 2007) alerta que a liberdade, valor primeiro e fundamental de toda concepção de indivíduo e da humanidade, nem sempre encontra na democracia a sua maior realização. Aliás, não se pode dizer sequer que um governo eleito pela maioria represente de fato a vontade desta, uma vez que, como afirmado alhures, o populismo é um paradoxo que desvirtua o senso crítico da população.

Nesta cadência, Dalla-Rosa (idem) considera que o garantismo, presente em todo e qualquer Estado de Direito, é a base fundamental de uma democracia substancial, na qual o objetivo é o enriquecimento e o aperfeiçoamento do cidadão como indivíduo. Por ele, respeita-se não só a integridade e a unidade do indivíduo, como se busca diminuir e efetivar condutas de *standardização*.

Noutras palavras, a democracia não pode servir de símbolo para a compreensão ou explicação dos fenômenos de poder, da sociedade, do mercado e da cultura. Deve sim, ser o modelo de orientação para o exercício do poder político, pois no momento em que os debates e as ações optarem por esta fixação, que não é intencional, mas constitutiva, o caminho para a concretização democrática será real e não ilusório (idem).

Com efeito, o Estado Democrático de Direito deve possuir mecanismos que assegurem sua existência. O conflito de valores, consigna DALLA-ROSA (idem), é resolvido pela certeza de que o Estado de Direito impera, e que o interesse, inclusive das minorias, é protegido. O governo da maioria não está legitimado a asfixiar, sob o pálio da democracia, as ideologias minoritárias ou divergentes.

Como assevera Novais (2007), à luz do Estado de Direito fundado na dignidade da pessoa humana, a opinião de cada um e a possibilidade de a exprimir, de resistir, de lutar por ele e de viver segundo os próprios padrões é tão valiosa quanto a opinião de outro. Cada um tem garantida, pelo Estado de Direito, uma esfera de autonomia e liberdade individual que a maioria não pode comprimir ou suprimir pelo simples fato de ser maioria.

Essa concepção dos Direitos Humanos, acrescenta o supracitado autor, não se resume a um programa de proteção excepcional da minoria contra as pretensões hegemônicas da maioria. Abarca, também, a proteção de todos os direitos fundamentais da pessoa contra restrições decorrentes da imposição apoiada pelas maiorias políticas, sociais, culturais ou religiosas, sendo um recurso especialmente adequado à proteção dos direitos fundamentais dos indivíduos ou grupos cuja debilidade, isolamento ou marginalidade não lhes permita, mesmo em quadro de vida democrático, a possibilidade de influenciarem as escolhas governamentais e a capacidade de garantia dos seus direitos fundamentais.

Essa nova realidade é o fruto da evolução sofrida pelos direitos fundamentais ao longo da história, que de dimensão e dimensão foi se agregando e se aperfeiçoando em relação aos direitos e deveres do indivíduo em sociedade.

4. PLURALISMO: DIREITO DE QUARTA DIMENSÃO?

Abordando a discussão sobre a correção dos termos geração e dimensão dos Direitos Humanos, Guerra Filho (2005) aduz que quando um direito é gestado sob uma determinada transformação prospectiva, sua concepção originária não desaparece com o surgimento das mais novas. Noutras palavras, quando um direito desenvolvido em uma dimensão aparece na ordem jurídica, traz consigo os fundamentos sucessivos da geração anterior, elevando-se, assim, para outra dimensão, pois os direitos da geração mais recente se tornam um pressuposto para entendê-los de forma mais adequada e, também, para melhor realizá-los.

Só para lembrar, os direitos fundamentais foram sendo reconhecidos pelos textos constitucionais de forma gradativa e histórica. Deles depende a materialização da sociedade aberta do futuro, para a qual deve o mundo quedar-se no plano de todas as afinidades e relações de cooperação.

Surgidos no século XVII, os direitos de primeira dimensão cuidam da proteção das liberdades públicas, ou seja, dos direitos individuais compreendidos como aqueles inerentes ao homem e que devem ser respeitados por todos, como o direito à liberdade, à vida, à propriedade, à manifestação, à expressão, ao voto, entre outros. Estes exigem um dever de abstenção do Estado, propiciando o direito individual de autodeterminação.

Segundo Silveira e Contipelli (2008), os direitos fundamentais de primeira dimensão concernem à delimitação da esfera da liberdade do indivíduo em relação ao poder estatal, equivalendo às chamadas "liberdades públicas negativas" ou "direitos negativos", na medida em que exigem do Poder Público um comportamento de salvaguarda destes interesses.

Por seu lado, os direitos de segunda dimensão, também chamados de direitos sociais, econômicos e culturais, envolvem prestações positivas pelas quais se passou a exigir dos Estados sua intervenção para atender às condições mínimas de dignidade na vida humana, incrementando, destarte, vida e trabalho para a sociedade. Atrelam-se, portanto, ao Estado Social da primeira metade do século passado.

Finalmente, os direitos de terceira dimensão, também chamados de solidariedade ou fraternidade, estão voltados para a proteção dos interesses difusos da coletividade, vislumbrando a preocupação com a paz, o desenvolvimento, o meio ambiente, entre outros temas difusos e globais. Neste novo olhar, Silveira e Contipelli (2008) explicam que a exclusividade da tutela estatal é mais uma vez superada, porquanto a concepção fragmentada do ser humano cede lugar à concepção de gênero baseada em anseios e necessidades comuns, principalmente no que diz respeito à preocupação com um mundo melhor.

Pois bem, para certos doutrinadores, dentre os quais Bonavides (2000) e Bobbio (1992), a globalização política na esfera da normatividade jurídica introduz os direitos de quarta dimensão, correspondentes à derradeira fase de institucionalização do Estado social. Os direitos da quarta dimensão consistiriam, assim, nos direitos à democracia, à informação e ao pluralismo, pois o respeito à diversidade é necessário até para que certas culturas não restem dizimadas pela imposição majoritária.

Nesse sentido, destaca-se que a Declaração Universal sobre a Diversidade Cultural da UNESCO define a cultura como:

> [...] o conjunto dos traços distintivos espirituais e materiais, intelectuais e afetivos que caracterizam uma sociedade ou um grupo social e que abrange, além das artes e das letras, os modos de vida, as maneiras de conviver, os sistemas de valores, as tradições e as crenças.

E ainda, o artigo 4º desta, consigna que:

> [...] a defesa da diversidade cultural [...] implica o compromisso de respeitar os Direitos Humanos e as liberdades fundamentais, em particular os direitos das pessoas que pertencem a minorias e os dos povos autóctones, não se legitimando invocar a diversidade cultural para violar os Direitos Humanos garantidos pelo direito internacional, nem para limitar seu alcance.

Tais proposições implicariam, de fato, um direito de quarta dimensão? A resposta é negativa. Não obstante, a verdadeira democracia precisa ser isenta, livre das contaminações, vícios e perversões de populistas manipuladores, é pela concretização dos direitos de primeira, segunda e terceira dimensões que os interesses democráticos se concretizam. É no seio dessa materialização que se encontra o pluralismo, pois se as liberdades públicas, a igualdade e a solidariedade forem respeitadas e garantidas, não cabe falar sequer em direito de quarta dimensão.

Não podemos olvidar, e para isso invocamos mais uma vez as palavras de Silveira e Contipelli (2008), que muito embora os chamados Direitos Humanos de quarta dimensão estejam ligados a um determinado momento histórico, o fundamento dos direitos de terceira dimensão ainda se mostra latente, inexistindo a definição de um novo paradigma.

Como bem ressaltam Silveira e Contipelli (idem), os Direitos Humanos nascem e se modificam obedecendo a um núcleo formado pelo sentimento axiológico da sociedade, o qual a partir de um dado fato se adere a um determinado valor, que, por sua vez, passa a ser normatizado tanto internacional como nacionalmente pelos Estados, com indispensável fundamento na ideia de dignidade da pessoa humana.

Como tal evolução não se encontra definida o bastante para que reste caracterizada uma nova dimensão fundamentalista de direitos, não há dúvida que a quarta dimensão de Direitos Humanos constitui apenas uma reprodução conjugada das três primeiras dimensões, pois os direitos à democracia, à informação e ao pluralismo fazem parte de quadro conjuntural já existente com as dimensões anteriores.

O conceito de democracia, assevera Silva (2002), vem se formando historicamente como um meio de realização de valores essenciais de convivência humana que se traduzem basicamente nos direitos fundamentais do homem, ou seja, um processo de afirmação do povo e de garantia dos direitos fundamentais que o povo vai conquistando no decorrer da história.

Deveras, não existe um diferencial capaz de identificar essa nova realidade de direitos. Existe, sim, e disso trataremos na sequência, a fruição dos Direitos Humanos a partir de um mínimo ético presente, principalmente, em espaços políticos democráticos, nada inovando, portanto, a proposição da quarta dimensão dos direitos em relação ao pluralismo e à diversidade cultural.

5. O MÍNIMO ÉTICO SOBRE DIREITOS HUMANOS

Tratando sobre o mínimo ético de Direitos Humanos, Arruda Junior e Gonçalves (2002) concebem-no como a caracterização do fenômeno moral, desde uma análise das condições indispensáveis ao desenvolvimento das capacidades conviviais nos indivíduos e entre eles.

Isso não significa, entretanto, que para se concretizar uma concepção irredutível sobre Direitos Humanos seja necessário uniformizar ideias ou criar um pensamento único, pois, como se sabe, o pensamento humano é naturalmente heterogêneo, principalmente em razão da cultura que o identifica.

A Declaração de Viena, adotada em 25 de junho de 1993, buscou acomodar a questão estabelecendo no parágrafo quinto que:

> *[...] todos os Direitos Humanos são universais, indivisíveis, interdependentes e inter-relacionados. A comunidade internacional deve tratar os Direitos Humanos globalmente, de maneira justa e equânime, com os mesmos parâmetros e com a mesma ênfase. As particularidades nacionais e regionais e bases históricas, culturais e religiosas devem ser consideradas, mas é obrigação dos Estados, independentemente de seu sistema político, econômico e cultural, promover e proteger todos os Direitos Humanos e liberdades fundamentais.*

Com efeito, para que se chegue a uma concepção mínima ética sobre Direitos Humanos, deve-se considerar que proposições excludentes, fundamentadas por um idealismo universalizador, contrariam o Estado de Direito, limitando o direito de liberdade, sendo preciso, portanto, que entre as diversas acepções, majoritárias ou minoritárias, exista um senso comum por uma afirmação irredutível, viabilizando-se, assim, o alcance dos Direitos Humanos em qualquer parte do mundo.

Apesar de não existir uma concepção universal, já que a história do mundo é a história de uma pluralidade de culturas, é indubitável que qualquer afronta ao chamado "mínimo ético irredutível" fere diretamente a dignidade humana em sua acepção mais fundamental, que é a integridade física e intelectual. Neste tocante, não há cultura que justifique práticas que impliquem tratamento do ser humano como coisa, mormente aquelas que retirem o livre-arbítrio do ser humano.

A autonomia existencial do ser humano proíbe qualquer forma de afronta à integridade física, psíquica e moral do indivíduo. Este, salienta Dias (2002), é o pressuposto medular da relação jurídica fundamental que obriga o dever de respeito das pessoas entre si, constituindo, igualmente, o imperativo indevassável que deve ser impingido na consciência e nas expressões estatais.

Lembra Comparato (2005) que os Direitos Humanos foram identificados como os valores mais importantes da convivência humana, aqueles sem os quais as sociedades acabam perecendo, fatalmente, por um processo irreversível de desagregação.

Por seu turno, Piovesan (2008) pontifica que a abertura do diálogo entre as culturas com respeito à diversidade e com base no reconhecimento do outro, como ser pleno de dignidade e direitos, é condição para a celebração de uma cultura dos Direitos Humanos, inspirada pela observância do "mínimo ético irredutível", alcançado por um universalismo de confluência.

Seja para os relativistas, seja para os universalistas, o fato é que a noção de direito sempre esteve ligada aos sistemas político, econômico, cultural, social e moral vigentes em cada sociedade. Justamente por isso é que cada cultura possui seu próprio discurso acerca dos direitos fundamentais, valendo, porém, se frisar, que a noção de Direitos Humanos precede à noção de direitos fundamentais, porquanto estes últimos são assim considerados depois de reconhecidos e positivados em cada sistema jurídico.

A universalidade, pondera Trindade (1991), é enriquecida pela diversidade cultural, a qual jamais pode ser invocada para justificar a denegação ou violação dos Direitos Humanos. Sobre tal colocação, Santos (1997) defende a necessidade de superar o debate sobre universalismo e relativismo cultural, pois na medida em que todas as culturas possuem **concepções distintas de dignidade humana**, há de se aumentar a consciência das incompletudes mútuas, como pressuposto para um diálogo intercultural.

É também o pensamento de Flores (*apud* PIOVESAN, 2008), que sustenta a ideia de um universalismo de confluência, ou seja, um universalismo de ponto de chegada, e não de ponto de partida, baseado no entrecruzamento de propostas, e não na superposição destas. Para Flores (idem), o objetivo de um diálogo intercultural é alcançar um catálogo de valores que tenha a concordância de todos os participantes, não devendo ser sua preocupação a descoberta de valores, mas, sim, de um consenso racionalmente defensável, não etnocêntrico, fulcrado no diálogo intercultural aberto.

Pela universalização multiculturalista ou de confluência, pode-se defender o caráter geral e emancipatório de certos Direitos Humanos como um mínimo ético irredutível. Esta é a base compatível com o pluralismo, necessária para a cooperação entre os povos.

A abertura do diálogo entre as culturas, com respeito à diversidade e com base no reconhecimento do outro, como ser pleno de dignidade e direitos, é condição para a celebração de uma cultura de Direitos Humanos, inspirada pela observância do mínimo ético irredutível. Trata-se de um universalismo, acentua Flores (*apud* PIOVESAN, 2008), que deve servir de impulso ao abandono de toda e qualquer visão fechada, seja cultural ou epistêmica, em favor de intuitos isolados, permitindo o deslocamento pelos diferentes pontos de vista sem a pretensão de negar-lhes e, tão pouco, de negar a possibilidade de luta pela dignidade humana.

O multiculturalismo de confluência permite, assim dizer, a propagação e convívio de diferentes ideias, desde que esteja estabelecido um denominador mínimo entre as partes para o início do diálogo. Tal denominador, pressupõe Comparato (2005), é a dignidade da pessoa humana, que não surge apenas no fato de ser um meio direcionado a um resultado, mas, sobretudo, no fato de que, pela sua vontade racional, a pessoa vive em condições de autonomia, capaz de guiar-se pelas leis que ela própria edita.

Mas a concepção mínima acerca dos Direitos Humanos, apesar de ter a liberdade como pressuposto, não se resume a ela. A dignidade da pessoa humana, vista como respeito do qual é merecedor qualquer homem ou mulher, é um valor intangível e absoluto, que não pode sofrer restrição em qualquer parte do mundo. O ser humano, pelo fato de ser humano, jamais pode ser tratado como objeto. O respeito aos sentimentos, à personalidade e à integridade física alheia são corolários de uma acepção mínima irredutível acerca dos Direitos Humanos, pois, em qualquer fase de sua vida, nenhum homem, nenhuma mulher podem ser relegados à indiferença.

Tem-se de considerar, outrossim, e para isso invocamos as palavras de Tavares (2007), que os Direitos Humanos consagrados e assegurados: 1º) não podem servir de escudo protetivo para a prática de atividades ilícitas; 2º) não servem para respaldar irresponsabilidade civil; 3º) não podem anular os demais direitos igualmente consagrados pela Constituição; 4º) não podem anular igual direito das demais pessoas, devendo ser aplicados harmonicamente no âmbito material.

Esse mínimo ético é a garantia de que os Direitos Humanos, numa perspectiva de cooperação nacional e internacional, deixem de ser apenas um discurso para se tornarem efetivos e respeitados. Como diz Habermas (*apud* WHITE, 1995), a integração social atenua os perigos do desequilíbrio. Por isso, é necessário evitar que cultura e personalidade sejam atacadas em benefício de uma estabilização superadora de crise da sociedade, pois a questão é como defender ou restabelecer modos de vida em risco, ou como pôr em prática modos de vida reformados.

Mesmo os costumes e a ideia de poder, assimiladas em cada Estado, não dão guarida aos procedimentos que sejam contrários à integridade física e intelectual do ser humano. Os Direitos Humanos valem para as mulheres, para os povos nativos e minoritários, para os imigrantes, para os pobres e sem propriedade, para os religiosos e sexualmente diferentes, enfim, para todos. O ponto nevrálgico, portanto, é que a concepção mínima dos Direitos Humanos só se tornará legítima mediante ao respeito à diversidade e à autodeterminação, corolários estes dos princípios da igualdade e da liberdade plena.

No Brasil, por exemplo, essa ideia é expressamente admitida no preâmbulo da Constituição de 1988, que institui o Estado sob a égide da Democracia, destinado a assegurar o exercício dos direitos sociais e individuais, da liberdade, da segurança, do bem-estar, do desenvolvimento, da igualdade e da justiça como valores supremos de uma sociedade fraterna, pluralista e sem preconceitos, fundada na harmonia social.

Neste tocante, Piovesan (2008) destaca que a Carta de 1988 é um marco jurídico da transição ao regime democrático, colocando-se entre as Constituições mais avançadas do mundo no que diz respeito à matéria, pois elenca a prevalência dos Direitos Humanos como princípio fundamental a reger o Estado nas relações internacionais. O valor da dignidade da pessoa humana impõe-se como núcleo básico e informador de todo o ordenamento jurídico, como critério e parâmetro de valoração a orientar a interpretação e compreensão do sistema constitucional.

Para responder adequadamente a essa situação, a concepção cooperativa constitucional e internacional sobre Direitos Humanos deve ser vista como uma atividade, um diálogo intercultural no qual os cidadãos soberanos, culturalmente diversos, negociam acordos em suas formas de associação com o tempo, de acordo com as convenções de mútuo reconhecimento, consenso e segurança.[4]

A consciência de que todo o sistema jurídico desenvolve-se a partir do princípio da dignidade da pessoa humana somente adquire sentido se levar em conta as diversidades de fatos existentes. Em suma, o relativismo cultural não contraria a universalidade; pelo contrário, confirma sua possibilidade, impedindo apenas a *standardização*, haja vista que o sistema de proteção dos Direitos Humanos envolve a celebração de um consenso internacional sobre a necessidade de adotar parâmetros éticos mínimos e comuns.

---

4 Sobre tal asserção: TULLY, J. *Strange multiplicity: constitucionalism in na age of diversity*. Cambridge: Cambridge University Press, 1995, p. 184, *apud* Bárbara Hudson. Artigo: Direitos Humanos e "Novo Constitucionalismo": Princípios de Justiça para Sociedades Divididas. In: CLÈVE, Clèmerson Merlin; SARLET, Ingo Wolfgang; PAGLIARINI, Alexandre Coutinho (Coord.). *Direitos Humanos e Democracia*. Rio de Janeiro: Forense, 2007, p. 12. O problema do pluralismo, afirma José Afonso da Silva (SILVA, 2002, p. 43), "está precisamente em construir o equilíbrio entre as tensões múltiplas e por vezes contraditórias, em conciliar a sociabilidade e o particularismo, em administrar os antagonismos e evitar divisões irredutíveis."

6. CONSIDERAÇÕES FINAIS

Cediço que o embate entre maiorias e minorias é uma constante social natural, torna-se necessário estabelecer um diálogo de confluência para se chegar a uma concepção mínima sobre Direitos Humanos.

Num cenário globalizado pela economia e pelos meios de comunicação, é preciso ter em mente que as diversidades existem e que cada ser humano é livre e autônomo o suficiente para definir suas escolhas.

Isso não impede, porém, a afirmação de que a dignidade da pessoa humana deve ser considerada um valor absoluto em qualquer parte do mundo, porquanto liberdade não se confunde com abuso, encontrando seus limites na cooperação e tolerância mútuas que deve prevalecer entre homens e mulheres em todas as fases de sua vida.

Nem para as maiorias e tão pouco para as minorias, é legítimo invocar a democracia ou a identidade cultural para a prática de atos que violem a dignidade da pessoa humana. Em que pese o direito das minorias ser algo garantido pelo Estado Democrático de Direito, o respeito ao ser humano é algo inarredável, transcendente aos padrões e valores éticos adotados em cada comunidade.

É imperativo, destarte, estabelecer um conjunto de propostas direcionadas a um fim baseado no diálogo intercultural entre os povos, colocando-se a dignidade da pessoa humana como valor supremo para toda a humanidade. Afinal, a percepção de ser humano possui um núcleo absolutamente intangível e sua existência jamais poderá ser abdicada à indiferença.

REFERÊNCIAS

ARENDT, H. *Origens do Totalitarismo*. Tradução de Roberto Raposo. São Paulo: Cia. das Letras, 1999.

ARRUDA JR., E. L.; GONÇALVES, M. F. *Fundamentação ética e hermenêutica*: alternativas para o direito. Florianópolis: CESUSC, 2002.

BARROSO, L. R. *O Direito Constitucional e a Efetividade de suas Normas*. 4. ed., Rio de Janeiro: Renovar, 2000.

BOBBIO, N. *A Era dos Direitos*. 7. ed. Tradução de Carlos Nelson Coutinho. Rio de Janeiro: Editora Campus, 1992.

BONAVIDES, P. *Curso de Direito Constitucional*. 11. ed. São Paulo: Malheiros, 2000.

COMPARATO, F. K. *A Afirmação Histórica dos Direitos Humanos*. 3. ed. São Paulo: Saraiva, 2005.

DALLA-ROSA, L. V. Democracia Substancial – Um Instrumento para o Poder Político. In: CLÈVE, C. M.; SARLET, I. W.; PAGLIARINI, A. C. (Coord.). *Direitos Humanos e Democracia*. Rio de Janeiro: Forense, 2007.

DIAS, J. J. Direito Civil Constitucional. In: LOTUFO, R. (Coord.). *Direito Civil Constitucional*, Caderno 3. São Paulo: Malheiros, 2002.

DIMOULIS, D. Estado Nacional, Democracia e Direitos Fundamentais, Conflitos e Aporias. In: CLÈVE, C. M.; SARLET, I. W.; PAGLIARINI, A. C. (Coord.). *Direitos Humanos e Democracia*. Rio de Janeiro: Forense, 2007.

GUERRA FILHO, W. S. *Processo Constitucional e Direitos Fundamentais*. 4. ed. São Paulo: RCS, 2005.

HÄBERLE, P. *Estado Constitucional Cooperativo*. Rio de Janeiro: Renovar, 2007.

HUDSON, B. Direitos Humanos e Novo Constitucionalismo – Princípios de Justiça para Sociedades Divididas. In CLÈVE, C. M.; SARLET, I. W.; PAGLIARINI, A. C. (Coord.). *Direitos Humanos e Democracia*. Rio de Janeiro: Forense, 2007.

HUNTINGTON, S. P. *O Choque de Civilizações e a Recomposição da Ordem Mundial*. Tradução de M. H. C. Côrtes. Rio de Janeiro: Objetiva, 1997.

JUSTEN FILHO, M. *Curso de Direito Administrativo*. 2. ed. São Paulo: Saraiva, 2006.

LAFER, C. *A Reconstrução dos Direitos Humanos:* Um diálogo com o pensamento de Hannah Arendt. Cia das Letras: São Paulo, 1988.

NOVAIS, J. R. Direitos como Trunfos contra a Maioria. In: CLÈVE, C. M.; SARLET, I. W.; PAGLIARINI, A. C. (Coord.). *Direitos Humanos e Democracia*. Rio de Janeiro: Forense, 2007

PIOVESAN, F. *Direitos Humanos e o Direito Constitucional Internacional*. 9. ed. São Paulo: Saraiva, 2008.

RAMOS, A. C. Defesa do Regime Democrático e a Dissolução de Partidos Políticos. In: CLÈVE, C. M.; SARLET, I. W.; PAGLIARINI, A. C. (Coord.). *Direitos Humanos e Democracia*. Rio de Janeiro: Forense, 2007.

SANTOS, B. S. *Uma Concepção Multicultural dos Direitos Humanos*, Lua Nova, São Paulo: CEDEC, n. 39, 1997.

SANTOS, F. F. *Princípio Constitucional da Dignidade da Pessoa Humana*. Fortaleza: Celso Bastos Editor, 1999.

SARLET, I. W. *Dignidade da Pessoa Humana e Direitos Fundamentais na Constituição Federal de 1988*. Porto Alegre: Livraria do Advogado, 2001.

SILVA, J. A. *Curso de Direito Constitucional Positivo*. 21. ed. São Paulo: Malheiros, 2002.

_____. *Poder Constituinte e Poder Popular* (Estudos sobre a Constituição). São Paulo: Malheiros, 2002.

SILVEIRA, V. O.; CONTIPELLI, E. Direitos Humanos Econômicos na Perspectiva da Solidariedade: Desenvolvimento Integral. In: *CONPEDI – Anais do XVII Encontro Preparatório para o Congresso Nacional de Pesquisa e Pós-Graduação em Direito*, julho/2008.

TAVARES, A. R.; BUCK, P. Artigo: Direitos Fundamentais e Democracia – Complementaridade/ Contrariedade. In: CLÈVE, C. M.; SARLET, I. W.; PAGLIARINI, A. C. (Coord.). *Direitos Humanos e Democracia*. Rio de Janeiro: Forense, 2007.

_____. *Curso de Direito Constitucional*. 6. ed. São Paulo: Saraiva, 2007.

TRINDADE, A. A. C. *A proteção internacional dos Direitos Humanos no limiar do novo século e as perspectivas brasileiras*. São Paulo: Saraiva, 1991.

WHITE, S. K. *Razão, Justiça e Modernidade:* A obra recente de Jurgen Habermas. Tradução de Márcio Pugliese. Coleção Elementos de Direito. São Paulo: Ícone Editora, 1995.

Capítulo 2

INSTITUIÇÕES E CULTURA INTERNACIONAIS: ISOMORFISMO E SINGULARIDADE NA POLÍTICA PÚBLICA BRASILEIRA DE COMBATE À POBREZA[5]

Samira Kauchakje
Huascar F. Pessali

1. INTRODUÇÃO

As relações entre as políticas públicas sociais voltadas para a redução da pobreza e as indicações sobre o tema divulgadas por organizações internacionais como ONU, FMI e Banco Mundial, por exemplo, podem explicar as semelhanças de tais políticas públicas que se espalham por países, mesmo entre aqueles que têm diversidades econômicas e culturais. Poderia haver adesão de governantes e pessoal do Estado a um padrão cultural e institucional difundido entre blocos de países e, também, pelo incentivo de organizações internacionais como as Nações Unidas, Banco Mundial e FMI, entre outras. Quer dizer, as modificações na política social se devem a fatores do ambiente político e econômico doméstico, mas, também, ao incentivo das instituições e ao padrão cultural internacional, conforme discutido pela perspectiva teórica

---

5 Esta pesquisa é financiada pelo CNPq. Uma versão preliminar deste artigo foi publicada nos anais do VIII Congresso da Associação Brasileira de Ciência Política – 2012 e apresentada no Colóquio Ações públicas e cidades intermediárias – Lisboa, 2013.

para análise de políticas públicas denominada de modelagem internacional (Skocpol & Amenta, 1986), assim como, pelas *Theories of Policy Diffusion e Policy Transfer* (WEYLAND, 2004; DOLOWITZ e MARSH, 1996).

A literatura recente sobre modelagem e também sobre transplante de políticas públicas cita como referência a atuação recente de entidades internacionais como o FMI e o Banco Mundial,

> *principalmente através do que ficou conhecido por Consenso de Washington. De acordo com a orientação de tais entidades, países em busca de crescimento econômico e (posteriormente) da redução das desigualdades deveriam reformar suas políticas macroeconômicas e suas instituições segundo um modelo padrão usado em países desenvolvidos.* (PESSALI, 2010, p. 3)

No Brasil, a Constituição Federal de 1988 representa uma inflexão no campo dos direitos e políticas sociais, e os governos Cardoso, Lula e Dilma formularam expressivas políticas públicas para redução da pobreza como, por exemplo, Bolsa Escola, no caso do primeiro, e Bolsa Família para os governos petistas[6]. Estas políticas públicas se diferenciam das promovidas pelos governos Sarney, Collor e Itamar, porque para estes a política de redução da pobreza estava subordinada a políticas e reformas econômicas, enquanto nos governos escolhidos, a despeito das diferenças entre Cardoso e os subsequentes, a redução da pobreza passa a ser uma política social de caráter redistributivista e articulada com a política econômica. Dados de institutos oficiais como IPEA[7] e de artigos de Fagnani (2011) e Neri (2011) apontam o impacto positivo destas políticas sobre a redução da desigualdade e, especialmente, da pobreza. Estou de acordo com a concepção de impacto positivo ao se levar em consideração a série histórica, particularmente entre os anos 1960 e 2000, que imprimiu a posição brasileira entre os países mais desiguais do mundo e com um número

---

6   O Programa Bolsa Família é parte de políticas "guarda-chuva" abrangentes, como Fome Zero e, também, Brasil sem Miséria.

7   Dados sobre o impacto positivo das políticas sociais podem ser encontrados no documento "A década inclusiva". Disponível em: <www.ipea.gov.br/portal/images/stories/PDFs/comunicado/120925_comunicado0155.pdf>.

grande de população com baixa renda (aspectos que nos anos 2000 melhoraram, mas não se reverteram). Posição esta que não estava calcada no tamanho da economia brasileira, mas, sim, em fatores ligados ao predatório padrão de apropriação da riqueza social e de usufruto privilegiado dos recursos e serviços públicos por parte da elite econômica brasileira com a anuência do Estado pautado pela ausência ou frágil política social redistributivista e pela política econômica e fiscal sem palpáveis critérios de justiça social entendida como promotora de condições de acesso à população, de forma universal, à riqueza cultural e material da sociedade.

Partimos da observação de que as políticas de redução da pobreza no Brasil tanto absorveram quanto geraram concepções difundidas na comunidade internacional. Tal incorporação de concepções sobre pobreza, cobertura e fontes de financiamento ocorre seja por uma imposição vertical das instituições financeiras internacionais, seja devido ao contágio horizontal entre países e especialistas governamentais (WEYLAND, 2004, 2005).

O objetivo deste capítulo é apresentar resultados preliminares da pesquisa sobre políticas públicas sociais para a redução da pobreza dos governos Cardoso, Lula e Dilma, sob a perspectiva das *Theories of Policy Diffusion and Policy Transfer*, que tratam da modelagem internacional de políticas, ou seja, apresentar a primeira rodada da revisão da bibliografia. A hipótese é que as correntes teóricas em foco contribuem para compreender estas políticas públicas.

O texto está dividido em dois itens principais: o primeiro aborda a corrente teórica em estudo e o segundo apresenta a discussão sobre momentos do sistema brasileiro de proteção social.

2. POLÍTICAS PÚBLICAS E MODELAGEM INSTITUCIONAL INTERNACIONAL

O conjunto da política pública social nos séculos XIX e XX, juntamente com o keynesianismo, foi responsável pela construção da ordem social que configura um padrão intervencionista do Estado capitalista na proteção social. Estudos como de Rezende (2008) e Draibe (2003) demonstram que as modificações neste padrão, após os anos 1980 até início de 2000, significaram menos declínio e mais adaptação. Rezende (2008, p. 36) ratifica que "os Estados continuam a exibir fortes padrões de intervenção nas políticas sociais." Inclusive para o caso do Brasil, os "gastos sociais representam grande porção dos gastos governamentais, e [...] observa-se expressiva expansão das políticas sociais". Draibe (2003) afirmou serem raros os casos em que as mudanças provocaram mudanças exteriores aos próprios modelos de Estado de Bem-Estar Social aos quais se referia Esping-Andersen (1991) – liberal, conservador e socialdemocrata – e que podem ser agrupados em bismarckiano e beveridgeano. Hammoud (2008) concorda ao constatar que em cada país modificações ocorreram de acordo com os constrangimentos institucionais próprios a cada modelo historicamente vigente.

Estas constatações estão em sintonia com a linha analítica institucionalista – como discutido em Perissinoto (2004); March, Olsen (2008) e Souza (2006) – , assim como com o incrementalismo que salienta a noção de *path dependency*, isto é, a importância da trajetória histórica e arranjos institucionais no âmbito da política pública para a delimitação das possibilidades no presente e encaminhamentos futuros de alteração a partir do contexto da chamada crise econômica e dos programas de austeridades propostos nos anos recentes.

Para o caso brasileiro, o padrão institucional configurado como conservador-meritocrático sofreu uma inflexão significativa. Neste modelo conservador há a vinculação entre emprego e o acesso aos benefícios, sendo que a premissa é "que as pessoas devem estar em condições de resolver suas próprias necessidades, com base em seu trabalho [...]. A política social intervém apenas parcialmente, completando e corrigindo as ações alocativas do mercado..." (DRAIBE, 1993b, p. 7). As alterações no padrão ocorreram sob dois direcionamentos em tensão: o da CF/88 com princípios redistributivista, universalista e de prestações sociais público-estatais (DRAIBE, 1993a; ARRETCHE, 2000) e o dos princípios liberais voltados para diminuir a carga de financiamento e de provisão social do Estado, assim como estabelecer critérios seja de priorizações (seletividade), seja de focalização nos grupos empobrecidos ou em miserabilidade (FIGUEIREDO, LIMONGI, 1995; FAGNANI, 2005). Esta trajetória incide sobre a atual formatação do sistema público da política social, incluindo as políticas e programas de combate à pobreza dos anos 2000.

2.1. CORRENTES TEÓRICAS EXPLICATIVAS SOBRE POLÍTICA PÚBLICA SOCIAL

As correntes teóricas que explicam a emergência, o desenvolvimento e as mudanças da política pública de corte social foram sumarizadas por Skocpol e Amenta (1986) e Arretche (1995). Com base nestes textos, pode-se organizar quatro matrizes teóricas, com respectivas vertentes, como se segue:

A primeira é a *corrente de caráter econômico,* que enfatiza o processo de industrialização ou explica o advento de um sistema de política social como dependente do desenvolvimento do capitalismo. A vertente estrutural-funcionalista destaca a transição do agrarismo para o industrialismo – o crescimento econômico-industrial e mudanças especialmente demográficas decorrentes – como causa primordial que explica o desenvolvimento do *Welfare State.* Entretanto, a forma de sua expansão e modificações subsequentes, em cada sociedade particular, tem como um dos fatores a cultura política referente à relação entre necessidades sociais construídas e modos públicos mais ou menos amplos para seu atendimento. A vertente neomarxista teoriza sobre a política social como uma variável dependente do desenvolvimento interior do capitalismo, isto é, a transição do capitalismo competitivo para o capitalismo monopolista. A política social seria funcional à necessidade de reprodução social, seja nos aspectos da acumulação, legitimação e manutenção de estabilidade social, seja no da participação da constituição da classe trabalhadora e de suas formas de consumo.

A segunda corrente explicativa é de *caráter político-institucional* e focaliza as instituições democráticas ou a ampliação de direitos. O foco nos direitos aborda os efeitos do acréscimo do componente social da cidadania às dimensões civil e política sobre os padrões de desigualdade econômica. O foco nas instituições democráticas leva em conta que, por um lado, a distribuição de recursos e resultados é afetada pelos governos e, por outro, a política social dos estados de bem-estar têm efeitos redistributivos. Esta abordagem produz vertentes explicativas que irão: a) relacionar as instituições e procedimentos formais da democracia (especialmente participação eleitoral, eleições competitivas) ao crescimento de política social, em seus vários setores; b) destacar o impacto do sistema partidário e a competição entre partidos políticos; c) entender que as demandas e protestos populares influenciam a formulação de políticas sociais; d) partilhar com os neomarxistas a visão de que a questão de classe é o eixo fundamental de poder e da política nas democracias capitalistas industrializadas, com rebatimento na formulação das políticas públicas entre elas a social.

A terceira é de *caráter institucional e histórico, centrado no Estado*. A política pública social é moldada pela estrutura organizacional e capacidade dos estados e pelos efeitos políticos de políticas já estabelecidas. Uma de suas subcorrentes não interpreta os estados como meros mecanismos administrativos ou arenas instrumentalizadas por grupos interessados na formatação das políticas; ao contrário, esta subcorrente considera os estados como atores e estruturas. A atenção recai sobre a sequência histórica de construção das estruturas institucionais dos estados, a qual afeta a formulação da política social e, com isso, exerce impacto sobre os partidos políticos, a formação de classe e a cultura política. Outra subcorrente analisa as consequências políticas das políticas já instituídas, destacando que as causas que originam políticas públicas não são necessariamente as mesmas causas de seu subsequente desenvolvimento, em parte, porque as próprias políticas públicas afetam políticas.[8] Políticas públicas são produtos históricos de ações e decisões passadas, e as instituições, uma vez formadas, adquirem um desenvolvimento e movimento praticamente autônomos.

A última corrente é a do *contexto transnacional*. O modo com que a economia, o contexto geopolítico e a cultura internacional se desenvolveram contribuiu para moldar políticas sociais nacionais tanto antes, durante, quanto depois do século XX. Nesta corrente, a análise está agrupada entre teóricos que a) inserem a política social no âmbito das estratégias de governo ligadas à economia mundial; b) relacionam a política social com a geopolítica e entendem sua formulação como um dos recursos mobilizados no ambiente de competição internacional; e c) observam a modelagem internacional que propicia um padrão de políticas sociais que se espalhou em países com diferentes níveis de desenvolvimento, em especial depois de 1920 e a partir das primeiras implantações na Europa e nas Américas.

---

8 "As new research is designed, scholars should presume that the causes of policy origins are not necessarily the same as the causes of the subsequent development of policies, in part because policies themselves transform politics. Researchers should likewise be sensitive to precise time periods on national and world scales and attuned to processes unfolding over time. Analysts of states and social policies must, in short, become unequivocally historical in their orientation" (SKOCPOL, AMENTA, 1986, p. 152).

A pesquisa busca operacionalizar a subcorrente (c) – denominada de modelagem institucional internacional – para o caso em estudo, ou seja, políticas públicas sociais brasileiras para redução da pobreza, em especial, políticas de transferência monetária condicionada (*Conditional Cash Transfers – CCT*). Na perspectiva da modelagem internacional, as políticas sociais podem ser explicadas pela adesão de governantes e pessoal do Estado a um padrão cultural e de características institucionais e, também, pelo incentivo de organizações intergovernamentais. As modificações e adaptações na política pública social, portanto, estão relacionadas a fatores do ambiente político e econômico doméstico e, também, ao incentivo das instituições e ao padrão internacional.

Esta abordagem dialoga com as Teorias da Difusão e Transferência de Políticas. Por *Policy Transfer* compreende-se "a process in which knowledge about policies, administrative arrangements, and institutions in one time and/or place is used in the development of policies, administrative arrangements, and institutions in another time and/or place" (DOLOWITZ, MARSH, 1996, p. 344). Estudos sobre *Policy Diffusion*, no geral, focalizam três modos pelos quais políticas se espraiam entre pessoas, organizações e blocos de regiões:

> *First, organizational diffusion deals with people and groups who spread policy through interaction in meetings, conferences, and other networks [...] States or other entities are more likely to adopt a given policy when their officials interact with officials in states who have already adopted a given policy. [...] Second, geographic or regional diffusion models are aimed at determining what effect geography has on adoption of an innovation.[...] Adopters are often found clustered geographically, and contiguous states are likely to adopt provided their neighbors have already done so. Third, the internal determinant model examines political, economic, and social characteristics in order to predict likely innovators.* (NEWMARK, 2002, p. 7-8)

Consideramos que a abordagem da modelagem internacional com ênfase no papel das instituições ainda não foi explorado suficientemente nos estudos sobre política social brasileira. Por exemplo, Mauriel (2009, p. 60) não adensa esta perspectiva teórica ao inserir as reformas da proteção social no Brasil num concerto internacional favorável "ao crescimento e reforço dos mecanismos de mercado". O mesmo ocorre em Ugá (2004) ao tratar da construção da categoria pobreza como parte e expressão de uma ordem social, política e cultural internacional. Por isso, nosso interesse em explorar algumas estratégias para estabelecer relações entre concepções desta corrente teórica e a política relativa à pobreza no Brasil.

3. MOMENTOS DO SISTEMA BRASILEIRO DE PROTEÇÃO SOCIAL E DIFUSÃO INTERNACIONAL

Nas últimas décadas do século XX, especialmente entre os anos 1980 e 1990, a perspectiva neoliberal orientou reformas de programas sociais em países com governos de diferentes orientações ideológicas e com diversas trajetórias de política social e de Estado de bem-estar. Há uma espécie de "revival" da onda neoliberalizante ou seu novo fôlego advindo da crise no sistema financeiro dos anos 2000 e agravada a partir de 2006 nos EUA e em grande parte da Europa.

Organizações internacionais têm sido difusoras de valores e orientações no sentido da reformatação da oferta pública de bens e serviços sociais com a substituição de "políticas keynesianas do pós-guerra por políticas restritivas de gastos" (SOUZA, 2007, p. 65). A influência e o impacto do sistema internacional sobre as políticas sociais nacionais se efetivam "mediante processos de difusão e aprendizagem institucional" e, também, "mediante impulsos, incentivos ou vetos". Não raro, trata-se de uma "articulação assimétrica da agenda internacional e políticas públicas nacionais" (DRAIBE, 2007, p. 36). Em atenção a estas determinações alguns países, entre eles o Brasil, condicionaram a implementação de políticas públicas ao "cumprimento do ajuste fiscal e do equilíbrio orçamentário entre receita e despesa, restringindo, de certa forma, a intervenção do Estado na economia", priorizando a focalização (SOUZA, 2007, p. 65) e concebendo arranjos legais para parcerias com as organizações da sociedade civil[9]

---

9 Organizações com os nomes genéricos de organizações não governamentais – ONGs – e organizações da sociedade civil de interesse público – OSCIPs. Nestes arranjos estão incluídas as empresas com ações de responsabilidade social.

(BRESSER-PEREIRA, 2004). As principais justificativas para orientações de austeridade e "redução do Estado" são a excessiva centralização e burocratização do Estado (e sua incompetência na gestão social ou incapacidade de atender às novas demandas socioeconômicas) e a crise financeiro-fiscal. Porém, outra interpretação pode ser dada ao desequilíbrio entre receitas e despesas. Isto é, o que se designa como crise ou falência do Estado, providência "é, antes de tudo, o problema do grau de socialização tolerável de certo número de bens e serviços." Uma das razões desta deslegitimação do Estado de bem-estar por parte de grupos e organismos internacionais é, de ordem cultural, ou seja, "a crise é de um modelo de desenvolvimento e crise de um sistema dado de relações sociais" (DRAIBE; HENRIQUE, 1988, p. 67).

Todavia, até início dos anos 2000, estudos demonstraram que as políticas empreendidas neste sentido conseguiram enfatizar a priorização e focalização em grupos sociais mais empobrecidos, reduzir universalidade, alterar normas previdenciárias (BROOKS, 2004) e reduzir o gasto social, mas, no geral, não lograram desmantelar o padrão público protetivo previamente existente, ou seja, o modelo de Estado de Bem-Estar Social anteriormente firmado em cada país. No caso do Brasil, o gasto social significou menos declínio e mais adaptação às áreas e grupos sociais focalizados (REZENDE, 2008; DRAIBE, 2003). Segundo Hammoud (2008, p. 30), dados da União Europeia demonstraram que na primeira década dos anos 2000, embora tenham ocorrido mudanças, as grandes tendências permaneceram as mesmas: "os países nórdicos continuam com o *Welfare State* mais amplo e mais universal, os países do continente com um *Welfare State* mediano, e a Inglaterra com os benefícios sociais mais módicos e mais ligados ao mercado[...]".

Uma vez que o contexto atual é diferente daquele presente na emergência dos sistemas de política pública social[10], a compreensão desta solidez pode

---

10   Na atualidade, a economia funda-se em uma etapa tecnológica com diminuição ou desaparecimento de postos de trabalho e desemprego de longa duração, acarretando, por um lado, a redução da capacidade do conjunto dos trabalhadores para a contribuição no sistema público de oferta de bens e serviços sociais – contribuindo para a chamada crise fiscal do Estado. Além disso, a composição geopolítica internacional não gira mais em torno do confronto entre bloco capitalista e bloco socialista. Portanto, fatores que participaram das condições de emergência do sistema público de políticas sociais não estão mais presentes, conforme discutido por Castel (2001); Draibe (1989, 2002); Rosanvallon (1995); Arretche (2000) e Laville (2008).

ser auxiliada por noções como autonomia e *path dependency*[11], ou seja, políticas públicas são produtos históricos de ações e decisões passadas, sendo que as instituições, uma vez formadas, adquirem um desenvolvimento e movimento praticamente autônomos[12] (MARCH, OLSEN, 2008; NASCIMENTO, 2009). Os condicionantes institucionais e históricos são observados em certa rigidez e permanência nos sistemas de política social, mesmo após as últimas três ou quatro décadas do movimento e das práticas neoliberais para alterar a direção dos gastos sociais e minar o princípio da universalidade calcada na condição de cidadania e não no do carecimento[13].

No final da primeira década do século XXI, entretanto, a crise econômica e fiscal trouxe a oportunidade para que organizações internacionais recuperassem a concepção de Estado mínimo e passassem a incentivar o aprofundamento e aceleração de alterações no sistema público de proteção social que tendem a comprometer os arranjos institucionais de Estado de bem-estar que, no século XX, definiram e alargaram direitos e a cidadania por meio de políticas públicas sociais (LAVALLE, 2003). São incentivos seletivos para implementação de políticas focalizadas em grupos sociais e necessidades específicas dissociadas ou substitutivas de políticas universais pautadas na generalidade da cidadania, quer dizer, sem a articulação ou a "mescla virtuosa entre programas universais e programas focalizados" (DRAIBE, 2002, p. 8) que podem vir a conjugar a vantagem de garantias universais e a destinação adicional de recursos e serviços para grupos específicos, tendo em vista a diminuição da

---

11   "*Path dependency* não significa apenas que a história e o passado contam, mas sim que [...] quando um país (ou uma região) adota um determinado caminho, os custos de mudá-lo são muito altos. [...] Portanto, eventos anteriores influenciam os resultados e a trajetória de certas decisões, mas não levam necessariamente a movimentos na mesma direção que prevalecia no passado. O conceito de *path dependency* é importante exatamente porque pode haver uma reação ao *path* anterior, levando-o a outra direção" (SOUZA, 2003, p. 138).

12   Outras vertentes de análise relacionam a resiliência do Estado de bem-estar a fatores societários e econômicos (tomando a política pública social como variável dependente), tais como as explicações que destacam a "necessidade" dos sistemas públicos de proteção social diante da crise econômica do período que gera o aprofundamento da questão social em países do capitalismo central, e a força de movimentos sociais contrários à desestruturação do provimento social público e de direitos trabalhistas (ANDERSON, 1995).

13   Os dados apresentados por Avelino, Brown e Hunter (2007, p. 235) para a América Latina, no período de 1980-1999, mostram reestruturação dos programas na área social, sendo que "os gastos sociais têm sido redirecionados", havendo aumento nos gastos com educação e "o crescimento de programas mais focalizados".

desigualdade social. Ao contrário, no entendimento de organizações financeiras internacionais, a focalização representa um teto para os gastos sociais dos países do sul e, também, uma "moeda de troca para a [...] reforma dos regimes de *Welfare State* europeus – medida de austeridade para fazer frente à crise fiscal" dos anos 2000 (FAGNANI, 2011, p. 12).

No Brasil, este foi o período da formatação e consolidação do atual sistema da política pública social com base na Constituição Federal de 1988 – CF/1988 e nas leis regulamentadoras. Esta norma jurídica determinou a formatação de políticas sociais orientadas pela solidariedade estatista, ou seja, estabelecimento dos direitos sociais entre os fundamentais; a provisão pública e universal no âmbito da política pública social; e formas de transferência monetária, entre outros pontos.

Conforme Fagnani (2011, p. 12), o processo de formatação do atual sistema brasileiro da política pública social pode ser dividido em três momentos. No primeiro, que abrange o final do regime ditatorial e o processo constituinte, o país caminhou "na contramão do mundo" e seguiu "a rota inversa do neoliberalismo." Os movimentos sociais e políticos incitaram a introdução de artigos sobre direitos e políticas sociais na CF/1988 – com princípios de universalidade e competência do Estado como já aludido. O caso brasileiro, portanto, traz uma peculiaridade: a CF/1988 "institucionaliza a agenda de universalização e igualdade de acesso na década em que se fortalecem, no cenário internacional, as estratégias de desmantelamento do Estado de Bem-Estar Social" (FRANCEZE & ABRUCIO, 2009, p. 12).

No segundo momento, entre 1990 e 2005, é um período caracterizado pela priorização de público-alvo de menor renda e, também, pela regulamentação da política social brasileira. Este processo revela as pressões e movimentos para diminuir o alcance das garantias constitucionais mediante lei complementar e para a realocação dos gastos sociais[14]. No processo político de regulamentação de políticas estiveram presentes também movimentos que se norteavam pelas diretrizes universalistas constitucionais e/ou por seu aprofundamento.

---

14   A partir dos anos 1980 e durante os anos 1990, Avelino, Brown e Hunter (2007, p. 235) observam no Brasil e em outros países latino-americanos "mudanças em alocações de recursos para o setor social geradas pela integração econômica e a democratização", e o crescimento de programas sociais focalizados é um exemplo de como "os gastos sociais têm sido redirecionados consideravelmente".

A tramitação de leis e emendas após a Constituição demandou "intensas negociações dentro da coalizão governamental e com a oposição" (MELO, 2005, p. 860). Nestas arenas estavam presentes grupos cujos valores políticos eram compatíveis com os artigos da CF/1988 e grupos cujos valores eram incompatíveis. Grosso modo, os primeiros viam na Constituição a materialização "das esperanças progressistas que habitavam as mentes das lideranças e dos militantes políticos situados à esquerda do espectro ideológico durante esse período" (PERISSINOTTO, 2010, p. 13); e os segundos tinham afinidade com o tradicional padrão conservador das políticas sociais ou alinhavam-se com a perspectiva neoliberal, empenhando-se em reformas neste sentido.

Nas negociações e embates travados, algumas das estratégias destes grupos foram o adiamento da legislação complementar e interpretações restritivas ou de aprofundamento dos artigos por ocasião da aprovação de leis para sua regulamentação e, também, as emendas constitucionais[15].

Entre 1992 e janeiro de 2004 foram apresentadas 50 emendas à Constituição. Destas, 26 emendas tratam de questões institucionais, 22 de federalismo, 22 de controle fiscal, 11 de política social/direitos sociais e 11 de economia. Tais áreas organizadas pelo autor não são excludentes, pois uma emenda pode abranger mais de uma matéria. Emendas constitucionais sobre políticas e direitos sociais compõem 22% do total, mas esta porcentagem aumenta se considerarmos dois dados: "42% das emendas constitucionais aprovadas referem-se diretamente a aspectos do federalismo brasileiro" e do "total de emendas pertinentes ao federalismo, mais da metade (53%) relacionam-se a políticas e direitos sociais" (MELO, 2005, p. 860-862).

---

15 Para as leis regulamentadoras, destaco os seguintes exemplos: o artigo 203 (V) da CF/88 – que trata da garantia de um salário mínimo de benefício mensal à pessoa com deficiência e ao idoso sem meios de garantir o próprio sustento, nem tê-lo provido por sua família – foi regulamentado no artigo 20 da Lei n. 8.742/1993. Para a elaboração da lei houve debate sobre se a falta de condições de garantir o sustento seria interpretada com base na renda familiar de um salário mínimo ou não. Venceu a interpretação mais restritiva que considera a renda mensal *per capita* inferior a 1/4 (um quarto) do salário mínimo; o artigo 3º da CF/88 – que trata da erradicação da pobreza – é referência para a Lei n. 10.835/2004, instituindo a renda básica de cidadania que se constitui no direito de todos os brasileiros residentes no País e estrangeiros residentes há pelo menos 5 (cinco) anos no Brasil, não importando sua condição socioeconômica, receberem, anualmente, um benefício monetário. O artigo 3º é, também, referência para a Lei n. 10.836/2004 (Bolsa Família), que prevê transferência monetária para famílias que se encontrem em situação de extrema pobreza. A implementação de política governamental, até hoje, restringiu-se a esta segunda lei e a Lei n. 10.835/2004 não foi, até hoje, regulamentada.

O número proporcionalmente grande das emendas em torno da política social reflete tanto a sua constitucionalização quanto o programa de reforma na área que foi empreendido, especialmente, nos anos 1990 e início de 2000. Quer dizer, uma vez que o texto constitucional abrange questões da política específica, grande parte da reforma e "iniciativas na política social e redução da pobreza" foi viabilizada via emendas constitucionais[16] (MELO, 2005, p. 867). Mas, apesar de emendas e regulamentações nem sempre alinhadas com o "tom" geral da CF/1988, as grandes linhas constitucionais para a política social promoveram um padrão legal de inspiração social-democrata.

O terceiro momento da formatação do atual sistema da política pública social seria a partir de 2006, no qual, segundo Fagnani (2011, p. 13), as políticas sociais estão articuladas a uma "estratégia macroeconômica, direcionada para o crescimento econômico com distribuição de renda".

Esta periodização permite estabelecer relações entre os momentos de formatação e consolidação do sistema brasileiro da política pública social atual (SBPPS) e os momentos mais ou menos coincidentes com períodos de governos (Quadro 1).

Quadro 1. Sistema brasileiro de política pública social nos governos Cardoso (FHC), Lula e Dilma (1995-2012).

Anos	Governos	Momentos do SBPPS
1995-2002	FHC	2º momento (seletividade – menor renda e legislação sobre política social)
2003-2010	Lula	2º momento (seletividade – menor renda e legislação da política social) 3º momento (seletividade – menor renda articulação entre política de redução da pobreza e política. econômica)
2011-2012	Dilma	3º momento (idem)

---

16 Um exemplo é a Emenda n. 31/2000, que criou o Fundo de Combate à Pobreza aprovado depois de negociação sobre a origem dos recursos que o manteria. A Comissão estabelecida para este fim e o governo concordaram com a alternativa de aumentar a alíquota do imposto sobre as transações financeiras (Contribuição Provisória sobre Movimentação Financeira – CPMF). A Emenda Constitucional n. 29 "estipulou valores mínimos para os investimentos na área de saúde nos três níveis de governo". A Emenda Constitucional n. 14 "instituiu o Fundo de Manutenção e Desenvolvimento do Ensino Fundamental e Valorização do Magistério – FUNDEF." (MELO, 2005, p. 859, 866). O "produto final desse consenso foi o jogo constitucional em torno da vinculação de recursos para as áreas sociais da saúde e da redução da pobreza [...] O Congresso aceitou a instituição de novos impostos ou alíquotas para os impostos existentes em troca de mais recursos fiscais, inclusive para os setores sociais que passaram a absorver uma parcela cada vez mais expressiva do orçamento" (MELO, 2005, p. 867).

No segundo momento do SBPPS, especialmente nos governos Cardoso e início do Lula, a política social está sendo regulamentada. Nestes anos, são formuladas e ganham visibilidade políticas com foco na pobreza e de transferência monetária (CCT) no Brasil.

Na literatura há um debate sobre a existência de semelhanças ou diferenças e, em que medida, entre os governos FHC e Lula. Boito Jr. (2007) argumenta que programas sociais focalizados na população de baixa renda dos governos FHC e Lula têm em comum o fato de negligenciarem políticas sociais universais, o que, nos dois períodos, incidiu sobre a capacidade e qualidade de atendimento dos serviços previdenciários, de saúde e educação, por exemplo. Situação que impulsiona parte da classe média baixa e as classes com rendimentos superiores a buscarem tais bens no mercado, fortalecendo, assim, os setores de prestação e venda de serviços.

Diniz (2007) entende que as diferenças entre os governos FHC e Lula estão justamente no aspecto da fração do setor empresarial favorecida pelas políticas governamentais. No período FHC, a Reforma do Estado rompeu com o corporativismo aos moldes do período do nacional-desenvolvimentista e afrouxou a intervenção do Estado nas áreas das políticas econômica e social, o que esteve alinhado a medidas de favorecimento do setor empresarial ligado ao capital financeiro internacional. No primeiro período do governo Lula, embora sejam mantidas a política macroeconômica e a hegemonia do capital financeiro, há a implementação de políticas econômicas que contemplam objetivos de desenvolvimento e o setor do empresariado vinculado ao capital produtivo nacional. Boito Jr. (2005, p. 54) considera, também, que nos dois governos a priorização de políticas compensatórias por meio de programas de transferência monetária está alinhada com o "discurso ideológico neoliberal que estigmatiza os direitos sociais como privilégios." Fagnani (2005, p. 551) situa especialmente no governo FHC este alinhamento entre as políticas e programas sociais brasileiros e as diretrizes neoliberais de instituições como FMI e BIRD[17]. No que tange ao governo FHC, Draibe (2003, p. 11) diverge desta concepção. Para a autora, os programas de enfrentamento da pobreza tinham potencial para "reduzir as chances da reprodução da desigualdade sob o manto de programas univer-

---

17 FMI – Fundo Monetário Internacional; BIRD – Banco Internacional para a Reconstrução e o Desenvolvimento.

sais", pois a alocação prioritária de recursos destinados a grupos selecionados estaria vinculada e não substituiria políticas universais. Sobre este debate, o Quadro 2 fornece algumas pistas.

Quadro 2: Exemplos de políticas brasileiras para a redução da pobreza (governos Cardoso, Lula e Dilma).

Nome da Política e do Programa	País	Governo	Vigência do programa (aprox.)
Previdência social (modalidades não contributivas)	Brasil	FHC	(CF 1988) (1992) 1995 – atual
Comunidade Solidária	Brasil	FHC	1995-2002
Benefício de Prestação Continuada da Assistência Social (BPC)	Brasil	FHC	(CF 1988) (1993) 1995 – atual
Bolsa Alimentação	Brasil	FHC	2001-2002
Agente Jovem	Brasil	FHC	1996 – atual
Auxílio Gás	Brasil	FHC	1996 – atual
Programa de Erradicação do Trabalho Infantil (PETI)	Brasil	FHC	1996 – atual
Agente Jovem de Desenvolvimento Social e Humano	Brasil	FHC	1995-2002
Bolsa Escola	Brasil	FHC	(1999) 2001-2002
Bolsa Alimentação	Brasil	FHC	2001-2002
Fome Zero	Brasil	Lula	2003-2010
Bolsa Família	Brasil	Lula	2003 – atualmente
Benefício de Prestação Continuada da Assistência Social (BPC)	Brasil	Lula	
Programa de Erradicação do Trabalho Infantil (PETI)			
Brasil sem Miséria	Brasil	Dilma	2011 – atualmente
▸ Bolsa Família	Brasil	Dilma	2011 – atualmente
▸ Bolsa Verde	Brasil	Dilma	2011 – atualmente
▸ Programa de Aquisição de Alimentos	Brasil	Dilma	2011 – atualmente
▸ Benefício de Prestação Continuada da Assistência Social (BPC)	Brasil	Dilma	2011 – atualmente
▸ Ação Brasil Carinhoso	Brasil	Dilma	2011 – atualmente
▸ Programa Água para Todos	Brasil	Dilma	2011 – atualmente
▸ Programa de Erradicação do Trabalho Infantil (PETI)	Brasil	Dilma	2011 – atualmente
▸ Minha Casa Minha Vida	Brasil	Dilma	2011 – atualmente

Neri (2007, 2011) e dados oficiais (IPEA (2012), como mencionado anteriormente, constatam que políticas com critérios de seletividade e transferência monetária, implementadas desde os governos FHC até os de Lula e Dilma, tiveram um impacto positivo no sentido de redução da desigualdade de renda e diminuição da pobreza. Entendo que é neste ponto que reside o aspecto de continuidade das políticas públicas de combate à pobreza dos governos FHC, Lula e Dilma, a despeito das posições partidário-ideológicas desses governantes que têm rebatimentos e imprimem diferenças de prioridades, opções orçamentárias e na formulação da política pública social em geral.

Durante os governos Lula e Dilma ocorre o agravamento da crise econômica mundial e o recrudescimento das medidas e recomendações das IFI no sentido da austeridade econômica com encolhimento do sistema universalista de proteção social e priorização da destinação dos gastos e serviços sociais para os grupos empobrecidos. Ao mesmo tempo, as políticas sociais brasileiras para redução da pobreza são consideradas modelos pelos organismos internacionais, e os dados sobre o impacto positivo destas políticas implementadas no Brasil desde o início dos anos 2000 são divulgados interna e internacionalmente (IPEA, 2012; NERI, 2007; NERI, 2011).

Mas, mesmo em anos anteriores, há indícios da ocorrência de processos de difusão e transferência de políticas sociais com foco na pobreza entre países da América Latina, parecendo que o ponto modelador no bloco regional foi, num primeiro momento, México e Brasil (Quadro 3).

Quadro 3: Exemplos de políticas para redução da pobreza (México, Venezuela, Chile).

Nome da Política e do Programa	País	Governo	Vigência do programa (aprox.)
Programa de Desarrollo Humano Oportunidades (transferência monetária)	México	Ernesto Zedillo	1997 – atual
Programa de Estancias Infantiles para Apoyar a Madres Trabajadoras (transferência monetária)	México	Felipe Calderón	2007 – atual
Misión Hijos de Venezuela	Venezuela	Chavez	2011 – atual
Programa de Erradicação de Extrema Pobreza (TM)	Bolívia	Evo Morales	2009 – atual
Chile Solidário	Chile	Ricardo Lagos	2002 – atual
Subsidio Familiar	Chile	Ricardo Lagos Escobar	2002
Subvención pro retención escolar para estudiantes que pertenecen a familias Chile Solidario	Chile	Ricardo Lagos Escobar	2004 – atual
Subsidio de Discapacidad Mental	Chile	Ricardo Lagos Escobar	2004 – atual
Sistema de pensiones solidarias (TM) (reforma)	Chile	Michelle Bachelet	2008 – atual

No caso do Brasil, o exame inicial da literatura sugere ter havido uma adesão dos governantes brasileiros e formuladores de políticas aos valores e arranjos institucionais difundidos internacionalmente, assim como demonstram que as políticas públicas brasileiras participaram como condutoras da modelagem internacional de políticas públicas para redução da pobreza.

4. CONCLUSÃO

A questão que norteou a discussão é se concepções teóricas sobre modelagem internacional de políticas poderiam contribuir para a compreensão das políticas públicas sociais para redução da pobreza no Brasil a partir de 1995 e de que modo isso poderia acontecer. Algumas conclusões parciais podem indicar a resposta, como se segue.

A articulação entre as políticas públicas sociais brasileiras de combate à pobreza e miséria, o aprendizado e difusão cultural e os incentivos institucionais internacionais demonstram tanto uma *modelagem "positiva" (isomorfismo)* como, também, uma *modelagem "negativa"* (baseada nas concepções difundidas, mas numa direção oposta). No governo Cardoso e primeiro governo Lula haveria maior grau de incorporação e contágio de prescrições internacionais em comparação com o segundo governo Lula e Dilma, nos quais as políticas brasileiras de transferência de renda (CCT) são difundidas e consideradas modelos exitosos a serem aprendidos.

A *modelagem negativa* é observada na elaboração da Constituição Federal que, inversamente ao ambiente neoliberal internacional, consolidou a competência estatal e a combinação da universalidade e seletividade da cobertura. O *isomorfismo* é identificado nos governos Cardoso, Lula e Dilma tanto no sentido da aderência destes às diretivas internacionais sobre priorização da população de baixa renda, como, também, das políticas brasileiras de transferência monetária serem consideradas modelo pela comunidade política internacional. Nos últimos dois períodos de governos há *modelagem negativa*, observada na articulação entre políticas de crescimento econômico e gastos públicos sociais (contrariando recomendações de organismos financeiros internacionais sobre austeridade com redução da política social) e, também, *modelagem positiva*, devido à centralidade da priorização de grupos sociais e risco de redução da perspectiva universalista.

Portanto, na literatura especializada há indícios da relação entre cultura e instituições no contexto transnacional e a modelagem da política social brasileira relativa à pobreza. Isto é, pudemos confirmar a hipótese inicial de que para a compreensão destas políticas, no período delimitado na pesquisa, é profícuo aprofundarmos o estudo das teorias da difusão e transferência internacional.

REFERÊNCIAS

ANDERSON, P. (1995). Balanço do neoliberalismo. In: SADER, E. & GENTILI, P. (Orgs.). *Pós-neoliberalismo: as políticas sociais e o Estado democrático*. Rio de Janeiro: Paz e Terra.

ARRETCHE, M. T. S. (1995). *Emergência e Desenvolvimento do Welfare State:* Teorias Explicativas. In: *BIB*, n. 39, pp. 3-40.

ARRETCHE, M. (2000). *Estado federativo e políticas sociais: determinantes da descentralização*. São Paulo: Fapesp/Revan.

AVELINO, BROWN, G.; D. S.; HUNTER, W. A. (2007). Internacionalização Econômica, Democratização e Gastos Sociais na América Latina, 1980-1999. In: HOCHMAN, G.; ARRETCHE, M.; MARQUES, E. (Org.). *Políticas Públicas no Brasil*. Rio de Janeiro: Fiocruz.

BRESSER-PEREIRA. L. C. G. (2004). Reforma da gestão e avanço social em uma economia semiestagnada. *Revista de Administração Pública*, 38 (4), pp. 543-60.

BOITO JR, A. (2007). Estado e burguesia no capitalismo neoliberal. *Revista Sociologia e Política*, 28, pp. 57-74.

BROOKS, S. M. (2004). International Financial Institutions and the Diffusion of Foreign Models of Social Security Reform in Latin America. In: WEYLAND, Kurt, Ed. *Learning from Foreign Models in Latin American Policy Reform*. Washington, DC: Woodrow Wilson Center Press, and Johns Hopkins University Press.

CASTEL, Robert (2001). *As metamorfoses da questão social: uma crônica do salário*. Petrópolis: Vozes.

DINIZ, Simone (2007). Critérios de justiça e programas de renda mínima. *Revista Katálisys*, v. 10, n. 1, pp. 105-114.

DOLOWITZ, D. and D. MARSH. 1996. Who Learns What from Whom? A Review of the Policy Transfer Literature. *Political Studies* 44, p. 343-357.

DRAIBE, S. M. & HENRIQUE, W. (1988). Welfare State, Crise e Gestão da Crise: Uma Balanço da Literatura Internacional. *Revista Brasileira de Ciências Sociais* n. 6, ANPOCS, v. 3, pp. 53-78.

DRAIBE, S. M. (1989). Há tendências e tendências: com que Estado de Bem-Estar Social haveremos de conviver neste fim de século? *Cadernos de Pesquisa NEPP*. Unicamp, n. 10.

_____. (1993a). Welfare State no Brasil: características e perspectivas. NEPP, *Caderno de Pesquisa NEPP*. Unicamp, n. 8.

_____. (1993b). Qualidade de vida e reformas de programas sociais: o Brasil no cenário latino-americano. *Lua Nova*, n. 31, pp. 5-46.

_____. (2002). Brasil: A Proteção social em tempos difíceis. *Taller Inter-Regional Protección Social en una Era Insegura: Un Intercambio Sur-Sur sobre Políticas Sociales Alternativas en Respuesta a la Globalización*, Santiago.

_____. (2003). A política social no período FHC e o sistema de proteção social. *Tempo Social*, v. 15, n. 2, pp. 63-101.

_____. (2007). Estado de Bem-Estar. Desenvolvimento Econômico e Cidadania. In: HOCHMAN, Gilberto; ARRETCHE, Marta; MARQUES, Eduardo (Org.). *Políticas Públicas no Brasil*. Rio de Janeiro: Fiocruz.

ESPING-ANDERSEN, G.(1991). "As três economias políticas do Welfare State". *Lua Nova*, n. 24, pp. 85-116.

FAGNANI, E. (2005). *Política social no Brasil (1964-2002): entre a cidadania e a caridade*. 2005. Tese (Doutorado em Economia) – UNICAMP, Campinas.

_____. (2011). "As lições do desenvolvimento social recente no Brasil". Le *monde diplomatique Brasil*, dez 2011.

FIGUEIREDO, A. C.; LIMONGI, F. (1995). "Mudança constitucional, desempenho do Legislativo e consolidação institucional". *Revista Brasileira de Ciências Sociais, n*. 10 (29), pp. 175-200.

FRANZESE, C.; ABRUCIO, F. L. (2009). "Federalismo e políticas públicas: uma relação de reciprocidade no tempo". *33º Encontro Anual da ANPOCS*, Caxambu – MG.

GRAZIANO, P. R. (2011). "Europeanization and Domestic Employment Policy Change: Conceptual and Methodological Backgroundgove". *Governance: An International Journal of Policy, Administration and Institutions*, v. 24, n. 3, pp. 583-605.

HAMMOUD, R. H. N. (2008). *Impactos da União Europeia no Welfare State: o caso das instituições suecas*. Dissertação de Mestrado. Universidade Federal do Rio Grande do Sul. Faculdade de Ciências Econômicas. Programa de Pós-Graduação em Economia.

IPEA. A década inclusiva (2012). Disponível em: <www.ipea.gov.br/portal/images/stories/PDFs/ comunicado/120925_comunicado0155.pdf>.

LAVALLE, A. G. (2003). A cidadania, igualdade e diferença. *Lua Nova*, n. 59, pp. 75-94.

LAVILLE, J. L. (2008). Do século 19 ao século 21: permanência e transformações da solidariedade em economia. *Revista Katálysis*, v. 11, n. 1, pp. 20-42.

MARCH, J. G; OLSEN, J. P. (2008). Neoinstitucionalismo: fatores organizacionais na vida política. *Rev. Sociologia e Política*, v. 16, n. 31, pp. 121-142.

MAURIEL, A. P. O. (2009). Relações internacionais, política social e combate à pobreza. *Revista em Pauta*, v. 6, n. 23, pp. 43-67.

MELO, M. A. (2005). O sucesso inesperado das reformas de segunda geração: federalismo, reformas constitucionais e política social. *Dados*, v. 48, n. 4, pp. 845-889.

NASCIMENTO, E. O. (2009). Os novos institucionalismos na ciência política contemporânea e o problema da integração teórica. *Revista Brasileira de Ciência Política*, n. 1, pp. 95-121.

NERI, M. C. (2007). Pobreza e políticas sociais na década da redução da desigualdade. *Nueva Sociedad*, out, pp. 53-75.

_____. (2011). Desigualdade de Renda na Década. FGV/CPS.

NEWMARK, A. J. 2002. An integrated approach to Policy Transfer and Policy Diffusion. Review of Policy Research 19, n. 2: 153.

PERISSINOTTO, R. M. (2004). Política e sociedade: por uma volta à Sociologia Política. *Politica & Sociedade*, v. 5, pp. 201-230.

_____. (2010). Constituição e participação: texto e contexto.

PESSALI, H. F. (2010). Novas Institucionalidades: ideias e conceitos orientados à política pública. In: *Estrutura produtiva avançada e regionalmente integrada*: diagnóstico e políticas de redução das desigualdades regionais. Brasília: IPEA, v. 2.

PIERSON, P. (2004). *Politics in Time: history, institutions, and social analysis.* Princenton University Press.

REZENDE, Flávio da Cunha (2008). Visões rivais sobre mudança estrutural e proteção social. *Nova Economia,* n. 18 (1), pp. 35-50.

ROSANVALLON, P. (1995). *La Nouvelle Question Sociale.* Paris: Seuil.

SKOCPOL, T.; AMENTA, E. (1986). States and Social Policies. *Annual Review of Sociology,* v. 12, pp. 131-57.

SOUZA, C. (2003). Regiões metropolitanas: condicionantes do regime político. *Lua Nova,* n. 59, pp. 137-158.

_____. (2006). Políticas Públicas: uma revisão da literatura. *Sociologias,* n. 16, pp. 20-45.

_____. (2007). Estado da arte da pesquisa em políticas públicas. In HOCHMAN, Gilberto; ARRETCHE, Marta; MARQUES, Eduardo (Org.). *Políticas Públicas no Brasil.* Rio de Janeiro: Fiocruz.

UGÁ, V. D. (2004). A categoria 'pobreza' nas formulações de política social do Banco Mundial. *Revista de Sociologia e Política,* n. 23, pp. 55-62.

WEBER, M. (1999). *Economia e sociedade.* Brasília: UnB.

_____. (2001). *Metodologia das ciências sociais.* São Paulo: Cortez.

WEYLAND, K. (2004). ed. *Learning from Foreign Models in Latin American Policy Reform.* Washington, DC: Woodrow Wilson Center Press, and Johns Hopkins University Press.

_____. (2005). Theories of Policy Diffusion: Lessons from Latin American Pension Reform. *World Politics,* 57 (2), pp. 262-95.

Capítulo 3

POLÍTICAS PÚBLICAS E O PACTO FEDERATIVO

Jefferson Mariano

1. INTRODUÇÃO

A discussão em torno das políticas públicas no Brasil tem como ponto de partida exatamente no momento em que se coloca na agenda política a necessidade de descentralização do poder político e especialmente da capacidade de financiamento na área social pelas esferas locais de poder. Tratar de descentralização das esferas de poder significa rever as principais características da federação brasileira e os limites que esse desenho institucional impõe à implementação e gestão de políticas públicas.

O texto que segue pretende, no âmbito da análise e gestão de políticas públicas, explorar o modo como evoluem as relações entre os entes federativos no Brasil. A primeira e segunda seção apresentam a gênese do debate acerca das políticas públicas e as especificidades do caso brasileiro. A terceira seção destaca o modo como se estabelecem as relações entre os entes federativos no Brasil, destacando o movimento de descentralização. A quarta seção explora o modo como o desenho da federação brasileira promove impactos na capacidade de gestão de políticas públicas dos municípios. A quinta seção enfatiza o movimento de descentralização das políticas públicas no Brasil como um aspecto da redemocratização política. A sexta seção demonstra o processo de nova centralização da capacidade de financiamento das políticas públicas, destacando os motivos que possibilitaram esse retrocesso. Por fim, o texto demonstra como esse processo de "nova centralização" limitou a capacidade de gestão dos municípios. Esse quadro fez com que os gestores utilizassem todas as ferramentas à sua disposição para ampliar os recursos disponíveis. A contrapartida desse quadro se apresenta como possibilidade de colapso do pacto federativo existente.

2. AS POLÍTICAS PÚBLICAS E O DEBATE TEÓRICO

O tema políticas públicas foi incorporado ao debate acadêmico brasileiro muito recentemente. Pelo menos até meados dos anos 1980 não estavam disseminadas, no âmbito das ciências sociais produzida no país, questões ou temas classificados com essa nomenclatura. Na Europa e nos Estados Unidos esse tema já estava presente na literatura de ciências sociais pelo menos desde os idos dos anos 1960.

Uma dificuldade inicial acerca de aceitação do tema no universo da academia residiu especialmente no grau extremamente elástico do que seria possível definir como políticas públicas. A questão a ser colocada seria: afinal, do que tratam as "políticas públicas" e quais as possíveis abordagens?

Nesse período foi amplamente aceita a percepção de que seria possível entender políticas públicas como as formas de intervenções planejadas dos órgãos públicos no sentido de promover ações que resolvam problemas sociais. A amplitude dessa definição representa um indicador acerca da dificuldade em localizar o debate no âmbito de uma área específica de conhecimento. É pouco provável, no Estado moderno, uma situação em que não exista algum grau de intervenção na resolução de problemas sociais. Essa possibilidade só se verifica nos modelos elaborados pela economia neoclássica.

Uma vez que se defina políticas públicas como intervenções sociais planejadas do Estado, faz se necessário observar a partir de que momento esse fato se evidência. Ou seja, qual o ponto de partida no qual é possível falar em políticas públicas.

Intervenções com esse caráter surgem na economia a partir da década de 1930, com o caso da chamada ciência econômica (perspectiva da escola neoclássica) e a ascensão do Keynesianismo. No âmbito da organização social, deve-se destacar a emergência do papel da classe operária na cena política, especialmente a partir do pós-guerra. O final da Segunda Guerra Mundial fez com que os Estados capitalistas tivessem a necessidade de incorporar os trabalhadores ao sistema político.

A elevada temperatura no que se refere às relações geopolíticas existentes no período da Guerra Fria foi também outro elemento importante a pautar a intervenção do Estado capitalista na economia e sociedade. Nesse contexto, o capitalismo passou a ter necessidade de se colocar como alternativa à ordem econômica estabelecida nos países do Leste Europeu. Esse foi, inclusive, o terreno que possibilitou a consolidação do modelo de ação dos Estados Europeus e a consolidação do *Welfare State*. Desse modo, o período designado por Hobsbawm (1995) como a Golden Age (1945-1973) não só correspondeu à etapa de maior crescimento da economia capitalista como também à consolidação das estruturas democráticas nesses países.

Assim, observa-se uma ampliação da atuação estatal e um maior alcance das políticas públicas não só como resposta do Estado, mas como um novo padrão de demanda estabelecido pela sociedade.

3. AS POLÍTICAS PÚBLICAS NO BRASIL

No Brasil, a partir do final da década de 1980, ocorreu, no âmbito das ciências sociais, debate acerca das possibilidades de abordagem das políticas públicas. Especialmente no caso da sociologia e da ciência política havia um dilema adicional, pois, na medida em que se reconhecia a validade desse objeto de estudo, já estava subjacente a assertiva que essa análise seria específica do modo de produção capitalista, o que, naquele período, excluía um grande número de países.

Desse modo, as políticas públicas passaram a ser compreendidas na literatura das ciências sociais como a ação pública, no sentido de promover ou corrigir desigualdades no que se refere ao acesso dos bens públicos (tangíveis e intangíveis).

Esse processo assumiu grande importância no Brasil, especialmente a partir desse momento com a emergência do novo sindicalismo e a derrocada do regime de exceção. Esse quadro fez com que inúmeros atores sociais pudessem gradativamente exercer pressão sobre o governo, no sentido de colocar suas demandas.

Vários movimentos sociais surgiram nesse período e suscitaram a elaboração de um grande número de trabalhos acadêmicos. Naquele momento, a questão que se colocava era a própria possibilidade de sobrevivência desses movimentos. Entendia-se que, a partir do momento em que essas demandas sociais fossem atingidas, automaticamente ocorreria o ocaso desses movimentos, ou, de outro modo, seria incorporada a estrutura político partidária vigente. A história recente do Brasil demonstrou que, de fato, parcela desses movimentos foi cooptada pelo sistema político partidário. Aqueles menos organizados, ou de outro modo, voltados para atender às demandas específicas, simplesmente desapareceram.

4. AS RELAÇÕES ENTRE OS ENTES FEDERATIVOS

Pode-se afirmar que, na federação brasileira, no momento de sua formação, já se observava uma forte identificação com a descentralização política. Esse aspecto se reforçou em decorrência da autonomia dos grandes proprietários e dos mandatários locais nesse processo. As fases correspondentes ao período de centralização sempre tiveram forte ligação com os momentos de autoritarismo político no Brasil. No entanto, períodos marcados pela descentralização não poderiam ser indicados como exemplos de modelos democráticos, principalmente se observarmos a Primeira República, com o federalismo de características oligárquicas. Durante esse momento, a autonomia dos estados se refletia, inclusive, no âmbito das finanças públicas, pois,

> De um lado o poder financeiro dos estados é fortalecido por meio de domínio do Imposto de Exportação, da capacidade de conseguir empréstimos, da autonomia tributária e fiscal, de outro, assegurava-se a presença da União que, sustentando o pacto oligárquico através de seu orçamento e reproduzindo globalmente o sistema, legitima sua atuação. (LOPREATO, 2002, p. 13)

Desse modo, existiu uma grande autonomia na esfera estadual, com o predomínio dos estados mais poderosos. A partir da Revolução de 1930, percebeu-se a interrupção desse processo e a instauração de um modelo centralizador. Segundo Oliveira (1995), a descentralização política presente no regime político, pelo menos até a Revolução de 1930, levou ao fortalecimento das oligarquias, não contribuindo para o processo de democratização do país, além de fazer com que os desequilíbrios regionais se aprofundassem. Somente a partir do início da era Vargas é que ocorreu o fim desse modelo de federação; no entanto, não levou ao fim das oligarquias.

Com o fim do Estado Novo e o breve período democrático 1946-1964 ocorreu uma retomada do papel do poder legislativo e a possibilidade de um retorno à descentralização do poder político, bem como de alterações na estrutura tributária, com a institucionalização das transferências da União em direção aos estados e municípios. Nesse breve interregno democrático, o País enfrentou um processo de desequilíbrio regional que surgiu como resposta ao poder das elites da velha república.

> *O medo da volta do "café com leite" fez com que outras elites regionais reforçassem a sobrerrepresentação dos estados menos desenvolvidos na distribuição da câmara federal e mais intensamente a sub-representação do sudeste, particularmente de São Paulo. Tal medida corretiva escondia dois vícios antidemocráticos: a perversão do princípio do "one man, one vote" e a distribuição do poder exatamente entre os estados menos republicanos.* (ABRÚCIO e FRANZECE, 2007, p. 17)

Durante a ditadura militar de 1964-1984, o município praticamente perdeu a autonomia em relação ao processo de tomada de decisão política. Com a Reforma Tributária de 1966, foram estabelecidos níveis de competência de arrecadação. Porém, grande parcela dos recursos destinados às localidades era originária de transferências da União e estados, além de recursos de natureza parafiscal.

As mudanças desse período, no que diz respeito às relações entre os entes federativos, podem ser apresentadas em dois eixos: processo de concentração e controle das ações, no tocante às políticas públicas por parte do poder central, e centralização dos recursos orçamentários como instrumento de política econômica, principalmente com a preocupação de redução do déficit orçamentário. Acerca da matéria tributária, percebeu-se uma concentração com a visível redução da participação dos governos estaduais e municipais no bolo orçamentário. Além disso, um conjunto significativo de transferências ocorridas da União para as localidades caracterizou-se por atos discricionários. Ainda a partir de 1968, surgem alterações no tocante às transferências de recursos para estados e municípios. Uma dessas se refere às transferências constitucionais como, por exemplo, a criação do Fundo de Participação dos Municípios (FPM). Esse definiu, inicialmente, que 10% dos recursos arrecadados da União dos Impostos de Renda e do IPI fossem destinados ao Fundo de Participação dos Municípios. Desse montante, 10% seriam destinados às capitais e 90% para os demais municípios. No entanto, já em 1969 ocorreu uma redução na receita de Imposto de Renda e IPI que seriam destinados aos estados e municípios. Também, como observa Prado (1994), ao longo dos anos 1970, o Brasil foi um exemplo único de redução de carga tributária diante de uma situação de crise.

Com a implementação do II Plano Nacional de Desenvolvimento – II PND, tendo como estratégia desenvolver a produção dos bens de consumo duráveis, o governo recorreu, de modo bastante agressivo, aos mecanismos de isenção tributária, outro aspecto que contribuiu com o quadro de centralização. Além disso, ocorria a utilização de isenção fiscal como elemento de combate à inflação.

5. O FEDERALISMO E A GESTÃO DE POLÍTICAS PÚBLICAS NOS MUNICÍPIOS

Uma importante dimensão da discussão em torno das dificuldades da gestão de políticas públicas no nível dos municípios diz respeito à natureza das relações estabelecidas entre os entes federativos a partir da instauração da Constituição de 1988. Desse modo, é necessário precisar algumas definições com relação a aspectos teóricos do campo de investigação da análise de políticas públicas, considerando tal processo como um exercício de interpretar as ações no tocante às intervenções públicas na vida cotidiana. Assim, convém investigar as principais características do Estado brasileiro, observando as transformações ocorridas recentemente. A partir dessa perspectiva, é possível entender o que ocorreu com os municípios nos anos recentes e as restrições que enfrentaram no tocante ao atendimento das demandas sociais.

A primeira questão que emerge corresponde à definição de qual deve ser a atribuição do poder local no tocante ao atendimento dessas demandas e quais são de responsabilidade do Estado e/ou da União. Mesmo que formalmente seja possível estabelecer uma linha divisória, é importante observar que existem algumas limitações no tocante à capacidade de gestão da esfera local que estão diretamente associadas à estrutura de poder.

Há um conjunto de políticas que, devido às características da intervenção pública, podem ser consideradas como políticas setoriais. Nessa modalidade existe um raio de manobra muito limitado para que o poder local possa realizar algum tipo de intervenção.

Dessa maneira, na análise de políticas públicas surge a necessidade de se definir quais são as políticas que poderiam situar-se no âmbito da territorialidade[18], ou seja, factíveis de intervenção local, e aquelas que seguem uma orientação setorial, baseada em uma coordenação mais geral do governo central.

Também cabe registrar que, ao longo desta trajetória, é importante observar as dificuldades que se apresentam para essas instâncias de poder e as soluções encontradas para a superação desses impasses.

A partir da Constituição de 1988, com as alterações no tocante às regras de criação de novos municípios, ocorreu o surgimento de um número muito grande dessas esferas de poder. Inclusive nota-se um número grande de municípios com a população até 10.000 habitantes.

Essas localidades apresentam capacidades limitadas de arrecadação própria de recursos para atender às demandas sociais impostas pela população local, enfrentando dificuldades no tocante à própria manutenção da máquina pública, com restrições inclusive de natureza de déficit de profissionais qualificados.

---

18 Os conceitos de territorialidade e setorialidade estão presentes no trabalho de Pierre Muller, no entanto, com objetivo de estabelecer diferenças entre os estados nacionais e principalmente as formas de solidariedade existentes. Desse modo seria possível, utilizando categorias Durkheinianas de solidariedade mecânica e orgânica, observar que nas sociedades baseadas na territorialidade existiria apenas a ocorrência da primeira. Nas sociedades mais complexas ocorreria o desenvolvimento da solidariedade mecânica.

Gráfico 1. Distribuição dos Municípios Brasileiros segundo Faixa de Porte Populacional (%).

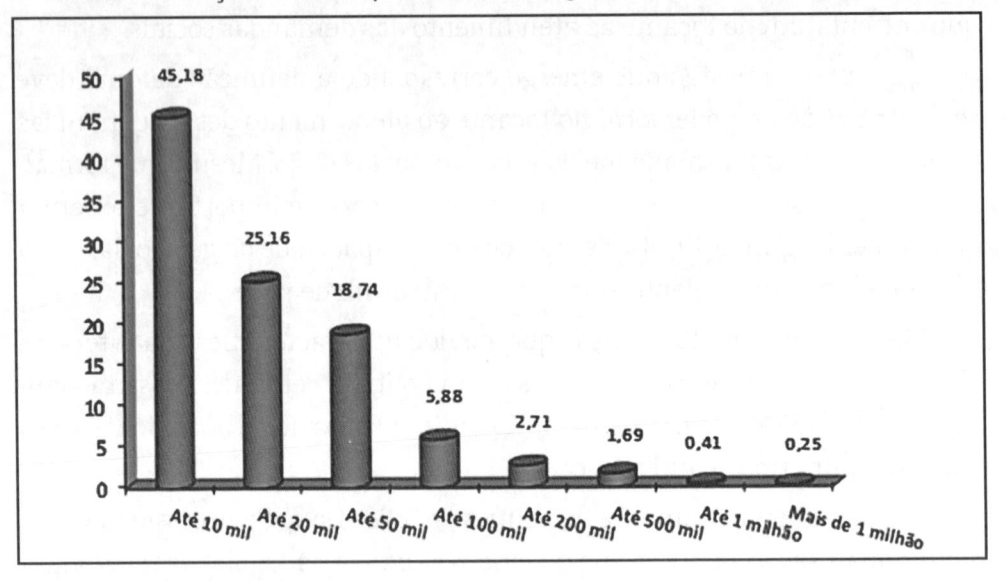

Fonte: IBGE – Censo Demográfico 2010.

De acordo com o Gráfico 1, percebe-se que menos de 2,5% dos municípios brasileiros tinham população acima de 500 mil habitantes. Ou seja, havia uma grande concentração de municípios com população até dez mil habitantes. Por outro lado, a maior parcela da população residia nos grandes municípios. Se estabelecermos um *ranking* com a distribuição da população, será possível verificar que, do total de 5.565 municípios, os vinte primeiros concentram aproximadamente 20% da população do país.

Devido ao arranjo institucional vigente, temos um paradoxo: por um lado, há um grande número de pequenos municípios com capacidade limitada de gestão de políticas públicas e, por outro lado, um quadro de transferências constitucionais que direciona os recursos com menos intensidade para as localidades em que há maior parcela da população.

Uma das alternativas apresentadas na literatura econômica com relação a esse impasse seria o estabelecimento de esferas de poder metropolitanas (CAPABIANO, 1999). No entanto, relata o autor a dificuldade do estabelecimento de um ordenamento jurídico que possa contemplar esse novo arranjo institucional, demonstrando inclusive que uma das facetas dessa problemática está refletida na sub-representação política do sul-sudeste, tendo como subproduto desse processo o quadro de "metropolização da pobreza".

As regiões metropolitanas foram definidas no âmbito da legislação. No entanto, existem poucas experiências no tocante à gestão compartilhada dos municípios que constituem esses espaços. Especialmente a partir dos anos 1990 ocorreu no País a emergência dos consórcios intermunicipais. Esses instrumentos visavam à tentativa de criação de políticas públicas que diziam respeito ao interesse dos municípios integrantes. Desse modo, surgiram consórcios destinados ao atendimento de políticas específicas. No entanto, findo o projeto, o consórcio deixa de ter existência.

6. A DESCENTRALIZAÇÃO DAS POLÍTICAS PÚBLICAS

A descentralização política foi um processo que ganhou intensidade a partir do início dos anos 1990, como resultado das alterações introduzidas na Constituição de 1988. Esse quadro se apresentou como resposta às limitações acerca da incapacidade dos municípios em atender às demandas que surgiam, especialmente no âmbito das políticas sociais.

Teria contribuído com o quadro de centralização a estrutura tributária concentradora implementada na ditadura de 1964. A principal característica desse regime em relação às políticas sociais foi a excessiva centralização do processo decisório. Movimentos mais intensos, no sentido de democratização e descentralização, ocorreram a partir desse período, devido ao agravamento da crise econômica, ao lado da emergência do novo sindicalismo, com seus desdobramentos sobre os demais movimentos sociais. Dessa maneira, pressões pela descentralização política ocorreram nesse contexto de redemocratização do Estado.

Na fase de elaboração da Constituição de 1988, foi inserida na agenda política brasileira a necessidade de um processo de descentralização das receitas em benefício do poder local, e também esforços para institucionalizar os mecanismos de transferências intergovernamentais. Com esse novo ordenamento jurídico, houve uma redução da participação da União na receita tributária total e um aumento em favor dos estados e municípios. Após a Constituição, uma reação desse processo por parte da União foi a intensificação de contribuições de natureza social ou econômica.

Outro resultado do processo de aumento da participação dos recursos orçamentários por parte das esferas locais de poder foi a possibilidade de constituição de novos municípios, com a consequente criação de mil unidades após 1988. Neste contexto, a criação, a incorporação e o desmembramento de municípios, que era uma prerrogativa da federação, passaram a ser atribuição do governo estadual. Esse crescimento no número de municípios esteve diretamente relacionado com as mudanças na legislação, em decorrência do aumento dos repasses para esses entes federativos como pode ser observado no Quadro 1.

Quadro 1. Transferências Constitucionais para os Municípios.

Transferências da União	
Modalidade	**Descrição**
ITR – Imposto sobre a Propriedade Territorial Rural	50% para o município no qual ocorre sua arrecadação.
IR – Imposto sobre a Renda	Total do imposto que é pago pelo Município incidente na fonte, de suas fundações e autarquias.
FPM – Fundo de Participação dos Municípios	22,5% do produto do IR e do IPI da parcela que cabe à União são transferidos para esse fundo, sendo como critério de transferência o tamanho da população.
Transferência dos Estados	
Modalidade	**Descrição**
ICMS – Imposto sobre a Circulação de Mercadorias e Serviços	25% destinados aos Municípios.
IPVA – Imposto sobre a Propriedade de Veículos Automotores	50% para o Município no qual ocorrer o licenciamento do veículo.
IPI – Imposto sobre Produtos Industrializados	25% para os municípios dos 10% que o Estado recebe da União, da arrecadação desse tributo.

Fonte: Constituição Federal, 1988.

A autonomia adquirida pelas esferas subnacionais de poder engendrou um debate em torno da necessidade da existência de mecanismos de controle no tocante ao padrão de endividamento público, pois sua ausência poderia comprometer as metas de política econômica definidas pelo Governo Federal. Desse modo, a Lei de Responsabilidade Fiscal (LRF) emergiu como um importante instrumento de controle e estabelecimento de limites acerca dos gastos realizados por estados e municípios. Além da introdução dessa legislação, mudanças decorrentes da política econômica a partir da segunda metade dos anos 1990, o processo de renegociação da dívida dos estados e municípios e a Desvinculação das Receitas da União (DRU) contribuíram para um refreamento da autonomia adquirida.

Acredita-se que, a despeito da descentralização das políticas sociais, há uma redução no grau de autonomia e da capacidade de gestão financeira das esferas de poder local, diante das restrições que se apresentam a partir da segunda metade da década de 1990. Esse quadro apresenta o paradoxo da convergência de um quadro de centralização em um ambiente democrático.

Apesar de ser uma bandeira dos movimentos sociais organizados e dos partidos de esquerda, paulatinamente os grupos conservadores passaram a se apropriar da causa em prol da descentralização. Enquanto para os movimentos sociais o processo de descentralização significava a possibilidade de maior controle social pelos cidadãos, justiça social, redução das desigualdades e, consequentemente, maior alcance das políticas públicas, na perspectiva do conservadorismo, o objetivo era imprimir maior racionalidade nas ações do Estado.

Essa leitura da descentralização passou a integrar as políticas e recomendações dos organismos multilaterais para países da América Latina egressos de regimes autoritários. Talvez esse deva ser um dos aspectos que expliquem a facilidade com que as reformas do Estado, ao longo dos anos 1990, foram realizadas na América Latina, sem oferecer grandes resistências.

No processo constituinte, esse conjunto de demandas sociais passou a integrar a pauta de discussões. Dessa maneira, iniciou-se uma luta política no parlamento em torno da instituição de mecanismos que possibilitassem o aumento da presença do poder local, bem como da influência da população organizada. No âmbito das relações entre os entes federativos assumiu extrema importância a reforma tributária realizada na Constituição de 1988, que teve como principal virtude a institucionalização das transferências e o estabelecimento de critérios técnicos na participação dos fundos para fiscais.

Como resultado, percebeu-se, a partir do ano de 1988, gradativa redução na renda disponível em poder da União e o aumento da participação dos municípios, como pode ser observado na Tabela 1.

Tabela 1. Receita disponível por nível de governo Brasil – 1985/1992. Em percentual.

Anos	Participação Total		
	União	Estados	Municípios
1985	63,70	25,59	10,70
1986	61,07	27,06	11,87
1987	63,51	25,92	10,57
1988	63,49	26,00	10,80
1989	59,80	28,00	12,10
1990	56,70	28,50	14,90
1991	53,50	29,50	17,00
1992	56,00	28,00	16,00

Fonte: Instituto de Pesquisas Econômicas Aplicadas. Disponível em: <www.ipeadata.gov.br>.

Em contrapartida, estabeleceu-se um aumento das responsabilidades das esferas locais de poder na gestão das políticas públicas. Afonso e Araújo (2001) destacam como uma importante característica da reforma estabelecida na Constituição de 1988 o processo de municipalização, que, por sua vez, redundou em grande autonomia tributária desses entes federativos. Assim, com as alterações ocorridas no âmbito da tributação, percebeu-se a gradativa redução na renda disponível em poder da União e o significativo aumento da participação dos municípios. De acordo com a Tabela 1, em 1985, a União detinha 63,7% do total da receita disponível nas três esferas de governo e, em 1992, ocorreu uma redução para 56%, ao passo que no caso dos municípios, durante o mesmo período, constatou-se um aumento de 10,7% para 17%. Por outro lado, houve aumento dos gastos dos estados e municípios, resultado das novas responsabilidades na gestão de políticas nas áreas de saúde, educação e assistência social.

7. A NOVA CENTRALIZAÇÃO

A luta pela descentralização das políticas públicas avançou a partir da Constituição de 1988 e resultou em avanços em políticas nas áreas de educação e saúde. Todavia, na segunda metade da década de 1990, ocorreu no País um processo de centralização da capacidade de financiamento das políticas públicas, especialmente por parte dos municípios. Dentre os fatores que contribuíram para esse novo processo de centralização, pode-se destacar: mudanças institucionais; política econômica vigente; introdução da Lei de Responsabilidade Fiscal (LRF); renegociação da dívida de estados e municípios e a Desvinculação das Receitas da União (DRU).

7.1. MUDANÇAS INSTITUCIONAIS

A partir da segunda metade da década de 1990 várias mudanças aconteceram no sentido de reduzir o papel do Estado na economia e, paralelamente, "melhorar" a qualidade das instituições brasileiras com a implementação de políticas que levassem à redução do protecionismo, do *deficit* público e do intervencionismo na economia. Pelo menos era essa a leitura do governo e a tendência conservadora hegemônica na América Latina.

7.2. POLÍTICA ECONÔMICA VIGENTE

A política monetária introduzida no período entre 1995 e 1999 e a estratégia de apreciação cambial adotada pelo governo federal provocaram impactos negativos sobre as contas externas, tornando explosiva a situação do endividamento do País. O impacto negativo dessa política foi enorme no que diz respeito ao comportamento das finanças públicas. Além da elevação absoluta do endividamento público, houve o crescimento exponencial do componente financeiro no âmbito das despesas públicas. Esse fenômeno ocorreu não só em nível federal, mas nas esferas dos estados e municípios. Apesar da defesa dessa política econômica, no período em que esse conjunto de ações foi operado, percebeu-se que, além da acentuação da centralização fiscal, havia uma elevação da carga tributária.

Gráfico 2. Evolução da carga tributária por ente federativo.

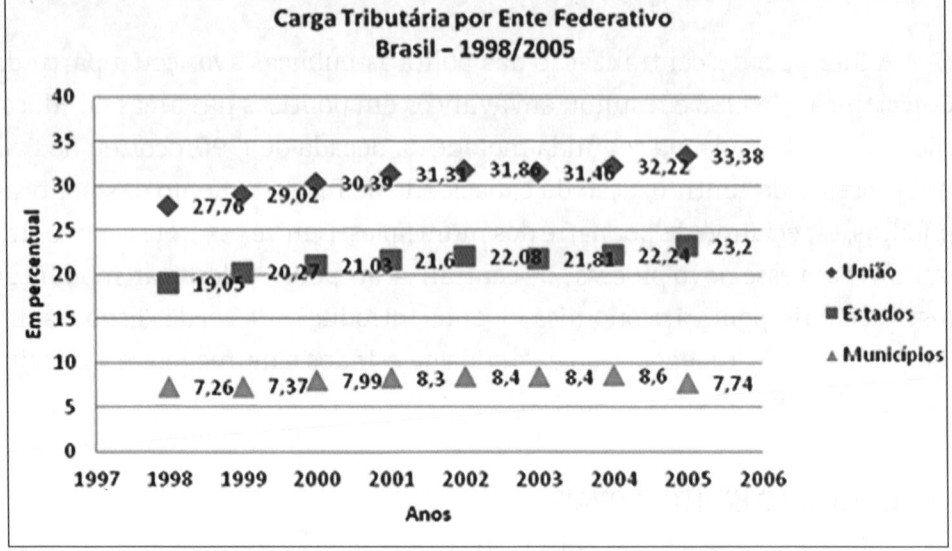

Fonte: Secretaria da Receita Federal.

Como destacado por Fagnani (2005), essa elevação da carga tributária teve sua concentração na parcela de recursos da União não repassados aos estados e municípios, de tal modo que ocorreu um novo processo de centralização tributária. De acordo com o Gráfico 2, é possível perceber que ao longo do intervalo 1998-2005 houve um significativo incremento da carga tributária, porém, com uma redução na participação dos municípios. Além disso, parcela das isenções fiscais destinadas ao setor exportador acabou por recair sobre os tributos de competência dos estados.

Por fim, as crises externas ao longo da década de 1990 provocaram impactos sobre a economia brasileira e a resposta do governo naquele momento foi uma abrupta elevação nas taxas de juros, acentuando ainda mais o quadro de endividamento. Assim, em 1998, quando finalmente o País passou a sofrer os ataques especulativos, esse governo celebrou um acordo com FMI, em que uma das exigências desse organismo era a realização de elevados *superavits* fiscais. Carneiro (2007) observa os efeitos perversos dessas medidas para a sociedade brasileira.

> *Para cumprir essas exigências, o governo FHC cortou gastos e aumentou impostos gerando recessão e desemprego, política mantida e aprofundada pelo governo Lula, que deu seu aval para o novo acordo com o FMI, celebrado por FHC em 2002. Dessa forma, a carga tributária saltou de 29% para 37% do PIB de 1995 a 2005, principalmente para gerar o altíssimo superávit primário, que vem aumentando a cada ano, passando de 3,89% do PIB em 2002 para 4,25% em 2003 e 4,84% em 2005. (CARNEIRO, 2007, p. 147)*

Essas elevadas taxas de juros levaram a dívida interna a uma situação crítica, apesar da "promessa" de que o ajuste fiscal e o processo de privatizações resolveriam os problemas financeiros do governo, bem como devolveriam ao Estado a capacidade de realizar novamente investimentos necessários para o desenvolvimento do país.

7.3. RENEGOCIAÇÃO DA DÍVIDA DOS ESTADOS E MUNICÍPIOS

As restrições impostas aos estados e municípios com a renegociação da dívida se apresentaram como outro elemento a contribuir para menor capacidade de atuação desses entes federativos. A partir de 1995, os acordos envolvendo a renegociação das dívidas estaduais estiveram inseridos na lógica de reforma do Estado, com vistas à promoção de ajustes, na tentativa de inserção da economia brasileira na nova ordem internacional.

Dentre os vários aspectos problemáticos dessa renegociação, vale destacar a redução do grau de autonomia dos entes federativos no que se refere à gestão de seus orçamentos. Porém, crítica mais contundente diz respeito às taxas que foram impostas aos estados e municípios, além da utilização da correção pelo Índice Geral de Preços – IGP-DI da Fundação Getulio Vargas, implicando forte elevação do valor das parcelas da dívida, especialmente em momentos de desvalorização cambial. Constava ainda do acordo de renegociação, a imposição do programa de reformas pelo qual esse novo governo se orientava. Ou seja, os estados deveriam seguir as diretrizes gerais de reformas pelas quais estava orientado o governo federal. Os estados, dessa maneira, deveriam promover privatizações das empresas públicas, cortes em folhas de salários, reformas em suas estruturas previdenciárias, além do estímulo às terceirizações.

Por fim, além do estabelecimento de metas fiscais, os pagamentos das parcelas da dívida renegociada teriam como garantia a vinculação das receitas próprias dos estados e dos repasses do Fundo de Participação dos Estados (FPE). Foi estabelecida também uma limitação em relação à possibilidade de os estados contratarem novas dívidas, uma vez que só poderiam ocorrer novas emissões quando a dívida financeira ficasse em patamar inferior à receita líquida anual.

Como resultado desse processo houve o agravamento do endividamento dos municípios. Entre 1995 e 2002, a dívida líquida total de estados e municípios passou de 10,4% para 18,4% do PIB (MARIANO, 2010). A manutenção da política econômica de juros elevados drenou recursos das políticas sociais para encargos financeiros, contribuindo, desse modo, para elevação da dívida pública.

7.4. A LEI DE RESPONSABILIDADE FISCAL

Contribuiu também para o estrangulamento da capacidade de intervenção dos entes locais a aprovação da Lei de Responsabilidade Fiscal (LRF) em 2000. Seguindo a tendência de reformas de caráter neoliberal vigentes naquele momento, a LRF indicava aos estados e municípios a necessidade do estabelecimento de orçamentos equilibrados na esteira do sinalizado em âmbito federal. O grande problema era que, no momento em que estados e municípios enfrentavam o quadro de maior restrição, com parcela significativa de seus recursos direcionados para o pagamento de parcelas dos acordos de renegociação das dívidas, essa legislação impôs severas restrições financeiras a essas localidades.

A instauração da LRF representou a retomada da hegemonia do neoliberalismo, exercendo enorme influência nas ações dos principais organismos multilaterais. Desse modo, nos países da América Latina, com tradição de forte presença do Estado na economia, passou a prevalecer o estabelecimento de política de orçamentos equilibrados. Acredita-se que esse fenômeno seja um resultado direto do colapso da dívida ao longo da década de 1980 e da consequente crise do padrão vigente de desenvolvimento.

Das limitações impostas pela legislação, as mais importantes estão relacionadas às limitações no tocante ao endividamento e em relação à despesa com pessoal, na medida em que afetam mais diretamente a capacidade de gasto desses entes federativos.

Essa restrição fez inclusive com que os municípios intensificassem o movimento de terceirização, provocando elevação das "outras despesas com pessoa jurídica", com significativa redução dos investimentos realizados pelo poder público local. Desse modo, a introdução dessa legislação em um cenário de constrangimento da capacidade financeira dos entes federativos promoveu um impacto negativo no perfil do gasto social.

7.5. A DESVINCULAÇÃO DAS RECEITAS DA UNIÃO – DRU

Por fim, o último elemento a sinalizar para esse quadro de centralização da capacidade de financiamento do gasto social foi a Desvinculação das Receitas da União (DRU). A criação desse mecanismo, no contexto das reformas conservadoras, seguia a tendência de criticar os excessos de vinculações estabelecidas pela Constituição de 1988 e que limitavam a capacidade do poder central no que se refere às políticas sociais.

O problema é que com esse fundo ocorreu uma redução na capacidade financeira dos entes federativos concernentes às políticas sociais. Em compensação, não se observou um incremento do gasto no âmbito Federal.

Esse mecanismo promoveu a recentralização das receitas na esfera da União, retirando de estados e municípios parcela de recursos originalmente destinados aos gastos sociais. Ressalte-se que, além dessa drenagem de recursos, houve um aumento da carga tributária decorrente das contribuições sociais, além da transferência de encargos para os demais entes federativos. Assim, houve uma intensificação da centralização com a criação desse fundo com o contingenciamento de recursos do orçamento social que seriam repassados para estados e municípios. Houve, em contrapartida, redução do nível do gasto por parte da União justamente em um cenário de baixo crescimento econômico. Mesmo nas Funções[19] para as quais a responsabilidade constitucional é atribuída ao governo federal, observou-se redução no grau de intervenção pública. Esse fato aumentou a pressão sobre esses entes federativos em relação ao gasto social.

Essa movimentação provocou um esvaziamento da capacidade financeira dos entes subnacionais, além do próprio constrangimento das condições do

---

19   Na contabilidade pública e na economia do setor público, utiliza-se o conceito Despesa por Função para indicar as modalidades de despesas realizadas pelo setor público.

orçamento social. A questão central referente a esse quadro de desvinculação de receitas da União é que ocorre um processo de centralização da capacidade de financiamento das políticas sociais, alijando estados e municípios da execução de parcela de suas prerrogativas constitucionais.

Assim, desde a implementação do Fundo Social de Emergência houve uma contínua redução da participação do gasto social federal em relação a outras despesas, principalmente a de natureza financeira. Desse modo ocorreu um incremento na transferência de atribuições para estados e municípios sobre a gestão de políticas sociais, porém com a União exercendo forte controle, na medida em que passou a ser responsável pela regulação e pelo estabelecimento de critérios de transferências de recursos. Verifica-se, nesse sentido, um movimento de queda da participação da União no gasto social, inclusive em políticas que são de responsabilidade dessa esfera de poder.

8. A REAÇÃO DOS MUNICÍPIOS E O COLAPSO DO PACTO FEDERATIVO

Observando o perfil das transferências constitucionais, percebe-se a grande importância que o Fundo de Participação dos Municípios (FPM) exerce para cidades, principalmente para as localidades menores. No entanto, dado o critério populacional para o seu rateio, é sintomático que sempre que ocorram censos demográficos ou contagem populacional exista uma forte pressão por parte dos municípios com relação ao Instituto Brasileiro de Geografia e Estatística (IBGE) no tocante à precisão dos resultados.

Justamente em decorrência desse processo, uma das primeiras etapas dos censos populacionais diz respeito à constituição de comissões municipais censitárias, com objetivo de fazer com que os representantes do poder público local acompanhem todo o processo de contagem da população.

O FPM em sua origem foi concebido de modo que os recursos fossem destinados aos municípios, excluindo as capitais, e seguia o critério de tamanho da população. De acordo com essa legislação, os recursos são divididos da seguinte forma: 86,5% são destinados aos municípios do interior; 10% destinados às capitais; 3,6% constituem-se em uma reserva destinada aos municípios do interior com população superior a 156.216 habitantes. Acredita-se que a introdução dessa reserva teria como objetivo tentar corrigir possíveis distorções em decorrência do crescimento populacional e a criação de alguns centros urbanos no interior do país.

Essa distribuição das receitas entre as localidades, aparentemente, apresenta um relativo grau de irracionalidade, na medida em que o único corte sendo o de caráter populacional não se observa possíveis alterações no tocante ao dinamismo econômico de algumas localidades. Como visto, a flexibilização em relação à possibilidade de criação de novos municípios exerceu fortes pressões para que ocorressem alterações nas regras de partilha desses recursos.

A partir do processo de divisão, a nova localidade formalmente instituída passava a ter acesso a uma parcela de recurso superior a que teria se permanecesse como parte integrante do município maior. Somente então, a partir de 1997, é que ocorre o estabelecimento das regras atualmente existentes em relação à partilha de recursos do FPM. Essas últimas alterações ocorreram como um processo reativo ao quadro de crescimento explosivo no número de novos municípios verificados após a Constituição de 1988. A partir de então, com a inserção de alterações significativas no processo de distribuição dos recursos do FPM, passa a existir um montante preestabelecido em âmbito estadual, para que depois ocorra um rateio no interior do estado.

Desse modo, a divisão do município leva a uma partilha do montante de recursos disponível para o estado, de tal modo que ocorre uma redução nas possíveis vantagens na criação de novos governos locais. Dessa maneira, fica a critério de cada Unidade da Federação decidir as formas de repasse de uma parcela dos recursos oriundos do FPM. A Tabela 3 ilustra a intensidade em que ocorreu esse incremento de municípios

Tabela 3. Distribuição dos Municípios Brasileiros, Segundo Período de Instalação, pelas Unidades da Federação. Brasil – 1980 a 2001.

Unidades da Federação	Total de Municípios				
	1980	1991	1993	1997	2001
Rondônia	7	23	40	52	52
Acre	12	12	22	22	22
Amazonas	44	62	62	62	62
Roraima	2	8	8	15	15
Pará	83	105	128	143	143

Unidades da Federação	Total de Municípios				
	1980	1991	1993	1997	2001
Amapá	5	9	15	16	16
Tocantins	52	79	123	139	139
Maranhão	130	136	136	217	217
Piauí	114	118	148	221	222
Ceará	141	178	184	184	184
Rio Grande do Norte	150	152	152	166	167
Paraíba	171	171	171	223	223
Pernambuco	165	168	177	185	185
Alagoas	94	97	100	101	102
Sergipe	74	74	75	75	75
Bahia	336	415	415	415	417
Minas Gerais	722	723	756	853	853
Espírito Santo	53	67	71	77	78
Rio de Janeiro	64	70	81	91	92
São Paulo	571	572	625	645	645
Paraná	290	323	371	399	399
Santa Catarina	197	217	260	293	293
Rio Grande do Sul	232	333	427	467	497
Mato Grosso do Sul	55	72	77	77	77
Mato Grosso	55	95	117	126	139
Goiás	171	211	232	242	246
Distrito Federal	1	1	1	1	1

Fonte: IBGE. Censo Demográfico 2010.

Esse surgimento explosivo de novas localidades ocasionou um quadro de assimetria em relação à partilha de recursos entre os municípios. Observando os dados na Tabela 4, é possível perceber que as transferências constitucionais acabam por concentrar-se nos municípios com menos habitantes. Desse modo, considerando os recursos *per capita*, há um desequilíbrio em favor dos municípios menos populosos. Ou seja, os locais onde reside maior parcela da população recebem menos recursos.

Tabela 4. Participação das Transferências em Relação à Receita Bruta dos Municípios Selecionados. Brasil – 2005. Em percentual.

Faixas de População	Natureza das Transferências			
	ICMS	IPVA	SUS/FUNDEF/FNDE	FPM
Total	22,6	3,6	19,3	15,9
Mais de 1.000.000	15,8	5,1	16,3	4,3
Entre 300.000 e 1.000.000	25,1	4,4	19,7	11,5
Entre 50.000 e 300.000	27	3,5	20,7	15,8
Menos de 50.000	25,6	1,8	21,5	34,2

Fonte: Secretaria do Tesouro Nacional.

Não se trata de justificar ou não a existência de unidades políticas em função de sua eficiência econômica. O problema é que essas localidades passaram a ter existência em decorrência desse novo quadro institucional, marcado principalmente pelo aumento das transferências constitucionais, especialmente no caso dos pequenos municípios. Nota-se que, nas localidades com menos de 50.000 habitantes, há grande dependência com relação aos recursos oriundos do FPM. Em contrapartida, observa-se sua reduzida capacidade de arrecadação tributária, principalmente aquelas decorrentes da atividade econômica.

Esse novo desenho passa a provocar profundas assimetrias em relação à distribuição dos recursos entre os municípios. Associado ao quadro, que já evidencia restrições impostas a essas localidades, o que se percebe a partir desse momento é a ocorrência de conflitos que tendem a questionar o pacto federativo existente.

Esse processo pode ser facilmente observado a partir da intensificação da guerra fiscal que se instala no País, no nível das Unidades Federativas, e acaba por atingir também os municípios.

Com a prerrogativa de que os municípios passaram a ter, em relação ao estabelecimento das alíquotas de ISS (dentro da margem estabelecida pela legislação a partir de 2000), há um acirramento da guerra fiscal nesse nível territorial. Muitos municípios localizados nas "franjas" de localidades mais dinâmicas passaram a oferecer isenções ou reduções de alíquotas com intuito de atrair atividades econômicas.

Esse fato redundou na ocorrência de processos que passaram a ser captados na economia principalmente a partir da atualização do cadastro de empresas realizado pelo IBGE em 1995, com a Pesquisa Censo Cadastro. Com essa pesquisa observou-se um enorme número de endereços de empresas sediadas em cidades menores, nos quais eram localizadas apenas residências, ou seja, inexistia atividade econômica. Esses endereços eram utilizados meramente com fins de fugir da tributação da localidade mais dinâmica.

A partir de 2000, ajustes na legislação restringiram a possibilidade de as localidades utilizarem esse tributo como instrumento de guerra fiscal. A Emenda Constitucional n. 37 definiu uma alíquota mínima de 2% para o ISS e com isso limitou a ação daquelas localidades que instituíam patamares muito reduzidos para a cobrança desse tributo com intuito de atrair novas unidades produtivas. Nesse aspecto, vale ressaltar que, mesmo nos municípios que utilizaram desse expediente, não se percebeu um incremento da atividade econômica. Como observado, na Pesquisa Censo Cadastro as empresas que se beneficiaram dessas isenções não promoviam incremento de atividade econômica nesses municípios e tampouco possibilitavam o incremento da oferta de trabalho. Basicamente instalavam "espaços virtuais" e continuavam a desenvolver atividade econômica nos municípios mais dinâmicos.

Além disso, a legislação passou a determinar que a incidência da cobrança desse tributo devesse ocorrer no município em que ocorreu a atividade econômica e não necessariamente no local em que está sediada a empresa.

O IPTU também foi utilizado como instrumento de guerra fiscal por parte dos municípios. Esse tributo, de responsabilidade do poder local, tem a virtude de ser um dos poucos na estrutura tributária brasileira com características progressivas. No entanto, as localidades vêm utilizando-o como instrumento de política de emprego e geração de renda por meio de isenções ou financiamento.

Além da questão tributária, muitos municípios, com intuito de atrair atividade econômica, usaram outros instrumentos, eufemisticamente denominados política de emprego e geração de renda. Essas políticas vão desde a cessão de terreno até a isenção de tributação no âmbito local.

Tabela 5. Municípios por Total e por Existência e Tipo de Incentivos para Atrair Atividades Econômicas, segundo Classes de Tamanho da População dos Municípios. Brasil 2002.

População dos Municípios		Modalidade de incentivo		
	Total	Cessão de terra	Infraestrutura Urbana	Distrito industrial
Total	5.560	2.261	2.393	1.522
Até 5.000	1.371	487	532	252
De 5.001 a 20.000	2.666	1021	1047	598
De 20.001 a 100.000	1.292	647	665	526
De 100.001 a 500.000	198	99	129	127
Mais de 500.000	33	7	20	19

Fonte: IBGE. Pesquisa de Informações Básicas Municipais 2002.

De acordo com a Tabela 5, é possível perceber que essa prática era disseminada, independentemente do porte do município. De modo geral, a metade dos municípios brasileiros adotava como prática a cessão de terras para atração de novas atividades econômicas e cerca de 28% a política do estabelecimento de distritos industriais.

Desse modo, há um número grande de municípios que, de algum modo, se utilizaram de medidas que podem ser caracterizadas como renúncia fiscal. Os recursos que poderiam ser destinados às políticas sociais e intervenções no espaço urbano acabam por se deslocar para o favorecimento de um número reduzido de empresários, sem a contrapartida necessária, muitas vezes, no incremento das vagas de emprego. Por fim, vale destacar que no início de junho de 2013 a Câmara dos Deputados aprovou projeto de lei que regulamenta a aprovação de novos municípios. Esse projeto estabelece novas regras em relação à criação, fusão e desmembramento de municípios. A novidade é o estabelecimento de um mínimo de habitantes (6.000 no Centro-Oeste e 12.000 no Sul e Sudeste). No entanto, se não ocorrerem mudanças nos critérios de distribuição de recursos entre os municípios e redução no grau de dependência em relação às transferências institucionais, os conflitos se acentuarão, tornando explosiva a relação entre os entes federativos.

9. CONSIDERAÇÕES FINAIS

Ao longo do capítulo, pretendeu-se, no âmbito do debate em torno da análise de políticas públicas, investigar aspectos da estrutura federativa brasileira, relacionados com o grau de autonomia dos estados e municípios, especialmente no que se refere à sua capacidade de financiamento de políticas sociais.

Inicialmente, demonstrou-se de que modo as especificidades da federação brasileira possibilitaram que ocorressem um processo de descentralização política em favor das localidades. Foi possível perceber que, ao longo da história recente do país, houve momentos de centralização política no âmbito da União, com breves períodos de maior capacidade dos estados e municípios em relação às decisões relativas à intervenção nas políticas sociais. No entanto, a mera polarização descentralização/centralização é insuficiente para explicar as relações que se estabelecem entre os entes federativos no Brasil. Observou-se que o movimento em prol da descentralização das políticas sociais, imprimido ao longo do debate no processo constituinte, teve como elemento norteador a leitura crítica da centralização política herdada da ditadura militar.

Entretanto, se, por um lado, a centralização, na leitura do conservadorismo político, não promoveu o desenvolvimento do país, por outro, a descentralização decorrente da "Constituinte cidadã" não conseguiu resolver as profundas assimetrias existentes na distribuição dos recursos orçamentários entre os entes federativos.

Especialmente após a abertura democrática, acreditava-se na existência de um vínculo direto entre descentralização e democratização. No entanto, paradoxalmente, percebeu-se que ocorreu, ao longo da década de 1990, um movimento de centralização da capacidade de financiamento das políticas sociais em favor da União. Esse aspecto pode ser traduzido pelo aumento do estoque da dívida dos municípios, comprometendo a capacidade de gestão, traduzida na redução do gasto em investimentos; restrições no que se refere às possibilidades de acesso aos mecanismos de crédito e, por fim, a drenagem de recursos decorrentes da existência da DRU. Esse quadro recente de centralização política e de redução da capacidade dos governos, especialmente dos municípios, na gestão de políticas públicas faz com que o pacto federativo seja colocado em xeque.

REFERÊNCIAS

ABRÚCIO, F. L; FRANZESE, C. Federalismo e políticas públicas: o impacto das relações intergovernamentais no Brasil. In: ARAÚJO, M. F. I; BEIRA (Org.). *Tópicos de economia paulista para gestores públicos*. São Paulo: FUNDAP, 2007.

AFONSO, J. R. R.; ARAUJO, E. A. *A Capacidade de Gastos dos Municípios Brasileiros:* Arrecadação Própria e Receita. BNDES, Rio de Janeiro: 2001. Disponível em: <www.bndes.gov.br/clientes/federativo/bf_bancos/e0001530.pdf>. Acesso em: jun. 2010.

CAPOBIANCO, A. M. *Adequação Institucional para a Ação*. Instituto de Estudos Avançados da Universidade de São Paulo. São Paulo, 2004. Disponível em: <www.iea.usp.br/artigos>. Acesso em: jun. 2013.

CARNEIRO, R. *Crise e desenvolvimento*: A economia brasileira no último quarto do século XX. São Paulo: Editora da UNESP, 2007.

CONSTITUIÇÃO FEDERAL DO BRASIL. Disponível em: <www.imprensaoficial.com.br/PortalIO/download/pdf/Constituicoes_declaracao.pdf>. Acesso em: jun./2013.

FAGNANI, E. *Política social no Brasil (1964-2002):* entre a cidadania e a caridade. Tese de Doutoramento. Unicamp: Campinas, 2005.

HOBSBAWM, E. *A era dos extremos:* O breve século XX. São Paulo: Cia. das Letras, 1995.

INSTITUTO DE PESQUISAS ECONÔMICAS APLICADAS. Disponível em: <www.ipeadata.gov.br>.

INSTITUTO BRASILEIRO DE GEOGRAFIA E ESTATÍSTICA. Pesquisa de Informações Básicas Municipais 2002. Disponível em: <www.ibge.gov.br/home/estatistica/economia/perfilmunic/>. Acesso em: jun./2013.

_____. Censo Demográfico 2010. Disponível em: <www.censo2010.ibge.gov.br/resultados>. Acesso em: jun./2013.

LOPREATO, F. L. C. *O colapso das finanças estaduais e a crise da Federação*. São Paulo: Editora UNESP, 2002.

MARIANO, J. *Política Econômica, Federalismo e Crise da Gestão dos Municípios*. Tese de Doutoramento. Unicamp: Campinas, 2010

OLIVEIRA, F. (1995) "A crise da Federação: da oligarquia à globalização". In: AFFONSO, R. B.; SILVA, P. L. B. (Orgs.). *A Federação em Perspectiva: Ensaios Selecionados*. (Org.). São Paulo: FUNDAP, 1995.

MULLER, P. *Les Politiques Publiques*. Bogotá. D. C. Colômbia, 2002.

PRADO, S. *Intervenção estatal, privatização e fiscalização:* um estudo sobre a constituição e crise do setor produtivo estatal no Brasil e os processos de privatização. Tese de Doutoramento. Unicamp, 1994.

SECRETARIA DO TESOURO NACIONAL. Disponível em: <www.tesouro.fazenda.gov.br>. Acesso em: jun. 2013.

Capítulo 4

WELFARE STATE: DIREITOS HUMANOS E POLÍTICAS PÚBLICAS – O QUE NA PRÁTICA REALMENTE TEM SIDO FEITO?

Marina Medeiros Queiroz de Moraes

1. INTRODUÇÃO

Welfare State: Este termo serve basicamente para designar o Estado assistencial que garante padrões mínimos de educação, saúde, habitação, renda e seguridade social a todos os cidadãos.

É preciso esclarecer, no entanto, que todos estes tipos de serviços assistenciais são de caráter público e reconhecidos como direitos sociais. A partir dessa premissa, pode-se afirmar que o que distingue o Estado de Bem-Estar de outros tipos de Estado assistencial não é tanto a intervenção estatal na economia e nas condições sociais com o objetivo de melhorar os padrões de qualidade de vida da população, mas o fato de os serviços prestados serem considerados direitos dos cidadãos.

Na América Latina, continente com tantas desigualdades, falar de Direitos Humanos, resgatando o ideal de Estado de Bem-Estar Social (*Welfare State*), atrelando políticas públicas reais, é falar do que realmente tem sido feito para amenizar tantos contrastes, é falar da prática de reais conceitos para amenizar a pobreza no mundo.

Quem, de fato, ganha com a pobreza?

A exclusão de pessoas, a desigualdade, a pobreza, são doenças que afetam a todos indistintamente. Mesmo aqueles que não são pobres acabam sofrendo com os outros tipos de mazelas sociais, tais como: violência, falta de segurança, com transtornos sociais que sempre causarão uma resposta: TODOS SOMOS RESPONSÁVEIS PELA DESIGUALDADE SOCIAL.

2. POLÍTICAS SOCIAIS ASSISTENCIAIS NO MUNDO

Em diferentes épocas e períodos históricos, é possível identificar vários tipos de políticas assistenciais promovidas por inúmeros Estados. No transcurso do século XVIII, por exemplo, países como Áustria, Rússia, Prússia e Espanha colocaram em prática uma série de importantes políticas assistenciais. Porém, esses países desenvolveram ações desse tipo nos marcos da estrutura de poder não democrático.

Os países citados acima ainda apresentavam uma estrutura social tradicional baseada na reconhecida divisão entre súditos e governantes. As políticas assistenciais desenvolvidas por esses países se situavam no campo da justiça material, ou seja, eram consideradas pelos súditos como dádivas ou prebendas ofertadas pelo governante. É possível traçarmos um paralelo da situação descrita acima com as políticas assistenciais criadas no âmbito do governo ditatorial de Getúlio Vargas (1930-1945), que ficou conhecido por extensos segmentos das populações pobres como o "pai dos pobres".

O *Welfare State*, Estado de Bem-Estar, surgiu após a Segunda Guerra Mundial. Seu desenvolvimento está intimamente relacionado ao processo de industrialização e aos problemas sociais gerados a partir dele.

Ocorreu também uma vertiginosa ampliação dos serviços assistenciais públicos, abarcando as áreas de renda, habitação e previdência social, entre outras. Paralelamente à prestação de serviços sociais, o Estado de Bem-Estar passou a intervir fortemente na área econômica, de modo a regulamentar praticamente todas as atividades produtivas, a fim de assegurar a geração de riquezas materiais junto com a diminuição das desigualdades sociais.

Com base nessas considerações, é possível afirmarmos, portanto, que, numa perspectiva mais ampla, as origens do Estado de Bem-Estar (CANCIAN, 1985) estão vinculadas à crescente tensão e conflitos sociais gerados pela economia capitalista de caráter "liberal", que propugnava a não intervenção do Estado nas atividades produtivas.

As crises econômicas mundiais presenciadas nas primeiras décadas do século XX (da qual a crise de 1929 é o caso mais conhecido) provaram que a economia capitalista livre de qualquer controle ou regulamentação estatal gerava profundas desigualdades sociais. Essas desigualdades provocavam tensões e conflitos, capazes de ameaçar a estabilidade política.

Os direitos sociais surgem, por sua vez, para assegurar que as desigualdades de classe social não comprometam o exercício pleno dos direitos civis e políticos. Assim, o reformismo do Estado de Bem-Estar tornou possível compatibilizar capitalismo e democracia. No âmbito do Estado de Bem-Estar, o conflito de classes não desapareceu, mas se institucionalizou. A extensão dos direitos políticos e o sufrágio universal possibilitaram canalizar os conflitos de classe para as instituições políticas, transformando demandas sociais em direitos.

O Brasil começou agora a estruturar melhor um Estado de Bem-Estar semelhante aos dos países de Primeiro Mundo. Não obstante, o grau de intervenção estatal na economia nacional teve início na Era Vargas (1930-1945) e chegou ao auge durante o período da ditadura militar (1964-1985). Paradoxalmente, os mais beneficiados com os gastos públicos em infraestrutura (nas áreas de telecomunicações, energia elétrica, autoestradas etc.) e construção de grandes empresas públicas foram, justamente, os empresários brasileiros e estrangeiros.

Com a adoção de fortes políticas assistencialistas, grande parte da população ganhou significativo poder de compra, e, atualmente, embora muito endividada, grande parte da população já se deslocou da classe D para a C.

3. POLÍTICAS PÚBLICAS AMBIENTAIS

A articulação entre políticas ambientais e urbanas faz evidenciar uma necessidade de uma visão regional, a busca de sintonia, e a delimitação de proteção mínima.

Os princípios estabelecidos pela Constituição Federal de 1988, associados à redemocratização da sociedade, buscam equacionar os deflagrados problemas ambientais, a degradação dos recursos hídricos, os entraves ao desenvolvimento urbano, entre outros. Um importante aspecto é a ampliação da participação da sociedade civil em processos decisórios do Estado.

Embora a legislação brasileira seja considerada, em geral, bastante avançada no que diz respeito às políticas urbanas, ambientais e hídricas, o principal desafio diz respeito à construção de caminhos que possam viabilizar uma permanente integração entre elas, visando, sobretudo, equacionar os principais conflitos com que se defrontam principalmente em áreas intensamente urbanizadas.

A Constituição Federal do Brasil de 1988, especialmente em seus dispositivos sobre as políticas ambiental, hídrica, regional e urbana, tem levado à introdução de novos padrões de gestão ambiental, regional e local.

Importante ressaltar que, de um lado, as políticas urbanas e regionais são de responsabilidade de entes da federação – município e estado, respectivamente. Conforme a Constituição Federal de 1998, cabe ao município a responsabilidade da política urbana, principalmente com relação ao desenvolvimento e à organização territorial, a ser definida por meio do Plano Diretor de Município (que é regulamentado pelos artigos 182 e 183), e ao Estado, a organização regional e as políticas de caráter intermunicipal (artigo 25).

Além disso, as políticas ambientais (artigo 225) e as hídricas (artigo 21) são políticas concorrentes, ou seja, são competências comuns dos três níveis de governo; desse modo, devem, quando a área em questão corresponder a dois ou mais municípios do mesmo estado, se sujeitar ao estado e, no caso de corresponder a municípios que estão em estados diferentes, ou se a área se estender a outro país, sujeitar-se à União.

Desse modo, sempre que houver uma atuação que extrapole os limites político-administrativos, há que considerar o nível de governo hierarquicamente superior. Por exemplo, para o planejamento e gestão das bacias hidrográficas, cujos limites extrapolam municípios ou mesmo um território estadual, deve-se considerar a negociação entre os níveis de governo, uma vez que no federalismo a cooperação entre o poder nacional e os poderes estaduais e locais resulta sempre de um processo de negociação, já que estatuariamente os entes são independentes (MARTINS, 2006, p. 32).

No campo da política urbana, a descentralização político-administrativa propiciada pela Constituição Federal de 1988 ampliou a competência dos municípios, dando-lhes maior autonomia política, fiscal e financeira, reconhecendo principalmente a posição estratégica das cidades.

Neste contexto, o Plano Diretor elaborado com a participação dos diferentes setores da sociedade passa a ser o principal instrumento de política urbana e se torna obrigatório em 2006. Embora a nova legislação federal indique um conjunto de instrumentos urbanísticos que podem ser incorporados pelo plano diretor, são poucos aqueles que possibilitam ao município implementar uma política que integre o ambiente urbano construído ao não construído, as áreas urbanizadas às áreas rurais ou mesmo equacionar problemas ambientais intraurbanos.

Dentre eles destaca-se, principalmente, o macrozoneamento ambiental, instrumento formulado para todo território municipal, políticas ambientais e urbanas em áreas de mananciais.

No caso do estado de São Paulo, tanto a Política Estadual de Recursos Hídricos de São Paulo (Lei n. 7633/1991) quanto a nova Lei Estadual de Proteção dos Mananciais (Lei n. 9866/1997), legislações que incidem sobre os recursos hídricos do estado de São Paulo sobre as áreas que protegem os mananciais estaduais de abastecimento de água incorporam a bacia hidrográfica como unidade de gestão e planejamento.

Ou seja, a responsabilidade da gestão dessas unidades é do fórum coordenador da bacia, ou sub-bacias: os comitês ou subcomitês de bacia. Entretanto, os territórios em que atuam esses fóruns são também orientados por outras legislações e políticas setoriais definidas nos distintos níveis de governo em que o Brasil se organiza.

Na Bacia do Alto Tietê, possibilitou-se aproximar a atuação dos principais organismos setoriais do estado à dos municípios que estão em área de proteção dos mananciais na busca de uma solução conjunta para os seus principais problemas.

O principal objetivo da Política Estadual de Recursos Hídricos, segundo a Constituição Estadual de 1989, é assegurar que a água, recurso natural essencial à vida, ao desenvolvimento econômico e ao bem-estar social, possa ser controlado e utilizado, em padrões de qualidade satisfatórios, por seus usuários atuais e pelas gerações futuras em todo o território do estado de São Paulo.

A Constituição do estado de São Paulo de 1989 desenvolve um capítulo inteiro sobre a organização dos recursos hídricos (artigos 205 a 213), sendo mais específica do que a Constituição Federal de 1988 e orientando as ações de caráter cooperado entre os distintos níveis de governo.

Assim, podemos observar que muitas leis existem para proteger a questão do Estado Social Ambiental e muitas ações estão sendo segmentadas para de fato realizar e construir políticas públicas efetivas e funcionais, porém, acredita-se que ainda muito há por fazer.

As leis precisam ser cumpridas de fato, ainda estamos engatinhando, a regionalização das necessidades e o acompanhamento da sociedade nas questões ambientais são ações que ganham fôlego e decerto tornarão mais efetivas as ações públicas ambientais.

4. POLÍTICAS PÚBLICAS PARA ANIQUILAÇÃO DA DESIGUALDADE SOCIAL

O primeiro dos oito Objetivos de Desenvolvimento do Milênio (ODM), que foi estabelecido pela Organização das Nações Unidas (ONU), prevê que os países cheguem em 2015 com metade da proporção de pobres de 1990.

No caso do Brasil, essa meta foi atingida dez anos antes, em 2005. De acordo com dados da Pesquisa Nacional por Amostra de Domicílio (PNAD), realizada pelo Instituto Brasileiro de Geografia e Estatística (IBGE), a proporção de brasileiros com renda inferior a um dólar por dia era de 8,8% em 1990 e foi reduzida a 4,2% em 2005.

O programa Bolsa Família contribuiu em 21% para a redução da pobreza no Brasil. Apesar de duramente criticado pelas classes A e B, o Programa vem se fortalecendo e se apresentando como resposta ao apelo silencioso da população mais pobre: os governos democrático (populares) da América Latina começaram a produzir grandes e inovadores esforços para tratar da pobreza.

O fato é que, desde seu lançamento, o programa não teve, por parte da mídia brasileira, uma cobertura preocupada em constatar se essas janelas estavam, de fato, se abrindo. A maior parte das matérias tratou de destacar irregularidades na execução do programa, o impacto do programa sobre o seu público-alvo recebeu bem menos destaque.

É inegável a força que os meios de comunicação têm em formar opinião. Para se realizar a árdua tarefa de quantificar e qualificar o impacto da distribuição de renda pelo Bolsa Família faz-se necessário, primeiramente, desvencilhar-se de tendências já internalizadas que absorvemos da mídia brasileira, em enxergar nas ações políticas apenas seus erros e limitações.

Pode parecer um paradoxo, mas não é. O objetivo do programa Bolsa Família é justamente fazer com que seus beneficiados deixem de sê-lo. Essa é uma tarefa para muitos anos e não apenas para um programa isolado.

Este paradoxo é complexo e necessita de uma profunda análise conjunta do governo, da sociedade, dos poderes públicos e privados, considerando todas as mudanças socioeconômicas advindas com o fortalecimento do programa, para gerar ações conjuntas com o intuito de equalizar cada vez mais a distribuição do PIB (Produto Interno Bruto).

Os municípios mais pobres acabam recebendo mais recursos do Bolsa Família do que o próprio repasse tributário. As mudanças sociais que o programa vem provocando, principalmente no âmbito familiar, é outra questão de suma importância. A característica do Bolsa Família em transferir a renda para beneficiários principalmente do público feminino vem provocando alterações significativas nas relações sociais vigentes.

O Bolsa Família dá mais autonomia às mulheres, maior inserção social e poder de compra, mais afirmação no espaço doméstico e ampliação do acesso a serviços públicos de educação e saúde. O aumento da presença nas decisões do lar e da comunidade e a melhoria na qualidade de vida foram alguns dos impactos do Bolsa Família no dia a dia das mulheres[20].

O desafio ainda é grande: o critério de inclusão precisa permitir a ultrapassagem para o atendimento de famílias pobres e não apenas indigentes, como de fato vem ocorrendo; o benefício precisa ser elevado para um patamar de pelo menos um salário mínimo; a transferência monetária precisa ser mais articulada ao acesso a serviços sociais básicos e a políticas e programas sociais

---

20 Pesquisa qualitativa divulgada em 08/03/2010, pelo MDS e pelo Núcleo de Estudos sobre a mulher da Universidade de Brasília.

estruturantes; os Programas de Transferência de Renda, como outros programas sociais, precisam, sobretudo, ser articulados a uma Política Econômica que seja capaz de distribuir a renda e a riqueza socialmente produzida, gerar emprego e renda para a população que tenha condições de se autonomizar.

Por último, estudos recentes como o realizado pelo BIRD – Banco Internacional para Reconstrução e Desenvolvimento (Ascensão e Queda da Desigualdade Brasileira); "Radar Social", realizado pelo IPEA, "Miséria em Queda" e Pesquisa Nacional por Amostra de Domicílios – PNAD – PNAD 2004 e 2005, realizados pelo IBGE evidenciam um declínio da pobreza e da desigualdade social no Brasil principalmente em 2004 e 2005.

No geral, os estudos creditam essas alterações à estabilidade da moeda, à recente diminuição do desemprego e aos Programas de Transferência de Renda, pela sua expansão e maior focalização na população pobre.

Todavia, estudo também recente, desenvolvido sobre os impactos dos Programas de Transferência de Renda sobre a redução da desigualdade e da pobreza no Brasil, demonstrou que o Programa Bolsa Família é bem focalizado nas famílias pobres brasileiras.

Como se sabe, e se vê cotidianamente, o aumento do volume de recursos destinados a programas sociais, como o Bolsa Família, divide os especialistas do setor, onde, para alguns, se trata de um investimento estratégico capaz de gerar uma dinâmica de desenvolvimento na economia e, para outros, são gastos que aumentam o endividamento do Estado e que não podem ser significativamente elevados.

O impacto do Bolsa Família sobre a redução consistente da desigualdade social no Brasil não é livre de polêmicas, onde há quem acredite que, embora tenha efeitos positivos para a melhoria da vida de famílias mais pobres, o programa é insuficiente para alterar o quadro da desigualdade social no país. O Bolsa Família é um pingo d'água nessa história. São os programas dos direitos sociais que representam a grande fatia dessa transferência de renda. Isso causou uma melhoria que tem correspondência no consumo popular das classes mais baixas, o que não significa que melhorou a distribuição de renda, porque os excedentes brutos das empresas têm aumentado nesse período.

5. CONSIDERAÇÕES FINAIS

Quando fizemos alusão à imensa desigualdade vivida no mundo, experimentamos certo dissabor de saber que algo está muito desequilibrado.

Muitas vezes nos debruçamos sobre livros, estudamos dedicadamente determinado tema e não vislumbramos que milhares de pessoas estão tentando uma única coisa: se manterem vivas. Seria então uma hipocrisia estudarmos diariamente milhares de teorias sem apontarmos uma solução imediata, sem propormos uma ação rápida que de fato instrumentalize uma ação verdadeira.

O que seria uma ação verdadeira? Na seara das políticas públicas e Direitos Humanos, mergulhamos no que de mais humano pode se debruçar por uma ciência, debruçamo-nos sobre a defesa daqueles que mais necessitam, ou melhor, propomo-nos a fazer algo realmente necessário, algo que salvará vidas, algo que delimitará ação mensurável e significante para pessoas que de fato necessitam.

Atualmente, o mundo almeja ações, mais do que teorias, que propriamente se proponham a aplicar a mais concreta efetividade. Ações como o Bolsa Família, políticas assistenciais e a regionalização de condutas ambientais são ações imediatas e de grande impacto.

Por mais críticas que possam surtir, a humanidade clama por ações imediatas, sem menosprezar o planejamento de ações pautadas, de estudos científicos regrados.

REFERÊNCIAS

BARROS, R. P.; FOGUE, M. N. I.; ULYSSEA. G. *Desigualdade de renda no Brasil:* uma análise da queda recente. Brasília. IPEA, 2006.

BETTO, F. *A Mosca Azul.* Rio de Janeiro: Rocco, 2006.

BERTOLDI, M. M.; RIBEIRO, M. C. P. *Curso avançado comercial.* 5. ed. rev. e atual. São Paulo: Editora Revista dos Tribunais, 2009.

BRASIL. *Medida provisória n. 132, de 20 de outubro de 2003,* 2003. Cria o Bolsa Família, 2003.

_____. Presidência da República. *Lei 10.836, de 9 de janeiro de 2004.* Institui o Programa Bolsa Família, 2004.

_____. Presidência da República. *Decreto 5.209, de 17 de setembro de 2004.* Regulamenta o Programa Bolsa Família, 2004.

_____. Ministério de Desenvolvimento Social e Combate à Fome (MDS). *Perguntas e respostas sobre o Bolsa Família. Brasília*, 2005. Disponível em: <www.mds.gov.br>. Acesso em: 20 mar. 2006.

_____. *Relatório de Governo de Transição sobre os Programas Sociais.* Brasília, 2002 (mimeo.).

BRASILINO, L. *As perspectivas do Bolsa Família.* 2006. Disponível em: <www.brasildefato.com.br>. Acesso em: 31 mar. 2007.

CANCIAN, R. *Comissão Justiça e Paz de São Paulo:* Gênese e Atuação Política (1972-1985). 1. ed. São Carlos: EduFScar, 2005.

CASTRO, F. *Bolsa família deve ser expandido para atrapalhar política do superávit primário.* 2007. Disponível em: <www.reportersocial.com.br>. Acesso em: 31 mar. 2007.

COHN, A. *Políticas sociais e pobreza no Brasil.* Planejamento e Políticas Públicas n. 12, jun./dez. 1995. Brasília. Disponível em: <www.ipea.gov.br/pub/ppp/ppp12/parte1.pdf>. Acesso em: 02 fev. 2008.

CRUZ, M. J. V.; PESSALI, Huáscar Fialho. *As implicações da racionalidade limitada na elaboração de políticas compensatórias de combate à pobreza:* uma análise do Programa Bolsa Família. Disponível em: <www.economia.ufpr.br/publica/textos/2007/Cruz%20e%20Pessali-06062007.pdf>. Acesso em: 01 mar. 2008.

FLEURY, S. *A seguridade social.* FGv. 2003. Disponível em: <www.fgn.gov.br>. Acesso em: 31 mar. 2007

_____. *Estados sem Cidadãos:* seguridade social na América Latina. Rio de Janeiro: Editora Fiocruz, 1997.

_____. *Juntos somos mais fortes.* Entrevista concedida à Revista Radis/Fiocruz, 48: 13 ago. 2006. Disponível em: <www.maxwell.lambda.ele.puc>. Acesso em: 12 set. 2007.

_____. *A seguridade social inconclusa.* Disponível em: <ww.fgv.rj.br>. Acesso 12 set. 2007.

FRANCO, V. H. M. *Direito Empresarial I:* o empresário e seus auxiliares, o estabelecimento empresarial, as sociedades. 3. ed. rev., atual. e ampl. São Paulo: Editora Revista dos Tribunais, 2009.

GROSSI, M. D., BELIK, W. O Programa Fome Zero no contexto das Políticas Sociais no Brasil. *XLI Congresso da SOBER.* Juiz de Fora, Minas Gerais. Julho de 2003.

MINISTÉRIO DO DESENVOLVIMENTO SOCIAL E COMBATE À FOME. *Manual de Gestão de Condicionalidades.* 1. ed. Brasília – DF. 2006.

OUVIDORIA PETROBRÁS. Bolsa Família dá mais autonomia às mulheres. 2007. Disponível em: <ouvidoria. Petrobrás.com.br>. Acesso em: 31 mar. 2007.

POCHMANN, M. A Proteção Social na periferia do capitalismo – considerações sobre o Brasil – *Revista São Paulo Perspectivas.* v. 18, n. 2. São Paulo, abr./jun. 2004.

SEALY, L. S. *Cases and materials in company law.* 2. ed. Butterworths, Great Britain, 1978.

Capítulo 5

POLÍTICAS PÚBLICAS E DEMOCRACIA

Alexsandro Eugenio Pereira

1. INTRODUÇÃO

Nas décadas de 1980 e 1990, emergiram algumas perspectivas de análise de políticas públicas reunidas pelo rótulo de abordagens cognitivas. Esse rótulo integra um conjunto de abordagens cuja característica comum é considerar as ideias e o conhecimento como variáveis independentes no processo de formulação das políticas públicas. Além dessas características, parte destas abordagens levou em consideração dois aspectos fundamentais do atual contexto internacional e doméstico. Em primeiro lugar, a crescente importância do ativismo de atores não estatais, como as ONGs e os movimentos sociais. Esse ativismo tem uma expressão no cenário internacional por meio das pressões exercidas por esses atores sobre governos e organizações internacionais. Mas tem expressão no plano doméstico, na medida em que a atuação de ONGs tem forte base local. Em segundo lugar, a crescente complexidade das questões que são objetos de decisão política. Essa complexidade está relacionada com as alterações no contexto internacional capazes de produzir implicações sobre o processo de tomada de decisão. Variáveis domésticas, como as pressões de grupos organizados da sociedade e os arranjos institucionais nos quais se estabelecem os embates entre propostas alternativas de política, para citar algumas, conjugam-se com variáveis internacionais na determinação do desenho das políticas públicas. Nesse sentido, o processo de tomada de decisões sofre os efeitos da combinação de variáveis domésticas e internacionais, levando analistas, como Haas (1992) e outros, a considerarem a importância do conhecimento na elaboração da política externa dos Estados por meio da atuação das chamadas comunidades epistêmicas.

As alterações resultantes dos processos de globalização tiveram implicações sobre a democracia. Nessa direção, duas perspectivas teóricas controversas reconheceram mudanças nas democracias contemporâneas como reflexo desses processos. A primeira delas foi elaborada por Held (1991) cuja análise mostrou os efeitos da perda da autonomia do Estado-nação para o desenvolvimento da democracia em bases nacionais. Held afirmou que a soberania estatal seria afetada pelas alterações econômicas recentes, gerando, como resultado, mudanças significativas no lócus das decisões políticas. A segunda perspectiva foi desenvolvida por Robert Dahl (1994) a partir de observações do autor a respeito do Tratado de Maastricht, datado de 1992 e com o qual os europeus aprofundaram seu processo de integração. Ele observou que os arranjos institucionais estabelecidos pelo Tratado colocariam os governos nacionais dentro de um sistema transnacional menos democrático em comparação com os regimes vigentes no interior de cada país signatário. Dahl é cético sobre o deslocamento do lócus da decisão política das instituições nacionais para as supranacionais. Apesar de reconhecer o que ele chamou de "transnacionalização" da democracia[21], Dahl não considerou que o Estado-nação deixaria de ser a referência fundamental dos cidadãos nas atuais democracias.

Dessa forma, tornou-se relevante examinar os efeitos das mudanças no contexto internacional sobre as democracias contemporâneas. É necessário reconhecer a crescente importância de atores não estatais e de lócus intergovernamentais de decisão política capazes de gerar implicações sobre a elaboração e a implementação de políticas públicas. Com base nessa questão, o propósito deste capítulo é examinar como uma parte do campo teórico de análise de políticas públicas incorporou as mudanças recentes na democracia e no contexto internacional, reconhecendo a complexidade das questões e a emergência de novos atores capazes de interferir no processo de decisão política. Para isso, serão examinadas, brevemente, as contribuições das chamadas "abordagens cognitivas".

---

[21] Esse ponto será retomado mais adiante na segunda seção deste capítulo.

Para desenvolver esse propósito, o capítulo estará dividido em duas partes principais. Na primeira delas, serão examinadas as contribuições divergentes de David Held e Robert Dahl para a análise das mudanças do contexto internacional e, por consequência, das condições atuais de desenvolvimento da democracia. Na segunda, será desenvolvida uma avaliação dos reflexos das mudanças na democracia sobre a produção das políticas públicas com ênfase nas abordagens teóricas mencionadas antes.

2. O CONTEXTO INTERNACIONAL E SUAS IMPLICAÇÕES PARA A DEMOCRACIA SEGUNDO AS ABORDAGENS DE DAVID HELD E ROBERT DAHL

Em um artigo publicado no Brasil no início dos anos 1990, David Held examinou as implicações da perda da autonomia do Estado-nação para o desenvolvimento da democracia em bases nacionais. Para Held, estaríamos mergulhados numa situação paradoxal: o avanço da democracia como regime político em diversas partes do mundo ocorreu no mesmo momento em que a eficácia desse regime como forma nacional de organização política é colocada em questão. Em outros termos, diversas nações proclamam-se como democráticas no momento em que as mudanças na ordem internacional comprometem a possibilidade de um Estado-nação democrático independente. Essas mudanças são resultado do processo de globalização, que gera uma tendência à organização de amplas áreas da atividade humana em termos globais, aumentando as incertezas sobre o destino da democracia.

Neste artigo, resultado de uma conferência do autor realizada no Japão em 1990, David Held sustentou a necessidade de revisão da teoria da democracia. Na parte final do artigo, ele apresentou algumas considerações a respeito do "novo significado" da democracia no sistema global e mostrou de que forma a teoria da democracia precisaria ser repensada para incorporar as redes internacionais de Estados e sociedades civis. De modo mais fundamental, Held questionou as premissas da teoria da democracia que podem ser resumidas como segue:

> [...] que as democracias podem ser tratadas essencialmente como unidades autossuficientes; que as democracias são claramente separadas umas das outras; **que as mudanças no âmbito de uma democracia podem ser explicadas em grande parte por referência às estruturas internas e à dinâmica das sociedades democráticas nacionais**; e que a política democrática expressa, em última análise, a interação de forças operando no plano do Estado-nação. (HELD, 1991, p. 148; sem grifos no original)

Ao questionar essas premissas, Held procurou sustentar que as alterações na ordem internacional estariam impactando a soberania estatal e, por consequência, as condições de desenvolvimento dos regimes democráticos no plano nacional. Não se trata, evidentemente, de defender o fim dos Estados-nação, pois essa conclusão seria excessivamente apressada. Held procurou mostrar como a soberania estatal estaria sendo afetada pelas mudanças econômicas recentes e pelas alterações significativas no lócus das decisões políticas. Por essa razão, o autor concentrou seu foco nas características do contexto internacional, caracterizado pela interdependência econômica e política, pelo crescimento acelerado das ligações transnacionais e pela formação de blocos de poder regionais. Como consequência dessas características, tornou-se evidente, pelo menos para Held, uma mudança sensível no grau de autonomia do Estado-nação. Em outros termos, o impacto dos processos globais não é sentido da mesma forma por todos os Estados nacionais, pois isso depende das condições econômicas e políticas domésticas. Mas esse impacto se exerce sobre todos os Estados. Tais processos, enfim, geram efeitos sobre a forma e os limites das atuais democracias.

Neste artigo, Held retomou análises realizadas nos anos 1970 por diversos autores, que também observaram significativas transformações nas relações internacionais. Nessas análises, observou-se o crescente desenvolvimento de ligações transnacionais conectando sociedades distintas (cf. KAISER, 1990; DEUTSCH, 1978; MERLE, 1981; KEOHANE e NYE, 1972). Essas ligações envolvem a conexão de atores sociais importantes, como as ONGs e as empresas multinacionais. Além disso, essas ligações podem se estabelecer sem o controle efetivo dos Estados. É o caso, por exemplo, de parte dos fluxos de comércio estabelecidos entre as filiais das grandes empresas multinacionais. Martins (1999, p. 47) estimou que 40% do comércio internacional correspondente às transações intraempresas por meio de subsidiárias e matrizes das empresas multinacionais localizadas em diferentes países.

Keohane e Nye (2001) apresentaram as características das relações internacionais num livro publicado originalmente em 1977. Essas características envolveriam: 1) a identificação de canais múltiplos conectando as sociedades, além das tradicionais relações interestatais mediadas pela diplomacia. Eles incluem nexos informais entre elites governamentais e acordos formais entre agências de serviço exterior; nexos informais entre elites não governamentais e organizações transnacionais (como bancos e empresas). Para os autores, as políticas internas são afetadas pela expansão das atividades econômicas de empresas, bancos e outros atores cuja ação transcende as fronteiras nacionais; 2) a agenda das relações interestatais envolve uma multiplicidade de temas que não estão hierarquizados. Diferentes problemas geram diferentes coalizões, dentro e fora do governo, e supõem distintos graus de conflito. Inúmeros problemas energéticos, de recursos naturais, da população, do emprego do espaço e dos mares estão equiparados com as questões de segurança militar e de rivalidade territorial, próprias do contexto da Guerra Fria (1947-1989); 3) a força militar pode ser irrelevante para resolver problemas econômicos ao mesmo tempo em que pode ser importante para as relações políticas e militares de uma aliança contra um bloco rival.

Como resultado dessas características, emerge a problemática abordada por Held no artigo mencionado acima. Ele apontou o deslocamento dos processos decisórios antes exclusivamente centrados no Estado-nação. Esse deslocamento produziu como consequência a crescente importância de atores diversos, como as empresas multinacionais e as ONGs com atuação transnacional. Temas como o meio ambiente, o narcotráfico, as migrações e crescimento populacionais e os Direitos Humanos, dentre outros, demandam decisões políticas que precisam ser tomadas em organizações, conferências e fóruns internacionais que transcendem os limites do Estado-nação. Trata-se do que Kennedy (citado em VILLA, 2001) identificou como pressões em direção à "redistribuição da autoridade".

> *O principal agente autônomo nas questões políticas e internacio-*
> *nais nos últimos séculos [o Estado] parece não apenas estar per-*
> *dendo o controle e a integridade, mas parece ser também o tipo*
> *errado de unidade para enfrentar circunstâncias mais novas. Para*
> *alguns problemas é uma unidade demasiado grande para operar*
> *com eficiência, para outros é pequeno demais. Em consequência*
> *há pressões para uma 'redistribuição de autoridade' tanto para*
> *cima como para baixo, criando estruturas que poderão responder*
> *melhor às forças de mudança de hoje e de amanhã.* (KENNEDY
> *apud* VILLA, 2001, p. 69)

Essa redistribuição de autoridade, porém, não significou que o Estado deixou de controlar temas da agenda, como as questões estratégicas e militares. Nesses temas, ele continua reinando soberano. O problema, segundo Kennedy, é a ampliação dos temas da agenda e o papel que o Estado pode exercer na tomada de decisões a respeito desses temas. A lógica de quem define a agenda abre espaço para negociações e articulações que não envolvem nem a força militar nem a força econômica. Soluções formuladas para os problemas ambientais não podem ser encontradas apenas no interior dos Estados ou a partir deles. Um exemplo disso são os acordos sobre a camada de ozônio que dificilmente serão concretizados sem a colaboração das empresas transnacionais dos aerossóis, como a Dupont, uma das principais empresas do mercado desse produto. O que não significa dizer que o Estado nacional deixou de exercer a soberania. Ele continua sendo a entidade que define normas, regulamentos e políticas dentro de um território e até mesmo a pauta da ação de atores transnacionais. Porém, a natureza transnacionalizada dos fenômenos remete a situações nas quais a decisão pode não depender da ação do Estado. (cf. VILLA, 2001, p. 70-71). "Dadas essas circunstâncias, o acesso e a influência dos atores não estatais acabam se definindo pela própria natureza e pela dinâmica descentralizada dos processos em questão" (*idem*).

Para Held, a autoridade também estaria sendo deslocada como decorrência do menor grau de autonomia dos Estados nacionais como consequência dos processos de globalização. Held sustentou que estaria em curso uma erosão da soberania estatal por causa da crescente importância de uma autoridade "superior" ou independente para resolver problemas da agenda internacional, capaz de reduzir o âmbito legítimo da decisão do Estado. Essa autoridade "superior" seria representada pelas organizações supranacionais e intergovernamentais. Por soberania, ele entende a autoridade política no seio de uma comunidade, detentora do direito incontestável de estabelecer o sistema de normas, regulamentos e políticas dentro de um território determinado e de governar de acordo com esse direito (cf. HELD, 1991, p. 165-166). A soberania envolveria, portanto, a capacidade estatal de exercer autoridade política dentro do seu território. Essa capacidade seria afetada pela operação cada vez mais relevante de diferentes tipos de organizações internacionais. A autonomia, por sua vez, envolveria a capacidade estatal de agir com o propósito de alcançar determinados objetivos econômicos e políticos, sem sofrer quaisquer limitações internas ou externas para alcançar tais objetivos.

Held considera que muitas atividades e responsabilidades do Estado não poderiam ser realizadas sem a colaboração internacional de outros atores estatais e não estatais. Em consequência, os Estados tiveram que aumentar o grau de integração política com outros Estados e/ou aumentar as negociações, arranjos e instituições multilaterais para controlar efeitos resultantes do desenvolvimento das interconexões. A globalização criaria cadeias de decisões políticas e resultados interligados entre os Estados e seus cidadãos que alterariam a natureza e a dinâmica dos próprios sistemas políticos nacionais (cf. HELD, 1991, p. 179).

Essas considerações de Held permitem inferir dois problemas importantes: (*i*) a ampliação da democracia para além dos limites dos Estados nacionais (a "democracia global" ou a "transnacionalização" da democracia para empregar a expressão usada por Robert Dahl, 1994); (*ii*) as dificuldades relativas à construção de instituições políticas no plano internacional, capazes de processar demandas, viabilizar a participação política de atores sociais e de cidadãos, tornar suas decisões legítimas e possibilitar formas de controle democrático do processo político. Como consequência, Held apresentará um conjunto de recomendações entre as quais é possível destacar as condições de realização do que ele chamou de "princípio de autonomia", que fundamenta sua proposta de construção de uma democracia cosmopolita. Esse princípio é definido como segue:

> *[...] os indivíduos devem usufruir de direitos iguais (bem como,*
> *por isso mesmo, assumir deveres iguais) no quadro social geral*
> *em que as oportunidades abertas a eles são geradas e limitadas;*
> *isto é, eles devem ser livres e iguais na determinação das condi-*
> *ções da sua própria existência, desde que não mobilizem aquele*
> *quadro de modo a negar os direitos de outros.* (HELD, 1991, p. 186;
> grifado no original)

Para isso, o "princípio de autonomia" precisaria ser realizado no contexto das redes internacionais, de Estados e organizações e da sociedade civil. Held atribuiu um papel importante às organizações enquanto elementos do Estado capazes de transcender as fronteiras territoriais. Nessas organizações, podem ser debatidos muitos dos temas da agenda de interesse comum dos Estados.

As organizações intergovernamentais, como a ONU (Organização das Nações Unidas), enfrentam obstáculos relacionados à sua capacidade de criar mecanismos de acesso aos cidadãos na política internacional. A Organização das Nações Unidas é composta pelos representantes dos Estados que, por sua vez, agem em nome do interesse de suas populações, mas tal interesse é definido nos termos dos próprios Estados sem necessariamente passar pela aprovação dos cidadãos nacionais. Nesse sentido, Archibugi (1995) avalia as propostas de reforma da ONU, mostrando que elas privilegiaram muito mais os poderes da organização do que o seu desenho institucional. Para a autora, muitas vezes os Estados se colocam frente a um dilema quando se inserem em organizações internacionais ou quando participam do processo de construção ou reforma dessas organizações: os Estados devem defender os interesses de seus cidadãos a despeito dos danos gerados aos cidadãos de outros Estados? Ou devem seguir as regras da democracia internacional à revelia dos interesses de seus próprios cidadãos? Dessa forma, os Estados se encontram em uma situação contraditória que só poderia ser resolvida por intermédio de um contrato com os outros Estados (ARCHIBUGI, 1995, p. 130). Por isso, a realização do "princípio da autonomia" de que trata Held esbarra nas dificuldades de se pensar um desenho institucional compatível com as mudanças nas democracias contemporâneas ao mesmo tempo em que as organizações internacionais passaram a ter maior importância na deliberação de temas centrais da agenda internacional, podendo, inclusive, adentrar em temas específicos de deliberação doméstica, conforme apontou Velasco E Cruz (2005) em um artigo sobre a OMC (Organização Mundial do Comércio).

Sobre a ampliação da democracia, Robert Dahl (1994) teceu considerações tomando como referência as consequências do Tratado de Maastricht sobre a formação da União Europeia. Porém, as consequências do Tratado são o pretexto a partir do qual Dahl se propõe a discutir o dilema fundamental da democracia no presente, no qual estaríamos diante da chamada "terceira transformação da história da democracia" (Conferir DAHL, 1994, p. 24-25). Dahl lista três transformações da história da democracia, a saber: 1ª) notável na primeira metade do século V a.C. na Grécia. Tratava-se de uma democracia em pequena escala, circunscrita à cidade-Estado. Foi retomada mais tarde pelas cidades-Estados italianas; 2ª) corresponde ao desenvolvimento da democracia representativa no interior do Estado-nação. Como resultado dessa segunda transformação, desenvolveram-se instituições e práticas políticas antes desconhecidas pela teoria e pela prática da democracia nas cidades-Estado; 3ª) a transnacionalização da democracia em consequência das transformações recentes das relações internacionais mencionadas acima.

No momento em que os indivíduos estão envolvidos na construção de instituições supranacionais dentro de processos de integração, como o europeu, defrontam-se com aquele dilema. Por um lado, poderiam optar pela preservação da autoridade política e democrática nacional, frente a qual poderiam agir de forma mais eficaz para influenciar a conduta do seu governo, mesmo reconhecendo que determinados assuntos importantes estariam além da capacidade do governo nacional de resolvê-los com eficácia. Por outro, os indivíduos poderiam optar por fortalecer uma unidade política maior para lidar melhor com esses temas de interesse comum, que transcendem as fronteiras nacionais. Essa segunda opção implicaria reduzir a possibilidade dos cidadãos influenciarem ou pressionarem, de forma democrática, a unidade política dotada de capacidade decisória (cf. DAHL, 1994, p. 23-24). Esse dilema existirá naquelas circunstâncias nas quais as sociedades nacionais, vivendo em regimes democráticos, estão diante de influências externas sobre a dinâmica política e econômica domésticas e essas influências não são passíveis de controle pelos governos e cidadãos nacionais.

Duas consequências são destacadas pelo autor relacionadas com o dilema colocado anteriormente. Com a proliferação de atividades transnacionais, as decisões tomadas por atores e forças externas reduzem a capacidade dos cidadãos nacionais de exercer controle sobre assuntos de vital importância para suas vidas, utilizando, para isso, seus governos nacionais. Ao mesmo tempo, há uma redução da capacidade do sistema político interno de responder satisfatoriamente às preferências coletivas de seus cidadãos.

Nessa direção, Dahl desenvolveu o seguinte raciocínio: se na transição da primeira transformação para a segunda foi necessário criar instituições políticas com o propósito de viabilizar a democracia representativa no âmbito do Estado nacional, a democracia transnacional deve requerer um conjunto novo de instituições em alguns aspectos ou, até mesmo, radicalmente diferentes das instituições políticas nacionais da democracia representativa moderna? (DAHL, 1994, p. 27). No seu artigo, ele não formula uma resposta direta a essa questão, mas faz duas sugestões a respeito. Em primeiro lugar, se as instituições supranacionais forem criadas, seriam dotadas de capacidade para enfrentar questões complexas nas áreas de economia, de meio ambiente, de segurança nacional, de Direitos Humanos, dentre outras? Em segundo, exigiriam considerável delegação de poder para tomar decisões e estariam vinculadas a funcionários que, provavelmente, não seriam eleitos, mas estariam subordinados aos políticos eleitos democraticamente?

Se forem criadas, ainda, essas instituições supranacionais integrariam um sistema político abrangente capaz de absorver os diferentes sistemas políticos internos de cada país. Dahl discutiu justamente esse ponto. Em que medida a criação de um sistema político supranacional não acarretaria consequências diretas sobre a participação política e não colocaria aos cidadãos o dilema fundamental da democracia acima apresentado? Ele responde essa questão apontando as desvantagens de um sistema político supranacional. A primeira delas diz respeito à eficácia e a possibilidade de *accountability* dos governantes. Sistemas políticos menores, como o dos Estados nacionais, teriam melhor capacidade de resolver problemas em comparação com sistemas políticos transnacionais. Ao mesmo tempo, as instituições de um sistema político nacional são passíveis de controle por parte dos cidadãos. Instituições supranacionais são mais distantes dos cidadãos, dificultando o funcionamento de mecanismos de *accountability*. Outra desvantagem apontada pelo autor diz respeito às dificuldades da autoridade supranacional estabelecer a proteção de seus cidadãos frente a invasores estrangeiros. Em contraposição, diz Dahl, sistemas maiores teriam capacidade igualmente superior para realizar determinadas tarefas em comparação com os menores, levando a um paradoxo: os cidadãos teriam maior participação nas unidades políticas menores, podendo influenciar pequenas decisões a partir de um controle democrático maior; ou, tendo pequeno controle democrático, poderiam influenciar as decisões sobre a preservação da vida no plano supranacional. Nesse plano, prevê Dahl, a capacidade de os cidadãos tomarem suas decisões de forma autônoma será diminuída.

Dahl argumentou, por fim, num sentido diferente do sentido proposto por David Held. Mesmo que sistemas políticos transnacionais sejam fortalecidos, por muito tempo as decisões serão tomadas por delegados nomeados pelos governos nacionais. A ligação entre os cidadãos e esses delegados será fraca. Em outros termos, Dahl considera que a ampliação da democracia pode produzir efeitos negativos nas condições de realização desse regime político. Por isso, Dahl sustentou a necessidade de aprimorar as instituições políticas domésticas com o propósito de melhorar o controle sobre estes delegados (leia-se a *accountability*). Essas instituições precisariam reforçar a compreensão, a deliberação e a participação informada dos cidadãos. Nesse sentido, seria importante, segundo ele, reforçar a democracia no plano interno e adaptá-la às pressões das forças externas. Held, por sua vez, reconheceu como inevitáveis essas pressões e considerou que a autoridade política se encontra deslocada, da esfera nacional para a internacional. Os cidadãos, nesse sentido, deveriam construir seu espaço de participação e atuação política no lócus da decisão política que não é mais o do Estado nacional. A ampliação da democracia para Held, portanto, tem uma conotação positiva na medida em que possibilitaria a maior interação dos cidadãos de diferentes Estados dentro de uma perspectiva cosmopolita. Held e Dahl constataram, no entanto, as mesmas dificuldades relacionadas à operação das instituições internacionais, sejam as de natureza intergovernamental, sejam as de natureza transnacional. Compartilham a mesma premissa segundo a qual há redução da autonomia do Estado nacional, embora Held reconheça a importância das arenas supranacionais e intergovernamentais, enquanto Dahl revelou ceticismo com relação ao papel dessas arenas, focando sua recomendação no fortalecimento das instituições políticas internas.

A partir das mudanças no contexto internacional e de seus reflexos nos processos democráticos domésticos, passa a ser importante contextualizar a produção de políticas públicas a partir da interferência de duas condições estabelecidas por esse contexto: 1ª) a complexidade crescente das questões que são objeto de deliberação política; 2ª) a importância relativa dos atores sociais, como as ONGs e os movimentos sociais, sobre a produção de políticas públicas. Essas duas condições estão no horizonte de algumas das abordagens cognitivas que serão examinadas na próxima seção deste capítulo.

3. AS ABORDAGENS COGNITIVAS E A PRODUÇÃO DE POLÍTICAS PÚBLICAS EM CONTEXTOS DE INCERTEZA E AMBIGUIDADE

As abordagens cognitivas priorizam o papel das ideias e do conhecimento no processo de produção de políticas públicas. Segundo FARIA (2003), as abordagens cognitivas surgiram a partir da constatação de que os modelos tradicionais de intermediação de interesses, como o pluralismo, o marxismo e o corporativismo, não são capazes de explicar a diversificação e a complexificação desse processo. Esse processo estaria marcado por "interações não hierárquicas e por um baixo grau de formalização no intercâmbio de recursos e informações, bem como pela participação de novos atores, como, por exemplo, organizações não governamentais de atuação transnacional e redes de especialistas" (FARIA, 2003, p. 21). O autor observa que há uma variedade de abordagens que procura dar conta da diversificação dos processos de formação e gestão das políticas públicas em um mundo caracterizado pela interdependência assimétrica, pela incerteza e pela complexidade das questões que demandam regulação. Nessas abordagens, ganhou destaque o estudo da variável conhecimento. Fazem parte desta variedade de abordagens, as análises das *policy networks*, das comunidades epistêmicas, das *advocacy coalitions*, dos processos de difusão e transferência de políticas públicas, dos estudos do *policy learning* etc. (cf. FARIA, 2003, p. 22). O conhecimento envolveria a instrumentalização de dados, ideias e argumentos com o propósito de informar a elaboração e a tomada de decisão de políticas públicas.

As abordagens cognitivas sustentam o argumento segundo o qual o conhecimento e as ideias se tornaram fundamentais em um mundo caracterizado pela incerteza e por processos acelerados de mudança econômica e política, conforme foi indicado na seção precedente deste capítulo. Não existe, no entanto, um consenso entre as abordagens a respeito da definição do que seriam as ideias. Além disso, não há consenso entre os teóricos dessas abordagens a respeito do modo como as ideias e o conhecimento influenciariam a ação. Segundo John (1999, p. 144; citado em FARIA, 2003, p. 23), as "ideias podem ser definidas, por exemplo, como afirmação de valores, podem especificar relações causais, podem ser soluções para problemas públicos, símbolos e imagens que expressam identidades públicas e privadas, bem como concepções de mundo e ideologias".

Ainda segundo John (citado em FARIA, 2003), as abordagens cognitivas defendem a primazia da interação de valores, normas e diferentes formas de conhecimento que caracterizam o processo das políticas. Sistemas de ideias constroem os interesses dos tomadores de decisão. A ação política refere-se à linguagem, que seria um sistema de significação a partir do qual as pessoas constroem o mundo.

> *Sendo a maneira pela qual as pessoas enquadram as questões, conferem sentido ao mundo e propõem soluções, as ideias têm uma vida que lhes é própria. Elas são independentes no sentido em que o discurso tem as suas próprias regras, as quais estruturam a forma como o público e os* policy makers *percebem os* policy issues, *como quando um problema público assume a forma de uma história, com um começo, um meio e um fim, sendo o fim da intervenção governamental bem-sucedida.* (JOHN, 1999, p. 157; *apud* FARIA, 2003, p. 23)

No artigo, Faria lista e examina quatro vertentes analíticas das abordagens cognitivas, a saber: 1) abordagem das *advocacy coalitions* de Paul A. Sabatier e Hank Jenkins-Smith; 2) abordagem dos *multiple streams*, aplicada aos processos de formação de agenda cujo principal expoente seria John Kingdon. Sua contribuição aparece no livro *Agendas, Alternatives and Public Policies* (1984); 3) estudos sobre comunidades epistêmicas de Peter M. Haas e outros autores. Peter Haas organizou um volume com artigos a respeito das comunidades epistêmicas na revista *International Organization*, em 1992; 4) perspectiva proposta por Judith Goldstein e Robert Keohane no livro *Ideas and Foreign Policy: Beliefs, Institutions and Political Change* (1993).

A primeira vertente, das *advocacy coalitions* (ou coalizões de defesa), foi desenvolvida com o propósito de compreender o papel que a informação técnica desempenharia no processo político. Essa vertente possui dois elementos básicos fundamentais, a saber: 1º) uma suposição segundo a qual a maior parte do processo de formulação de políticas ocorre com base em negociações entre especialistas dentro de um subsistema político; 2º) uma convicção de que a melhor maneira de lidar com a multiplicidade de atores em um subsistema é agregá-los em coalizões de defesa (SABATIER e WEIBLE, 2007). A ACF (*Advocacy Coalition Framework*) assume que a formulação de políticas nas modernas sociedades é um processo tão complexo, substantiva e legalmente, que os participantes devem se especializar se possuem alguma expectativa de exercer influência sobre os resultados políticos. A especialização ocorre dentro de subsistemas políticos compostos por participantes que procuram regularmente influenciar a política dentro desses subsistemas (SABATIER; WEIBLE, 2007, p. 196). O conjunto de participantes políticos inclui o tradicional triângulo formado por políticos, por burocratas e por grupos de interesses, mas inclui, também, os pesquisadores, jornalistas (que se especializam em determinadas áreas políticas) e juízes que regularmente intervêm no subsistema político. A ACF assume que os participantes políticos têm fortes crenças e são motivados a traduzir tais crenças na política atual. A ACF assume que as informações técnicas e científicas jogam um importante papel na modificação das crenças dos participantes políticos. Por consequência, essa abordagem assume que os pesquisadores (acadêmicos, analistas políticos e consultores) estão entre os principais jogadores do processo político. As pesquisas da ACF mostram que os pesquisadores continuam a desempenhar um papel ativo no processo de elaboração de políticas (SABATIER; WEIBLE, 2007, p. 196-197).

Dentro de cada subsistema, o comportamento dos participantes políticos é afetado por dois conjuntos de fatores exógenos, um relativamente estável e outro bastante dinâmico. Os parâmetros relativamente estáveis incluem a distribuição básica de recursos, valores e estruturas socioculturais fundamentais dos participantes e a estrutura constitucional básica. Os fatores externos exógenos raramente mudam dentro de períodos de uma década ou mais, raramente proporcionando o impulso para a mudança comportamental dentro de um subsistema político. Eles são muito importantes para estabelecer os recursos e constrangimentos dentro dos quais os atores devem operar. Os fatores dinâmicos externos incluem mudanças nas condições socioeconômicas e na coalizão de governo e os efeitos das decisões políticas provenientes de outros subsistemas. Para a ACF, a mudança em um desses fatores dinâmicos é uma condição necessária para a mudança política mais ampla (cf. SABATIER; WEIBLE, 2007, p. 198).

A segunda vertente, dos *multiple streams* (ou fluxos múltiplos), concentrou-se no processo de formação da agenda de políticas públicas. O propósito dessa vertente, segundo Zahariadis (2007, p. 73; citado em FARIA, 2003, p. 24-25), é oferecer respostas a três questões fundamentais relacionadas às escolhas realizadas pelos tomadores de decisão política: *"como a atenção dos tomadores de decisão é focalizada sobre determinados problemas e soluções? Como as questões são determinadas e modeladas? Como e quando é conduzida a busca por soluções?"* (*idem*; sem grifos no original). Segundo Zahariadis, John Kingdon adaptou o seu modelo aos *outputs* da política do governo federal dos EUA. Kingdon teria observado a predominância da ambiguidade nas organizações e no governo. Segundo ele, a participação em tais organizações é fluida. A oscilação é alta e os participantes flutuam de uma decisão para outra. Os legisladores vêm e vão, e os burocratas, funcionários especializados de alto nível, geralmente mudam do serviço público para iniciativa privada. Além disso, atores não governamentais, tais como associações patronais, sindicatos e grupos de consumidores, exercem influência significativa sobre a forma pela qual os tomadores de decisão desenvolverão suas escolhas (ZAHARIADIS, 2007, p. 70). Ao mesmo tempo, as pessoas muitas vezes não sabem o que querem. Em outros termos, os tomadores de decisão quase nunca deixam seus objetivos cristalinos e, muitas vezes, as limitações de tempo forçam políticos a tomar decisões sem ter formulado preferências precisas. Por isso, o modelo de Kingdon privilegia a análise da escolha em condições de ambiguidade ao invés de falar em incerteza. Zahariadis estabeleceu uma diferença importante entre a ambiguidade e a incerteza. Condições de ambiguidade podem ser definidas como uma situação na qual os tomadores de decisão possuem diferentes formas de avaliar as mesmas circunstâncias e fenômenos. Essas formas podem não ser conciliáveis, gerando a imprecisão, a confusão e o *stress* entre os responsáveis pela decisão política. É diferente de incerteza, que se refere à incapacidade de prever com precisão um determinado evento. Assim, possuir mais informações pode (ou não) reduzir a incerteza, mas ter mais informações não reduz a ambiguidade.

O modelo de Kingdon opera com três fluxos (*streams*) de atores e questões no processo de produção de políticas públicas: 1) *o dos problemas*: formado por informações sobre uma variedade de questões problemáticas e de atores que propõem diversas e conflitantes soluções; 2) *o das políticas*: no qual estão aqueles que propõem soluções aos distintos problemas; 3) *o da política:* que agrega três elementos, a saber: (*i*) a movimentação dos grupos de pressão; (*ii*) as mudanças no legislativo e nas agências administrativas; e (*iii*) *national mood*, que diz respeito à ideia de que um número significativo de pessoas em uma determinado país tende a pensar e a fazer suas escolhas segundo certos parâmetros comuns que são variáveis ao longo do tempo (cf. FARIA, 2003, p. 25).

A terceira vertente, de Peter Haas e outros autores, mostrou a importância das chamadas comunidades epistêmicas que podem ser definidas como redes de profissionais com reconhecida *expertise* e competência em um domínio particular. São profissionais dotados de conhecimento político relevante dentro desse domínio ou área. Embora uma comunidade epistêmica pode ser composta por profissionais de várias disciplinas, eles têm: (1) um conjunto compartilhado de crenças normativas que fornece racionalidade baseada em valores para a ação social dos membros da comunidade; (2) determinadas crenças compartilhadas acerca das relações de causa e efeito específicas e derivadas das análises empreendidas por esses profissionais sobre práticas capazes de gerar soluções para um conjunto de problemas em seu domínio. Em seguida, essas análises podem servir como base para elucidar as ligações múltiplas entre ações políticas possíveis e resultados desejados; (3) critérios definidos internamente e de maneira intersubjetiva para a avaliação e a validação do conhecimento no domínio de sua especialidade; e (4) um conjunto de práticas comuns associadas a determinados problemas para a qual sua competência profissional é dirigida (cf. HAAS, 1992, p. 03).

Na coletânea de artigos organizada por Peter Haas, os autores, segundo ele, pretendem oferecer uma abordagem que examina o papel das comunidades epistêmicas na articulação das relações de causa e efeito de problemas complexos, ajudando os Estados a identificarem seus interesses, construindo os assuntos para o debate coletivo, propondo políticas específicas e identificando pontos fundamentais para a negociação. Para Haas e para os demais autores da coletânea, o controle sobre o conhecimento e a informação é uma importante dimensão do poder. Além disso, a difusão de novas ideias e informações podem levar a novos padrões de comportamento e provar ser um elemento determinante da coordenação política internacional. (HAAS, 1992, p. 02-03).

Para Haas, na coordenação da política internacional, a incerteza tende a estimular demandas por mais informações. Essas demandas são consequência da crescente interdependência entre os Estados. Para realizar seus objetivos, cada Estado precisa avaliar as escolhas políticas uns dos outros. Nos vários artigos que formam a coletânea organizada por Haas, estudos revelam as incertezas sobre as estratégias para evitar a destruição nuclear e sobre a necessidade de se encontrar soluções para as ameaças à camada de ozônio. Essas formas de incerteza dão origem às exigências de determinado tipo de informação. As informações necessárias não consistem em palpites sobre as intenções de outros atores, mas sobre a capacidade de o Estado perseguir metas unilateralmente. Para lidar com a natureza desses problemas, os *policy makers* dependem da aplicação de consideráveis conhecimentos técnicos ou científicos. Nesse sentido, a informação é essencial.

As comunidades epistêmicas, portanto, emergem de um contexto que demanda mais informações técnicas e científicas para a tomada de decisão. A importância dessa informação confere poder aos membros de uma comunidade predominante, tornando esses indivíduos atores relevantes no nível nacional e transnacional. Na medida em que uma comunidade epistêmica consolida poder burocrático dentro das administrações nacionais e nas secretarias internacionais, essa comunidade institucionaliza sua influência na política internaciona (HAAS, 1992, p. 04). Membros de comunidades epistêmicas transnacionais podem influenciar os interesses do Estado, identificando-os diretamente para os *policy makers* ou iluminando as dimensões de um problema do qual os tomadores de decisão podem, então, deduzir seus interesses. Os *policy makers* de um Estado podem, por sua vez, influenciar os interesses e o comportamento de outros Estados, aumentando, assim, a probabilidade de coordenação das políticas externas, informada pelas crenças e preferências da comunidade epistêmica. Da mesma forma, tais comunidades podem contribuir para a criação e a manutenção de instituições sociais que orientam o comportamento internacional. Como consequência da influência continuada destas instituições, padrões estabelecidos de cooperação em uma determinada área da agenda podem persistir mesmo que as concentrações de poder sistêmico já não sejam suficientes para obrigar os países a coordenar seu comportamento (*idem*).

Para Haas, o conceito de incerteza é importante em sua análise por dois motivos. Primeiro, em face da incerteza, é difícil para os líderes identificarem seus potenciais aliados políticos e saber sobre quais estratégias são mais susceptíveis de ajudar a preservar o poder de seu Estado. Segundo, as condições mal avaliadas podem criar turbulência e inviabilizar as instituições sociais (*ibidem*).

Por fim, a quarta vertente, de J. Goldstein e R. Keohane, sustenta a premissa segundo a qual as ideias podem explicar mudanças nas políticas quando interpretações baseadas nos interesses são falhas ou por demais parciais. Para os autores, as ideias podem servir como guias que ajudam os atores a determinar suas preferências em um mundo cada vez mais complexo e repleto de incertezas. As ideias poderiam aliviar os problemas de cooperação ao oferecer soluções. E, por fim, elas podem ser embutidas (*embedded*) nas instituições e práticas sociais e barrar cursos de ação pela cristalização de rotinas políticas (cf. FARIA, 2003, p. 27). Essa quarta abordagem sustenta, como as demais, a influência das ideias na ação política e nas possibilidades de mudança nas políticas públicas. E confere ênfase maior à importância das ideias no contexto atual de incerteza e de crescente interdependência econômica e política.

As distintas abordagens cognitivas, apresentadas de forma resumida nesta seção do capítulo, chamam a atenção para as condições de incerteza a partir das quais os *policy makers* precisam produzir políticas com o propósito de atender às demandas dos grupos organizados da sociedade, mas também de atores políticos e sociais que exercem pressões para influenciar a tomada de decisões políticas. Esse conjunto de abordagens enfatiza a importância das ideias e conhecimento num contexto que requer cada vez mais informações para enfrentar a complexidade crescente das questões que integram a agenda de políticas públicas. As dificuldades dos *policy makers* são inúmeras, pois precisam conciliar variáveis domésticas e internacionais complexas.

As abordagens tratadas nesta seção do capítulo colocam em evidência, também, a atuação de atores não estatais relevantes, como as ONGs e os movimentos sociais. Esses atores não surgiram repentinamente na cena internacional e doméstica. Sua capacidade de exercer influência é crescente e destacada, e mereceu a atenção de vários analistas desde os anos 1970[22]. No plano internacional, estudos recentes discutiram a importância crescente de uma sociedade civil transnacional com capacidade para exercer influência sobre governos nacionais e sobre organizações internacionais[23], apontando divergências sobre os possíveis efeitos da atuação desses atores sobre a eventual perda de soberania dos Estados nacionais. De qualquer maneira, a relevância de atores sociais aparece, por exemplo, na abordagem das coalizões de defesa (*advocacy coalitions*). Nessa vertente, é possível observar a preocupação com a natureza complexa do processo político no contexto contemporâneo. E a ênfase recai na formação de coalizões de defesa baseadas em crenças comuns compartilhadas pelos membros das distintas coalizões que atuam dentro de um subsistema político. As coalizões procuram converter suas crenças em políticas públicas. A ACF, portanto, reconhece a existência de uma multiplicidade de atores estatais e não estatais interessados em determinados temas da agenda de políticas públicas. As coalizões sustentam suas propostas. Sabatier e Weible destacam a possibilidade de atuação de duas a até cinco coalizões dentro de um subsistema político.

Em síntese, as abordagens cognitivas reconhecem, cada uma delas, a natureza complexa dos processos democráticos atuais na medida em que percebem as dificuldades que recaem sobre os *policy makers* para a produção de políticas públicas num cenário cada vez mais complexo e difícil. Sua ênfase no papel das ideias e do conhecimento pode ser passível de críticas por parte de outras teorias de análise de políticas públicas. Neste capítulo, o propósito não foi buscar refletir sobre as lacunas ou eventuais problemas destas abordagens, mas mostrar a necessidade de se reconhecer como a ampliação da democracia, tratada na segunda seção do capítulo, tem implicações sobre a produção de políticas públicas. Essas implicações foram observadas por meio dos esforços teóricos das abordagens cognitivas.

---

22 Cf., dentre outros, KEOHANE e NYE, 1972 e KAISER, 1971.

23 Cf. a esse respeito COHEN, 2003; GRUGEL, 2002; HELD, 1991; HERZ, 1988; TOMASSINI, 1984; VILLA, 1991 e 2001, dentre outros.

4. CONSIDERAÇÕES FINAIS

Sem a pretensão de esgotar o tema, este capítulo procurou apresentar uma contribuição à necessidade de se reconhecer a importância das mudanças econômicas e políticas do contexto internacional na análise teórica da produção de políticas públicas. A crescente importância de atores não estatais, como ONGs e movimentos sociais, é um dos exemplos dessa necessidade. A estratégia adotada aqui foi mostrar como parte do campo teórico atual das políticas públicas observa os efeitos dessas mudanças sobre o processo político.

É evidente que existem diferenças significativas entre as abordagens examinadas na terceira seção deste capítulo. A abordagem das comunidades epistêmicas e a análise de Goldstein e Keohane estão mais voltadas para o estudo da política internacional. As comunidades epistêmicas têm significativo papel na elaboração da política externa dos Estados. Enquanto as abordagens da ACF e dos fluxos múltiplos estão mais centradas no plano doméstico, mesmo reconhecendo a importância de fatores internacionais que podem alterar o curso da tomada de decisão política.

Por fim, é necessário reconhecer que a análise de políticas públicas não pode se dissociar das avaliações do contexto internacional. Essas avaliações podem constituir elementos explicativos fundamentais para se compreender os processos democráticos atuais e seus reflexos sobre a produção de políticas públicas.

REFERÊNCIAS

ARCHIBUGI, D. From the United Nations to Cosmopolitan Democracy. In: ARCHIBUGI, D. e HELD, D. *Cosmopolitan Democracy* – an agenda for a new world order. Cambridge: Polity Press, 1995.

COHEN, J. Sociedade civil e globalização – repensando categorias. *Dados – Revista de Ciências Sociais*, Rio de Janeiro, v. 46, n. 3, p. 419-459, 2003.

CRUZ, S. V. Estado e mercado: a OMC e a constituição (incerta) de uma ordem econômica global. *Revista Brasileira de Ciências Sociais*, v. 20, n. 57, fevereiro de 2005.

DAHL, R. A Democratic Dilemma: System Effectiveness versus Citizen Participation. *Political Science Quarterly*, v. 109, p. 23-34, 1994.

DEUTSCH, Karl. *Análise das relações internacionais*. Brasília: Editora da UnB, 1978.

FARIA, C. A. P. Ideias, conhecimento e políticas públicas. Um inventário sucinto das principais vertentes analíticas recentes. *Revista Brasileira de Ciências Sociais*, São Paulo, v. 18, n. 51, 2003.

GRUGEL, J. El retorno del Estado al activismo transnacional. *Pensamiento Proprio,* Buenos Aires, n. 16, p. 61-85, jul./dez. 2002.

HAAS, P. M. Introduction: Epistemic Communities and International Policy Coordination. *International Organization,* v. 46, n. 1, Winter, 1992, p. 1-35.

HELD, D. *Democracia, o Estado-nação e o sistema global.* Lua Nova, São Paulo, n. 23, 1991.

HERZ, M. A dimensão cultural das relações internacionais e os atores não-governamentais. *Contexto Internacional,* Rio de Janeiro, v. IV (8), p. 69-82, jul./dez. 1988.

JOHN, P. *Analysing Public Policy.* Londres: Pinter, 1999.

KAISER, K. A política transnacional: Para uma teoria da política multinacional. In: BRAILLARD, P. *Teoria das relações internacionais.* Lisboa: Fundação Calouste Gulbekian, 1990.

KEOHANE, R.; NYE Jr., J. *Transnational Relations and World Politics.* Cambridge: Harvard University Press, 1972.

_____; NYE, J. S. *Power and Interdependence.* New York: Longman, 2001.

MARTINS, L. Novas dimensões da "Segurança Internacional". In: DUPAS, G.; VIGEVANI, T. (Orgs.). *O Brasil e as novas dimensões da segurança internacional.* São Paulo: Editora Alfa--Omega/FAPESP, 1999.

MERLE, M. *Sociologia das relações internacionais.* Brasília: Editora da UnB, 1981.

SABATIER, P. A.; WEIBLE, C. M. The Advocacy Coalition Framework: Innovations and Clarifications. In: *Theories of the Policy Process.* Second Ed. Boulder: Westview Press, 2007.

TOMASSINI, L. El proceso de transnacionalización y las relaciones externas de los países latinoamericanos. *Estudios Internacionales,* n. 65, jan./mar. 1984.

VILLA, R. D. *Da crise do realismo à segurança global multidimensional.* São Paulo: Annablume, 1999.

_____. A construção de um sistema internacional policêntrico: atores estatais e não estatais societais no pós-guerra fria. *Revista Cena Internacional.* Brasília, v. 3, n. 2, p. 65-87, 2001.

ZAHARIADIS, N. The Multiple Streams Framework. Structure, Limitations, Prospects. In: SABATIER, Paul A. *Theories of the Policy Process.* Second Edition. Boulder: Westview Press, 2007.

Parte 2

SAÚDE, QUALIDADE DE VIDA E POLÍTICAS PÚBLICAS

Formação de cuidadores de idosos: significado do cuidar e do exercício da cidadania
ALVES, Vera Lúcia dos Santos; ESTEVES, Dayane Barros; SILVEIRA, Nadia Dumara; PANHOCA, Ivone

Políticas públicas para a melhoria da qualidade de vida de idosos: considerações acerca de um projeto em parceria com um governo local e uma universidade
OLIVEIRA, Andrea Licia de

Cuidadores de afásicos – desamparo e ausência de políticas públicas
PANHOCA, Ivone; LEITE, Maria Beatriz Ferreira; TORDIN, Gabriela Comuni; ALVES, Vera Lúcia dos Santos

As políticas públicas brasileiras e a diversidade sexual
PEREIRA, Silvia Regina dos Santos; CIANCIARULLO, Tamara Iwanow

Atenção básica no Brasil: uma análise longitudinal dos principais indicadores de saúde
SCHMID, Bianca

FORMAÇÃO DE CUIDADORES DE IDOSOS: SIGNIFICADO DO CUIDAR E DO EXERCÍCIO DA CIDADANIA

Vera Lúcia dos Santos Alves
Dayane Barros Esteves
Nádia Dumara Ruiz Silveira
Ivone Panhoca

1. INTRODUÇÃO

A população brasileira está envelhecendo, como demonstram indicadores de condições de vida e dados de acompanhamento e avaliação de políticas do Ministério da Saúde. O país deixou de ser predominantemente rural e a busca pelo viver nas cidades, em áreas urbanas, foi um dos fatores de precipitação das mudanças na estrutura familiar, e observou-se também que as famílias originalmente extensas cederam lugar às famílias menores.

A mulher dedicava-se às atividades do lar e aos cuidados com crianças e idosos, e os espaços habitacionais das famílias tradicionais eram amplos. Estas alterações compõem um novo cenário que, ao longo dos anos, vem sofrendo várias transformações.

No que se refere à habitação, os espaços destinados à moradia são mínimos, sobretudo nas periferias e, quanto ao trabalho, a mulher ocupa um lugar diferenciado, pois passou a colaborar efetivamente com a renda familiar, o que significa disponibilizar mais tempo para tarefas fora do lar com consequente mudança no quadro convencional das atividades atribuídas às mulheres durante décadas.

A fragilidade da "instituição familiar", a problemática do desemprego e os novos arranjos familiares são fatos marcantes nos tempos atuais, o que restringe a capacidade para cuidar dos idosos. Em decorrência dessas transformações, surge o cuidador de idoso, assim definido por Gordilho:

> *Cuidador é a pessoa, membro ou não da família, que, com ou sem remuneração, cuida do idoso doente ou dependente no exercício de suas atividades diárias, tais como alimentação, higiene pessoal, medicação de rotina, acompanhamento aos serviços de saúde e demais serviços requeridos do cotidiano – como a ida a bancos ou farmácias – excluídas as técnicas ou procedimentos identificados com profissões legalmente estabelecidas, particularmente na área da enfermagem.* (2000, p. 41)

Na literatura especializada, encontramos, basicamente, dois tipos de cuidadores: os informais e os formais. O primeiro é constituído por pessoas da família ou voluntários que se dispuseram ou foram escolhidos para cuidar do idoso. Segundo Moreira e Caldas (2007), há três tipos de cuidadores: os dedicados, que estão sempre disponíveis e preocupados; os obrigados, que cuidam do idoso por não haver outra pessoa para cumprir tal papel; e os sem iniciativa, os quais não se envolvem nas orientações que podem favorecer a melhora do idoso.

Pesquisas apontam que os cuidadores informais estão despreparados e carecem de capacitação para realização dessa tarefa (PANHOCA E RODRIGUES, 2009; PANHOCA E PUPO 2010). A falta de qualificação os leva, muitas vezes, a práticas equivocadas, em virtude de estereótipos associados ao envelhecimento (MARTINS *et al.*, 2007).

Por outro lado, os cuidadores formais são pessoas capacitadas, contratadas para oferecer o cuidado ao idoso, quer na residência, quer na Instituição de Longa Permanência para Idoso (ILPI) (SOUZA, WEGNER e GORINI, 2007).

O desgaste produzido na família e no cuidador informal pode os levar a delegar a tarefa de cuidar às ILPIs. Os motivos que levam famílias a recorrerem à institucionalização de idosos são múltiplos, dentre os quais se destacam: ausência de família ou familiar que se responsabilize pelos cuidados; condições físicas, psicológicas e financeiras escassas para oferecer um tratamento adequado no domicílio; anseio do idoso de ter um espaço para morar sem incomodar a família; ausência do companheiro (a) e conflitos familiares (PERLINI; LEITE e FURINI, 2007).

Segundo a pesquisa do Instituto de Pesquisa Econômica Aplicada (IPEA), o Estado de São Paulo possui 1.219 ILPIs, que estão distribuídas por 394 municípios, o que corresponde a 61,1% do total de municípios do Estado. A região metropolitana concentra 38,1% dessas instituições, a maioria localizada na capital, onde 276 instituições foram identificadas (CAMARANO, 2008a).

Estudos envolvendo cuidadores em Instituição de Longa Permanência para Idosos realizados nas cidades de Belo Horizonte e São Paulo evidenciaram despreparo para atender às necessidades desse segmento da população (RIBEIRO *et al.*, 2008). Observam-se, também, características que se destacam no perfil desses cuidadores, ou seja, de um lado, profissionais que têm satisfação no cuidar do idoso e, por outro, os que aceitam o emprego por ser a única oportunidade de trabalho que lhes foi oferecida em dado momento.

Os cuidadores formais contratados para auxiliar os idosos em suas atividades básicas e instrumentais de vida diária são essenciais nesses espaços (DUARTE, 2011), visto que o cuidado dispensado ao idoso é influenciado por valores, crenças e experiências vividas tanto por parte dos cuidadores como dos idosos, e isso pode gerar conflitos que acarretam prejuízo para ambos (BRUM, 2005).

A tarefa de cuidar é árdua e complexa, que pode gerar sentimentos de angústia, insegurança e desânimo. Algumas vezes, o fato de o idoso não conseguir lidar com suas dificuldades pode levá-lo a ter comportamentos incompreensíveis, incomodando particularmente o cuidador.

Assim, além de saber lidar com alguma doença que o idoso possa ter, o cuidador tem de estar preparado para conviver com a subjetividade peculiar às relações humanas (MARTINEZ e BRÊTAS, 2004). Esse processo, entretanto, varia de pessoa a pessoa e alguns cuidadores sentem prazer e alegria quando alcançam seus objetivos, independentemente dos esforços físicos e psíquicos requisitados.

A rotina de trabalho desses profissionais pode lhes acarretar Distúrbios Osteomusculares ou Musculoesqueléticos Relacionados ao Trabalho (DORT), que incluem uma variedade de condições inflamatórias e degenerativas afetando os músculos, tendões, ligamentos, articulações, nervos periféricos, entre outras estruturas.

É importante ressaltar que estes distúrbios não ocorrem por uma única causa, e os quadros clínicos são em geral relacionados ao sistema musculoesquelético submetidos a determinadas condições de trabalho (BARBOSA; SANTOS e TREZZA, 2007).

O Ministério do Trabalho e Emprego caracteriza a função de "cuidador de idosos" como ocupação, segundo a classificação brasileira de ocupações, não a categorizando como profissão. No entanto, em 2011, teve início, nas esferas políticas, ações em prol da regulamentação da referida profissão (BRASIL, 2011a).

O processo de regulamentação foi submetido à apreciação de diferentes instâncias sociais. Em 20 de outubro de 2011, realizou-se uma audiência pública que reuniu um grupo de especialistas para discutir o projeto que regulamentaria a profissão de cuidador de idoso (BRASIL, 2011b).

A autoria do referido projeto é do Senador Waldemir Moka, tendo como relatora a Senadora Marta Suplicy. Segundo o parecer da Comissão de Assuntos Sociais da Senadora Marta, muitas questões como: formação mínima, inclusão desses profissionais nas equipes de Saúde Pública, competências e procedimentos que poderiam ser executados pelos cuidadores sem risco para o idoso e sem conflitar com outros profissionais, como enfermeiros e médicos (BRASIL, 2011b), foram mencionadas nos debates, sempre com a preocupação de dar amparo jurídico aos que já exercem a profissão, assim como garantir serviço seguro e qualificado ao idoso cuja saúde e bem-estar são diretamente afetados.

Em junho de 2012, a senadora Marta Suplicy promoveu, na Pontifícia Universidade Católica de São Paulo (PUC-SP), um debate sobre a regulamentação da profissão de cuidador de idoso, protagonizado pelo Programa de Estudos Pós-Graduados em Gerontologia. O referido evento teve como objetivo discutir aspectos inerentes ao desempenho da função, como o perfil profissional, a formação educacional, direitos trabalhistas e os dilemas da sobreposição de funções com atribuições específicas da área de saúde.

O processo instalado incluiu também avanços na direção de debater a qualidade dos serviços e a capacitação de cuidadores profissionais responsáveis por acompanhar o segmento idoso nas suas singularidades. No dia 12 de setembro de 2012, a Comissão de Assuntos Sociais (CAS) do Senado aprovou o Projeto de Lei n. 284 de 2011 que regulamenta a profissão de cuidador de idoso, marcando uma nova fase na história da categoria (SIMÃO PEDRO, 2012).

O Parecer constante dos documentos resguarda princípios e é resultado de amplo debate com a sociedade nos 12 meses de relatoria. Destaca-se no texto a substituição da expressão "cuidador de idoso" por "cuidador de pessoa idosa", tendo em vista que essa expressão é mais utilizada pelas entidades vinculadas ao exercício dessa profissão.

O referido documento indica também as tarefas designadas ao profissional cuidador, quais sejam: prestar apoio emocional; apoio na convivência social do idoso; prestar auxílio e acompanhar o idoso na realização de rotinas de higiene pessoal, ambiental e de nutrição, além de auxiliar nos cuidados de saúde preventivos e administração de medicamentos. Segundo o projeto, estão credenciadas para exercer a profissão pessoas com mais de 18 anos que tenham cursado o Ensino Fundamental e realizado o curso de cuidador do idoso em instituições de ensino reconhecidas por órgãos públicos federal, estadual ou municipal (BRASIL, 2011 b).

Cumpre acrescentar que, ao regulamentar a profissão de cuidador por meio das deliberações contidas na Lei, passa-se a se preocupar com a fiscalização das ações desse profissional, tendo em vista a existência de situações de violação de direitos, a exemplo dos casos concretos de violência contra a pessoa idosa. Comprovam essa constatação dados do "Disque 100" que relatam um crescimento de mais de 200% de denúncias relacionadas aos idosos, de janeiro a maio de 2012, em relação ao mesmo período de 2011.

Em termos quantitativos, foram contabilizadas pelo referido órgão 7.253 denúncias nos cinco meses iniciais de 2012 contra 2.342 no mesmo período do ano anterior. As principais violações constantes das denúncias contra o idoso são negligência, violência psicológica e física, além de abuso financeiro e econômico, atos praticados, na maioria das vezes, por pessoas mais próximas da vítima como filhos, netos e cuidadores. Os Estados que lideram o *ranking* sobre denúncias de violência contra pessoas com mais de 60 anos são:

Rio de Janeiro (1.126 denúncias), São Paulo (1.083 denúncias), Bahia (826 denúncias) e Minas Gerais (629 denúncias).

A regulamentação da profissão de cuidador visa oferecer a esses profissionais o direito de exercerem sua cidadania. A palavra cidadania, derivada de cidadão, que tem origem do latim *civitas*, significa qualidade ou condição de cidadão, isto é, habitante da cidade. Coutinho (1992) explicita o conceito de cidadania como um processo de construção, considerando o desenvolvimento individual e o da coletividade, como sendo:

> *A capacidade conquistada por alguns indivíduos, ou (no caso de uma democracia efetiva) por todos os indivíduos, de se apropriarem dos bens socialmente criados, de atualizarem todas as potencialidades de realização humana abertas pela vida social em cada contexto historicamente determinado.* (COUTINHO, 1992, p. 42)

Jacobi (2002) apresenta uma nova abordagem sobre cidadania que engloba os cidadãos como sujeitos sociais ativos, caracterizando-os como sujeitos de direitos que têm como objetivo abrir novos espaços de participação social e política. Os sentimentos de identidade e pertencimento concedem um sentido de comunidade, sendo também elementos necessários para a construção da cidadania e, dessa forma, a participação social torna-se requisito fundamental para um exercício efetivo da prática cidadã.

No entanto, nota-se uma alienação política nos discursos dos cuidadores de idosos, o que compromete a qualidade de sua participação em espaços públicos, uma vez que a participação neste âmbito significa assumir riscos, lutar pelos seus interesses e necessidades para além da conquista de bens materiais, ou seja, buscar autonomia política (DEMO, 2010).

Cabe aos cuidadores a conquista do exercício pleno de sua cidadania ao reivindicar seus direitos e deveres. Sabe-se que muitos exercem suas atividades profissionais em condições não admissíveis no que se refere a jornadas de trabalho abusivas, algumas vezes sem folga, o que caracteriza condições inadequadas do exercício da profissão que envolve também questões como a não observância de remuneração justa, itens reveladores da dificuldade do exercício da cidadania.

Priorizar estudos sobre cuidadores formais é fundamental, em razão do aumento da população de idosos e do consequente crescimento da demanda por instituições que possam acolhê-los dignamente. Conhecimentos sobre o desempenho e a realidade da função do cuidador poderão indicar tendências, deficiências e necessidades relativas a essa atividade profissional, assim como as possibilidades de reconcepção dessa prática social.

Os estudos realizados se pautaram em fundamentos teóricos conceituais pertinentes às áreas de conhecimento em questão, elementos embasadores das reflexões e sistematizações exigidas para delinear o perfil dos cuidadores, caracterizar sua condição de vida, identificar o sentido do cuidar e a visão de cidadania assumida pelos acompanhantes formais de idosos, além de verificar as influências do programa educativo de atualização do desempenho a que esses agentes foram submetidos.

2. PROCEDIMENTOS METODOLÓGICOS

O estudo caracteriza-se pela abordagem qualitativa, tendo como lócus da pesquisa de campo a Sociedade Beneficente Alemã (SBA), uma Instituição de Longa Permanência para Idosos – ILPI, situada na Zona Oeste da cidade de São Paulo, no bairro Butantã.

A Instituição entrou em contato com o Observatório da Longevidade Humana e Envelhecimento – OLHE, com a intenção de qualificar seu trabalho, ao proporcionar aos cuidadores de residentes em ILPI um curso de atualização. O Observatório é uma entidade civil, não governamental, não corporativa e não partidária que oferece um olhar interdisciplinar focado nas questões do envelhecimento e da longevidade.

Os participantes desta pesquisa foram selecionados entre os cuidadores formais de idosos residentes na ILPI. A amostra foi aleatória, e os cuidadores estavam entre aqueles que frequentaram a última turma do curso de atualização, os docentes eram profissionais do OLHE, mestres ou especialistas em Gerontologia, com experiência profissional junto a idosos.

O curso foi ministrado no espaço físico da SBA, duas vezes por semana, totalizando 40 horas, distribuídas em dez módulos por cinco semanas. A estrutura curricular contemplou os seguintes temas diversificados da Gerontologia:

Velhice e Envelhecimento I e II; Direitos Humanos, solidariedade e ética do cuidar; Cuidando do Idoso – principais agravos; Nutrição-Cuidando do Idoso – Conceitos chaves no cuidar; Cuidando do idoso – identificar sinais e sintomas; Técnicas do cuidar I e II; Sobre a morte e o morrer; e Cuidando do cuidador – relações no trabalho.

A pesquisa de campo com os cuidadores foi realizada preliminarmente no decorrer do curso acima caracterizado, sendo a coleta de dados efetuada no primeiro e no último dia da formação, utilizando questionários que os sujeitos responderam por escrito. Esses instrumentos incluíram questões pertinentes aos objetivos da pesquisa, considerando a programação proposta para o processo de formação, como: concepções sobre velhice, o cuidar, relação com o idoso e dificuldades encontradas no trabalho.

Nesta fase, foi utilizada ainda a técnica da observação participante durante as aulas ministradas e os registros em caderno de campo, considerando-se os requisitos deste procedimento, conforme aponta Minayo:

> Observação participante é um processo pelo qual um pesquisador se coloca como observador de uma situação social, com a finalidade de realizar uma investigação científica [...] é a necessidade que todo pesquisador social tem de relativizar o espaço social de onde provém, aprendendo a se colocar no lugar do outro. (MINAYO, 2010, p. 70)

Em etapa posterior foram realizadas entrevistas individuais com utilização de roteiro composto por questões abertas. Esse procedimento teve início um ano após o término do curso, com a finalidade de verificar quais as influências do programa proposto na vida profissional e particular do cuidador.

Foram selecionados aleatoriamente sete cuidadores de idosos que realizaram o curso, os quais continuavam ou não a atuar como cuidadores na SBA. Os cuidadores selecionados participaram das entrevistas marcadas por contato telefônico, de acordo com a disponibilidade de cada um. Os locais de entrevistas foram definidos conforme a preferência dos sujeitos desta pesquisa, sendo seis nas próprias casas dos cuidadores e uma no local de trabalho.

Todos os cuidadores se mostraram à vontade para responder às questões; algumas vezes, abordavam assuntos sem relação com as perguntas, mas que consideravam importante relatar e/ou desabafar. A variação do tempo das entrevistas esteve sempre de acordo com o perfil de cada sujeito, havendo depoimentos mais detalhados e outros contendo respostas mais reduzidas e objetivas.

Para a análise dos dados contidos nos depoimentos, tivemos como referência as questões formuladas tanto no questionário do pré e pós-curso como no roteiro utilizado nas entrevistas, o que possibilitou o agrupamento das respostas por categorias, sínteses e destaques de elementos significantes considerados no processo de análise.

A metodologia abordada na primeira e na segunda fase foi distinta e observou-se que as entrevistas eram mais ricas em informações. O fato de o questionário ter sido respondido durante o curso e dentro da instituição poderia ter deixado os cuidadores receosos, visto que teriam que colocar seus respectivos nomes, dando um caráter avaliativo. Já na entrevista, o fato de estarem em um local seguro (seus lares ou outro local de trabalho) colaborou para deixá-los mais relaxados, permitindo mencionar seus pontos de vista e críticas a determinados assuntos. Observamos tal postura com mais clareza, principalmente no tema sobre velhice e na questão se estavam preparados para cuidar.

As exigências éticas de realização de pesquisa com seres humanos foram atendidas e o projeto de pesquisa foi aprovado pelo Comitê de Ética da PUC-SP. O Termo de Consentimento Livre e Esclarecido foi assinado por todos os sujeitos envolvidos na aplicação do questionário, além de ter sido obtida a autorização para realização da coleta de dados, concedida pelo responsável da instituição.

3. RESULTADOS E DISCUSSÃO

Os resultados da análise dos dados coletados na pesquisa de campo foram sistematizados com base nos procedimentos metodológicos adotados, estratégia que possibilitou a composição deste relato que inclui a caracterização dos sujeitos, apresentada inicialmente, seguindo-se da discussão pautada nas categorias de análise previamente definidas: **O sentido do cuidar**; **O sentido de velhice**; **Visão de cidadania e Formação e desempenho**.

Este estudo teve como sujeitos da pesquisa 26 cuidadores de idosos. Destes, 25 eram do sexo feminino e um do sexo masculino. Em diversos estudos, menciona-se a predominância de mulheres como cuidadoras de idosos, o que se reafirma quanto aos sujeitos desta pesquisa (COLOMÉ *et al.*, 2011). Tal fato pode ocorrer por causa da forte e histórica relação entre mulheres e seus filhos como origem do cuidado e afetividade da espécie humana (MURARO; BOFF, 2002).

Essa constatação nos remete à ideia de que as raízes históricas e culturais do cuidar podem explicar o alto número de mulheres atuando como profissionais do cuidado e, por se tratar de uma profissão nova e carente de mão de obra, muitas mulheres se identificam com o trabalho (MURARO; BOFF, 2002). Brêtas (2003) relata que os cuidadores se caracterizam majoritariamente como:

> *[...] mulheres que por delegação familiar ou por necessidade de emprego tomam para si esta ocupação, na primeira situação abdicando de outros interesses ou afazeres, na segunda vendendo sua força de trabalho cuidando do outro.* (BRÊTAS, 2003, p. 301)

No estudo de Guimarães, Hirata e Gugita (2011), em que se compararam Brasil, França e Japão, houve a constatação da predominância do sexo feminino como trabalhadores do cuidado, tanto em domicílio como em instituições de longa permanência de idosos. Cuidar de filhos, pais, parentes e idosos foi e continua sendo parte da trajetória das mulheres, mesmo com as mudanças de comportamento, em decorrência do aumento da inserção das mulheres no mercado de trabalho, dos inúmeros novos arranjos familiares e do crescente número de mulheres que, na condição de chefe ou de cônjuge, contribuem com a provisão dos recursos para a família (KUCHEMANN, 2012).

Constata-se que a média de idade dos cuidadores é de 43 anos, variando entre 20 e 74 anos, e na faixa de 41 a 50 anos se encontra a maior representação, como mostra o Gráfico 1.

Gráfico 1. Variação de idade dos cuidadores.

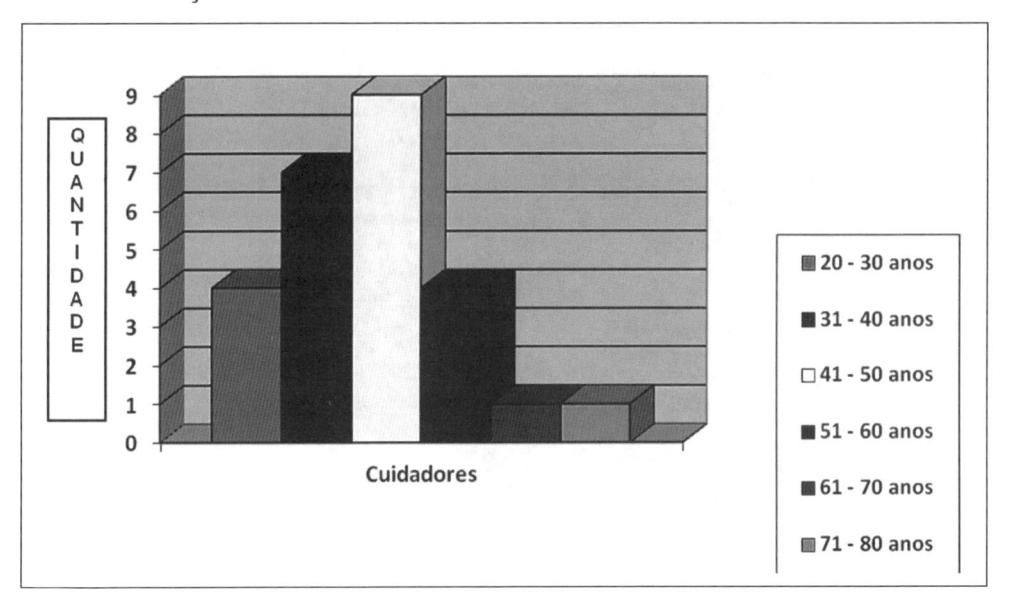

A variação de idade pode influenciar de duas maneiras na atividade de cuidadores de idosos: 1) limitando o acesso dos mais velhos a esse mercado de trabalho, em virtude do desgaste físico e emocional que tal função requer e 2) reduzindo o tempo de atuação destes profissionais em consequência da sobrecarga de trabalho (RIBEIRO *et al.*, 2008). No entanto, é importante considerar que profissionais mais experientes podem contribuir em outros aspectos, uma vez que o cuidado é influenciado por crenças, valores e experiências vividas na trajetória de vida pessoal e profissional.

Quanto à escolaridade, a média de anos de estudo informada é de 9,8 anos, sendo 4 anos o mínimo e 14 anos o máximo. Observa-se a variação de anos estudados no Gráfico 2.

Gráfico 2. Variação de anos de estudos dos cuidadores.

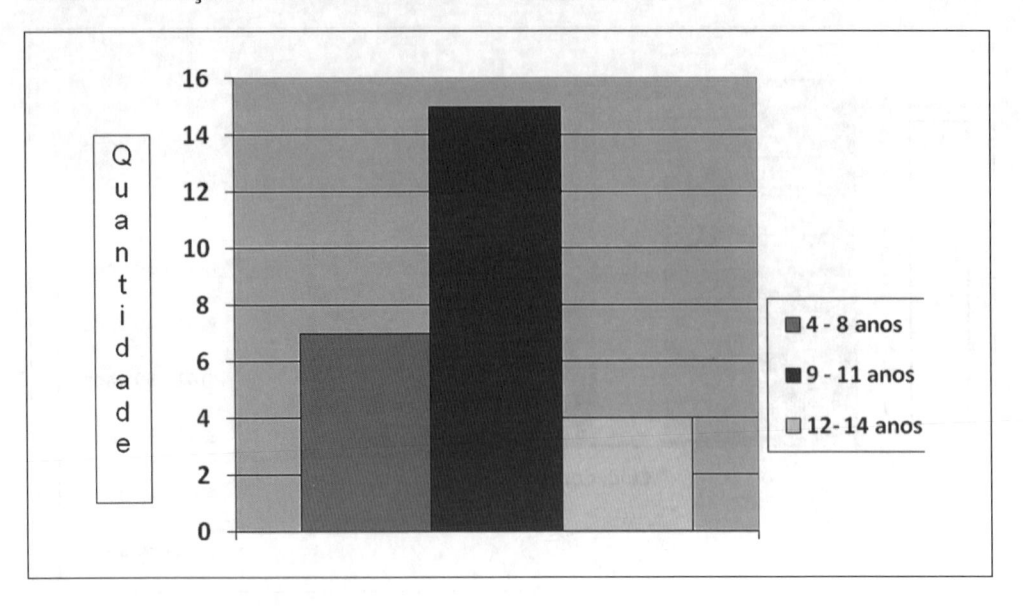

Nota-se que não há graduados neste grupo de cuidadores e quem concluiu cursos técnicos tem entre 12 e 14 anos de escolaridade. Sete cuidadores têm entre 4 e 8 anos de estudo. A baixa escolaridade pode explicar o fato de terem assumido cargos em empregos que não exigiam estudo e optarem por trabalhar como cuidadores, pois não havia, até então, uma regulamentação que definia o grau de escolaridade para atuar nessa área profissional.

O dado referido acima é encontrado em outros estudos (COLOMÉ *et al.*, 2011), sugerindo uma preocupação quanto à capacidade de auxiliar os idosos em funções mais complexas: auxílio na medicação, recebimento e transmissão de orientações médicas, acompanhamento a consultas e ajuda com serviços bancários, como recebimento de benefícios, além de compras.

O projeto de regulamentação da profissão de cuidador de idosos (BRASIL, 2011b) definiu como obrigatório o Ensino Fundamental completo e o curso de formação de cuidador de idoso, o que oferece ao empregador uma segurança em relação ao cuidado prestado pelo profissional contratado. Porém, é necessário inserir esses cuidadores nos processos educativos, para que eles possam concluir o Ensino Fundamental e, dessa forma, terem a oportunidade de se especializar na profissão.

Além da escolaridade, o dado sobre a carga horária referente às horas trabalhadas por semana constitui-se em elemento valioso para caracterizar o perfil do cuidador quanto à condição de trabalho. O resultado apresentado indicou a média de 73,1 horas por semana, com variação entre 20 e 96 horas. Pode-se visualizar neste quesito um excesso de tempo destinado ao trabalho, o que revela a possibilidade de desgaste físico e emocional intenso e pode repercutir na qualidade do serviço prestado.

No entanto, mesmo com essa carga horária demasiada, seis cuidadores realizam trabalho paralelo, isto é, dois cuidadores trabalham como cuidador de idosos fora da instituição. Em estudo de Ribeiro e colaboradores (2008), observou-se que os cuidadores têm faixa salarial de até dois salários mínimos, remuneração avaliada como baixa e que pode levá-los a buscar outra forma de complementação salarial. Esses dados demonstram que, mesmo com uma carga horária de trabalho excessiva na instituição, os cuidadores realizam trabalhos extras para complementar a renda familiar.

Os dados revelam uma disparidade muito grande em relação ao tempo de trabalho na instituição, sendo 2 meses o mínimo e 144 meses, o máximo. Sete cuidadores estavam trabalhando havia menos de um ano, o que demonstra que a rotatividade de funcionários é frequente. Tal inconstância pode ocorrer em virtude de inúmeras dificuldades relatadas pelos cuidadores: carga horária de trabalho excessiva, incompreensão dos responsáveis e/ou parentes do idoso, desgaste físico exigido pela função, relacionamento profissional com os colegas de trabalho e a distância entre a instituição e a residência. Como consequência da rotatividade percebe-se que a ILPI não realiza seleção por qualificação e experiência profissional para contratar cuidadores.

Segundo o estudo de COLOMÉ (2011), as principais dificuldades observadas pelos cuidadores foram: sobrecarga de trabalho, exigência física e necessidade de conhecimento para cuidar do idoso. Já no estudo de MARTINEZ e BRÊTAS (2004), as dificuldades identificadas foram cansaço, relação com os colegas e comportamento do idoso. Cada instituição revela que há dificuldades peculiares conforme suas realidades, porém existem pontos em comum, como a sobrecarga exigida pelo trabalho, dado que demonstra que a preocupação no que tange ao cuidado deve ser tanto para o idoso quanto para o cuidador.

Os cuidadores, em sua maioria, ingressaram na atividade de cuidador de idosos porque precisavam inserir-se no mercado de trabalho. MARTINEZ e BRÊTAS (2004) também observaram que nem sempre a motivação para o trabalho de cuidador é o desejo de trabalhar com idosos, mas a realidade econômica, que leva à troca da identificação profissional pela necessidade de sobrevivência.

Entre os sete cuidadores entrevistados, quatro estavam desempregados e foram indicados por pessoa conhecida que trabalhava na instituição, como exemplificado a seguir:

> *... eu entrei nessa área porque no momento eu estava desempregada, e uma conhecida que trabalhava lá me falou que tinha uma vaga, eu encarei aquilo diferente, você vai se adaptando e fazendo o que você aprende... (J. C. V.)*

Independentemente do fato que originou a decisão de atuar como cuidador, observou-se que 20 cuidadores, após iniciarem o trabalho com idosos, mudaram alguns aspectos em suas vidas, como, por exemplo: olhar o outro de maneira diferente, ver a velhice sob um novo ângulo, aprender com as coisas simples da vida, ter mais respeito pelo ser humano, adquirir mais experiências com os idosos, valorizar a vida e o companheirismo e reformular os pensamentos. Essas mudanças também foram notadas nas entrevistas, como relatam algumas cuidadoras:

> *... é um trabalho muito importante pra mim, eu me sinto bem cuidando... eu gosto de ajudar as pessoas... (R. A. F.)*

4. O SENTIDO DO CUIDAR

A palavra cuidado, segundo estudos clássicos da filologia, deriva do latim *cura*, que se escrevia *curae*, e era usada para manifestar amor e amizade. Expressava, portanto, uma atitude de cuidado, preocupação pela pessoa amada ou objeto de estimação (BOFF, 2005). Esse cuidado existe apenas quando se atribui valor e importância. É o aconchego da alma, o mimo que se precisa para olhar para si e para o outro com ternura.

Para realizar o cuidado é imprescindível gostar de cuidar, um dado comum tanto nas respostas do questionário realizado pré e pós-curso, como nas falas dos cuidadores que constam nas entrevistas. Os depoimentos dos entrevistados explicitam essas afirmações:

> *Cuidar é uma responsabilidade bem grande...eu vejo muita coisa acontecer porque a pessoa tem falta de paciência...tem que gostar do que está fazendo...não adianta, se não gostar não vai ter paciência pra isso.* (J. C. V.)

> *Cuidar é ter dedicação, amor, ter muito carinho com eles; se não gostar e não tiver carinho, não dá! É melhor nem se meter a ser cuidador... Estamos lá pra ajudar eles a comer, passar um creme, dar banho, ajudar no que eles não podem fazer sozinhos...* (N. A. M.)

Para grande parte dos cuidadores, cuidar é uma atividade prazerosa, e a realizam com dedicação. No estudo de KUUPPELOMAKI e colaboradores (2004), a satisfação dos cuidadores em realizar essas tarefas está relacionada com um bom convívio com o idoso e saber que são úteis à sociedade.

Para exercer a atividade de cuidador, é preciso possuir algumas características, consideradas imprescindíveis pelos entrevistados. Foram identificadas 26 palavras e/ou expressões diferentes para determinar as qualidades necessárias e, dentre elas, apareceram com maior frequência: paciência (17 vezes), carinho (11 vezes), responsabilidade e gostar do que faz (6 vezes), amor ao próximo e amor, citados por cinco cuidadores, entender o idoso (4 vezes), respeito e cumplicidade (3 vezes).

Cabe ressaltar as palavras que foram citadas apenas uma vez, como: disponibilidade, afeto, solidariedade, companheirismo, cumplicidade, tempo, vontade de trabalhar, treinamento, boa vontade, atitude, preparo, atualização, compreensão, atenção, saber separar a vida profissional da pessoal, humildade e experiência.

Esse resultado nos mostra que o cuidado é realizado de forma diferente por cada cuidador, porém os sentimentos envolvidos se assemelham, visto que muitos cuidadores procedem ao atendimento com carinho e paciência, amor e atenção, atributos constantes no ato do cuidar. Três disseram que cuidavam com prazer, três, com respeito, dois, com alegria e dois, com dedicação.

É evidente que, no cuidado, mais do que técnica, é preciso haver um conjunto de sentimentos e atitudes. Merhy (1999) discute a construção da prática de técnicas cuidadoras e aponta três tipos de ação de intervenção sobre o indivíduo. A primeira é denominada pelo autor de "tecnologia dura", que se refere às intervenções assistenciais baseadas em ferramentas e máquinas que os profissionais de saúde utilizam, por exemplo, exames de imagem como tomografia e laboratoriais; o segundo tipo é a "tecnologia leve-dura" que associa as ferramentas da "tecnologia dura" com o acolhimento do paciente e aplicação dos conhecimentos profissionais; e a última denominada de "tecnologia leve", que compreende:

> [...] momentos de falas, escutas e interpretações, no qual há a produção de uma acolhida ou não das intenções dos pacientes; momentos de cumplicidades, nos quais há a produção de uma responsabilização em torno do problema que vai ser enfrentado; momentos de confiabilidade e esperança, nos quais se produzem relações de vínculo e aceitação. (MERHY, 1999, p. 106-107)

Tanto no questionário como nas entrevistas os aspectos mais mencionados pelos cuidadores, considerados fundamentais para realizar o cuidado de um idoso, são: ter paciência, carinho e gostar do que faz. Essas características são essenciais e imprescindíveis na realização de atividades que envolvem pessoas com 60 anos ou mais; as outras características, atenção, respeito, dedicação e alegria, são complementares e secundárias, porém necessárias.

A tríade "paciência", "carinho" e "gostar do que faz" relaciona-se a valores e princípios que norteiam de modo evidente o trabalho de cada um. A maioria dos cuidadores destaca a importância do respeito, o que podemos observar nos depoimentos a seguir:

O valor que eu trago é o respeito, eu evito conversar certos assuntos com ele. Por exemplo, se acontece alguma coisa e o pagamento atrasa, eu não comento com ele, eu acho antiético... muita gente faz isso, mas ele não tem mais que se preocupar com isso. (R. A. F.)

O valor que eu levo comigo é o respeito... tem que ter respeito na forma de falar com uma pessoa, não falar gritando. Cuidar do idoso não é muito fácil... às vezes eles fazem a mesma pergunta várias vezes. Chega uma hora que você se cansa, mas você não pode se alterar, tem que ter paciência e respeito pra falar com ele, explicar, fazer com que eles entendam a situação... (J. C. V.)

Todo e qualquer ser humano gosta de ser respeitado e precisa sê-lo. É um comportamento que pode ser considerado uma valiosa virtude, e é essencial para um ambiente harmonioso. Por natureza, o respeito está atrelado à atitude e é a base para a construção de quaisquer relacionamentos sólidos e equilibrados. Pelos depoimentos, observa-se que para o bom cuidado é preciso que haja troca de respeito entre o cuidador e o idoso.

Segundo Boff (1999), o cuidado apenas aparece quando a existência de alguém adquire significado para nós. Nesse sentido, passamos a cuidar, participar do destino do outro, de suas buscas, sofrimentos e sucessos. O cuidado revela a natureza humana. Sem o cuidado, o homem deixa de ser humano, desestrutura-se, perde o sentido e morre. Se ao longo da vida não fizer com cuidado tudo o que empreender, acaba por prejudicar a si mesmo e por destruir o que estiver à sua volta (BOFF, 1999). No dia a dia, nota-se que há dificuldades e resistências no que diz respeito ao cuidado, mas estas são superadas pela paciência e perseverança, como relata uma cuidadora entrevistada:

... quando estamos ali para cuidar, a gente faz parte queira ou não queira do dia a dia deles. Tem que ter, acima de tudo, respeito por eles, explicar tudo que for fazer com eles, ter cuidado quando for tocar neles... eu cuido como eu quero que um dia cuidem de mim (se eu precisar de cuidado), com muito amor, muito carinho... conversar, explicar... Vai ter resistência, mas com muito amor e paciência você consegue... (B. S. S.)

Boff (2005) afirmou que no cuidado diversos sentimentos são substituídos por outros. Por exemplo, no lugar da agressividade, surge a convivência amorosa; no lugar da dominação, há a companhia afetuosa junto ao outro.

Essas contraposições são enfatizadas por muitos cuidadores ao afirmarem que o cuidado a alguém é uma tarefa árdua; porém, quando ambas as partes se dispõem a construir um relacionamento, as dificuldades e os sentimentos negativos se transformam e surgem cumplicidade e convivência entre idoso-cuidador, cuidador-idoso, demonstrado no depoimento abaixo:

> *... a senhora que eu cuidava* (sic) *era uma pessoa com gênio muito forte. Eu fui quem ficou mais tempo com ela... Acho que foi por eu tentar entendê-la e ela me respeitava, diferente do que fazia com as outras cuidadoras...Talvez o fato de chegar, sentar e conversar com ela tenha feito diferença, ela até se abria comigo, chorava algumas vezes...* (B. S. S)

5. O SENTIDO DE VELHICE

A velhice, segundo os cuidadores, está associada principalmente a aspectos negativos, sendo agregada a perdas, dificuldades e dependência, uma visão muito difundida na nossa sociedade, como expõe Mercadante (2003):

> *[...] esse modelo social ideológico atribui qualidades negativas aos velhos – degradação física e social – (e) ao fazer isso lhes nega um futuro, avaliamos como é possível então para o idoso pensar novas formas de vida futura, novas alternativas para a velhice.* (MERCADANTE, 2003, p. 56)

O fato de trabalhar com idoso não exclui que os cuidadores tenham conhecimento dos mitos e preconceitos relacionados à velhice, como demonstram os depoimentos a seguir:

velhice é tudo de ruim... é a comprovação dos anos vividos... ninguém quer ficar velho, todo enrugado, todo "bichado". Mas pelo menos você tem décadas e décadas pra contar história, experiência adquirida, porque cada dia é um aprendizado. (A. M. L.)

a pessoa vai envelhecendo, vai perdendo... é diferente, eles vão se adaptando a outro estilo de vida. (J. C. V.)

A mídia tem considerável influência na imagem transmitida à população sobre o envelhecimento. Em um estudo, CÔRTE (2009) relata que muitos programas "exploram a imagem sensacionalista de algumas formas da velhice", tendo como único alvo manter a audiência. Alguns programas humorísticos representam o velho como surdo, o que fala muito ou o safado, ou seja, de modo geral, as características atribuídas aos idosos são relacionadas a aspectos negativos.

Durante o curso, diversas perguntas referentes à temática do envelhecimento foram feitas aos cuidadores. Quando questionados sobre os sintomas da velhice, responderam: dificuldade para falar, andar e lembrar. Um cuidador afirmou que "todo idoso volta a ser criança e é dependente". Essas mesmas características também foram encontradas na pesquisa de Mello e demais autores (2008), em que todos os cuidadores descreveram o idoso como uma pessoa dependente, comparando-o a uma criança que necessita de cuidado e atenção.

Verificou-se, também, que os cuidadores demonstraram preconceito em relação à velhice, postura que pode ser consequência da maneira como o idoso e a velhice são apresentados nos meios de comunicação, seja na literatura, no cinema, na televisão ou em propagandas (NERI, 2007). Porém, é necessário que os cuidadores, a sociedade e o próprio idoso entendam que no envelhecimento ocorrem perdas, porém a velhice não deve ser associada apenas a tal aspecto:

Não ignoramos que ocorram declínios orgânicos que diminuem o desempenho motor, mudam a aparência e que interferem nas relações com o ambiente, a sociedade, a família e com o próprio indivíduo que envelhece. No entanto, associar a velhice apenas a declínios, a perdas e a vulnerabilidades é condenar o indivíduo à morte em vida. (ASSIS; MARTIN, 2010, p. 57)

Apenas uma entrevistada relatou a velhice como um aspecto positivo, ao apontar os requisitos que compõem essa fase da vida:

> velhice é viver bem, ter saúde, envelhecer com dignidade... ter um lugar decente pra ficar, a família dá mais na atenção pra você. (B. S. S)

"Envelhecer com dignidade" foi expresso de várias maneiras e conceituado de diferentes formas ao longo dos anos. Nesse sentido, em 1960, HAVIGHURST propôs a velhice bem-sucedida, sugerindo que envelhecer bem era produto da participação em atividades, manutenção da saúde e participação social. Em 1990, BALTES e BALTES propuseram que os idosos que conseguem se adaptar às perdas decorrentes do processo de envelhecimento atingem a velhice bem-sucedida (SILVA; LIMA; GALHARDONI, 2010). Neste milênio, a definição de velhice bem-sucedida recebeu o nome de envelhecimento ativo e é assim definido pela OMS:

> O processo de otimização das oportunidades de saúde, participação e segurança, com o objetivo de melhorar a qualidade de vida à medida que as pessoas ficam mais velhas. (OMS, 2005, p. 13)

Ao analisar os resultados do questionário aplicado aos participantes desta pesquisa, vários aspectos positivos foram observados: sabedoria, experiência de vida e privilégio, o que demonstra que o idoso pode ser útil à sociedade, pois tem experiência que agregou durante a vida. Envelhecer pode representar ganhos adquiridos por meio do acúmulo de experiência vivenciada ao longo dos anos. A velhice é uma etapa do processo natural da vida, uma fase que só existe para quem alcança a longevidade e que pode ser vivida com prazer e dignidade. Apesar de perdas ocorrerem desde o nascimento até o fim da vida, nossa sociedade valoriza a juventude e impõe à velhice aspectos negativos (TEIXEIRA, 2000).

Interessante notar que, na literatura, são escassos os trabalhos que focam os aspectos positivos do envelhecimento. Segundo um cuidador entrevistado, as pesquisas estão, em sua maioria, relacionadas a doenças, dependência, perdas, mudança na aparência física, entre outros. Côrte (2010), em uma reflexão sobre este assunto, afirmou:

> *[...] nas pesquisas acadêmicas, inclusive aquelas realizadas na área da Gerontologia, acabam aumentando o caráter negativo do envelhecimento humano, reforçando a aversão a se ser velha.* (CÔRTE, 2010)

O envelhecimento deve ser construído no decorrer da vida, permeando todos os sentidos: físico, intelectual, hábitos e costumes, além do aspecto espiritual. Só é capaz de se preparar para o envelhecimento quem encontra um sentido para seu viver. E nesse mesmo raciocínio a velhice pode ser considerada como uma meta e, desse modo, ser encarada como o melhor período para aperfeiçoar-se a si mesmo (FERREIRA, 2009).

Para Hess (2006), algumas variáveis podem atuar no sentido de moderar a influência das atitudes negativas em relação à velhice, ou seja, é essencial que o cuidador tenha conhecimento sobre o envelhecimento, interaja com o idoso, tenha acesso à informação que contraria os estereótipos, idade próxima à do idoso e capacidade de perceber a variabilidade de atitudes e comportamentos e modos de viver que existem entre os idosos.

No entanto, por mais que os cuidadores vivenciem muitas dessas variáveis, elas não ocorrem quando analisamos os resultados deste estudo. Isso pode ocorrer porque o ambiente no qual os cuidadores se relacionam com os idosos tem, em sua maioria, idosos que apresentam algum grau de dependência social, psicológica ou funcional, o que influencia diretamente os cuidadores no que se refere ao significado que atribuem à velhice, associando-a a aspectos negativos.

Provavelmente os cuidadores têm pais, tios ou avôs que são idosos, porém não os consideram velhos por não apresentarem nenhum grau de dependência. Essas constatações fazem com que esses profissionais diferenciem os idosos que conhecem dentro e fora do âmbito de trabalho, o que consolida ainda mais a ideia de que velhice é sinônimo de doença e dependência.

6. VISÃO DE CIDADANIA

Nas perguntas relacionadas a direitos e deveres, os cuidadores entrevistados demonstraram ter conhecimento dos seus direitos, tais como: carteira assinada, jornada de trabalho, piso salarial e seguro-desemprego. No entanto, ao serem questionados sobre seus deveres, as respostas não fluíam tão facilmente, pois demoravam a responder, e, de modo geral, ainda que verbalizadas de maneiras diferentes, tinham o mesmo significado: o dever do cuidador é cuidar, como se pode observar nos depoimentos:

> *... o dever do cuidador é cumprir o que foi combinado com a família... cuidar...* (R. A. F.)

> *... cuidar bem, respeitar a pessoa que você está cuidando...* (L. J. A.)

> *cuidar bem!... tentar sempre melhorar seu trabalho, fazer com amor, gostar.* (J. C. V.)

Durante o curso, os cuidadores afirmavam que a classe não tem direitos profissionais e se mostraram interessados em ter uma associação, como uma cuidadora afirmou: "Espero que a ocupação passe à profissão logo, pois faz 15 anos que estou esperando por isso. Não temos direito nenhum e nem sindicato pra nos defender".

Nas entrevistas, todos foram categóricos ao afirmar que os cuidadores não têm direitos, uma vez que estão muito mais associados a direitos trabalhistas. Consideram que a questão da cidadania é muito mais ampla e abrange direitos sociais, políticos e civis e que todos e cada um, separadamente, podem ser decisivos para a formação dos indivíduos na comunidade em que vivem.

Nos depoimentos transcritos a seguir, observamos como os cuidadores refletem sobre esta questão:

> *Não temos direito nenhum! Em lugar nenhum... nós não temos não...* (R. A. F.)

... quando você vai ver o direito, não tem quase nada...a gente se dedica e não recebe nada no final... (A. M. L.)

Quando questionados sobre quais direitos deveriam ter, os mais citados foram: jornada de trabalho, Fundo de Garantia de Tempo de Serviço (FGTS) e carteira assinada. Os cuidadores queixam-se da jornada de trabalho excessiva, pois muitos trabalham seis dias consecutivos durante 12 horas e folgam um dia. Outros trabalham 24 horas e folgam 24 horas, tendo menos de um dia para descansar e realizar seus afazeres, sem contar o tempo gasto no percurso do trabalho para casa, como se depreende dos depoimentos:

os direitos dos cuidadores devem ser: registro na carteira, carga horária dentro da lei, piso salarial, fundo de garantia. (V. L. G.)

Quando o tema "direitos e deveres" foi abordado, um dado interessante surgiu, qual seja, os cuidadores se sentiam incomodados por apresentarem a mesma classificação que os empregados domésticos na Classificação Brasileira de Ocupação (BRASIL, 2011a). As falas das cuidadoras expressam esta inquietação:

... o cuidador, querendo ou não, é uma profissão, só que é reconhecido como faxineiro... quando você vai ver o direito não tem quase nada... (A. M. L.)

... nós não temos direitos, pois é como se fôssemos domésticas. (R. A. F.)

As manifestações de discordância quanto ao enquadramento remete à realidade de que cabe ao Estado atribuir direitos concedendo e reconhecendo o *status* dos cidadãos. À medida que algum grupo social não é reconhecido pelo Estado como merecedor de direitos, ocorre sua exclusão quanto à possibilidade de exercer plenamente a cidadania no âmbito profissional.

Ao mesmo tempo em que se percebem as especificidades das atividades de cuidador, visualiza-se que a delimitação da sua função ainda está confusa.

Os depoimentos coletados revelam que há dificuldade de afirmar quais são as reais responsabilidades de um cuidador de idoso. O relato de uma cuidadora explicita essa controvérsia:

> *... se for como doméstica os deveres são limpar a casa, banheiro, lavar e passar roupa, mas se for como cuidador os deveres são: cuidar do idoso, se dedicar a ele, ajudá-lo a andar, na alimentação, passear com ele, dar o banho... mas não é o que a gente faz, fazemos tudo isso mais a limpeza da casa...* (B. S. S.)

O fato de a profissão, ainda, não ser regulamentada dá liberdade aos empregadores de exigirem diversas tarefas que não competem ao cuidador e sobrecarregam sua jornada de trabalho, que já é exaustiva. As tarefas adicionais mesclam o cuidado ao idoso com o cuidar da casa onde o idoso reside, o que amplifica as responsabilidades, afetando a qualidade do cuidado real e integral ao idoso.

Cumpre acrescentar que, no projeto de lei aprovado, essas responsabilidades são esclarecidas, e fica a cargo do cuidador prestar apoio emocional e na convivência social da pessoa idosa; auxiliar e acompanhar a realização de rotinas de higiene pessoal, ambiental e de nutrição; cuidados de saúde preventiva, administrar medicamentos e outros procedimentos de saúde; auxiliar com relação à mobilidade da pessoa idosa e acompanhá-la em atividades de educação, cultura, recreação e lazer (BRASIL, 2011b).

Sob esta ótica, constatou-se que todas as entrevistadas desconheciam a aprovação do projeto de lei que regulamenta a profissão do cuidador de idoso, o que pode ter ocorrido por alienação ou por falta de informação, visto que a maioria delas é constituída de pessoas simples, sem muitos recursos. No entanto, todas acreditam que o reconhecimento do cuidador como profissional resultará em benefícios à classe. Essa postura revela que os cuidadores, em geral, não detêm informações suficientes para um olhar crítico em relação aos prós e contras do projeto de lei.

As reações de alegria eram expressas em palavras e sorrisos quando as cuidadoras foram informadas a respeito da regulamentação da profissão do cuidador, o que pode ser observado no depoimento de uma delas:

... faz 15 anos que estou esperando por isso, eu estava até pensando em desistir de ser cuidadora por conta disso... (B. S. S.)

A falta de reconhecimento e a desvalorização da profissão por parte dos empregadores, familiares e colegas foram reconhecidas por diversas cuidadoras, o que se constata no relato que admite, inclusive, a dificuldade de aceitar a necessidade de novas aprendizagens:

Eu acho que hoje em dia o cuidador não está muito valorizado, mas ele é muito importante... os próprios colegas, muitas vezes, quando vamos dar uma sugestão, acham que você está falando porque quer se mostrar. (L. J. A.)

Do ponto de vista dos cuidadores, a regulamentação visa oferecer segurança em relação à jornada de trabalho, piso salarial, FGTS e carteira assinada. Porém, quatro entrevistadas mostraram-se preocupadas com o fato de trabalharem sem carteira assinada e, consequentemente, quando ficarem desempregadas, não terão direito a seguro-desemprego e/ou fundo de garantia por tempo de serviço. Os cuidadores demonstram perceber a mudança, como se nota nas falas dos entrevistados:

... acho tudo de bom, vamos ter direito a FGTS, pois, se estou trabalhando com um idoso e acontece alguma coisa, eu não tenho respaldo nenhum... (R. A. F.)

O projeto de lei não definiu um piso salarial para a categoria, apesar de haver uma tendência natural de o valor a ser cobrado pelo serviço prestado sofrer um aumento, pois os cuidadores deverão ter curso de formação. Há questionamento quanto ao aumento do mercado informal, ou seja, pessoas serem contratadas como domésticas, porém com responsabilidades de cuidar de um idoso e não estarem aptas para tais funções. A fiscalização também é um dos desafios a serem enfrentados nessa nova profissão, cabendo ao Estado e à comunidade papéis específicos para sua efetivação.

7. FORMAÇÃO E DESEMPENHO

O trabalho do cuidar implica certo vínculo afetivo, o qual causa desgaste a quem o exerce, tanto pela tensão gerada entre envolver-se afetivamente quanto por não conseguir alterar as situações que lhe são apresentadas (VASQUES, 2002). Quando questionados se estariam preparados emocionalmente para realizar o cuidado ao idoso, 23 cuidadores responderam afirmativamente e três negaram, mas não justificaram. Uma cuidadora relatou ter dificuldade em romper o vínculo afetivo gerado pelo cuidado e demonstrou sofrer com a perda dos idosos que cuida:

> *... Eu trabalhei com uma senhora e eu me apeguei muito a ela, e ela faleceu, e eu me lembro dela até hoje. E eu acho que preferi fazer enfermagem por causa disso, pois eu me apegava muito aos idosos e sofria quando eles morriam ou iam embora.... (A. M. L.)*

Nas entrevistas, a maioria das cuidadoras (6) relatou sentir algum tipo de dor, duas delas saíram da instituição por questões relacionadas à saúde. Portanto, a maioria (25) afirmou se sentir preparada fisicamente para cuidar.

Por outro lado, nos depoimentos, as entrevistadas afirmaram sentir mais cansaço, enxaqueca em decorrência do acúmulo de horas de trabalho. Sentiam também dor na coluna e no joelho, além de problemas psicológicos:

> *depois que eu comecei a trabalhar como cuidadora tenho problema no joelho... Geralmente, eu sinto dor quando transfiro o idoso da cama, quando vou dar banho nele e quando pego peso. (R. A. F.)*

> *... eu tive problema de saúde com o passar do tempo quando eu comecei a cuidar. Com a rotina de trabalho, meu horário ficou totalmente desregulado, o que piorou minha enxaqueca...e eu pedi demissão na primeira vez, pois, se eu não mudasse minha rotina, não iria melhorar... hoje eu não tenho mais, pois meu horário tá um pouco melhor... (J. C. V.)*

No estudo de Alencar, Schultze e Souza (2010), foram investigadas relações existentes entre as desordens osteomusculares de trabalhadores que cuidavam de idosos em uma Instituição de Longa Permanência para Idoso. Participaram desse estudo 19 cuidadores de idosos, 15 auxiliares de enfermagem e 9 outros profissionais que prestavam serviços na ILPI (auxiliares de serviços gerais e limpeza). As atividades relatadas como de maior dificuldade entre os trabalhadores foram a troca de fraldas e as transferências posturais, sendo mencionadas as regiões das dores predominantes entre os cuidadores: lombar, cervical, ombros e joelhos. Aspectos institucionais, como ritmo de trabalho, pressão associada a prazo na realização das atividades, número reduzido de funcionários para as demandas exigidas e ausência de treinamentos influenciaram na presença das dores osteomusculares dos trabalhadores. Outro resultado encontrado refere-se à falta de relacionamento interpessoal e exigências de outras tarefas, além das relacionadas ao cuidado dos idosos.

Observamos que o desgaste físico é frequente entre os cuidadores de idosos, motivo pelo qual se deve ter maior atenção direcionada às posturas adotadas na execução das atividades, elaborando-se programas de treinamento e esclarecimentos, além de mobiliários adequados à execução das tarefas e disponibilização de instrumentos e equipamentos ergonomicamente idealizados, tendo como objetivo a redução da incidência das doenças relacionadas ao trabalho (ROSA *et al.*, 2008).

O treinamento socioeducacional oferecido aos cuidadores de idosos tem especial relevância no sentido de promover condições ambientais propícias à manutenção da funcionalidade do idoso, ao respeito à sua autonomia e à oferta de ajuda física, cognitiva, legal, afetiva e espiritual. E ainda no sentido de promover a coesão dos membros da família em torno das necessidades do idoso e das providências que ampliem o seu bem-estar (VELÁSQUEZ *et al.*, 2011).

No decorrer desta pesquisa, observamos que os cuidadores tinham interesse em aprimorar seus conhecimentos e, desse modo, desempenhar melhor e com mais eficiência sua função. Alguns dos entrevistados manifestaram suas opiniões sobre o que realmente gostariam de aprender: dieta enteral, sensibilização da família e aspectos psicológicos do idoso.

O incentivo e a valorização dos colegas de classe durante o curso foram marcantes para as cuidadoras. Algumas que tinham dúvidas a respeito de continuar a atuar nesta função, ao receberem palavras de ânimo e de perseverança para que continuassem, renovaram suas forças, como exemplifica uma entrevistada:

> ... eu sentia que eu sempre queria que acontecesse alguma coisa pra eu desistir de ser cuidadora; depois do curso eu passei a gostar mais, passei a investir mesmo como cuidadora, hoje chega proposta de trabalho em área diferente e eu não quero... (J. C. V.)

> eu aprendi muito... no curso estavam sempre valorizando a gente, é bom saber que tem pessoas lutando pela gente. (R. A. F.)

Uma cuidadora afirmou que sentia muita insegurança quando precisava cuidar de um idoso mais dependente, e para algumas atividades não tinha conhecimento especializado, como dar banho no leito ou trocar a roupa. Relatou que aprendeu muitas técnicas novas e percebeu que não fazia alguns procedimentos de forma correta.

Aproximadamente, 20 cuidadores nunca tinham feito curso de formação de cuidador e muitas técnicas foram adquiridas, como mostra o depoimento abaixo:

> ... eu aprendi a fazer troca e banho no leito... observei bem a troca, pois hoje eu não faço isso, mas amanhã talvez eu tenha que fazer... se eu preciso cobrir alguém, hoje eu não tenho mais medo, pois aprendi no curso como realizar as coisas, tenho mais segurança. (J. C. V.)

Pelas falas, percebe-se que o curso influenciou tanto na vida pessoal como profissional dos cuidadores, pois se sentiram valorizados com o reconhecimento da profissão. Admitem que foram incentivados a buscar novos conhecimentos, o que garantiu a inserção no mercado de trabalho, como foi reconhecido por algumas cuidadoras:

gostei de saber que a gente tem valor e me interessei a fazer outro curso. (L. J. A.)

mais incentivo, tanto que depois do curso de cuidadores eu fui fazer [o curso de] técnico de enfermagem... (A. M. L.)

O aproveitamento do curso foi avaliado pelos cuidadores da seguinte forma: 18 responderam que a formação foi completa, 3 disseram que sentiram falta de assuntos que discutissem sobre o relacionamento com os familiares dos idosos e 2 manifestaram que gostariam de ter aprendido a usar sonda de dieta e aferir a pressão. As dificuldades que os cuidadores relataram em relação aos familiares se reportam a dois aspectos: os familiares que interferem nos cuidados prestados aos idosos e na ausência destes – ambas as situações afetam diretamente o cuidar. A família ou familiar que interfere nos cuidados gera uma relação de conflito entre familiar-cuidador que provoca sentimentos de angústia, raiva e insegurança, como demonstram algumas cuidadoras:

... a família dela estava sempre lá e era difícil porque eles interferiam no meu modo de cuidar, do jeito que eu estava sempre acostumada... (N. A. M.)

A família que é ausente gera situações constrangedoras aos cuidadores, pois *este "abandono"* produz sentimentos de tristeza em alguns idosos. Muitas cuidadoras relatam que alguns idosos apresentam um temperamento difícil, são autoritários e tal postura pode ser o motivo de não receberem visitas.

... tinha numa família que era muito distante, a senhora tinha duas filhas que eram distantes, e ela até chorava por sentir falta das filhas... (J. C. V.)

Observa-se pelos dados supracitados a importância da composição curricular dos cursos de formação de cuidadores de idosos; percebe-se a necessidade de abordar temas como enfrentamento da morte do idoso pelo cuidador e orientações de técnicas na forma de lidar com assuntos que causam sofrimento, como, por exemplo, a solidão. Ter um olhar mais atento aos aspectos físicos e emocionais dos cuidadores é fundamental para a realização do cuidado integral, visto que muitos desses profissionais sofrem fisicamente com a rotina diária.

8. CONSIDERAÇÕES FINAIS

Esta pesquisa sobre o cuidador que atua em Instituição de Longa Permanência para Idoso decorre da essencialidade deste profissional no desempenho de sua função. O estudo converte-se em indicador para que novos investimentos educacionais sejam assumidos como iniciativa da sociedade civil, mas, principalmente, por meio de políticas públicas efetivas.

As reflexões desenvolvidas neste estudo se contextualizam na sociedade contemporânea que aponta a realidade do aumento da expectativa de vida do brasileiro, o que nos faz notar cada vez mais a presença do "novo velho". Entende-se aqui a expressão "novo velho" como sujeito participativo e envolvido em ações desencadeadas nas diferentes áreas como política, educação, cultura e lazer.

Devemos considerar, também, o outro lado dessa realidade que sinaliza o crescente número de idosos com doenças crônico-degenerativas, as quais podem comprometer sua capacidade funcional e condição de autonomia. Nesse cenário, a figura do cuidador de idoso apresenta-se mais efetivamente como profissional imprescindível para que o idoso mantenha uma vida saudável e ativa.

Cuidador de Pessoa Idosa é uma profissão nova, cujo exercício competente exige o Ensino Fundamental completo e curso de formação específica, exigência que requer atenção tanto do Estado como da sociedade civil para garantir a formação e acompanhamento do cuidador, tendo em vista o atendimento das expectativas requeridas ao seu desempenho e à segurança do empregador.

Conforme exposto, a regulamentação da profissão não limita a carga horária de trabalho desses profissionais, o que pode suscitar um excesso de tempo dedicado às atividades profissionais, acarretando desgastes físicos e emocionais. Em nossa pesquisa, constatamos que a variação do tempo de trabalho dos cuidadores situa-se entre 20 e 96 horas semanais e, mesmo vivenciando uma carga horária abusiva, seis cuidadores realizavam trabalhos paralelos fora da ILPI, em virtude da necessidade de complementar a renda familiar.

No que se refere ao sentido do cuidar, verificamos que essa prática simboliza para os cuidadores paciência, carinho, responsabilidade, gostar do que faz e amor ao próximo, características essenciais na realização de atividades que envolvem idosos, em particular, aqueles que residem em ILPIs.

Outra dimensão analisada permite identificar a visão da maioria dos cuidadores sobre a realidade da velhice como uma fase que se caracteriza por sentidos negativos, tais como: perdas, dificuldades de realização das atividades diárias e dependência. Nessa perspectiva, percebe-se a influência do forte preconceito e estereótipo assumidos pelos cuidadores em relação a essa fase da vida.

Da mesma forma que os cuidadores apresentam opiniões firmes sobre o cuidar e a velhice, também se posicionam em relação a seus direitos, o que abrange o reconhecimento da necessidade de carteira assinada, delimitação de jornada de trabalho, definição de piso salarial, seguro-desemprego, entre outros. Entretanto, em relação aos deveres, as opiniões são desencontradas, escassas e percebe-se uma dificuldade para exteriorizar sua compreensão.

Esses e outros resultados deste estudo, conforme indicam as análises realizadas, podem contribuir para ampliar os conhecimentos existentes sobre a temática em questão, na medida em que permitem o levantamento de problemas e necessidades, estimulando a busca constante de melhorias, o que exige o envolvimento de vários atores como o cuidador, o responsável pelo idoso e pela ILPI e o próprio sujeito atendido, a pessoa idosa.

Dados desta pesquisa confirmam que, dentre as mudanças desejáveis, situa-se a necessidade e a relevância da educação permanentes voltadas aos cuidadores, por meio do desenvolvimento de estratégias e ações multi e interdisciplinares. Os resultados evidenciados podem subsidiar a construção de novas propostas de qualificação do profissional e do trabalho realizado pelos cuidadores que atuam em ILPI, considerando-os como participantes ativos no processo educativo.

Cabe a nós, pesquisadores e profissionais da Gerontologia, estimular e promover condições para o desenvolvimento do trabalho em equipe, destacando a relevância de uma ação planejada, avaliada e reconduzida coletivamente de modo a viabilizar o desenvolvimento de ações propiciadoras à promoção da saúde e bem-estar daqueles que se situam na fase da velhice.

Adicionamos a essas observações a necessidade de apoio à condição física e emocional dos cuidadores, introdução de grupos de apoio que tenham como foco escutar e compreender as dificuldades dos cuidadores, orientando-os como agir diante de questões como morte ou sofrimento dos idosos, incluindo-se o desenvolvimento de habilidades de comunicação verbal e não verbal para lhes dar um atendimento digno.

Torna-se perceptível a necessidade de se definir uma ação de atendimento especializado destinado a esses cuidadores profissionais, com orientações relacionadas às demandas físicas da profissão, prescrição de exercícios de fortalecimento e relaxamento que busquem evitar ou amenizar os desgastes físicos provocados pela rotina do cuidado.

Essas ações devem ser assumidas pelas Políticas Públicas, além de se constituírem em desafios também para a sociedade civil e suas instituições governamentais ou não governamentais. Nesse sentido, propõe-se o desafio às universidades, as quais devem ser capazes de criar condições para impulsionar outro modo de pensar, produzindo novos conhecimentos que promovam o delineamento de uma nova consciência crítica a ser incorporada na prática dos cuidadores de idosos. Esse desafio deve ser adotado por todas as áreas acadêmicas, em especial, no caso desta discussão, pela Gerontologia e Saúde.

REFERÊNCIAS

ALENCAR, M. C. B.; SCHULTZE, V. M.; SOUZA, S. D. Distúrbios osteomusculares e o trabalho dos que cuidam de idosos institucionalizados. *Fisioter. Mov.* Curitiba, v. 23, n. 1, p. 63-72, mar. 2010.

ASSIS, V. F. G.; MARTIN, D. Falas sobre a velhice: entre o perceber e o ser idoso. *A Terceira Idade*. São Paulo, v. 21, n. 48, p. 54-65, jul. 2010.

BARBOSA, M. S. A.; SANTOS, R. M.; TREZZA, M. C. S. F. A vida do trabalhador antes e após a Lesão por Esforço Repetitivo (LER) e Doença Osteomuscular Relacionada ao Trabalho (DORT). *Rev. Brasileira Enfermagem*, Brasília, v. 60, n. 5, p. 491-6, out. 2007.

BRASIL. *Comissão de Assuntos Sociais*. Senado. Projeto de Lei n. 284 de 2011. Dispõe sobre o exercício da profissão de cuidador de pessoa idosa e dá outras providências, 2011a.

_____. *Ministério do Trabalho e Emprego*. Portal do Trabalho e Emprego. Disponível em: <www. mtecbo.gov.br/cbosite/pages/pesquisas/BuscaPorTitulo Resultado.jsf>. Acesso em: 11 ago. 2011.

BOFF, L. O cuidado essencial: princípio de um novo *ethos*. *Inclusão Social*. Brasília, v. 1, n. 1, p. 28-35, mar. 2005.

_____. *Sabe cuidar: ética do humano* – compaixão pela terra. 9. ed. Petrópolis: Vozes, 1999.

BRÊTAS, A. C. P. Cuidadores de idosos e o Sistema Único de Saúde. *Revista Brasileira de Enfermagem*, Brasilia, v. 56, n. 3, p. 298-301, maio 2003.

BRUM, A. K. R.; TOCANTIS, F. R.; SILVA, T. J. E. S. O enfermeiro como instrumento de ação no cuidar do idoso. *Rev. Latino-Americana de Enfermagem*, Ribeirão Preto, v. 13, n. 6, p. 1019-26, nov. 2005.

CAMARANO, A. A. (Org.). *Características das Instituições de Longa Permanência para Idosos:* região Sudeste. Brasília: IPEA, 2008a.

COLOMÉ, I. C. S. *et al.* Cuidar de idosos institucionalizados,: características e dificuldades dos cuidadores. *Rev. Eletrônica de Enfermagem.* Rio Grande do Sul, v. 13, n. 2, p. 306-12, jun. 2011.

CÔRTE, B. *Congresso realça aspectos positivos do envelhecimento.* Disponível em: <portaldoenvelhecimento.org.br/noticias/diversos/congresso-realca-aspectos-positivos-do-envelhecimento.html>. Acesso em: 25 fev. 2013.

_____. De olho na mídia. *Revista Kairós.* São Paulo: Caderno Temático 6, 2009.

COUTINHO, C. N. Democracia e Socialismo. In: _____. *Contra a Corrente ensaios sobre Democracia e Socialismo.* São Paulo: Cortez, p. 42-53, 1992.

DEMO, P. *Participação é conquista.* 6. ed. São Paulo: Cortez, 2010.

DUARTE, Y. A. O. Cuidadores: quem são e qual sua importância para as pessoas idosas? *Portal do Envelhecimento.* 2011. Disponível em: <portaldoenvelhecimento.org.br/noticias/artigos/cuidadores-quem-sao-e-qual-sua-importancia-para-as-pessoas idosas.html>. Acesso em: 4 set. 2011.

FERREIRA, M. S. Reflexões sobre o processo de envelhecimento a partir de Michel Foucould. In: JUNIOR, Edmundo de Drummond Alves (Org.). *Envelhecimento e vida saudável.* Rio de Janeiro: Apicuri, 2009, p. 43-60.

GORDILHO, A. *et al. Desafios a serem enfrentados no terceiro milênio pelo setor saúde na atenção integral ao idoso.* Rio de Janeiro: UnATI, 2000.

GUIMARÃES, N. A.; HIRATA, H. S.; SUGITA, K. Cuidado e Cuidadoras: o trabalho de *care* no Brasil, França e Japão. *Sociologia & Antropologia.* São Paulo, v. 1, n. 1, p. 151-180. 2011.

HESS, T. M. Attitudes toward aging and their effects on behavior. In: BIRREN, J; SCHAIE, W. (Org.). *Handbook of the Psychology of Aging.* San Diego: Academic Press, 2006. p. 397-317.

JACOBI, P. R. Políticas sociais locais e os desafios da participação citadina. *Cien Saude Colet,* São Paulo, v. 7, n. 3, p. 443-454, maio 2002.

KUCHEMANN, B. A. Envelhecimento populacional, cuidado e cidadania: velhos dilemas e novos desafios. *Sociedade e Estado.* Brasília, v. 27, n. 1, p. 165-180, abr. 2012.

KUUPPELOMAKI, M. *et al.* Family carers for older relatives: sources of satisfaction and related factors in Finland. *International Journal of Nursing Studies.* v. 41, n. 5, p. 497-505, jul. 2004.

MARTINEZ, S. H. L., BRÊTAS A. C. P. O significado do cuidar para quem cuida do idoso em uma instituição asilar. *Acta Paul Enferm.* São Paulo, v. 17. n. 2, p. 181-8, set. 2004.

MARTINS, J. J., *et al.* Necessidades de educação em saúde dos cuidadores de pessoas idosas no domicilio. *Texto Contexto Enferm.* Florianópolis, v. 16, n. 2, p. 254-62, abr. 2007.

MELLO, P. B. *et al.* Percepção dos cuidadores frente às dificuldades encontradas no cuidado diário de idosos dependentes institucionalizados. *Estud Interdiscip. Envelhec,* Porto Alegre, v. 13, n. 2, p. 259-274, 2008.

MERCADANTE, E. F. Velhice: a identidade estigmatizada. *Revista Serviço Social & Sociedade,* São Paulo: Cortez. n. 75, p. 55-73, set. 2003.

MERHY, E. E. O Ato de Cuidar como um dos nós críticos chaves dos serviços de saúde. *Mimeo.* DMPS/FCM/UNICAMP – SP, 1999. Disponível em: <www.uff.br/saudecoletiva/professores/merhy/artigos-04.pdf>. Acesso em: 5 jul. 2012.

MINAYO, M. C. S. *Pesquisa Social: teoria, método e criatividade.* Rio de Janeiro: Editora Vozes, p. 61-77, 2010.

MOREIRA, M. D., CALDAS, C. P. A importância do cuidador no contexto da Saúde do Idoso. *Esc Anna Nery Rev Enferm.* Rio de Janeiro, v. 11, n. 3, p. 520-5, set. 2007.

MURARO, R. M.; BOFF, L. *Feminino e masculino:* uma nova consciência para o encontro das diferenças. 2. ed. Rio de Janeiro: Sextante, 2002.

NERI, A. L. Atitudes e preconceitos em relação a velhice, In: _____. *Idosos no Brasil:* vivencias, desafios e expectativas na terceira idade. São Paulo: Editora Fundação Perseu Abramo, p. 21-32, 2007.

OMS – Organização Mundial de Saúde. *Envelhecimento Ativo:* uma política de saúde. Brasília, 2005.

PANHOCA, I.; RODRIGUES, A. N. Avaliação da qualidade de vida de cuidadores de afásicos. *Revista da Sociedade Brasileira de Fonoaudiologia*, v. 14, p. 394-401, 2009.

PANHOCA, I.; PUPO, A. C. S. Cuidando de quem cuida: avaliando a qualidade de vida de cuidadores de afásicos. *Revista CEFAC*, v. 12, p. 299-307, 2010.

PERLINI, N. M. G.; LEITE, M. T.; FURINI, A. C. Em busca de uma instituição para a pessoa idosa morar: motivos apontados por familiares. *Rev Esc Enferm USP.* Rio Grande do Sul v. 41, n. 2, p. 229-36, abr. 2007.

RIBEIRO, M. T. F. *et al.* Perfil dos cuidadores de idosos nas instituições de longa permanência de Belo Horizonte. *Ciênc. Saúde Colet.* Minas Gerais, v. 13, n. 4, p. 1285-92, nov. 2008.

ROSA, A. F. G. *et al.* Incidência de LER/DORT em trabalhadores de enfermagem. *Acta Sci. Health Sci.* Maringá, v. 30, n. 1, p. 19-25, 2008.

SILVA, H. S.; LIMA, A. M. M.; GALHARDONI, R. Envelhecimento bem-sucedido e vulnerabilidade em saúde: aproximação e perspectivas. *Comunicação Saúde Educação.* v. 14, n. 35, p. 867-77, dez. 2010.

SIMÃO, P. *Regulamentação da profissão de cuidador de idoso.* Disponível em: <simaopedro.com.br/aprovada-regulamentacao-da-profissao-de-cuidador-de-idoso/>. Acesso em: 20 set. 2012.

SOUZA, L. M.; WEGNER W.; GORINI, M. I. P. C. Educação em saúde: uma estratégia de cuidado ao cuidador leigo. *Rev. Latino-Americana de Enfermagem.* São Paulo, v. 15, n. 2, p. 337-43, mar. 2007.

TEIXEIRA, F. *Envelhecer com dignidade.* n. 5. ago. 2000. Disponível em: <www.partes. com.br/terceiraidade05.html>. Acesso em: 17 jan. 2013.

VASQUES, M. I. Saúde mental e trabalho: aplicações na prática clínica. In: JACQUES, Maria Graça; CODO, Wanderley. (Org.). *Saúde mental e trabalho:* leituras. Petrópolis: Vozes, p. 193-208, 2002.

VELÁSQUEZ, V. *et al.* Efecto de un programa educativo para cuidadores de personas ancianas: una perspectiva cultural. *Rev. Salud Pública*, v. 13, n. 4, p. 610-619, jul. 2011.

Capítulo 7

POLÍTICAS PÚBLICAS PARA A MELHORIA DA QUALIDADE DE VIDA DE IDOSOS: CONSIDERAÇÕES ACERCA DA PARCERIA PODER PÚBLICO-UNIVERSIDADE PRIVADA

Andrea Licia de Oliveira

1. INTRODUÇÃO

Com o crescimento da população idosa, torna-se necessário, agora mais do que nunca, que o conjunto da sociedade tome consciência dessa série de problemas e que as autoridades competentes, de forma justa e democrática, encontrem os caminhos que levem à equidade na distribuição dos serviços e facilidades para com este grupo populacional.

Segundo a Organização Mundial de Saúde (OMS), o mundo terá em torno de dois bilhões de habitantes com mais de 60 anos em 2050 (NUNES *et al.*; 2010). No Brasil, as estimativas para 2025 é de que a população idosa esteja perto de 34 milhões (NUNES; idem). A crescente transição demográfica vem acompanhada de uma transição epidemiológica, pois as doenças degenerativas serão o foco de atenção nas próximas décadas (COSTA *et al.*; 2008). O que se espera é que esforços sejam envidados para que, além de se prolongar a vida humana, haja também o esforço de melhorar a qualidade de vida de quem vive mais.

O envelhecimento populacional é um fenômeno relativamente novo em todo o mundo. Conforme dados da OMS, a expectativa de vida da população mundial, que hoje é de 66 anos, passará a ser de 73 anos, em 2025. Segundo o Instituto Brasileiro de Geografia e Estatística (IBGE), o país caminha para um perfil cada vez mais envelhecido: em 2008, para cada 100 crianças de 0 a 14 anos havia 24,7 idosos de 65 anos ou mais; a previsão é de em 2050 para este mesmo número de crianças existirão 172,7 idosos (FLECK *et al.*; 2003).

Tabela 13
BRASIL: Participação relativa percentual da população por grupos de idade na população total: 1980/2050

Grupos de Idade	1980	1990	2000	2008	2010	2020	2030	2050
Total	100,00	100,00	100,00	100,00	100,00	100,00	100,00	100,00
0 a 14	38,24	35,33	29,78	26,47	25,58	20,07	16,99	13,15
15 a 24	21,11	19,53	19,74	18,11	17,41	16,34	13,27	10,45
0 a 24	59,35	54,86	49,52	44,57	42,99	36,41	30,25	23,60
15 a 64	57,75	60,31	64,78	67,00	67,59	70,70	69,68	64,14
55 ou mais	8,71	9,58	11,29	13,36	14,10	19,24	24,60	36,73
60 ou mais	6,07	6,75	8,12	9,49	9,98	13,67	18,70	29,75
65 ou mais	4,01	4,38	5,44	6,53	6,83	9,23	13,33	22,71
70 ou mais	2,31	2,65	3,46	4,22	4,46	6,90	8,63	15,95
75 ou mais	1,20	1,45	1,90	2,46	2,60	3,53	5,11	10,53
80 ou mais	0,50	0,63	0,83	1,27	1,37	1,83	2,73	6,39

Fonte: IBGE, Diretoria de Pesquisas. Coordenação de População e Indicadores Sociais.
Gerência de Estudos e Análises da Dinâmica Demográfica. Projeção da População do Brasil por Sexo e Idade para o Período 1980-2050 - Revisão 2008.

A investigação sobre as condições que permitem uma boa qualidade de vida na velhice, bem como as variações que a idade comporta, revestem-se de grande importância científica e social. Tentar responder à aparente contradição que existe entre velhice e bem-estar, ou mesmo à associação entre velhice e doença, poderá contribuir para a compreensão do envelhecimento e dos limites e alcances do desenvolvimento humano. Além disso, possibilitará a criação de alternativas de intervenção visando ao bem-estar de pessoas idosas (FLECK *et al.*; 2003).

As condições de saúde da população idosa podem ser determinadas através dos seus perfis de morbidade e de mortalidade, da presença de *déficits* físicos e cognitivos e da utilização de serviços de saúde, entre outros indicadores mais específicos. As demais informações necessárias para que se conheçam as condições de saúde da população idosa residente na comunidade só podem ser obtidas através de estudos epidemiológicos de base populacional (LIMA-COSTA *et al.*; 2003).

A saúde e a qualidade de vida dos idosos, mais que em outros grupos etários, sofrem a influência de múltiplos fatores físicos, psicológicos, sociais e culturais. Vemos emergir uma mudança de perfil epidemiológico, o que, num primeiro momento, acarreta maiores despesas nas diferentes áreas da saúde, não só para sociedade civil como para o Estado. Assim, avaliar e promover a saúde do idoso significa considerar variáveis de distintos campos do saber numa atuação interdisciplinar e multidimensional e incentivar a implantação de modelos e métodos para o enfrentamento do problema. (SILVA; 2010)

A OMS, a partir do início dos anos 1990, constatou que as medidas de qualidade de vida se revestem de particular importância na avaliação de saúde, tanto dentro de uma perspectiva individual como social. Há múltiplas escalas de avaliação de qualidade de vida. Todavia, existem diferenças em relação aos aspectos conceituais subjacentes, à importância dada à subjetividade, em detrimento da objetividade na escolha dos itens, bem como à natureza e ao peso de cada domínio para avaliação de qualidade de vida como recurso gerador de conceitos pertinentes à população em questão a serem posteriormente averiguados sob enfoque psicométrico. Em função destas particularidades, tem sido ressaltada a importância da utilização da metodologia qualitativa (FLECK *et al.*; 2003).

Embora a grande maioria dos idosos seja portadora de, pelo menos, uma doença crônica, nem todos ficam limitados por essas doenças, e muitos levam vida perfeitamente normal, com as suas enfermidades controladas e expressa satisfação na vida. Um idoso com uma ou mais doenças crônicas pode ser considerado um idoso saudável, se comparado com um idoso com as mesmas doenças, porém sem controle destas, com sequelas decorrentes e incapacidades associadas. Capacidade funcional surge, portanto, como um novo paradigma de saúde, particularmente relevante para o idoso. Envelhecimento saudável, dentro desse novo olhar, passa a ser a resultante da interação multidimensional entre saúde física, saúde mental, independência na vida diária, integração social, suporte familiar e independência econômica. A perda de um ente querido, a falência econômica, uma doença incapacitante, um distúrbio mental e um acidente são eventos cotidianos que podem, juntos ou isoladamente, comprometer a capacidade funcional de um indivíduo. O bem-estar na velhice, ou saúde num sentido amplo, seria o resultado do equilíbrio entre as várias dimensões da capacidade funcional do idoso, sem necessariamente significar ausência de problemas em todas as dimensões (RAMOS; 2003).

Este estudo tem o objetivo de apresentar os resultados parciais obtidos num programa de atendimento ao idoso que implementou e desenvolveu ações na área da saúde voltadas à população idosa do município de Mogi das Cruzes, como parte dos programas de políticas públicas voltadas aos idosos.

O programa envolveu o poder local em diferentes departamentos: Secretaria Municipal de Assistência Social, Conselho Municipal do Idoso e uma instituição de Ensino Superior privada, a Universidade de Mogi das Cruzes (UMC).

Os resultados apresentados neste estudo são parciais, uma vez que o programa ainda está em andamento.

2. A IDEIA DO PODER LOCAL E O CENÁRIO

Os desafios trazidos pelo envelhecimento da população têm diversas dimensões e dificuldades, mas nada é mais justo do que garantir ao idoso a sua integração na comunidade. O envelhecimento da população influencia o consumo, a transferência de capital e propriedades, impostos, pensões, o mercado de trabalho, a saúde e assistência médica, a composição e organização da família. É um processo normal, inevitável, irreversível e não uma doença. Portanto, não deve ser tratado apenas com soluções médicas, mas também por intervenções sociais, econômicas e ambientais (PORTO; 2002).

Vale salientar, neste ponto, que se pensou em vários aspectos ao desenvolver este programa. Partiu-se da necessidade de oferecer orientações de saúde e atendimentos como atividades extensionistas da universidade, sempre tendo-se em vista o fator positivo que as relações sociais exercem sobre a saúde física e mental do idoso. (RAMOS; 2002)

Simone de Beauvoir (*apud* VOGT; 1992), em seu livro clássico sobre a velhice, mostra, entre outras coisas, que o inconsciente não tem idade e que temos forte tendência a nos comportar, na velhice, como se jamais fôssemos velhos: aos 60 anos, raros são os que se consideram nessa condição e, mesmo depois dos 80 anos, há muitos que acreditam ser de meia-idade e uns tantos que continuam a se achar jovens.

Como escreve Cícero, em seu famoso tratado *De Senectute* (Da velhice): "todos querem chegar à velhice; quando chegam, acusam-na". E ainda: "Torna-te velho cedo, se quiseres ser velho por muito tempo". Pensamentos que ressoam, no século XVII, no dito de Swift e que, de certo modo vão na mesma direção dos dados do livro de Simone de Beauvoir: "Todos desejam viver por muito tempo, mas ninguém quer chegar a ser velho" (VOGT, 1992).

A política pública de atenção ao idoso relaciona-se com o desenvolvimento socioeconômico e cultural, bem como com a ação reivindicatória dos movimentos sociais. A partir daí a legislação brasileira procurou se adequar a tal orientação, embora ainda faltem algumas medidas. A Política Nacional do Idoso, estabelecida em 1994 (Lei 8.842/94), criou normas para os direitos sociais dos idosos, garantindo autonomia, integração e participação efetiva como instrumento de cidadania (PORTO, 2002).

A Política Nacional do Idoso objetiva criar condições para promover a longevidade com qualidade de vida, colocando em prática ações voltadas, não apenas para os que estão velhos, mas também para aqueles que vão envelhecer, bem como lista as competências das várias áreas e seus respectivos órgãos. A implantação dessa lei estimulou a articulação dos ministérios setoriais para o lançamento, em 1997, de um Plano de Ação Governamental para Integração da Política Nacional do Idoso. São nove os órgãos que compõem este Plano: Ministérios da Previdência e Assistência Social, da Educação, da Justiça, da Cultura, do Trabalho e Emprego, da Saúde, do Esporte e Turismo, Transporte, Planejamento e Orçamento e Gestão (PORTO, 2002).

Na relação do que compete às entidades públicas, encontram-se importantes obrigações como estimular a criação de locais de atendimento aos idosos, centros de convivência, casas-lares, oficinas de trabalho, atendimentos domiciliares e outros; apoiar a criação de universidade aberta para a terceira idade e impedir a discriminação do idoso e sua participação no mercado de trabalho (PORTO, 2002).

O envelhecimento populacional, resultado de um conjunto de fatores, como o aumento da expectativa de vida da população e o declínio das taxas de fecundidade e mortalidade, é, hoje, um fenômeno mundial que modifica a estrutura etária da população (PIRES, 2009).

No caso brasileiro, o processo de envelhecimento pode ser constatado por um aumento de participação de idosos na população. Em 2005, os idosos no Brasil reuniam 9,9% da população, equivalente a um contingente de 18,2 milhões de pessoas, representando um crescimento de 25,2% em relação a 2000 (PIRES, 2009).

O envelhecimento saudável é fruto de uma série de atividades incentivadas com intuito de promover a saúde, prevenindo a instalação de patologias crônicas, retardando o declínio funcional, favorecendo a sua autonomia e independência; preservando, dessa forma, o aspecto cognitivo, de integração social e de valorização das relações interpessoais e afetivas. Muitas destas atividades consistem em estimular os hábitos como alimentação adequada e balanceada, práticas regulares de exercícios, convívio social estimulante, atividades ocupacionais abrangendo as áreas de expressões artísticas, artesanato, literatura, biblioteca. Essas ações mostram que envelhecer com saúde depende menos dos milagres da Medicina do que da mudança comportamental do indivíduo (PIRES, 2009).

Figura 1. Evolução da proporção das faixas etárias da população brasileira – Brasil, 2010-2050.

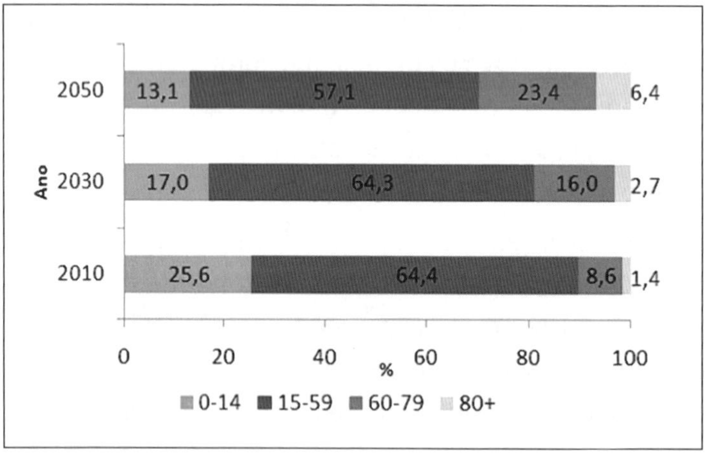

Fonte: apud. Leite & Carneiro (2011; p. 1)

Em virtude deste panorama, a contínua diminuição da fecundidade e a elevação da longevidade traz como consequência o crescimento da população idosa, por isso ser importante conceber um projeto, fundamentado na efetivação de políticas públicas voltadas à população idosa e o papel da sociedade civil brasileira, na reivindicação desses direitos.

Os serviços socioassistenciais são divididos por complexidade: Proteção Social Básica, Proteção Social Especial de Média e Alta complexidade. O Sistema Único de Assistência Social (SUAS) é um conjunto de leis que define a atuação do poder público e das entidades que atuam no segmento e tem como principal meta a mobilização da comunidade, por meio de campanhas, cursos de geração de renda, parcerias e eventos, visando à melhoria da qualidade de vida da população em situação de vulnerabilidade social (Prefeitura Municipal de Mogi das Cruzes, 2011).

Em Mogi das Cruzes, este trabalho é centralizado na Secretaria Municipal de Assistência Social, o qual:

> *tem como meta promover o desenvolvimento social de todos os segmentos da população de Mogi das Cruzes, implantando uma política de valorização do ser humano, sua integração à sociedade e o exercício da cidadania. Os programas são dirigidos à criança, ao adolescente, à família, ao idoso e à pessoa portadora de deficiência. A atuação é sempre integrada à de outros setores da Administração Municipal, como Saúde, Educação, Cultura e Meio Ambiente, Esportes e Lazer ou Desenvolvimento Econômico e Social, entre outros. Para enfrentar e solucionar as situações de exclusão social, a Prefeitura conjuga esforços com a União, o Estado e organizações da sociedade, como cidadãos, empresas, entidades filantrópicas e ONGs que formam o chamado terceiro setor.* (SITE da Prefeitura de Mogi das Cruzes, 2013)

No ano de 2012, o poder público local, representado pela Prefeitura Municipal de Mogi das Cruzes, iniciou um diálogo com a Universidade de Mogi das Cruzes, para discussões e a proposição de um projeto em atendimento à comunidade local, envolvendo docentes, discentes, gestores educacionais e municipais. Após a realização de algumas reuniões, um estudo da problemática local, por meio do levantamento de dados, a Universidade de Mogi das Cruzes, em atendimento às Políticas Públicas, com o objetivo do atendimento ao idoso, propõe a implementação, em parceria com o Conselho Municipal do Idoso, do Projeto Feliz Idade, com serviços gratuitos na área da saúde.

O Conselho Municipal do Idoso de Mogi das Cruzes é:

> *conforme estabelecido na Lei Municipal n. 5.908, de 18 de Julho de 2006, um órgão permanente, interlocutor de caráter consultivo, deliberativo, formado com representação paritária (Poder Público e Sociedade Civil), tendo como objetivo principal elaborar e administrar a execução da Política Municipal do Idoso, estabelecendo as diretrizes e as metas a serem atingidas, inclusive, fiscalizando sua correta aplicação.* (idem)

A UMC, para implementar seus projetos, articula o conjunto de suas políticas acadêmicas e institucionais tendo como princípio a sua Missão: *"Gerar e disseminar o conhecimento para formar profissionais socialmente responsáveis, empreendedores e transformadores da realidade contemporânea"*. As atividades de extensão, consideradas em seus diversos enfoques (inclusive de ação comunitária), são o principal instrumento de articulação da Universidade com sua comunidade interna e com a sociedade de seu entorno. Dada a natureza multidisciplinar das atividades de extensão e ação social, tais ações são desenvolvidas a partir de diferentes setores da Universidade, com o foco na responsabilidade social voltada para a sua região de inserção.

Define-se por responsabilidade social a ação desenvolvida no sentido de vivenciar seus princípios e valores considerados essenciais: gestão, ensino, pesquisa e extensão, na definição de forte compromisso com a sociedade e o país.

A articulação dos setores que compõem o Plano de Ação Governamental para Integração da Política Nacional do Idoso favorece a implantação de projetos para a ampliação do atendimento de programas existentes na cidade, a inserção regional e a importância da UMC, em associação com o fortaleci-mento da economia local, desenvolvendo a economia criativa em um modelo sustentável.

As ações propostas no projeto objetivam promover e ampliar o conheci-mento e as oportunidades junto à população, promovendo a troca de conhe-cimentos e a geração de novos empreendimentos, tendo como eixos a cultura, a tecnologia e a identidade local, como valores emergentes.

A proposta do Projeto Feliz Idade, elaborada pela UMC, objetiva a contri-buição na promoção da saúde dos idosos participantes, como também o desen-volvimento pessoal e profissional de cada um dos envolvidos, além de permitir o exercício da responsabilidade social dos discentes e docentes da instituição.

A população idosa é o segmento que mais cresce nos país e no mundo. Estima-se que em 2030 haverá mais pessoas com 65 anos do que com 18 anos. Isso se deve à diminuição da taxa de natalidade, aumento da expectativa de vida, melhora nas condições de trabalho, melhora no padrão nutricio-nal e ao avanço científico e tecnológico, que torna mais fácil o diagnóstico e tratamento de doenças (BRUNNER & SUDDARTH, 1994). Nesse contexto, o desafio dos profissionais da saúde é tornar os idosos mais saudáveis e pro-dutivos durante estes anos adicionais de vida. A assistência à saúde do idoso deve proporcionar a ele o envelhecimento normal bem-sucedido e lidar com a prevalência alta de doenças características desta idade. Assim, a preocu-pação foi buscar a promoção da melhoria da qualidade de vida dos Idosos da cidade de Mogi das Cruzes, por meio de uma equipe multidisciplinar de estudantes e professores, contemplando as seguintes áreas da saúde: Bio-medicina, Enfermagem, Farmácia, Fisioterapia, Medicina, Nutrição, Odon-tologia e Psicologia.

3. MATERIAIS E MÉTODOS

Para a realização do atendimento dos idosos (idade superior ou igual a 60 anos) e de ambos os sexos, a Universidade de Mogi das Cruzes disponibilizou 80 vagas, por dia de atendimento, distribuídas no período da manhã e da tarde, totalizando nesta etapa do projeto 230 idosos atendidos. O Conselho Munici-pal do Idoso é o responsável por selecionar e encaminhar os participantes ao atendimento. Os participantes eram do Centro de Convivência do Idoso (Cecim) e de três Instituições de Longa Permanência (ILPIs) de Mogi das Cruzes e que concordaram em responder o questionário socioeconômico. O encontro mensal, realizado na Policlínica Médica da UMC, com a proposta de atendimento de atenção básica à saúde inspirado em triagem prévia e na realização de anamnese: verificação da pressão arterial, glicemia e avaliação postural, clínica médica, odontológica e psicológica.

Este estudo foi aprovado pelo Comitê de Ética em Pesquisa com Seres Humanos da Universidade de Mogi das Cruzes. Foi apresentado e explicado aos idosos, no início do atendimento, os objetivos da pesquisa, as informações pertinentes e o Termo de Consentimento Livre e Esclarecido.

A assistência em enfermagem foi realizada por meio de preenchimento de Ficha de Atendimento Inicial, da aferição de sinais vitais, da coleta de dados antropométricos, juntamente com a aferição da glicemia capilar e pressão arterial. Concomitantemente a equipe de enfermagem realizou estudo epidemiológico, averiguando as patologias que mais acometem pacientes nesta idade e região. Após a consulta de Enfermagem, cada idoso recebeu orientações pertinentes sobre Hipertensão e Diabetes.

A assistência farmacêutica foi realizada através da metodologia Dáder de acompanhamento farmacoterapêutico, promovendo o uso racional de medicamentos, assim como buscando PRMs (Problemas Relacionados a Medicamentos). Dessa forma, pode-se orientar paciente e equipe médica quanto ao uso correto de medicamentos e acompanhar a evolução do paciente.

Foi realizada triagem dos pacientes com doenças articulares crônico-degenerativas, buscando patologias osteomusculares e encaminhamento para o setor de fisioterapia da UMC. Foram realizadas avaliação postural e orientações quanto à ergonomia e reeducação postural.

A equipe de nutrição averiguou o estado nutricional dos pacientes e a partir dessa investigação realizou orientações quanto à dieta destes pacientes de acordo com as patologias encontradas: hipertensão, diabetes e osteoporose. Os pacientes que não possuíam exames bioquímicos recentes, ou que se apresentaram refratários à terapêutica, foram encaminhados ao laboratório de análises clínicas para a realização destes exames.

Orientações sobre educação em saúde bucal e avaliação odontológica foram desenvolvidas. Durante a triagem, os que apresentaram problemas odontológicos foram encaminhados à clínica odontológica da Universidade de Mogi das Cruzes. Os pacientes que durante a triagem apresentaram problemas psicológicos foram encaminhados à clínica psicológica da Universidade de Mogi das Cruzes. Os idosos foram submetidos à avaliação clínica e, após a triagem, foram encaminhados aos ambulatórios de especialidades na Policlínica da Universidade de Mogi das Cruzes.

Os dados obtidos foram armazenados no Banco de Dados (Microsoft Access) e tratados quantitativamente com auxílio do Excel.

3. RESULTADOS

O estudo dos resultados parciais caracteriza-se como pesquisa do tipo descritivo. Os dados parciais foram coletados com idosos de idade igual ou superior a 60 anos, de ambos os sexos. A população da pesquisa consistiu de 230 idosos, que foram encaminhados à Policlínica Médica Universidade de Mogi das Cruzes.

As variáveis socioeconômicas estudadas foram: sexo, situação de moradia, escolaridade, renda.

Entre os participantes, a maioria é do sexo feminino (86,7%). Este dado é semelhante aos resultados encontrados em outras pesquisas. Evidenciando a maior longevidade do sexo feminino, estima-se que as mulheres vivam, aproximadamente, sete anos a mais do que os homens (TAVARES &DIAS, 2012).

Em relação à situação de moradia (Gráfico 1), observou-se que a maioria dos idosos não possuem cônjuge ou filhos, residem sozinhos (41,3%) e são institucionalizados (23,91%). A ausência de cônjuge pode ser um fator determinante na internação.

Gráfico 1. Situação de moradia dos idosos.

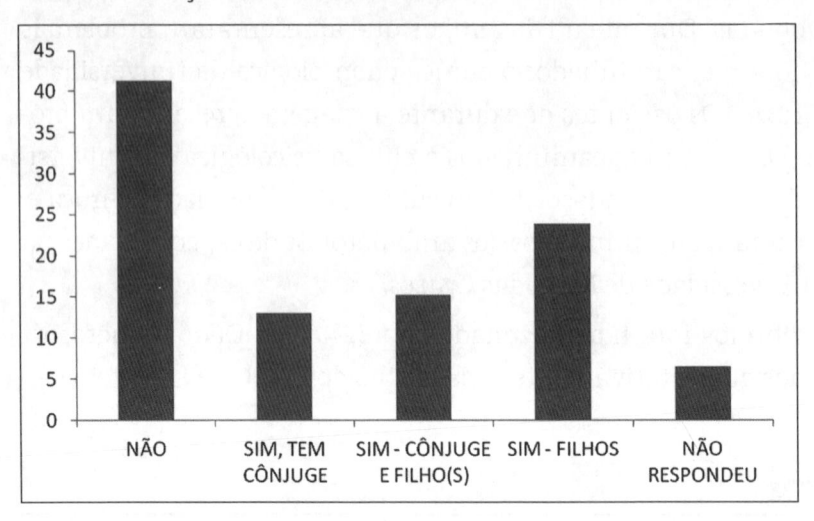

Em relação à escolaridade, 50% possuem o Ensino Fundamental incompleto, seguidos de 34,76% de idosos alfabetizados e 10,86% dos idosos não alfabetizados. Dos participantes, 2,17% possuem curso superior incompleto. Estes dados estão em consonância com o IBGE ao afirmar ser o nível de escolaridade no Brasil, o qual ainda é muito aquém do desejado (FLECK *et al.*, 2006). Este fator pode estar também associado à renda, em que 34,8% dos idosos apresentam renda de R$ 620,00 a R$ 800,00, valores aproximados de 1 salário mínimo.

Gráfico 2. Distribuição de renda individual dos idosos.

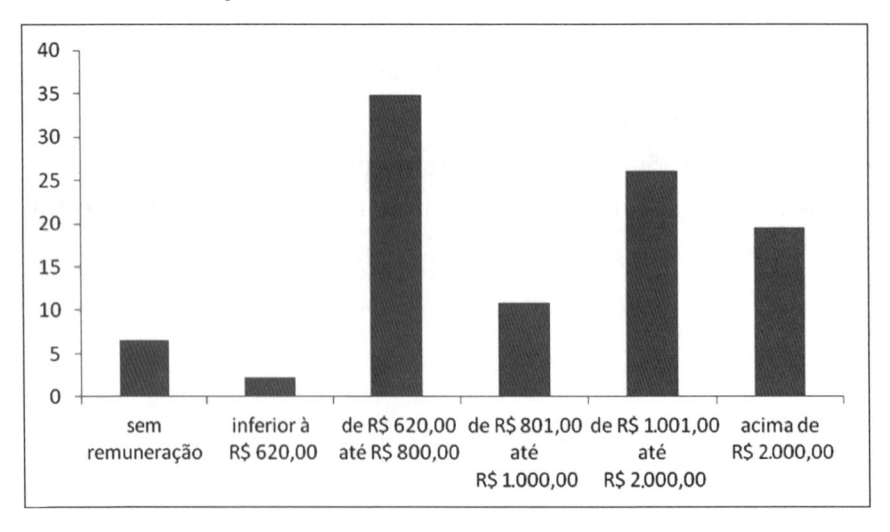

Em países de Terceiro Mundo como o Brasil, onde há uma distribuição de renda ruim, um grau de escolaridade pequeno e são precárias as condições de habitação e ambiente, é forte o impacto sobre a qualidade de vida e a saúde. A saúde do idoso interfere diretamente na sua qualidade de vida (GONTIJO *et al.*, 2012). Embora essa qualidade de vida dependa da avaliação subjetiva que as pessoas fazem e esta pode ser enviesada pela pobreza proporcionando baixa expectativa, tanto pela resignação quanto pelo fato das consequências do processo institucional (NUNES *et al.*, 2010).

Na tentativa de diminuir a complexa noção do termo qualidade de vida em diversas culturas e em diferentes classes sociais, diferentes instrumentos têm sido elaborados. Alguns destes instrumentos tratam a saúde como parte de um indicador composto, outros têm, na área da saúde, seu objeto propriamente dito (GONTIJO *et al.*, 2012).

A renda individual, apontada no Gráfico 2, nos conduz a um outro resultado:

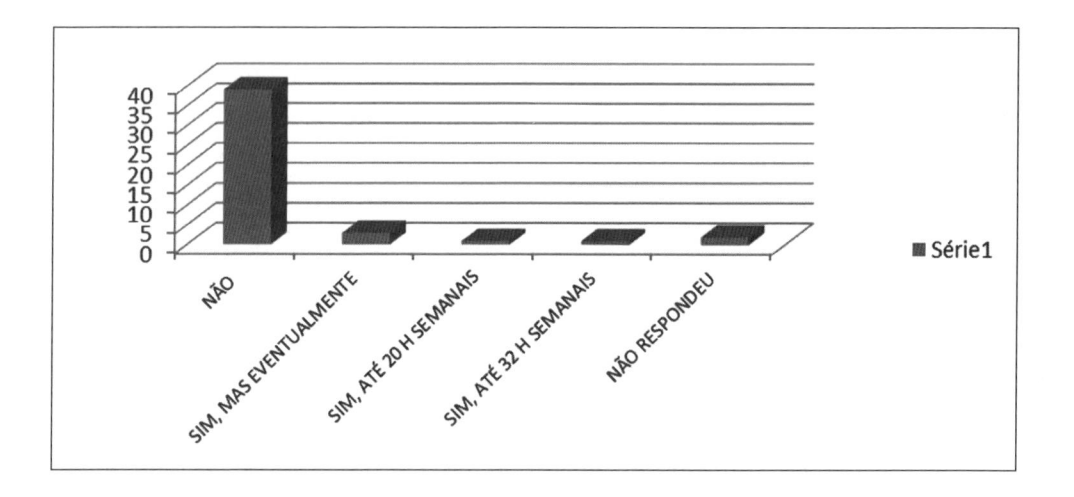

Numa época em que a atividade econômica sempre vem focada nos mais jovens, e que muitos acreditam que o idoso é improdutivo, percebe-se, cada dia mais, que estar ativo no mercado de trabalho traz benefícios quando a atividade é compatível com os idosos, o que pode mudar a posição de muitos empregadores. Em geral, o conceito de idoso é associado ao enfraquecimento das capacidades biológicas que influenciam as demais – cognitiva, mental e/ou intelectual – para realização de atividades laborais (CAMARANO, 2013), por isso a oferta de trabalho fica reduzida quando se chega à velhice. Estar em atividade no mercado de trabalho é também um fator que colabora para a qualidade de vida e, pelo gráfico anterior, vê-se que uma pequena parte desenvolve alguma atividade remunerada.

4. CONSIDERAÇÕES FINAIS

No Brasil, já se caminhou bastante no que concerne às políticas públicas voltadas aos idosos. No entanto, percebe-se que um número muito grande delas ainda não saiu do papel, até porque fica cada vez mais difícil determinar quais são as prioridades num país com tantas deficiências sociais. Por meio dos resultados parciais, os indicadores sinalizam as condições de vida desse segmento etário, evidenciando a necessidade de adotar políticas específicas para que os idosos venham a ter melhor qualidade de vida e bem-estar social.

Em 2013, o estatuto do idoso, Lei 10.741 de 2003, completa dez anos, e na sua essência está a "proteção integral" aos idosos, na esteira da política do Estado de Proteção Social. Envelhecer é um direito de todo ser humano, e envelhecer com qualidade de vida é um direito mais que necessário no cenário mundial dos Direitos Humanos. Em seus artigos 8º e 9º, esta norma prevê, respectivamente:

> *"O envelhecimento é um direito personalíssimo e a sua proteção um direito social, nos termos desta Lei e da legislação vigente",* e
> *"é obrigação do Estado garantir à pessoa idosa a proteção à vida e à saúde, mediante efetivação de políticas sociais públicas que permitam um envelhecimento saudável e em condições de dignidade".*

No caso específico deste estudo, chega-se à conclusão de que projetos como este vêm se replicando em diferentes partes do país, porque o custo de determinadas ações para a melhoria da qualidade de vida dos idosos e, de uma maneira geral, dos vulneráveis no Brasil, é sempre compartilhado em parcerias produtivas entre o poder público e a iniciativa privada, a sociedade e as universidades.

Esta atividade, que contribuiu e continua contribuindo na sua proposta assistencialista, também proporcionou a criação de bancos de dados para que docentes e discentes das áreas do conhecimento envolvidas promovessem encontros para estudos de casos, promovendo assim a interdisciplinaridade e o compartilhamento de informações de cada área.

REFERÊNCIAS

BRASIL. Lei 10.741/2003. *Estatuto do Idoso*. Presidência da República, Casa Civil, Subchefia para Assuntos Jurídicos. Disponível em: <www.planalto.gov.br/ccivil_03/leis/2003/l10.741.htm>. Acesso em: 17 set. 2013.

BRUNNER/SUDDARTH. *Tratado de enfermagem médico-cirúrgica*. 7. ed. Guanabara Koogan. 21: 358-359.

CAMARANO. A. A. *Estatuto do Idoso: avanços com contradições*. Texto para discussão/Instituto de Pesquisa Econômica Aplicada. Brasília: Rio de Janeiro: Ipea, 2013.

FLECK, M. P. A.; CHACHAMOVICH, E.; RENTINI, C. M. Projeto WHOQOL-OLD: método e resultados de grupos focais no Brasil. *Rev. Saúde Pública*. São Paulo. 37 (6). p. 793-9. 2003.

_____. Desenvolvimento e validação da versão em Português do módulo WHOQOL-OLD. *Rev. Saúde Pública*. São Paulo, 40 (5). p. 785-910. 2006.

GONTIJO, E. E. L. *et al*. A qualidade de vida em idosos de idosos atendidos no ambulatório no Centro Universitário UNIRG na cidade de Gurupi, Tocantins. *Perspectivas online: Biol. & Saúde*. Campos dos Goytacazes, 7(2). p. 39-52. 2012.

INSTITUTO BRASILEIRO DE GEOGRAFIA E ESTATÍSTICA – IBGE. *População brasileira envelhece em ritmo acelerado*. Disponível em: <saladeimprensa.ibge.gov.br/noticias?view=noticia& id=1&busca=1&idnoticia=1272>. Acesso em: 16 jul. 2013.

LIMA-COSTA, M. F.; BARRETO, S. M.; GIATTI, L. Condições de saúde, capacidade funcional, uso de serviços de saúde e gastos com medicamentos da população idosa brasileira: um estudo descritivo baseado na Pesquisa Nacional por Amostra de Domicílios. *Cad. Saúde Pública*. Rio de Janeiro. 19(3). p. 735-743. maio-jun. 2003.

NUNES, V. M. A.; MENEZES, R. M. P.; ALCHIERI, J. C. Avaliação da qualidade de vida institucionalizados no município de Natal, Estado do Rio Grande do Norte. *Acta Scientiarum. Health sciences*. Maringá. 2(32). p. 119-126. 2010.

OLIVA, M. F. & ISERN, M. El principio supremo de justicia y el desarollo del derecho fundamental a La calidade de vida de lós ancianos em La posmodernidad. *Oñati Socio-legal Series*. 1(8). p. 1-11. 2011.

PIRES, Clarissa Cortes, 2009. *O novo lado do envelhecimento*, São Paulo. Disponível em: <www. mec.ita.br/~clarissa/_private/envelhec.htm>. Acesso em: 30 mar. 2012.

PORTO, Mayla. *A Política Nacional do Idoso*: um Brasil para todas as idades, 2002. SBPC/Labjor, Brasil. Disponível em: <www.comciencia.br/reportagens/envelhecimento/texto/env02. htm>. Acesso em: 30 mar. 2012.

PREFEITURA MUNICIPAL DE MOGI DAS CRUZES. *Secretaria de Assistência Social*. Disponível em: <www.mogidascruzes.sp.gov.br/assistencia/cmi.php>. Acesso em: 16 set. 2013.

RAMOS, L. R. Fatores determinantes do envelhecimento saudável em idosos residentes em centro urbano: Projeto Epidoso, São Paulo. *Cad. Saúde Pública*. Rio de Janeiro. 19 (3). p. 793-798. maio-jun. 2003.

RAMOS, M. Apoio social e Saúde entre idosos. *Sociologias*. Porto Alegre. 4(7). p. 39-52. jan./jun. 2002.

SILVA, V. da. Qualidade de vida do idoso: cuidado do idoso, dever de quem? *Revista Espaço Acadêmico*. X(110). p. 138-146. jul. 2010.

TAVARES, D. M. dos. S.; DIAS, Flávia Aparecida. Capacidade Funcional, morbidades e qualidade de vida de idosos. *Texto Contexto Enfermagem* 21(1). p. 112-120. jan./mar. 2012.

VOGT, C. Álbum de Retalhos, 1992. *SBPC/Labjor*, Brasil. Disponível em: <www.comciencia.br/reportagens/envelhecimento/texto/env01.htm>. Acesso em: 29 mar. 2012.

Capítulo 8

CUIDADORES DE AFÁSICOS: DESAMPARO E AUSÊNCIA DE POLÍTICAS PÚBLICAS

Ivone Panhoca
Maria Beatriz Ferreira Leite
Gabriela Comuni Tordin
Vera Lucia dos Santos Alves

1. INTRODUÇÃO

A afasia é um acometimento da linguagem – articulatório-motor, de compreensão ou ambos – que resulta de lesão focal no Sistema Nervoso Central (COUDRY, 2001). Tal acometimento causa ao sujeito afásico uma restrição de comunicação com o meio, afetando as interações familiares e o convívio social (MICHELINI e CALDANA, 2005). E, além dos comprometimentos linguísticos e cognitivos, com grande frequência os afásicos apresentam déficits motores que os tornam ainda mais dependentes dos cuidadores para o exercício das atividades de vida diária (LAVINSKY e VIEIRA, 2004).

A literatura da área destaca que o cuidar de pessoas que demandam cuidado contínuo, mesmo quando conduzido por acolhimento e afeto, é marcado por cansaço, estresse e esgotamento, o que coloca o cuidador na posição de necessitar, ele próprio, de cuidado e de atenção, uma vez que seu bem-estar físico e psicológico tende a ser significativamente afetado. E no trato com cuidadores não se pode perder de vista o fato de que na grande maioria dos casos eles não foram preparados para passar a ocupar essa função, não dispondo, portanto, de conhecimentos prévios e básicos para o desempenho de seu papel (CATTANI e GIRARDON-PERLIN, 2004; GARRIDO e MENEZES, 2004; LAVINSKY e VIEIRA, 2004; SCHULZ e MARTIR, 2004; BOCCHI e ÂNGELO, 2005; JÖNSSON *et al.*, 2005; PERLINI, MANCUSSI e FARO, 2005; GONÇALVES *et al.*, 2006; MARQUES, RODRIGUES E KUSUMOTA, 2006; GARRIGA *et al.*, 2008).

Outro fator que a literatura destaca é que os processos de retomada da autonomia, tanto do acometido quanto do cuidador, são interdependentes e, em grande medida, condicionados ao nível de reabilitação obtido pela pessoa sob cuidados, sendo que na relação cuidador-pessoa sob cuidados podem emergir diferentes modos de cuidar, com o cuidador conseguindo ou não implementar o processo de recuperação de autonomia da pessoa cuidada (BOCCHI e ÂNGELO, 2005; LUZARDO, GORINI e SILVA, 2006; CASSIS *et al.*, 2007; GOMEZ, 2007; BOCCHI e ÂNGELO, 2008; TURRÓ-GARRIGA *et al.*, 2008).

Especificamente em relação a cuidadores familiares de pessoas pós-AVC, pesquisadores que se dedicam ao tema ressaltam a importância de programas de assistência e atenção, com políticas públicas voltadas à formação e ao apoio de que eles necessitam, uma vez que a orientação e a educação para a saúde, além de gerar benefícios à recuperação do acometido, proporcionam maior tranquilidade ao cuidador (LAVINSKY e VIEIRA, 2004; JÖNSSON *et al.*, 2005; BOOKMAN e HARRINGTON, 2007; SMITH *et al.*, 2008; PANHOCA e RODRIGUES, 2009; PANHOCA e PUPO, 2010).

São muitas, portanto, as repercussões na vida pessoal de quem passa a ocupar a posição de cuidador, destacando-se entre muitas outras: diminuição do tempo disponível para cuidar da própria vida, necessidade de alterar os hábitos do cotidiano para dar suporte às necessidades da pessoa sob cuidados, saúde afetada (GIACOMIN, UCHOA e LIMA-COSTA, 2005; BOOKMAN e HARRINGTON, 2007; JULLAMATE *et al.*, 2007; SMITH *Et al.*, 2008; STEINER *et al.*, 2008).

E no caso específico do cuidador do afásico deve-se lembrar que é fundamentalmente com ele que se darão – ou não – os processos comunicativos do afásico, que ocorrem, sempre, em relação ao outro e nas relações com o outro. Além disso, o cuidador é de extrema relevância na reintegração dos afásicos na sociedade, uma vez que sujeitos afásicos, pelas características motoras e linguísticas que apresentam, são, frequentemente, vistos pelo grupo social como comprometidos intelectualmente, cabendo ao cuidador o importante papel de mediador entre o afásico e o meio social, ao mesmo tempo em que lhe cabe, também, mostrar que não há, nos afásicos, rebaixamento mental ou intelectual (MORATO, 1999; FERREIRA e CAMARGO, 2005).

É de extrema importância, portanto, que o fonoaudiólogo conheça as dificuldades enfrentadas por tais cuidadores, uma vez que elas poderão ser impeditivas de relações comunicativas de qualidade e com potencial de impulsionar o desenvolvimento sociocomunicativo da pessoa afásica. Na área da saúde em geral, cuidadores de diferentes tipos de acometidos têm sido objeto de atenção, como pode ser observado tanto na literatura nacional quanto na internacional (MENDES, 2002; BELLEZA *et al.*, 2003; BADIA-LLACH, LARA-SURIÑACH e ROSET-GAMISANS, 2004; GARRIDO e MENEZES, 2004; LAVINSKY e VIEIRA, 2004; SCHULZ e MARTIR, 2004; TAUB, ANDREOLI e BERTOLUCCI, 2004; GIACOMIN, UCHOA e LIMA-COSTA, 2005; JÖNSSON *et al.*, 2005; WESTPHAL *et al.*, 2005; CASSIS *et al.*, 2007; GÓMEZ, 2007; HOE, KATON e ORRELL, 2007; SALIBA *et al.*, 2007; SUGIURA, ITO e MIKAMI, 2007; GARRIGA *et al.*, 2008; TURRÓ-GARRIGA *et al.*, 2008).

No Brasil, as relações entre cuidadores e pessoas vítimas de acidentes vasculares cerebrais (não necessariamente afásicos) têm sido objeto de estudos em especial na área da enfermagem (CATTANI e GIRARDON-PERLINI, 2004; BOCCHI e ÂNGELO, 2005; PERLINI, MANCUSSI e FARO, 2005; MARQUES, RODRIGUES e KUSUMOTA, 2006; BOCCHI e ÂNGELO, 2008).

Na fonoaudiologia, no entanto, a despeito da grande relevância do tema para a área, a figura do cuidador familiar de pessoas com comprometimentos linguísticos decorrentes de sequelas neurológicas tem recebido pouca atenção, como pode-se constatar pela escassez de estudos voltados ao tema (BELLEZA *et al.*, 2003; MICHELINI e CALDANA, 2005).

Será enfocado aqui o que a literatura denomina de "cuidador principal", que é aquele que tem a total ou a maior responsabilidade pelos cuidados prestados; é a pessoa mais próxima do acometido – na grande maioria das vezes um membro da família – que reside ou passa a maior parte do tempo com ele e participa ativamente do processo de reabilitação; oferece a atenção adequada à pessoa que apresenta limitações para as atividades básicas da vida diária, estimulando sua independência e respeitando sua autonomia (WESTPHAL *et al.*, 2005; MENDES, 2002).

O objetivo foi verificar as principais dificuldades de 36 cuidadores de afásicos.

2. MÉTODO

Trata-se de estudo observacional descritivo em que foram analisados 36 cuidadores de afásicos adultos que devido aos comprometimentos de membros superiores e inferiores (hemiplegia), aos comprometimentos linguísticos e cognitivos, ou a ambos, apresentam graus variados de dependência dos cuidadores, conforme a gravidade do caso.

Os dados foram coletados em uma clínica-escola de Fonoaudiologia que atende famílias de baixa renda e os cuidadores aqui enfocados eram adultos e adultos idosos, de ambos os sexos, da faixa de 20 a 60 anos, todos com algum grau de parentesco com a pessoa cuidada.

Foram considerados os seguintes aspectos: sexo, idade e comprometimento linguístico dos afásicos, bem como idade, grau de parentesco/sexo, dificuldades referidas pelos cuidadores no trato com os afásicos no dia a dia. Tais dados foram obtidos por meio dos prontuários e registros dos afásicos na clínica-escola em foco.

Quando afásico e cuidador chegavam ao serviço de fonoaudiologia aqui enfocado, era feita a entrevista inicial. E do conjunto de dados que foram levantados nessa entrevista constava a seguinte pergunta, dirigida ao cuidador: "Qual sua maior dificuldade no trato com ele/a no dia a dia?".

Foram analisadas as respostas dadas a essa pergunta por 36 cuidadores de duas categorias de afásicos: 1) hemiplégicos com marcha independente, apesar de comprometida e que, então, não faziam uso da cadeira de rodas e 2) cadeirantes.

A respeito dos critérios de inclusão e exclusão dos sujeitos: foram incluídos na pesquisa todos os cuidadores de afásicos hemiplégicos e afásicos cadeirantes que eram atendidos no serviço de fonoaudiologia enfocado na época da coleta dos dados e que concordaram em assinar o termo de consentimento livre e esclarecido.

O projeto foi aprovado pelo Comitê de Ética da Instituição (Proc. 423/04).

Na análise estatística, foi utilizado o teste qui-quadrado, com correção de Yates quando necessário. Verificou-se a homogeneidade de características dos cuidadores nos dois grupos e a independência entre características do cuidador (parentesco e sexo) e a dificuldade com a linguagem. O nível de significância adotado foi de 5%.

3. RESULTADOS

Os 36 afásicos apresentavam, além das alterações motoras, comprometimentos de linguagem que variavam de moderado a severo, suficientes para comprometer o envolvimento deles em episódios linguístico-interativos do dia a dia.

E, desse total, os comprometimentos de linguagem dos afásicos foram destacados como a grande dificuldade de 23 dos cuidadores (o que corresponde a 63,9% do total) como pode-se ver a seguir.

Em conformidade com a literatura, foi encontrada vasta predominância de cuidadoras (83,3%).

3.1. AFÁSICOS HEMIPLÉGICOS – G1

De acordo com os dados da Tabela 1, 20 afásicos eram hemiplégicos, com marcha bastante comprometida (55,6%). A fluência da fala deles também era comprometida, em graus que variavam de moderado a severo.

A junção da hemiplegia e do comprometimento linguístico colocava tais pessoas na posição de demandar atenção constante do cuidador, nos deslocamentos e nas movimentações físicas do dia a dia.

E desses 20, 15 cuidadores (75%) referiram a comunicação com o afásico como sendo sua maior dificuldade no dia a dia, sendo que apenas quatro (20%) desse total apontaram, além do comprometimento de linguagem, os comprometimentos motores (andar, comer, vestir-se, tomar banho, "pegar as coisas"), independentemente ou associado aos comprometimentos da linguagem.

Duas esposas referiram não ter dificuldade nenhuma no trato com os maridos no dia a dia e uma referiu os comprometimentos emocionais ("sem paciência; agressivo").

3.2. AFÁSICOS CADEIRANTES – G2

Conforme mostrado na Tabela 2, foram enfocados 16 afásicos cadeirantes, todos com linguagem oral altamente comprometida (44,4%). Destes, oito cuidadores (50%) referiram a comunicação com o afásico como sendo a maior dificuldade no dia a dia, sendo que três deles apontaram as duas dificuldades: a linguagem e a locomoção.

Referiram a locomoção (associada ou não à linguagem): seis cuidadores (37,5%). Outras dificuldades mencionadas foram: comprometimentos emocionais (3: 18,75%); escovar dentes e pentear cabelos (1: 6,25%); cuidar da sonda (1: 6,25%).

As dificuldades relativas ao componente motor (pegar objetos e locomover-se de forma independente) foram destacados, como era de se esperar, nos casos em que o comprometimento motor do afásico era severo (afásicos cadeirantes). Desse total de 16 cuidadores, oito (50%) referiram-se aos comprometimentos da comunicação como sendo as maiores dificuldades encontradas no dia a dia a despeito dos graves comprometimentos motores dos afásicos.

Na Tabela 3, é apresentada a distribuição de todas as dificuldades referidas pelo total de cuidadores nos dois grupos analisados.

Para verificar a homogeneidade das características observadas nos dois grupos, aplicou-se o teste qui-quadrado. As variáveis analisadas, as frequências observadas em cada grupo e as estatísticas do teste estão relacionadas na Tabela 4.

Com base nos dados acima pode-se observar que, apesar das diferenças entre os dois tipos de afásicos, as características dos cuidadores (principal dificuldade, parentesco, sexo e idade) aparecem nas mesmas proporções nos dois grupos analisados, pois em todos os casos a estatística calculada do teste fornece um valor menor do que 3,841, que é o valor crítico ao nível de significância de 5%. Para as variáveis sexo e idade do cuidador, aplicou-se a correção de Yates para o cálculo da estatística, visto que foram obtidas frequências esperadas inferiores a 5.

A independência entre características do cuidador (parentesco e sexo) e a dificuldade com a linguagem foi analisada na Tabela 5. Ao nível de significância de 5%, conclui-se que estas variáveis são independentes, pois a estatística do teste qui-quadrado fornece um valor menor que 3,841.

Com relação à idade, observou-se que, dentre os oito cuidadores com até 35 anos, todos se referiram à dificuldade com a linguagem, independentemente da categoria do afásico. Já dentre aqueles com 36 anos ou mais (vinte e oito), conforme mostrado na Tabela 6, verificou-se homogeneidade na proporção que se referiu à dificuldade com a linguagem, já que a estatística do teste forneceu um valor menor do que o valor crítico.

4. DISCUSSÃO

Os dados analisados mostraram que os comprometimentos motores e linguísticos tornam os acometidos dependentes dos cuidadores para as atividades do dia a dia, em conformidade com a literatura da área. Mostraram, também, que a relação cuidador-pessoa sob cuidados tende a ser marcada por tensão e esgotamento da parte do cuidador, em grande medida porque os cuidadores familiares não foram preparados para passar a ocupar essa função, vindo a aprender como cuidar de forma bastante empírica, observando os profissionais da saúde que cuidam do familiar acometido (CATTANI e GIRARDON-PERLINI 2004; GARRIDO e MENEZES, 2004; LAVINSKY e VIEIRA, 2004; SCHULZ e MÁRTIR, 2004; BOCCHI e ÂNGELO, 2005; JÖNSSON *et al.*, 2005; PERLINI, MANCUSSI e FARO, 2005; GONÇALVES *et al.*, 2006; MARQUES, RODRIGUES e KUSUMOTA, 2006; GARRIGA *et al.* 2008).

Além disso, no exercício da função de cuidador algumas vezes pesam, na decisão final, aspectos subjetivos e afetivos, como observado no caso do (segundo) marido de uma senhora afásica de 53 anos, não fluente. Esse cuidador referiu o comprometimento de linguagem sua grande dificuldade no dia a dia, esclarecendo que a esposa com frequência ou não se lembrava o nome dele ou trocava o nome dele pelo nome do filho dela (que tinha o mesmo nome do pai, ex-marido dela). O desconhecimento do que vem a ser os automatismos no quadro linguístico levava-o a supor, muitas vezes, que estava sendo traído por ela, e esse fato configurava-se como sendo de grande importância na relação deles, chegando mesmo a comprometer o sucesso do processo de recuperação de autonomia da esposa que, certamente, transcorreria melhor se não houvesse esse fato (BOCCHI e ÂNGELO, 2005; LUZARDO, GORINI e SILVA, 2006; CASSIS *et al.*, 2007; GÓMEZ, 2007; BOCCHI e ÂNGELO, 2008;TURRÓ-GAR-RIGA *et al.*, 2008).

Conforme observado nos dados, as queixas relativas às alterações emocionais dos afásicos aumentaram conforme a severidade do acometimento físico: uma nos hemiplégicos e três nos cadeirantes, sendo que as três queixas que enfatizavam reações agressivas por parte da pessoa cuidada partiram de esposas. A história da díade cuidador-pessoa sob cuidados, anteriormente ao acometimento do afásico, é um aspecto que não deve ser desconsiderado, lembrando que relações pregressas nem sempre saudáveis e positivas tendem a influenciar muito a interação do cuidador com o afásico, o que pode explicar, por exemplo, os três casos de queixa de agressão e de alterações emocionais, todas partindo de esposas de afásicos. Nesse sentido é importante considerar, também, que, com grande frequência, o cuidador não passou a ocupar essa posição por decisão própria e nem estaria ocupando essa posição se tivesse essa opção. Uma das esposas que referiu agressões por parte do marido (de quem ela estava separada quando ele sofreu o AVC) dizia textualmente que "tocou para mim cuidar dele porque ninguém mais quis". Era bastante evidente o estado psicológico em que ela se encontrava, mostrando claramente que não passou a ocupar a posição de cuidadora por vontade própria, o que ocorre com certa frequência, conforme destacado pela literatura da área (LUZARDO, GORINI e SILVA, 2006; CASSIS *et al.*, 2007; GÓMEZ, 2007; BOCCHI e ÂNGELO, 2008; TURRÓ-GARRIGA *et al.*, 2008).

O fato de a linguagem ser destacada como a principal dificuldade pela maioria dos cuidadores nas duas categorias analisadas evidencia que os processos comunicativos do afásico, que precisariam transcorrer – fundamentalmente – com o cuidador estão comprometidos. Dessa forma, está comprometido o próprio processo de recuperação linguística do afásico, já que a terapia fonoaudiológica semanal certamente não é suficiente para promover essa recuperação, cabendo ao cuidador implementá-la no contexto extraclínica. Além disso, os resultados mostram que a referência à dificuldade com a linguagem, por parte do cuidador, independe de características como sexo, parentesco e idade tanto de quem cuida quanto de quem é cuidado, como já observado por PANHOCA (2006).

Os resultados apontam para a necessidade de se conhecer o cuidador do afásico, para que se possa oferecer a ele a assistência necessária: quem é ele; quais suas potencialidades como cuidador; quais suas necessidades. As dificuldades apontadas – motoras, linguísticas e de atividades de vida diária – mostram a importância da integralidade e do cuidado com o cuidador, o que demanda a intervenção multiprofissional. Mostram, também, que os comprometimentos linguísticos, principal dificuldade referida pelos cuidadores aqui enfocados, devem merecer atenção do fonoaudiólogo, que deve ocupar-se dos cuidadores, acolhê-los e orientá-los, inserindo-os no processo de recuperação da linguagem do afásico (MICHELINI e CALDANA, 2005; BELLEZA, CALEGARI e RAGGIO, 2003; PANHOCA, 2006).

Políticas públicas voltadas à formação e ao apoio de que tais cuidadores necessitam gerariam benefícios em casos como os aqui analisados, proporcionando maior tranquilidade e segurança, o que beneficiaria a ambos: cuidador e pessoa cuidada (LAVINSKY e VIEIRA, 2004; JÖNSSON *et al.*, 2005; BOOKMAN e HARRINGTON, 2007; SMITH *et al.*, 2008).

Importante destacar, também, que os cuidadores passam a desempenhar tal função sem nenhum capacitação, sendo que as experiências de cuidadores familiares deveriam receber atenção sob forma de criação de novas políticas e de um sistema de prestação da formação e do apoio de que necessitam. A orientação e a educação para a saúde acabariam gerando benefícios à recuperação da pessoa sob cuidados, proporcionando maior tranquilidade e apoio aos familiares e custando menos ao Estado (BOOKMAN e HARRINGTON, 2007; SALIBA *et al.*, 2007).

Conforme destacado por Cardoso *et al.* (2008), o cuidador familiar é o elo entre a família e o serviço de saúde, observando-se carência de apoio formal a ele, bem como ausência de políticas públicas que o ampare.

INOUYE *et al.* (2010), analisando as implicações da doença de Alzheimer na qualidade de vida de cuidadores, destacam que grande maioria da população de cuidadores familiares ainda não possui as informações e o suporte necessários, o que os autores consideram fundamental para que eles continuem sendo "membros ativos e construtores da sociedade".

EUZÉBIO e RABINOVCH (2006) realçam a importância do cuidador familiar, destacando a necessidade da implementação de políticas públicas de atendimento em domicílio e de uma maior atenção e apoio dos profissionais da área da saúde aos familiares.

Finalmente, ANDRADE *et al.* (2009) lembram que nem profissionais nem instituições de saúde – públicas ou particulares – estão preparadas para garantir a continuidade de assistência no domicílio, o que levaria a uma maior qualidade de vida para a população e a menores índices de reinternações. Destacam a ausência de programas de apoio ao cuidador familiar e a falta de recursos financeiros para o desenvolvimento de programas de orientação a eles.

5. CONSIDERAÇÕES FINAIS

Os cuidadores mencionaram: dificuldades relativas aos comprometimentos motores (andar, comer, vestir-se, tomar banho, "pegar as coisas"), aos comprometimentos emocionais e às atividades relativas ao dia a dia com o afásico (escovar dentes, pentear cabelos, cuidar da sonda), mas a linguagem foi destacada entre as preocupações dos cuidadores, nas duas categorias analisadas, o que dá ao fonoaudiólogo papel de destaque na equipe de saúde voltada aos cuidados com o afásico.

No entanto, faltam suporte, assistência e políticas públicas voltadas a esse segmento crescente da população.

REFERÊNCIAS

ANDRADE, L. M; COSTA, M. F. M.; CAETANO, J. A. C.; SOARES, E.; BESERRA, E. P. A problemática do cuidador familiar do portador de acidente vascular cerebral. *Rev. esc. enferm.* USP, v. 43, n. 1, São Paulo, mar. 2009.

BADIA-LLACH, X.; LARA-SURIÑACH N., ROSET-GAMISANS M. Calidad de vida, tiempo de dedicación y carga percibida por el cuidador principal informal del enfermo de alzheimer. *Atención primaria.* 2004; 34: 170-7.

BELLEZA, A. M. D. O.; CALEGARI, V. S.; RAGGIO, A. P. R.; ANDRADE, G. H. M. Atuação fonoaudiológica em parceria com o "programa médico da família" junto ao paciente com acidente vascular encefálico. *Rev CEFAC.* 2003; 5(1): 31-9.

BOCCHI, S. C. M., ÂNGELO, M. Interação cuidador familiar – pessoa com AVC: autonomia compartilhada. *Ci Saúde Colet.* 2005; 10(3):729-38.

_____. Entre la libertad y la reclusión: el apoyo social como un componente de la calidad de vida del binomio cuidador familiar y persona dependiente. *Revista Latino-Americana Enfermagem.* 2008; 16 (1): 15-23.

BOOKMAN, A.; HARRINGTON, M. Family Caregivers: A Shadow Workforce in the Geriatric Health Care System? *J Health Politics Policy Law.* 2007 Dec. 32(6):1005-41.

CASSIS, S. V. A.; KARNAKIS, T., MORAES, T. A.; CURIATI, J. A. E.; QUADRANTE A. C. R., MAGALDI, R. M. Correlação entre o estresse do cuidador e as características clínicas do paciente portador de demência. *Rev Assoc Med Bras.* 2007; 53 (6): 497-501.

CATTANI, R. B., GIRARDON-PERLINI, N. M. O. Cuidar do idoso doente no domicílio na voz de cuidadores familiares. *Revista Eletrônica de Enfermagem.* 2004; 06(02).

COUDRY, M. I. H. *Diário de Narciso*: discurso e afasia: análise discursiva de interlocuções com afásicos. São Paulo: Martins Fontes; 2001. 205p.

EUZÉBIO, C. J. V.,; RABINOVICH, E. P. Compreendendo o cuidador familiar do paciente com sequela de Acidente Vascular Encefálico. *Temas em Psicologia,* 2006, 14(1), 63-79.

FERREIRA, G. C.; CAMARGO, E. A. A. Estudo de caso de um jovem afásico e sua qualidade de vida. *Saúde em Revista.* 2005; 7(15): 33-8.

GARRIDO, R.; MENEZES, P. R. Impacto em cuidadores de idosos com demência atendidos em um serviço psicogeriátrico. *Rev. Saúde Pública.* 2004; 38(6): 835-41.

GARRIGA, O. T.; CORS, O. S.; OLMO, J. G.; POUSA, S. L.; FRANCH, J. V.; VILA, S. M. Distribución factorial de la carga en cuidadores de pacientes con enfermedad de Alzheimer. *Rev. Neurol.* 2008; 46 (10): 582-8.

GIACOMIN, K. C., UCHOA, E., LIMA-COSTA, M. F. F. Projeto Bambuí: a experiência do cuidado domiciliário por esposas de idosos dependentes. *Cad Saúde Pública.* 2005; 21(5):1509-18.

GÓMEZ, M. M. Estar ahí, al cuidado de un paciente con demencia. *Invest Educ Enferm* Sept 2007; 25(2): 60-71.

GONÇALVES, L. H. T.; ALVAREZ, A. M.; SENA, E. L. S.; SANTANA, L. W. S.; VICENTE, F. R. Perfil da família cuidadora de idoso doente/fragilizado do contexto sociocultural de Florianópolis, SC. *Texto Contexto-Enferm.* 2006; 15 (4): 570-7.

HOE, J.; KATON, C.; ORRELL, M.; LIVINGSTON, G. Quality of life in dementia: care recipient and caregiver perceptions of quality of life in dementia: the LASER-AD study. *Int J Geriatr Psychiatry.* 2007; 22(10): 1031-6.

INOUYE, K.; PEDRAZZANI, E. S.; PAVARINI, S. C. I. Implicações da doença de Alzheimer na qualidade de vida do cuidador: um estudo comparativo *Cad. Saúde Pública,* v. 26, n. 5. Rio de Janeiro. Maio 2010.

JÖNSSON, A. C.; LINDGREN, I.; HALLSTRÖM, B.; NORRVING, B.; LINDGREN, A. Determinants of quality of life in stroke survivors and their informal caregivers. *Stroke.* 2005; 36(4): 803-8.

JULLAMATE, P.; AZEREDO, Z.; ROSENBERG, E.; PÀUL, C.; SUBGRANON, R. Informal stroke rehabilitation: what are the main reasons of Thai caregivers? *Int J Rehabil Res.* 2007; 30(4): 315-20.

LAVINSKY, A.; VIEIRA, T. Processo de cuidar de idosos com acidente vascular encefálico: sentimento dos familiares envolvidos. *Acta Scientiarium Health Sci.* 2004; 26(1): 41-55.

LUZARDO, A. R.; GORINI, M. I. P. C.; SILVA, A. P. S. S. Características de idosos com doença de Alzheimer e seus cuidadores: uma série de casos em um Serviço de Neurogeriatria. *Texto & Contexto-Enferm.* 2006; 15(4): 587-94.

MARQUES, S.; RODRIGUES, R. A. P.; KUSUMOTA, L. O idoso após acidente vascular cerebral: alterações no relacionamento familiar. *Revista Latino-Americana de Enfermagem.* 2006; 14(3): 25-32.

MENDES, P. B. M. T. Quem é o cuidador. In DIAS, E. L. F.; WANDERLEY, J. S.; MENDES, R. T. *Orientações para cuidadores informais na assistência domiciliar.* Campinas: Editora da UNICAMP; 2002. p. 19-33.

MICHELINI, C. R. S.; CALDANA, M. L. Grupo de orientação fonoaudiológica aos familiares de lesionados cerebrais adultos. *Rev CEFAC*. 2005; 7(2): 137-48.

MORATO, E. M. Rotinas significativas e práticas discursivas: relato de experiência de um centro de convivência de afásicos. *Rev. Dist. Comun*. 1999; 10(2): 157-65.

NASCIMENTO, L. C.; MORAES, E. R.; CARVALHO E SILVA, J; VELOSO, L. C.; VALE, A. R. M. C. Cuidador de idosos: conhecimento disponível na base de dados LILACS. *Rev. Bras. Enferm*. Brasília; 2008; jul-ago; 61(4): 514-7.

PANHOCA I. Linguagem e envelhecimento: reflexões sobre o silenciamento na velhice. In MARTINS DE SÁ, J. L.; PANHOCA, I.; PACHECO, J. L (Org.). *Na intimidade da velhice*. Holambra: set. 2006. p. 101-10.

PANHOCA, I.; RODRIGUES, A. N. Avaliação da qualidade de vida de cuidadores de afásicos. *Revista da Sociedade Brasileira de Fonoaudiologia*, v. 14, p. 394-401, 2009.

PANHOCA, I.; PUPO, A. C. S. Cuidando de quem cuida: avaliando a qualidade de vida de cuidadores de afásicos. *Revista CEFAC*, v. 12, p. 299-307, 2010.

PERLINI, N. M. O. G.; MANCUSSI, E.; FARO, A. C. Cuidar de pessoa incapacitada por acidente vascular cerebral no domicílio: o fazer do cuidador familiar. *Rev. Esc. Enferm*. USP. 2005; 39(2): 154-63.

SALIBA, N. A.; MOIMAZ, S. A. S.; MARQUES, J. A.; MARQUES, J. A. M.; PRADO, R. L. Perfil de cuidadores de idosos e percepção sobre saúde bucal. *Interface Comun. Saúde Educ*. 2007; 11(21): 39-50.

SCHULZ, R.; MARTIR, L. M. Family caregiving of persons with dementia. *American Journal of Geriatric Psychiatry*. 2004; 12: 240-9.

SMITH, L. N.; CRAIG, L. E.; WEIR, C. J.; MCALPINE, C. H. Stroke education for healthcare professionals: making it fit for purpose. *Nurse Education Today*. 2008: 28 (3): 337-347.

STEINER, V.; PIERCE, L.; DRAHUSCHAK, S.; NOFZIGER, E.; BUCHMAN, D.; SZIRONY, T. Emotional support, physical help, and health of caregivers of stroke survivors. *J Neurosci Nurs*. 2008; 40(1): 48-54.

SUGIURA, K.; ITO, M.; MIKAMI, H. Family caregiver burden caused by behavioral and psychological symptoms of dementia: measurement with a new original scale. *Nippon Ronen Igakkai Zasshi*. 2007; 44(6): 717-25.

TAUB A, ANDREOLI SB, BERTOLUCCI PH. Dementia caregiver burden: reliability of the Brazilian version of the Zarit caregiver burden interview. *Cad. Saúde Pública*. 2004; 20 (2): 71-6.

TURRÓ-GARRIGA, O.; SOLER-CORS, O.; GARRE-OLMO, J.; LÓPEZ-POUSA, S.; VILALTA-FRANCH, J.; MONSERRAT-VILA, S. Distribución factorial de la carga en cuidadores de pacientes con enfermedad de Alzheimer. *Revista de Neurología*. 2008; 46(10): 582-588.

WESTPHAL, A. C.; ALONSO, N. B.; SILVA, T. I.; AZEVEDO, A. M.; CABOCLO, L. S. F.; GARZON, E. Comparação da qualidade de vida e sobrecarga dos cuidadores de pacientes com epilepsia por esclerose mesial temporal e epilepsia mioclônica juvenil. *J. Epilepsy Clin. Neurophysiol*. 2005; 11(2): 71-76.

Tabela 1. Sobre os afásicos hemiplégicos que não faziam uso da cadeira de rodas.

Sexo do afásico	Idade do afásico	Linguagem do afásico	Relação de parentesco/sexo do cuidador	Idade do cuidador	Principais dificuldades referidas pelo cuidador
Feminino	53	Não fluente com estereotipias	Marido	55	Linguagem
Masculino	51	Não fluente com estereotipias	Filha	28	Linguagem
Feminino	67	Não fluente	Filha	42	Linguagem
Feminino	53	Não fluente	Marido	58	Linguagem
Masculino	66	Não fluente	Esposa	67	Linguagem
Feminino	30	Não fluente	Filha	11	Linguagem
Masculino	50	Fluente, pouco comprometida	Esposa	48	Locomoção; vestir-se; tomar banho
Masculino	53	Não fluente, com estereotipias	Esposa	51	Linguagem e "não pegar as coisas"
Masculino	57	Fluência levemente comprometida	Esposa	54	Nenhuma
Feminino	54	Não fluente	Marido	59	Linguagem
Feminino	54	Não fluente	Filha	29	Linguagem
Feminino	58	Não fluente	Filha	32	Linguagem
Masculino	58	Bastante reduzida	Esposa	53	Linguagem
Masculino	67	Fluente	Esposa	62	Nenhuma
Masculino	51	Não fluente	Esposa	46	Sem paciência; agressivo
Feminino	49	Não fluente	Filha	24	Linguagem
Masculino	63	Não fluente	Irmã	60	Linguagem
Masculino	77	Fluente	Filha	42	Andar, comer e "pegar as coisas"
Feminino	55	Não fluente	Filha	23	Locomoção e fala
Masculino	47	Fluente, mas com alterações pragmático-discursivas.	Irmã	44	Linguagem

Tabela 2. Sobre os afásicos cadeirantes.

Sexo do afásico	Idade do afásico	Linguagem do afásico	Relação de parentesco/sexo do cuidador	Idade do cuidador	Principais dificuldades referidas pelo cuidador
Masculino	56	Não fluente	Irmão	61	Locomoção
Feminino	25	Bastante reduzida	Mãe	63	Escovar os dentes e pentear os cabelos
Feminino	60	Fluente, com alterações	Marido	64	Cuidar da sonda
Masculino	25	Ausente	Pai	54	Locomoção
Feminino	86	Fluente, com alterações	Filha	56	Não tem paciência; teimosia
Masculino	81	Não fluente	Filha	54	Linguagem e "timidez para tomar banho"
Feminino	69	Fluente, com alterações	Filha	42	Linguagem
Masculino	52	Bastante reduzida	Esposa	48	Linguagem
Masculino	61	Não fluente	Esposa	68	Locomoção e linguagem
Masculino	35	Bastante reduzida	Esposa	33	Linguagem
Feminino	85	Bastante reduzida	Filha	62	Linguagem
Feminino	57	Bastante reduzida	Filha	34	Locomoção e linguagem
Feminino	84	Fluente, com alterações	Filha	55	Linguagem e locomoção
Masculino	57	Bastante reduzida	Esposa	56	Muito nervoso; agride a cuidadora
Masculino	70	Fluente, com alterações	Esposa	61	Nervoso; grita muito com a cuidadora
Masculino	67	Não fluente	Esposa	62	Locomoção

Tabela 3. Dificuldades referidas pelos 36 cuidadores no dia a dia com os afásicos.

Dificuldade referida	Número de cuidadores	Porcentagens
Comunicação/linguagem	23	63,9%
Comprometimentos motores nas atividades do dia a dia: locomover-se; pegar objetos; escovar os dentes; pentear os cabelos; vestir-se; alimentar-se; tomar banho; locomover-se	11	30,6%
Dificuldade em lidar com as alterações emocionais da pessoa cuidada	4	11,1%
Dificuldade em lidar com a sonda	1	2,8%
Nenhuma dificuldade no trato com o afásico no dia a dia	2	5,6%

Tabela 4. Características estudadas e as frequências observadas nos grupos G1 (hemiplégicos) e G2 (cadeirantes).

Característica	G1	G2	Estatística do teste
Principal Dificuldade			
Linguagem	15	8	$x^2 = 2,41$ (p-valor = 0,1267)
Outra	5	8	
Parentesco cuidador			
Cônjuge	10	7	$x^2 = 0,139$ (p-valor = 0,7089)
Outro	10	9	
Sexo cuidador			
Feminino	17	13	$x^2 = 0,0225$ (com correção de Yates)
Masculino	3	3	
Idade do cuidador			
Até 35	6	2	$x^2 = 0,725223$ (com correção de Yates)
36 ou mais	14	14	

Tabela 5. Características do cuidador e a dificuldade com a linguagem.

Parentesco do cuidador / Dificuldade com a linguagem	Sim	Não	
Cônjuge	9	8	$x^2 = 1,673$ (p-valor = 0,1958)
Outro	14	5	
Sexo do cuidador / Dificuldade com a linguagem	Sim	Não	
Masculino	3	3	$x^2 = 0,096321$ (com correção de Yates)
Feminino	20	10	

Tabela 6. Dificuldade com a linguagem referida por cuidadores de 36 anos ou mais nos grupos G1 e G2.

Grupo / Dificuldade com a linguagem	Sim	Não	
G1	9	5	$x^2 = 1,292$ (p-valor = 0,2556)
G2	6	8	

Capítulo 9

AS POLÍTICAS PÚBLICAS BRASILEIRAS E A DIVERSIDADE SEXUAL

Silvia Regina dos Santos Pereira
Tamara Iwanow Cianciarullo

1. INTRODUÇÃO

Este capítulo tem por objetivo apresentar a trajetória das políticas públicas de saúde do Brasil no contexto da diversidade sexual. Será enfocado o início nas conquistas políticas da população GLBTT (*gays*, lésbicas, travestis e transexuais) e na luta pela visibilidade da diversidade sexual a partir do enfrentamento da violência decorrente da homofobia, que viola os Direitos Humanos e a busca pelo direito à diferença.

Dando prosseguimento, serão analisadas as políticas públicas de saúde existentes no nosso país com relação à questão de gênero, orientação sexual e da diversidade sexual e de que forma essas políticas são capazes de reconhecer as diversas formas do exercício da sexualidade como um valor e não como um desvio social de padrões normativos.

Para finalizar, serão apresentadas algumas considerações com relação às políticas de saúde como uma estratégia de inclusão social focadas nessa população específica como forma de respeito aos Direitos Humanos e exercício da sexualidade de todos os cidadãos.

Promover a redução das desigualdades em torno da diversidade humana por meio de políticas públicas de inclusão social, respeitando os Direitos Humanos e refletindo sobre a diversidade sexual, é o grande desafio deste século. Criar condições para o respeito, tolerância e a convivência democrática com a diversidade sexual na sociedade e no âmbito institucional é necessário para uma transformação social em nosso País com um histórico tão excludente desta população desde os nossos antepassados.

2. EVOLUÇÃO DAS POLÍTICAS PÚBLICAS PARA A POPULAÇÃO GLBTT (*GAYS*, LÉSBICAS, BISSEXUAIS, TRAVESTIS E TRANSEXUAIS)

Lionço (2009, p. 43-63) publicou um artigo objetivando problematizar a pertinência de uma política de saúde para a população de *Gays*, Lésbicas, Bissexuais, Travestis e Transexuais (GLBTT) considerando os Direitos Humanos, sexuais e reprodutivos em busca da integralidade e da equidade no sistema de saúde. A necessidade de uma política pública específica para esta população foi formalizada em 2004 no Brasil pelo Programa de combate à violência e à discriminação contra GLBTT e da promoção de cidadania homossexual.

Esta política do Governo Federal preocupa-se com a questão do combate ao preconceito e às intolerâncias, para isso foi criado um Comitê Técnico de Saúde da população GLBTT, promulgado pela Portaria Ministerial 2.227/2004. Sua função é sistematizar uma política nacional de saúde para esta população para garantir uma universalidade do acesso e a integralidade da atenção. Lionço (2009, p. 43-63) afirma que o estigma e a patologização da diversidade sexual são alguns determinantes de sofrimentos e agravos à saúde de GLBTT. Uma das iniciativas ao combate da violência dentro dessa política é o projeto de Lei da Câmara n. 122, de 2006, da ex-deputada Iara Bernardi, que prevê a criminalização da homofobia.

Outras conquistas devem ser lembradas aqui, como leis municipais contra a discriminação por orientação sexual, alguns direitos previdenciários e a visibilidade das paradas de orgulho *gay*. Ramos (2005, p. 31-44) propõe uma política pública específica a GLBTT no campo da Segurança Pública no Rio de Janeiro com a criação do Disque Defesa Homossexual (DDH), que a própria vítima denuncia o seu agressor homofóbico que convive na mesma rede social, como família, vizinhança, escola, trabalho.

Mais especificamente voltado para o setor Saúde, que é o foco deste trabalho, Correa (2007) analisou dois princípios de Yogyakarta que reafirmam os Direitos Humanos universais: o princípio 17, segundo ela, assegura o direito ao mais alto padrão alcançável de saúde, com destaque para o combate à discriminação, ao acesso à assistência reprodutiva (independente da orientação sexual e de gênero) e o reconhecimento de parceiros(as) como parentes em configurações familiares não heterossexuais; e o princípio 18, que afirma a proteção contra abusos médicos no que se refere ao tratamento, cura ou eliminação de determinada orientação sexual e/ou identidade de gênero.

Outro ponto importante neste artigo descrito por Lionço (2009) é o preconceito de profissionais sobre as práticas sexuais de GLBTT, que desqualifica a atenção dos serviços de saúde. Uma demanda importante e polêmica é o desejo pela maternidade em casais homossexuais (*gays*, lésbicas, travestis e transexuais) que recorrem às tecnologias reprodutivas para garantir os direitos sexuais e reprodutivos dos GLBTT, segundo Souza (2007, p. 135-162).

O Sistema Único de Saúde, instituído pela Lei federal n. 8080/1990, por meio da portaria n. 675/2006, que consta a Carta dos Direitos dos Usuários da Saúde, assegura um atendimento humanizado, o uso do nome social dos travestis e transexuais como estratégia de promoção de acesso ao sistema. Lionço (2009) questiona a necessidade de incluir as discussões sobre orientação sexual e identidade de gênero nos currículos de formação dos profissionais de saúde, além de um acolhimento e atenção específica por parte destes como uma estratégia de garantir a universalidade do direito à saúde.

O projeto de Lei 6.655, de 2006, do ex-deputado Luciano Zica, aprovado na Câmara e tramitando no Senado, prevê alteração no registro civil dos transexuais mediante o diagnóstico sem estar atrelado ao desejo ou à realização da cirurgia. Outra importante conquista política das populações GLBTT é sua representação no Conselho Nacional de Saúde. Aconteceu em 2007 o Seminário Nacional de Saúde da população GLBTT, no qual avaliaram iniciativas e a inclusão de demandas das lésbicas nas políticas de saúde da mulher e o processo Transexualizador, em fase de inclusão entre os procedimentos rotineiros do SUS, mantendo-se a visão crítica sobre a medicalização das transexualidades.

3. POLÍTICAS PÚBLICAS DE SAÚDE NO BRASIL E A QUESTÃO DA DIVERSIDADE SEXUAL

Ao fazer uma revisão das Políticas Públicas de Saúde do Brasil objetivando a identificação da questão da orientação sexual, identidade de gênero e/ou diversidade sexual que está inserida no contexto da sua elaboração, pode-se observar que:

3.1. POLÍTICA DE ATENÇÃO INTEGRAL À SAÚDE DA MULHER (PAISM)

Nessa política não foi encontrado nenhum item que especificasse orientação sexual e identidade de gênero nesta política de saúde. Ela tem como propostas e diretrizes garantir os métodos contraceptivos, capacitação dos profissionais de saúde da atenção básica para assistência ao planejamento familiar, assistência ao pré-natal, assistência humanizada à mulher em situação de abortamento, climatério, violência sexual e doméstica, urgências e emergências obstétricas e atenção humanizada ao parto e ao nascimento. (BRASIL, 1984)

Foi ponderada uma das propostas deste programa que fala sobre a reprodução humana assistida na rede do SUS. Essa política disponibiliza para os casais com infertilidade conjugal e para os casais que convivem com HIV que desejem ter filhos apoio para inseminação artificial (OSIS, 1998), não deixando explícito se estes casais são GLBT. Nessa perspectiva abordada, subentende-se que esta política está corroborando para a institucionalização da heterossexualidade nos serviços de saúde.

Estudos mostram que entre as mulheres lésbicas que foram ao ginecologista, a maioria relatou a orientação sexual ao profissional, o que não necessariamente se desdobrou no recebimento de uma conduta adequada, ao contrário do que a suposição de "sair do armário" como uma forma para obter melhores cuidados à saúde dessas mulheres que fazem sexo com mulheres poderia prever. O relato sobre a orientação sexual aconteceu geralmente durante o preenchimento da história clínica, particularmente depois de perguntas que pressupõem a heterossexualidade, ou após indicação de tratamento do parceiro sexual (BARBOSA & FACCHINI, 2009).

A maior parte das mulheres que narrou a orientação sexual ao gineco-logista disse fazê-lo para procurar "direcionar a consulta" à sua experiência, evitando assim perguntas que consideram inadequadas à sua realidade ou evitar usar o tempo escasso da consulta com questões que não lhe dizem respeito (BARBOSA & FACCHINI, 2009).

Estes estudos alertam para o fato de que uma quantidade significativa dessas mulheres lésbicas se encontra excluída dos serviços de atenção/cuidado à saúde, em função de uma heterossexualidade presumida das suas usuárias, bem como pouca qualificação e preconceito dos profissionais, dificultando o acesso a cuidados efetivos e integrais à saúde que não estão previstos na política nacional da saúde da mulher.

3.2. POLÍTICA DE ATENÇÃO INTEGRAL À SAÚDE DO JOVEM E ADOLESCENTE

Essa política reconhece a sexualidade destes com a incorporação de comportamentos e atitudes influenciadas pelas relações de gênero, raça, etnia, estabelecidos social e culturalmente, contemplando a questão de gênero e orientação sexual, mas não aborda a questão da transexualidade como um direito de ser respeitado caso a descoberta dessa "Disforia de gênero" aconteça nesta fase. Sendo que se o adolescente se reconhece transexual e quer se vestir de mulher ou homem diferente do seu sexo biológico, ele será podado de frequentar escola e ter seu nome social na lista de presença dos professores (BRASIL, 2005).

O foco principal dessa política é garantir um acolhimento que respeite os princípios da confidencialidade e privacidade, assim como o acesso a ações educativas, aos métodos contraceptivos e prevenção de DST/AIDS disponibilizados nos serviços de saúde, mais uma vez deixando nas entrelinhas a questão da diversidade sexual que não há espaço na saúde nem na educação para ser abordado e trabalhado.

Outro fator implicador é que a prática homossexual, vide homofobia, faz com que o adolescente esconda sua condição e silencie a sua orientação sexual, pondo a sua saúde em risco e aumentando a sua vulnerabilidade às DSTs, prostituição, uso de álcool e drogas, violência, depressão, entre outros, que não estão contemplados como foco dessa política.

3.3. POLÍTICA NACIONAL DO IDOSO

Esta lei, promulgada em 1994 e regulamentada em 1996, assegura os direitos sociais à pessoa idosa, criando condições para promover sua autonomia, integração e participação efetiva na sociedade e reafirmando o direito à saúde nos diversos níveis de atendimento do SUS (BRASIL, 2003).

É alvo dessa política todo cidadão e cidadã brasileiro com 60 anos ou mais de idade, sendo que saúde para a população idosa não se restringe ao controle e prevenção de agravos de doenças crônicas não transmissíveis, mas a interação entre a saúde física, mental, independência financeira, capacidade funcional e suporte social (SIMÕES, 2004, p. 414-447). A sexualidade do idoso em nenhum momento é apontada nessa política, demonstrando um aspecto negligenciado pelos gestores. Presume-se que o envelhecimento não tem espaço no exercício da sexualidade, muito menos da homossexualidade.

Lembrando que os homossexuais que promoveram o reconhecimento explícito da homossexualidade como estilo de vida, no enfrentamento da polícia no bar Stonewall, data referenciada hoje como o "Orgulho Gay", hoje chegam à meia-idade com enfrentamentos e histórias de vida que poderão conduzir a novas concepções sobre o envelhecimento e a homossexualidade.

3.4. POLÍTICA NACIONAL DE HUMANIZAÇÃO (PNH)

Esta política de humanização tem como uma das diretrizes de implementação sensibilizar as equipes de saúde ao problema da violência intrafamiliar (criança, mulher e idoso) e à questão dos preconceitos (sexual, racial, religioso e outros) na hora da recepção e dos encaminhamentos, abordando a questão da homofobia (BRASIL, 2004).

Barbosa e Facchini (2009) falam do acesso relativo à saúde sexual entre mulheres que fazem sexo com mulheres em São Paulo, revelando que a menor procura pelos serviços de saúde está associada à existência de discriminação nos serviços de saúde, ao despreparo dos profissionais para lidar com as "especificidades" desse grupo populacional e às dificuldades das mulheres em revelar a homo ou a bissexualidade aos profissionais de saúde.

Dean *et al.* (2000) observaram que alguns profissionais da saúde se sentem incomodados em atender a esta população, e poucas oportunidades de revelar a orientação sexual dentro dos serviços de saúde foram encontradas por estes autores.

Nesse contexto de despreparo dos profissionais de saúde em abordar a sexualidade e principalmente as especificidades dessa população, a política nacional de humanização do SUS deveria suprir essa demanda com treinamento da equipe para (re)conhecer a identidade sexual do seu cliente, para auxiliar a compreender e avaliar com precisão suas necessidades e prestar uma assistência de qualidade. A falta de sensibilização dos profissionais de saúde para essa questão resulta em oportunidades perdidas para a educação e a promoção da saúde desta população.

3.5. POLÍTICA NACIONAL DE SAÚDE DA PESSOA PORTADORA DE DEFICIÊNCIA

A política de saúde voltada aos portadores de deficiência:

> dispõe sobre o apoio às pessoas portadoras de deficiências e a sua integração social, no que se refere à saúde, atribui ao setor a promoção de ações preventivas; a criação de uma rede de serviços especializados em reabilitação e habilitação; a garantia de acesso aos estabelecimentos de saúde e do adequado tratamento no seu interior, segundo normas técnicas e padrões apropriados; a garantia de atendimento domiciliar de saúde ao deficiente grave não internado; e o desenvolvimento de programas de saúde voltados para as pessoas portadoras de deficiências, desenvolvidos com a participação da sociedade.

A maior preocupação dessa política é garantir:

> "a preservação da autonomia das pessoas na defesa de sua integridade física e moral, bem como aqueles que garantem a universalidade de acesso e a integralidade da assistência". Subentende-se aqui nesse trecho que a sexualidade do indivíduo portador de uma necessidade especial esteja embutida na integralidade da assistência, não deixando bem claro a questão de gênero, orientação sexual ou diversidade sexual na sua elaboração. (BRASIL, 2008)

3.6. POLÍTICA DE PROMOÇÃO DA EQUIDADE NA SAÚDE DA POPULAÇÃO NEGRA

Aqui inclui em um dos seus objetivos específicos o tema:

> Combate às Discriminações de Gênero e Orientação Sexual, com destaque para as interseções com a saúde da população negra, nos processos de formação e educação permanente dos trabalhadores da saúde e no exercício do controle social. (BRASIL, 2007)

> Estudos evidenciaram que as taxas de mortalidade por HIV/Aids foram de 25,92 para homens pretos, e de 4,44 para brancos. Dentre as mulheres, as taxas são de 11,39 e 4,92 para as pretas e brancas respectivamente. A razão entre a taxa de mortalidade de mulheres pretas sobre brancas indica que as mulheres pretas morrem 2,3 vezes mais que as brancas por HIV/Aids. Os homens pretos morrem 1,7 vezes mais que os brancos por HIV/Aids. Os dados mostram que, além de estar feminilizando e proletarizando, a morte por Aids está "enegrecendo". (PROGRAMA ESTADUAL DE DST/AIDS, 2012)

Estes dados mostram que existe maior mortalidade por AIDS entre mulheres e homens pretos e nos induzem a pensar no comportamento sexual dessa população. Fazem-nos repensar no acesso aos serviços, no comportamento sexual e na questão da diversidade sexual neste segmento. Será que existe um impacto de discriminação racial na atenção à população negra GLBTT? Não foram encontrados estudos que mostrem a prevalência de negros(as) que se declaram como homossexuais, travestis ou transexuais, mesmo porque a questão da orientação sexual é desconsiderada nas pesquisas e, com isso, não temos como levantar estes dados.

3.7. POLÍTICA NACIONAL DE SAÚDE DO ÍNDIO

O propósito desta política é:

> garantir aos povos indígenas o acesso à atenção integral à saúde, de acordo com os princípios e diretrizes do Sistema Único de Saúde, contemplando a diversidade social, cultural, geográfica, histórica

e política de modo a favorecer a superação dos fatores que tornam essa população mais vulnerável aos agravos à saúde de maior magnitude e transcendência entre os brasileiros, reconhecendo a eficácia de sua medicina e o direito desses povos à sua cultura. (BRASIL, 2002)

O enfoque dessa política está centrado na diversidade social, cultural, geográfica, histórica e política da população indígena, não incluindo a diversidade sexual que também inclui um dos aspectos da sua vulnerabilidade. Estudos mostram a questão da homossexualidade entre os índios do Brasil desde o período colonial como está descrito por este pesquisador, que afirma que há:

evidências de que os amores homossexuais faziam parte das alternativas eróticas socialmente aceitáveis antes da chegada dos conquistadores portugueses. Entre os Tupinambás, que ocupavam a maior parte da costa brasileira, os índios gays eram chamados de tibira, e as lésbicas de çacoaimbeguira. (MOTT, 2006 *Apud* SOUZA, 1971)

Outro pesquisador descreve o papel da índia lésbica na comunidade indígena no Brasil colônia:

Algumas índias há que não conhecem homem algum de nenhuma qualidade, nem o consentirão ainda que por isso as matem. Estas deixam todo o exercício de mulheres e imitam os homens e seguem seus ofícios como se não fossem fêmeas. Trazem os cabelos cortados da mesma maneira que os machos e vão à guerra com seus arcos e flechas e à caça, preservando sempre na companhia dos homens. E cada uma tem mulher que a serve, com quem diz que é casada. E assim se comunicam e conversam como marido e mulher. (MOTT, 2006 *apud* GANDAIRO, 1576)

A infecção pelo HIV/Aids também é um agravo que tem ameaçado um grande número de comunidades. A partir de 1988, começaram a ser registrados os primeiros casos de AIDS entre os índios, número que vem aumentando com o passar dos anos, sendo que foram notificados 36 casos de HIV/AIDS e 385 casos de DST conhecidos até 2000 nas regiões do Brasil. As vulnerabilidades apontadas neste estudo entre os índios mostra que há falta de informações entre esta população sobre os modos de transmissão do vírus e prevenção da doença, bem como as limitações de ordem linguística e cultural para a comunicação com eles (FUNASA, 1998).

Estes estudos mostram a vulnerabilidade dos índios na questão do exercício da sua sexualidade, na questão de gênero, de orientação sexual e da diversidade sexual não pode ser desconsiderada no âmbito das políticas públicas porque a população indígena está tendo um relacionamento mais estreito com a população branca. Percebe-se que surgem novos problemas de saúde relacionados às mudanças introduzidas no seu modo de vida no mundo contemporâneo.

3.8. POLÍTICA NACIONAL DE SAÚDE DO TRABALHADOR E TRABALHADORA

Esta política tem como finalidade:

> *definir os princípios, as diretrizes e as estratégias a serem observados pelas três esferas de gestão do Sistema Único de Saúde* (SUS), para o desenvolvimento da atenção integral à saúde do trabalhador, com ênfase na vigilância, visando à promoção e a proteção da saúde dos trabalhadores e à redução da morbimortalidade decorrente dos modelos de desenvolvimento e dos processos produtivos. (BRASIL, 2004)

Estão inclusos nesta política:

> *todos os trabalhadores, homens e mulheres, independentemente de sua localização, urbana ou rural, de sua forma de inserção no mercado de trabalho, formal ou informal, de seu vínculo empregatício, público ou privado, assalariado, autônomo, avulso, temporário, cooperativados, aprendiz, estagiário, doméstico, aposentado ou desempregado são sujeitos desta Política.* (BRASIL, 2004)

O artigo 7º dessa política descreve que:

> *deverá contemplar todos os trabalhadores priorizando, entretanto, pessoas e grupos em situação de maior vulnerabilidade, como aqueles inseridos em atividades ou em relações informais e precárias de trabalho, em atividades de maior risco para a saúde, submetidos a formas nocivas de discriminação, ou ao trabalho infantil, na perspectiva de superar desigualdades sociais e de saúde e de buscar a equidade na atenção.* (BRASIL, 2004)

Estudos mostram que 66% das travestis têm práticas do sexo comercial como única fonte de renda e 90% fazem programas. Isso é um reflexo do abandono dos estudos na adolescência por não suportarem as chacotas ou violências no ambiente escolar e não conseguirem emprego formal devido à sua aparência feminina. (GRUPO DE RESISTÊNSIA BRANCA, 2001)

Este estudo corrobora com o artigo 7º da política nacional da saúde do trabalhador e trabalhadora, contemplando a população GLBTT que na maioria das vezes é discriminado no mercado formal de trabalho pelos seus trejeitos (homem afeminado, mulher masculinizada, travestis e transexuais) e são submetidos a atividades informais e precárias de trabalho com maior vulnerabilidade e riscos para a saúde.

3.9. POLÍTICA NACIONAL DE SAÚDE DO HOMEM

Esta objetiva "orientar as ações e serviços de saúde para a população masculina, com integralidade e equidade, primando pela humanização da atenção" (BRASIL, 2008).

Uma das diretrizes de implementação dessa política é garantir os direitos sexuais e reprodutivos no homem, assegurando a estes o direito à participação no planejamento reprodutivo.

> *A paternidade não deve ser vista apenas do ponto de vista da obrigação legal, mas, sobretudo, como um direito do homem a participar de todo o processo, desde a decisão de ter ou não filhos, como*

e quando tê-los, bem como do acompanhamento da gravidez, do parto, do pós-parto e da educação da criança. (BRASIL, 2008)

O destaque maior de interesse para discussão dessa política são os direitos sexuais e reprodutivos dos homens. O governo enfoca como estratégia de garantir os direitos reprodutivos a adolescentes e jovens a disponibilização de informações e facilidade de acesso aos métodos contraceptivos, preservativos para contracepção e planejamento familiar e quando se trata do homem na velhice, cabe resgatar as pessoas idosas como sujeitos de direitos sexuais, reconhecendo que o exercício da sexualidade não necessariamente é interrompido com o avanço da idade (BRASIL, 2008).

Importante ressaltar que não está explícito a nossa temática de gênero, orientação sexual e/ou diversidade sexual na política de saúde homem, pois a maior preocupação é a paternidade responsável no homem adolescente e jovem e garantir o exercício da sexualidade com o avanço da idade. Lembrando que o enfoque das ações dessa política deveria destacar:

> *o reconhecimento dos direitos sexuais e dos direitos reprodutivos como Direitos Humanos é necessário para assegurar o reconhecimento da pluralidade dos modos de vivenciar a sexualidade, em todos os ciclos de vida, inclusive desconstruindo a inferioridade moral das práticas sexuais entre pessoas do mesmo sexo* (BORRILO, 2000) *e a compulsoriedade da heterossexualidade.* (BUTLER, 2003a)

Os homens, diante da obrigatoriedade de pôr à prova o seu sexo forte, cultivam a masculinidade e a virilidade e, com isso, constroem uma série de papéis e traços representativos da sua condição masculina. Os traços que os descrevem se voltavam para a forma de se vestir, a forma de andar, a maneira de se comportar, a entonação de voz etc., assim como também é ressaltado a forma física, a musculatura, os contornos do corpo masculino, a elegância, o vigor físico e a beleza, e, por fim, as qualidades psicológicas do homem como a agilidade, a coragem, a distinção, a bravura, o heroísmo, conforme as descrições pontuadas por Gay (1995).

Buttler (2003b) afirma que aqueles homens que se afastam da masculinidade, no caso os homens *gays*, travestis, transexuais, são considerados diferentes e experimentam práticas de discriminação ou subordinação e por isso devemos considerar na política de atenção integral da saúde do homem as questões de gênero, orientação sexual e diversidade sexual para podermos assisti-lo de forma integral e equânime.

3.10. PLANO INTEGRADO DE ENFRENTAMENTO À FEMINIZAÇÃO DA EPIDEMIA DA AIDS E OUTRAS DST

A Secretaria Especial de Políticas para as Mulheres e o Ministério da Saúde, por meio do Programa Nacional de DST e AIDS (Síndrome da Imunodeficiência Adquirida) e da Área Técnica de Saúde da Mulher, criou esse plano e nele inclui a temática aqui discutida, gênero e orientação sexual, de forma clara e explícita no seguinte parágrafo:

> as estratégias do Plano devem contemplar as mulheres e suas especificidades: gestantes; mulheres vivendo com HIV e AIDS; adolescentes e jovens; lésbicas, bissexuais e outras mulheres que fazem sexo com mulheres; transexuais, negras; indígenas; mulheres em situação de prisão; profissionais do sexo; trabalhadoras do campo e da cidade; mulheres em situação de violência sexual e doméstica; portadoras de deficiência; mulheres no climatério e as mulheres idosas. (BRASIL, 2007)

3.11. PLANO NACIONAL DE ENFRENTAMENTO DA EPIDEMIA DE AIDS E DAS DST ENTRE *GAYS*, OUTROS HOMENS QUE FAZEM SEXO COM HOMENS (HSH) E TRAVESTIS

Este plano levou como pauta para discussão, na 13ª Conferência Nacional de Saúde em novembro de 2007, propostas, tais como:

> inclusão e articulação das especificidades de orientação sexual e identidade de gênero em uma política nacional voltada para as populações GLBT; necessidade de implementação de práticas de

educação permanente para os profissionais de saúde incluindo a temática GLBT; definição de normas não discriminatórias sobre a doação de sangue, preservando-se o controle de risco; realização de pesquisas científicas, inovações tecnológicas e compartilhamento dos avanços terapêuticos relativos ao tema; respeito ao direito à intimidade e à individualidade dos grupos e indivíduos pertencentes às populações GLBT; necessidade de adotar o protocolo de atenção às pessoas em situação de violência; garantia dos direitos sexuais e reprodutivos extensiva a esses segmentos; implementação de campanhas e revisão dos currículos escolares; e mudanças nos formulários, prontuários e sistemas de informação do SUS. (BRASIL, 2007)

3.12. PROJETO SAÚDE E PREVENÇÃO NAS ESCOLAS

É um projeto dos Ministérios da Saúde e Educação para promover a saúde sexual e reprodutiva, visando reduzir a vulnerabilidade de adolescentes e jovens em relação às DST/AIDS e gravidez não planejada por meio da articulação das escolas e as unidades de saúde. Este programa inclui nossa temática quando discute sobre o currículo pedagógico que deve contemplar:

> *sujeitos com necessidades especiais, com a diversidade cultural, social, étnico-racial, de gênero e orientação sexual, com a autonomia das escolas e dos sistemas de ensino, com a especificidade local e, sobretudo, com uma gestão compartilhada entre os diversos atores da comunidade escolar.* (BRASIL, 2006)

Percebo que as políticas públicas brasileiras incluem a diversidade sexual, de forma explícita ou implícita, numa tentativa maior de combater a homofobia, objetivando a integralidade, a equidade e visando garantir os Direitos Humanos, acesso aos serviços de saúde e melhor qualidade de vida na população GLBT.

PAIVA (2006) discute a promoção da saúde sexual como algo atravessado por diferenças de poderes e hierarquias, valores e culturas, contextos políticos e econômicos, diferenças entre grupos da mesma geração e de diferentes gerações, raças e etnias, preferências e culturas homo ou heteroeróticas. Diz que a saúde sexual não pode ser vista como uma intervenção cirúrgica ou prescrição médica ou moral, mesmo que estudos epidemiológicos pressionem nesse sentido.

Diante de todo esse panorama literário levantado, apontando uma série necessidades e de especificidades da população GLBTT, dentro do contexto das políticas públicas do Brasil, faz-se necessário um olhar diferenciado do profissional da saúde em relação a esta clientela que frequenta os serviços de saúde, a fim de identificar as dificuldades referidas por eles para melhor inclusão e equidade no atendimento.

4. CONSIDERAÇÕES FINAIS

Pensar em políticas públicas focadas em populações específicas corrobora para as atitudes discriminatórias por parte dos profissionais de saúde, obstaculiza ações de prevenção e de promoção à saúde e afeta a credibilidade do sistema. Sabemos quais são as consequências negativas da homofobia para a população GLBTT, mas criar uma política específica para eles por um lado obriga que apenas um serviço específico esteja preparado para o seu acolhimento. A equipe de saúde e todos os serviços precisam aprender a lidar com estas especificidades em todos os programas e políticas criados pelo nosso governo, como forma de respeito aos Direitos Humanos e exercício da sexualidade de todos os cidadãos.

Nesse sentido, a assistência à saúde da população GLBTT não poderá ocorrer somente nas instituições específicas de atendimento, devendo ser assegurado a eles o atendimento na rede de serviços, nos diversos níveis de complexidade e especialidades médicas. Promovendo, assim, a ampliação de cobertura assistencial de modo que o acesso seja propiciado a toda essa clientela em todos os serviços de saúde.

REFERÊNCIAS

BRASIL. *Ministério da Saúde. Portaria nº 2.227/GM*, de 14 de outubro de 2004. Dispõe sobre a criação do Comitê Técnico para a formulação de proposta da política nacional de saúde da população de *gays*, lésbicas, transgêneros e bissexuais – GLTB. *Diário Oficial da União*, Brasília – DF. Seção II, p. 24. Portaria n. 426/GM, 2004.

_____. *Ministério da Saúde. Lei Federal n. 8.080*, de 19 de setembro de 1990. Brasília – DF. 1990.

_____. *Ministério da saúde. Assistência Integral à saúde da mulher*: bases de ação programática. Brasil, 1984.

_____. *Ministério da Saúde. Secretaria de Atenção à Saúde*. Área de Saúde do Adolescente e do Jovem. Marco Legal: saúde, um direito de adolescente. Brasília. 2005; Ministério da Saúde: 60 p. 1l. – (Série A. normas e manuais técnicos).

_____. *Ministério da Saúde. Estatuto do Idoso*. 1. ed. 2. reimpr. – Brasília: Ministério da Saúde, 2003.

_____. *Ministério da Saúde. Secretaria Executiva. Núcleo técnico da Política Nacional de Humanização*. Política Nacional de Humanização (Humaniza SUS). Brasília. 2004.

_____. *Ministério da Saúde. Secretaria de Atenção à Saúde*. Política Nacional de Saúde da Pessoa Portadora de Deficiência/Ministério da Saúde, Secretaria de Atenção à Saúde – Brasília: Editora do Ministério da Saúde, 2008. 72 p. – (Série E. Legislação em Saúde).

_____. *Ministério da Saúde. Secretaria de Gestão Estratégica e Participativa*. Política Nacional de Saúde Integral da População Negra. Brasília – DF. 2007.

_____. *Ministério da Saúde. Secretaria de Atenção à Saúde*. Departamento de Ações Programáticas Estratégicas. Área Técnica de Saúde do(a) Trabalhador(a) – COSAT. Política Nacional de Saúde do(a) Trabalhador(a). Brasília, 2004.

_____. *Ministério da Saúde. Secretaria de Atenção à Saúde*. Departamento de Ações Programáticas e Estratégicas. Política Nacional de Atenção Integral à Saúde do Homem: princípios e diretrizes. Brasília – DF. 2008.

_____. *Plano Integrado de Enfrentamento da Feminização da Epidemia de AIDS e outras DST*. Brasília, 2007.

_____. *Ministério da Saúde. Plano Nacional de Enfrentamento da Epidemia de AIDS e das DST entre Gays*, HSH e Travestis. Brasília, 2007.

_____. *Ministério da Saúde. Secretaria de Vigilância em Saúde. Programa Nacional de DST/AIDS*. Diretrizes para implantação do Projeto Saúde e Prevenção nas Escolas. Brasília. 2006; p. 24 – (Série A. Normas e Manuais Técnicos).

BARBOSA, R. M; FACCHINI, R. Acesso a cuidados relativos à saúde sexual entre mulheres que fazem sexo com mulheres em São Paulo. *Cad. Saúde Pública* [on-line]. 2009, v. 25, n. 2, p. 291-300.

BORRILLO. *L'Homophobie*. Paris: Presses Universitaires de France, 2000.

BUTLER, J. *Problemas de Gênero* – Feminismo e subversão da identidade. Rio de Janeiro: Civilização Brasileira, 2003a.

BUTTLER, J. *O parentesco é sempre tido como heterossexual?* Cadernos Pag, 2003b, v. 21, p. 219-260.

FUNDAÇÃO NACIONAL DE SAÚDE. *Relatório Anual de Saúde Indígena*. Boa Vista: Coordenação Regional de Roraima. 1998.

CORREA, S. O. E.; MUNTARBHORN, V. (Orgs.). *Princípios de Yogyakarta:* princípios sobre a aplicação da legislação internacional de Direitos Humanos em relação à orientação sexual e identidade de gênero. Disponível em: <www.clam.org.br/pdf/principios_de_yogyakarta. pdf>. Acesso em: 12 ago. 2010.

DEAN, L.; MEYER, I.; ROBINSON, K.; SELL, R.; SEMBER, R.; SILENZIO, V.; BOWEN, D.; BRADFORD, J.; ROTHBLUM, E.; WHITE, J.; DUNN, P.; LAWRENCE, A.; WOLF, D. & XAVIER, J. *Lesbian, gay, bisexual, and transgender health:* findings and concerns. Journal of the Gay and Lesbian Medical Association. v. 4. 2000, p. 102-151.

GANDAVO, P. M. *História da Província Santa Cruz*. Tratado da Terra do Brasil. (1576) São Paulo, Editora Obelisco, 1964, p. 56-91.

GAY, P. (1995) *O Cultivo do Ódio:* a experiência da burguesia da Rainha Vitória a Freud. São Paulo: Cia das Letras.

GRUPO DE RESISTÊNCIA BRANCA. *Cartilha travesti:* prevenção e organização social. Fortaleza. 2001.

LIONÇO, T. *Atenção Integral a saúde e diversidade sexual no processo transexualizador do SUS*: avanços, impasses e desafios. Rev. Saúde Coletiva, Rio de Janeiro, v. 19, n. 1, p. 43-63, 2009.

MOTT, L. *Etno-história da homossexualidade na América Latina*. 2006.

OSIS, M. J. M. D. *PAISM*: um marco na abordagem da saúde reprodutiva no Brasil. Cad. Saúde Pública, 1998, v. 14, supl. 1, p. 25-32.

PAIVA, V. *Analisando cenas e sexualidades*: a promoção da saúde na perspectiva dos Direitos Humanos. In: "Sexualidad, estigma y derechos humanos. Desafíos para el acceso a la salud en América Latina". In: CÁCERES, C.; FRASCA, P. (Org.); LIMA, F. UPCH. 1. ed., Septiembre 2006.

PROGRAMA ESTADUAL DE DST/AIDS: *Centro de Referência e Treinamento de DST/AIDS*. Masculinidades e Prevenção Às DST/AIDS. Ivone Aparecida de Paula, Patrícia Helena Vaquero Marques, Renata Galli Barbosa (organizadoras) – São Paulo: Secretaria de Estado da Saúde, 2012. 200 p.

RAMOS, S. *Violência e homossexualidade no Brasil:* as políticas públicas e o movimento homossexual. In: GROSSI, M. P. *et al.* (Org.). *Movimentos sociais, educação e sexualidades*. Rio de Janeiro: Garamond, 2005, p. 31-44.

SILVA, C. N. *Diretrizes para o Plano Nacional de Segurança Pública para o enfrentamento da homofobia:* relatório resumido de propostas do I Seminário Nacional de Segurança pública e combate à Homofobia/Grupo Arco-Íris de Conscientização Homossexual. Rio de Janeiro, 2007.

SIMÕES, J. A. Homossexualidade masculina e curso da vida: pensando idades e identidades sexuais. In: PISCITELLI, A.; GREGORI, M. F.; CARRARA, S. *Sexualidade e saberes:* convenções e fronteiras. Rio de Janeiro: Garamond, 2004. p. 415-447.

SOUZA, E. R. Maternidade lésbica e novas tecnologias reprodutivas. In: FERREIRA, V.; ÁVILA, M. B.; PORTELLA A. P. (Org.). *Feminismo e novas tecnologias reprodutivas*. Recife: SOS Corpo, 2007, p. 135-162.

SOUSA, G. S. *Tratado Descritivo do Brasil em 1587*. São Paulo, Companhia Editora Nacional, 1971, p. 308 334.

TAQUETTE, S. R.; VILHENA, M. M.; SANTOS, U. P. P.; BARROS, M. M. V. Relatos de experiências homossexual em adolescentes masculinos. *Ciência e Saúde Coletiva*, 2005; v. 10, n. 2, p. 399-407.

ZICA, L. *Projeto de Lei 6.655/2006*. Disponível em: <www.camara.gov.br/sileg/Prop_ Detalhe. asp?id =315120>. Acesso em: 7 maio 2010.

Capítulo 10

ATENÇÃO BÁSICA À SAÚDE NO BRASIL: UMA ANÁLISE LONGITUDINAL DOS PRINCIPAIS INDICADORES DE SAÚDE

Bianca Schmid

1. INTRODUÇÃO

Este capítulo apresenta uma breve análise temporal de alguns Indicadores Demográficos e de Saúde, buscando traçar um perfil da Atenção Básica à Saúde no Brasil. Inicialmente, serão expostos alguns indicadores demográficos e de registros de estatísticas vitais, visando contextualizar o leitor da situação demográfica e epidemiológica, além da qualidade dos registros administrativos.

Em seguida, apresentam-se resumidamente as metas do Pacto pela Saúde, firmado em 2006 nas três esferas de governo. Nessa seção, foram eleitos alguns indicadores, e as metas estabelecidas pelo Pacto, avaliadas.

2. TRANSIÇÃO DEMOGRÁFICA E EPIDEMIOLÓGICA

O Brasil encontra-se na fase de transição demográfica intermediária de convergência dos coeficientes de natalidade e mortalidade, o que implica um ritmo menor no crescimento populacional. A expressiva redução na natalidade das últimas décadas, aliada à queda da mortalidade por doenças preveníveis, conferem ao país uma nova configuração na composição populacional (Figura 1).

Figura 1. Pirâmides populacionais do Brasil em anos censitários selecionados.

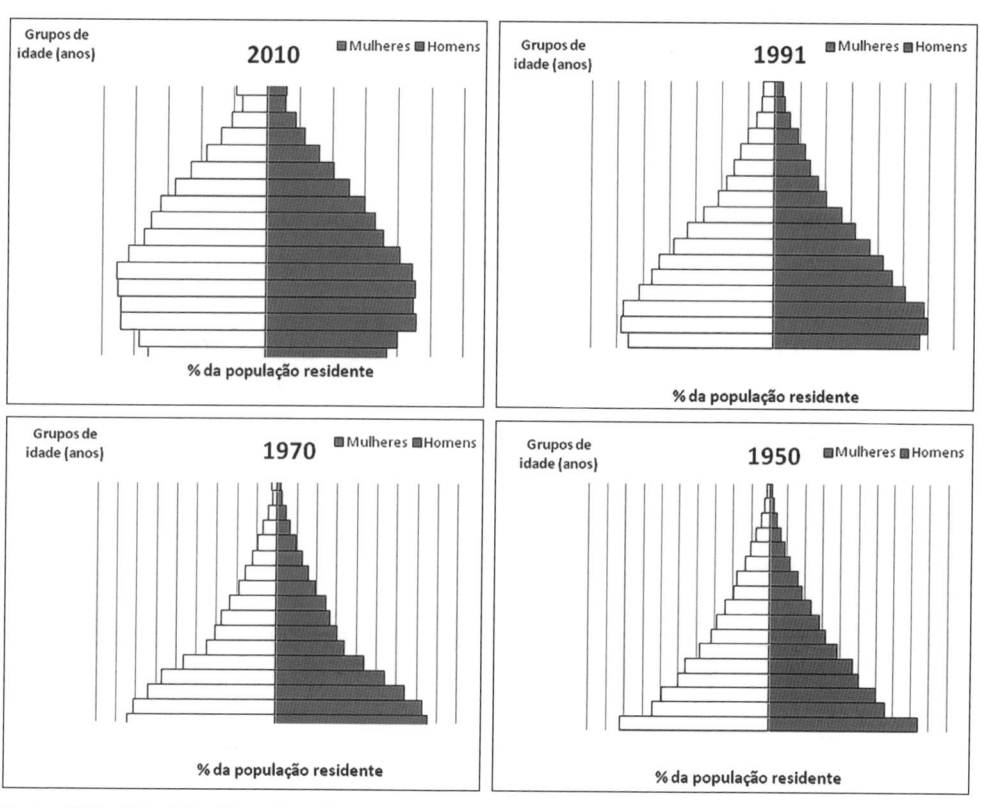

Fontes: 1950: ONU, 2010; 1991 a 2010: IBGE. Censo Demográfico.

Nota-se, em 2010, a menor proporção de menores de 15 anos, comparado aos anos censitários anteriores. Não obstante o aumento da proporção da população idosa no último Censo Demográfico, a razão de dependência no Brasil reduz-se sistematicamente, nos últimos trinta anos (Tabela 1). Por outro lado, há que se manter atento para o envelhecimento da população brasileira, de sorte a se preparar a estrutura de atenção à saúde dos idosos.

Tabela 1. Razão de dependência[24] em anos censitários selecionados. Brasil.

Ano	Razão de dependência
1980	47,75
1991	43,72
2000	38,79
2010	34,91

Fonte: IBGE. Censos Demográficos 1980, 1991, 2000 e 2010.

Segundo Pereira (1995), a transição epidemiológica caracteriza-se pela mudança nos padrões de prevalência e incidência de doenças. As doenças crônico-degenerativas passam a ter importância maior no padrão de morbidade da população. No estágio primitivo da transição, a população é estacionária, devido à alta mortalidade pelas doenças infectocontagiosas. Nos estágios intermediários, a mortalidade por doenças contagiosas tende a diminuir, cedendo proporcionalmente às doenças crônicas. Percebe-se, nos últimos vinte anos, que, no Brasil, a proporção de óbitos por tumores aumenta, em detrimento da proporção de óbitos por doenças parasitárias e afecções originadas no período pré-natal (Figura 2).

Figura 2. Mortalidade proporcional por grupos de causas selecionadas. Brasil, 1990 a 2010.

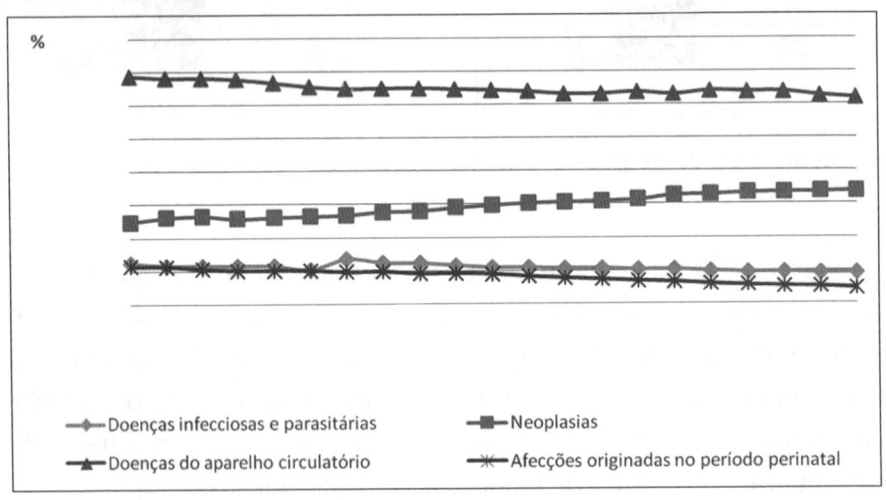

Fonte: Ministério da Saúde/SVS – Sistema de Informações sobre Mortalidade (SIM).

---

24 Razão de dependência: Razão entre a população menor de 15 e maior de 60 anos e a população de 14 a 59 anos (RIPSA, 2008).

3. EVOLUÇÃO DAS ESTATÍSTICAS VITAIS

Os eventos vitais são definidos como "todos os fatos relacionados com o começo e o fim da vida do indivíduo e as mudanças de estado civil que podem ocorrer durante a sua existência" (LAURENTI E COLABORADORES, 2005). Os registros de tais eventos, como nascimentos vivos, nascimentos mortos, óbitos, casamentos, divórcios, adoções, legitimações, reconhecimentos, anulações e separações possuem especial importância jurídica, uma vez que caracterizam o conjunto de qualidades constitutivas que distinguem o indivíduo na sociedade e na família. O registro de nascimentos e óbitos representa, também, papel fundamental para a construção de políticas públicas, inclusive de saúde, uma vez que tais registros permitem o cálculo de projeções populacionais, o que permite visualizar a evolução demográfica e epidemiológica da população. Com estes mesmos registros constroem-se vários indicadores fundamentais, como, por exemplo, o coeficiente geral de mortalidade, os coeficientes específicos de mortalidade e o coeficiente de mortalidade infantil, ferramentas essenciais para conhecimento do estado de saúde de determinada população (LAURENTI E COLABORADORES, 2005).

As estatísticas oficiais sobre eventos vitais são instrumentos de grande utilidade para a avaliação do estado de saúde de uma população. A análise de dados administrativos de boa qualidade caracteriza-se como uma alternativa barata para estudos de grande porte, permitindo, inclusive, avaliações para unidades da federação, em diferentes níveis de desagregação geográfica. A partir das estatísticas vitais, vários indicadores podem ser calculados, como taxas de fecundidade, coeficientes de mortalidade e esperança de vida ao nascer, por exemplo (SCHMID; SILVA, 2011).

O nascimento vivo é, segundo a OMS:

> *a expulsão ou extração completa do corpo da mãe, independente da duração da gestação, de um produto de concepção que, depois dessa separação, respira ou manifesta qualquer outro sinal de vida, tal como batimento cardíaco, pulsação do cordão umbilical ou contração efetiva de algum músculo de contração voluntária, haja ou não sido cortado o cordão umbilical e esteja ou não desprendida a placenta (LAURENTI E COLABORADORES, 2005).*

No Brasil, todo indivíduo que nasce com vida deve ser inscrito em Cartório, de acordo com a Lei 6.015, de 31/12/73 (BRASIL, 1973), que regulamenta este ato:

> *Art. 50. Todo nascimento que ocorrer no território nacional deverá ser dado a registro no lugar em que tiver ocorrido o parto ou no lugar da residência dos pais, dentro do prazo de quinze dias, podendo ser ampliado até três meses, para os lugares distantes mais de trinta quilômetros da sede do cartório.*

O sub-registro do nascimento vivo, que ainda é uma realidade no Brasil, resulta de razões socioeconômicas, geográficas, culturais e político-institucionais (IBGE, 2010). O registro em cartório do nascimento vivo é fundamental sob a ótica da cidadania, de maneira a permitir que o indivíduo se relacione formalmente com o Estado e legitime o acesso aos seus serviços. O registro do nascimento vivo no Brasil é gratuito desde 1997, como incentivo ao registro em cartório destes eventos (BRASIL, 1997). Outras iniciativas também são tomadas, por parte das autoridades federais, para o estímulo ao registro dos nascimentos dentro do prazo legal, como a Campanha Nacional do Registro Civil, o estabelecimento de gratificações para as unidades de assistência à saúde que incentivam o registro do nascimento antes da alta hospitalar da mãe e da instalação de postos de cartórios de registro civil nas maternidades (IBGE, 2005).

Apesar de ainda se experimentar a realidade de sub-registro de nascidos vivos, são visíveis e significativos os avanços das últimas duas décadas, especialmente a partir do ano de 2002 (Figura 3).

Figura 3. Estimativas de sub-registro de nascidos vivos – Brasil – 1991-2010.

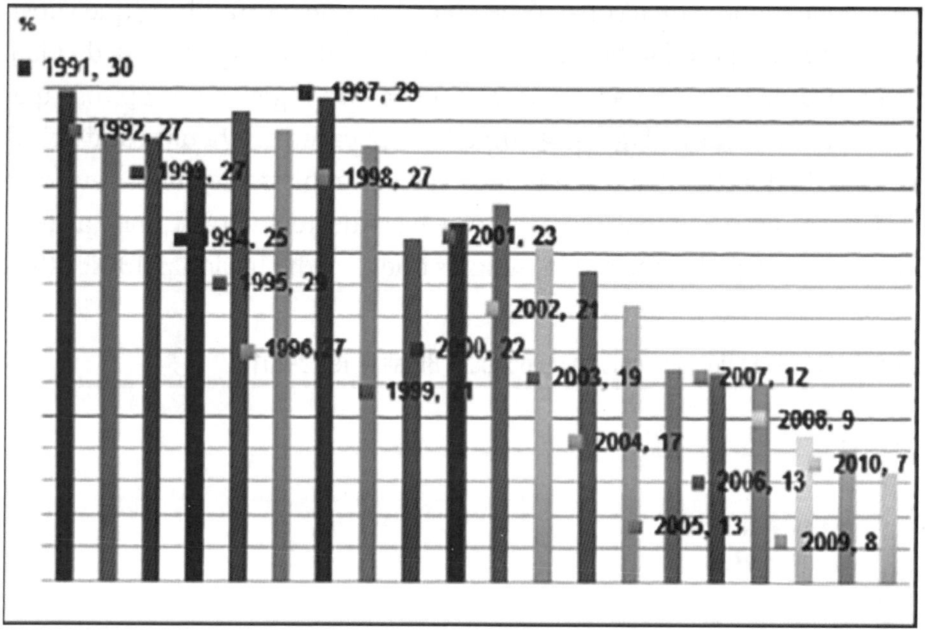

Fonte: IBGE. Estatísticas do Registro Civil. 2002 e 2010.

Em relação ao óbito, a OMS define a morte como:

> *o desaparecimento permanente de todo sinal de vida em um momento qualquer depois do nascimento vivo ou a cessação dos sinais vitais sem possibilidade de ressuscitação.* (LAURENTI e col., 2005)

A Lei de Registros Públicos no Brasil (n. 6.015, de 1973) versa, em seu artigo 77:

> *Nenhum sepultamento será feito sem certidão oficial de registro do lugar do falecimento, extraída após a lavratura do assento de óbito, em vista do atestado médico, se houver no lugar, ou em caso contrário, de duas pessoas qualificadas que tiverem presenciado ou verificado a morte.* (BRASIL, 1973)

As informações sobre o óbito, ao serem desagregadas de acordo com o sexo e a idade viabilizam a construção das tábuas de mortalidade, que subsidiam as projeções populacionais e também o cálculo da expectativa de vida, ou esperança de vida ao nascer. Entretanto, o sub-registro dos óbitos, apesar de estar em declínio (Figura 4), impede a aplicação direta das estatísticas para o cálculo dos indicadores. A redução do sub-registro de óbitos revela-se um desafio, em especial nas regiões Norte e Nordeste do Brasil, onde as estimativas de sub-registro são ainda maiores que a média nacional (IBGE, 2010).

Figura 4. Estimativas de sub-registro de óbitos – Brasil – 1992-2010.

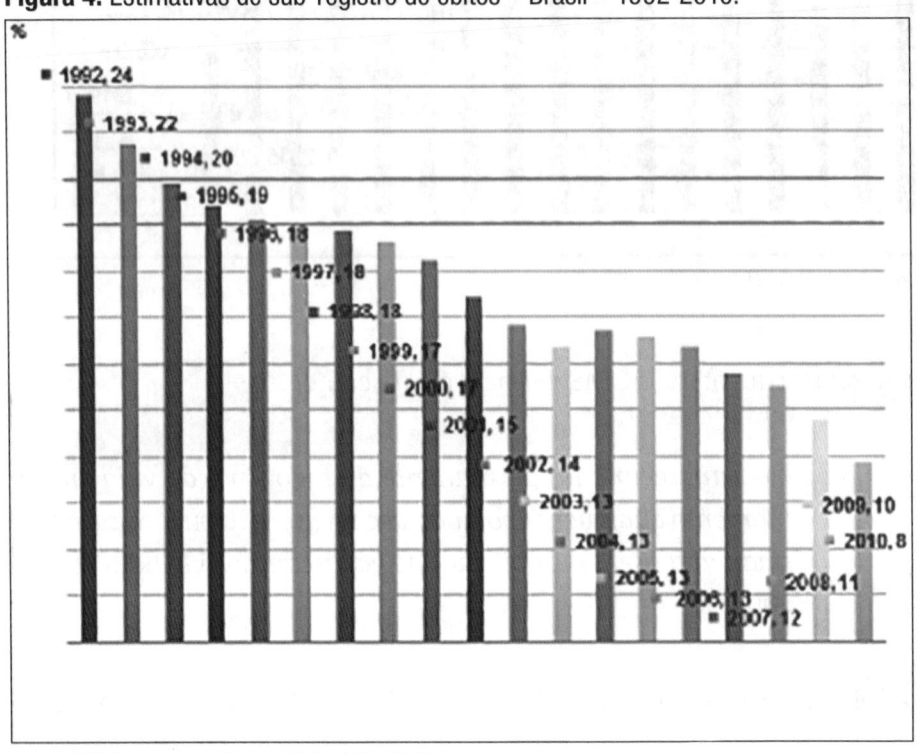

Fonte: IBGE. Estatísticas do Registro Civil. 2007 e 2010.

O Ministério da Saúde, desde 1976, mantém o Sistema de Informações sobre Mortalidade (SIM), que compila dados do atestado de óbito, como identificação, sexo, idade, ocorrência, residência do falecido e a causa da morte. A partir destas informações, é possível o cálculo dos coeficientes e proporções de mortalidade segundo a causa, o que permite identificar a estrutura e a evolução dos padrões epidemiológicos de uma localidade ao longo do tempo, assim como comparações regionais (LAURENTI e col., 2005). Porém, outro obstáculo para o cálculo dos indicadores de mortalidade, além do sub-registro, é o mau preenchimento da causa da morte, que serve como *proxi* para o estado de desenvolvimento dos serviços de saúde de um lugar.

Pode-se perceber um grande avanço na identificação da causa da morte em todas as Regiões Brasileiras, com grande ênfase nas regiões Norte e Nordeste a partir de 2004, evidenciando incremento na qualidade dos registros administrativos sobre mortalidade (Figura 5). Esta melhora permite sinalizar, também, melhora na qualidade dos serviços de saúde disponíveis para a população, evidenciando condições para o diagnóstico correto de doenças e capacitação profissional para o preenchimento adequado da Declaração de Óbito (RIPSA, 2008).

Figura 5. Proporção de óbitos mal definidos – Brasil e grandes Regiões– 1990-2010.

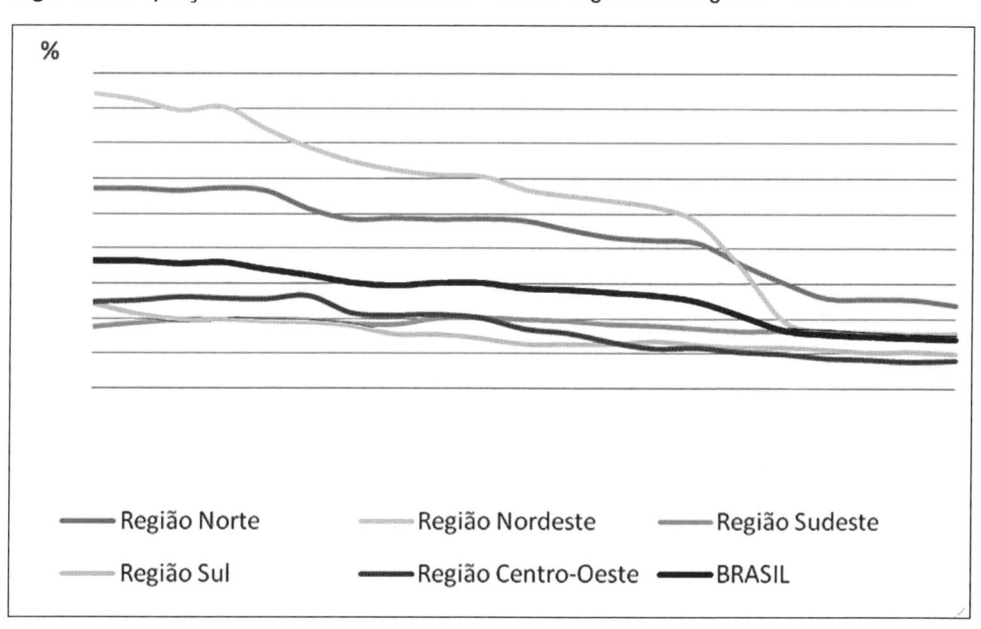

Fonte: Ministério da Saúde/SVS – Sistema de Informações sobre Mortalidade – SIM.

Apesar da significativa melhora nos registros das Estatísticas Vitais, no Brasil, as desigualdades regionais ainda impedem os cálculos diretos dos indicadores apresentados a seguir. Lançam-se mão de ajustes estatísticos em determinadas áreas, especialmente nas Regiões Norte e Nordeste e nos municípios com populações pequenas, visto que geralmente não apresentam estrutura satisfatória de registros oficiais. Dessa maneira, é sempre importante ter em mente que, além de se melhorar a oferta de saúde a uma população, registros fidedignos dos eventos vitais e das morbidades também são fundamentais para a avaliação das condições de vida e para o planejamento de políticas públicas.

4. EVOLUÇÃO DE ALGUNS INDICADORES DO PACTO PELA SAÚDE

O Sistema Único de Saúde – SUS – implantado no Brasil pela Lei 8.080, de 1990, busca garantir atenção plena à saúde de toda a população brasileira. Desde então, diversas políticas e estratégias foram implementadas com o objetivo de se cumprir o desafio de oferecer acesso universal à rede assistencial.

A municipalização do Sistema proporcionou maior contato com a realidade social e as especificidades regionais, o que gerou demanda por maior organização de uma rede hierarquizada de ações e serviços. Em 2006, o Ministério da Saúde, o Conselho Nacional de Secretários de Saúde e o Conselho Nacional de Secretários Municipais de Saúde celebraram o Pacto pela Vida, em Defesa do SUS e de Gestão, almejando uma unidade de princípios e prioridades e possibilitando a efetivação de acordos entre as três esferas de gestão do SUS (Federal, Estadual e Municipal) na busca pela equidade social (MS, 2006).

Dessa pactuação, seis principais prioridades foram definidas: Saúde do Idoso; Controle do Câncer de Colo de Útero e de Mama; Redução da Mortalidade Infantil e Materna; Fortalecimento da capacidade de resposta às doenças emergentes e endemias, com ênfase na dengue, hanseníase, tuberculose, malária e influenza; Promoção da Saúde; Fortalecimento da Atenção Básica (MS, 2006). Para cada uma destas prioridades, foram estabelecidas diretrizes, ações estratégicas e metas, e o acompanhamento anual das metas permitiu adequação das diretrizes e definições de novas metas, de acordo com a realidade experimentada. Dessa maneira, novas prioridades foram incorporadas ao

Pacto, a saber: Saúde do Trabalhador; Saúde Mental; Fortalecimento da Capacidade de resposta do Sistema de Saúde às Pessoas com Deficiência e Atenção Integral às Pessoas em Situação ou Risco de Violência (MS, 2010).

As diferentes dimensões abrangidas pelo Pacto implicam maior integração de todos os atores envolvidos na gestão do SUS, em diversos aspectos, que vão desde a aproximação dos profissionais de saúde com a população até a assinatura de Termos de Compromisso de Gestão nas três esferas de governo, passando por orientações para a regionalização dos serviços e adequação da legislação reguladora e normativa vigente (MS, 2006).

Analisa-se, aqui, a evolução de alguns dos indicadores de atenção à Saúde Materno-Infantil, à População Idosa e de Atenção Básica, de forma a se verificar o cumprimento das metas destas três prioridades.

5. ATENÇÃO BÁSICA

No que concerne à Atenção Básica, o Programa de Saúde da Família é anterior ao Pacto firmado em 2006, tendo início em 1994, e é entendido como:

> [...] uma estratégia de reorientação do modelo assistencial, operacionalizada mediante a implantação de equipes multiprofissionais em unidades básicas de saúde. Estas equipes são responsáveis pelo acompanhamento de um número definido de famílias, localizadas em uma área geográfica delimitada. As equipes atuam com ações de promoção da saúde, prevenção, recuperação, reabilitação de doenças e agravos mais frequentes, e na manutenção da saúde desta comunidade. (MS – Departamento de Atenção Básica, 2013)

Cada equipe é responsável pelo acompanhamento de 3 mil a 4 mil pessoas, ou mil famílias, em determinada área e sua atuação funciona como uma porta de entrada para o sistema hierarquizado e regionalizado de saúde (MS – Departamento de Atenção Básica, 2013). A implantação deste modelo atingiu quase a totalidade dos municípios brasileiros em 2011, como ilustra a Figura 6.

Figura 6. Situação de Implantação de Equipes de Saúde da Família, Saúde Bucal e Agentes Comunitários de Saúde. BRASIL – AGOSTO/2011.

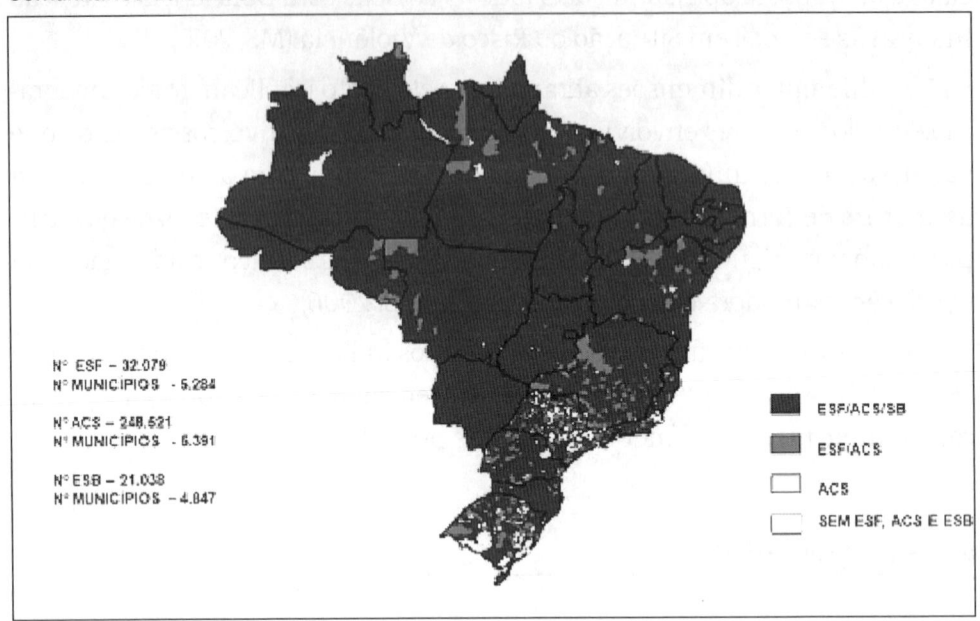

Fonte: SIAB – Sistema de in-formação de atenção básica e SCNES – Sistema de Cadastro Nacional de Estabelecimentos de Saúde *apud* MS – Departamento de Atenção Básica, 2013.

A meta de cobertura estipulada pelo Pacto, para o ano de 2011, era de, no mínimo, 57% da população cadastrada no programa das Equipes de Saúde da Família. Apesar da estratégia de Equipes de Saúde da Família ser registrada em quase todos os municípios, sua cobertura, em 2012, ainda não atingiu plenamente a meta do Pacto. Embora a cobertura menor do que a estipulada seja verificada em todas as unidades da federação, a Região Norte é a que apresenta menores proporções de pessoas cadastradas (Figura 7).

Outras metas para o fortalecimento da atenção básica à saúde consistem na ampliação do acesso à consulta pré-natal; redução de internações por *diabetes mellitus* e suas complicações e por acidentes vasculares cerebrais no âmbito do SUS; ampliar o número de Equipes de Saúde Bucal da Estratégia de saúde da Família e aumentar a prevenção da cárie e a doença periodontal (MS, 2010). O monitoramento da saúde da população pelas Equipes de Saúde da Família permite a detecção dos agravos à saúde monitorados pelo Pacto, assim como o estímulo ao acompanhamento da gestação. Dessa maneira, à medida que a cobertura melhora, a observação de indicadores das demais metas permite discussão sobre a qualidade do serviço prestado pelas equipes, assim como definição de quais abordagens devem ser priorizadas no trabalho das Equipes, localmente.

Figura 7. Percentual da população coberta por Equipes de Saúde da Família. Brasil – 2012.

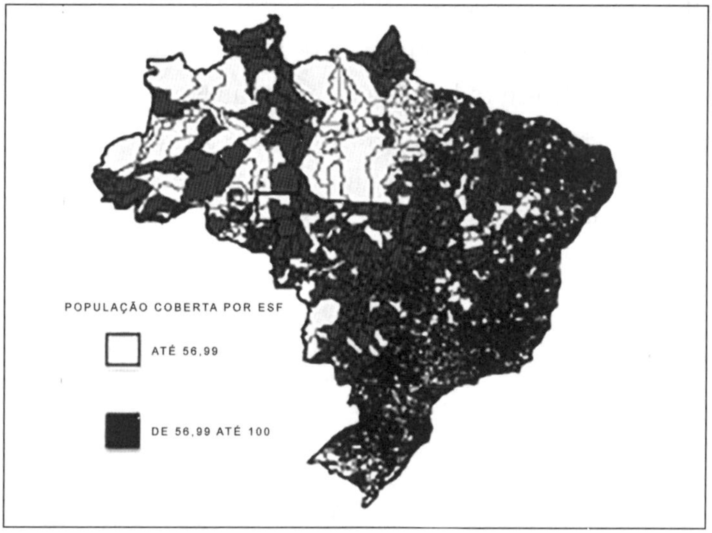

Fonte: Ministério da Saúde (DATASUS: www.datasus.gov.br).

5.1. SAÚDE MATERNO-INFANTIL

Com o objetivo de sintetizar acordos internacionais firmados ao longo da década de 1990, os estados-membros da Organização das Nações Unidas, em 2000, apresentaram a Declaração do Milênio, almejando o desenvolvimento humano e priorizando a eliminação da fome e da pobreza. Estabeleceram-se as oito Metas do Milênio e, dentre elas, a redução de 75% da mortalidade materna e de dois terços da mortalidade infantil até o ano de 2015, tomando-se como base o ano de 1990 (ESCALANTE; VIOLA; ALVES, 2010).

O Pacto Pela Saúde preconiza a redução da subnotificação de óbitos de mulheres em idade fértil e materno, por meio da ampliação da vigilância destes óbitos. O Pacto orienta a criação de equipes de vigilância para identificar, investigar as causas, analisar e monitorar os óbitos. Ainda, pela atualização de manuais de acompanhamento pré-natal e do puerpério, busca aprimorar a qualidade e a efetividade da atenção pré-natal. Faz-se mister facilitar o acesso das gestantes ao acompanhamento da gravidez e do parto (MS, 2010).

A investigação das causas do óbito de mulheres em idade fértil e materno permite traçar estratégias de prevenção das morbidades que mais frequentemente afetam esta população, o que garante planejamento direcionado e, por consequência, melhores condições de saúde. Para o ano de 2011, a meta era a investigação de pelo menos 60% destes óbitos. Apesar dos nítidos avanços obtidos no período de 2007 a 2011, em todo o Brasil, a Região Norte ainda não atingiu a meta estabelecida. Percebe-se, também, que antes do Pacto, a investigação dos óbitos de mulheres em idade fértil não era uma preocupação por parte das autoridades de saúde, nem mesmo nas regiões mais desenvolvidas do país, Sul e Sudeste (Figura 8).

Figura 8. Percentual de óbitos de mulheres em idade fértil investigados, segundo a Região Geográfica.

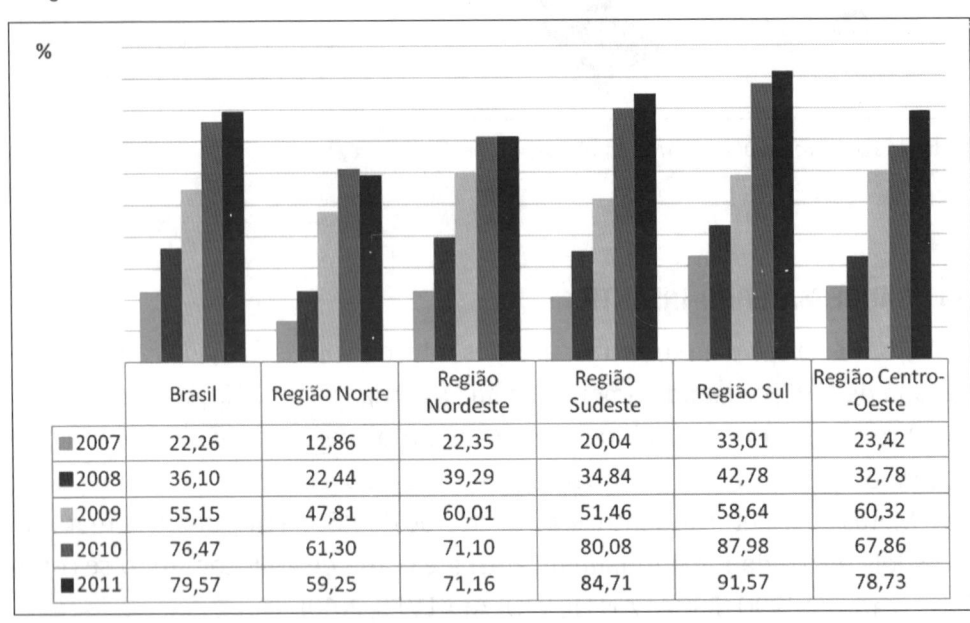

	Brasil	Região Norte	Região Nordeste	Região Sudeste	Região Sul	Região Centro--Oeste
■2007	22,26	12,86	22,35	20,04	33,01	23,42
■2008	36,10	22,44	39,29	34,84	42,78	32,78
■2009	55,15	47,81	60,01	51,46	58,64	60,32
■2010	76,47	61,30	71,10	80,08	87,98	67,86
■2011	79,57	59,25	71,16	84,71	91,57	78,73

Fonte: Ministério da Saúde (DATASUS. Disponível em: <www.datasus.gov.br>).

A mortalidade infantil é considerada um dos mais sensíveis indicadores do estado de saúde de uma população. Estima o risco de morrer antes de se completar um ano de idade. Quanto melhores as condições de vida e de saúde de uma localidade, menor é a mortalidade infantil. A análise é feita por meio de seus componentes, neonatal e tardia, ou pós-neonatal. Na mortalidade neonatal mede-se a relação entre os óbitos de menores de 28 dias e os nascidos vivos na área, no período analisado. No período neonatal, geralmente estão associadas aos problemas na gestação, no puerpério e nas anomalias congênitas. Já a mortalidade infantil tardia verifica a relação entre os óbitos de 28 dias a 11 meses e 29 dias de idade e os nascidos vivos. Neste período, os óbitos tendem a ocorrer devido a fatores ambientais, como doenças infecciosas e desnutrição (LAURENTI e col., 2005).

As estratégias para a redução da mortalidade infantil acordadas no Pacto pela Saúde no biênio 2010-2011 foram a de se melhorarem o acesso e a qualidade da assistência ao parto e ao puerpério e adoção de ações de estímulo ao aleitamento materno. As metas estabelecidas foram redução de 3% ao ano das mortalidades neonatal e infantil tardia (MS, 2010).

A princípio, os objetivos foram atingidos apenas nas regiões Norte, Nordeste e Centro-Oeste. As regiões Sul e Sudeste não conseguiram reduzir em mais de 3% a mortalidade infantil no período de 2010 a 2011 (Tabela 2). Entretanto, cabe lembrar que no Norte e no Nordeste o cálculo destas estatísticas é indireto, por meio de estimativas obtidas a partir de métodos demográficos, calculados pelo IBGE. De fato, apenas os Estados da região Sul, São Paulo, Rio de Janeiro, Espírito Santo, Mato Grosso do Sul e o Distrito Federal possuem cobertura satisfatória dos registros de nascidos vivos e óbitos, o que permite o cálculo direto dos indicadores da mortalidade infantil (MS, 2010). Assim, as variações apresentadas nos coeficientes das Regiões Norte e Nordeste sofrem também influência do erro estatístico embutido nos cálculos indiretos dos indicadores, o que pode ter inflado a redução. Por outro lado, a tendência de queda na mortalidade infantil nestas regiões, em ambos os componentes, é notória (Tabela 2).

Tabela 2. Componentes da Mortalidade Infantil, segundo as regiões geográficas de residência.

Coeficientes de Mortalidade (por mil nascidos vivos)[25]									
Ano	Região Norte		Região Nordeste		Região Sudeste		Região Sul		Região Centro-Oeste	
	Neonatal	Tardia	Neonatal	Tardia	Neonatal	Tardia	Neonatal	Tardia	Neonatal	Tardia
2007	12,15	6,34	12,66	5,70	9,44	4,38	8,70	4,24	9,99	4,82
2008	11,62	5,99	11,81	5,32	9,30	4,21	8,78	3,87	9,76	4,72
2009	11,99	5,94	11,76	5,25	9,10	4,08	8,15	3,73	9,82	4,81
2010	11,54	5,71	11,16	4,52	8,64	3,92	7,96	3,45	9,57	4,25
2011	10,80	5,12	10,58	4,45	8,48	3,89	8,03	3,54	9,23	4,03
Variação anual (%)									
Ano	Região Norte		Região Nordeste		Região Sudeste		Região Sul		Região Centro-Oeste	
	Neonatal	Tardia	Neonatal	Tardia	Neonatal	Tardia	Neonatal	Tardia	Neonatal	Tardia
07/08	− 4,36	− 5,52	− 6,71	− 6,67	− 1,48	− 3,88	0,92	− 8,73	− 2,30	− 2,07
08/09	3,18	− 0,83	− 0,42	− 1,32	− 2,15	− 3,09	− 7,18	− 3,62	0,61	1,91
10/09	− 3,75	− 3,87	− 5,10	− 13,90	− 5,05	− 3,92	− 2,33	− 7,51	− 2,55	− 11,64
11/10	− 6,41	− 10,33	− 5,20	− 1,55	− 1,85	− 0,77	0,88	2,61	− 3,55	− 5,18

Fonte: Ministério da Saúde (DATASUS. Disponível em: <www.datasus.gov.br>).

5.2. A SAÚDE DO IDOSO

Em relação à saúde da população idosa, o Pacto pela Saúde visa aprimorar o atendimento às pessoas com mais de sessenta anos, através da qualificação dos profissionais que trabalham na atenção básica à saúde, com ênfase na prevenção de quedas, e que contemple os "conteúdos específicos das repercussões do processo de envelhecimento populacional para a saúde individual e para a gestão dos serviços de saúde" (MS, 2006). As diretrizes propostas, dentre outras, são a de promoção do envelhecimento saudável, além da busca em propiciar atendimento intergral e integrado, por meio de estímulo ao envolvimento intersetorial, à população idosa. Algumas das ações preconizadas incluem a qualificação na dispensação de medicamentos, oferecendo plena

---

25 Mortalidade Neonatal: Número de óbitos de menores de 28 dias, multiplicado por mil e dividido pelo total de nascidos vivos, no ano, na região. Mortalidade Infantil Tardia: Número de óbitos de 28 a 364 dias de idade, multiplicado por mil e dividido pelo total de nascidos vivos, no ano, na região.

Assistência Farmacêutica e instituição de atendimento domiciliar, de modo a valorizar o efeito favorável do ambiente familiar no processo de recuperação dos pacientes (MS, 2006). Como meta, para o biênio 2010/2011, estabeleceu-se a redução de no mínimo 2% ao ano a taxa de internação de pessoas idosas por fratura de fêmur (MS, 2010).

Essa redução não foi alcançada no período realizado (Tabela 3). Há que se considerar, entretanto, que a oferta de leitos cirúrgicos cresce, ainda que lentamente, ano a ano, o que permite atender à demanda reprimida por atendimento especializado em ortopedia.

Tabela 3. Taxa e variação percentual de internação por fratura de fêmur da população idosa (Número de internações por 10.000 habitantes com 60 anos ou mais). Brasil e Grandes Regiões.

Região	2008	2009	Var. (%) 2009/08	2010	Var. (%) 2010/09	2011	Var. (%) 2011/10	2012	Var. (%) 2012/11
Brasil	17,56	18,75	6,78	17,3	-7,73	18,38	6,24	18,51	0,71
Região Norte	11,85	12,89	8,78	9,88	-23,35	12,31	24,60	13,83	12,35
Região Nordeste	12,71	13,93	9,60	11,33	-18,66	12,79	12,89	12,23	-4,38
Região Sudeste	20,49	21,68	5,81	20,8	-4,06	21,73	4,47	21,9	0,78
Região Sul	19,12	20,05	4,86	19,79	-1,30	21,07	6,47	21,09	0,09
Região Centro-Oeste	16,21	17,91	10,49	16,51	-7,82	15,39	-6,78	17,47	13,52

Fonte: Ministério da Saúde (DATASUS. Disponível em: <www.datasus.gov.br>).

6. CONSIDERAÇÕES FINAIS

Neste breve relato, percebem-se avanços nos registros oficiais, como redução do sub-registro de óbitos e nascimentos vivos, além da melhora na definição da causa de morte. Entretanto, esses incrementos na qualidade ainda não permitem o cálculo direto de indicadores, o que, por vezes, pode interferir na análise da evolução destes.

Apesar da visível queda na mortalidade infantil, esta taxa no Brasil ainda é alta e está longe de se igualar aos níveis dos países desenvolvidos, que é de cerca de 6 por mil nascidos vivos (LAURENTI E COLABORADORES, 2005). Mesmo nas regiões mais desenvolvidas do nosso país, o componente tardio da mortalidade em menores de um ano ainda precisa ser reduzido.

Um grande passo do Pacto pela Saúde foi dado, no que tange à mortalidade materna, em que se pode nitidamente perceber que as investigações das mortes de mulheres em idade fértil eram virtualmente negligenciadas antes do Pacto. Apesar da tímida meta de 60% de cobertura das investigações, a melhora é incontestável.

A mudança do perfil demográfico brasileiro traz mais um desafio para a Saúde Pública, visto que ainda não foram resolvidos os problemas de assistência aos mais jovens, e a população está envelhecendo. Dessa maneira, as políticas públicas devem ampliar o foco de atenção, devem preparar os profissionais de saúde e de assistência social para o amparo à população idosa, de maneira a promover o envelhecimento saudável, e ofertar serviços adequados às necessidades dessa faixa etária, que cresce, e continuará a crescer, constantemente.

Por fim, este pequeno recorte da situação da Atenção Básica à Saúde no Brasil revelou que as disparidades regionais persistem, e que ainda é longo o caminho para o cumprimento dos princípios de universalidade e equidade do SUS.

REFERÊNCIAS

BRASIL. *Lei n. 6.015, de 31 de dezembro de 1973*. Dispõe sobre os registros públicos e dá outras providências. Diário Oficial [da] República Federativa do Brasil, Poder Executivo, Brasília, DF, 31 dez. 1973. P. 13528, col. 1. Retificada no Diário Oficial [da] República Federativa do Brasil, Poder Executivo, Brasília, DF, 30 out. 1975, p. 14.337, col. 4.

_____. *Lei n. 9.534, de 10 de dezembro de 1997*. Dá nova redação ao artigo 30 da Lei n. 6.015, de 31 de dezembro de 1973, que dispõe sobre os registros públicos; acrescenta inciso ao artigo 1 da Lei n. 9.265, de 12 de fevereiro de 1996, que trata da gratuidade dos atos necessários ao exercício de cidadania; e altera os artigos 30 e 45 da Lei n. 8.935, de 18 de novembro de 1994, que dispõe sobre os serviços notariais e de registro. Diário Oficial [da] República Federativa do Brasil, Poder Executivo, Brasília, DF, 11 dez. 1977. p. 29.440, col. 1.

ESCALANTE, J. J. C., VIOLA, R. C., ALVES, S. V. Mortalidade Materna no Brasil. In: MS/SVS. *Saúde Brasil 2009*: Uma análise da situação da saúde e da agenda nacional e internacional de prioridades em saúde. Capítulo 7. Brasília: Ministério da Saúde, 2010.

IBGE. *Estatísticas do Registro Civil*. Rio de Janeiro: v. 29, 2002.

_____. *Estatísticas do Registro Civil*. Rio de Janeiro: v. 32, 2005.

_____. *Estatísticas do Registro Civil*. Rio de Janeiro: v. 34, 2007.

_____. *Estatísticas do Registro Civil*. Rio de Janeiro: v. 37, 2010.

_____. *Censo Demográfico*. Disponível em: <www.sidra.ibge.gov.br>. Acesso em: 14 abr. 2013.

LAURENTI, R, MELLO JORGE, M. H. P., LEBRÃO, M. L., GOTLIEB, S. L. D. *Estatísticas de Saúde*. São Paulo: EPU, 2005. 2. ed.

MINISTÉRIO DA SAÚDE. *Departamento de Atenção Básica* – DAB. Atenção Básica e Saúde da Família. Brasília: 2013. Disponível em: <dab.saude.gov.br/atencaobasica.php>. Acesso em: 14 abr. 2013.

_____. *SVS – Sistema de Informações sobre Mortalidade* – SIM. Disponível em: <tabnet.datasus.gov.br/cgi/idb2011/matriz.htmmort>. Acesso em: 14 abr. 2013.

_____. *Secretaria Executiva. Departamento de Apoio à Descentralização*. Coordenação-Geral de Apoio à Gestão Descentralizada. Diretrizes operacionais dos Pactos pela Vida, em Defesa do SUS e de Gestão. Série Pactos Pela Saúde. Brasília: 2006. V. 1 a 7.

_____. *Secretaria Executiva. Departamento de Apoio à Descentralização*. Orientações acerca dos indicadores de monitoramento avaliação do pacto pela saúde, nos componentes pela vida e de gestão para o biênio 2010-2011. Brasília: 2010.

PREREIRA, M. G. *Epidemiologia*: Teoria e Prática. Rio de Janeiro: Guanabara Koogan, 1995.

ONU. *Population Division of the Department of Economic and Social Affairs of the United Nations Secretariat*. World Population Prospects: The 2010 Revision. Disponível em: <esa.un.org/unpd/wpp/index.htm>. Acesso em: 14 abr. 2013.

RIPSA – Rede Interagencial de Informação para a Saúde. *Indicadores Básicos para a saúde no Brasil*: Conceitos e Aplicações. Brasília: Organização Pan-Americana da Saúde, 2008. 2. ed.

SCHMID, B. SILVA, N. N. Estimação de sub-registro de nascidos vivos pelo método de captura e recaptura, Sergipe. *Revista de Saúde Pública*. São Paulo, 2011; 45(6): 1088-98.

Parte 3

MEIO AMBIENTE E POLÍTICAS PÚBLICAS

Interação entre plantas e micro-organismos biotecnologia socioambiental
SANTOS, Adailson Feitoza de Jesus; ESPOSITO, Elisa

Logística reversa: a importância do descarte dos resíduos sólidos e a preservação do meio ambiente.
SOARES, Paula Meyer; GALVÃO, Reny Aparecida; KONISHI, Fabio

Alto Tietê: biodiversdiade e sustentabilidade
MORINI, Maria Santina de Castro

Políticas públicas para a água
KUSANO, Suely Mitie

Política e Meio-ambiente: representações sociais de professores do ensino fundamental
WUO, Moacir; MORINI, Maria Santina de Castro; BONINI, Luci Mendes de Melo

Capítulo 11

INTERAÇÃO ENTRE PLANTAS E MICRO-ORGANISMOS × BIOTECNOLOGIA SOCIOAMBIENTAL

Adailson Feitoza de Jesus Santos
Elisa Esposito

1. PLANTAS E SUA MICROBIOTA, SUBMETIDAS A CONDIÇÕES DE ESTRESSE

Assim como os animais, as plantas apresentam uma comunidade microbiana bem estabelecida. Esses microrganismos podem estar associados às raízes (rizosfera), bem como habitar os tecidos internos das plantas (endofíticos) e ainda viver externamente na parte área (filosfera) (Figura 1).

A diversidade dos micro-organismos associados às plantas é enorme, e pode variar tanto em função de fatores bióticos como abióticos. Análises moleculares indicam uma maior similaridade entre a estrutura da comunidade microbiana de diferentes plantas da mesma espécie, e menor similaridade entre a microbiota de espécies diferentes (Yang *et al.*, 2001). Além disso, o genótipo e a idade da planta também podem determinar essa variação na diversidade (MICALLEF *et al.*, 2009; HUNTER *et al.*, 2010).

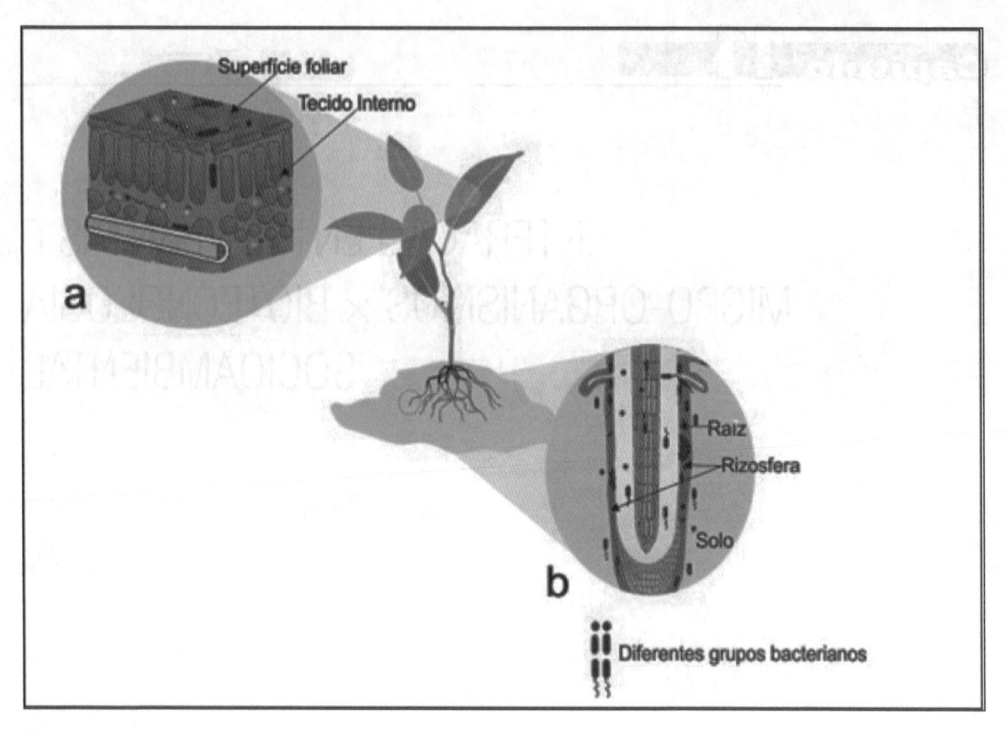

Figura 1. Comunidades bacterianas associadas às plantas. a) bactérias presentes na superfície foliar (filosfera) e no interior dos tecidos (endofíticas); b) bactérias na região da rizosfera e no interior das raízes (endofíticas).

Embora cada espécie vegetal, ou mesmo cada compartimento e rizosfera da mesma planta possua uma comunidade bacteriana característica, é possível notar a predominância dos gêneros *Bacillus, Pseudomonas, Enterobacter, Burkholderia, Stenotrophomonas, Paenibacillus e Rhizobium*, associados a várias espécies de plantas de importância econômica como milho, arroz, trigo, feijão e soja. Constituindo-se desta forma grupos-chave para o estudo da comunidade bacteriana associada a diversas culturas agrícolas.

Estes micro-organismos podem afetar de forma crucial a fisiologia da planta, uma vez que produzem uma série de compostos, como fitormônios, possuem a capacidade de solubilizar fosfato, produzir siderofóros, fixar nitrogênio atmosférico e são também antagonistas contra fungos fitopatogênicos, produzindo enzimas como celulases e pectinases (RYAN *et al.*, 2009; KIM *et al.*, 2012; OGBO e OKONKWO, 2012; DALAL e KULKARNI, 2013). Estas características são capazes de promover o crescimento das plantas de forma direta ou indireta.

Além de produzirem vários compostos benéficos para as plantas, estes microrganismos estão sendo estudados quanto à sua capacidade em conferir tolerância à planta hospedeira a diversos estresses abióticos como alta concentração salina, altas temperaturas e *deficit* hídrico (EGAMBERDIEVA e KUCHAROVA, 2009). Tais fatores, que podem levar a redução e/ou perdas da produção agrícola, são característicos de regiões áridas ou semiáridas. Este fato pode abrir um novo caminho para a utilização desses micro-organismos para uma agricultura sustentável.

A salinidade é um dos principais estresses abióticos que podem afetar a produção e qualidade das culturas. Cultivos em condições salinas reduzem a habilidade das plantas em absorver água, induzindo muitas alterações metabólicas levando a uma rápida redução na taxa de crescimento (ESPTEIN, 1980). Algumas bactérias dos gêneros *Bacillus* e *Pseudomonas* têm a capacidade de crescer em ambientes com altas concentrações salinas (> 8% NaCl), tanto *in vitro,* como em condições de campo.

A capacidade de tolerância a estresses abióticos, pelas bactérias, pode estar relacionada com a produção de exopolissacarídeos, formação de biofilme ou acumulação intracelular de osmólitos. Os osmólitos atuam contrabalanceando a força osmótica externa, prevenindo a perda de água da célula e, consequentemente, à plasmólise.

O mecanismo exato pelo qual as bactérias podem conferir tolerância das plantas hospedeiras à salinidade ainda não está completamente esclarecido; no entanto, estudos apontam para algumas possibilidades (Figura 2). Entre elas, a redução da captação e translocação de Na+ no interior das plantas, induzido por compostos voláteis produzidos pelas bactérias; a utilização de bactérias que produzam auxinas e giberilinas, aumentando a taxa de germinação e crescimento das plântulas, consequentemente promovendo o crescimento vegetal, em condições de estresse salino; os efeitos do estresse salino podem ser reduzidos a partir da presença de bactérias solubilizadoras de fosfato e fixadoras de nitrogênio atmosférico na rizosfera das plantas, as quais aumentam a disponibilidade de nutrientes, como fósforo e compostos de amônia, provenientes da atividade metabólica destas bactérias. A produção de ACC deaminase (1-Aminociclopropano-1-Carboxilato) pelas bactérias também permite o desenvolvimento das plantas em ambientes salinos devido à redução do etileno, um fitormônio associado ao amadurecimento dos frutos e abscisão foliar, que em condições de estresse limita o crescimento da planta.

A limitação de água também é um grande problema para o desenvolvimento da agricultura. Os vegetais apresentam características inatas para adaptação e desenvolvimento em regiões com pouca disponibilidade de água. No entanto, culturas de importância econômica, cultivadas em regiões áridas e semiáridas, necessitam de mecanismos de irrigação para suportar períodos de seca prolongados.

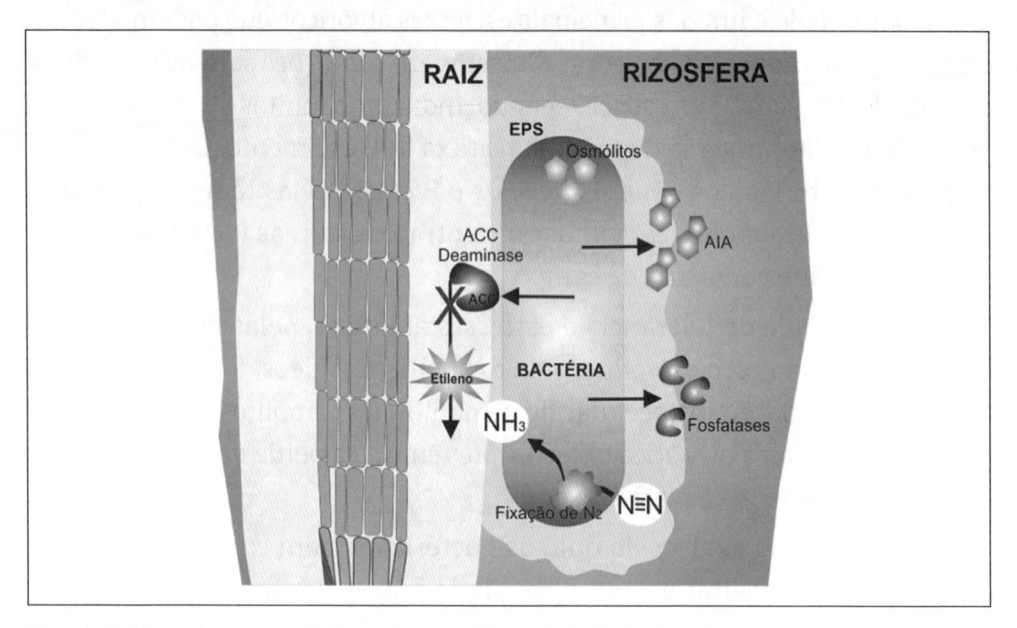

Figura 2. Mecanismos possivelmente envolvidos na tolerância das plantas a estresse salino conferido pelas bactérias. Produção de EPS (exopolissacarídeo); Produção de osmólitos; produção de AIA (ácido indol acético); produção de fosfatasesutilizadas solubilização de fosfato proveniente da matéria orgânica; Fixação Biológica de Nitrogênio, onde o N_2 é convertido em compostos de NH_3; Produção de ACC deamise, diminuindo a quantidade de etileno.

A microbiota associada às plantas, nessas regiões, também pode reduzir os efeitos causados pela seca (*deficit* hídrico). A produção de ACC deaminase, pelas bactérias associadas às raízes, pode ser uma estratégia para permitir que as plantas continuem se desenvolvendo apesar do estresse hídrico que induziria a senescência foliar e abscisão de estruturas reprodutivas, por ação do etileno. Outro mecanismo que pode auxiliar as plantas durante o *deficit* hídrico é a produção de exopolissacarídeos (EPS) por bactérias associadas às raízes. A camada EPS pode formar um biofilme denso (Figura 3) que limita a difusão de compostos secretados pelas raízes e pelas bactérias na superfície das raízes, podendo afetar o crescimento desta. O EPS forma um microambiente que permite a retenção de água e a sua perda mais lentamente na região da rizosfera, protegendo a bactéria e as raízes contra a dessecação. Além disso, pode aumentar a captação de nutrientes pelas plantas, possibilitando o seu crescimento. A quantidade de solo aderido às raízes a partir da produção de EPS pelas bactérias pode também ajudar as plantas a reter mais água e nutrientes, resultando em um melhor crescimento da planta.

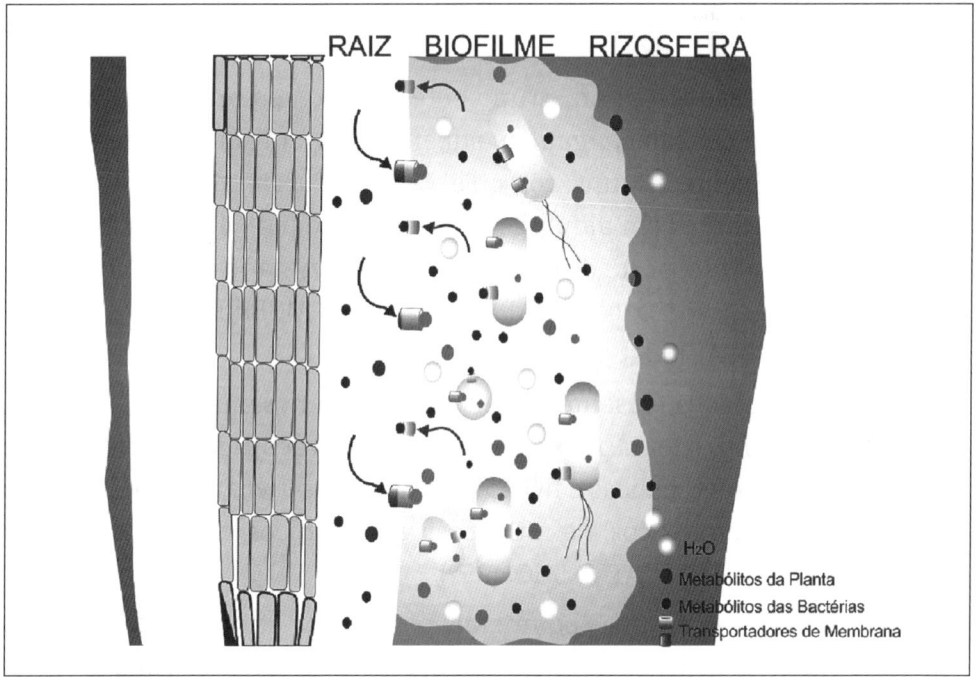

Figura 3. Possíveis mecanismos desenvolvidos por bactérias na rizosfera de plantas que auxiliam na tolerância a condições de seca. Microambiente criado no biofilme, formando uma densa camada de material estruturante, o que diminui a difusão de metabólitos produzidos pelas plantas e pelas bactérias e reduz a perda de água desse sistema para o ambiente do solo.

As alterações de temperatura também podem ser fatores de estresse abiótico nas plantas. Nas regiões áridas e semiáridas, as temperaturas durante o dia são bastante elevadas e permanecem assim por longos períodos, coincidindo com períodos de seca prolongados. Na rizosfera de plantas dessas regiões podem ser encontradas bactérias que toleram temperaturas elevadas, conhecidas como termotolerantes. Estes micro-organismos apresentam mecanismos próprios que permitem a sua sobrevivência sob tais condições ambientais. Além disso, podem proteger as plantas contra esses fatores, induzindo a biossíntese de proteínas de alto peso molecular nas folhas, reduzindo danos às membranas e, ainda, aumentando a disponibilidade de metabólitos celulares, como prolina, clorofila, açúcares, aminoácidos e proteínas totais.

2. METAIS PESADOS

Os metais pesados são um grupo heterogêneo de metais, semimetais e não metais com densidade igual ou superior a $5\,g/cm^3$, que ocorrem naturalmente no ambiente. Alguns, como Fe, Mn, Zn, Cu, Ni, Mo, Co, são micronutrientes importantes em algumas funções fisiológicas e metabólicas dos seres vivos, como transporte de oxigênio e ação enzimática. Já outros, como Hg, Pb, Cd, Cr e As, são tóxicos (MALAVOLTA, 1994; MCBRIDE, 1994; SOARES *et al.*, 2002, FONSECA, 2004).

Os metais pesados presentes no ambiente podem ser fixados, liberados, ou transportados no sistema. A exposição prolongada aos metais pesados pode causar alterações metabólicas e fisiológicas aos seres vivos, incluindo efeitos neurotóxicos, hepatotóxicos, nefrotóxicos, teratogênicos, carcinogênicos ou mutagênicos (TAVARES, CARVALHO, 1992).

A contaminação de áreas por metais pesados constitui um dos maiores impactos ambientais pela inserção de poluentes tóxicos no solo, águas superficiais e subterrâneas, cadeia alimentar e ecossistema. Atividades humanas, tais como mineração, fundição, galvanoplastia, energia, produção de combustível, agricultura intensiva e deposição de resíduos, representam um problema mundial, já que em concentrações elevadas podem afetar a funcionalidade, a biodiversidade e a sustentabilidade dos ecossistemas (PALLU, 2006; CHEHREGANI *et al.*, 2009).

2.1. METAIS PESADOS E AS PLANTAS

Algumas plantas possuem a capacidade de acumular quantidades extremamente altas de certos metais pesados sem sofrer consequências prejudiciais. Muitos íons metálicos são essenciais para os organismos vivos, porém, em elevadas concentrações podem ser tóxicos e inibir o crescimento das plantas.

Muitas plantas desenvolveram mecanismos para tolerar a concentração de metais pesados livres no citosol das células, os quais incluem: a compartimentalização deste metal em estruturas subcelulares, exclusão e/ou diminuição do transporte através da membrana e a formação de peptídeos ricos em cisteínas, conhecidos como fitoquelatinas e metalotioneínas, que podem complexar vários metais. Elas são responsáveis pela regulação intracelular de metais com atividade biológica, como zinco e cobre, e protegendo as células de efeitos deletérios por exposição a elevadas quantidades desses elementos e de metais não essenciais como cádmio, mercúrio, chumbo, dentre outros (Melendez *et al.* 2012). Outro mecanismo de defesa das plantas para minimizar a exposição aos metais pesados é a produção de um sistema antioxidante de defesa, que inclui componentes de baixa massa molecular, tais como glutationa e ascorbato e um sistema de enzimas antioxidantes capazes de remover, neutralizar ou limpar radicais livres (MELENDEZ *et al.* 2012; GRATÃO e AZEVEDO 2005).

A diversidade de micro-organismos associados às raízes das plantas é enorme, na ordem de dezenas de milhares de espécies. Esta comunidade microbiana complexa, também referida como a segunda parte do genoma da planta, é crucial para a saúde desta. Os recentes avanços em pesquisas referentes a esta associação revelam que as plantas são capazes de moldar o microbioma de sua rizosfera e há evidência de que as plantas são capazes de recrutar micro-organismos protetores e melhorar a atividade microbiana para suprimir patógenos na rizosfera. Uma compreensão abrangente dos mecanismos que governam a seleção e a atividade microbiana de comunidades por raízes de plantas pode promover novas oportunidades para aumentar a produção agrícola, melhorar a capacidade de extração de contaminantes e resistir a condições de estresse (BERENDSEN *et al.*, 2012; RAJIKUMAR *et al.*, 2012).

2.2. MICRO-ORGANISMOS ASSOCIADOS A PLANTAS E À REMOÇÃO DE METAIS PESADOS DO AMBIENTE

As rizobactérias promotoras do crescimento de plantas (PGPRs) constituem um número amplo de bactérias caracterizadas pela capacidade de beneficiarem o crescimento de espécies vegetais por meio de seu metabolismo. Este processo ocorre de forma mútua, gerando um sistema complexo entre planta-micro-organismo (SILVEIRA & FREITAS, 2007; RICHARDSON *et al.*, 2009).

Assim como outros organismos, as bactérias presentes no solo são capazes de desenvolver mecanismos que permitem a sobrevivência em condições ambientais críticas, como a presença de metais pesados (Figura 4). Um dos mecanismos envolvidos é a adsorção (NIES, 2003), em que os íons dos metais podem ser vinculados à superfície exterior de célula (CHURCHILL *et al.*, 1995), pela interação com grupos sulfidrila dos resíduos de cisteína (ERBE *et al.*, 1995) ou com materiais orgânicos que as células sintetizam e liberam (CLARKE *et al.*, 1987).

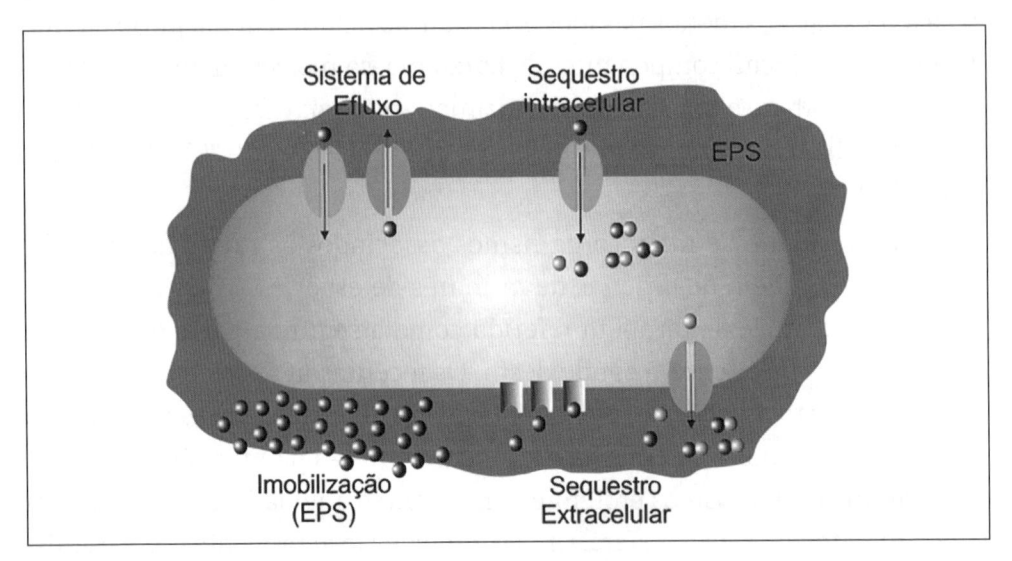

Figura 4. Possíveis mecanismos desenvolvidos por bactérias para tolerar metais pesados. A produção de EPS pode auxiliar a imobilização de compostos como metais, impedindo que estes sejam absorvidos pelas células; pode haver o sequestro extracelular de metais, ou por ligação destes em componentes da parede celular ou a partir de compostos produzidos intracelularmente e exportados para o meio; o sequestro intracelular de metais acontece pela ligação com compostos produzidos no interior das células. Algumas bactérias podem ainda possuir um sistema de proteínas carreadoras que funcionam como sistema de efluxo, eliminando os metais que são absorvidos pelas células. Adaptado de Biondo, 2008.

PGPR apresentam um potencial para proteger plantas hospedeiras da biotoxicidade aguda dos íons metálicos livres na solução do solo. Estudos já comprovam que a inoculação em solos contaminados por metais pesados com PGPRs, como bactérias do gênero *Pseudomonas, Bacillus, Lysobacter, Rhizobium, Azospirillum* e *Arthrobacter*, podem facilitar o crescimento vegetal e aumentar a eficiência no processo de fitorremediação por alcançar uma superfície maior na biomassa da colheita, resultando em uma elevada concentração de metais (KHAN, 2005; WU *et al.*, 2006; ZHUANG *et al.*, 2007; HARDOIM *et al.*, 2008; WU *et al.* 2009). Wu *et al.*, 2005, 2006, demonstraram que duas linhagens PGPR, *Azotobacter chroococcum* e *Bacillus megaterium* poderiam melhorar o crescimento de milho e mostarda, superando o estresse da presença de metais pesados.

Além das bactérias, outro grupo de micro-organismos capaz de reduzir o estresse causado por metais pesados às plantas são os fungos micorrízicos arbusculares (FMA). Embora alguns FMA sejam sensíveis à presença de metais pesados, a maior parte são tolerantes a estes metais e a sua aplicação em sistemas agrícolas pode reduzir os efeitos do estresse, disponibilizando nutrientes para as plantas. Outro aspecto importante a ser ressaltado é a presença de uma glicoproteína, conhecida como glomalina, produzida pelos FMA's e presente em grandes quantidades em diferentes tipos de solo. No caso de solos contaminados por metais pesados, as glicoproteínas são responsáveis pelo melhoramento destes; desta forma, as condições ambientais para o crescimento da planta hospedeira leva à estabilização de solos altamente poluídos por estes elementos (LI *et al.*, 2009; SOUZA *et al.*, 2012).

As ectomicorrizas constituídas, principalmente, por basiodiomicetos e ascomicetos, formam associações predominantemente com plantas lenhosas e são importantes para redução dos efeitos dos metais pesados nas plantas hospedeiras. Estes fungos têm a capacidade de absorver grandes quantidades de metais pesados, empregando, possivelmente o manto, que forma uma barreira física impedindo a absorção dos metais pela planta, além de outros mecanismos como processos de precipitação extracelular, biossorção da parede celular por troca iônica, adsorção, complexação e cristalização, ou processos internos nas células dos fungos, onde os metais podem ser complexados, compartimentalizados ou até mesmo, volatilizados (GADD, 1993, citado por BERTAZOLI *et al.*, 2010) (Figura 5).

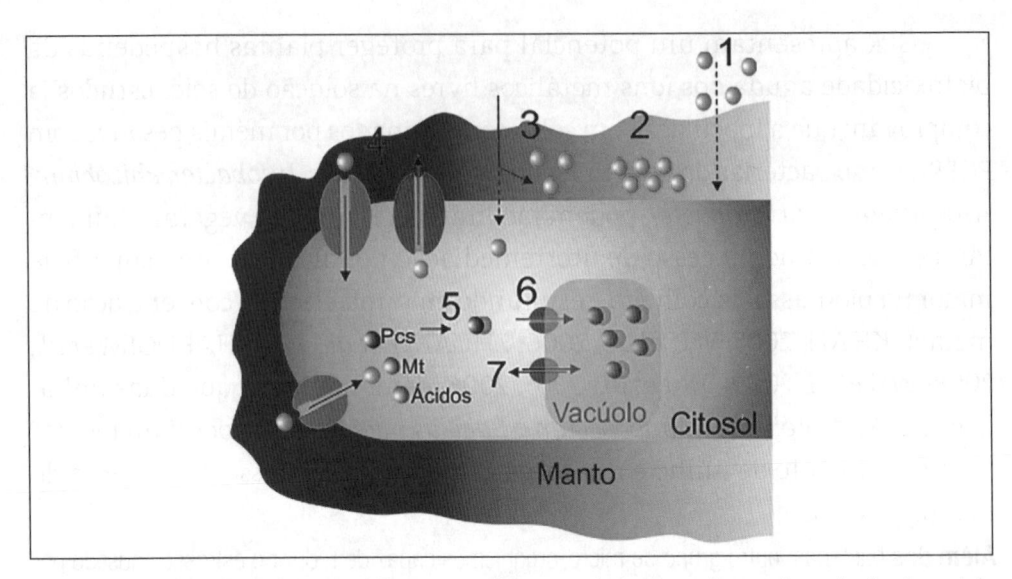

Figura 5. Representação de uma hifa mostrando os possíveis mecanismos de exclusão de metais por fungos micorrízicos. 1. Atuação do manto como barreira física; 2. Biossorção da parede celular; 3. Redução do fluxo através da membrana plasmática; 4. Efluxo dos metais através de proteínas de membrana; 5. Quelação dos metais no citosol por compostos como Fitoquelatinas (Pcs), Metalotioneínas (Mt) ou ácidos; 6. Transporte do complexo Pc-metal para dentro do vacúolo e 7. Transporte e acumulação dos metais no vacúolo. Adaptado de Bertolazi *et al.*, 2010.

3. BIOTECNOLOGIA SOCIOAMBIENTAL

O papel da biotecnologia no cotidiano é ainda muito questionado, principalmente no que se refere ao desenvolvimento social, visto que a sua atuação no âmbito ambiental já é bem estabelecida. Podemos fazer uso de alguns exemplos para responder a esse questionamento. Se considerarmos o setor agrícola, o melhoramento genético vegetal e a transgenia são exemplos claros da utilização da biotecnologia, cujo objetivo, no primeiro caso, é selecionar os melhores alelos na tentativa de aprimorar as próximas gerações, garantindo cultivos mais produtivos e resistentes a uma série de condições, sejam fatores bióticos e/ou abióticos. A soja é uma das culturas que passou pelo processo de melhoramento, devido à sua importância econômica para o país. No caso da soja no Brasil, o melhoramento visa obtenção de cultivares resistentes a nematoides e à ferrugem asiática, visto que são dois problemas que podem afetar drasticamente a produção da cultura. A transgenia, embora sendo uma realidade, ainda envolve sérias discussões a respeito da sua aplicação; no entanto, esse não é o foco deste trabalho e nos deteremos apenas nas possibilidades de aplicação desta técnica. Transgênicos são espécies modificadas geneticamente com o objetivo de melhorar a qualidade de um organismo ou de um produto. Na agricultura, uma prática que vem sendo empregada é a seleção de genes que confiram características inseticidas. Dessa forma, a inserção destes genes em plantas permite que elas possam ser resistentes a determinadas doenças causadas por insetos.

Neste segmento, a Empresa Brasileira de Pesquisa Agropecuária (Embrapa) e o Ministério da Agricultura, Pecuária e Abastecimento (Mapa), atuam em pesquisas com soja transgênica desde 1997, quando, em parceria com a iniciativa privada, passou a incorporar às suas cultivares o gene de tolerância ao herbicida glifosato. Atualmente, o Brasil exporta três variedades de soja transgênicas mais resistentes a herbicida. Entretanto, desde 1994, a Embrapa Soja iniciou um programa de pesquisa visando à incorporação de técnicas de biotecnologia nas áreas de melhoramento genético da soja, fixação biológica do nitrogênio, fitopatologia, entomologia, ecofisiologia, entre outras.

Outras instituições têm voltado esforços para identificação de genes tolerantes à seca em diferentes fontes (plantas e microrganismos), para inserção destes em culturas de interesse econômico como cana-de-açúcar, soja, milho, arroz e trigo. As pesquisas até agora têm sido promissoras em plantas modelo, mostrando que aquelas que não receberam o gene sobreviveram até 15 dias sem irrigação, já as plantas modificadas geneticamente conseguiram sobreviver mais de 40 dias (BRANCO, 2013). A ideia por trás da pesquisa é beneficiar toda a sociedade, do produtor ao consumidor, reduzindo custos na lavoura e contribuindo na preservação do meio ambiente.

No caso do emprego de micro-organismos e/ou seus produtos no setor agrícola, temos vários exemplos de sucesso e a sua aplicação é bem aceita nos diversos segmentos. Um caso clássico é a utilização de bactérias fixadoras de nitrogênio atmosférico (BFN) sendo aplicadas na cultura da soja como bioinoculante. Essa aplicação possibilitou que o Brasil se tornasse líder na produção e exportação da soja, uma vez que são economizados cerca de 15,5 milhões de reais com adubos nitrogenados para esta cultura. Essas bactérias fornecem os compostos nitrogenados que a planta precisa sem a necessidade de aplicação de adubos nitrogenados produzidos industrialmente, os quais demandam o consumo de uma grande quantidade de combustíveis fósseis.

A Embrapa, em 2008, lançou um inoculante para cana-de-açúcar, e a perspectiva é de redução de 100% de adubação com N na cana de primeiro ano e de até 50% na cana soca, o que resultaria em uma economia anual de 400 mil toneladas de fertilizante nitrogenado, tornando os derivados da cultura ainda mais competitivos no mercado internacional (REIS *et al.*, 2009). Estes exemplos mostram que a utilização da biotecnologia empregando BFN pode promover uma redução significativa nos gastos da produção agrícola e representa também redução da utilização de derivados de combustíveis fósseis, gerando uma economia de milhões de dólares aliado à redução da emissão de gases poluentes provenientes da queima desses combustíveis. Além disso, o emprego de um sistema biológico que aumente a produção nas áreas de pequenos produtores representa uma possibilidade de redução dos gastos durante a produção, repercutindo no valor do produto final.

O entendimento das relações da interação micro-organismos-planta constitui uma importante ferramenta biotecnológica que pode ser utilizada para reduzir os efeitos dos estresses abióticos mais comuns em diversas culturas em regiões áridas e/ou semiáridas, promover o crescimento mais satisfatório de plantas de interesse agrícola ou para recuperação de espécies ameaçadas de extinção, favorecer a fitorremediação e recuperação de áreas degradadas. A possibilidade da utilização desses microrganismos selecionados, bem como genes de tolerância à seca e a metais pesados, para aplicação na agricultura é uma realidade e deve ser vista como um mecanismo para ações preventivas contra situações de risco, como os danos causados pelo períodos de seca enfrentados nos últimos anos e os crescentes problemas de contaminação ambiental devido às atividades antropogênicas.

REFERÊNCIAS

BERENDSEN, R. L.; PIETERSE, C. M. J.; BAKKER, P. A. H. M. 2012. The rhizosphere microbiome and plant health. *Trends Plant Sci.*, 17 (8): 478-486.

BERTOLAZI, A. A., *et al.* 2010. O papel das ectomicorrizas na biorremediação dos metais pesados no solo. *Natureza online* 8 (1): 24-31.

BIONDO, R. *Engenharia genética de Cupriavidus metallidurans CH34 para biorremediação de efluentes contendo metais pesados.* Tese (Doutorado) – Universidade de São Paulo. Instituto de Ciências Biomédicas. Programa de Pós-Graduação Interunidades em Biotecnologia EP/FMVZ/IPT/IB/ICB/Butantan. 170 p. (2008).

BOONYAPOOKANA, B.; *et al.* 2005. Phytoaccumulation of lead by sunflower (*Helianthus annuus*), tobacco (*Nicotianatabacum*), and vetiver (*Vetiveria zizanioides*). Part Toxic/Hazardous Substances & Environmental Engineering, *Journal of Environmental Science and Health*, Phatumthani, 40 (1): 117-137.

BRANCO, M. 2013. *Pesquisadores da Embrapa e UFRJ desenvolvem planta com tolerância à seca.* Disponível em: <agenciabrasil.ebc.com.br/noticia/2013-04-21/pesquisadores-da-embrapa-e--ufrj-desenvolvem-planta-com-tolerancia-seca>.

BREMER, P. J.; GEASEY, G. G. 1993. Interactions of bacteria with metals in the aquatic environment. In: Rao, S. S. (Ed.). *Particulate Matter and Aquatic Contaminants.* Lewis Publishers, Boca Raton, p. 41-65.

CHEHREGANI, A.; NOORI, M.; YAZDI, H. L. 2009. Phytoremediation of heavy-metal-polluted soils: Screening for new accumulator plants in Angouran mine (Iran) and evaluation of removal ability. *Ecotoxicology and Environmental Safety*, 72: 1349-1353.

CLARKE, S. E.; STUART, J.; SANDERSLOEHR, J. 1987. Induction of siderophore activity in *Anabaena* species and its moderation of copper toxicity. *Applied Environmental Microbiology*, 53: 917-922.

CHURCHILL, S. A.; WALTERS, J. V.; CHURCHILL, P. F. 1995. Sorption of heavy metals by prepared bacterial cell surfaces. *Journal of Environmental Engineering*, 10: 706-711.

COSTA, L. M. O., *et al.* 2012. Isolation and characterization of endophytic bacteria isolated from the leaves of the common bean (*Phaseolus vulgaris*). *Brazilian Journal of Microbiology*, p. 1562-1575.

DALAL, J.; KULKARNI, N. 2013. Antagonistic and plant growth promoting potentials of indigenous endophytic bacteria of soybean (*Glycine max* (L) Merril). *Current research in microbiology and biotechnology*, 1 (2): 62-69.

_____. 2013. Population dynamics and diversity of endophytic bacteria associated with soybean (*Glycine max* (L) Merril). *British Microbiology Research Journal*, 3 (1): 96-105.

EGAMBERDIEVA, D.; KUCHAROVA, Z. 2009. Selection for root colonizing bacteria stimulating wheat growth in saline soils. *Biol Fertil Soils*, 45: 563-571.

EPSTEIN, E. 1980.Response of plants to saline environments. In: Rains DW, Valeintine RC, Hollaender A (eds), *Genetic Engineering of Osmoregulation*, Plenum Press, New York, p. 7-21.

FERRANDO, L.; MANÃY, J. F.; SCAVINO, A. F. 2012. Molecular and culture-dependent analyses revealed similarities in the endophytic bacterial community composition of leaves from three Rice (*Oryza sativa*) varieties. *FEMS Microbiol Ecol*, 80: 696-708.

FONSECA, E. M. *Estudo da interação entre atividade bacteriana, metais pesados e matéria orgânica nos sedimentos da baía de Guanabara-RJ.* Dissertação (Mestrado) – Universidade Federal Fluminense, Niterói, RJ, 2004.

GRATÃO, P. L.; POLLE, A.; LEA, P. J.; AZEVEDO, R. A. 2005. Making the life of heavy metal-stressed plants a little easier. *Functional Plant Biology*, 32: 481-494.

HARDOIM, P. R., van OVERBEEK, L. S. e van ELSAS, J. D. 2008. Properties of bacterial endophytes and their proposed role in plant growth. *Trends in Microbiology*, 16 (10): 463-471.

HUNTER, P. J. *et al.* 2010. Both Leaf properties and microbe-microbe interactions influence within-species variation in bacterial population diversity and structure in the Lettuce (*Lactuca species*) phyllosphere. *Applied and Environmental Microbiology*,76 (24): 8117-8125.

IRIE, C. N., KAVAMURA, V. N., ESPOSITO, E. 2012. Evaluation of *Cecropia Pachystachya* Trécul (Embaúba) potential to recuperation of contaminated soil with heavy metals. *Revista Latinoamericana de Biotecnología Ambiental y Algal.* (submetido).

JOSHI, P.; TYAGI, V.; BHATT, A. B. 2011. Characterization of Rhizobacteria Diversity Isolated from *Oryza sativa* Cultivated at Different Altitude in North Himalaya. *Advances in Applied Science Research,* 2 (4): 208-216.

KABATA-PENDIAS A. 1995. Agricultural problems related to excessive trace metal contents of soils. In: SOLOMONS, W. *et al. Heavy Metals: problems and solutions.* Springer. Berlim, p. 3-18.

KHAN, A. G. 2005. Role of soil microbes in the rhizospheres of plants growing on trace metal contaminated soils in Phytoremediation. *Journal of Trace Elements in Medicine and Biology,* 18: 355-364.

KAVAMURA, V. N. *Estudo do potencial rizosférico de Cedrela fissilis para recuperação de solos contaminados com metais pesados.* Mogi das Cruzes, SP. Dissertação (Mestre em Biotecnologia). Ciências Ambientais. Universidade de Mogi das Cruzes, 158 p., 2008.

_____; ESPOSITO, E. 2010. Biotechnological strategies applied to the decontamination of soils polluted with heavy metals. *Biotechnology Advances* 28(1): 61-9.

KIM, S. *et al.* 2012. Growth promotion and colonization of switchgrass (*Panicumvirgatum*) cv. Alamo by bacterial endophyte *Burkholderia phytofirmans* strain PsJN. *Biotechnology for Biofuels,* 5(37): 1-10.

LIU, Y. *et al.* 2012. Investigation on diversity and population sucession dynamics of indigenous bacteria of the maize spermosphere. *World J. Microbiol Biotechnol,* 28: 391-396.

LI, Y. *et al.* 2009. The effect of Cd on mycorrhizal development and enzyme activity of *Glomus mosseae* and *Glomus intraradices* in *Astragalus sinicus* L. *Chemosphere* 75: 894-899.

MALAVOLTA, E. *Fertilizantes e seu impacto ambiental: micronutrientes e metais pesados – mitos, mistificação e fatos.* São Paulo: Petroquímica,153 p. 1994

MCBRIDE, M. D. *Environmental Chemistry of Soils.* New York, Oxford University, 406 p., 1994.

MACCHERONI Jr., W., ARAÚJO, W. e LIMA, A. O. S. 2004. Ecologia: habitat e interações fúngicas com plantas, animais, fungos e bactérias, 13: 451-490. In: ESPOSITO, E.; AZEVEDO, J. L. *Fungos: uma introdução à biologia, bioquímica e biotecnologia.* Caxias do Sul: Educs, 510 p.

MELENDEZ, L. B. *et al.* 2012. Determinação de Metalotioneínas e Fitoquelatinas utilizando a técnica de HPLC-ICP-MS. *Rev. Virtual Quim.* 4(6): 612-622.

MICALLEF, S. A. *et al.* 2009. Plant age and genotype impact the progression of bacterial community succession in the Arabidopsis rhizosphere. *Plant Signaling & Behavior* 4 (8): 777-780.

MUÑOZ, S. I. S. *Impacto ambiental na área do aterro sanitário e incinerador de resíduos sólidos de Ribeirão Preto, SP: Avaliação dos níveis de metais pesados.* Tese (Doutorado) apresentada a Escola de Enfermagem de Ribeirão Preto da Universidade de São Paulo: Ribeirão Preto, SP, 2002.

NIES, D. H. 2003. Efflux-mediated heavy metal resistance in prokaryotes. *FEMS Microbiology Reviews,* 27: 313-339.

OGBO, F.; OKONKWO, J. Some Characteristics of a plant growth promoting *Enterobacter* sp. Isolated from the roots of maize. *Advances in Microbiology,* 2012, p. 2, 368-374.

PALLU, A. P. S. *Biossorção de cádmio por linhagens de Aspergillus sp.* Piracicaba: Universidade de São Paulo. Escola Superior de agricultura "Luiz de Queiroz". 2006.

PEREIRA, P. 2011. Analysis of the bacterial diversity associated with roots of maize (*Zea mays* L.) through culture-dependent and culture-independent methods. *Intenational Scholarly Research Network,* p. 1-10.

RAJKUMAR, M. *et al.* 2012. Perspectives of plant-associated microbes in heavy metal phytore-mediation. *Biotechnol Adv.*, 30(6): 1562-74.

REIS, V. M.; BALDANI, J. I.; URQUIAGA, S. 2009. Fixação Biológica de Nitrogênio associativa: um futuro promissor para cana-de-açúcar e outras gramíneas. *Boletim Informativo da SBSC*, janeiro-abril: p. 28-29.

RICHARDSON, A. E. 2009. Acquisition of phosphorus and nitrogen in the rizosphere and plant growth promotion by microorganisms. *A Review: Plant Soil*, 321: 305-339.

RYAN, R. P. *et al.* 2009. The versatility and adaptation of bacteria from the genus *Stenotrophomonas*. *Nature Reviews*, 7: 514-525.

SHARMA, R. K.; AGRAWAL, M.; MARSHALL, F. M. 2008. Heavy metal (Cu, Zn,Cd, and Pb) contamination of vegetables in urban India: A case study in Varanasi. *Environmental Pollution*, 154: 254-263.

SILVEIRA, A. P. D.; FREITAS, S. S. *Microbiota do solo e qualidade ambiental.* Campinas: Instituto Agronômico, 2007.

SOARES, C. R. F. S; Accioly, J. O.; Moreira, F. M. S. 2002. Diagnóstico e reabilitação de área degradada pela contaminação por metais pesados. In: *Simpósio Brasileiro de Recuperação de áreas degradadas*, Lavras, p. 1-7.

SOUSA, C. S. *et al.* 2012. Glomalina: características, produção, limitações e contribuição nos solos Semina: *Ciências Agrárias*, Londrina, v. 33, suplemento 1, p. 3033-3044.

SUN, L. *et al.* 2008. Endophytic bacterial diversity in rice (*Oryza sativa* L.) roots estimated by 16 rDNA sequence analysis. *Microb. Ecol.*, 55: 415-424.

TAIZ, L.; ZEIGER, E. Nutrição Mineral em Fisiologia Vegetal. In: TAIZ, Lincoln; ZEIGER, Eduardo. *Fisiologia Vegetal.* 3. ed. Stuttgart: Artmed, 2009, p. 95-115. Cap. 5.

TAVARES, T. M.; CARVALHO, F. M. 1992. Avaliação da exposição de populações humanas a metais pesados no ambiente: exemplos do recôncavo baiano. *Química Nova*, 15 (2): 147-154.

ZHUANG, X. *et al.* 2007. New advances in plant growth-promoting rhizobacteria for bioremediation. *Environment International*, 33: 406-413.

WU, S. C. *et al.* 2009. Adsorption kinetics of Pb and Cd by two plant growth promoting rhizobacteria. *Bioresource Technology*, 100: 4559-4563.

_____ *et al.* 2006. Effects of inoculation of plant growth-promoting rhizobacteria on metal uptake by *Brassica juncea*. *Environmental Pollution*, 140: 124-135.

VELÁZQUEZ-SEPÚLVEDA, I. *et al.* 2012. Bacterial diversity associated with the rhizosphere of wheat plants (*Triticum aestivum*): Toward a metagenomic analysis. *International Journal of Experimental Botany*, 81: 81-87.

YANG, Ching-Hong; *et al.* 2001. Microbial phyllosphere populations are more complex than previously realized. *Proc Natl Acad Sci.* U S A, 98: 3889-3894.

ZEHRA, S. S. *et al.* 2009. Assessment of heavy metal accumulation and their translocation in plant species. *African Journal of Biotechnology.* 8 (12): 2802-2810.

WANG, S. L.; MULLIGAN, C. N. 2009. Rhamnolipid biosurfactant-enhanced soil flushing for the removal of arsenic and heavy metals from mine tailings. *Process Biochemistry*, 44 (3): 296-301.

WU, S. C. *et al.* 2009. Adsorption kinetics of Pb and Cd by two plant growth promoting rhizobacteria. *Bioresource Technology*, 100: 4559-4563.

Capítulo 12

LOGÍSTICA REVERSA: A IMPORTÂNCIA DO DESCARTE DOS RESÍDUOS SÓLIDOS E A PRESERVAÇÃO DO MEIO AMBIENTE

Paula Meyer Soares
Reny Aparecida Galvão
Fabio Konishi

1. INTRODUÇÃO

O consumo desordenado de bens e serviços nos dias atuais, conjugado com o ritmo de crescimento econômico, impõe uma utilização significativa de insumos de produção e consequentemente a produção de Resíduos Sólidos Urbanos (RSU). A destinação adequada desses resíduos é essencial para a preservação do meio ambiente. Por outro lado, os aterros sanitários estão saturados e políticas ineficazes que promovam o uso e encaminhamento adequado destes resíduos sólidos.

Nesse sentido, a atuação de empresas no segmento de logística reversa, viabilizando recursos e otimizando gastos é essencial quando o assunto é preservação ambiental. A logística reversa refere-se ao recolhimento de produtos utilizados, de maneira a não poluir o meio ambiente, cuja utilização é de grande importância em se tratando de materiais de grande potencial de danos, especialmente os eletrônicos e relacionados a baterias, computadores e celulares (BRASIL, 2010).

O descarte dos objetos obsoletos está cada vez mais ocorrendo de forma inadequada, mas algumas empresas já possuem estratégias e uma visão mais ampla a respeito de logística reversa. Muitas vezes, os clientes têm a oportunidade de contribuir com a logística reversa realizando o descarte dos produtos nos locais indicados pelos fornecedores, outras já favorecem ao cliente que retorne os seus produtos em pontos de coleta de objetos usados, tendo a opção de troca por um novo ou mesmo utilizar como crédito para aquisição de novos produtos ou equipamentos (PEREIRA, 2012).

Há também empresas que retiram o material no final de ciclo de vida na residência do consumidor final, sendo esse um tipo de processo que vem crescendo significativamente nos últimos anos. As organizações que não se preocupam com meio ambiente precisam se atualizar, pois este também é um item importante para a competitividade.

Assim sendo, neste trabalho pretende-se discorrer sobre os diferentes aspectos que envolvem a logística reversa, com seu sistema e seu funcionamento e complexidade, pois, desde o momento da captação dos objetos até o cliente final, onde é realizado o pós-consumo dos produtos, é necessário um cronograma com etapas e tarefas a serem seguidas. Para que a logística reversa seja executada, existe uma política que deve ser seguida e, para isso, é necessário o envolvimento de diversos fatores e diferentes áreas da empresa para que o processo seja realizado conforme o planejamento.

A realização do referido estudo baseou-se na empresa Coopermiti, cooperativa de produção e recuperação de resíduos sólidos eletrônicos, pioneira no Brasil na adoção de procedimentos, tecnologias inovadoras e planejamento da reutilização e encaminhamento de resíduos sólidos eletrônicos.

O trabalho divide-se em quatro seções. A primeira seção discorrerá sobre a legislação que trata sobre a política nacional de resíduos sólidos no Brasil e principais incisos e discussão sobre a destinação destes. A segunda seção, abordará a logística reversa e sua conceituação teórica. Na terceira seção, apresentaremos a empresa Coopermiti propriamente dita e suas principais iniciativas na área de logística e análise dos resultados. Por fim, teceremos as considerações finais.

1. REFERENCIAL TEÓRICO

1.1. POLÍTICA NACIONAL DOS RESÍDUOS SÓLIDOS – PNRS

A Política Nacional de Resíduos Sólidos foi regulamentada com a promulgação da Lei n. 12.305, de 02/08/2010, e dispõe sobre os princípios, objetivos, instrumentos, diretrizes e metas a serem adotados pela União isoladamente ou em parceria com Estados, Municípios, Distrito Federal e particulares, visando a gestão integrada e o gerenciamento ambientalmente adequado dos resíduos sólidos.

De acordo com a Lei, Art. 3º inciso XVI, constituem resíduos sólidos:

> *XVI – resíduos sólidos: material, substância, objeto ou bem descartado resultante de atividades humanas em sociedade, a cuja destinação final se procede, se propõe proceder ou se está obrigado a proceder, nos estados sólido ou semissólido, bem como gases contidos em recipientes e líquidos cujas particularidades tornem inviável o seu lançamento na rede pública de esgotos ou em corpos d'água, ou exijam para isso soluções técnicas ou economicamente inviáveis em face da melhor tecnologia disponível.*

Em conformidade com o Art. 6º, a PNRS possui princípios guiados pela prevenção e precaução das ações que possam causar danos ao meio ambiente. Para tanto, é importante deter uma visão sistêmica de gestão dos resíduos sólidos que leve em conta as variáveis ambiental, social, cultural, econômica, tecnológica e de saúde pública, e, ao mesmo tempo, promova o desenvolvimento sustentável.

A reutilização dos resíduos sólidos se faz necessário. O reconhecimento de que esses resíduos têm potencial econômico e valor social capazes de gerar renda e postos de trabalho e, com isso, promover a cidadania.

O Art. 7º discorre sobre os objetivos da PNRS. Dentre os principais pontos, podemos destacar:

a) Adoção de política pública de tratamento adequado dos resíduos sólidos que visem à proteção da saúde pública e da qualidade ambiental.

b) Estímulo à adoção de padrões sustentáveis de produção e consumo de bens e serviços por meio do desenvolvimento de tecnologias limpas como forma de minimizar impactos ambientais.

c) Gestão integrada de resíduos sólidos e articulação entre as diferentes esferas do poder público, e destas com o setor empresarial, com vistas à cooperação técnica e financeira para a gestão integrada de resíduos sólidos.

d) Universalização da prestação dos serviços públicos de limpeza urbana e de manejo de resíduos sólidos.

e) Incentivo ao desenvolvimento de sistemas de gestão ambiental e empresarial voltados para a melhoria dos processos produtivos e ao reaproveitamento dos resíduos sólidos, incluídos a recuperação e o aproveitamento energético.

1.2. DIRETRIZES PARA O GERENCIAMENTO DOS RESÍDUOS SÓLIDOS DE FORMA INTEGRADA – UNIÃO, ESTADOS, MUNICÍPIOS E DISTRITO FEDERAL

Em conformidades com o Art. 9º da lei supracitada, a gestão e o gerenciamento de resíduos sólidos obedecerá à seguinte ordem de prioridade: não geração, redução, reutilização, reciclagem, tratamento dos resíduos sólidos e disposição final ambientalmente adequada dos rejeitos.

O parágrafo 1º do artigo diz que poderão ser utilizadas tecnologias que visem à recuperação energética dos resíduos sólidos urbanos, desde que tenha sido comprovada sua viabilidade técnica e ambiental e com a implantação de programa de monitoramento de emissão de gases tóxicos aprovado pelo órgão ambiental.

Caberá aos Estados promover a integração da organização, do planejamento e da execução das funções públicas de interesse comum relacionadas à gestão dos resíduos sólidos nas regiões metropolitanas, aglomerações urbanas e microrregiões, nos termos da lei complementar estadual prevista no § 3º do Art. 25 da Constituição Federal.

No que tange às iniciativas municipais, cabe aos Estados apoiar e priorizar essas ações que buscam soluções consorciadas ou compartilhadas entre dois ou mais Municípios.

Em suma, a Política Nacional de Resíduos Sólidos abarca outras esferas – municipais e estaduais – que se ocupam com políticas públicas de tratamento dos resíduos sólidos urbanos produzidos. A adoção de ações integradas e coordenadas entre secretarias estaduais e municipais e entre órgãos responsáveis por essa área.

No artigo 3°, parágrafo 1° da referida Lei, se encontra a recomendação sobre a necessidade de um acordo setorial, por meio de contratos firmados entre o "poder público e fabricantes, importadores, distribuidores ou comerciantes, tendo em vista a implantação da responsabilidade compartilhada pelo ciclo de vida do produto".

De acordo com os dados do Ministério de Meio Ambiente, o MMA, em 2011, a maioria dos Estados já haviam contratos celebrados com a União. O Quadro 1 mostra os valores contratados por Estado no que tange ao compartilhamento de responsabilidades de descarte, reciclagem e destinação dos resíduos sólidos.

Quadro 1. Contratos celebrados pelos Estados.

Estados	R$
Sergipe	277.885,36
Bahia	1.000.000,00
Rio de Janeiro	1.493.200,00
Maranhão	375.142,40
Alagoas	333.330,00
Minas Gerais	974.226,00
Pernambuco	444.330,00
Piauí	777.780,00
Rio Grande do Norte	600.000,00
Acre	380.440,00
Santa Catarina	500.028,00
Ceará	444.440,00
Pará	640.000,00
Mato Grosso	839.841,00
Paraná	657.600,00
Paraíba	669.114,86
Goiás	423.670,00
Rondônia	557.980,00
Total	11.389.007,62

Fonte: elaborado pelos autores (2013).

A Figura 1 mostra os Estados que ainda haviam celebrados contratos para a realização de gestão integrada dos resíduos sólidos gerados nos respectivos territórios, sem prejuízo das competências de controle e fiscalização dos órgãos federais e estaduais do Sisnama, do SNVS e do Suasa, bem como da responsabilidade do gerador pelo gerenciamento de resíduos, consoante o estabelecido nesta Lei.

Figura 1. Convênios celebrados com os Estados.

CONVÊNIOS JÁ CELEBRADOS COM OS ESTADOS

Estados	Valor (R$)
Sergipe	277.885,36
Bahia	1.000.000,00
Rio de Janeiro	1.493.200,00
Maranhão	375.142,40
Alagoas	333.330,00
Minas Gerais	974.226,00
Pernambuco	444.330,00
Piauí	777.780,00
Rio Grande do Norte	600.000,00
Acre	380.440,00
Santa Catarina	500.028,00
Ceará	444.440,00
Pará	640.000,00
Mato Grosso	839.841,00
Paraná	657.600,00
Paraíba	669.114,86
Goiás	423.670,00
Rondônia	557.980,00
Total	11.389.007,62
Rio Grande do Sul	
São Paulo	
Mato Grosso do Sul	
Espírito Santo	
Amapá	
Amazonas	

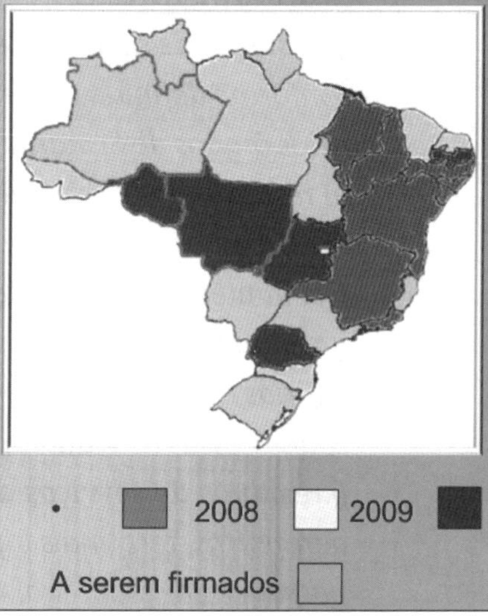

2008 · 2009 · A serem firmados

Fonte: MMA, 2011.

1.3. CLASSIFICAÇÃO DOS RESÍDUOS SÓLIDOS

De acordo com a Lei 12.305/2010, que estabelece diretrizes, critérios e procedimentos para a gestão dos resíduos sólidos de forma a minimizar os impactos ambientais, faz-se a seguinte classificação dos resíduos sólidos conforme disposto no Art. 13º, incisos I e II.

a) **resíduos domiciliares**: *os originários de atividades domésticas em residências urbanas.*

b) **resíduos de limpeza urbana**: *os originários da varrição, limpeza de logradouros e vias públicas e outros serviços de limpeza urbana;*

c) **resíduos sólidos urbanos**: *os englobados nas alíneas "a" e "b";*

d) **resíduos de estabelecimentos comerciais e prestadores de serviços**: *os gerados nessas atividades, excetuados os referidos nas alíneas "b", "e", "g", "h" e "j";*

e) **resíduos dos serviços públicos de saneamento básico**: *os gerados nessas atividades, excetuados os referidos na alínea "c";*

f) **resíduos industriais**: *os gerados nos processos produtivos e instalações industriais;*

g) **resíduos de serviços de saúde**: *os gerados nos serviços de saúde, conforme definido em regulamento ou em normas estabelecidas pelos órgãos do Sisnama e do SNVS;*

h) **resíduos da construção civil**: *os gerados nas construções, reformas, reparos e demolições de obras de construção civil, incluídos os resultantes da preparação e escavação de terrenos para obras civis;*

i) **resíduos agrossilvopastoris**: *os gerados nas atividades agropecuárias e silviculturais, incluídos os relacionados a insumos utilizados nessas atividades;*

j) **resíduos de serviços de transportes**: *os originários de portos, aeroportos, terminais alfandegários, rodoviários e ferroviários, e passagens de fronteira;*

k) **resíduos de mineração**: *os gerados na atividade de pesquisa, extração ou beneficiamento de minérios.*

II – quanto à periculosidade:

a) **resíduos perigosos**: *aqueles que, em razão de suas características de inflamabilidade, corrosividade, reatividade, toxicidade, patogenicidade, carcinogenicidade, teratogenicidade e mutagenicidade, apresentam significativo risco à saúde pública ou à qualidade ambiental, de acordo com lei, regulamento ou norma técnica;*

b) **resíduos não perigosos**: *aqueles não enquadrados na alínea "a".*

Parágrafo único. Respeitado o disposto no art. 20, os resíduos referidos na alínea "d" do inciso I do caput, se caracterizados como não perigosos, podem, em razão de sua natureza, composição ou volume, ser equiparados aos resíduos domiciliares pelo poder público municipal.

No Brasil, tem-se também sentido um crescimento na participação dos resíduos sólidos de construção e de demolição (RCD) no total dos resíduos sólidos urbanos (RSU) das cidades brasileiras. Diversas pesquisas apontam que os RCD já representam, em média, 50% dos RSU produzidos nas cidades brasileiras, com uma taxa média de geração em torno de 0,52 tonelada/hab. (CABRAL, 2007 *apud* OLIVEIRA *et al.* (2011).

A adoção de programas de reciclagem gera benefícios para toda a sociedade e para o meio ambiente. Além de gerar uma redução do número de áreas de deposição clandestina, os gastos públicos serão diminuídos com gerenciamento de entulho. Por outro lado, aumenta-se a vida útil de aterros e jazidas de matéria-prima pela disposição organizada dos resíduos e pela substituição por materiais reciclados (PINTO, 1994).

Cerca de 78% dos municípios brasileiros destinam menos de 5% dos recursos do seu orçamento para a gestão dos RSU (OLIVEIRA *et al.* (2011) *apud* BRASIL, 2002). A deposição dos resíduos sólidos na malha urbana, de forma descontrolada, acarreta impactos ambientais e prejuízos incalculáveis para a saúde pública. O amontoamento de entulho agrega lixo, tornando-se abrigo de vetores transmissores de doenças (ratos, baratas, moscas, mosquitos) e de animais peçonhentos (cobras, escorpiões). Por outro lado, o amontoamento de entulho e lixo nas vias públicas, além de comprometer a paisagem urbana, gera a obstrução de córregos e rios, bem como gera uma redução da vida útil dos locais adequados para a deposição dos resíduos não renováveis (URBAN, 1996).

Além dos custos ambientais, há os custos referentes ao gerenciamento da deposição clandestina e ao não aproveitamento desses dejetos que poderiam ser reciclados e utilizados em obras públicas. É importante a adoção de ações integradas que permitam a reciclagem e o reaproveitamento destes resíduos. A reciclagem destes tem, como principal objetivo, transformar esses custos sociais em custos públicos ou privados, onde todos os agentes que intervêm no processo de geração dos resíduos de construção deverão ser atingidos. Assim, pode-se começar a inverter o processo, extraindo do próprio problema as soluções para outras demandas, pela geração de materiais de baixo custo e boas características.

1.4. PLANO NACIONAL DE RESÍDUOS SÓLIDOS

O Plano Nacional de Resíduos Sólidos será elaborado pela União sob a Coordenação do Ministério do Meio Ambiente, com vigência por prazo indeterminado e horizonte de 20 (vinte) anos, a ser atualizado a cada 4 (quatro) anos. Será elaborado mediante processo de mobilização e participação social, incluindo a realização de audiências e consultas públicas.

O PNDS inclui algumas ações a saber:

I – Realização de diagnóstico da situação dos resíduos sólidos;
II – Adoção de metas de redução, reutilização, reciclagem, entre outras, com vistas a reduzir a quantidade de resíduos e rejeitos encaminhados para disposição final ambientalmente adequada;
III – Estabelecimento de metas para o aproveitamento energético dos gases gerados pelos RSU;
IV – Recuperação de lixões, associadas à inclusão social e à emancipação econômica de catadores de materiais reutilizáveis e recicláveis;
VI – Adoção de programas, de projetos e de ações para o atendimento das metas previstas;
VII – Incentivos para a viabilização de gestões regionalizadas dos resíduos sólidos;
VIII – Adoção de diretrizes para o planejamento e demais atividades de gestão de resíduos sólidos das regiões integradas de desenvolvimento instituídas por lei complementar.

E, finalmente, adoção de requisitos técnicos para a liberação ou acesso aos recursos da União para programas de reúso e reciclagem de RSU.

Como se observa, a Política Nacional de Resíduos Sólidos (PNRS) representa um avanço na legislação ambiental brasileira, pois procura organizar a maneira como o lixo produzido é tratado, além de incentivar a reciclagem e promover a sustentabilidade, fundamentais para um país em acelerado desenvolvimento. Os resultados da implementação dessa política serão verificadas, principalmente, em longo prazo, beneficiando não apenas essa geração, bem como as futuras.

1.5. CADEIA DE SUPRIMENTOS

Segundo Oliveira e Longo (2008), o gerenciamento do setor de suprimentos requer planejamento, pois isso é fundamental para que os processos se desenvolvam de maneira eficaz, sem impactar diretamente custo, prazo, qualidade e riscos.

Conforme esses autores, a cadeia de suprimentos tem como finalidade agregar valor a um serviço ou a um produto, sendo necessário haver a integração dos componentes utilizados para que sejam utilizados em todo seu potencial (OLIVEIRA; LONGO, 2008).

A logística faz parte desse conceito, podendo genericamente ser conceituado como a ação de se "colocar o produto certo, na hora certa, no local certo e ao menor custo possível" (SOUZA *et al.*, 2006).

O gerenciamento da cadeia de suprimentos é a coordenação estratégica e sistêmica das funções de negócio tradicionais, bem como as ações táticas que perpassam essas funções numa companhia, e por meio de negócios dentro da cadeia logística com o propósito de aprimorar a *performance* de longo prazo das companhias individualmente e da cadeia de suprimentos como um todo (*COUNCIL OF LOGISTICS MANAGEMENT*, 2010).

Dessa maneira, pode-se afirmar que a cadeia de suprimentos envolve os processos logísticos e, pensando-se na agregação de valora ao produto, também engloba a logística reversa, dando prosseguimento ao planejamento de qualidade que se alinha à função social da organização, tendo em vista a preservação ambiental.

2. LOGÍSTICA REVERSA

De Acordo com a Política Nacional de Resíduos Sólidos (BRASIL, 2010), a logística reversa refere-se à responsabilidade dos fabricantes nos processos de produções, envolvendo desde a matéria-prima até o consumidor final, com a finalidade de criar ações que visam o recolhimento de resíduos sólidos, a fim de dar um destino que não afete ao meio ambiente e também a nossa saúde, onde a organização se encarrega de retornar os seus produtos acabados.

O processo de planejamento, implementação e controle eficiente (inclusive em custos) de matérias-primas, materiais em processo, produtos acabados e informações relacionadas, do ponto de consumo para o ponto de origem, para atender às necessidades de recuperação de valor e/ou obter o descarte correto/controlado (ROGERS; TIBBEN-LEMBCKE, 1998, p. 61).

Existem novas ações de coleta seletiva para conscientização do consumidor e, principalmente, o compromisso das empresas e da sociedade como um todo. Para que essas ações se efetivem, torna-se necessária a participação de todos, desde o fabricante até o cliente final.

De acordo com Lambert *et al.* (1998, p. 13-19), fazem parte da administração logística em uma organização: a) serviço ao cliente; b) processamento de pedidos; c) comunicações de distribuição; d) controle de inventário; e) previsão de demanda; f) tráfego e transporte; g) armazenagem e estocagem; h) localização de fábrica e armazéns/depósitos; i) movimentação de materiais, suprimentos, suporte de peças de reposição e serviços; j) embalagem, reaproveitamento e remoção de refugo e administração de devoluções. E, diretamente à logística reversa, se encontra o reaproveitamento e remoção de refugo e a administração de devoluções.

O novo setor que a logística reversa atua é o retorno dos produtos eletrônicos. Grande parte desses produtos são reaproveitados como matéria-prima para fabricação de novos equipamentos. Diante do crescimento do consumo, devido à criação de cada vez mais produtos tecnológicos, o descarte desses materiais é uma temática de grande importância na atualidade.

Para cada produto eletrônico descartado ou reciclado, é necessária atenção especial, pois neles são encontrados materiais inflamáveis, nocivos ao meio ambiente e aos seres humanos, como chumbo, zinco, mercúrio, entre outros.

3. ESTUDO DE CASO: EMPRESA COOPERMITI

A empresa Coopermiti é uma "Cooperativa de Produção, Recuperação, Reutilização, Reciclagem e Comercialização de Resíduos Sólidos Eletroeletrônicos" que trabalha para que o lixo eletrônico ou e-lixo gerado na sociedade seja recolhido, reciclado e descartado de forma ambientalmente correta. É, nesta categoria, a única cooperativa no Brasil, conveniada a um órgão público (Prefeitura de São Paulo, SP), com tecnologia e competência técnica capaz de executar processos de logística reversa, para uma demanda crescente de lixo eletrônico (COOPERMITI, 2012).

Em 2008, existia a empresa MITT, que passou a se chamar Coopermiti em 2009. Em 2009, ao ampliar o projeto, a Coopermiti aumentou sua estrutura e, para isso, foi necessária a ajuda de empresas, como o Banco do Brasil, que doou balanças e equipamentos. Dessa maneira, a empresa conseguiu aumentar a capacidade de produção, entrando na ISO 14001 após auditoria.

Em 2010, o início das atividades na empresa Coopermiti foi marcado com a implantação do sistema de gestão da qualidade ISO 9000. Em 2011, foi criado o museu da informática, o qual é aberto à visitação pública desde que agendada com antecedência por e-mail ou contato telefônico. O museu possui um acervo bem diversificado de materiais eletrônicos, contendo computadores, telefones, TV, máquinas de escrever e celulares antigos, e ainda contam com trabalhos artesanais feitos pelos cooperados, como, por exemplo, quadros. A partir de 2011, a empresa passou a receber o apoio e a cooperação do Banco do Brasil, que passou a enviar equipamentos para reciclagem. Em 2012, passou por auditoria dos fabricantes (*shoppings*/Senac/Continental), tornando o processo mais eficiente.

Atualmente, a Coopermiti possui projetos com fins educativos, os cooperados podem ser tornar técnicos; caso não se tornem, podem atuar em outras áreas. A empresa também está implantando um laboratório de informática para favorecer o acesso a quem não tem outra oportunidade; alguns produtos recuperados são doados para os cooperados, para instituições carentes e comunidades.

A Coopermiti é a primeira e única central no Brasil ligada ao público para cuidar do lixo eletrônico tendo convênio com a Prefeitura Municipal de São

Paulo (PMSP), locada pela Autoridade Municipal de Limpeza Urbana (Amlurb), no galpão de aproximadamente dois mil metros quadrados, localizado na rua Dr. Sérgio Meira, 268, no Bairro da Barra Funda, no município de São Paulo.

3.1. METODOLOGIA

Foram utilizados para realização deste estudo: livros, pesquisa em *sites* e artigos que serviram para o estudo teórico, complementando-se com a pesquisa de campo, de caráter exploratório.

As pesquisas exploratórias, segundo Gil (1999, p. 43), favorecem uma visão geral de um determinado fato, de maneira aproximada. Esse tipo de pesquisa também facilita o desenvolvimento, esclarecimento e modificação de ideias para a elaboração de outras abordagens, o que contribui para aumentar o conhecimento do pesquisador sobre a temática, formulação de hipóteses que possam ser melhor exploradas em estudos posteriores.

O estudo de caso, ou pesquisa de campo, conduz o pesquisador à coleta, análise e interpretação de observações, seguindo um modelo lógico de provas que possibilitam realizar inferências às relações causais sobre as variáveis que são investigadas no decorrer da pesquisa (NACHMIAS & NACHMIAS, 1992 *apud* YIN, 2001).

O projeto permite que o pesquisador estruture um plano de trabalho, de maneira lógica, que favoreça responder à questão inicial da pesquisa, como exemplifica Yin (2001, p. 41):

> *[...] suponha que você queira estudar uma única organização. Suas sugestões de pesquisa, no entanto, têm a ver com o relacionamento da organização com outras organizações – a natureza competitiva ou colaborativa delas, por exemplo. Pode-se responder a essas questões apenas se você coletar informações diretamente das outras organizações, e não apenas daquela com que você iniciou o estudo. Caso conclua seu estudo ao examinar apenas uma organização, você não poderá retirar conclusões acuradas acerca de parcerias interorganizacionais. Aqui haveria uma falha em seu*

projeto de pesquisa, não em seu plano de trabalho. O resultado poderia ter sido evitado se, em primeiro lugar, você tivesse desenvolvido um projeto de pesquisa apropriado.

O projeto de pesquisa elaborado para a realização deste trabalho enfocou estudo de caso em uma empresa que atua na logística reversa de resíduos sólidos, mais especificamente em materiais eletrônicos, em sistema de cooperativa, visando enriquecer o estudo teórico, dando maior campo de visão para o profissional que tenha interesse no tema.

Segundo Yin (2001; 40):

o estudo de caso é uma estratégia de pesquisa diferente que possui seus próprios projetos de pesquisa". Isso porque acaba focando em uma área relacionada ao tema principal, como acontece neste trabalho realizado com a logística reversa de materiais eletrônicos, ou seja, por mais que a pesquisa pretenda ser abrangente, por meio da pesquisa de campo seu foco recairá sobre um problema específico, ou "unidade de análise".

Conforme Yin (2001; 53-54):

Um erro fatal que se comete ao se realizar estudos de caso é conceber a generalização estatística como método de se generalizar os resultados do caso. Isso ocorre porque os casos não são "unidades de amostragem" e não devem ser escolhidos por essa razão. De preferência, os estudos de caso individual devem ser selecionados da mesma forma que um pesquisador de laboratório seleciona o assunto de um novo experimento.

Em síntese, um estudo de caso deve ter embasamento teórico consistente, independentemente de se tratar de um estudo explanatório, descritivo ou exploratório, como prossegue Yin (2001, p. 55):

A utilização da teoria, ao realizar estudos de caso, não apenas representa uma ajuda imensa na definição do projeto de pesquisa e na coleta de dados adequados, como também torna-se veículo principal para a generalização dos resultados do estudo de caso.

Diante disso, espera-se que esta pesquisa alcance seus propósitos, estando ela apoiada em teorias e legislações vigentes, mas também sendo ilustrada com uma pesquisa de campo em uma empresa que atua diretamente na logística reversa. Porém, com a pretensão de ser apenas um ponto de partida para que novos estudos e comparações sejam realizados.

3.2. ANÁLISE E DISCUSSÃO DOS RESULTADOS

De acordo com visita realizada em junho de 2012 foi possível analisar os seguintes aspectos. Segundo Alex Luiz Pereira (2012), diretor e presidente da Coopermiti, para a logística reversa ser implantada nas empresas são necessários alguns procedimentos: primeiramente, a empresa deve estar disposta a se responsabilizar e se tornar sustentável, uma das medidas a ser respeitada são as leis do meio ambiente. E também ter estrutura, pois, por exemplo, a Coopermiti tem capacidade de receber 100 toneladas de materiais recicláveis por mês. Ele informou, ainda, que, infelizmente, não tem condições de lhe fornecer os dados (números) solicitados, pois a empresa não conta com um sistema (*software*) de gestão, e que ainda administra a cooperativa com o uso de inúmeras planilhas. Assim, levantar todos os dados solicitados para os objetivos desta pesquisa exigiria um tempo que no momento não dispõe. Este problema somente deverá ser resolvido em 2013, quando a empresa passará a contar com o apoio de um grande fabricante de *software*, com a implantação de uma ferramenta de gestão (contábil/financeiro/estoque).

A Coopermiti mantém diversos clientes que também atuam como parceiros, pois estes, constantemente, ajudam no processo. O foco da Coopermiti são os resíduos oriundos da informática, porque são mais viáveis economicamente. Sendo assim, foi possível aumentar os investimentos no projeto, acarretando maior faturamento e o meio ambiente é preservado, visando à qualidade de vida das pessoas.

Nos processos, conta com as entregas no galpão ou até mesmo contato via e-mail e telefone, para retirada dos materiais (dependo da quantidade). Neste processo de recebimento são identificadas as linhas que são elas:

> Linha branca: geladeira, fogão, máquina de lavar etc.;
> Linha marrom: aparelho de som, televisão, monitor, *home theater*; entre outros.

Também é necessário verificar se é viável ou não reciclar, e o que sobrar de plásticos e metal podem ser reaproveitados por outras cooperativas. Porém, nem sempre elas descartam em locais adequados. Já a Coopermiti envia os materiais para os locais corretos. No *site* da Coopermiti, há informações sobre os eventos e contato.

O descarte incorreto de algumas cooperativas de plástico favorece o aumento da população de ratos; outras teoricamente compactam a embalagem de leite, levam para cooperativas e não as limpam, ou seja, criando resíduos de sujeira que alimentam os roedores. Assim, não se pode culpar a prefeitura dizendo que não toma providências. Em sustentabilidade, o aspecto social é muito complicado.

Uma pesquisa revelou que a cooperativa leva em conta as ideias e faz a prestação de contas, porém as cooperativas são feitas de pessoas, mas algumas não se lembram disso no momento de descarte.

Em outras cooperativas, o cooperado só deve saber separar lixo e nada mais. Já a Coopermiti quer criar profissionais, e isso se torna problema da sociedade que é mal-acostumada desde o início dos tempos.

A logística reversa, hoje, é obrigatória e é lei. Na prática, todo mundo quer ser sustentável, porém nem todas são, isso leva tempo para implantar. A Coopermiti não tem fins lucrativos, porém, se tiver qualidade e um processo claro e detalhado, possivelmente ganhará mais clientes, e a empresa tem capacidade para isso, mesmo sendo nova no mercado (está com apenas dois anos), conta com as parcerias das empresas.

Aspecto social/ambiental com visão de negócio, como funciona, depende para quem se está reciclando, pois a reciclagem eletrônica é um mundo muito grande. Se se vender mais, sempre se tem que saber onde eliminar os resíduos desse produto. No caso do plástico, é necessário ter muito material para poder vender, sendo um processo muito trabalhoso.

Por exemplo: uma TV de 49 polegadas que está em casa sem utilidade, a Coopermiti não coleta, porém o cliente pode entregar no galpão, pois é preciso para cada linha ter uma quantidade específica para ser coletada, e existem também locais que as pessoas podem descartar. É necessário trabalhar com objetos que geram valores.

Para as empresas se tornarem aliadas, é necessário gerar comunicações internas e externas ou até mesmo no bairro para cumprir aquela quantidade que foi estipulada, é importante manter contato com a sociedade através de marketing, sites, *folders*, e-mails, mídias.

A Coopermiti tem um compartimento para o recebimento de pilhas, ou seja, ela só recebe e recolhe, porém não ganha nada. A exemplo da informática, as pilhas, se alcançar a quantidade, ela pode retirar.

Como se observa dos relatos acima, este posicionamento da empresa está em conformidade com as leis ambientais que têm sido criadas, principalmente após o reconhecimento dos Direitos Humanos fundamentais e, por consequência, do direito ambiental, tendo-se em vista a necessidade de se manter um ambiente saudável, de maneira a assegurar a sobrevivência das espécies, inclusive do próprio ser humano.

Lixo eletrônico é qualquer equipamento que utilize energia elétrica (energia sola/pilha/tomada). Exemplos: secador de cabelo, celular, micro-ondas, fogão, furadeira.

É importante fabricar, porém é necessário extrair metais pesados. A retirada destes materiais da natureza trazem benefícios, no entanto, não deixam de representar um impacto ambiental. Ao serem utilizados de maneia incorreta, os metais pesados ou os equipamentos acabam afetando a nossa saúde, como, por exemplo: chumbo, mercúrio, cátion, ou seja, trazem doenças aos seres humanos, inclusive alguns podem ser cancerígenos. Encontramos nos eletrônicos: cobre, alumínio, todos esses metais pesados trazem danos à saúde. Um exemplo disso é o celular. Se ele for descartado em lugar não apropriado, poderá acarretar impacto ambiental, colocando em risco a saúde das pessoas.

Segundo dados do Greenpeace, o planeta gera 50.000 toneladas de lixo eletrônico, que representam mais de 30 toneladas por dia. Com essa estimativa, juntando todo esse lixo, daríamos a volta no globo terrestre, e isso é muita coisa por ano. Em 11 países pesquisados, o Brasil é o que mais gera lixo eletrônico, meio quilo *per capita*, enquanto a China produz 250 gramas e a Índia 100 gramas *per capita*, ou seja, o Brasil produz mais que o dobro da China. O problema é que cada vez mais surgem novos equipamentos que não são descartados no local correto, causando impacto no ambiente.

Se não houver uma preocupação com o lixo, ele pode ir parar na África, onde há mão de obra barata. Algumas famílias acabam tirando o sustento do lixo. Há muitos aterros no Brasil, e como pagamos muitos impostos, muitos acreditam que podem jogar tudo na porta de casa, que depois irá parar em um lugar certo, sem qualquer responsabilidade sobre o próprio lixo. Essa é uma cultura que impede que ações visando à preservação ambiental se tornem responsabilidade de todos.

Em São Paulo, principalmente, há locais que trabalham com a reciclagem, que é mantida pelo catador. Ele pega na rua ou recebe, passando para o sucateiro que, por sua vez, vai retirar o que interessa e o que não tem serventia acaba sendo rejeitado, ou seja, o resíduo que serviria para outro sucateiro se perde. Nesse processo existem dois problemas: somente uma parcela chega às indústrias de reciclagem e ocorre a perda de materiais de valor que ficam no meio do caminho, por não ter um destino adequado, impactando diretamente no meio ambiente.

De acordo com Shibao, Moori e Santos (2010), a criação de leis ambientais vem demonstrando o aumento na consciência sobre a preservação do meio ambiente, principalmente ao tratar com maior rigidez a questão da responsabilidade do fabricante sobre o produto, até o término de sua vida útil, como estabelece a Lei 12.305/2010, que institui tratamento dos resíduos sólidos com grandes desafios e responsabilidades para os geradores.

A reciclagem de resíduos eletroeletrônicos é fundamental para que se evitem os problemas de saúde, devido ao alto teor de substâncias nocivas ao meio ambiente e ao próprio homem. Dentre as principais substâncias encontradas nesses produtos encontram-se: Mercúrio, Cádmio, Zinco, Manganês, Cloreto de Amônia, Chumbo, Arsênico, Berílio, Retardantes de Chamas (BRT), Policloreto de Vinila (PVC) (SMA, 2010).

Entretanto, os custos para a reciclagem desses produtos costumam ser bastante altos e específicos, tornando o processo inviável. Alguns produtos de informática, como placa-mãe, memória e processadores dos computadores, essas acabam sendo exportadas para os Estados Unidos e Bélgica, ouro e cobre também são enviados para esses países, o que dificulta a efetivação do processo reverso. Porém, isso não pode ser um impedimento para que as empresas busquem formas de combater os riscos ao meio ambiente.

Vários são os problemas resultantes da destinação inadequada dos resíduos eletroeletrônicos. Quando descartados em aterros não controlados, eles podem contaminar o solo e o subsolo, bem como as águas subterrâneas. Dentre os principais problemas relacionados a tais resíduos, destacam-se a contaminação do meio ambiente por resíduos perigosos e o aumento do volume de material a ser gerenciado para efeito de reaproveitamento de materiais (SMA, 2010, p. 98-99).

A ideia da sustentabilidade ou desenvolvimento sustentável refere-se a equilibrar o crescimento econômico com a preservação do meio ambiente.

Se o processo de desenvolvimento dos países ocorre de maneira a não considerar a sustentabilidade, ou seja, ao utilizar de maneira desordenada os recursos naturais básicos, favorece a deterioração das condições ambientais de formas até mesmo imprevisíveis.

A inclusão da logística reversa nos processos industriais é muito importante, porém requer mais que legislação, mais um trabalho de educação da sociedade em relação à necessidade da adoção de uma postura ética em todas as esferas sociais.

4. CONSIDERAÇÕES FINAIS

Atualmente, a logística reversa é uma necessidade e mesmo obrigação das empresas que se preocupam com a função social, além de estar enquadrada em legislação específica, visando à preservação do meio ambiente.

A Política Nacional de Resíduos Sólidos – Lei n. 12.305 de 2 de agosto de 2010 – regulamenta a reciclagem de lixo e o manejo de produtos utilizados que tenham alto potencial de contaminação, trazendo as recomendações para os fabricantes em relação à logística reversa desses materiais, imputando penalidades para quem não der cumprimento às normas estabelecidas. Assim, os fabricantes devem realizar o planejamento de seus processos produtivos, incluindo o resgate desses materiais depois de utilizados pelo consumidor final.

A preocupação em manter o meio ambiente saudável é uma necessidade básica da humanidade, pois afeta um número incontável de pessoas, se considerarmos a nossa e as futuras gerações. E, para que isso realmente ocorra, é necessário que todos (indústrias, casas, escolas etc.) assumam seu papel, fazendo a sua parte em relação ao encaminhamento do lixo produzido, principalmente os decorrentes de materiais eletrônicos e de informática, pois contém materiais altamente danosos ao meio ambiente.

Além disso, o descarte e reciclagem desses materiais também gera renda para as pessoas, além de contribuir para a redução do desperdício de matérias-primas que, direta ou indiretamente, podem estar sendo retiradas do meio ambiente. Também se reduz os processos de produção, pois muitos podem ser reaproveitados na confecção de outros produtos.

Mas ainda há um longo caminho a se percorrer, pois a reciclagem de materiais de informática e lixo em geral exige a formação de uma nova consciência nas pessoas sobre a importância dessas ações.

O surgimento de cooperativas de reciclagem de materiais é um primeiro passo que vem trazendo os primeiros resultados, mas ainda há muito que se fazer, especialmente uma melhor regulamentação da obrigatoriedade de que cada um se responsabilize pelo próprio lixo produzido. Nesse sentido, as indústrias têm uma contribuição muito grande, pois, além de contaminarem o meio ambiente com seus processos produtivos, também podem afetar indiretamente, quando o consumidor joga o material em local inadequado quando em desuso.

A criação e desenvolvimento de programas envolvendo a logística reversa são fundamentais para as empresas que querem se estabelecer no mercado de maneira competitiva e responsável.

Desse modo, o trabalho que a Coopermiti vem realizando em relação à logística reversa é um exemplo a ser seguido, especialmente porque vem aprimorando seus processos, para que a logística reversa e a reciclagem sigam normas que tornem esse trabalho viável e contribua para a preservação ambiental.

Entretanto, a empresa reconhece que ainda precisa melhorar seus processos, especialmente em relação aos controles informatizados, que já estão em andamento.

REFERÊNCIAS

BRASIL. *Lei n. 12.305, de 2 de agosto de 2010*. Institui a Política Nacional de Resíduos Sólidos; altera a Lei n. 9.605, de 12 de fevereiro de 1998; e dá outras providências. Disponível em: <www.planalto.gov.br/ccivil_03/_.../lei/l12305.htm>. Acesso em: 1º out. 2012.

CARRETONI, E. *Administração de Materiais*: Uma Abordagem Estrutural. Campinas: Alínea, 2000.

COOPERMITI. Disponível em: <www.coopermiti.com.br/servicos.html>. Acesso em: 1º out. 2012.

GIL, A. C. *Métodos e técnicas de pesquisa social*. São Paulo: Atlas, 1999.

KOBAYASHI, S. *Renovação da Logística*: Como Definir as Estratégias de Distribuição Física Global. Tradução Valeria Custodio dos Santos. São Paulo: Editora: Atlas, 2000.

LACERDA, L. *Logística Reversa*: uma visão sobre conceitos básicos práticas operacionais. Maio de 2009. Disponível em: <www.sargas.com.br/.../artigo_logistica_reversa_leonardo_lacerda.pdf>. Acesso em: 27 maio 2012, 18h21.

LAMBERT, D M. *et al. Administração Estratégica da Logística*. São Paulo: Vantine Consultoria, 1998.

LEITE, P. R. *Logística Reversa*: Meio Ambiente e Competitividade. 2ª reimp. São Paulo: Pearson Prentice Hall, 2006.

OLIVEIRA, M. B.; LONGO, O. C. *Gestão da Cadeia de Suprimentos*. IV Congresso Nacional de Excelência em Gestão, 31 de julho a 2 de agosto de 2008. Disponível em: <www.novomilenio.br/cursos/Artigos/>. Acesso em: 10 nov. 2012.

PEREIRA, A. L. P. *Palestra sobre logística reversa*. Coopermiti, 2012.

PHILIPPE, P. D. *Logística e Operações Globais*. 1. ed.; 5. tiragem. São Paulo: Atlas, 2000.

ROGERS, D. S. e TIBBEN-LEMBKE, R. S. 1998, *Going Backwards*: Reverse Logistics Trends and Practices. University of Nevada, Reno – Center for Logistics Management. Disponível em: <equinox.unr.edu/homepage/logis/reverse.pdf>. Acesso em: 30 set. 2012.

SHIBAO, F.; MOORI, R. e SANTOS, M. R. *A Logística Reversa e a Sustentabilidade Empresarial*. In: SEMEAD, São Paulo – SP, 2010. Disponível em: <www.ead.fea.usp.br/semead/13semead/resultado/trabalhosPDF/521.pdf>. Acesso em: 04 jun. 2012.

SMA – Cadernos de Educação Ambiental. *Resíduos Sólidos*. Governo do Estado de São Paulo: Secretaria do Meio Ambiente, 2010.

SOUZA, G. D. de; CARVALHO, M.do S.; M. V. de & LIBOREIRO, M. A. M. *Gestão da Cadeia de Suprimentos Integrada à Tecnologia da Informação*. Revista de Administração Pública. v. 40 n. 4. Rio de Janeiro. Julho e agosto de 2006.

YIN, R. K. *Estudo de caso: Planejamento e Métodos*. 2. ed. Porto Alegre: Bookman, 2001.

Capítulo 13

ALTO TIETÊ: BIODIVERSIDADE E SUSTENTABILIDADE

Maria Santina de Castro Morini
Débora Rodrigues de Souza

1. BACIA HIDROGRÁFICA DO ALTO TIETÊ CABECEIRAS

Nenhuma abundância de recursos resiste ao impacto de uma exploração sem retorno. (Paulo Nogueira Neto)

A Bacia Hidrográfica do Alto Tietê, com população aproximada de 2,8 milhões de habitantes, engloba municípios como Arujá, Biritiba Mirim, Ferraz de Vasconcelos, Guarulhos, Itaquaquecetuba, Mogi das Cruzes, Poá, Salesópolis e Suzano. A região está totalmente inserida no Domínio Atlântico Brasileiro (FIASCHI; PIRANI, 2010), especialmente em áreas de Floresta Ombrófila Densa (COLOMBO; JOLY, 2010) e a maioria dos municípios faz parte da Área de Proteção Ambiental Várzea do Rio Tietê (Figura 1).

A Mata Atlântica brasileira, que já cobriu cerca de um milhão e duzentos mil quilômetros quadrados, está reduzida a 12% de sua área original (RIBEIRO *et al.*, 2009) e apenas 20% está protegida (CÂMARA, 2003). Considerada um dos *hotspots* em biodiversidade mais ameaçados do planeta (MYERS *et al.*, 2000), a Mata Atlântica apresenta fauna e flora com altos níveis de endemismo

(METZGER *et al.*, 2009), formando um complexo de ecossistemas pertencentes ao Domínio Atlântico, dentre eles a fitofisionomia Floresta Ombrófila Densa (JOLY *et al.*, 1999). No Estado de São Paulo, a Floresta Ombrófila pode ser dividida em três formações: as matas de planície litorânea, as matas de encosta e as matas de altitude (JOLY *et al.*, 1992). Na Bacia Hidrográfica do Alto Tietê Cabeceiras, a Floresta Ombrófila Densa ainda predomina na Serra do Mar e nas encostas da Serra do Itapeti, apesar de toda a pressão antrópica presente na região (CETESB 1995, 1999; MARCENIUK; HILSDORF, 2010). Esta formação vegetal contribui para a proteção e regulação do regime hídrico dos mananciais, controla o clima local, garante a fertilidade do solo e abriga grande diversidade de espécies animais e vegetais, muitas em iminente risco de extinção.

O Alto Tietê Cabeceiras desempenha papel estratégico do ponto de vista ambiental, vez que 64% de seu território estão inseridos em área de mananciais e seus municípios fazem parte da Reserva da Biosfera do Cinturão Verde da Cidade de São Paulo (PAGANI, 2012), e abriga a Estação Biológica de Boraceia, o Parque Estadual Nascentes do Rio Tietê, a Área de Proteção Ambiental da Várzea do Rio Tietê, a Área de Proteção da Serra do Itapeti, a Estação Ecológica de Itapeti, o Parque Natural Municipal Francisco Affonso de Mello, além da Reserva Legal da Pedreira Itapeti (Figura 1). A Estação Ecológica de Itapeti, o Parque Natural Municipal Francisco Affonso de Mello e a Reserva Legal da Pedreira Itapeti se situam na Serra do Itapeti. O Alto Tietê Cabeceiras ainda abriga um remanescente importante do Bioma Mata Atlântica, preservado na região do Parque Estadual da Serra do Mar, situado no extremo sul dos municípios de Salesópolis, Biritiba Mirim, Mogi das Cruzes e Suzano. A concentração de áreas de tamanha expressão ambiental, incluindo reservatórios que hoje abastecem quatro milhões de pessoas, regiões com vocação para o lazer e turismo, além de produção agrícola, faz do Alto Tietê Cabeceiras credor de serviços ecossistêmicos fundamentais para a sustentabilidade da metrópole de São Paulo (RAYMUNDO *et al.*, 2010, 2011).

Figura 1. Sub-bacias Hidrográficas do Rio Tietê, especificando as áreas de proteção ambiental no Alto Tietê Cabeceiras e os tipos de Floresta Atlântica brasileira.

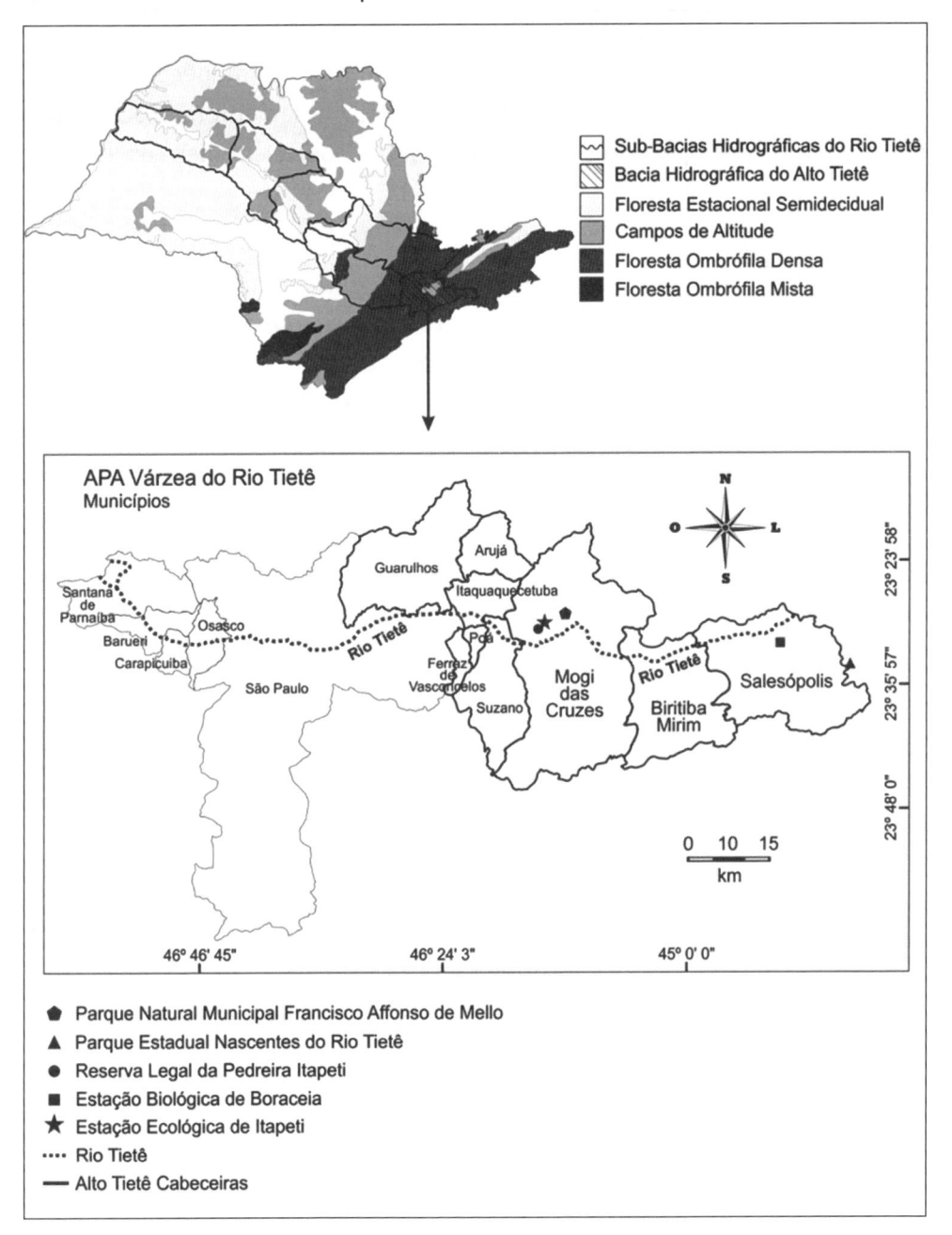

⬢ Parque Natural Municipal Francisco Affonso de Mello
▲ Parque Estadual Nascentes do Rio Tietê
● Reserva Legal da Pedreira Itapeti
■ Estação Biológica de Boraceia
★ Estação Ecológica de Itapeti
···· Rio Tietê
— Alto Tietê Cabeceiras

2. BIODIVERSIDADE DO ALTO TIETÊ: SERRA DO ITAPETI E UNIDADES DE CONSERVAÇÃO

O termo Biodiversidade foi construído em meados da década de 1980, com a junção das palavras "diversidade biológica", e seu emprego ocorreu de maneira crescente a partir da publicação do livro *Biodiversity*, de Wilson (1988). Biodiversidade é:

> *a variabilidade de organismos vivos de todas as origens, com-preendendo, dentre outros, os ecossistemas terrestres, marinhos e outros ecossistemas aquáticos e os complexos ecológicos de que fazem parte; compreendendo ainda a diversidade dentro de espé-cies, entre espécies e de ecossistemas.* (Decreto n. 2519, 16/03/98)

O intuito do termo é o de fazer referência ao conjunto de variedades de organismos, embora as ideias sobre diversidade, a abundância e as diferentes formas de vida na Terra sejam datadas desde a Grécia Antiga.

A maioria dos ecossistemas no Brasil está sujeita a diversas formas de ação antrópica, tais como modificação do *habitat*, fragmentação e poluição. Atualmente, a perda de *habitat* é o fator que mais contribui para a redução da biodiversidade; e as áreas de Floresta Atlântica do Alto Tietê Cabeceiras, devido ao crescente desenvolvimento econômico, estão cada vez mais ameaçadas. Diante deste cenário, é necessário o conhecimento da diversidade biológica para que se possa entender o funcionamento das comunidades e desenvolver planos de manejo para sua conservação. Qualquer plano de conservação e de desenvolvimento sustentável fica limitado se há pouco conhecimento de fauna e flora.

A Serra do Itapeti está inserida junto à borda do Planalto Paulistano, na subzona conhecida como Colinas de São Paulo, caracterizada por grandes extensões de morros com topos arredondados e vertentes às vezes abruptas, de perfil retilíneo, conhecidas como os "mares de morros" da Bacia do Paraíba (AB'SABER, 1956) e pertence à unidade geológica denominada Embasamento Cristalino (IPT, 1981). Juntamente com a Serra do Mar e a Serra da Cantareira, a

Serra do Itapeti forma a maior extensão de remanescentes de Mata Atlântica da Bacia Hidrográfica do Alto Tietê e representa um grande divisor de águas, de bacias hidrográficas de vital importância para o Estado de São Paulo, onde a vertente norte drena para o Rio Paraíba do Sul e a vertente Sul para o Tietê (MORINI; MIRANDA, 2012). Está localizada entre os municípios de Mogi das Cruzes e Guararema, com extensão de 5,2 mil hectares e até cinco quilômetros de largura, sobre base de rochas predominantes cristalinas Pré-Cambrianas, graníticas e gnáissicas, onde os espigões e as colinas estão sustentados por sedimentos da Bacia de São Paulo e Taubaté. Desse total, apenas 442 ha são legalmente protegidos sob a forma de Unidades de Conservação, sendo 89,7 ha pertencentes à Estação Ecológica de Itapeti e 352,3 ha ao Parque Natural Municipal Francisco Affonso de Mello, ambos localizados no município de Mogi das Cruzes (veja MORINI; MIRANDA, 2012). Apenas o Parque Natural Municipal Francisco Affonso de Mello possui plano de manejo de acordo com o SNUC (2000).

O uso e ocupação do solo na região da Serra do Itapeti está sob proteção estadual, Lei 4529/1985/Lei n. 4.529, de 18 de janeiro de 1985. Suas altitudes podem ser classificadas em quatro níveis topográficos, segundo a Empresa Paulista de Planejamento Metropolitano (EMPLASA, 1981): (1) nível superior que abrange altitudes superiores a 1.000 m; (2) nível intermediário entre 875 a 1.000 m; (3) nível inferior entre 720 a 874 m e (4) nível subinferior com altitudes inferiores a 720 m.

2.1. FLORA FANEROGÂMICA

As fitofisionomias no Bioma Mata Atlântica são fortemente influenciadas pelo grau de variação altitudinal e topográfico dos morros (RIZZINI, 1997) e a Serra do Itapeti; neste contexto, é composta por matas de encosta que fazem parte do conjunto de Florestas Submontanas (VELOSO, 1991), pois ocorrem em altitudes de até 1.200 m. Os remanescentes que hoje compõem a Serra do Itapeti são formados por Floresta Ombrófila Densa em diferentes estágios de sucessão (TOMASULO, 2012). Sua vegetação foi fonte de recursos para as populações que ocupavam a região em diversos momentos, inclusive fornecendo matéria-prima para a atividade siderúrgica (ESPOSITO, 2012).

Atualmente, a maior pressão antrópica é oriunda do setor imobiliário ou de ocupações clandestinas (BRUNA *et al.*, 2012). O processo de fragmentação das matas da Serra do Itapeti alterou o *habitat*, com efeitos que comprometem a biodiversidade e a manutenção a longo prazo dos serviços ecossistêmicos da região (TOMASULO, 2012).

A vegetação predominante na Serra do Itapeti é secundária e seu estado de conservação está relacionado ao grau de intervenção ou de preservação de cada local (PM, 2011). As listas de espécies existentes para a Serra do Itapeti, especialmente as que constam em PM (2011) e TOMASULO (2012) no total foram registradas 80 famílias (Figura 2) e 326 espécies de fanerógamas (Figura 3). A família Orchidaceae é a mais rica, com 67 espécies (RODRIGUES; BARROS, 2012), seguida de Fabaceae com 26 espécies e de Asteraceae com 20 (TOMA-SULO, 2012). As plantas do grupo das fanerógamas formam o maior componente de biomassa dos ecossistemas naturais terrestres e fornecem suporte, direta ou indiretamente, a toda a vida animal do planeta (DURIGAN *et al.*, 2008). Estima-se que existam, em todo o mundo, 806 espécies de gimnospermas (15 delas ocorrendo no Brasil) e entre 240.000 e 250.000 espécies de angiospermas, das quais entre 40.000 e 45.000 ocorrem nos ecossistemas brasileiros (LEWINSOHN; PRADO, 2005).

Fato preocupante para a Serra do Itapeti é o registro de muitas famílias (39%) com apenas uma espécie; ou, então, com duas espécies (16%) (Figura 2). Isso quer dizer que novos esforços precisam ser realizados para que se certifi-que as raridades dessas famílias; principalmente pelo fato de a flora fanero-gâmica na Serra do Itapeti corresponder a apenas 4% das espécies do Estado de São Paulo. Neste Estado, tem-se 7.500 espécies (DURIGAN *et al.*, 2008).

Figura 2. Riqueza de espécies de acordo com a família de fanerógama registrada na Serra do Itapeti.

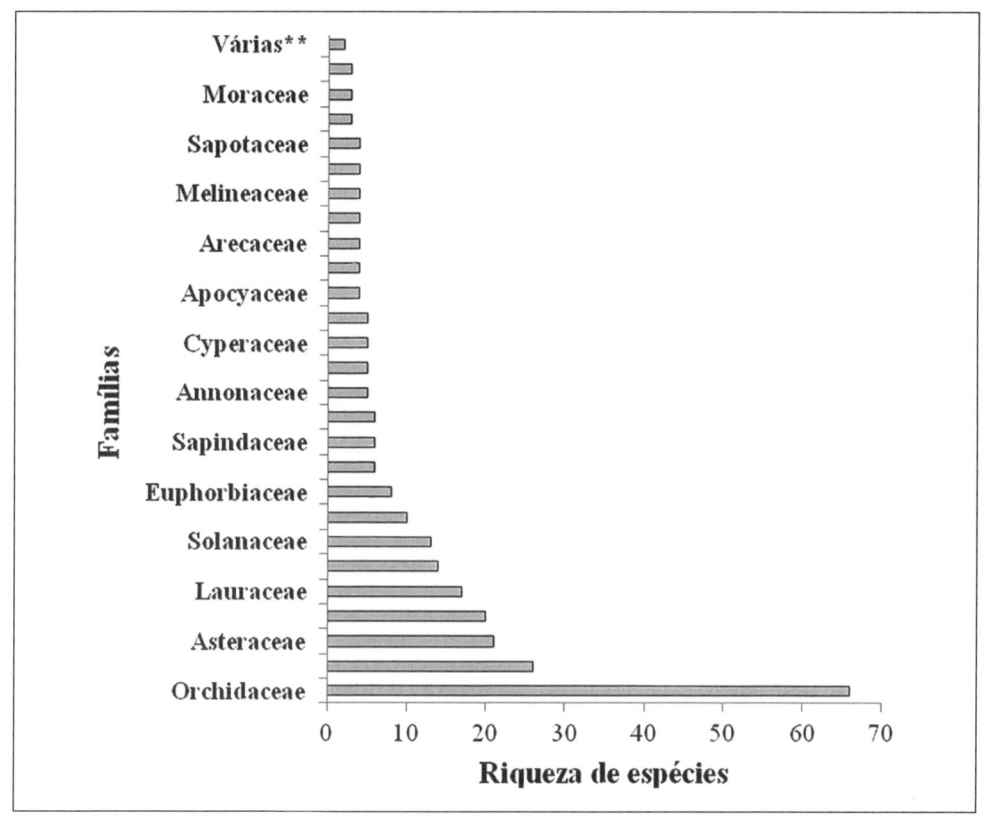

(*) Famílias com uma espécie.
(**) Famílias com duas espécies.

A análise da composição florística da Serra mostra diferentes fases de um processo regenerativo da fitocenose, englobando desde espécies maduras dos estágios da sucessão ecológica até espécies do estágio pioneiro e secundário de regeneração; podendo ser assim classificada em estágios pioneiro, secundário e médio de regeneração, campos antrópicos e silvicultura (TOMASULO, 2012).

A composição florística do estágio médio de regeneração possibilita a (1) presença de um sub-bosque devido, em grande parte, à resiliência da Mata Atlântica, principalmente com a presença fruta-de-pombo (*Erythroxylum deciduum*), maria-mole (*Guapira opposita*), cafezinho-do-mato (*Maytenus evonymoides*) e ervas-de-rato (*Psychotria* spp.), (2) formação de uma camada de serapilheira que varia entre 2,99 (± 0,76) a 4,91 (± 0,88) cm e a (3) presença de galhos caídos na serapilheira que mantém a diversidade de diversos artrópodes (FERNANDES *et al.*, 2012; NAKANO *et al.*, 2012). Os artrópodes são fundamentais na decomposição e ciclagem dos nutrientes da serapilheira (MORAIS *et al.*, 2010) e, assim, fazem parte da manutenção da biodiversidade da floresta.

Apesar desse avanço no processo de regeneração, é constante a presença de *Chusquea oxylepis*. Essa gramínea bambosoide é nativa do México e foi registrada no primeiro plano de manejo do Parque Municipal (MANNA DE DEUS *et al.*, 1995). Atualmente, está comprometendo a estrutura da copa de algumas espécies do dossel e da borda da mata; sua presença de forma abundante foi detectada nos vales por onde drenam os cursos d'água (PM, 2011).

Ressalta-se que na Serra do Itapeti há espécies que ocupam *habitats* muito especiais, como, por exemplo, uma planta conhecida popularmente como peixinho (*Nematanthus villosus*), registrada apenas em um trecho úmido, junto a um curso d'água no Parque Natural Municipal Francisco Affonso de Mello. Neste contexto, também se encontra uma espécie de maçaranduba (*Pradosia lactescens*), registrada apenas em um trecho de floresta muito preservado no mesmo Parque; essa espécie é raramente citada em levantamentos florísticos no Estado de São Paulo (TOMASULO, 2012). Além dessas características peculiares que a Serra do Itapeti possui, deve ser ressaltado que a (1) análise das listas de espécies existentes para a região, oriundas principalmente dos trabalhos de PM (2011) e TOMASULO (2012), constatou a existência de 91 espécies endêmicas (Figura 2) do Domínio Atlântico, ou seja, 25% do total da riqueza catalogada até o presente momento para o Bioma; (2) há o registro de uma espécie (*Cinnamomum* sp.) não descrita pela ciência e (3) oito espécies possuem algum grau de ameaça de extinção.

Dentre as espécies, o palmito-juçara (*Euterpe edulis*) classificado como vulnerável (RESOLUÇÃO SMA 48/2004), criticamente ameaçado (IUCN) e em perigo (Biodiversitas), está com as populações se regenerando, conforme ressaltado no Plano de Manejo do Parque Natural Municipal Francisco Affonso de Mello (PM, 2011).

Figura 3. Riqueza de espécies de fanerógamas na Serra do Itapeti de acordo com determinadas categorias.

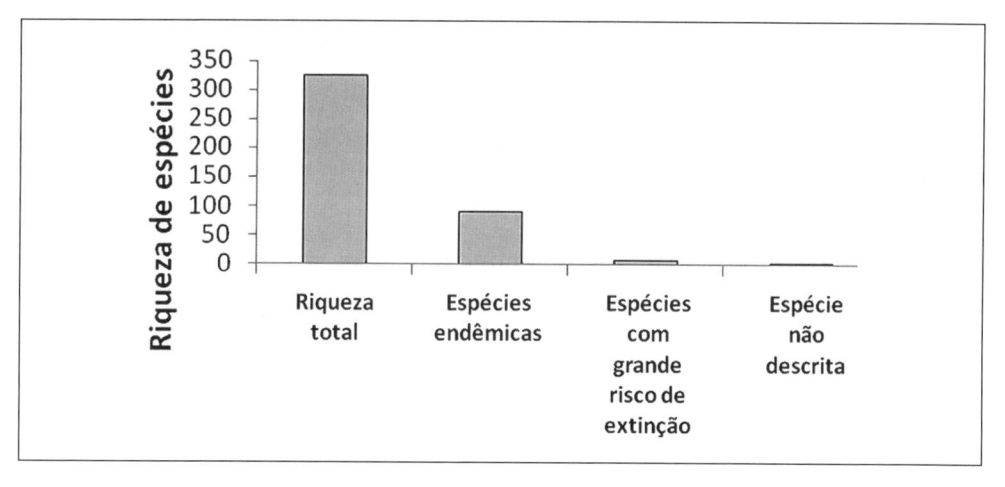

1.2. CRIPTÓGAMAS

O termo criptógamas, ainda de uso comum, é remanescente do tempo em que os reinos de seres vivos eram divididos apenas entre animais e vegetais, e os vegetais separados em dois grandes grupos: as fanerógamas, que produzem flores, e as criptógamas, que não as possuem. Com o reconhecimento das últimas décadas de que existem, na realidade, outros reinos de seres vivos, do antigo reino vegetal emergiram vários reinos bastante diferentes entre si, e as próprias criptógamas foram reconhecidas como pertencentes a pelo menos três deles: protista, vegetal e fungos. Estes reinos, e mesmo os subgrupos deles, apresentam requisitos ecológicos e distribuição muito diferentes entre si, e este foi o principal problema encontrado pelo grupo de pesquisadores que se reuniu para definir as linhas prioritárias de ação para a conservação das criptógamas na área continental do Estado de São Paulo, abordando os grupos das algas, fungos, liquens, briófitas e pteridófitas. (PRADO; MARCELLI, 2008)

Na Serra do Itapeti, fungos, briófitas e pteridófitas foram registrados com novas ocorrências para o Estado de São Paulo e para o Brasil. Novos registros indicam, mais uma vez, que a biodiversidade da Serra do Itapeti é muito rica e precisa ser protegida.

Fungos são organismos aclorofilados, heterotróficos que produzem enzimas de ação extracelular que atuam diretamente no substrato, transformando-o em compostos mais simples que são então absorvidos. O Reino Fungi é bastante heterogêneo, inclui fungos microscópicos normalmente considerados entre os microrganismos, como os Chytridiomycota (fungos aquáticos) e Zygomycota (fungos terrestres decompositores de compostos simples como celulose e sacarose, e fungos micorrízicos), assim como espécies macroscópicas que formam estruturas de reprodução conspícuas, como os Ascomycota e Basidiomycota (em sua maioria terrestre, decompositores de moléculas complexas como celulose e lignina, parasitas, ou em associações mutualísticas), usualmente consideradas entre as criptógamas (GUGLIOTTA, 2008).

No Parque Natural Municipal Francisco Affonso de Mello, uma das UCs localizadas na Serra do Itapeti, foram registradas 10 famílias (Figura 4) e 38 espécies de fungos zoospóricos (Figura 5), sendo que uma das espécies (*Karlingia curvispinosa*) foi coletada pela primeira vez no país (Figura 5) (PIRES-ZOTTARELLI; MICHELIN, 2012).

Figura 4. Riqueza de fungos zoospóricos de acordo com as famílias registrada no Parque Natural Municipal Francisco Affonso de Mello.

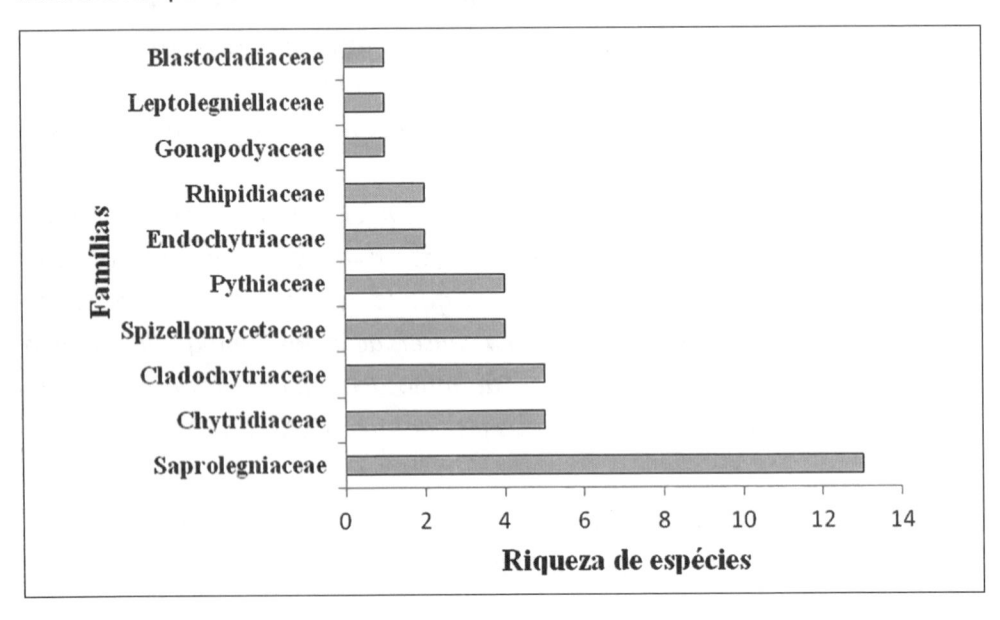

Figura 5. Riqueza total de fungos zoospóricos registrada no Parque Natural Municipal Francisco Affonso de Mello.

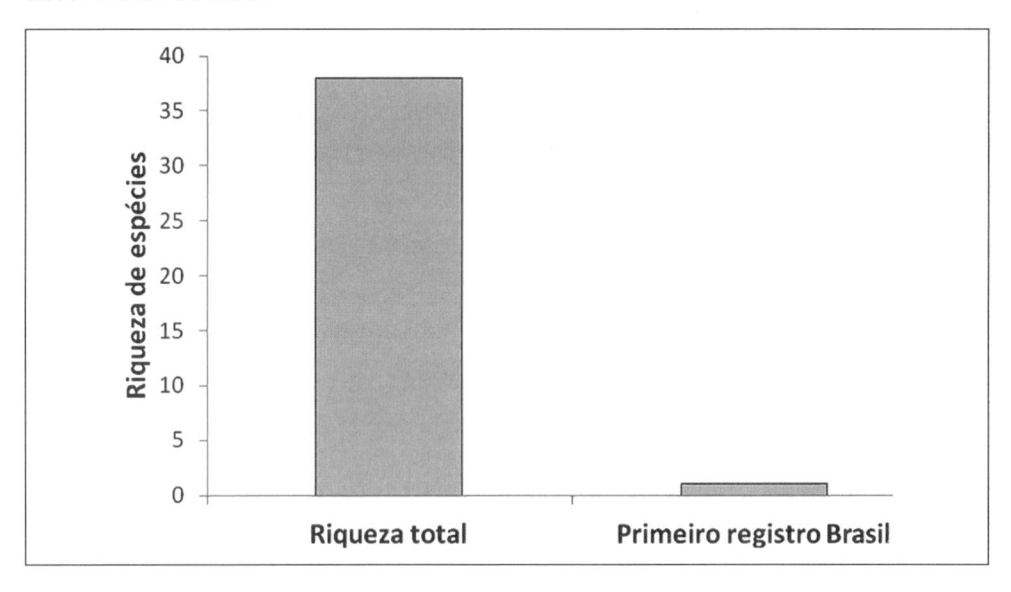

Popularmente são incluídas como briófitas muitas outras plantas. É muito comum serem chamadas de musgos tanto as hepáticas como os fungos liquenizados do gênero *Usnea,* conhecido como musgo-barba e barba-de-velho e a *Cladonia rangiferina* como musgo-de-rena. Alguns fungos liquenizados folhosos podem ser confundidos com *Riccardia* (hepática talosa) e algumas fanerógamas da família Bromeliaceae (*Tillandsia usneoides*) são conhecidas como musgo-espanhol. Além disso, temos ainda a família Podostomataceae com os gêneros *Mniopsis* e *Tristicha,* que lembram musgos, e inúmeras pteridófitas como himenofiláceas, selaginelas, licopodiáceas e outras (YANO; PERALTA, 2008).

Na Serra do Itapeti, especificamente no Parque Natural Municipal Francisco Affonso de Mello, 53 famílias (Figura 6) e 217 espécies de briófitas (Figura 7) foram registradas. Destas, 19 são novas ocorrências para o Estado de São Paulo (YANO; PERALTA, 2012). Além disso, duas espécies, *Calypogeia grandistipula* (Calypogeiaceae) e *Metzgeria convoluta* (Metzgeriaceae) são endêmicas (GRADSTEIN; COSTA, 2003). Apesar do acentuado número de espécies, a biodiversidade da Serra do Itapeti ainda precisa ser conhecida, principalmente se considerarmos que 9% das famílias foram registradas com uma única espécie e 4% com duas espécies.

Figura 6. Riqueza de espécies de acordo com as famílias de briófitas registrada no Parque Natural Municipal Francisco Affonso de Mello.

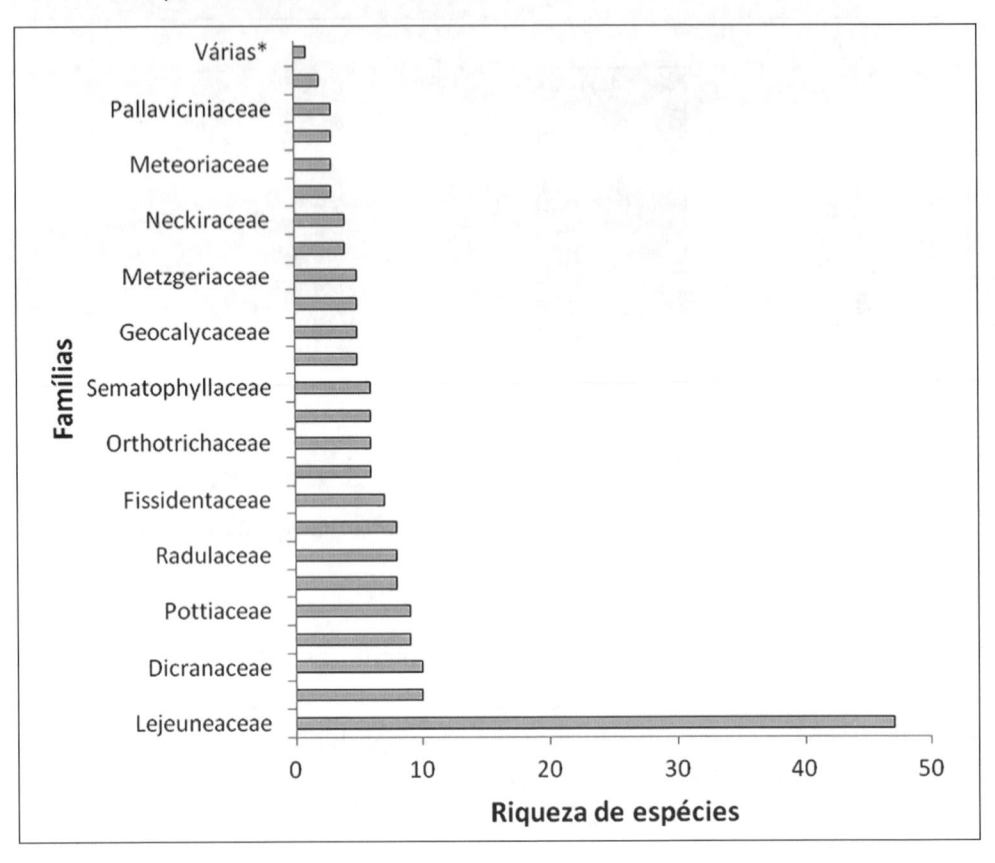

Figura 7. Riqueza de espécies de briófitas no Parque Natural Municipal Francisco Affonso de Mello e de novas ocorrências para o Estado de São Paulo.

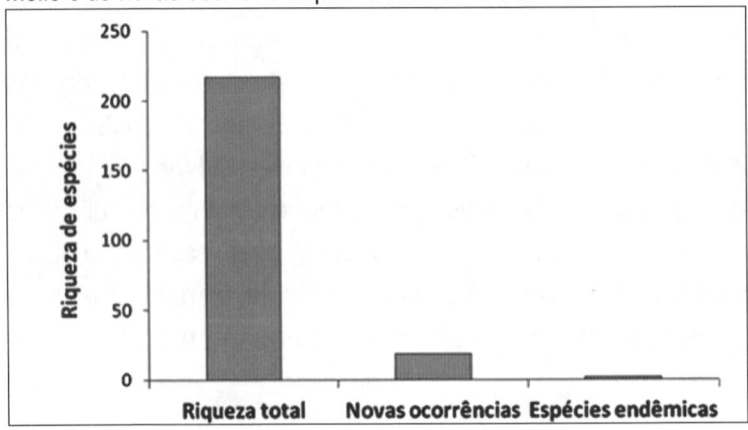

As pteridófitas, assim como as demais plantas vasculares, têm grande importância e representatividade na flora brasileira. Constituem um grupo taxonômico com menor número de espécies, quando comparado com as briófitas, e se caracterizam pela marcada alternância de fases no seu ciclo de vida, sendo a fase duradoura a esporofítica e a gametofítica efêmera. Esta característica, aliada à presença de feixes vasculares, as distinguem das briófitas. Diferem das fanerógamas pela ausência de flores, frutos e sementes (PRADO, 2008).

Estima-se que no Brasil ocorrem em torno de 1.200-1.300 espécies. Destas, aproximadamente 500-600 no Estado de São Paulo (PRADO, 1998). Na Serra do Itapeti, principalmente no Parque Natural Municipal Francisco Affonso de Mello, foram registradas 19 famílias (Figura 8) e 87 espécies (Figura 9) (DITTRICH; SALINO, 2012), ou seja, apenas 14% do total do Estado de São Paulo. Apesar dessa baixa riqueza, uma espécie rara (*Doryopteris hybrida*) foi registrada (Fig. 8).

Figura 8. Riqueza de espécies de acordo com as famílias de pteridófitas registrada na Serra do Itapeti.

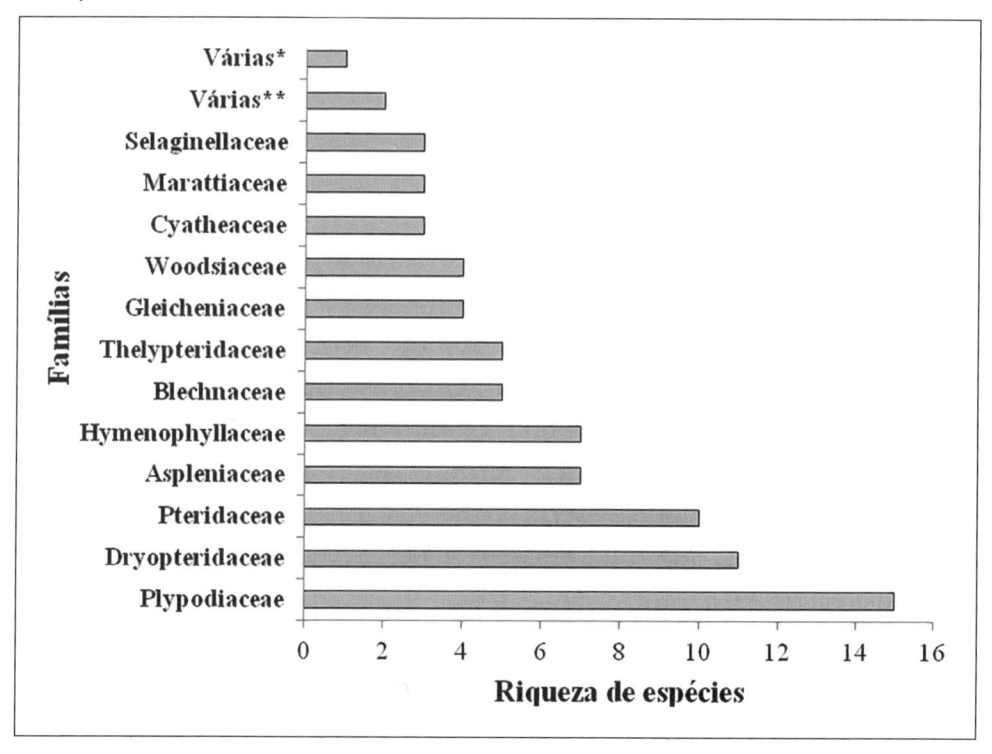

Figura 9. Riqueza de espécies de pteridófitas registrada na Serra do Itapeti de acordo com determinadas categorias

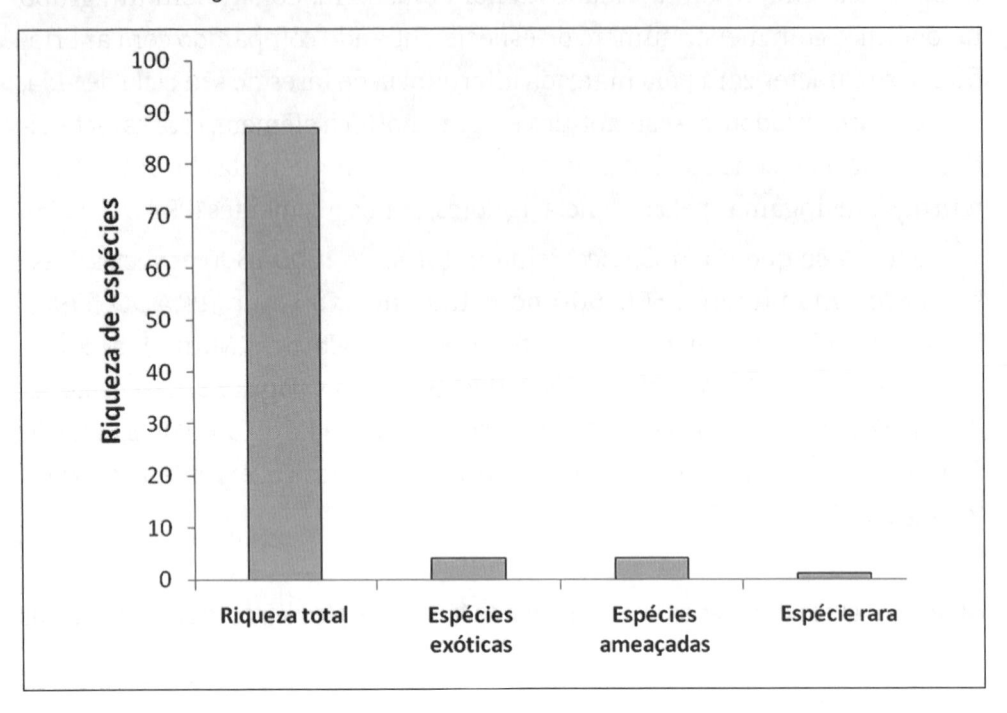

3. FAUNA

O Estado de São Paulo é o mais industrializado do Brasil e, atualmente, coberto por imensos canaviais. Porém, ainda possui fragmentos florestais significativos de sua flora original, que somam 3.457.301 ha, correspondendo a 13,94% de sua superfície. Apesar do intenso histórico de degradação, estes fragmentos ainda abrigam uma fauna muito diversa, incluindo até onças-pintadas e pardas, além de muitas outras espécies ameaçadas de extinção (RODRIGUES; BONONI, 2008). A Serra do Itapeti é um dos poucos remanescentes de Mata Atlântica que ainda restam em nosso país e com uma rica fauna regional (veja MORINI; MIRANDA, 2012).

3.1. MASTOFAUNA

Os mamíferos são um dos grupos mais afetados pela fragmentação em função de sua necessidade de grandes áreas de vida e seu uso restrito de zonas agrícolas ou urbanas. Além disso, várias espécies de mamíferos ainda sofrem com a caça predatória em São Paulo (KIERULFF *et al.*, 2008). Calcula-se que existam aproximadamente 5.000 espécies de mamíferos no mundo (NOWAK, 1999). No Brasil, são conhecidas 654 espécies de mamíferos (REIS *et al.*, 2006); no Estado de São Paulo, 187 espécies de mamíferos terrestres.

Na Serra do Itapeti foram registradas 23 famílias (Figura 10) e 77 espécies (Figura 11; PM, 2011; MANZATTI; FRANCO, 2012; MARTINS *et al.*, 2012); ou seja, 40% das espécies do Estado de São Paulo foram registradas na Serra do Itapeti. Levando-se em consideração o tamanho da Serra em relação ao Estado todo, é possível dizer que a Serra do Itapeti abriga uma rica fauna de mamíferos. Entretanto, deve ser ressaltado que 40% das famílias foram registradas apenas com uma espécie. Trabalhos como os de Manna de Deus (1995), Plano de Manejo do Parque Estadual Nascentes do Rio Tietê (2004), Furnas Centrais Elétricas e Biocev Meio Ambiente (2009 a, b), Franco *et al.* (2006), Trettel *et al.* (2000), PM (2011); Manzatti; Franco (2012) e Martins *et al.* (2012) são muito importantes para o atual conhecimento desta fauna na região do Alto Tietê Cabeceiras.

As ordens Rodentia (em parte), Marsupialia, Lagomorpha e Primates representam os pequenos mamíferos (massa < 3 kg). Dentre esses, destacam-se as espécies arborícolas como o sagui-da-serra-escuro (*Callithrix aurita*), a cuíca (*Micoreus demerarae*) e as marmotas (*Gracilinanus* spp.); para os de hábito terrestre têm-se as espécies de *Oryzomys* spp. (ratos silvestres) e *Nectomys squamipes* (rato d'água) dentre as de hábito aquático (PM, 2011).

Figura 10. Riqueza de espécies de acordo com as famílias de mamíferos registrada na Serra do Itapeti.

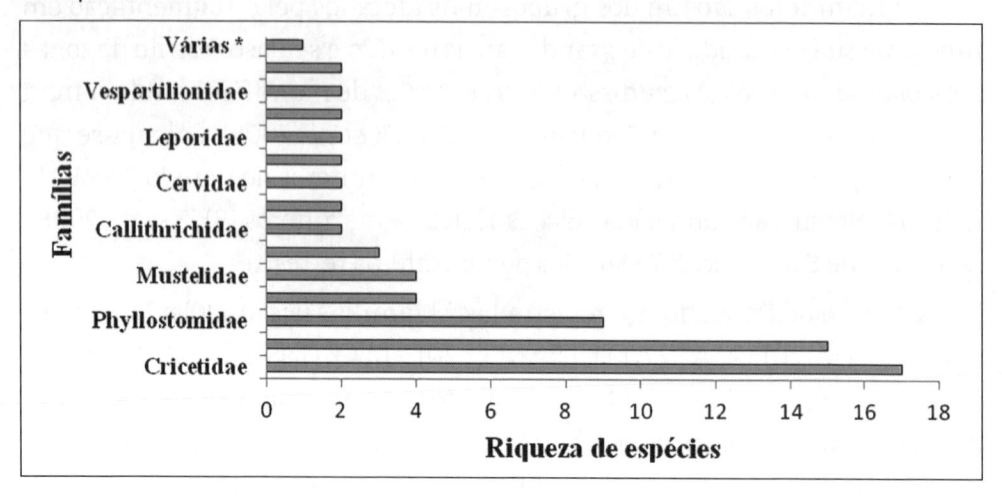

As ordens Artiodactyla, Carnivora, Xenarthra e Rodentia (em parte) representam os mamíferos de médio e grande porte. Dentre esses, a *Lontra longicaudis* (lontra) e *Puma concolor* (onça-parda) se destacam, pois são espécies sensíveis às mudanças no ambiente (LANGE; MARGARIDO, 1993). *Puma concolor* tem como *status* atual de conservação "vulnerável" (MACHADO *et al.*, 2008), a menos preocupante (IUCN). Segundo PM (2011), o PNMFAM, a maior Unidade de Conservação da Serra do Itapeti, pode estar dentro do território dessa espécie. Ainda segundo PM (2011), entre as espécies ameaçadas de alguma forma, a maior parte corresponde aos felinos e marsupiais.

> *A conservação de grandes felinos ocupa uma posição estratégica para a proteção dos ecossistemas, já que este grupo é considerado como indicador de qualidade ambiental pelo fato de possuir baixa tolerância à presença humana e a ambientes alterados, além de desempenhar um papel importante na manutenção da biodiversidade. Embora a onça-parda possua certa plasticidade ambiental, esta espécie ocupa um nicho territorial abrangente que varia de acordo com as condições do* habitat, *este aspecto, atrelado ao seu hábito solitário, dificulta o registro da espécie nas regiões de sua ocorrência como a Serra do Itapeti e o Parque Natural Municipal Francisco Affonso de Mello. (PM, 2011)*

Além desses, tem-se a ordem Chiroptera, que representa os mamíferos voadores. Todos os dados aqui apresentados são originários da lista de espécies do Plano de Manejo do Parque Natural Municipal Francisco Affonso de Mello (PM, 2011) e de Martins *et al.* (2012). Na Serra do Itapeti foram registradas 14 espécies (Figura 9), principalmente das espécies frugívoras *Carollia perspicillata* e *Platyrhinus lineatus*. As famílias registradas foram Phyllostomidae, Molossidae e Vespertilionidae (Figura 10).

Figura 11. Riqueza de espécies de mamíferos registrada na Serra do Itapeti de acordo com determinadas categorias.

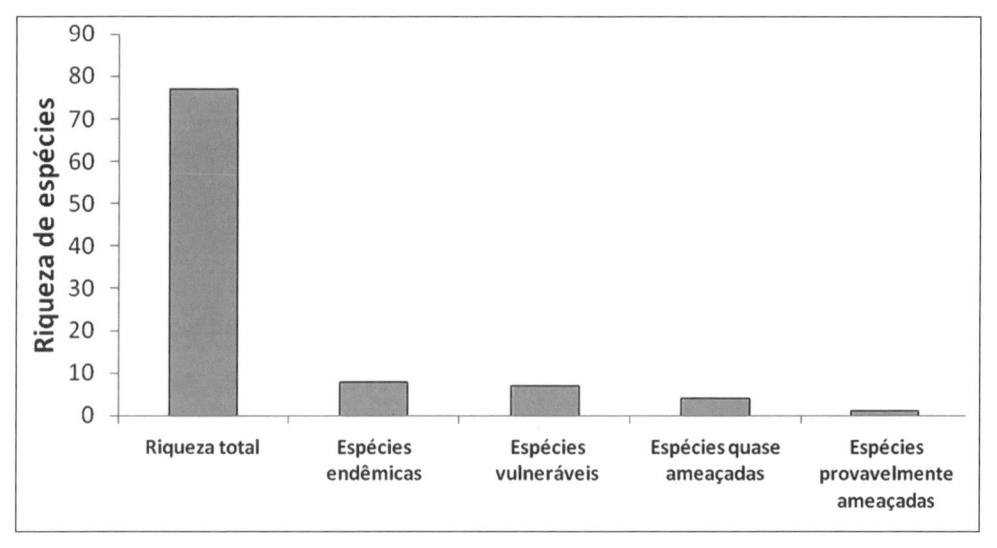

As maiores ameaças para a conservação dos mamíferos são o desmatamento e a caça. As consequências diretas do desmatamento são: perda de *habitat* e fragmentação com isolamento de remanescentes. Esses processos afetam distintamente a sobrevivência das espécies. Especificamente a perda de *habitat* causa diminuição das populações e desaparecimentos locais de espécies (KIERULFF *et al.*, 2008). Segundo Kierulff *et al.* (2007), a fragmentação pode acarretar a eliminação de recursos que ocorriam fora da área isolada, causando a extinção de espécies que dependiam desses recursos, além do isolamento, que impede a migração de indivíduos entre áreas.

Dentro deste contexto, na Serra do Itapeti foram registradas oito espécies endêmicas, e 12 com algum grau de ameaça (Figura 11). Assim, do total de espécies registrado para a Serra do Itapeti, pelo menos 26% precisam ser monitoradas, pois estão dentro de categorias que merecem atenção especial em programas de conservação. Esse resultado é extremamente sério para este remanescente de Mata Atlântica. Acrescenta-se a esta lista a presença de duas espécies exóticas, *Lepus europaeus* e *Myocastor coypus*, que, pelas características comportamentais, possuem potencial de competir com as espécies nativas da região.

3.2. AVES

As aves constituem uma parcela significativa com alto valor biológico para a conservação da biodiversidade paulista e formam o grupo mais numeroso de vertebrados terrestres, com aproximadamente 9.500 das quase 55.000 espécies descritas de vertebrados viventes (SILVA *et al.*, 2008). Segundo Silveira e Olmos (2007), este número, entretanto, está claramente subestimado em função da utilização da categoria subespecífica, que acaba por não revelar adequadamente a real diversidade do grupo. Distribuem-se por todo o planeta e apresentam maior riqueza específica nas regiões tropicais, especialmente na região Neotropical e na América do Sul, apropriadamente conhecida como "o continente das aves".

Um total de 1.801 espécies de aves foi registrado no Brasil; no Estado de São Paulo, 792 (SILVA *et al.*, 2008). Já na Serra do Itapeti tem-se 41 famílias (Figura 12) e 191 espécies (Figura 13). Essa riqueza corresponde a 24% do total registrado para o Estado de São Paulo. Assim, pode-se deduzir que a Serra do Itapeti possui uma riqueza imensa em comparação à extensão do Estado de São Paulo.

A biodiversidade das aves da Serra do Itapeti e do Estado de São Paulo, como um todo, vem sendo continuadamente ameaçada. No Brasil, 160 táxons são considerados ameaçados de extinção; em São Paulo são 128 (SÃO PAULO, 1998). Na Serra do Itapeti, há 24 espécies endêmicas, 13 estão na lista oficial de espécies ameaçadas de extinção do Estado de São Paulo, Decreto n. 56.031 de 20 de julho de 2010, e duas espécies exóticas (*Estrilda astrild* e *Bubulcus ibis*) (Figura 12). Ou seja, esses dados mostram a importância de um monitoramento constante dos fragmentos que ainda restam na Serra do Itapeti.

Uma das espécies ameaçadas de extinção *Sporophila frontalis*; seu *status* de conservação no Estado de São Paulo é criticamente ameaçado. Na Serra do Itapeti, o seu registro de ocorrência é no Parque Natural Municipal Francisco Affonso de Mello. Segundo PM (2011), espécies como *Chiroxiphia caudata*; *Chaetura meridionalis*; *Streptoprocne zonaris*; *Basileuterus culicivora* são abundantes no Parque Natural Municipal Francisco Affonso de Mello. Outras como *Philydor atricapillus*; *Chamaeza campanisona*; *Pulsatrix koeniswaldiana* e *Micrastur ruficollis* são consideradas raras na mesma localidade.

Figura 12. Riqueza de espécies de acordo com as famílias de aves registrada na Serra do Itapeti.

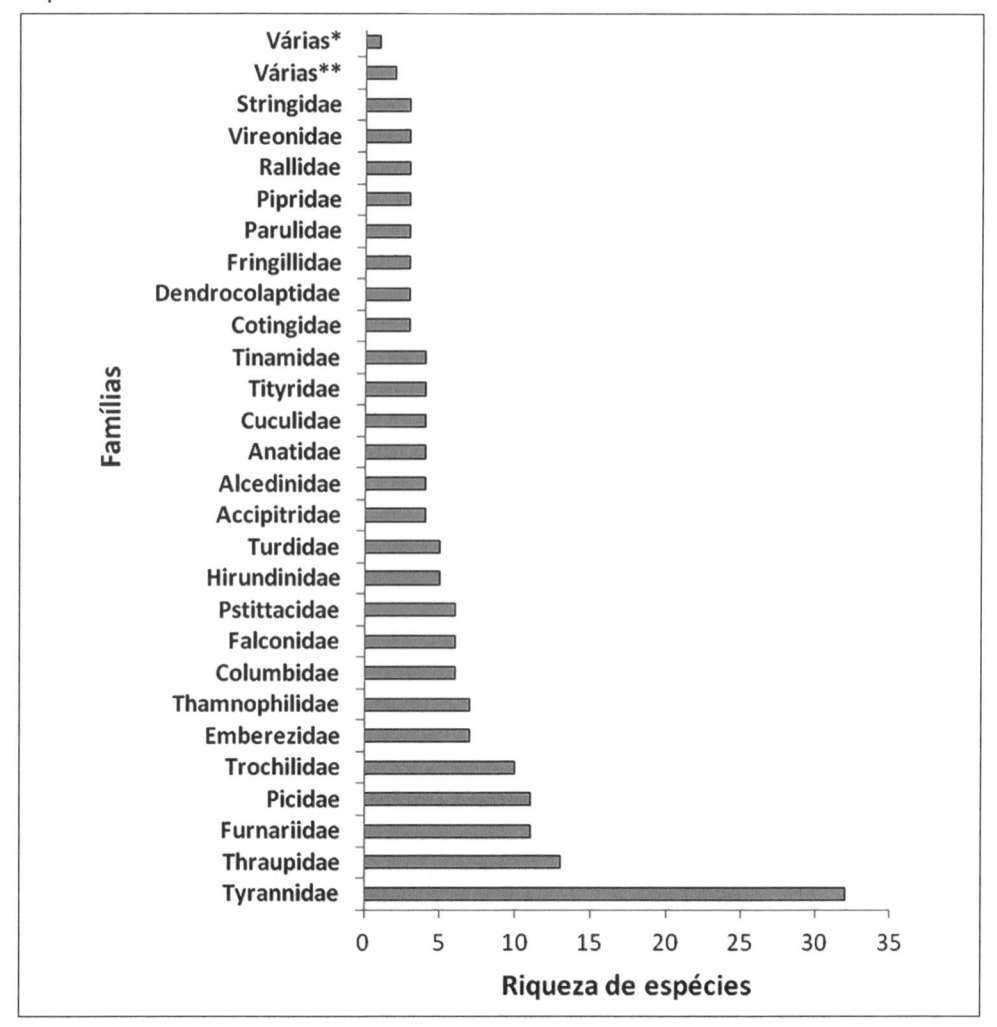

No Estado de São Paulo, a principal ameaça é a degradação ambiental generalizada, que prevalece em seu território desde o início do século XX (VICTOR, 1979). Este Estado possuía cerca de 80% da sua área coberta por florestas; atualmente está reduzida à cerca de 7% (SMA, 2005). A expansão da fronteira agrícola, notadamente a canavieira, bem como a pressão imobiliária têm sido os principais fatores de degradação das formações florestais do Estado nas últimas décadas (SILVA *et al.*, 2008). Para a Serra do Itapeti, o principal fator de ameaça é a especulação imobiliária e o crescimento urbano sem planejamento (veja MORINI; MIRANDA, 2012).

A floresta com suas diferentes estratificações oferecem uma variedade de recursos para as aves e qualquer interferência antrópica ou natural que ocorra na vegetação certamente irá influenciar as comunidades desses animais, ou seja, causa a substituição de espécies de aves frugívoras e insetívoras, que são mais especializadas, por espécies onívoras, que são mais generalistas (MOTTA, 1990).

Figura 13. Riqueza de espécies de aves registrada na Serra do Itapeti de acordo com determinadas categorias.

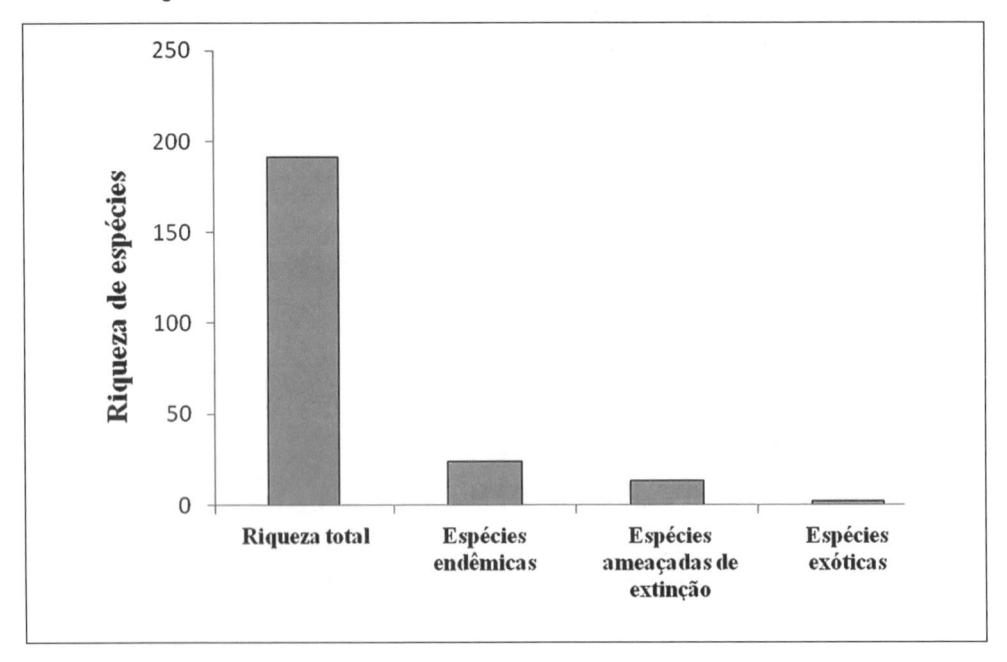

3.3. HERPETOFAUNA

A herpetofauna, formada por anfíbios e répteis, também é um grupo-chave em termos de indicação biológica e proeminente em quase todas as taxocenoses terrestres (PM, 2011). Especialmente na Mata Atlântica, que é um bioma particularmente rico em espécies de anfíbios e répteis. Essa floresta possui uma elevada diversidade de *habitats* e micro-*habitats*, o que favorece as espécies especialistas em um determinado tipo de ambiente e, consequentemente, o número de endemismos (HADDAD, 1998; MARQUES *et al.*, 1998; CONDEZ *et al.*, 2009).

Espécies de anfíbios e répteis são negativamente afetadas pelos efeitos decorrentes do processo de fragmentação (GIBBONS *et al.*, 2000; STUART *et al.*, 2004). Registros recentes de empobrecimento dessas comunidades e possíveis riscos de extinção associados à perda de *habitat*, fragmentação, mudanças climáticas e patógenos (GIBBONS *et al.*, 2000; DIXO; METZGER, 2009) têm alertado os pesquisadores sobre a necessidade de maior conhecimento sobre as espécies, sua biologia e distribuição (CONDEZ *et al.*, 2009).

O Brasil abriga a maior diversidade de anfíbios anuros do planeta, com 814 espécies conhecidas atualmente, das quais 786 são anuros (SBH, 2007). Segundo ROSSA-FERES (2008), cerca de 250 espécies são conhecidas atualmente para o Estado de São Paulo, o que representa 31% da riqueza de espécies do país.

A anurofauna do Estado de São Paulo pode ser separada em dois conjuntos: espécies que ocorrem nas áreas mais próximas ao litoral, no domínio da Floresta Ombrófila (por exemplo, Serra do Mar, Serra da Mantiqueira, Serra da Bocaina), onde o clima é mais úmido, e espécies de áreas com formação vegetal aberta, que ocorrem no Planalto Ocidental do interior do estado, onde o clima é caracterizado por uma estação seca bem marcada (Floresta Estacional e Cerrado) (ROSSA-FERES, 2008).

No Parque Natural Francisco Affonso de Mello, pertencente ao domínio da Floresta Ombrófila, foram registradas oito famílias (Figura 14) e 55 espécies (Figura 15). Isso significa apenas 22% da fauna de anfíbios do Estado de São Paulo, ou seja, novos esforços de coleta precisam ser realizados na região, principalmente diante da pressão ambiental que os poucos remanescentes de Mata Atlântica da Serra do Itapeti estão sofrendo (BRUNA *et al.*, 2012).

Os anfíbios são muito vulneráveis às variações ambientais, como a destruição, alteração e fragmentação dos seus *habitats* que causam enorme impacto nas populações, chegando a eliminar populações locais (LIPS, 1999; BOSCH, 2003). Assim, podem ser considerados indicadores ecológicos de qualidade do ambiente (CONDEZ *et al.*, 2009).

Figura 14. Riqueza de espécies de acordo com as famílias de anfíbios registrada – Parque Natural Francisco Affonso de Mello.

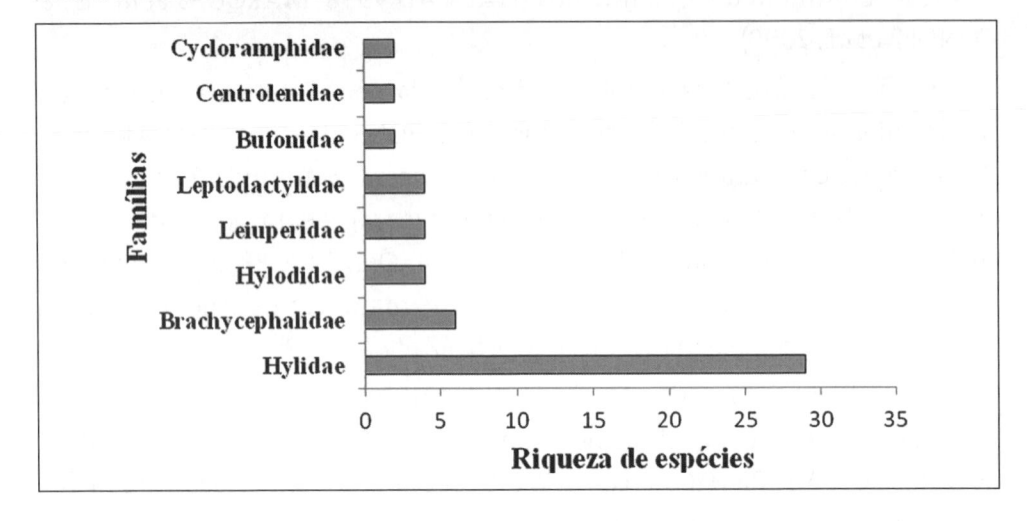

Figura 15. Riqueza de espécies de anfíbios registrada no Parque Natural Francisco Affonso de Mello de acordo com determinadas categorias.

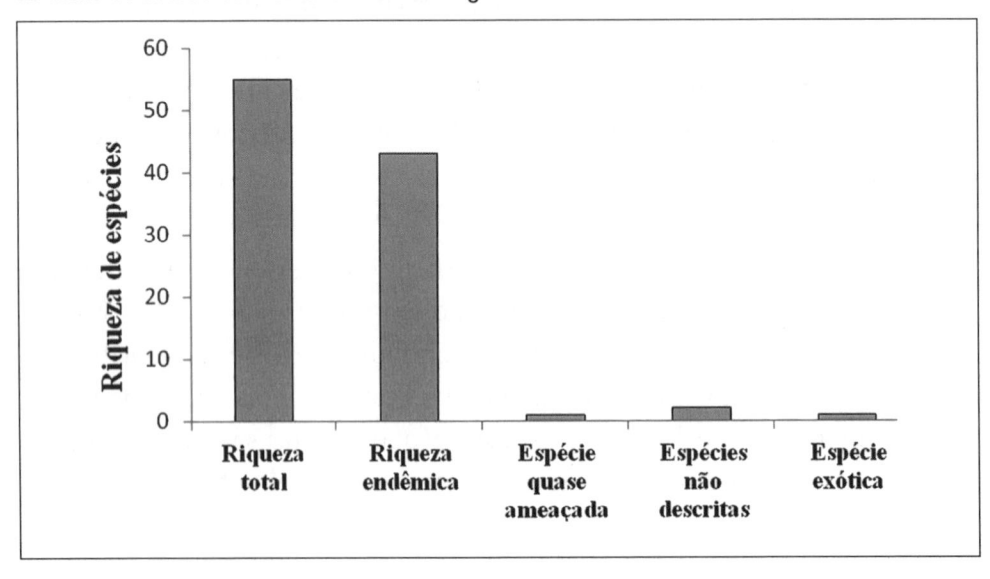

Deste total de espécies, 43 são endêmicas e três com alguma ameaça (Figura 15). Uma espécie, *Lithobates catesbeianus*, é exótica. Essa espécie é originária da América do Norte e foi introduzida no Brasil a partir da década de 1940, com propostas promissoras do sucesso econômico estabelecidas pela prática da ranicultura, estimulando sua introdução em diversas regiões. Considerando seu grande potencial invasor e sua fácil adaptação a novos *habitats*, a distribuição dessa espécie tem aumentado, tornando-se uma preocupação no que diz respeito à preservação da biodiversidade. Seu hábito alimentar generalista, com comportamento predatório voraz e porte corporal avantajado, pode interferir na estabilidade de comunidades onde historicamente não eram encontradas. Essas interferências geram impactos ecológicos, tais como a extinção e declínio de espécies nativas, que são decorrentes da competição exclusiva, da predação, da transmissão de patogenicidades e até mesmo da hibridização com outras espécies. Embora atualmente a rã-touro seja considerada uma das cem piores espécies invasoras do mundo e sua atual distribuição seja alarmante, considerando o risco em que se encontra a biodiversidade, o Brasil ainda não dispõe de medidas legais eficientes para a contenção e manejo dessa espécie e as pesquisas a seu respeito são extremamente raras. São necessárias parcerias entre órgãos ambientais e o meio científico para que sua erradicação dos ambientes naturais seja alcançada com êxito (CUNHA; DELARIVA, 2009).

Como no caso dos anfíbios, diversas populações de répteis estão sofrendo declínio ao redor do mundo em decorrência das diversas alterações ambientais causadas pelo homem (ROSSA-FERES, 2008). Estudos recentes mostram que atualmente as principais ameaças aos répteis são a exploração direta (caça comercial e caça de subsistência), introdução de espécies exóticas, poluição, doenças e, principalmente, a destruição, degradação e fragmentação de seus *habitats* (GIBBONS *et al.*, 2000; MARTINS, 2005).

No Brasil são conhecidas 684 espécies, entre anfisbenas, lagartos, serpentes, quelônios e jacarés (SBH, 2007), sendo a maioria serpentes (353 espécies) e lagartos (228 espécies). No Estado de São Paulo foram registradas 200 espécies (141 de serpentes, 46 de lagartos 11 de anfisbenas, sete de quelônios e duas de jacarés). O Estado de São Paulo parece ser o limite de distribuição setentrional e meridional de várias espécies (ROSSA-FERES, 2008). Assim como para os anfíbios, a fauna de répteis do Estado de São Paulo também pode ser dividida em dois grupos: aquele com espécies que ocorrem na encosta litorânea, no domínio da Floresta Ombrófila (Serra do Mar e Serra da Mantiqueira), e outro composto por espécies de áreas abertas (Cerrado e Floresta Estacional) do interior do Estado (ROSSA-FERES, 2008).

Na Serra do Itapeti poucos inventários sobre os répteis foram realizados (veja MANNA de DEUS, 1995; FURNAS CENTRAIS ELÉTRICAS e BIOCEV E MEIO AMBIENTE, 2009 a, b; MARTINS *et al.*, 2012) e os dados compilados estão na Figura 16. Foram registradas apenas seis famílias (Figura 16) e 30 espécies de répteis, ou seja, é uma fauna pobre (15%) em relação ao Estado de São Paulo como um todo. Isso significa a escassez de inventários para esse segmento da fauna, o que torna ainda mais preocupante a atual situação da Serra do Itapeti, devido às constantes pressões que os seus fragmentos estão expostos. Foram registradas três espécies de lagartos (*Tupinambis teguixin*; *Enyalius perditus*) e oito de serpentes (*Helicops carinicaudus*; *Oxyrhopus guibei*; *O. petola*; *Philodryas patagoniensis*; *Thamnodynastes strigatus*; *Xenodon neuwiedii*; *Chironius bicarinatus* e *Bothrops jararaca*. Destas, a *O. guibei* (falsa-coral) pode ser considerada invasora de áreas alteradas.

Figura 16. Riqueza de espécies de acordo com as famílias de répteis registrada na Serra do Itapeti.

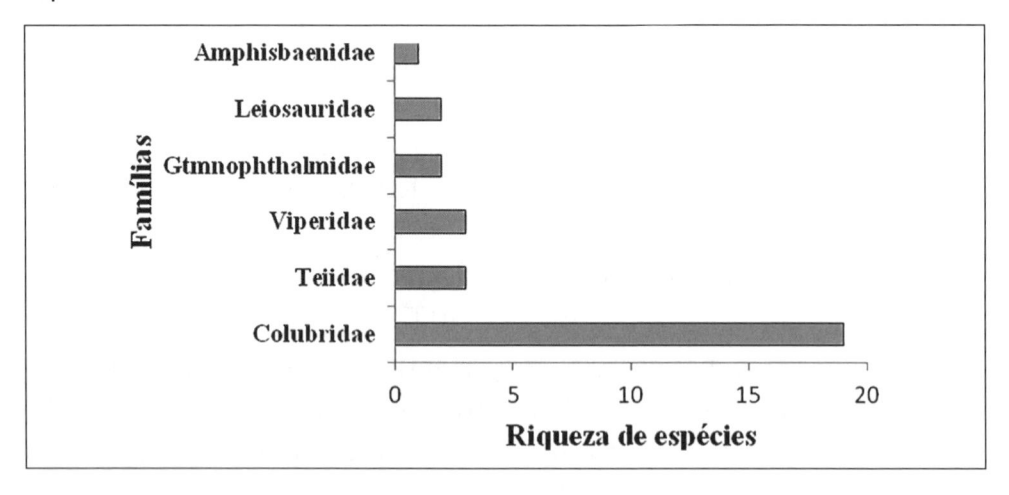

3.3. PEIXES DE ÁGUA DOCE

Os peixes pertencem a grupo particularmente diverso em águas doces Neotropicais, onde são registradas 4.475 espécies válidas, podendo chegar a mais de 6.000 se incluídas as novas espécies já reconhecidas por especialistas, porém ainda não descritas (REIS *et al.*, 2003). No Estado de São Paulo têm-se 350 espécies distribuídas pelas diversas bacias hidrográficas (CASATTI *et al.*, 2008).

A Serra do Itapeti está localizada na Bacia Hidrográfica do Alto Tietê, que é caracterizada por forte pressão antrópica. Originalmente, a região da Bacia Hidrográfica do Alto Tietê era ocupada por Mata Atlântica, com predominância de Floresta Ombrófila Densa na área da Serra do Mar e nas encostas da Serra do Itapeti, mata ciliares e várzeas ao longo do curso d'água, além de trechos de cerrados e cerradões (MARCENIUK; HILSDORF, 2010). Segundo o PM (2011), cujas listas foram compiladas de Langeani (1989), Giamas *et al.* (2004), Menezes *et al.* (2007) e Marceniuk e Hilsdorf (2010), na Bacia Hidrográfica do Alto Tietê foram registradas 65 espécies de peixes distribuídas em 15 famílias (Figura 17). Esses dados correspondem a 18% da riqueza do Estado de São Paulo. Apesar disso, ainda se têm espécies não descritas (quatro de *Characiformes*, quatro de *Siluriformes*, uma de *Cyprinodontiformes* e uma de *Perciformes*).

O baixo registro de espécies na região é preocupante, pois, dentre as 22 Unidades de Gerenciamento de Recursos Hídricos (UGRHIs) do Estado de São Paulo, a principal para a conservação da ictiofauna é a do Alto Tietê. Primeiramente porque é elevada a concentração de espécies-alvo nesta UGRHI; trata-se de uma área de grande interesse biogeográfico, capaz de retratar as conexões pretéritas entre os rios Tietê, Paraíba do Sul, Ribeira de Iguape e drenagens costeiras (LANGEANI, 1989; WEITZMAN; MALABARBA, 1999; RIBEIRO, 2006; RIBEIRO *et al.*, 2006; SERRA *et al.* 2007); restam fragmentos representativos para que seja viabilizada a criação de novas Unidades de Conservação ou ampliação das já existentes e, finalmente, trata-se de uma área relevante para a proteção de mananciais de abastecimento da região metropolitana de São Paulo (CASATTI *et al.*, 2008).

Figura 17. Riqueza de espécies de acordo com as famílias de peixes registrada na Bacia Hidrográfica do Alto Tietê.

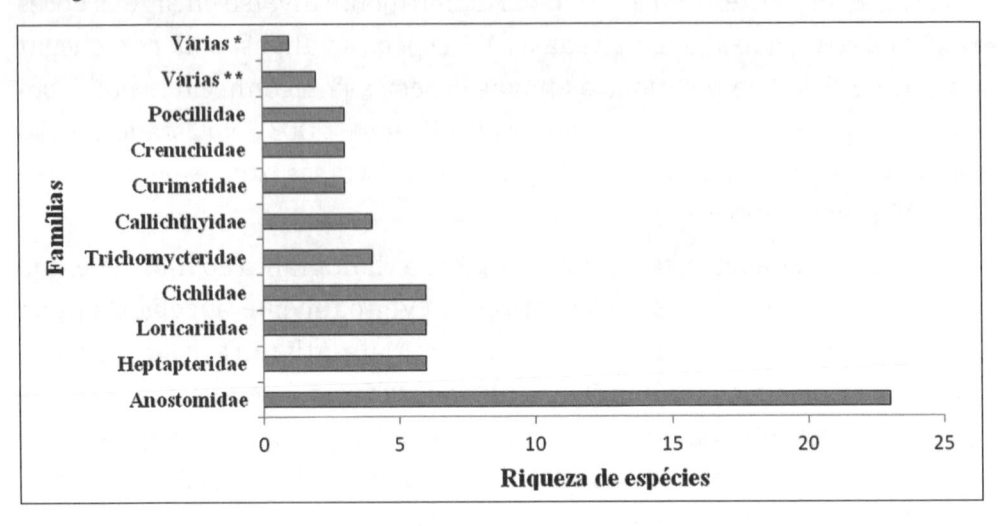

A Bacia Hidrográfica do Alto Tietê possui pelo menos 10 espécies (15%) endêmicas (Figura 18), como, por exemplo, *Trichomycterus paolence* (nome popular: cambeva), que habita pequenos córregos e riachos de águas claras e transparentes com fundo de areia ou silte. Segundo Rosa & Lima (2008), as populações existentes no município de Mogi das Cruzes e Paranapiacaba estão isoladas pela poluição dos rios Pinheiros e Tietê, na cidade de São Paulo.

Baseando-se nas listas de espécies de peixes ameaçadas publicadas pelo IBAMA (Instrução Normativa 03/03/2006 e Instrução Normativa 05/04/2006), do Livro Vermelho da Fauna Brasileira Ameaçada de Extinção (MACHADO *et al.*, 2008) e Decreto do Estado de São Paulo n. 56.031, existem 11 (17%) espécies de peixes ameaçadas na região do Alto Tietê (Figura 18). Uma porcentagem relativamente alta (36%) das espécies ameaçadas, *Spintherobolus papilliferus*; *Heptapterus multiradiatus*; *Pseudotocinclus tietensis* e *T. paolence*, são endêmicas do Alto Tietê, ou com distribuição restrita às cabeceiras do rio Tietê e drenagens próximas, como as partes das bacias dos rios Paraíba do Sul e Ribeira de Iguape e drenagens costeiras do Estado de São Paulo, que compõem parte do sistema hidrográfico da Bacia do Atlântico Sudeste (PM, 2011).

Não diferentemente de outras localidades, as principais ameaças às espécies da BHAT se devem à grande alteração nos pequenos cursos d'água do Alto

Tietê resultantes do desmatamento, assoreamento e poluição, além de repre-
samentos de rios e tributários do sistema do Alto Tietê (PM, 2011).

Figura 18. Riqueza de espécies de peixes registrada na região do Alto Tietê de acordo com determinadas categorias.

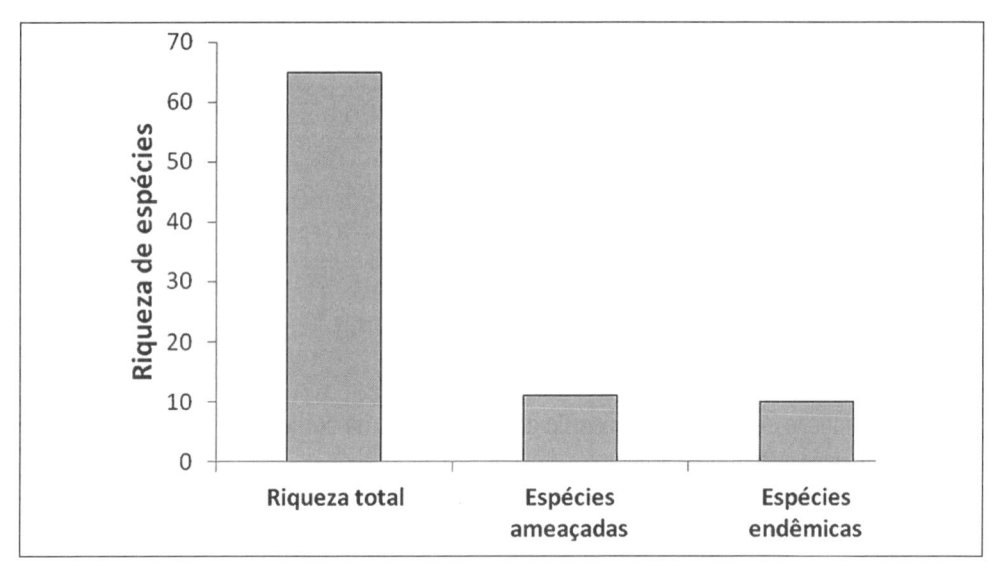

3.4. INVERTEBRADOS

A necessidade da inclusão dos invertebrados como indicadores ambientais em programas de conservação, monitoramento ambiental e EIA/RIMAs é
cada vez mais importante. Entretanto, para isso, é preciso gerar conhecimentos
sobre padrões ecológicos, taxonômicos e de distribuição geográfica das espécies. Assim, neste capítulo estamos incluindo dois grupos de invertebrados que
são considerados indicadores ambientais, ou seja, borboletas e formigas; e o
grupo das aranhas, pois foram registradas novas espécies no Parque Natural
Francisco Affonso de Mello, que é a maior UC da Serra do Itapeti.

Os invertebrados, incluídos em cerca de 29 filos com milhões de espécies
estimadas, superam em muito o número de espécies dos vertebrados. Mesmo
diante desses números, os Planos de Manejo ou outras categorias de relatórios
ambientais, que são importantes para o planejamento sustentável de uma
região, não levam em consideração esses animais. A ordem Lepidoptera é a

segunda maior em número de espécies dentro da classe Insecta. Possui cerca de 150.000 espécies conhecidas (GRIMALDI; ENGEL, 2005). Dentre os Lepidoptera, o grupo das borboletas é, de longe, o mais conhecido, apesar de ser suplantado em riqueza e diversidade pelas menos carismáticas mariposas (ACÁCIO *et al.*, 2008). No Estado de São Paulo, são conhecidas cerca de 1.500 espécies de borboletas, correspondentes a cerca de 50% das 3.200 espécies conhecidas para o Brasil (BROWN; FREITAS, 1999).

No Parque Natural Francisco Affonso de Mello, seis famílias (Figura 19) e 245 espécies (Figura 20) foram registradas; isso corresponde a apenas 16% da fauna de borboletas do Estado de São Paulo. Cerca de 60% pertencem às famílias Nymphalidae, Papilionidae e Pieridae; uma espécie registrada, *Tithorea harmonia caissara* (Nymphalidae, Ithomiinae), está na lista de espécies ameaçadas de extinção (UEHARA-PRADO; RIBEIRO, 2012).

Figura 19. Riqueza de espécies de acordo com as famílias de borboletas registrada – Parque Natural Francisco Affonso de Mello.

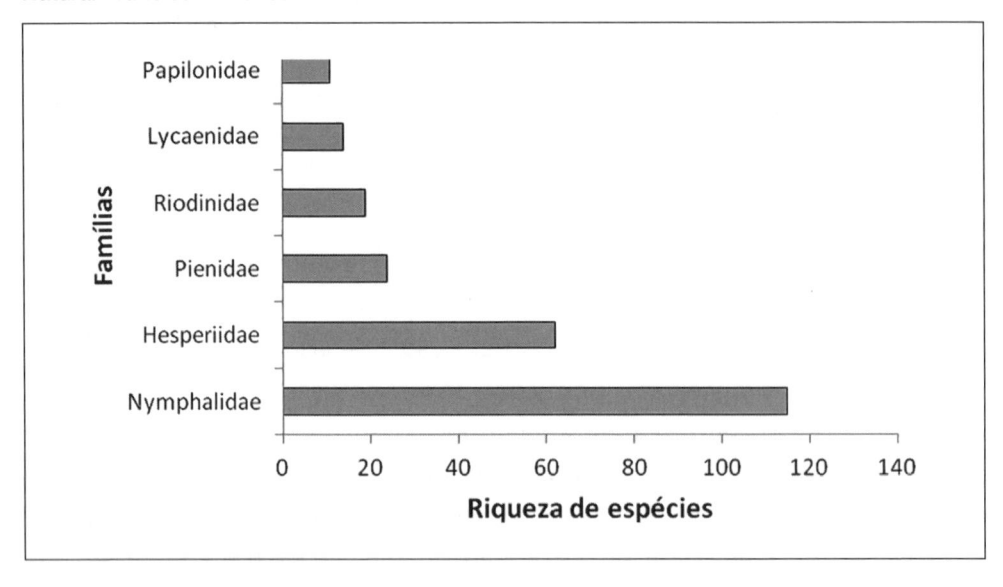

Figura 20. Riqueza de espécies de borboletas registradas no Parque Natural Francisco Affonso de Mello de acordo com determinadas categorias.

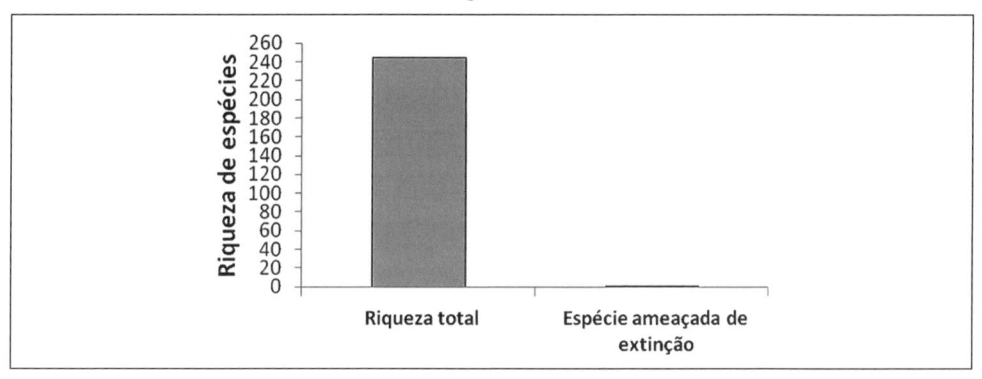

As formigas representam o grupo taxonômico com maior número de espécies conhecidas e de diversidade ecológica dentre os insetos eusociais (HÖLLDOBLER; WILSON, 1990). *Formicidae* compreende mais de 12.650 espécies descritas (ANTBASE, 2012), distribuídas em 290 gêneros e 21 subfamílias. No Brasil, tem-se cerca de duas mil espécies (BRANDÃO, 1999) de formigas e no Estado de São Paulo ainda não se têm esses dados compilados. No Parque Natural Francisco Affonso de Mello, 11 subfamílias (Figura 21) e 164 morfoespécies/espécies (Figura 22) foram registradas (MORINI *et al.*, 2012).

Figura 21. Riqueza de espécies de acordo com as subfamílias de formigas registrada no Parque Natural Municipal Francisco Affonso de Mello.

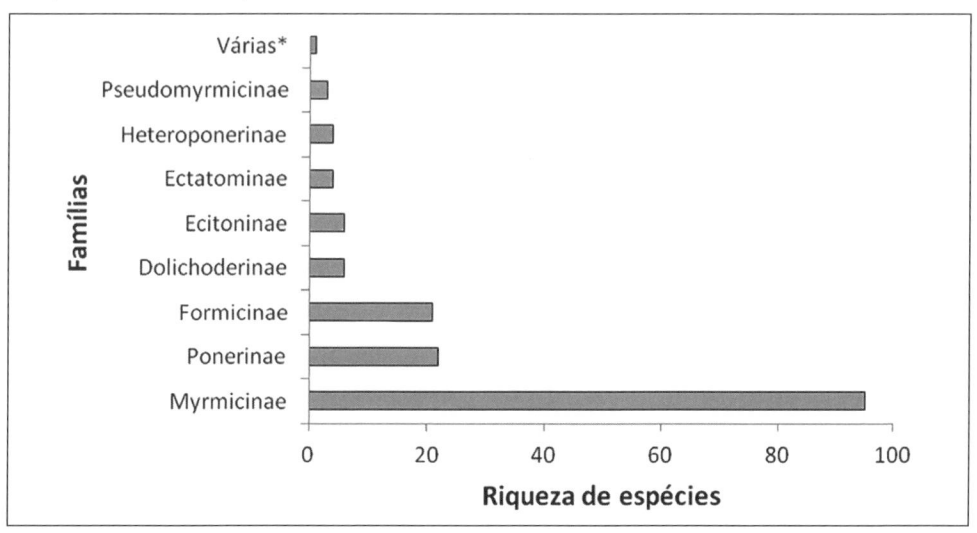

Figura 22. Riqueza de espécies de formigas registrada no Parque Natural Municipal Francisco Affonso de Mello.

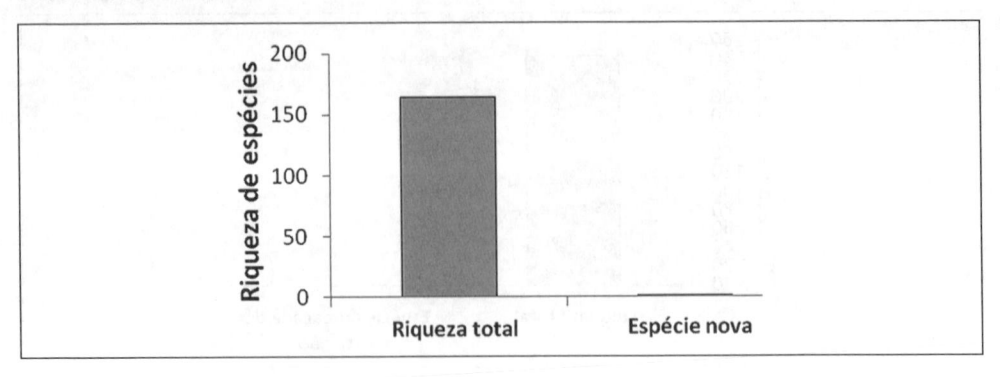

As aranhas pertencem à ordem *Araneae (Arachnida)*, que é dividida em duas subordens: *Mesothelae* e *Opisthothelae. Mesothelae* agrupa aranhas primitivas com espécies da família *Liphistiidae*, registradas somente para o continente asiático. A subordem *Opisthothelae*, por sua vez, é subdividida em duas infraordens, *Mygalomorphae*, com aranhas conhecidas popularmente como caranguejeiras, e *Araneomorphae*, em geral sem nome popular, e que incluem cerca de 90% das aranhas (CODDINGTON; LEVI, 1991). Existem 41.253 espécies de aranhas distribuídas entre 109 famílias (PLATNICK, 2010). No Brasil, há registros de 69 famílias e, no Estado de São Paulo, encontram-se mais de 700 espécies, distribuídas entre 46 famílias (BRESCOVIT; FRANCESCONI, 2002). Para a Serra do Itapeti foram registradas 32 famílias (Figura 23) e 83 espécies (Figura 24), o que corresponde a 12% da fauna do Estado de São Paulo. Esse dado mostra a escassez de conhecimento para a Serra do Itapeti. Novas espécies também foram detectadas e pertencem aos seguintes gêneros: *Pseudanapis (Anapidae); Isoctenus (Ctenidae); Agalenocosa (Lycosidae); Mesabolivar (Pholcidae); Arnoliseus (Salticidae)* e *Epicratinus (Zodariidae)* (LEMOS *et al.*, 2012).

Figura 23. Riqueza de espécies de acordo com as famílias de aranhas registrada no Parque Natural Municipal Francisco Affonso de Mello.

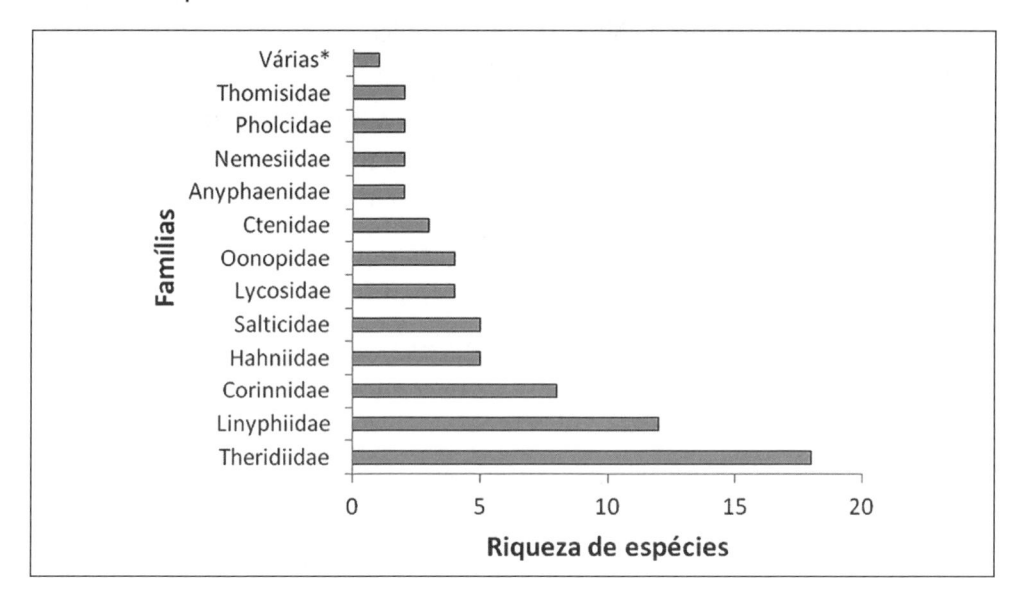

Figura 24. Riqueza de espécies de aranhas registrada no Parque Natural Municipal Francisco Affonso de Mello.

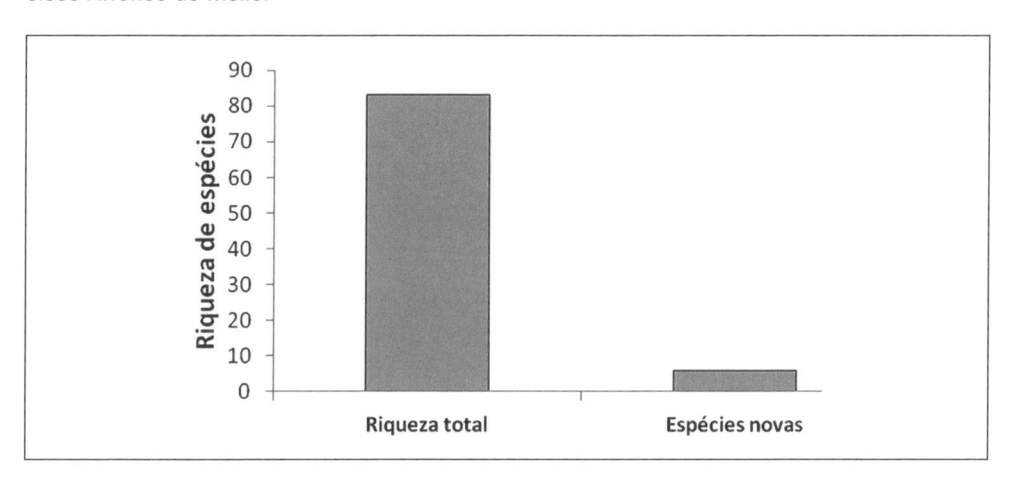

A maior parte dos dados apresentados pertence ao Parque Natural Municipal Francisco Affonso de Mello, mas outras Unidades de Conservação existem na Serra do Itapeti (Figura 1). Na Estação Ecológica de Itapeti (Figura 1), raras pesquisas foram realizadas. Dentre essas, há um trabalho sobre as espécies de aves, que pode ser consultado em <http://www.ceo.org.br/avisfest.htm>. Esta Unidade de Conservação ainda não possui plano de manejo e existe uma dissertação de Mestrado (SERIO, 1999) sobre a área.

Na Estação Ecológica de Itapeti, há espécies vegetais ameaçadas de extinção. Mamede *et al.* (2007), em sua publicação *Livro Vermelho das Espécies Vegetais Ameaçadas do Estado de São Paulo*, indicam que o palmito (*Euterpe edulis*) está na categoria vulnerável, assim como o xaxim (*Dicksonia sellowiana*).

Quanto à fauna, foram registrados veado mateiro (*Mazama americana*), veado catingueiro (*Mazama simplicicornis*); jaguatirica (*Felis* sp.); gambá (Didelphidae); porco do mato (Thayasuidae); cutia (*Dasyprocta azarae*); paca (*Agouti paca*); jacu (*Penelope obscura*); nhambu (*Crypturelus obsoletus*). Atenção especial deve ser dada à espécie de primata presente na Estação Ecológica, *Callitrix aurita*, popularmente conhecida como sagui-da-serra-escuro, considerada espécie "vulnerável" na lista da fauna brasileira ameaçada de extinção (MACHADO *et al.*, 2008).

A Reserva Legal da Pedreira Itapeti compreende uma área de 104,19 hectares (Figura 1). Está localizada entre duas unidades de conservação estaduais: a Estação Ecológica do Itapeti e a Área de Proteção Ambiental – APA – da Várzea do Rio Tietê, além de áreas com características rurais sob forte pressão pela inevitável expansão urbana. No interior da Reserva há um córrego com cerca de 1 metro de largura, formando na porção sudeste uma área brejosa e um lago. A vegetação nativa apresenta remanescentes de Floresta Ombrófila Densa, com cobertura desde capoeira aberta até talhões de eucalipto e mata em estágio inicial e médio de regeneração. Essa diversidade de *habitats* abriga diferentes fitofisionomias, além de uma fauna característica e com extrema importância na regeneração da floresta (BORGES *et al.*, 2009). É possível encontrar nesta área 39 famílias (Figura 26) e 100 espécies de fanerógamas.

Figura 26. Riqueza de espécies de acordo com as famílias de fanerógamas registrada na Reserva Legal da Pedreira Itapeti.

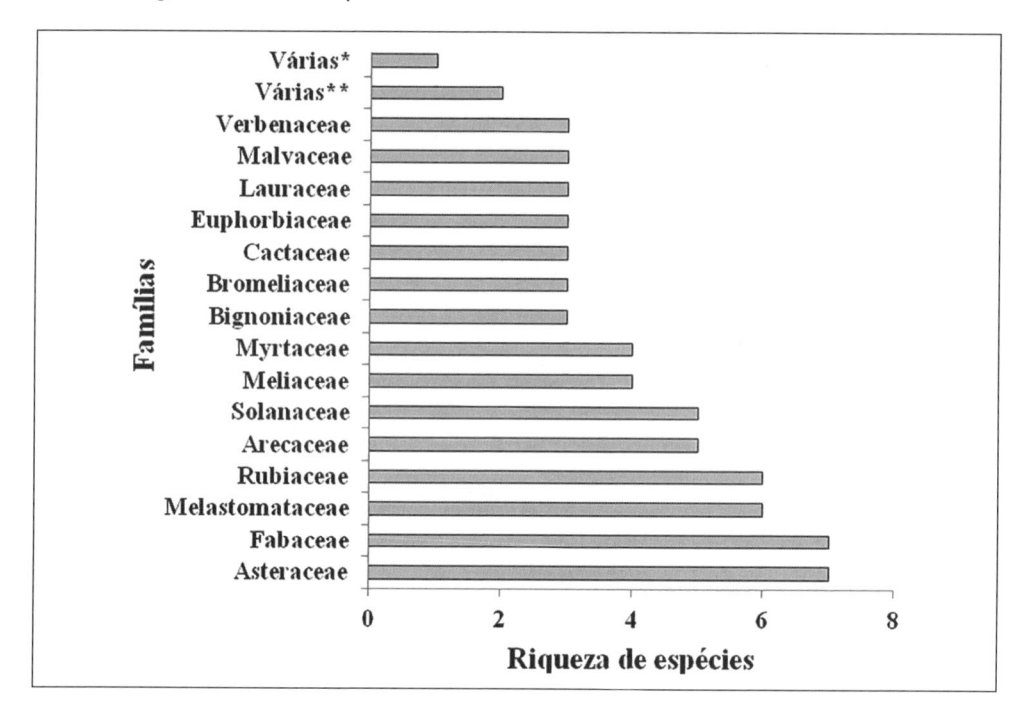

Na área da Reserva Legal da Pedreira Itapeti, foram registradas 17 famílias (Figura 27) e 40 espécies (Figura 28) (MARTINS *et al.*, 2012). A Família *Criceti-dae* foi a mais rica, com 12 espécies, seguida de *Didelphidae* com 7 (Figura 27). Foram registradas sete espécies endêmicas e sete espécies com alguma ameaça, segundo a lista de espécies de Martins *et al.* (2012) (Figura 28).

Figura 27. Riqueza de espécies de acordo com as famílias de mamíferos registrada na Reserva Legal da Pedreira Itapeti.

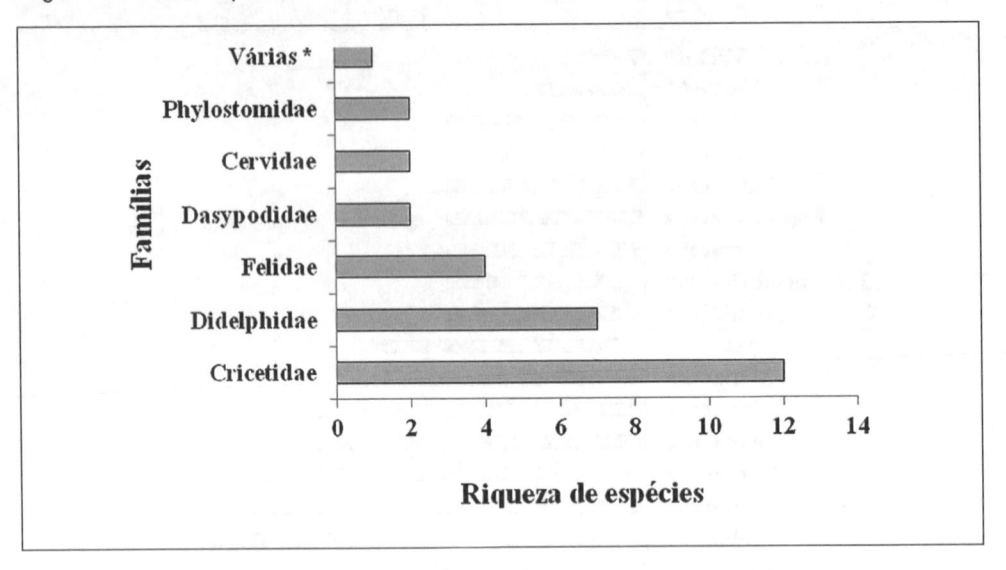

Figura 28. Riqueza de espécies de mamíferos registrada na Reserva Legal da Pedreira Itapeti de acordo com determinadas categorias.

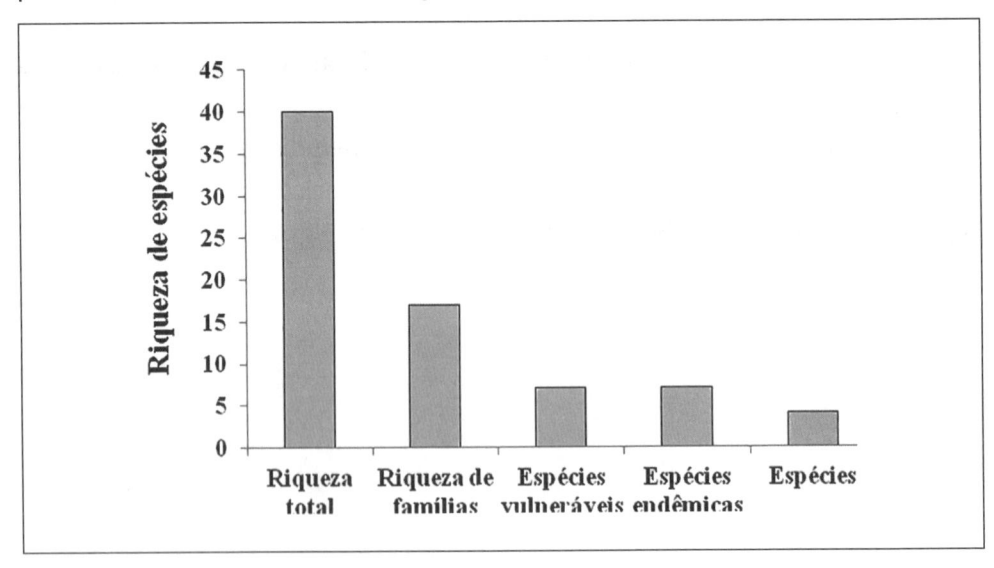

Em relação às aves, foram registradas 35 famílias (Figura 29) e 106 espécies (Figura 30). Das espécies registradas, 21 são endêmicas de Mata Atlântica e cinco sofrem alguma ameaça de extinção. *Sporophila frontalis* (pixoxó) é um táxon considerado criticamente ameaçado em São Paulo e consta na lista brasileira do IBAMA; *Pyroderus scutatus* (pavó) e *Cathartes burrovianus* (urubu-de-cabeça-amarela) são considerados como vulnerável de extinção em São Paulo, *Penelope obscura* (jacu) e *Phylloscartes difficilis* (mosquiteiro-da-serra) constam na categoria de Quase Ameaçado em São Paulo. Todos os dados foram compilados do trabalho de Martins *et al.* (2012).

Figura 29. Riqueza de espécies de acordo com as famílias de aves registrada na Reserva Legal da Pedreira Itapeti.

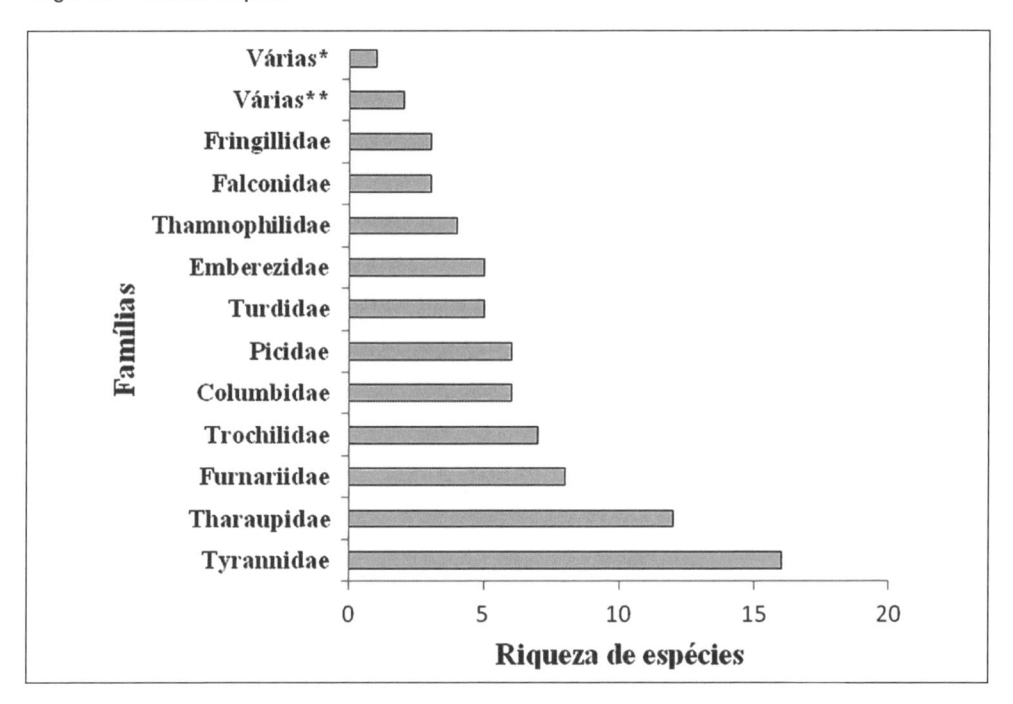

Figura 30. Riqueza de espécies de aves registrada na Reserva Legal da Pedreira Itapeti de acordo com determinadas categorias.

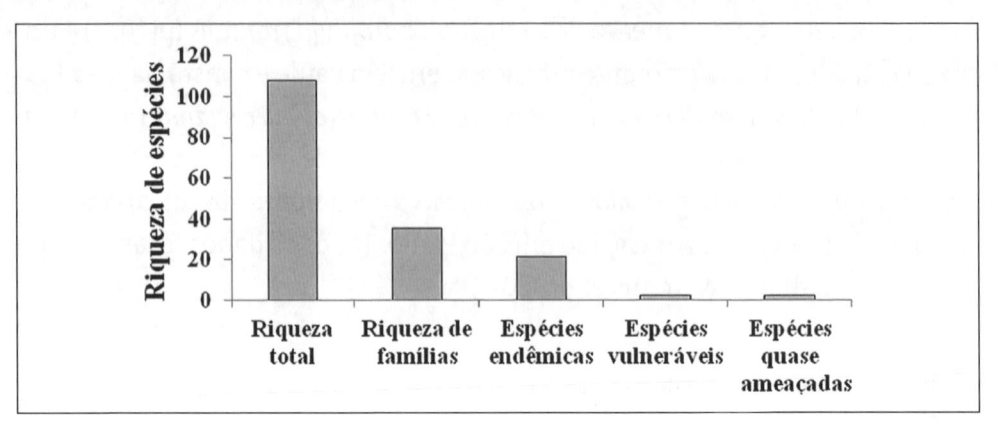

Foram registradas quatro famílias (Figura 31) e 12 espécies de répteis (32) (MARTINS *et al.*, 2012). Apenas a família de lagartos *Leiosauridae* foi registrada com uma única espécie *Enyalius iheringii*. As serpentes pertencem a duas famílias *Viperidae* (com duas espécies) e *Colubridae* (com nove espécies). *Oxyrhopus guibei* (*Colubridae*) foi registrada mais uma vez; essa espécie tem sido comum nas listas de ofiofauna em regiões de Mata Atlântica (FRANCO *et al.*, 2002) e, provavelmente, é uma consequência das alterações ambientais que ocorre neste bioma (MARTINS *et al.*, 2012).

Figura 31. Riqueza de espécies de acordo com as famílias de répteis registrada na Reserva Legal da Pedreira Itapeti.

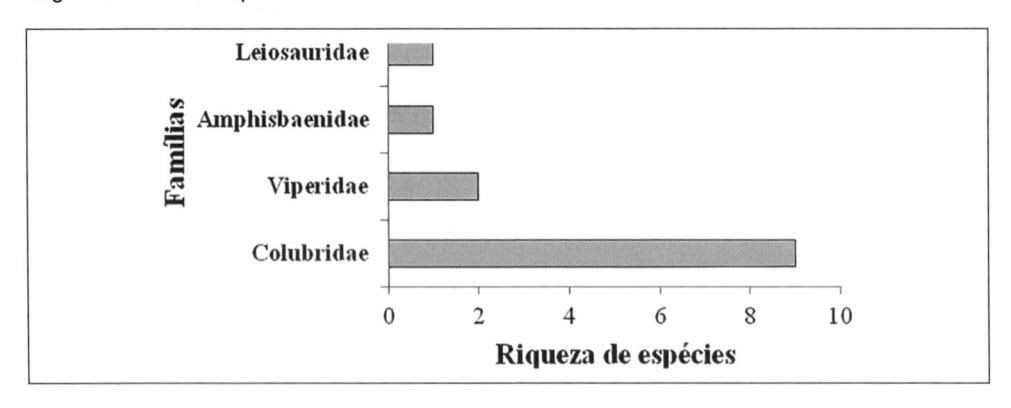

Figura 32. Riqueza de espécies de répteis registrada na Reserva Legal da Pedreira Itapeti.

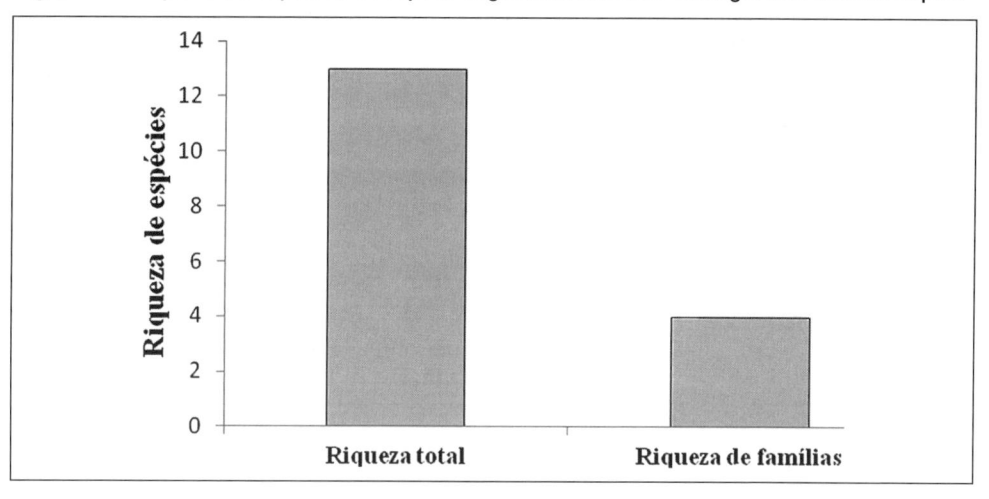

Para os anfíbios, foram registradas nove famílias (Figura 33) e 25 espécies (Figura 34). As espécies mais abundantes são *Rhinella ornatos, Ischnocnema guentheri* e *Brachycephalus ephippium.*

Figura 33. Riqueza de espécies de acordo com as famílias de répteis registrada na Reserva Legal da Pedreira Itapeti.

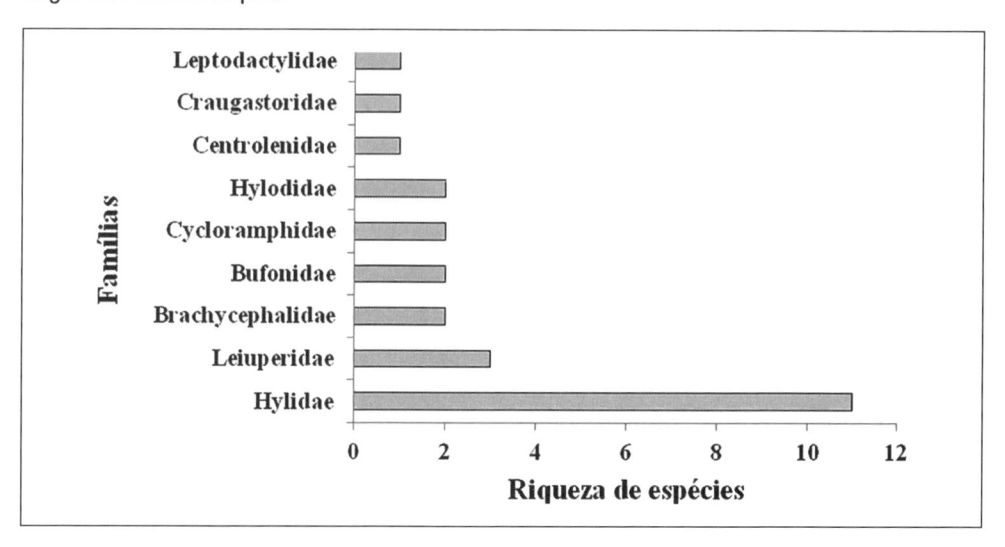

Figura 34. Riqueza de espécies de anfíbios registrada na Reserva Legal da Pedreira Itapeti.

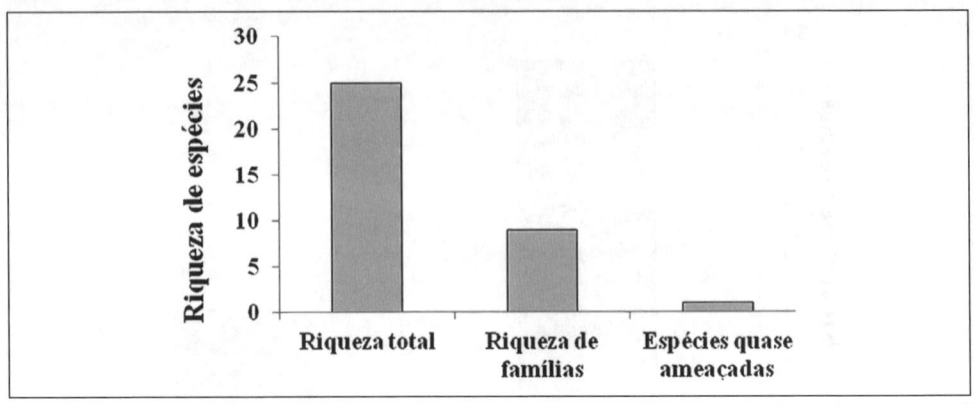

4. DESENVOLVIMENTO SUSTENTÁVEL

A história do termo Desenvolvimento Sustentável teve início na década de 1980, quando a União Internacional para a Conservação da Natureza (UICN) apresenta o documento "Estratégia de Conservação Mundial" com o objetivo de alcançar o desenvolvimento sustentável por meio da conservação dos recursos naturais. Este documento recebe apoio do Programa das Nações Unidas para o Meio Ambiente (PNUMA) e, em 1986, a Conferência de Otawa, patrocinada pela UICN, PNUMA e WWWF (*Worldwide Fund for Nature*), estabelece cinco objetivos para o Desenvolvimento Sustentável que se baseiam no tripé econômico + social + ambiental: (1) integração da conservação e do desenvolvimento econômico; (2) satisfação das necessidades básicas do ser humano; (3) alcance de equidade e justiça social; (4) provisão da autodeterminação social e da diversidade cultural e (5) manutenção da integridade ecológica.

Em 1988, a Constituição Federal Brasileira dedicou normas direcionais da problemática ambiental, fixando as diretrizes de preservação e proteção dos recursos naturais e definindo o meio ambiente como bem de uso comum da sociedade humana. O artigo 225 traz:

> *todos têm direito ao meio ambiente ecologicamente equilibrado, bem de uso comum do povo e essencial à sadia qualidade de vida, impondo-se ao Poder Público e à coletividade o dever de defendê-lo e preservá-lo para as presentes e futuras gerações.*

Nos anos 1990, a conservação dos recursos naturais ganhou uma definição sucinta, madura e sugestiva: equivale ao uso sábio, equitativo e sustentável dos sistemas naturais e dos seus componentes e recursos (BROWN JR., 1997). Assim, o termo Desenvolvimento Sustentável passa a ser definido como é "o desenvolvimento capaz de suprir as necessidades da geração atual, sem comprometer a capacidade de atender às necessidades das futuras gerações". É o desenvolvimento que não esgota os recursos para o futuro (CMMAD, 1991). Além disso, a Rio-92 – Conferência da ONU sobre meio ambiente e desenvolvimento – sacramentou a preocupação mundial com o problema ambiental, reforçando princípios e regras para o combate à degradação ambiental no documento intitulado "Agenda 21", que consolida a diretriz do Desenvolvimento Sustentável. Se desenvolver de maneira sustentável também faz parte dos Objetivos de Desenvolvimento do Milênio, que é "garantir a sustentabilidade ambiental" (objetivo número sete) até 2015.

A trajetória para o alcance do Desenvolvimento Sustentável na região do Alto Tietê está no Protocolo da Bacia Hidrográfica do Alto Tietê, que tem como objetivo "buscar a sustentabilidade socioambiental da Bacia Hidrográfica do Alto Tietê Cabeceiras" (RAYMUNDO et al., 2011). É um documento elaborado, coletivamente, pelo Subcomitê do Alto Tietê Cabeceiras no período setembro de 2009 a março de 2010, por meio de metodologias participativas envolvendo nove municípios, com representantes do poder público municipal e estadual, segundo e terceiro setores da sociedade. A elaboração do Protocolo se deu a partir de oito eixos temáticos integrados e articulados sem hierarquização. São eles: (1) Saneamento Ambiental; (2) Controle Prevenção e Fiscalização Ambiental; (3) Educação Ambiental, Desenvolvimento de Capacidades Humanas e Comunicação; (4) Manejo e Conservação dos Recursos Naturais; (5) Agricultura e Manejo dos Insumos Agropecuários; (6) Moradia Adequada; (7) Ordenamento Territorial e (8) Sistema de Avaliação, Monitoramento e Gerenciamento de Informações Integradas. O Protocolo é um documento político, com bases técnicas e participativas, que relata a situação crítica da Bacia Hidrográfica com relação a cada eixo temático e apresenta de forma concreta, diretrizes, 35 metas e 189 ações para recuperar a qualidade socioambiental da região, em curto, médio e longo prazo, dentro de um período máximo de dez anos (RAYMUNDO et al., 2010; 2011).

O manejo e a conservação dos recursos naturais e a agricultura e manejo dos insumos agropecuários são eixos temáticos importantes do Protocolo da Bacia Hidrográfica do Alto Tietê. Bicalho (1998) discute sobre três indicadores (capacidade, equidade e sustentabilidade) para a operacionalização do desenvolvimento sustentável rural (Figura 35), que vai ao encontro dos objetivos do Protocolo.

> *[...] Para alavancar políticas públicas de conservação dos recursos naturais, qualificadas e efetivas, é preciso, antes, solucionar problemas primários que foram apontados pelas prefeituras municipais de forma geral na Bacia Hidrográfica do Alto Tietê Cabeceiras. Destaca-se neste momento a situação atual dessa sub-bacia com um quadro crítico para o manejo e conservação dos recursos naturais, pois em quase a totalidade dos municípios não existem diagnósticos, levantamentos e informações específicas sobre a qualidade e quantidade dos seus recursos naturais. Sabe-se apenas, por meio do levantamento junto às administrações públicas municipais, possuírem informações superficiais indicando que a melhor situação quantitativa e qualitativa dos recursos naturais está concentrada nas zonas rurais e áreas especialmente protegidas. Identificou-se que as principais dificuldades para deflagrar os processos de manejo sustentável e conservação dos recursos naturais concentram-se na escassez de recursos financeiros e humanos, que tem impedindo ações efetivas na sub-bacia. Demonstrando boa vontade e interesse, as prefeituras municipais apresentaram em levantamento feito durante a construção do Protocolo as intenções de contratação de levantamentos para diagnósticos dos recursos naturais; criação de ferramentas legais municipais; regularização dos loteamentos em áreas de mananciais; criação de unidades de conservação; intensificação da fiscalização municipal integrada à fiscalização estadual e federal; incremento da arborização urbana, além de recomposição de matas ciliares e nascentes... A Região do Alto Tietê Cabeceiras concentra o maior*

polo produtivo de hortaliças folhosas, frutas e flores do país, com destaque para a produção de cogumelos, que representa 80% do mercado nacional, e de caqui, na faixa de 30%. A produção de hortaliças atualmente atende a 15% do mercado; a de orquídeas representa 80% da produção nacional. O plantio de eucalipto também apresenta papel relevante na região. Os dados existentes mostram que a atividade de silvicultura ocupa uma área de aproximadamente 25.000 hectares, distribuída em cerca de 1.230 propriedades. De acordo com o LUPA – Levantamento Censitário das Unidades de Produção Agropecuária 2007/2008, realizado pela Secretaria de Agricultura e Abastecimento do Estado de São Paulo, a região do Alto Tietê Cabeceiras concentra cerca de 5.000 propriedades agrícolas que, segundo estimativas, empregam 10.000 pessoas, entre proprietários, meeiros, parceiros e funcionários. A área física plantada alcança 110.000 hectares. Do total de propriedades existentes, aproximadamente 65% são de pequenos produtores, cujo imóvel não ultrapassa a área de 20 hectares. A atividade apresenta vocação familiar: cerca de 1.300 propriedades não dispõem de empregados. A produção de hortaliças impõe à agricultura da Bacia do Alto Tietê Cabeceiras o uso intensivo de mecanização, de insumos químicos e produtos fitossanitários, ou seja, o manejo do solo faz parte das atividades de rotina das propriedades. Esse problema ganha maior importância se considerarmos o papel estratégico que desempenham as zonas rurais como detentoras das nascentes, cursos d'água, remanescentes florestais e áreas de recarga dos aquíferos, atributos fundamentais de uma sub-bacia vocacionada para a produção de água. Além disso, as propriedades agrícolas desempenham a função de barreira natural ao processo de expansão urbana, fenômeno muito presente na Região Metropolitana de São Paulo e cujos efeitos são extremamente danosos para as áreas de especial interesse ambiental. (RAYMUNDO et al., 2010)

Figura 35. Operacionalização do Desenvolvimento Sustentável.

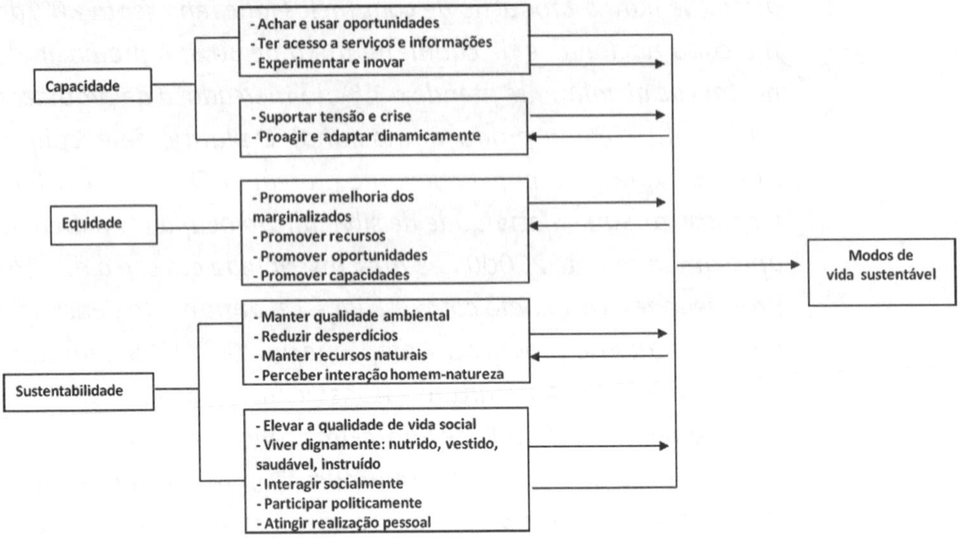

Fonte: BICALHO, 1998.

5. CONSIDERAÇÕES FINAIS

Apesar dos esforços contínuos, o conhecimento sobre a biodiversidade brasileira pode ser sintetizado como um oceano de dados, rios de informações, igarapés de conhecimento, gotas de compreensão e gotículas de uso sustentável. (C. A. Joly/Biota Educação – FAPESP)

As informações geradas a partir de pesquisas sobre a biodiversidade do Alto Tietê proporcionam bases ecológicas sólidas para subsidiar políticas públicas para conservação, restauração e uso sustentável das áreas de Mata Atlântica e ecossistemas agrícolas associados. Apesar de sabermos que ainda é necessário o preenchimento de lacunas sobre a fauna (abelhas nativas e morcegos que são importantes polinizadores), flora (Floresta nebular) e microbiota (um vasto campo a ser ainda explorado), é possível, com os dados de biodiversidade disponíveis, discutir sobre novas áreas de conservação ou fortalecimento das unidades de conservação existentes, para a preservação e manejo das espécies potencialmente ameaçadas de extinção; e manejo de espécies exóticas. Também é possível usar o conhecimento disponível para divulgação em todos os setores da comunidade.

Para que o Alto Tietê Cabeceiras tenha muito mais do que "gotículas de uso sustentável" diante do conhecimento técnico da biodiversidade da região, com certeza o caminho é (1) a proteção efetiva dos principais remanescentes e a expansão das áreas protegidas; (2) a recuperação das áreas que foram degradadas; (3) o manejo adequado das áreas sob influência antrópica; e, extremamente importante, (4) educar a todos que vivem ou usam a região, de alunos a políticos, para que seja resgatado o sentimento de pertencimento. Afinal, somente haverá conservação de um bem natural quando a população der valor e cobrar políticas públicas relacionadas ao meio ambiente e, também, com lideranças políticas comprometidas com a conservação e fiscalização. O sentimento de **pertencimento** significa que precisamos nos sentir como pertencentes a um lugar e, ao mesmo tempo, sentir que esse lugar nos pertence. Assim, acreditamos que podemos interferir e, mais do que tudo, que vale a pena interferir na rotina e nos rumos desse lugar (modificado de B. Santos/ Biota Educação – FAPESP).

AGRADECIMENTOS

As autoras agradecem a todos os profissionais que elaboraram os Planos de Manejo do Parque Natural Municipal Francisco Affonso de Mello e Parque Estadual Nascentes do Rio Tietê, além dos livros *Serra do Itapeti*: aspectos históricos, sociais e naturalísticos e *Peixes*: das cabeceiras do Rio Tietê e Parque das Neblinas, pois seus trabalhos são fundamentais para o conhecimento da biodiversidade do Alto Tietê Cabeceiras.

A autora Morini agradece ao CNPq (Processo n. 2363/2012-2).

REFERÊNCIAS

AB'SABER, A. N. Relevo, estrutura e rede hidrográfica do Brasil. *Boletim Geográfico*, v. 14, p. 225-268, 1956.

ACÁCIO, G. M. *et al.* Invertebrados. In: RODRIGUES, R. R.; BONONI, V. L. (Org.). *Diretrizes para a conservação e restauração da biodiversidade no Estado de São Paulo*. Instituto de Botânica, FAPESP, Biota/FAPESP, 2008.

ANTBASE. *How many ants are there?* Disponível em: <antbase.org/>. Acesso em: 19 jul. 2012.

BICALHO, A. M. S. M. Desenvolvimento rural sustentável e geografia agrária. In: *XII Encontro Nacional de Geografia Agrária.* v. 8, 1998.

BORGES, M. R. F.; TOMASULO, P. L. B.; MARTINS, R. *Plano de Manejo da Reserva Legal da Pedreira Itapeti, Mogi das Cruzes – Diagnóstico Ambiental.* Instituto Embu, 2009.

BOSCH, J. Nuevas amenazas para los anfibios: enfermedades emergentes. *Munibe, Suplemento,* n. 16, p. 56-73. 2003.

BRANDÃO, C. R. F. Reino Animalia: Formicidae. In: JOLY, C. A.; CANCELLO, E. M. (eds). *Invertebrados terrestres. Biodiversidade do Estado de São Paulo*: síntese do conhecimento ao final do século XX, v. 5. São Paulo: FAPESP, p. 58-63, 1999.

BRESCOVIT, A. D.; FRANCESCONI, P. Implementação de um banco de dados da Araneofauna Neotropical (Araneae) com ênfase na diversidade de espécies brasileiras. *Anais do III Simpósio do Programa Biota/Fapesp,* UFSCar, São Paulo, p. 21. 2002.

BROWN Jr., K. K. S. Insetos como rápidos e sensíveis indicadores de uso sustentável de recursos naturais. In: *Simpósio sobre indicadores ambientais.* Sorocaba, SP, v. 1, p. 143-155, 1997.

_____; FREITAS, A. V. L. Lepidoptera. JOLY, C. A.; CANCELLO, E. M. (eds). *Invertebrados terrestres. Biodiversidade do Estado de São Paulo*: síntese do conhecimento ao final do século XX, v. 5. São Paulo: FAPESP, p. 225-243, 1999.

BRUNA, G. C.; ALMEIDA, M. A.; SANTOS, M. V. M.; YAMAMOTO, S. L. Degradação Ambiental da Serra do Itapeti. In: MORINI, M. S. C., MIRANDA, V. F. O. (Org.). *Serra do Itapeti*: aspectos históricos, sociais e naturalísticos. Bauru, SP: Editora Canal6. 2012, 396p.

CÂMARA, I. G. Brief history of conservation in the Atlantic forest. In: GALINDO-LEAL, C.; CÂMARA, I. G. (eds).*The Atlantic Forest of South America*: biodiversity status, threats, and outlook. Washington: Center for Applied Biodiversity Science e Island Press p. 31-42, 2003.

CASATTI, L. *et al.* Peixes de água-doce. In: RODRIGUES, R. R.; BONONI, V. L. (Org.). *Diretrizes para a conservação e restauração da biodiversidade no Estado de São Paulo.* Instituto de Botânica, 2008.

CETESB. *Relatório de qualidade das águas interiores do estado de São Paulo.* Série de Relatório, p. 2-3. 1995.

_____. *Estabelecimento de valores de referência de qualidade e de intervenção para solos e águas subterrâneas no estado de São Paulo.* Documentos Ambientais 1 e 2. 1999.

CODDINGTON, J. A.; LEVI, H. W. Systematics and evolution of spiders (Araneae). *Annual Review Ecology Systematics,* v. 22, p. 565-592. 1991.

COLOMBO, A. F.; JOLY, C. A. Brazilian Atlantic Forest lato sensu: the most ancient Brazilian forest, and a biodiversity hotspot, is highly threatened by climate change. *Brazilian Journal of Biology,* v. 70, p. 697-708. 2010.

CMMAD – Comissão Mundial sobre Meio Ambiente e Desenvolvimento. *Nosso futuro comum.* 2. ed. Tradução de *Our common future.* 1. ed. Rio de Janeiro: Editora da Fundação Getulio Vargas, 1991.

CONDEZ, T. H.; SAWAYA, R. J.; DIXO, M. Herpetofauna dos remanescentes de Mata Atlântica da região de Tapiraí e Piedade, SP, sudeste do Brasil. *Biota Neotropica,* v. 9, p. 157-185. 2009.

CUNHA, E. R.; DELARIVA, R. L. Introdução da rã-touro, *Lithobates catesbeianus* (Shaw, 1802): uma revisão. *Revista Saúde e Biologia,* v. 4, p. 34-46. 2009.

DIXO, M.; METZGER, J. P. Are corridors, fragment size and forest structure important for the conservation of leaf-litter lizards in a fragmented landscape? *Oryx,* v. 43, p. 435-442. 2009.

DITTRICH, V. A. O.; SALINO, A. Pteridófitas da Serra do Itapeti. In: MORINI, M. S. C., MIRANDA, V. F. O. (Org.). *Serra do Itapeti:* aspectos históricos, sociais e naturalísticos. Bauru: Canal6. 2012, 396p.

DURIGAN, G. *et al.* Fanerógamas. In: RODRIGUES, R. R.; BONONI, V. L. (Org.). *Diretrizes para a conservação e restauração da biodiversidade no Estado de São Paulo.* Instituto de Botânica, FAPESP, Biota/FAPESP, 2008.

EMPLASA. Plano de preservação e aproveitamento da Serra do Itapeti. *Plano Diretor*, SP, v. 1, Secretaria dos Negócios Metropolitanos, 1981.

ESPOSITO, E. O Parque Municipal Nagib Najar: uma importante área para a preservação da Serra do Itapeti. In: MORINI, M. S. C., MIRANDA, V. F. O. (Org.). *Serra do Itapeti:* aspectos históricos, sociais e naturalísticos. Bauru: Canal6. 2012, 396p.

FERNANDES, T. T.; SILVA, R. R.; SOUZA, D. R., ARAUJO, N., MORINI, M. S. C. Undecomposed twigs in the leaf litter as nest-building resources for ants (Hymenoptera: Formicidae) in areas of the Atlantic Forest in the southeastern region of Brazil. *Psyche*, v. 2012, 2012.

FIASCHI, P.; PIRANI, J. R. Review of plant biogeographic studies in Brazil. *Journal Systematics and Evolution*, p. 1-20, 2009.

FRANCO, F. L.; RIBEIRO, R. A. K.; ETEROVIC, A.; FERREIRA, T. G.; ZANOTTI, A.; BARBOSA, A. C. Répteis da região de Biritiba-Mirim, Mogi das Cruzes e Salesópolis, São Paulo. *Resumos do III Simpósio do Programa Biota/FAPESP.* Universidade Federal de São Carlos, 2002.

FRANCO, I. M.; MANZATTI, L.; PAGOTO, A. *Rastros no Itapety:* levantamento de mamíferos não voadores no Parque Natural Municipal da Serra do Itapety. (Trabalho de Conclusão de Curso). Mogi das Cruzes: Universidade Braz Cubas. Biologia, 2006.

FURNAS CENTRAIS ELÉTRICAS e BIOCEV MEIO-AMBIENTE. Linha de Transmissão 345 Kv Tijuco Preto – Itapeti – Nordeste: Projeto de levantamento de dados primários da fauna terrestre na área de influência. *Relatório final BMA-FAU-TIJ-01.* Belo Horizonte, 2009 a.

FURNAS CENTRAIS ELÉTRICAS e BIOCEV MEIO-AMBIENTE. *Projeto de levantamento de dados primários da fauna terrestre na área de influência da linha de transmissão 345 KV Tijuco Preto – Itapeti – Nordeste.* Mogi das Cruzes: Furnas Centrais Elétricas S. A, 2009b.

GIAMAS, M. T. D. *et al.* Ictiofauna da represa de Ponte Nova, Salesópolis (São Paulo) – Bacia do Alto Tietê. *Boletim do Instituto de Pesca*, v. 30, p. 25-34. 2004.

GIBBONS, J. W.; SCOTT, D. E.; RYAN, T. J.; BUHLMANN, K. A.; TUBERVILLE, T. D.; METTS, B. S.; GREENE, J. L.; MILL, T.; LEIDEN, Y.; POPPY, S.; WINNE, C. T. The global decline of reptiles, déjà vu amphibians. *BioScience*, v. 50, p. 553-556. 2000.

GRADSTEIN, S. R.; COSTA, D. P. The Hepaticae and Anthocerotae of Brazil. *Memoirs of The New York Botanical Garden*, v. 87, p. 1-318. 2003.

GRIMALDI, D.; ENGEL, M. S. *Evolution of the Insects.* New York: Cambridge University Press, 2005, xv + 755pp.

GUGLIOTTA, A. M. Fungos. In: RODRIGUES, R. R.; BONONI, V. L. (Org.). *Diretrizes para a conservação e restauração da biodiversidade no Estado de São Paulo.* Instituto de Botânica, FAPESP, Biota/FAPESP, 2008.

HADDAD, C. F. B. Biodiversidade dos anfíbios no Estado de São Paulo. In: CASTRO, R. M. C. (Ed.) *Biodiversidade do Estado de São Paulo, Brasil:* síntese do conhecimento ao final do século XX. São Paulo: Editora FAPESP, 1998, p. 17-26.

HÖLLDOBLER, B.; WILSON, E. O. *The ants.* Cambridge, Massachusetts: The Belknap Press of Havard University Press. 1990, 732 p.

IPT. *Mapa geomorfológico do estado de São Paulo*, SP. Monografia. Instituto de Pesquisas Tecnológicas, 1981, 126p.

JOLY, C. A.; AIDAR, M. P. M.; KLINK, C. A.; MCGRATH, D. G.; MOREIRA, A. G.; MOUTINHO, P.; NEPSTAD, D. C.; OLIVEIRA, A. A.; POTT, A.; RODAL, M. J. N.; SAMPAIO, E. V. S. B. Evolution of the Brazilian phytogeography classification systems: implications for biodiversity conservation. *Ciência e Cultura*, v. 51, p. 331-348, 1999.

_____; LEITÃO-FILHO, H. F.; SILVA, S. M. O patrimônio florístico. In: CÂMARA, I. B. (coord.) *Mata Atlântica*. Index, Rio de Janeiro, p. 96-128, 1992.

KIERULFF, M. C. M. *et al*. Mamíferos. In: RODRIGUES, R. R.; BONONI, V. L. (Org.). *Diretrizes para a conservação e restauração da biodiversidade no Estado de São Paulo*. Instituto de Botânica, FAPESP, Biota/FAPESP, 2008.

_____; PROCÓPIO-DE-OLIVEIRA, P.; MARTINS, C. S.; VALLADARES-PÁDUA, C. B.; PORFÍRIO, S. OLIVEIRA, M. M.; RYLANDS, A. B.; BEZERRA, A. R. G. F. Manejo para a conservação de primatas brasileiros. In: BICCA-MARQUES, J. C. *A Primatologia no Brasil*. Porto Alegre, RS, V. X, 2007, p. 71-100.

LANGE, R. R.; MARGARIDO, T. C. C. Métodos para caracterização de mastofauna em estudos de impactos ambientais. In: JUCHEM, P. A. *Manual de avaliação de impactos ambientais*. 2. ed. Curitiba: IAP: GTZ, 1993. p. 1-5.

LANGEANI, F. *Ictiofauna do Alto Curso do rio Tietê (SP): taxonomia*. 1989. Dissertação (Mestrado) – Universidade de São Paulo, São Paulo. 1989. p. 231

LEMOS R. Y.; GOLDONI, P. A.; BRESCOVIT, A. D. Aranhas de Serapilheira da Serra do Itapeti. In: MORINI, M. S. C., MIRANDA, V. F. O. (Org.). *Serra do Itapeti*: aspectos históricos, sociais e naturalísticos. Bauru, SP: Editora Canal6. 2012, 396p.

LEWINSOHN, T. M.; PRADO, P. I. Quantas espécies há no Brasil? In: *Megadiversidade*. v. 1, n. 1, Belo Horizonte: Conservation International. 2005.

LIPS, K. R. Mass mortality and population declines of anurans at an upland site in western Panamá. *Conservation Biology*, v. 13, p. 117-125, 1999.

MAMEDE, M. C. H.; SOUZA, V. C.; PRADO, J.; BARROSS, F.; WANDERLEY, M. G. L.; RANDO, J. G. (Org.). *Livro vermelho das espécies vegetais ameaçadas do Estado de São Paulo*. 2007. 165p.

MACHADO, A. B. M; DRUMMOND, G. M.; PAGLIA, A. P. (Eds.). *Livro Vermelho da Fauna Brasileira Ameaçada de Extinção*. V. II. 1. ed. Brasília, DF: Ministério do Meio Ambiente, 2008. 906 p.

MANNA DE DEUS, J. R.; MANZATTI, L.; TOMASULO, P. L. B.; MENEZES, A. C.; LOUREIRO, A.; ESPIRITO SANTOS, C. E.; KAKUTA, F. Y.; SILVA, J. C. R.; CAMPOS, J. F.; YAMAMOTO, M. A. M.; ANDREATTA, M. D.; OLIVEIRA, M. F.; RAYMUNDO, M. H. A.; PRANDO, R. C.; MARTINS, R.; PARADA, S.; NICOLAU, S. A. *Plano de Manejo Parque Natural Municipal da Serra do Itapety*. 1995. 125p.

MANZATTI, L.; FRANCO, I. M. Mamíferos de Médio e Grande Porte da Serra do Itapeti. In: MORINI, M. S. C., MIRANDA, V. F. O. (Org.). *Serra do Itapeti*: aspectos históricos, sociais e naturalísticos. Bauru: Canal6. 2012, 396p.

MARCENIUK, A. P.; HILSDORF, A. W. S. *Peixes: das cabeceiras do rio Tietê e Parque das Neblinas*. Bauru: Canal6. 2010, 160p.

MARQUES, O. A. V.; ABE A. S.; MARTINS, M. Estudo diagnóstico da diversidade de répteis do Estado de São Paulo. In: CASTRO, R. M. C. (Ed) *Biodiversidade do Estado de São Paulo, Brasil*: síntese do conhecimento ao final do século XX. São Paulo: FAPESP. 1998, p. 27-38.

MARTINS, M. Répteis. In: MACHADO, A. B.; MARTINS, C. S.; DRUMMOND, G. M. (Orgs.). *Lista da fauna brasileira ameaçada de extinção, incluindo as listas das espécies quase ameaçadas e deficientes de dados*. Belo Horizonte: Fundação Biodiversitas. 2005, p. 55-58.

MARTINS, R.; BORGES, M. R. F.; IARTELLI, R.; PUORTO, G. Fauna da Reserva Legal da Pedreira Itapeti. In: MORINI, M. S. C., MIRANDA, V. F. O. (Org.). *Serra do Itapeti:* aspectos históricos, sociais e naturalísticos. Bauru: Canal6. 2012, 396p.

MENEZES, N. A. *et al. Peixes de água-doce da Mata Atlântica:* lista preliminar das espécies e comentários sobre conservação de peixes neotropicais de água-doce. São Paulo: Museu de Zoologia. Universidade de São Paulo. 2007, 408 p.

METZGER, J. P.; MARTENSEN, A. C.; DIXO, M.; BERNACCI, L. C.; RIBEIRO, M. C.; TEIXEIRA, A. M. G.; PARDINI, R. Time-lag in biological responses to landscape changes in a highly dynamic Atlantic forest region. *Biological Conservation*, v. 142, p. 1166-1177. 2009.

MORAIS, J. W. M.; OLIVEIRA, V. S. O.; DAMBROS, C. S.; TAPIA-CORAL, S. C.; ACIOLI, A. N. S. Mesofauna do solo em diferentes sistemas de uso da terra no Alto Rio Solimões, AM. *Neotropical Entomology*, v. 39, p. 145-152. 2010.

MORINI, M. S. C.; MIRANDA, V. F. O. (Org.). *Serra do Itapeti:* aspectos históricos, sociais e naturalísticos. Bauru: Canal6. 2012, 396p.

_____; SILVA, R. R., SUGUITURU, S. S.; PACHECO, R.; NAKANO, M. A. A Fauna de Formigas da Serra do Itapeti. In: MORINI, M. S. C., MIRANDA, V. F. O. (Org.). *Serra do Itapeti:* aspectos históricos, sociais e naturalísticos. Bauru: Canal6. 2012, 396p.

MOTTA Jr., J. C. *Estruturas tróficas e composição das avifaunas de três hábitats na região central do Estado de São Paulo.* Ararajuba v. 1, 1990, p. 65-71.

MYERS, N.; MITTERMEIER, R. A.; MITTERMEIER, C. G.; FONSECA, G. A. B.; KENT, J. Biodiversity hotspots for conservation priorities. *Nature*, v. 403, p. 853-858. 2000.

NAKANO, M. A.; FEITOSA, R. M.; MORAE, C. O., ADRIANO, L. D. C.; HENGLES, E. P., LONGUI, L. E.; MORINI, M. S. C. Assembly of *Myrmelachista* Roger (Formicidae: Formicinae) in twigs fallen on the leaf litter of Brazilian Atlantic Forest. *Journal Natural of History*, 2012.

NOWAK, R. M. *Walker´s Mammals of the World*. 6. ed., v. 1. The Johns Hopkins University Press. 1999, 836p.

PAGANI, M. I. Preservação da Serra do Itapeti. In: MORINI, M. S. C.; MIRANDA, V. F. O. (Org.). *Serra do Itapeti:* aspectos históricos, sociais e naturalísticos. Bauru: Canal6, 2012, p. 45-58.

PLATNICK, N. I. *The World Spider Catalog*, Version 10.5, 2010. Disponível em: <research.amnh. org/entomology/spiders/catalog/INTRO1.html>. Acesso em: 20 mar. 2010.

PLANO DE MANEJO –Plano de Manejo do Parque Nascentes do Tietê. FUNCAMP/DAEE. 2004.

PM – *Plano de manejo do Parque Natural Municipal Francisco Affonso de Mello – Chiquinho Veríssimo*. Mogi das Cruzes, SP, 2011. Disponível em: <*www.bibliotecavirtualecofuturo.org. br/.../plano-de-manejo-parque-n>. Acesso em:* 20 maio 2013.

PRADO, J.; MARCELLI, M. P. Criptógamas. In: RODRIGUES, R. R.; BONONI, V. L. (Org.). *Diretrizes para a conservação e restauração da biodiversidade no Estado de São Paulo*. Instituto de Botânica, FAPESP, Biota/FAPESP, 2008.

_____. Pteridófitas. In: RODRIGUES, R. R.; BONONI, V. L. (Org.). *Diretrizes para a conservação e restauração da biodiversidade no Estado de São Paulo*. Instituto de Botânica, FAPESP, Biota/ FAPESP, 2008.

_____. Pteridófitas do Estado de São Paulo. In: BICUDO, C. E. M.; SHEPHERD, G. J. (Eds.) *Biodiversidade do Estado de São Paulo*. v. 2. Fungos Macroscópicos e Plantas. FAPESP, São Paulo, 1998.

PIRES-ZOTTARELLI, C. L.; MICHELIN, F. F. Fungos zoospóricos da Serra do Itapeti. In: MORINI, M. S. C.; MIRANDA, V. F. O. (Org.). *Serra do Itapeti:* aspectos históricos, sociais e naturalísticos. Bauru: Editora Canal6. 2012, 396p.

RAYMUNDO, M. H. A.; BARROS, E. J.; CANDIDO, M. S.; DANTAS, V. M.; MORAES, N. S.; TEIXEIRA, J. A. G.; OLIVEIRA, M. G.; SIRO, S. A. F.; BRANCO, E. A.; MANNA. M. L.; SILVA, B. R. Protocolo em Defesa da Recuperação da Qualidade Socioambiental da Bacia Hidrográfica do Alto Tietê Cabeceiras. In: *Celebração do Protocolo em Defesa da Recuperação da Qualidade Socioam-biental da Bacia Hidrográfica do Alto Tietê Cabeceiras*, Suzano/SP. 2010.

RAYMUNDO, M. H. A; BRANCO, E. A.; SIRO, S. A. F.; MORAES, N. S.; TEIXEIRA, J. A. G.; CANDIDO, M. S. A construção de um protocolo pela governança das águas e recuperação da qualidade socioambiental. In: *XIV World Water Congress*, Porto de Galinhas/PE. Proceedings of XIV World Water Congress, 2011.

REIS, N. R., PERACCHI, A. L., PEDRO, W. A.; LIMA, I. P. (Eds.). *Mamíferos do Brasil*. Londrina, PR, 2006.

REIS, R. E.; KULLANDER, S. O.; FERRARIS-Jr., C. J. (Orgs.). Check list of the freshwater fishes of South and Central America. Porto Alegre: EDIPUCRS, 2003.

RIBEIRO, A. C. Tectonic history and the biogeography of the freshwater fishes from the coastal drainages of eastern Brazil: an example of faunal evolution associated with a divergent continental margIn: *Neotropical Ichthyology*, v. 4, p. 225-246. 2006.

_____; LIMA, F. C. T.; RICCOMINI, C.; MENEZES, N. A. Fishes of the Atlantic rainforest of Bora-ceia: testimonies of the Quaternary fault reactivation within a Neoproterozoic tectonic pro-vince in Southeastern Brazil. *Ichthyol. Explor. Freshwaters*, v. 17, p. 157-164. 2006.

RIBEIRO, M.C., METZGER, J.P., MARTENSEN, A.C., PONZONI, F.; HIROTA, M.M. Brazilian Atlan-tic forest: how much is left and how is the remaining forest distributed? Implications for conservation. Biological Conservation, v.142, p.1141-1153, 2009.

RIZZINI, C. T. *Tratado de fitogografia do Brasil:* aspectos sociológicos e florísticos. V. II, 2ª ed. São Paulo: Hicitec & Edusp. 1997, 374p.

RODRIGUES, R. R.; BONONI, V. L. R. Introdução. In: RODRIGUES, R. R.; BONONI, V. L. (Org.). *Dire-trizes para a conservação e restauração da biodiversidade no Estado de São Paulo*. Instituto de Botânica, FAPESP, Biota/FAPESP, 2008.

RODRIGUES, V. T,; BARROS, F. A Família Orchidaceae da Serra do Itapeti. In: MORINI, M. S. C.; MIRANDA, V. F. O. (Org.). *Serra do Itapeti: aspectos históricos, sociais e naturalísticos*. Bauru, SP: Editora Canal6. 2012, 396p.

ROSA, R. S.; LIMA, F. C. T. L. Os peixes brasileiros ameaçados de extinção. In: MACHADO, A. B. M.; DRUMOND, G. M.; PAGLIA, A. P. *Livro Vermelho da Fauna Brasileira Ameaçada de Extinção*. 1. ed. Brasília: DF: MMA/Belo Horizonte, MG: Fundação Biodiversitas. 2008, 907p.

ROSSA-FERES, D. *et al.* Herpetofauna. In: RODRIGUES, R. R.; BONONI, V. L. (Org.). *Diretrizes para a conservação e restauração da biodiversidade no Estado de São Paulo*. Instituto de Botânica, FAPESP, Biota/FAPESP, 2008.

SÃO PAULO. *Fauna ameaçada no Estado de São Paulo*. Secretaria de Estado do Meio Ambiente/ Série Documentos Ambientais. 1998.

SBH. Lista de espécies de anfíbios do Brasil. Sociedade Brasileira de Herpetologia (SBH). 2007. Disponível em: <www.sbherpetologia.org.br/checklist/anfibios.htm> Acesso em: out. 2012.

SERRA, J. P.; CARVALHO, F. R.; LANGEANI, F. *Ichthyofauna of the rio Itatinga in the Parque das Neblinas*. Bertioga, SP: composition and biogeography. *Biota Neotropica*, v. 7, n. 1, 2007.

SERIO, F. C. *Desenvolvimento de método automatizado para zoneamento de áreas naturais prote-gidas: Estação Ecológica de Itapeti*. Dissertação (Mestrado em Conservação e Manejo de Recur-sos) – Centro de Estudos Ambientais, Universidade Estadual Paulista, Rio Claro, 1999. 192p.

SILVA, W. R. *et al.* Aves. In: RODRIGUES, R. R.; BONONI, V. L. (Org.). *Diretrizes para a conserva-ção e restauração da biodiversidade no Estado de São Paulo*. Instituto de Botânica, FAPESP, Biota/FAPESP, 2008.

SILVEIRA, L. F.; OLMOS, F. Quantas espécies de aves existem no Brasil? Conceitos de espécie, conservação e o que falta descobrir. *Revista Brasileira de Ornitologia*, v. 15, p. 289-296. 2007.

SMA – Secretaria do Meio Ambiente. *Inventário florestal da vegetação natural do Estado de São Paulo*. São Paulo: Secretaria do Meio Ambiente/Instituto Florestal. 2005, 200 p.

SNUC - Sistema Nacional de Unidades de Conservação. Lei n. 9985 de 18 de julho de 2000.

STUART, S.; CHANSON, J. S.; COX, N. A.; YOUNG, B. E.; RODRIGUES, A. S. L.; FISHMAN, D. L.; WALLER, R. W. Status and trends of amphibian declines and extinctions worldwide. *Science*, v. 306, p. 1783-1786. 2004.

TOMASULO, P. L. B. Flora fanerogâmica da Serra do Itapeti. In: Morini, M. S. C.; Miranda, V. F. O. (Org.). *Serra do Itapeti:* aspectos históricos, sociais e naturalísticos. Bauru: Canal6. 2012, 396p.

TRETTEL, V.; NISHIE, M.; SIQUEIRA JR, S.; UIEDA, W. Levantamento preliminar dos quirópteros no Parque Natural Municipal da Serra do Itapeti. In: *Anais XXIII Congresso de Zoologia*. Cuiabá: Sociedade Brasileira de Zoologia. 2000, 572p.

UEHARA-PRADO, M.; RIBEIRO, D. B. Borboletas em Floresta Atlântica: Métodos de Amostragem e Inventário de Espécies na Serra do Itapeti. In: MORINI, M. S. C.; Miranda, V. F. O. (Org.). *Serra do Itapeti:* aspectos históricos, sociais e naturalísticos. Bauru, SP: Editora Canal6, 2012, 396p.

VELOSO, H. P.; FILHO, A. L. R.; LIMA, J. C. A. *Classificação da Vegetação Adaptada a um Sistema Universal.* Rio de Janeiro: Instituto Brasileiro de Geografia e Estatística (IBGE), 1991.

VICTOR, M. A. M. *A devastação florestal.* São Paulo: Sociedade Brasileira de Silvicultura, 1979, 48 p.

WEITZMAN, S. H.; MALABARBA, L. R. Systematics of *Spintherobolus* (Teleostei: Characidae: Cheirodontinae) from Eastern Brazil. Ichthyol. Explor. *Freshwaters*, v. 10, p. 1-43, 1999.

WILSON, E.O. Biodiversidade. Editora Nova Fronteira, 1988, 657p.

YANO, O.; PERALTA, D. F. Briófitas. In: RODRIGUES, R. R.; BONONI, V. L. (Org.). *Diretrizes para a conservação e restauração da biodiversidade no Estado de São Paulo.* Instituto de Botânica, FAPESP, Biota/FAPESP, 2008.

_____. Briófitas da Serra do Itapeti. In: MORINI, M. S. C.; MIRANDA, V. F. O. (Org.). *Serra do Itapeti:* aspectos históricos, sociais e naturalísticos. Bauru, SP: Editora Canal6. 2012, 396p.

Capítulo 14

POLÍTICAS PÚBLICAS PARA A ÁGUA

Suely Mitie Kusano

1. ÁGUA: ELEMENTO VITAL

O planeta possui 75% de sua superfície recoberta por água, dos quais 97,61% correspondem à água salgada, distribuída nos oceanos. Menos de 3% é de água doce, a maior parte concentrada nas geleiras, calotas polares e profundezas dos aquíferos e somente 1% da água doce é acessível para as necessidades humanas, encontrada nos rios, lagos, lençóis freáticos, nuvens e atmosfera (DECICINO, 2007).

O Brasil, sozinho, detém cerca de 12% da água doce do planeta, privilegiado com o maior rio em volume e um dos principais aquíferos subterrâneos do mundo, além de contar com um invejável índice de chuvas. Ainda assim, falta água no semiárido e nas grandes cidades, em função da distribuição desigual: 70% da água de superfície estão na região norte, onde vivem 10% da população brasileira, enquanto no sertão nordestino há escassez de água de superfície e a água do lençol freático é salobra.

Nas regiões populosas, o problema se agrava pelo maior consumo, poluição industrial e esgoto residencial que reduzem a disponibilidade para o uso: na região metropolitana de São Paulo, o Rio Tietê transformou-se em despejo de esgoto, as margens da Represa de Guarapiranga foram bastante desmatadas para dar lugar a construções de casas, recebem esgoto e sedimentos que reduziram drasticamente a capacidade de armazenamento e a mesma situação se verifica na Represa Billings, para onde são bombeadas as águas poluídas do Rio Tietê e Rio Pinheiros para manterem seu curso. Para o abastecimento público da metrópole paulistana, são trazidas as águas dos Rios Piracicaba, Jundiaí e Capivari, disputando esse manancial com 58 municípios para abastecimento também da região de Piracicaba (ADEODATO, 2013).

As preocupações acerca dos distúrbios ambientais decorrentes das atividades antrópicas e que afetam o equilíbrio ecológico começaram a despontar a partir da Conferência de Estocolmo (1972), quando o governo brasileiro deu início ao desenvolvimento de políticas públicas ambientais, principalmente pela degradação do meio ambiente, práticas insustentáveis de uso dos recursos naturais e perda acelerada da diversidade biológica que afetam a qualidade de vida saudável, a segurança e a economia individual e nacional.

Em se tratando de equilíbrio ecológico e desenvolvimento sustentável, é indissociável a abordagem dos recursos naturais como um todo único e harmônico; pois água, solo, ar/clima – tempo/temperatura, fauna e flora são correlatos, ocorrendo intensa interferência entre estes elementos da natureza, uns nos outros.

Partindo da premissa de que o desenvolvimento deve ser sustentável, com pena de cessar o ciclo de crescimento em razão do esgotamento dos meios, chega-se à conclusão irrefutável de que é fundamental haver equilíbrio entre o meio ambiente e as atividades humanas. Nesse sentido, erige-se a água como elemento matriz que propicia a fertilidade do solo, que regula o clima, que favorece a biodiversidade da fauna e da flora; enfim, a água é o principal vetor do desenvolvimento de um povo.

A sadia qualidade de vida consiste na potabilidade da água para dessedentação humana, preparo dos alimentos, higiene corporal, limpeza dos ambientes. E mais, a água é fundamental para a engorda dos animais para o consumo humano e para o crescimento das plantas, incluindo-se a vegetação essencial para o combate à poluição do ar e para a regulação do clima.

De outro lado, o mau uso desse recurso natural pode ensejar perdas inestimáveis e prejuízos até mesmo de ordem financeira. O desmatamento das florestas para dar lugar à agricultura, à pecuária, à extração de madeira, especulação imobiliária e construção civil faz com que haja redução dos *habitats* das espécies da fauna, dificuldade no controle natural de pragas, poluição do ar e da água.

Com o desmatamento, agravado pela prática de queimadas, uso inadequado de maquinários e equipamentos para aração e revolvimento do solo, implementos agrícolas, instala-se a erosão, principal causa da degradação do solo e dos recursos hídricos nos ambientes tropicais e subtropicais, sendo "a perda da camada superficial do solo um desafio para a sustentabilidade da agricultura no mundo" (ANA, 2012, p. 11-12). Nos casos extremos de erosão podem ocorrer deslizamento de encostas, soterramento em áreas habitadas, fechamento de rodovias e ferrovias, causando grande prejuízo social e econômico.

Além do prejuízo ao solo, por causa da redução da capacidade de infiltração, sedimentação e assoreamento, a erosão também afeta a qualidade e o volume das águas, repercutindo no abastecimento público de água e custo do tratamento, produção de energia hidrelétrica, redução da navegabilidade dos rios, diminuição do pescado e escassez para irrigação da agricultura e dessedentação dos animais.

2. POLÍTICA NACIONAL DE RECURSOS HÍDRICOS

Mencionando que 70% da água doce brasileira é destinada à agricultura, muitas vezes com técnica inadequada que faz escorrer insumos e defensivos para os cursos d'água e que juntamente com a descarga de esgotos e redução das chuvas em razão das mudanças climáticas, afetam *a capacidade dos ecossistemas em sustentar as áreas de reprodução e pesca de grande parte das espécies de peixes de uso comercial e na alimentação humana*", MARCONDES (2010) observa que:

> *O governo federal lançou, em 2006, o Plano Nacional de Recursos Hídricos, que tem metas definidas até 2011, e propôs compromissos com a qualidade da água no Brasil até 2020. Os principais objetivos são melhorar a disponibilidade, a qualidade e a quantidade de água dos mananciais superficiais e subterrâneos; reduzir os conflitos reais e potenciais em relação ao uso e trabalhar para*

reduzir os impactos de eventos climáticos extremos causados pela água e buscar a conservação da água como um valor socioambiental relevante. Muitos desses objetivos estão contemplados em obras do Programa de Aceleração do Crescimento (PAC), que prevê investimentos de 40 bilhões de reais.

Com efeito, a Lei n. 9.433, de 8 de janeiro de 1997 (Institui a Política Nacional de Recursos Hídricos, cria o Sistema Nacional de Gerenciamento de Recursos Hídricos, regulamenta o inciso XIX do art. 21 da Constituição Federal e altera o art. 1º da Lei n. 8.001, de 13 de março de 1990, que modificou a Lei n. 7.990, de 28 de dezembro de 1989), traça objetivos e define instrumentos:

Art. 2º São objetivos da Política Nacional de Recursos Hídricos:
I – assegurar à atual e às futuras gerações a necessária disponibilidade de água, em padrões de qualidade adequados aos respectivos usos;
II – a utilização racional e integrada dos recursos hídricos, incluindo o transporte aquaviário, com vistas ao desenvolvimento sustentável;
III – a prevenção e a defesa contra eventos hidrológicos críticos de origem natural ou decorrentes do uso inadequado dos recursos naturais.

Art. 5º São instrumentos da Política Nacional de Recursos Hídricos:
I – os Planos de Recursos Hídricos;
II – o enquadramento dos corpos de água em classes, segundo os usos preponderantes da água;
III – a outorga dos direitos de uso de recursos hídricos;
IV – a cobrança pelo uso de recursos hídricos;
V – a compensação a municípios;
VI – o Sistema de Informações sobre Recursos Hídricos.

Para o estudo das políticas públicas para a água, interessa-nos analisar os Planos de Recursos Hídricos dispostos na Lei nº 9.433/1997 – PNRH (Política Nacional de Recursos Hídricos):

Art. 6º Os Planos de Recursos Hídricos são planos diretores que visam a fundamentar e orientar a implementação da Política Nacional de Recursos Hídricos e o gerenciamento dos recursos hídricos.

Art. 7º Os Planos de Recursos Hídricos são planos de longo prazo, com horizonte de planejamento compatível com o período de implantação de seus programas e projetos e terão o seguinte conteúdo mínimo:

I – diagnóstico da situação atual dos recursos hídricos;

II – análise de alternativas de crescimento demográfico, de evolução de atividades produtivas e de modificações dos padrões de ocupação do solo;

III – balanço entre disponibilidades e demandas futuras dos recursos hídricos, em quantidade e qualidade, com identificação de conflitos potenciais;

IV – metas de racionalização de uso, aumento da quantidade e melhoria da qualidade dos recursos hídricos disponíveis;

V – medidas a serem tomadas, programas a serem desenvolvidos e projetos a serem implantados, para o atendimento das metas previstas;

VI – (VETADO)

VII – (VETADO)

VIII – prioridades para outorga de direitos de uso de recursos hídricos;

IX – diretrizes e critérios para a cobrança pelo uso dos recursos hídricos;

X – propostas para a criação de áreas sujeitas a restrição de uso, com vistas à proteção dos recursos hídricos.

Art. 8º Os Planos de Recursos Hídricos serão elaborados por bacia hidrográfica, por Estado e para o País.

3. PROGRAMA PRODUTOR DE ÁGUA

Tendo como princípio o estímulo à política do Pagamento por Serviços Ambientais[26] – PSA – com vistas à conservação dos recursos hídricos brasileiros, o Programa Produtor de Água visa à redução da erosão e do assoreamento dos mananciais no meio rural para melhorar a qualidade e a quantidade de oferta da água, mediante projetos orientados e voltados a produtores rurais que, voluntariamente, se proponham às boas práticas mecânicas, de manutenção, recomposição da vegetação natural e agropecuária sustentável, que contribuam para a infiltração da água na bacia hidrográfica e para o abatimento efetivo da erosão do solo e do assoreamento do manancial.

O programa Produtor de Água apoia financeiramente ou com assistência técnica a implantação de Projetos Individuais da Propriedade (PIP), como um todo ou em partes, consistentes em práticas mecânicas (subsolagem, construção de terraços, barragens de captação e infiltração da água de chuva, barragens subterrâneas, readequação de estradas rurais), recuperação florestal (cobertura vegetal para proteção hídrica, cercamento de áreas, produção de mudas, plantio, enriquecimento, regeneração natural, conservação) e educação ambiental (palestras, cursos, material de divulgação e consumo, logístico).

Conforme o Manual do Produtor de Água (ANA, 2012, p. 16/23), o proprietário de imóvel rural que possua nascente ou curso de água identifica as problemáticas existentes e apresenta um projeto (PIP) à ANA – Agência Nacional da Água, para ser analisado e, sendo viável e adequado, dá-se início às tratativas para o PSA – Pagamento por Serviços Ambientais.

É firmado um ACT – Acordo de Cooperação Técnica, com indicação de UGP – Unidade de Gestão do Projeto e parceria entre associações locais e regionais, prefeituras, comitê de bacia hidrográfica, agência reguladora e produtor rural.

O PIP – Projeto Individual da Propriedade é selecionado mediante processo licitatório, priorizado mananciais de abastecimento público, com conflito de usos do recurso hídrico, baixa qualidade das águas, vazões e regimes

---

26 "Serviços ecossistêmicos" são benefícios gerados pelos ecossistemas, independentemente da atuação humana; "serviços ambientais" são benefícios decorrentes de iniciativas antrópicas em favor desses sistemas ecológicos – cf. Relatório-Síntese da Avaliação Ecossistêmica do Milênio – Minuta Final (2005), Disponível em: <www.milleniummassessment.org/documents/document.446.aspx.pdf>. Acesso em: 04 set. 2012.

sensivelmente alterados, eventos hidrológicos críticos em áreas que apresentem poluição difusa de origem rural, erosão, *deficit* de cobertura vegetal em áreas legalmente protegidas e ter um número mínimo de produtores rurais interessados em viabilizar a aplicação do programa.

A seleção do PIP, mediante processo licitatório, depende das propostas que indiquem o efetivo combate da erosão e melhora a infiltração da água, de modo a aumentar a quantidade e qualidade da água da bacia hidrográfica identificada.

No contrato firmado, com parcerias prefixadas, segue-se a certificação do projeto em que são agendadas datas para vistoria da propriedade e comprovar o êxito do projeto. O PIP também é monitorado, visando aprimorar os benefícios dos projetos, com indicadores de redução da erosão, vazão e turbidez da água, engajamento dos produtores na adoção de práticas ambientalmente corretas. O monitoramento é periódico e não interfere nos contratos já assinados.

Analisado o PIP – Projeto Individual da Propriedade, a valoração do PSA – Pagamento por Serviços Ambientais é efetuada com base em critérios que estabelecem o VRE – Valor de Referência, obtido mediante estudo econômico com base na atividade agropecuária utilizada na região ou o conjunto de atividades que melhor represente os ganhos médios líquidos propostos no projeto; uma vez que o objetivo é recompensar o serviço ambiental prestado – portanto, não tem intenção de benefícios particulares de caráter gratuito ou de mera assistência social.

O VRE – Valor de Referência por hectare/ano especifica o PSA – Pagamento por Serviços Ambientais a ser pago em parcelas mensais e tem como base o custo de oportunidade[27] conjugado com o critério do benefício do serviço ambiental, de modo que (1) confere-se 1,25 × VRE, quando a totalidade da área fica impedida de ser utilizada com atividade econômica e o projeto conserva a vegetação nativa existente, porque não demanda recursos do programa; (2) confere-se o VRE nos casos de o projeto prever recuperação da vegetação ativa e (3) para a conservação do solo com práticas mecânicas e agropecuária sustentável, em que já há lucros da atividade econômica, o PSA corresponde

---

[27] Custo de oportunidade é o valor estimado do ganho anual pela atividade agrícola ou pecuária por hectare, prevista para os produtores da região. Quanto menor for o custo de oportunidade, ou mesmo que for nulo (isto é, previsão de nada lucrar com a atividade convencional), melhores são as oportunidades de sucesso do programa e maior será o PSA – Pagamento por Serviços Ambientais.

a 50% do VRE. O PSA – Pagamento por Serviços Ambientais tem como fontes o orçamento geral da União, Estados-Membros e Municípios; os Fundos (nacional/estaduais) de Recursos Hídricos e de Meio Ambiente; bancos e organismos internacionais como o BIRD e o BID; as ONGs – Organizações Não Governamentais, fundações; empresas de saneamento; Comitês de Bacia (pelos recursos da cobrança pelo uso da água); TAC – Termos de Ajuste de Conduta.

Em termos de fontes financeiras, destacam-se os Comitês de Bacias Hidrográficas, pelos recursos da cobrança pelo uso da água, com aplicação do conceito "quem polui deve pagar, quem preserva pode receber" e o setor produtivo, através de mecanismos econômicos como o mercado de carbono, a pegada hídrica e a bonificação de produtos agrícolas produzidos em propriedades que adotam práticas ambientalmente adequadas e certificadas.

Como piloto (PEREIRA et al., 2010, p. 44/46), foi inaugurado o Programa Produtor de Água no PCJ em 2005, abrangendo os mananciais da sub-bacia do Cantareira, compostos pelas microbacias hidrográficas do Cancã, do Moinho, das Posses e Piracicaba; atraindo vários parceiros: no âmbito federal, a Agência Nacional de Águas – ANA, no estadual de Minas Gerais, o Instituto Estadual de Florestas – IEF/MG e no estadual de São Paulo, a SMA – Secretaria do Meio Ambiente do Estado de São Paulo e a CATI da Secretaria da Agricultura do Estado São Paulo, o Comitê PCJ Federal – rios Piracicaba, Capivari e Jundiaí, The Nature Conservancy – TNC e a SOS Mata Atlântica, ONGs focadas na conservação da biodiversidade e a empresa Melhoramentos Papéis S/A de um lado e, de outro lado, os produtores rurais que se comprometeram a seguir criteriosamente as instruções contidas no projeto técnico, manter e executar todas as fases corretamente, os sistemas de saneamento rural e de controle da erosão e de pragas, bem como proteger a área contra fogo, animais e terceiros.

O planejamento e os trabalhos de implantação do projeto se iniciaram no final do ano de 2006 e em 2007, quando a Prefeitura de Extrema iniciou o trabalho de construção de cercas no entorno das Áreas de Preservação Permanente – APPs e o plantio de árvores nessas áreas. O pagamento aos produtores rurais pelos trabalhos de conservação de água e solo, relacionados com as práticas mecânicas, começou a ser realizado em abril de 2007, por meio de Contrato de Repasse, celebrado via Caixa Econômica Federal e Agência Nacional de Águas.

Na sub-bacia do Rio das Posses foram cadastradas e mapeadas as 120 propriedades rurais que totalizam uma área de 1.200 hectares. Realizou-se o isolamento – através de cercas – e plantio com essências nativas nas áreas de preservação permanente em torno dos cursos d'água, onde foram plantadas por volta de 150 mil mudas de árvores nativas em, aproximadamente, 75 hectares de áreas em processo de restauração, além de áreas isoladas que já apresentavam vegetação nativa, sendo realizada apenas a condução da regeneração natural, introduzindo melhorias nas estradas, com estabelecimento de taludes e construção de "barraginhas".

Na sub-bacia do Salto, na primeira fase do programa, em 2009, foram mapeadas as propriedades da microbacia do Salto do Meio, que totalizaram 500 hectares. Na segunda fase, em 2010, foram cadastradas e mapeadas 204 propriedades da microbacia do Salto de Cima, que totalizaram 4.169,79 hectares. O programa Conservador de Água em Extrema/MG, derivado do programa Produtor de Água, da ANA, também desenvolve educação ambiental, em forma de cursos, visitas e atividades práticas abertas à comunidade local, regional e de outros Estados da federação.

4. REÚSO DA ÁGUA

Há relatos de reúso ou reutilização da água na Grécia antiga e é uma prática aplicada há muitas décadas em vários países. Atualmente, o reúso da água também é buscado no Brasil, como forma de poupar mananciais e reduzir o custo do tratamento pelo consumo da água de qualidade inferior, quando o atendimento da finalidade não exige o padrão de potabilidade do consumo humano (CETESB. 2013).

Por vezes denominado de reciclagem da água, a reutilização pode ser indireta não planejada ou planejada. A forma não planejada ocorre após a utilização da água em alguma atividade humana e descarregada sem controle e diretamente no meio ambiente para ser captada na jusante pelo novo usuário, submetida à ação natural do ciclo hidrológico – isto é, o novo uso é possível em função de o efluente estar diluído e naturalmente depurado. O reúso indireto planejado ocorre quando o efluente é previamente tratado antes do despejo superficial ou subterrâneo na natureza, admitido mistura com novas cargas de efluentes tratados antes de ser reutilizado, de modo controlado, para outra aplicação adequada.

A forma mais difundida de reutilização da água é denominada de reúso direto planejado, verificado no encaminhamento, de maneira controlada, do efluente tratado do seu ponto de descarga diretamente ao local de reúso, sem ocorrer despejo no meio ambiente.

Geralmente empregada para irrigação têm paisagismo e de campos de cultivo, aquicultura, descarga de vasos sanitários, combate de incêndios; a água de reúso é proveniente do esgoto tratado e oferece grandes benefícios, quer pela economia de mananciais quer em razão do potencial de fertilização do solo ou subsídio na cadeia alimentar. Também empregada para usos industriais, recarga de aquífero, lavagem de calçadas e de veículos, sistemas de refrigeração e de ar-condicionado, dessedentação animal, construção civil e controle de poeira; a reutilização da água decorre de efluentes pós-tratados.

Diz-se esgoto, a água servida com alto nível de poluição e presença de coliformes fecais e outros microrganismos patológicos encontrados nos resíduos líquidos residenciais e comerciais. Diz-se efluente, a água servida ou utilizada no ciclo de produção, com contaminação inorgânica, a exemplo de águas processadas para uso na indústria, banhos, lavagem de roupas e equipamentos.

Para excluir risco de doenças, tanto o esgoto como os efluentes devem ser previamente tratados antes de reutilizar a água deles provenientes.

O tratamento da água para reúso pode ser feito por meio de fossa asséptica com biodigestor, técnica eficiente, barata e antiga (a primeira unidade foi instalada em Bombaim, na Índia, em 1819; na Austrália, se produz e industrializa metano extraído do esgoto desde 1911; na China, o metano e o adubo orgânico advindos do esgoto integram os ciclos produtivos). A EMBRAPA (NOVAES *et al.*, 2003, p. 1-2) estimula a instalação de fossas sépticas, com foco na adubação orgânica da agricultura e extração de metano para consumo no meio rural:

> *O sistema (figura 1-A) é composto por duas caixas de cimento amianto ou plástico de 1000 L cada [5], facilmente encontradas no comércio, conectadas exclusivamente ao vaso sanitário, (pois a água do banheiro e da pia não têm potencial patogênico e sabão ou detergente têm propriedades antibióticas que inibem o processo*

de biodigestão) e a uma terceira de 1000 L [6], que serve para coleta do efluente (adubo orgânico). As tampas dessas caixas devem ser vedadas com borracha e unidas entre si por tubos e conexões de PVC de 4", com curva de 90° longa [3] no interior das caixas e T de inspeção [4] para o caso de entupimento do sistema. Os tubos e conexões devem ser vedados na junção com a caixa com cola de silicone e o sistema deve ficar enterrado no solo para manter o isolamento térmico.

Inicialmente, a primeira caixa deve ser preenchida com aproximadamente 20 L de uma mistura de 50% de água e 50% esterco bovino (fresco). O objetivo desse procedimento é aumentar a atividade microbiana e consequentemente a eficiência da biodigestão, deve ser repetido a cada 30 dias com 10 L da mistura água/esterco bovino através da válvula de retenção [1]. O sistema consta ainda de duas chaminés de alívio [2] colocadas sobre as duas primeiras caixas para a descarga do gás acumulado (CH4). A coleta do efluente é feita através do registro de esfera de 50 mm [7] instalado na caixa coletora [6].

Caso não se deseje aproveitar o efluente como adubo e utilizá-lo somente para irrigação, pode-se montar na terceira caixa um filtro de areia, que permitirá a saída de água sem excesso de matéria orgânica dissolvida (figura 1-B).

Esse processo realiza-se através da decomposição anaeróbica da matéria orgânica digerível por bactérias que a transforma em biogás e efluente estabilizado e sem odores, podendo ser utilizado para fins agrícolas. As fases do processo constam de: fase de hidrólise enzimática, ácida e metanogênica (OLSEN & LARSEN, 1987), as quais eliminam todo e qualquer elemento patogênico existente nas fezes, devido, principalmente, à variação de temperatura.

Figura 1-A. Todo o sistema.

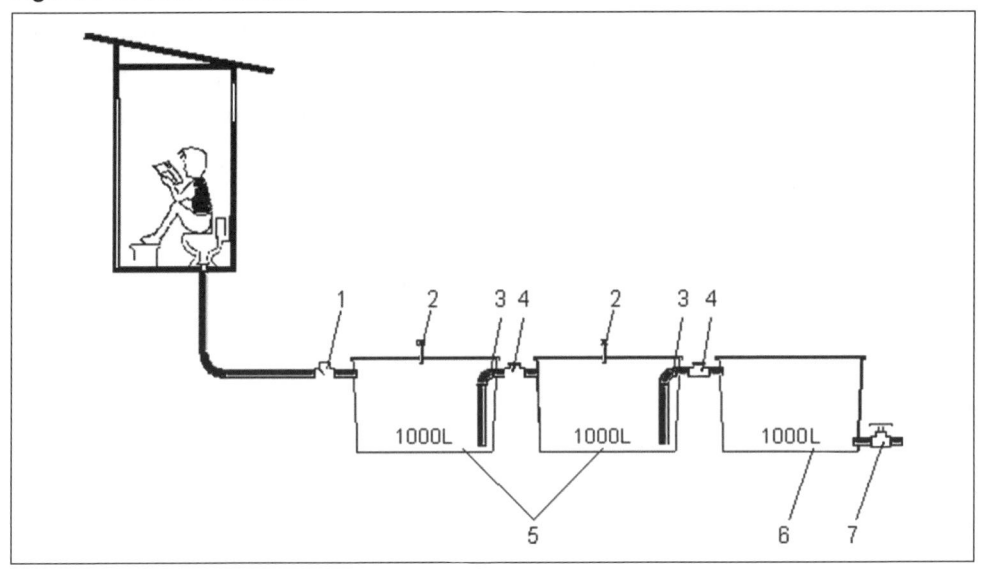

Fonte: EMBRAPA (www.cnpdia.embrapa.br/produtos/fossa.html).

Figura 1-B.

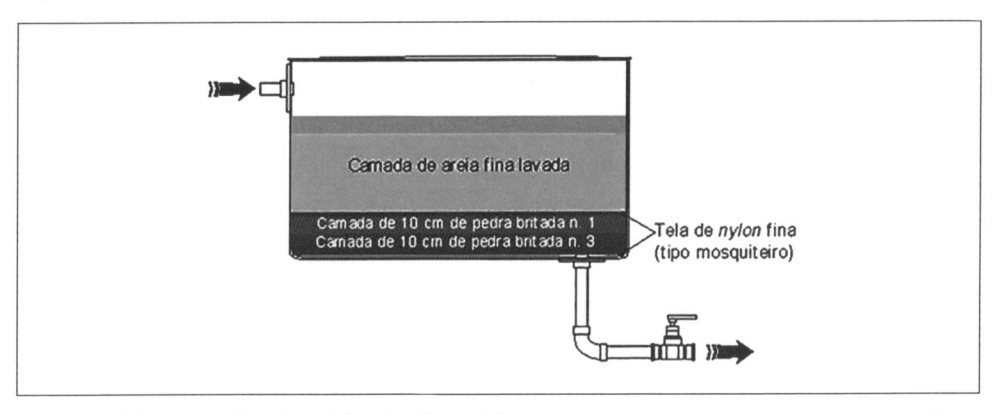

Fonte: EMBRAPA (www.cnpdia.embrapa.br/produtos/fossa.html).

Sem o propósito de se obter adubo orgânico (por isso, excluída a inserção de esterco bovino fresco), semelhante técnica se mostra bastante eficiente e adequada também para reúso da água decorrente da cozinha e dos banhos, pias, lavagem de roupas e outras utilizações, considerando que nessas atividades se encontram mais de 90% de água, como ensinado na revista *Arquitetura & Construção*:

- *A água que vem da cozinha passa por uma caixa de gordura, onde esta fica retida pelo anteparo (chicana), evitando o entupimento da tubulação e o sobrecarregamento da fossa. Essa caixa é impermeabilizada com mantas, da mesma forma que a fossa. Para uma casa com 6 pessoas, ela deve ter capacidade de 200 litros.*

- *A água que vem dos banheiros vai direto para a fossa, onde os compostos orgânicos se decantam (vão para o fundo), as espumas e gorduras ficam boiando na superfície e os micro-organismos, principalmente as bactérias, liberam enzimas que destroem os germes e coliformes fecais. Seu tamanho também depende do número de pessoas: para uma casa com 6 pessoas, sua capacidade é de 1.700 litros, e sua limpeza deve ser feita a cada 2 anos por empresas especializadas, que retiram o lodo do fundo e devem levá-lo a uma estação de tratamento.*

- *Da fossa, a água segue para o filtro anaeróbico impermeabilizado, que deve ter as mesmas dimensões da fossa, e na qual a água chega por baixo, atravessa uma tampa de concreto cheia de pequenos furos, passa por uma camada de brita n. 4 e sai para o sumidouro. Para limpá-lo, deve-se tirar o lodo por um cano de respiro, situado antes da entrada, e injetar água pela tampa superior para lavar as pedras. Um sistema ainda mais eficiente é a vala de filtração, em que, ao sair da fossa, a água passa por um cano furado, atravessa uma camada de areia, cai em outro cano furado e, ainda, por uma camada de brita, de onde já pode ir diretamente para a terra ou para rios e riachos.*

- *No sumidouro (buraco não impermeabilizado, cujo fundo deve estar a pelo menos 1,5 m acima do nível do lençol freático), a água é absorvida pela terra. Seu dimensionamento depende, fundamentalmente, do tipo de solo em que será construído: quanto menos absorvente, maior o sumidouro. Deve estar situado a uma distância mínima de 15 m do poço de água (se existente). Outra alternativa possível (principalmente quando o lençol freático estiver muito próximo da superfície) é a construção de valas de infiltração, em que a água corre por um cano furado, enterrado próximo à superfície, e se infiltra lentamente na terra.*

Destaca-se, ainda, o tratamento biológico de efluentes industriais e esgotos domésticos, combinado com aquaponia ou hidroponia e aquicultura (SNATURAL, 2011, p. 1/2). Trata-se de filtro construído ao nível do solo, primeiramente, escavado o solo em extensão e profundidade adequadas ao volume de efluente ou esgoto a ser tratado, concretado e impermeabilizado para evitar contaminação do lençol freático.

De baixo para cima, instala-se o sistema de coleta da água filtrada que vai ser escoada para um nível abaixo, que pode ser um reservatório para criação de peixes (aquicultura), podendo haver plantas aquáticas (aguapé, alface-d'água, lótus, agrião) indicadas para depuração dos dejetos dos peixes e auxílio na oxigenação da água.

Acima do coletor da água tratada, ficam sobrepostas diversas camadas de substratos específicos e de granulometria variadas: areia grossa, brita e terra. Na última camada, de terra, dispõem-se os tubos de distribuição dos efluentes ou esgotos, juntamente com o cultivo de plantas com capacidade de filtração biológica e efeito visual agradável, a exemplo de papiro, junco, taboa, copo-de-leite, banana d'água, jiboia, lírio-do-brejo, biri, palmeira-anã, íris, taioba. Aparentemente, confere-se belíssimo efeito paisagístico pelo conjunto; funcionalmente, esses vegetais apresentam alta capacidade de biodigestão das substâncias poluentes e, após transcorrer as camadas de substratos, a água volta à sua característica límpida, cristalina e inodora.

Assim, o esgoto ou efluente é distribuído na terra onde estão plantadas as espécies decorativas para filtração biológica, de onde retiram os nutrientes de que necessitam. A água passa pelas camadas de terra, brita e areia, chegando filtrada no coletor da água tratada biologicamente, escoando para o reservatório onde se possibilita criar peixes e, após, seguindo para cultivo de alface, agrião e outras verduras e legumes, sem adição de adubo químico: as plantas se desenvolvem com a rica água adubada pelos peixes e ambos servem para consumo humano.

5. APROVEITAMENTO DA ÁGUA DA CHUVA

Recolhida dos telhados, lajes e terraços, o armazenamento da água da chuva em cisternas para ulterior aproveitamento tem sido alternativa para ser utilizada em época de estiagem ou mesmo para economizar o consumo de água potável em residências e em diversas atividades econômicas.

O aproveitamento da água da chuva, inicialmente concebido para atender às necessidades domésticas do semiárido brasileiro, tem se difundido para outras aplicações em regiões que costumeiramente não se ressentem pela escassez da água tratada, a exemplo da utilização em condomínios, indústrias, lavagem de automóveis, descarga em vasos sanitários, irrigação, lavagem de calçamentos.

Pesquisa desenvolvida pela Universidade da Malásia demonstra que apenas no início da chuva a água contém ácidos, poeira e microrganismos; mas, pouco tempo depois da precipitação, a água da chuva apresenta características de água destilada, podendo ser coletada em reservatório fechado para ulterior utilização direta. Orientando-se: seja filtrada e clorada se a finalidade for para uso humano ou dessedentação animal – a filtração e cloração podem ser feitas com equipamentos baratos e muito simples, a exemplo do Clorador Embrapa ou clorador tipo Venturi automático (CETESB, 2013, p. 1).

A EMBRAPA (OLIVEIRA, 2012, p. 13/14) orienta que, para utilização da água de chuva para uso humano e dessedentação animal, o projeto da cisterna deve conter sistemas de coleta, de filtração eficiente e de armazenamento; se o objetivo for uso doméstico, como descarga de vasos sanitários, irrigação, limpeza de calçadas, já é suficiente o pré-filtro para retirada de folhas e detritos antes do armazenamento.

6. PRODES, INTERÁGUAS, AGENDA NACIONAL DE ÁGUAS SUBTERRÂNEAS E PNQA

A ANA – Agência Nacional de Águas desenvolve outros programas e coordena projetos de cooperação técnica com organismos internacionais. Dentre os programas implementados e informados no sítio da instituição, destacam-se o Interáguas, o PRODES, PNQA e a Agenda Nacional de Águas Subterrâneas.

Além do Programa Produtor de Água, abordado no tópico 3, outro programa implementado pela ANA, que utiliza a lógica de pagamento por resultado e de pagamento por serviço ambiental, há o PRODES – Programa de Despoluição de Bacias Hidrográficas, que tem como objetivo incentivar a implantação de Estações de Tratamento de Esgotos (ETEs) para reduzir os níveis de poluição dos rios, mediante pagamento pelo esgoto tratado a prestadores de serviços de saneamento que investirem na implantação e operação das estações.

Também conhecido como "programa de compra de esgoto tratado", o PRODES não financia obra nem equipamentos, mas, condicionado à disponibilidade financeira do programa e mediante seleção dos empreendimentos, paga pelo esgoto efetivamente tratado, desde que cumpridas as condições previstas em contrato, como metas de remoção de carga poluidora. Podem concorrer ao recebimento dos recursos do PRODES os projetos de implantação e construção, de ampliação ou de melhoria de ETE – Estação de Tratamento de Esgoto municipal, regional ou estadual, público ou privado, classificados conforme o porte e a eficiência do processo de tratamento empregado, a localização das estações em regiões que contam com Comitês de Bacias instalados e em pleno funcionamento, com prioridade em termos de qualidade das águas (MMA – PRODES, 2001, p. 1/34).

O Programa de Desenvolvimento do Setor Águas – Interáguas objetiva contribuir para o fortalecimento da capacidade de planejamento e gestão no setor água, em especial nas regiões menos desenvolvidas do país, visando aumentar a eficiência no uso da água e na prestação de serviços, aumentar a oferta sustentável de água em quantidade e qualidade adequadas aos múltiplos usos, melhorar a aplicação de recursos públicos com redução de perdas causadas por deficiências na articulação e coordenação intersetoriais.

A Agenda Nacional de Águas Subterrâneas visa fortalecer a gestão integrada de águas subterrâneas e superficial no país, dotando os órgãos gestores de recursos hídricos estaduais de conhecimento hidrogeológico, técnico-gerencial e de capacitação específica em águas subterrâneas para desempenharem adequadamente a gestão sistêmica e integrada dos recursos hídricos.

De caráter transversal dentro da ANA, o PNQA – Programa Nacional de Avaliação da Qualidade das Águas contribui com a gestão sustentável dos recursos hídricos, oferecendo conhecimento adequado da qualidade das águas superficiais brasileiras, de modo a subsidiar as agências governamentais, ministérios, órgãos gestores de recursos hídricos e de meio ambiente nas tomadas de decisões para definição de políticas públicas voltadas à recuperação da qualidade das águas.

REFERÊNCIAS

ADEODATO, S. *Poluição e desperdício reduzem a água disponível no Brasil.* Planeta Sustentável, 07.06.2013. Disponível em: <planetasustentavel.abril.com.br/noticia/ambiente>. Acesso em: 07. jun. 2013.

ARQUITETURA & CONSTRUÇÃO. São Paulo: Abril, n. 147, julho/1999.

BRASIL. ANA. *Implementação de Programas e Projetos. Brasília*, 2012. Disponível em: <www2.ana. gov.br/Paginas/institucional/SobreaAna/ProgramasProjetos.aspx>. Acesso em: 14 jun. 2013.

_____. ANA. *Manual Operativo do Programa Produtor de Água.* 2. ed. Brasília: ANA, 2012. Disponível em: <produtordeagua.ana.gov.br/Portals/0/DocsDNN6/documentos/Manual%20 Operativo%20Vers%C3%A3o%202012%20%2001_10_12.pdf>. Acesso em: 07 jun. 2013.

_____. *Lei 9.433, de 8 de janeiro de 1997.* Legislação de Direito Ambiental. São Paulo: Saraiva, 2013, p. 137-147.

_____. MMA. PRODES *Programa Despoluição de Bacias Hidrográficas.* Disponível em: <www. mma.gov.br/estruturas/sqa_pnla/_arquivos/a-n-a.pdf>. Acesso em: 07 jun. 2013.

CETESB. *Reuso da água.* São Paulo, 2013. Disponível em: <www.cetesb.sp.gov.br/agua/%C3%/ 81gua-Superficiais/39-Reuso-de-C3%81g>. Acesso em: 07 jun. 2013.

DECICINO, R. *Água potável:* apenas 3% das águas são doces. UOL Host, 18.09.2007. Disponível em: <educacao.uol.com.br/disciplinas/geografia>. Acesso em: 07 jun. 2013.

MARCONDES, D. *O Brasil tem 12% da água doce do planeta, mal distribuída, porém.* Artigo especial escrito para a Revista *Carta Capital*, 03.04.2010. Disponível em: <portaldomeioambiente. org.br/blogs>. Acesso em: 07 jun. 2013.

NOVAES, A. P. *et al. Utilização de uma fossa séptica biodigestora para melhoria do Saneamento Rural e desenvolvimento da Agricultura Orgânica.* EMBRAPA. Disponível em: <www.cnpdia. embrapa.br/produtos/img/fossa.pdf>. Acesso em: 15 set. 2003.

OLIVEIRA, P. A. V. *et al.* Aproveitamento da Água da Chuva na Produção de Suínos e Aves. *Concórdia:* EMBRAPA, 2012. Disponível em: <www.cnpsa.embrapa.br/sgc/sgc_publicacoes/ publicacao_v7r28u3f.pdf>. Acesso em: 14 jun. 2013.

PEREIRA, P. H. *et al. Conservador de Águas.* Extrema: Dep. Meio Ambiente Extrema, 2010. Disponível em: <www.meioambiente.extrema.mg.gov.br>. Acesso em: 04 jun. 2013.

PORTAL BRASIL. *Santa Catarina investe em água da chuva para criação de animais.* 29.01.2013. Disponível em: <www.brasil.gov.br/noticias/arquivos>. Acesso em: 07 jun. 2013.

TRATAMENTO DE ÁGUA E CRIAÇÃO DE PEIXES (Tilápia) sem Renovação de Água. Disponível em: <www.snatural.com.br/Aquicultura-Filtros-Biologicos-Zona-Raizes.html>. Acesso em: 07 jun. 2013.

Capítulo 15

POLÍTICA E MEIO AMBIENTE: REPRESENTAÇÕES SOCIAIS DE PROFESSORES DO ENSINO FUNDAMENTAL

Moacir Wuo
Maria Santina de Castro Morini
Luci Mendes de Melo Bonini

1. INTRODUÇÃO

As questões ambientais nas últimas décadas têm sido consideradas como a ordem do dia nas diversas áreas das atividades humanas. As estreitas relações entre desenvolvimento econômico, o uso indiscriminado dos finitos recursos naturais, o aumento do consumo e degradação ambiental têm mobilizado diversos países a desenvolver estratégias diversas no sentido de buscar alternativas para o processo produtivo considerando o desenvolvimento sustentável, preservação da biodiversidade com ações que minimizem impactos sobre o meio ambiente e sobre a qualidade de vida (MARTINEZ, 2004; FONSECA, 2007; RODRIGUES E COLESANTI, 2008).

Atualmente, os custos das ações preventivas para preservar o meio ambiente são menores que aqueles que envolvem a recuperação de áreas degradadas e suas consequências, porém exigem investimentos nos diversos segmentos da sociedade para desenvolver a compreensão crítica das extensas relações sobre o meio ambiente e suas implicações, assim como a capacidade para promover mudanças (MARTINEZ, 2004).

A educação ambiental constitui um dos caminhos para a aquisição de conhecimentos e compreensão das intrincadas questões ambientais. Como indicam Bezerra e Gonçalves (2007), a educação ambiental é uma área interdisciplinar que envolve questões reais de interesse socioculturais, políticos, éticos e científico-tecnológicos. Trata-se de uma área que visa promover e otimizar mudanças e melhorias na qualidade de vida, no desenvolvimento de uma cidadania crítica e também na formação de especialistas que atuem nas questões ambientais nas áreas da saúde, direitos sociais, indústrias, economia, educação, políticas públicas e nos setores de intervenção direta, como na conservação e gestão ambiental. Além da formação de especialistas, a educação ambiental também deve contribuir no desenvolvimento de conhecimentos voltados para consolidação de responsabilidades sociais sobre o meio ambiente nos diversos segmentos da sociedade (MARTINEZ, 2004; RODRIGUES E COLESANTI, 2008), com objetivos específicos e claros para a consolidação da cidadania.

O tema meio ambiente tem sido incluído nas diversas áreas de formação e níveis educacionais, iniciando-se no ensino fundamental com extensões até os cursos de Pós-Graduação. Segundo Mazotti (2006), as questões ambientais têm lugar garantido em todos os níveis de ensino a partir da educação básica com referências explícitas nos Parâmetros Curriculares Nacionais e nas Diretrizes Curriculares para o Ensino Superior e com recomendações para a reorganização social visando à sustentabilidade.

Por essa razão, este capítulo tem este objetivo: explorar e analisar os conhecimentos e as Representações Sociais de professores do Ensino Fundamental sobre Meio Ambiente e Políticas Ambientais. Pensou-se, num primeiro momento, compreender como estes professores se preocupam em participar de programas institucionais voltados para a educação básica com a inclusão de debates sobre temas ambientais em grades curriculares de cursos de graduação, de pós-graduação *lato* e *stricto sensu* e de formação complementar e continuada, assim como se eles se inserem no universo das discussões sobre as políticas públicas sobre meio ambiente entre si e representantes dos poderes locais, estaduais e federais, como partícipes do processo de formação e o despertar da consciência política das lideranças futuras.

As implicações sociais, econômicas e culturais que envolvem o meio ambiente conduzem às preocupações com a formação de profissionais da área da educação que possam participar ativamente em programas institucionais voltados para a educação básica com a inclusão de temas ambientais em grades curriculares de cursos de graduação, de pós-graduação *lato e stricto sensu* e de formação complementar e continuada (RODRIGUES e COLESANTI, 2008).

Os fóruns, congressos, encontros, debates e mesmo as participações em redes sociais que tratam de questões ambientais constituem instâncias de circulação de conhecimentos e também de formação continuada que promovem a sensibilização, aquisição e construção de saberes ao longo da vida profissional. As inclusões de professores nesses eventos e debates contribuem para a aquisição de conhecimentos específicos sobre meio ambiente, assim como também possibilitam a construção crítica dos saberes sobre meio ambiente e suas intrincadas relações sociais, com interesses econômicos e políticos. As diversas formas de circulação de conhecimentos, ao mesmo tempo em que contribuem, influenciam a compreensão de mundo, uma vez que sempre estão associadas às mudanças socioculturais nos espaços de ensino (RODRIGUES E COLESANTI, 2008).

Juntamente com os condicionantes naturais que afetam o desenvolvimento sustentável, segundo Fonseca (2007), também devem ser consideradas as questões de ordem sociais e econômicas, os significados e os conhecimentos sobre os recursos para a qualidade de vida atual e suas projeções para o futuro. Araújo (2008) considera que a crise ambiental está diretamente relacionada com o modelo econômico de desenvolvimento, no qual, segundo Mota Jr. (2009), estão inseridos os processos produtivos e tecnológicos notadamente nos países.

Mota Jr. (2009; 215) defende a educação ambiental como um processo cujo objetivo é "propiciar às pessoas uma compreensão crítica e global do ambiente". Nesse processo devem ser incluídos elementos sociopolíticos como posicionamentos, participação consciente e visibilidade sobre desigualdades sociais, além das dinâmicas dos ecossistemas relacionados com a utilização adequada de recursos naturais.

Rodrigues e Colesanti (2008), ao discutirem processos metodológicos sobre a Educação Ambiental no Brasil, apontam a falta de referenciais teóricos nas práticas educacionais, ausência de reflexões críticas envolvendo as conjuntas e realidades regionais. Essas ausências resultam em práticas educacionais pobres, desvinculadas do mundo e dos contextos sociais, restringindo as atividades, tais como a coleta seletiva de lixo e/ou conteúdos naturalistas.

A escola deve oferecer espaços que propiciem e promovam reflexões coletivas nos diversos segmentos das práticas docentes nas quais possam ser articuladas com os desempenhos de professores num processo dinâmico de reestruturação de conhecimentos, de visão de mundo e de posicionamentos críticos (KRAMER, 1989; CANDAU, 2003; LIMA, 2003) os quais, segundo Martinez (2004), devem obrigatoriamente incluir a formação da cidadania como prática na vida social do dia a dia.

A Educação no âmbito escolar deve ser conduzida à aquisição de conhecimentos e valores sobre as questões ambientais vinculadas aos valores da diversidade biológica, desenvolvimento sustentável, econômico e social, numa perspectiva histórica e geográfica (FONSECA, 2007).

O processo educacional, em todas as suas instâncias e segmentos, deve, de acordo com Martinez (2004), reorientar práticas pedagógicas, conteúdos e metodologias para a formação de professores que possam responder à demanda, interações e mudanças sociais. A Lei Federal 9.795/99 (BRASIL, 2009) recomenda incluir a Educação Ambiental em todos os conteúdos de disciplinas em todos os níveis de Ensino. Tais recomendações aparecem de maneira explícita nos Parâmetros Curriculares Nacionais para o Ensino Fundamental (PCN) e Ensino Médio (PCNEM) (MEC, 2000), e as Orientações Curriculares Nacionais para o Ensino Médio (OCNEM) (MEC, 2006), quando fazem referências à formação para a cidadania, habilitam os sujeitos para atuar nos processos políticos sociais.

A formação da cidadania participativa busca diminuir a alienação, as divergências e distanciamentos entre a sociedade brasileira e as transformações sociais e culturais. O distanciamento e alienação são resultados de um paradoxo em que, de um lado, configuram as intenções expressadas nos documentos oficiais de ensino que orientam a formação participativa e a fragilidade pedagógica no processo educacional e, de outro lado, a violência com a qual o estado, a mídia e o sistema empresarial atentam ao direito do convívio social (MARTINEZ, 2004).

RUSCHEINSKY (2003) discute a relevância do tema da Educação Ambiental e suas implicações com as Representações Sociais dos agentes promotores dessa educação e a necessidade de analisar os problemas imediatos envolvendo os diferentes grupos e segmentos sociais considerando o meio onde estão inseridos. Essas análises permitem detectar as construções e as representações dos indivíduos como participantes de grupos sociais, assim como as tensões e ambiguidades existentes nessas representações sobre o meio ambiente.

Os entendimentos e as possíveis soluções de problemas ambientes, incluindo mudanças de comportamento e suas incorporações culturais, devem ser estabelecidos no diálogo educacional, tendo como ponto de partida as Representações Sociais Ruscheinsky (2003), uma vez que, segundo Ferreira e Rosso (2005), existe uma relação dinâmica e recíproca de influências entre o processo educacional e as Representações Sociais.

As Representações Sociais são explicações e soluções construídas sobre os mais variados temas ou questões do dia a dia. Essa construção ocorre nas relações interpessoais em quaisquer ocasiões ou lugares com objetivos de interpretar e explicar a realidade e com a função de conduzir e orientar comunicações sociais (MOSCOVICI, 1976/1978). Nas Representações Sociais, como explica Castro (2003), são incluídos comportamentos, crenças e atitudes. As atitudes são antecedidas pelas crenças e têm função avaliativa sobre um dado objeto. Quando questionadas sobre um dado objeto, as pessoas recorrem às crenças, e estas, por sua vez, podem apresentar "um gradiente de concordância e discordância ou de verdade e falsidade" (CASTRO, 2003, p. 265). Nos estudos das Representações sociais é necessário estudar e analisar como essas crenças são organizadas e estruturadas.

As ações docentes são orientadas pelas inter-relações de suas Representações Sociais e saberes nos quais se incluem os saberes do cotidiano e do senso comum, além dos conhecimentos científicos e elaborados. Estudar as Representações Sociais dos professores e as inter-relações dos saberes de seu grupo, num determinado contexto, permitem analisar como esses professores constroem essas relações e articulações que influenciam e influenciarão nas suas ações educacionais (SOUZA, VILLAS BÔAS e NOVAES, 2011).

2. MÉTODO

2.1. PARTICIPANTES

Participaram desta pesquisa 16 professoras de escolas de Ensino Fundamental de um município da Região do Alto Tietê. A distribuição das frequências das participantes segundo faixa etária é apresentada na Tabela 1.

Tabela 1. Distribuição das frequências entre as faixas etárias.

Faixas etárias (em anos)	F	%
21 e 30	4	25,00
31 e 40	2	12,50
41 e 50	9	56,25
51 e mais	1	6,25
Totais	16	100

Observou-se um predomínio da faixa etária entre 41 e 50 anos, com frequência de 56,25%. As faixas etárias entre 21 e 30 e 31 e 40 anos somam 37,50%. As diferenças entre as frequências das faixas etárias são estatisticamente significativas (p = 0,000).

2.2. INSTRUMENTO DE COLETA DE DADOS

Foi construído um questionário contendo nove questões fechadas e 16 abertas, buscando informações sobre a formação acadêmica, atuação e vínculo profissional, jornada de trabalho, acesso à Internet, conhecimentos e posicionamentos políticos sociais frente às questões ambientais da região do Alto Tietê, inclusão e/ou dificuldades para tratar de questões ambientais em sala de aula, fontes de informações, atribuição de responsabilidades sobre problemas ambientais, participação e/ou envolvimento com movimentos ambientais.

2.3. PROCEDIMENTOS DE COLETA DOS DADOS

Os questionários foram aplicados como avaliação diagnóstica e pré-teste que antecedeu o curso teórico-prático sobre Biodiversidade e Meio Ambiente ministrado como capacitação de docentes do Ensino Fundamental da Rede Pública Municipal de Ensino.

2.4. PROCEDIMENTOS DE ANÁLISE DOS DADOS

As respostas dadas às questões fechadas foram tabuladas e suas frequências expressas em porcentagens. As respostas dadas às questões abertas foram analisadas utilizando-se da Técnica de Análise de Conteúdo (Franco, 2005; Bardin, 1979). As frequências das categorias oriundas da Análise de Conteúdos foram expressas em porcentagens. Foi utilizado o teste do Qui-quadrado (x^2) para analisar a significância das diferenças entre as frequências das categorias, considerando $p \leq 0,05$, com a utilização do programa BIOESTAT 5.0 (AYRES, AYRES, AYRES e SANTOS, 2000).

2.5. RESULTADOS E DISCUSSÃO

Quanto à formação acadêmica, observou-se que a maioria dos docentes (62,5%) indicou ter Licenciatura em Pedagogia. Somam-se a esses 18,7% dos docentes que indicaram formação em dois cursos, sendo um deles a Pedagogia (Tabela 2). Todos os docentes informaram ter concluído seus cursos em Instituições Particulares.

Tabela 2. Indicações sobre a formação acadêmica.

Faixas etárias (em anos)	F	%
Pedagogia	10	62,5
Matemática	2	12,5
Geografia	1	6,3
Pedagogia e História	2	12,5
Pedagogia e Biologia	1	6,2
Totais	**16**	**100**

A Tabela 3 apresenta a distribuição das indicações sobre o ano de formação. Dentre todos os docentes, 52,6% indicaram ter concluído seus cursos até o ano 2000, enquanto 47,4% indicaram conclusão após o ano de 2000.

Tabela 3. Ano de formação acadêmica.

Ano de Conclusão	F	%
1976 a 1980	2	10,5
1981 a 1990	6	31,6
1991 a 2000	2	10,5
2001 a 2010	9	47,4
Totais	19	100

Tanto a formação em cursos de Licenciatura como o ano de formação são fatores importantes a serem considerados, uma vez que os Parâmetros Curriculares Nacionais de Ciências Naturais para o Ensino Fundamental, propostos em 1997 pela Secretaria de Educação Fundamental do MEC (Brasil, 1997) e que inclui as questões ambientais já na formação nas séries iniciais, têm como um dos objetivos o desenvolvimento de capacidades dos alunos para "perceber-se integrante, dependente e agente transformador do ambiente, identificando seus elementos e as interações entre eles, contribuindo ativamente para a melhoria do meio ambiente" (BRASIL, 1997, p. 7), assim como focalizar

> [...] os ambientes construídos pelo homem, como uma horta, uma pastagem ou as cidades, evidencia-se a necessidade humana de transformar os ambientes a fim de utilizar os seus recursos e ocupar espaços. É pertinente a abordagem da degradação ambiental como consequência de certos modos de interferência humana para a melhoria do meio ambiente. (BRASIL, 1997, p. 48)

Os Parâmetros Curriculares Nacionais (PCN) constituem documentos norteadores do processo de ensino e formação da cidadania, propondo e definindo ações, assim como conteúdos de aprendizagem; portanto, são obrigatórios na formação de docentes de qualquer área e objeto de análises, discussões e entendimentos com intuito de consolidar a futura prática pedagógica.

A continuidade dos estudos foi indicada por 59% dos docentes, com a realização de cursos de Pós-Graduação *lato sensu*, com predominância em cursos voltados para o ensino, sendo que dois professores indicaram cursos na área específica de conhecimento sobre Matemática (20%) (Tabela 4). Os cursos foram realizados no período entre 1993 e 2010, com a maioria dos docentes (70%) tendo realizado seus cursos após 2001 (Tabela 4).

Tabela 4. Cursos de Pós-Graduação *lato sensu*.

Curso	F	%
Psicopedagogia	4	40,0
Educação Infantil	2	20,0
Matemática	2	20,0
Psicomotricidade	1	10,0
Educação para Pensar	1	10,0
Totais	10	100

O tempo de experiência no magistério, apresentada na Tabela 5, mostra que 25% dos docentes encontram-se na faixa entre 4 e 10 anos, 31,3% na faixa entre 11 e 20 anos e 37,5% na faixa entre 21 e 30 anos, cujas diferenças entre as frequências não são estatisticamente significativas (p=0,2866). A maioria dos professores (75%) atua há mais de 11 anos.

Tabela 5. Tempo de experiência no magistério.

Tempo em anos	F	%
4 e 10	4	25,0
11 e 20	5	31,3
21 e 30	6	37,5
31 e mais	1	6,3
Totais	16	100

Embora o tempo de atuação no magistério, a formação acadêmica e a conclusão de cursos de Pós-graduação sejam importantes indicadores sobre a proficiência dos professores e a autonomia na organização de processos de aprendizagem e análises de documentos educacionais, como, por exemplo, os PCN, há necessidade de considerar que, como discutem WUO e WUO (2009), além da capacidade analítica, as competências para decodificações de saberes diversos e suas inter-relações, assim como os predisponentes socioculturais dos professores que permeiam a construção de metodologias particulares e contextualizadas na criação de elementos de aprendizagem em sala de aula. Portanto, nem sempre um tempo maior de magistério revela maturidade ou atualização mais efetiva, o atual momento da humanidade, em que tecnologias são capazes de manter sujeitos atualizados, também pode aliená-los, pois a abundância de informações pode impedir o sujeito de fazer a escolha certa. Mesmo com órgãos do governo disponibilizando mecanismos e materiais que oferecem várias possibilidades de atualizações, professores nem sempre apresentam disponibilidade para que possam ser inseridos nesse contexto, uma vez que as atualizações, capacitações e demais encontros necessários à formação continuada não são práticas estabelecidas e incluídas como jornadas de trabalho dos docentes.

Nas respostas dadas à questão "qual a sua opinião sobre o meio ambiente?", foi possível identificar 33 argumentos que foram agrupados em seis categorias (Tabela 7). Em primeiro lugar aparece a categoria *Importante*, com 39,4% de todos os argumentos, seguida das categorias *Conscientização*, com 15,2%, *Ações dos outros*, *Informações* e *Dependência*, com 12,1% cada uma e a categoria *Outros*, com 9,1%. Excluindo a categoria *Importante*, não se observa diferenças estaticamente significantes entre as frequências dos argumentos nas demais categorias (p=0,8203).

Os argumentos apresentados são extremamente vagos. As expressões agrupadas na categoria *Importante* não especificam qual a importância do meio ambiente, suas relações ou implicações. Nas demais categorias, os argumentos seguem da mesma maneira com referências a ações abstratas como *Conscientização* e delegando responsabilidades e compromissos com o meio ambiente a terceiros em *Ações de Outros*. A categoria *Informações* reúne argumentos que indicam que as informações sobre as questões ambientais são importantes, contudo sem indicar as razões ou as informações. Na categoria *Dependência*, foram reunidos os argumentos com referências à dependência da vida ou da sociedade do meio ambiente. Também aqui os argumentos vagos tais como "a vida depende do meio ambiente" ou "sem o meio ambiente não há sociedade" que, de certa forma, coloca um distanciamento entre o ambiente antrópico, socialmente construído, e o ambiente "natural". As representações destes professores sobre o meio ambiente parecem seguir as descrições e análises de Lima e Oliveira (2011), Fillipini e Trevisol (2007) e Leite e Rodrigues (2011), nas quais prevalecem ideias antropocêntricas com distinções entre "homem × meio ambiente", em que o meio ambiente está relacionado com recursos necessários ao bem-estar das pessoas.

Tabela 6. Representações sobre Meio Ambiente.

Categorias	F	%
Importante	13	39,4
Conscientização	5	15,2
Ações de outros	4	12,1
Informações	4	12,1
Dependência	4	12,1
Outros	3	9,1
Totais	33	100

Foram agrupadas três questões sobre problemas ambientais da Região do Alto Tietê e suas relações com objetivos de situar com maior precisão as representações dos professores. As questões propostas foram: 1) quais os problemas ambientais que atualmente afetam a Região (Tabela 7); 2) quais problemas ambientais relacionados com a saúde (Tabela 8) e 3) de que maneira esses problemas afetam a saúde (Tabela 9).

As duas questões – problemas ambientais que afetam a Região e problemas ambientais relacionados com a saúde – apresentaram, nas respostas dos professores, um alto grau de similaridade nos argumentos. A variação ocorreu no número de argumentos, sendo 55 para a primeira questão e 30 para a segunda (Tabelas 7 e 8).

Não foi imposto nenhum limite ou restrição sobre as indicações dos problemas nem direcionamentos. Foram identificadas 55 indicações distribuídas em 9 categorias (Tabela 7). A categoria *Lixo* aparece em primeiro lugar, com 21,8% de todas as indicações. Seguem as categorias *Poluição dos Rios*, com 16,4%,

Construções Irregulares e Crescimento, com 4,5%, *Desmatamentos e Queimadas*, com 12,7%, *Esgoto* e *Água*, ambas com 9,1%, *Educação Ambiental*, com 5,5%, e *Outras*, que inclui argumentos diversos, com 5,5%.

As respostas dadas pelos professores sobre os problemas ambientais do Alto Tietê apontam e mantém a representação utilitária sobre o meio ambiente, com repetições de informações veiculadas pela mídia, que, na ocasião da pesquisa, destacava problemas com lixo na região, como também observado por Ferreira e Rosso (2005). As indicações sobre construções irregulares e crescimento, por exemplo, são importantes marcadores da visão antropocêntrica, uma vez que estão vinculadas aos ambientes antrópicos e urbanos cujas implicações ambientais devem ser analisadas no conjunto do projeto urbanístico.

As categorias *Poluição dos Rios* e a *Poluição do Ar* podem ser oriundas de representações fortemente influenciadas pela mídia, uma vez que a Região do Alto Tietê é composta de área de preservação de mananciais e bacias hidrográficas e áreas de preservação da Mata Atlântica. Municípios da Região como Biritiba Mirim e Salesópolis têm cerca 95% de suas áreas consideradas de preservação. Os argumentos que compõem essa categoria são bastante gerais, sem indicadores de quais agravos ambientais podem ser detectados na região. As regiões de preservação e de mananciais definem e limitam a instalação de indústrias, emissões e atividades econômicas que possam comprometer ou gerar contaminantes.

As indicações sobre a *Água* como um problema ambiental é igualmente interessante, uma vez que o Alto Tietê é uma região de captação e produção de água para consumo na grande São Paulo, contando com um conjunto de barragens para tal finalidade e também para a regularização de águas do Rio Tietê.

Tabela 7. Problemas ambientais da Região do Alto Tietê.

Categorias	F	%
Lixo	12	21,8
Poluição dos rios	9	16,4
Construções Irregulares e Crescimento	8	14,5
Desmatamentos e Queimadas	7	12,7
Esgoto	5	9,1
Água	5	9,1

Categorias	F	%
Poluição do ar	3	5,5
Educação Ambiental	3	5,5
Outros	3	5,5
Totais	**55**	**100**

Mota Jr. (2009) indica o aumento da população como a principal causa dos impactos ambientais. A Região do Alto Tietê reflete um problema bastante comum de todas as cidades brasileiras que apresentam um fortalecimento da economia, mas as questões sobre o aumento populacional e a expansão imobiliária, provavelmente devido à proximidade da capital São Paulo e facilidade relativa de deslocamento por rodovias. Embora o evidente crescimento imobiliário seja facilmente notado, particularmente em Mogi das Cruzes, pelo número de prédios residenciais construídos e em construção, o adensamento populacional e as dificuldades de deslocamentos e qualidade da mobilidade urbana, houve somente uma citação para tais problemas, enquanto as indicações sobre água e esgoto não parecem ser problemas, uma vez que em Mogi das Cruzes, por exemplo, segundo dados de 2010 da Fundação SEADE (2010), 99,12% da população é atendida pela coleta de lixo, 94% possui água encanada e 82,31% tem acesso à rede de esgoto, indicadores muito próximos aos do Estado de São Paulo de 2011 com 99,8%, 98,1% e 93,06%, respectivamente.

Tabela 8. Problemas Ambientais do Alto Tietê que afetam a saúde.

Categorias	F	%
Lixo	6	20,0
Desmatamentos e Queimadas	6	20,0
Saneamento Básico	3	10,0
Poluição dos rios	3	10,0
Poluição do ar	3	10,0
Construções Irregulares	3	10,0
Água	3	10,0
Outros	3	10,0
Totais	**30**	**100**

Os argumentos contidos nas respostas dadas à questão sobre as maneiras pelas quais os problemas ambientais afetam a saúde foram extremamente vagos, imprecisos e genéricos. Apenas três argumentos fizeram referências diretas a *alergias* e *problemas respiratórios* devido à poluição do ar. Esses resultados permitem depreender que não existe uma representação construída sobre as relações entre saúde e meio ambiente. Os PCN apresentam recomendações sobre a questão saúde e meio ambiente com intuito de

> *[...] gerar oportunidades de reconhecimento do espaço circundante para identificar inter-relações entre saúde e meio ambiente e medidas práticas de proteção... Muitos dos problemas de saúde são associados à ausência de saneamento básico... A maioria dessas doenças é passível de prevenção, sendo viável, como já se demonstrou em diversas experiências, alterar essa realidade num curto espaço de tempo, apesar da presença de fatores ambientais desfavoráveis, rompendo-se o círculo vicioso por meio da informação, da identificação das relações entre higiene e transmissão de doenças e da mobilização para a intervenção sobre os fatores de risco.* (BRASIL, 2001, p. 101)

Todos os professores indicaram que discutem questões ambientais com outras pessoas. A Tabela 9 apresenta as indicações sobre com quem ocorrem essas conversas. Em primeiro aparece o grupo *Familiares*, com 39,5% das indicações, seguido de Amigos e Professores, com 20,9% para cada grupo, Alunos e Escola, com 11,6%, e Outros, que incluem Políticos, Pesquisadores e Encontros, com 7,0%. As diferenças entre as frequências dos Grupos são estaticamente significativas (p = 0,000).

Tabela 9. Com quem conversa sobre questões do meio ambiente.

Categorias	F	%
Familiares	17	39,5
Amigos	9	20,9
Professores	9	20,9

Categorias	F	%
Alunos e Escola	5	11,6
Outros	3	7,0
Totais	**43**	**100**

O ser humano, embora tenha desenvolvido a linguagem como forma de compartilhamento de experiências, não utiliza esta ferramenta na amplitude que ela representa; assim, a capacidade dialógica do sujeito tende a se reduzir à medida que seus círculos sociais aumentam o raio de ação, como se vê na tabela anterior.

Embora afirmou-se no início deste trabalho que o debate sobre as questões ambientais vem sendo considerado assunto muito importante, a falta de crença nas soluções tem o mesmo peso entre os sujeitos, a crença de que mudanças a curto prazo advirão inexiste, uma vez que as notícias veiculadas pelos meios de comunicação de massa têm dado destaque para os grandes acidentes que afetam o meio ambiente (FERNANDES, s/d).

Foi solicitado aos professores indicações sobre o grau de credibilidade em instituições ou organizações sobre a resolução de problemas ambientais (Tabela 10). A Tabela 10 apresenta os resultados

Tabela 10. Grau de credibilidade em instituições e organizações.

Instituições	Acredito Muito		Acredito Pouco		Não Acredito	
	F	%	F	%	F	%
Voluntários Ambientalistas	15	100,0	0	766,7	0	5878,0
Organizações Comunitárias	14	93,3	1	722,0	0	5535,3
Universidades – UMC	13	86,7	2	678,0	0	5198,0
Universidades – Braz Cubas	13	86,7	2	678,0	0	5198,0
Órgão Ambiental – IBAMA	12	80,0	3	633,3	0	4855,3
Entidades Ecológicas da Região	12	80,0	3	633,3	0	4855,3
Polícia Ambiental	11	73,3	4	588,7	0	4513,3
Meios de Comunicação	11	73,3	4	588,7	0	4513,3
FATEC – Centro Paula Souza	10	71,4	4	610,0	0	4967,1

Instituições	Acredito Muito		Acredito Pouco		Não Acredito	
	F	%	F	%	F	%
Prefeitura Municipal	10	66,7	4	538,0	1	4131,3
Governo Estadual	7	46,7	8	411,3	0	3153,3
Empresários	7	46,7	7	404,7	1	3109,3
Governo Federal	6	40,0	9	366,7	0	2811,3
Vereadores – Câmara Municipal	4	26,7	7	251,3	4	1953,3

As diferenças entre as frequências das indicações para *Acredito Muito* são estatisticamente significativas (p = 0,000). A maior credibilidade – "acredito muito" – foi atribuída a *Voluntários Ambientalistas* e a menor credibilidade aos *Vereadores – Câmara Municipal*, que também apresentaram a maior frequência para indicações "não acredito".

Como se vê na Tabela 10, a credibilidade dos órgãos públicos nas resoluções dos problemas ambientais é reduzida perto de instituições como universidades, organizações não governamentais e militantes ambientalistas. Souza (2006) afirma que, embora se reconheça a participação de outros segmentos na formulação das políticas públicas, tais como organizações não governamentais, população em geral e movimentos sociais, entre outros, estes segmentos participam muito pouco das decisões sobre questões ambientais. A autora ainda afirma que mesmo em face do fenômeno da globalização e sua pressão em encolher o papel dos governos, é ainda dele que emanam as políticas públicas.

Arruda (*apud* ARRUDA, 2002; 138) afirma que as representações sociais:

> *constituem uma espécie de fotossíntese cognitiva: metabolizam a luz que o mundo joga sobre nos sob forma de novidades que nos iluminam (ou ofuscam), transformando-a em energia. Esta se incorpora ao nosso pensar/perceber este mundo, e a devolvemos a ele como entendimento, mas também como juízos, definições, classificações. Como na planta, esta energia nos colore, nos singulariza diante dos demais. Como na planta, ela significa intensas trocas e mecanismos complexos que, constituindo eles mesmos um ciclo, contribuem para o ciclo da renovação da vida. [...]*

minha convicção [é] que nesta química reside uma possibilidade de descoberta da pedra filosofal para o trabalho de construção de novas sensibilidades ao meio ambiente. Ou seja, é nela que residem nossas chances de transformar ou, quando menos, de entender as dificuldades para a transformação do pensamento social.

Assim, pode-se concluir que no caso específico das políticas de meio ambiente percebe-se um descrédito dos cidadãos em certos níveis ou ações de governo, uma vez que os discursos de preservação da fauna e da flora, as tentativas de frear os danos ambientais recuam diante das pressões capitalistas.

Tabela 11. Indicações sobre instituições ou organizações com poder de resolução de problemas ambientais.

Órgãos	F	%
IBAMA	5	19,2
Voluntários	5	19,2
Polícia ambiental	4	15,4
Meios de comunicação	3	11,5
Governo Estadual	2	7,7
Governo Federal	2	7,7
Prefeitura	2	7,7
Centros de pesquisas e Universidades	2	7,7
Indústrias	1	3,8
Totais	**26**	**99,9**

Como na questão anterior, observa-se que nas Representações dos professores há uma tendência a atribuir a capacidade resolutiva, coerente com as crenças indicadas na Tabela 10, a órgãos ou grupos que não detêm o poder de decidir sobre questões ambientais. O IBAMA, com maior frequência de indicações, é um órgão governamental com funções e atribuições de polícia ambiental, fiscalização e monitoramento. Embora seja um órgão que atue diretamente com a questão ambiental, não cabe a ele definir a política ambiental, mas executá-la. Da mesma maneira as indicações para a *Polícia Ambiental*.

Novamente são indicados *Voluntários* com a mesma frequência do IBAMA (19,2%), que podem exercer alguma pressão política ou esclarecimentos sobre questões ambientais e não possuem poder de solução, quando muito podem ser identificadas ações pontuais. É possível que entidades como Greenpeace, por exemplo, notória por suas ações em defesa ao meio ambiente, possam ter alguma influência sobre a construção das representações dos professores, embora, na prática, não possam definir políticas públicas para as áreas ambientais.

Os descréditos aos poderes instituídos reaparecem aqui com baixas frequências de indicações aos Governos Federal, Estadual e Municipal, que parecem indicar uma representação já cristalizada sobre os poderes públicos. O descrédito também parece apenas uma indicação para *Indústrias* que, nas representações, dos professores, não apresentam capacidade para resolver problemas ambientais.

As indicações dos professores sobre participação em atividades relacionadas ao meio ambiente são apresentadas na Tabela 12. É possível classificar as indicações de participação dos professores em duas categorias gerais: *Didáticas* e *Políticas*. As frequências dos argumentos para a categoria *Didática* foi de 52,4%, para a *Política*, 47,6%. Tais diferenças não são estatisticamente significativas (p = 0,631).

A categoria geral *Didática* reúne argumentos com indicações sobre processos que conduzem à formação ou aplicações de conhecimentos no ensino. A categoria básica *Debates e Palestras* aparece em primeiro lugar, com 23,8% de todas as indicações.

Na categoria *Política*, foram agrupados os argumentos com referências às ações ou atos que indicavam posicionamentos ou tomadas de posições e, portanto, uma visão crítica e participativa. Os argumentos que compõem essa categoria geral foram agrupados em quatro categorias básicas, com destaque para as categorias *Passeatas* e *Abaixo-assinados*, cada uma com 19% de todos os argumentos.

Tabela 12. Participação em atividades sobre o meio ambiente.

Categorias					
Gerais	F	%	Básicas	F	%
Didáticas	11	52,4	Debates e Palestras	5	23,8
			Campanhas	2	9,5
			Atividades Escolares	2	9,5
			Passeios Ecológicos	1	4,8
			Cursos	1	4,8
Políticas	10	47,6	Passeatas	4	19,0
			Abaixo-assinados	4	19,0
			Voluntariado	1	4,8
			Protocolo do Alto Tietê	1	4,8
Totais	21	100		21	100

Nas respostas dos professores, confirma-se a hipótese de que as ações implementadas pelas universidades, militantes de movimentos sociais e entidades que se mobilizam para a conscientização da população acerca da proteção do meio ambiente fazem surtir mais efeitos nas atitudes de mudança dos participantes. Eles participam de palestras, debates, cursos e marcam a presença em abaixo-assinados. Assim, assimilam as informações, mas uns poucos sentem falta da continuidade, ou de ações mais efetivas, o que reflete a pouca taxa de responsividade política quando o assunto é preservação do meio ambiente.

Responsividade política pode ser conceituada como a atitude dos governantes de atender aos anseios do povo, enquanto responsividade pública é a investida dos cidadãos na efetivação dos direitos e garantias individuais e coletivas. Panhoca e Bonini afirmam que:

> *A responsividade aponta para as preferências do público, quando ela é fraca, enfraquece o processo democrático. No caso brasileiro, somos um povo que traz um déficit histórico de consciência política, por isso, ainda, há setores da sociedade sem o amparo de*

políticas sociais adequadas para a promoção da equidade e da justiça social. A responsividade, então, pode (e deve) ser um conjunto das consciências individuais ligando-se umas às outras a fim de retomar o diálogo para a efetivação dos direitos e garantias dos cidadãos. (2012; T082/083)

Entende-se por responsividade a forma como o poder público ou a população responde às demandas por políticas públicas. Numa democracia, a responsividade norteia os *inputs* políticos de modo que se estabeleça um processo político significativo para o conhecimento das preferências da população.

3. CONSIDERAÇÕES FINAIS

A consciência da preservação do planeta nos dias atuais existe entre diferentes populações e profissões, uma vez que diversos canais de informação veiculam alguma espécie de alerta ou de educação ambiental, mas é justamente nos professores que esta tarefa se faz mais urgente.

Entre o discurso dominante e a prática, percebe-se que muitos professores também conservam uma distância significativa, ou pela falta de oportunidades para compreender melhor o patamar em que se encontram as políticas de preservação do meio ambiente, da mesma forma em que medida o conhecimento humano já avançou neste sentido, em vista da velocidade com que crescem as pesquisas e que se aplica a tecnologia no auxílio e na divulgação de pesquisas.

Por ser a preservação do meio ambiente uma das preocupações recentes da humanidade como um todo, muito pouco se faz ainda para proporcionar aos professores da educação básica uma base de dados ou outras formas de proporcionar acessibilidade a novas propostas de ensino-aprendizagem mais efetivas para a consolidação do seu saber-fazer em sala de aula e para a retenção de conceitos que serão importantes na construção da consciência política e social de preservação do meio ambiente desses alunos.

A falta de ações integradas entre poder público, universidades, organizações não governamentais, voluntários ambientalistas e demais órgãos enfraquecem a responsividade pública e a consciência de que a cidadania e a qualidade de vida, no presente e no futuro, também se constroem com um meio ambiente equilibrado.

REFERÊNCIAS

ARAÚJO, J. Considerações sobre programas ambientais ditos educativos. *Acta Sci. Human Soc. Sci.*, v. 30, n. 2, p. 181-187, 2008.

ARRUDA, A. Teoria das representações sociais e teorias de gênero. *Cadernos de Pesquisa*, n. 117, p. 127-147, novembro/2002.

AYRES, M.; AYRES Jr., M.; AYRES, D. L.; SANTOS, A. S. *BioEstat 5.0:* Aplicações estatísticas nas áreas das ciências bio-médicas. Belém; Sociedade Civil Mamirauá: MCT-CNPq, 2007.

BARDIN, L. *Análise de Conteúdo*. Lisboa: Edições 70, 1979.

BEZERRA, T. M. de O.; GONÇALVES, A. A. C. Concepções de meio ambiente e educação ambiental por professores da Escola Agroténica Federal de Vitória de Santo Antão-PE. *Revista Biotemas*, v. 20, n. 3, p. 115-125, 2007.

BRASIL. Lei Federal 9.575 de 27/04/1999. *Diário Oficial da União*, seção 1. 1999.

_____. *Parâmetros curriculares nacionais:* ciências naturais. Secretaria de Educação Fundamental, Brasília:MEC/SEF, 1997.

_____. *Parâmetros Curriculares Nacionais. Meio ambiente e saúde.* 3. ed.; Secretaria da Educação Fundamental, Brasília: MEC/SEF, 2001.

CANDAU, V. M. *Magistério: construção cotidiana.* Petrópolis: Vozes, 2003.

CASTRO, Paula. Pensar a natureza e o ambiente – alguns contributos a partir da Teoria das Representações Sociais. *Estudos de Psicologia*, v. 8, n. 2, p. 263-271, 2003.

FERNANDES, F. A. M. *O papel da mídia na defesa do meio ambientei.* In: site.unitau.br/scripts/prppg/humanas/download/opapelmidia-N2-2001.pdf>. Acesso em: 17/07/2013.

FERREIRA, A. R; ROSSO, A. J. Educação Ambiental: representações e práticas dos professores e professoras de Ciências Biológicas. Linguagens, *Educação e Sociedade*, 13, p. 66-81, 2005.

FILIPINI, G. T. R.; TERVISOL, J. V. Os professores e suas representações sociais sobre meio ambiente e educação ambiental: um estudo na Escola NUPERAJO. Joaçaba, 2007. Disponível em: <www.pesquisa.uncnet.br/pdf/educacao/PROFESSORES_REPRESENTACOES_SOCIAIS_MEIO_AMBIENTE_EDUCACAO_AMBIENTAL.pdf>. Acesso em: mar. 2011.

FONSECA, M. de J. C. F. A biodiversidade e o desenvolvimento sustentável nas escolas do ensino médio de Belém (PA), Brasil. *Educação e Pesquisa*, v. 33, n. 1, p. 63-79, 2007.

JODELET, D. Représentations sociales: un domaine en expansion. In: D. Jodelet (Ed.) *Les représentations sociales.* Paris: PUF, 1989, pp. 31-61. Tradução: Tarso Bonilha Mazzotti. Revisão técnica: Alda Judith Alves Mazzotti. UFRJ – Faculdade de Educação, dez. 1993.

KRAMER, S. Melhoria da Qualidade de Ensino: o desafio da formação de professores em serviço. *Revista Brasileira de Estudos Pedagógicos.* Brasília v. 70, n. 165, p. 189-207. Maio/ago. 1989.

LEITE, R. F.; RODRIGUES, M. A. Educação Ambiental: reflexões sobre a prática de um grupo de professores de Química. *Ciência & Educação*, v. 17, n. 1, p. 145-161, 2011.

LIMA, A. M. de; OLIVEIRA, H. T. de. A (re)construção dos conceitos de natureza, meio ambiente e educação ambiental por professores de duas escolas públicas. *Ciência & Educação*, v. 17, n. 2, p. 321-327, 2011.

LIMA, M. S. L *Didáticas e práticas de ensino:* interfaces com diferentes saberes e lugares formativos. Rio de Janeiro: DP&A, 2003.

MARTINEZ, P. H. Laboratório de História e meio ambiente: estratégia institucional na formação continuada de historiadores. *Revista Brasileira de História*, v. 24, n. 48, p. 233-251, 2004.

MEC. *Orientações Curriculares para o Ensino Médio – Ciências da Natureza, Matemática e suas Tecnologias.* v. 2, Brasília: Secretaria de Educação Básica, 2006.

_____. *Parâmetros Curriculares Nacionais Ciências da Natureza, Matemática e suas Tecnologias.* Brasília: Secretaria de Educação Básica, 2000. – Brasília: Ministério da Educação, Secretaria de Educação Básica, 2006. 135 p. (Orientações curriculares para o Ensino Médio; v. 2).

MOSCOVICI, S. *A representação social da psicanálise.* Trad. Álvaro Cabral (*Psychanlyse* – son imagem et son public). 2. ed. 1976. Rio de Janeiro: Zahar Editores, 1978.

MOTA JUNIOR, Vidal Dias de. Educação ambiental, política, cidadania e consumo. *Interações*, n. 11, p. 214-219, 2009.

PANHOCA, I.; BONINI, L. M. M. Responsividade pública: um compromisso na construção da cidadania. In: *IV CÍRCULO – Rodas de Conversa bakhtiniana: nosso ato responsável.* São Carlos: Pedro & João Editores, 2012. p. T081-T083.

RODRIGUES, G. S. de S. C.; COLESANTI, M. T. de. Educação ambiental e as novas tecnologias de informação e comunicação. *Sociedade & Natureza*, v. 20, n. 1, p. 51-66, 2008.

RUSCHEINSKY, A. Sociologia das Representações Sociais e a Educação Ambiental. *Contrapontos*, v. 3, n. 1, p. 81-95, 2003.

SEADE. *Perfil Municipal de Mogi das Cruzes.* Secretaria de Planejamento e Desenvolvimento Regional. Disponível em: <www.seade.gov.br/produtos/perfil/perfilMunEstado.php>. Acesso em: jun. 2013.

SOUZA, C. P. de; VILLAS BÔAS, L. P. S.; NOVAES, A. O. Contribuições dos estudos de representações sociais para a compreensão do trabalho docente. In: Almeida, A. M. O.; Santos, M. F. S.; Trindade, Z. A. (Org.). *Teorias das Representações Sociais* – 50 anos. Brasília: TechnoPolitik, 2011.

SOUZA, C. Políticas Públicas: uma revisão da literatura. *Sociologias*, Porto Alegre, ano 8, n. 16, jul./dez. 2006, p. 20-45.

WUO, M.; WUO, W. Saberes Docentes: prática e formação. In: WITTER, G. P.; FUJIWARA, R. *Ensino de Ciências e Matemática* – prática e pesquisa. Cotia: Ateliê Editorial, 2009.

Parte 4

EDUCAÇÃO E POLÍTICAS PÚBLICAS

Políticas públicas em educação e formação do professor: notas de uma reflexão acerca do processo de alfabetização
PLATZER, Tatiana; CORES, Luciano; CARVALHO, Laura Beatriz de; BENTO, Valéria Velasco

Políticas públicas para o ensino de língua portuguesa: algumas reflexões
PRADOS, Rosália; ALVAREZ, Sonia

Capítulo 16

A POLÍTICA DE ACESSIBILIDADE NAS INSTITUIÇÕES DE ENSINO

Renata B. Silva

Fernanda C. R. Pimenta

1. INTRODUÇÃO

Com o objetivo de compreender a construção da Política de Acessibilidade nas Instituições de Ensino, levantou-se o histórico normativo e legal desde a Constituição Federal de 1988 (BRASIL, 1988), incluindo os Instrumentos de Avaliação de Instituições de Educação Superior publicados pelo Ministério da Educação, até o ano de 2012.

Considerou-se para este estudo o conceito de acessibilidade conforme a ABNT (2004a), que se refere à:

> *possibilidade e condição de alcance, percepção e entendimento para a utilização com segurança e autonomia de edificações, espaço, mobiliário, equipamento urbano e elementos.* (NBR 9050, 2004a, p. 2)

A Constituição Brasileira de 1988 assegura a todos o direito à educação, sem nenhum tipo de discriminação. Desse modo, o papel da escola é de possibilitar a escolarização a todos, atendendo os alunos e possibilitando acesso daqueles com necessidades especiais ao ensino comum.

As mudanças nas Políticas Públicas de inclusão começam a tomar novos rumos na década de 1990, por meio da realização da Conferência Mundial sobre Educação para Todos, realizada em 1990, em Jomtien, na Tailândia, na busca de satisfazer as necessidades básicas de aprendizagem, promovendo a universalização e equidade da educação e tomada de medidas que garantam a igualdade de acesso das pessoas com deficiências. O reforço acontece anos mais tarde, precisamente em 1994, com a elaboração da Declaração de Salamanca, tratando dos princípios, políticas e práticas na área das necessidades educativas especiais. As recomendações contidas nesta declaração trouxeram uma nova forma de combater a discriminação, mudando o foco da deficiência como um problema individual para uma responsabilidade de toda a sociedade, sendo a escola um dos principais executores e propagadores desta nova posição social.

Essa iniciativa se dá por meio da Educação, pois além de as pessoas com deficiências conviverem com as barreiras arquitetônicas, comunicacionais e instrumentais, elas também convivem com o preconceito, paradigmas, estereótipos no ambiente escolar e social. Sendo assim, se faz necessária uma Educação que estabeleça um trabalho de conscientização com todas as pessoas envolvidas no processo educacional, permitindo a oportunidade de acesso e permanência nas Instituições de Ensino às pessoas com necessidades especiais, como também proporcionar mudanças legais, simbólicas, de representações sobre os indivíduos a serem incluídos e das identidades de todos os envolvidos nesse processo de inclusão, possibilitando o acesso a todos.

O termo acessibilidade é utilizado para indicar a possibilidade de a pessoa, independente de ter ou não uma deficiência, poder usufruir de todos os benefícios com relação à sua vivência em sociedade. A política de inclusão exige a busca de alternativas diversas e viáveis, para garantir o direito de todos a conquistar índices de escolarização mais elevados.

Para o desafio de efetivar a política de inclusão, vem-se exigindo adequações a ponto de atender às necessidades de todos. Essa adequação compreende uma série de reestruturações a fim de atender aos critérios educacionais, proporcionando um espaço de exercício da cidadania e meio eficaz de combate à exclusão.

Para poder fazer valer o direito garantido pela Constituição, observou-se neste trabalho o processo de construção da Política de Inclusão e Acesso das Pessoas com Necessidades Especiais.

2. HISTÓRICO NORMATIVO E LEGAL

2.1 LEI N. 7.853/1989

A Lei n. 7.853/1989 (BRASIL, 1989) dispõe sobre o apoio às pessoas portadoras de deficiência, sua integração social, sobre a Coordenadoria Nacional para Integração da Pessoa Portadora de Deficiência – Corde, institui a tutela jurisdicional de interesses coletivos ou difusos dessas pessoas, disciplina a atuação do Ministério Público, define crimes, entre outras providências.

Por meio desta Lei, ficam estabelecidas as normas gerais que assegurem o pleno exercício dos direitos individuais e sociais das pessoas portadoras de deficiências, e sua efetiva integração social, considerando os valores básicos da igualdade de tratamento e oportunidade, da justiça social, do respeito à dignidade da pessoa humana, do bem-estar e outros indicados na Constituição ou justificados pelos princípios gerais do direito.

De acordo com a Lei n. 7.853/1989 (BRASIL, 1989), cabe ao Poder Público e seus órgãos assegurar às pessoas com deficiência

> *o pleno exercício de seus direitos básicos, inclusive dos direitos à educação, à saúde, ao trabalho, ao lazer, à previdência social, ao amparo à infância e à maternidade, e de outros que, decorrentes da Constituição e das leis, propiciem seu bem-estar pessoal, social e econômico. (BRASIL, 1989, art. 2º)*

Na área da educação, devem ser asseguradas as seguintes medidas:

> *a) a inclusão, no sistema educacional, da Educação Especial como modalidade educativa que abranja a educação precoce, a pré-escolar, as de 1º e 2º graus, a supletiva, a habilitação e*

reabilitação profissionais, com currículos, etapas e exigências de diplomação próprios;

b) a inserção, no referido sistema educacional, das escolas especiais, privadas e públicas;

c) a oferta, obrigatória e gratuita, da Educação Especial em estabelecimento público de ensino;

d) o oferecimento obrigatório de programas de Educação Especial a nível pré-escolar, em unidades hospitalares e congêneres, nas quais estejam internados, por prazo igual ou superior a 1 (um) ano, educandos portadores de deficiência;

e) o acesso de alunos portadores de deficiência aos benefícios conferidos aos demais educandos, inclusive material escolar, merenda escolar e bolsas de estudo;

f) a matrícula compulsória em cursos regulares de estabelecimentos públicos e particulares de pessoas portadoras de deficiência capazes de se integrarem no sistema regular de ensino (BRASIL, 1989, inciso I, § 2º).

2.2 DECRETO N. 3.298/1999 (BRASIL, 1999a)

O Decreto n. 3.298/1999 (BRASIL, 1999a) regulamenta a Lei n. 7.853/1989 (BRASIL, 1989) e dispõe sobre a Política Nacional para a Integração da Pessoa Portadora de Deficiência, consolidando as normas de proteção.

A Política Nacional para a Integração da Pessoa Portadora de Deficiência

compreende o conjunto de orientações normativas que objetivam assegurar o pleno exercício dos direitos individuais e sociais das pessoas portadoras de deficiência. (BRASIL, 1999a, art. 1º)

A Política Nacional para a Integração da Pessoa Portadora de Deficiência determina, também, que os órgãos e as entidades do Poder Público assegurem à pessoa portadora de deficiência o

> *pleno exercício de seus direitos básicos, inclusive dos direitos à educação, à saúde, ao trabalho, ao desporto, ao turismo, ao lazer, à previdência social, à assistência social, ao transporte, à edificação pública, à habitação, à cultura, ao amparo à infância e à maternidade, e de outros que, decorrentes da Constituição e das leis, propiciem seu bem-estar pessoal, social e econômico.* (BRASIL, 1999a, art. 2º)

Segundo este Decreto, considera-se:

Deficiência	Toda perda ou anormalidade de uma estrutura ou função psicológica, fisiológica ou anatômica que gere incapacidade para o desempenho de atividade, dentro do padrão considerado normal para o ser humano.
Deficiência Permanente	Aquela que ocorreu ou se estabilizou durante um período de tempo suficiente para não permitir recuperação ou ter probabilidade de que se altere, apesar de novos tratamentos.
Incapacidade	Uma redução efetiva e acentuada da capacidade de integração social, com necessidade de equipamentos, adaptações, meios ou recursos especiais para que a pessoa portadora de deficiência possa receber ou transmitir informações necessárias ao seu bem-estar pessoal e ao desempenho de função ou atividade a ser exercida.

Fonte: Elaborado com base no Decreto n. 3. 289/1999 (BRASIL, 1999a).

Por este Decreto, antes de sua alteração pelo Decreto n. 5.296/2004 (BRASIL, 2004b), considerava-se Pessoa Portadora de Deficiência nas seguintes categorias:

Deficiência Física	Alteração completa ou parcial de um ou mais segmentos do corpo humano, acarretando o comprometimento da função física, apresentando-se sob a forma de paraplegia, triplegia, triparesia, hemiplegia, hemiparesia, amputação ou ausência de membro, paralisia cerebral, membros com deformidade congênita ou adquirida, exceto as deformidades estéticas e as que não produzam dificuldades para o desempenho de funções.
Deficiência Auditiva	Perda parcial ou total das possibilidades auditivas sonoras, variando de graus e níveis na forma seguinte: a) de 25 a 40 decibéis (DB) surdez leve; b) de 41 a 55 db surdez moderada; c) de 56 a 70 db surdez acentuada; d) de 71 a 90 db surdez severa; e) acima de 91 db surdez profunda; e f) anacusia.

Deficiência Visual	Acuidade visual igual ou menor que 20/200 no melhor olho, após a melhor correção, ou campo visual inferior a 20° (tabela de Snellen), ou ocorrência simultânea de ambas as situações.

Fonte: Elaborado com base no Decreto n. 3.289/1999 (BRASIL, 1999a, art. 4°). Nova redação foi dada pelo Decreto n. 5.296/2004 (BRASIL, 2004b).

O Decreto n. 3.289/1999 (BRASIL, 1999a) dispõe de uma seção específica sobre o acesso à educação. De acordo com esta seção, os órgãos e entidades da Administração Pública Federal direta e indireta responsáveis pela educação deverão dispensar tratamento prioritário e adequado às seguintes medidas:

> I – a matrícula compulsória em cursos regulares de estabelecimentos públicos e particulares de pessoa portadora de deficiência capazes de se integrar na rede regular de ensino;
>
> II – a inclusão, no sistema educacional, da educação especial como modalidade de educação escolar que permeia transversalmente todos os níveis e as modalidades de ensino;
>
> III – a inserção, no sistema educacional, das escolas ou instituições especializadas públicas e privadas;
>
> IV – a oferta, obrigatória e gratuita, da educação especial em estabelecimentos públicos de ensino;
>
> V – o oferecimento obrigatório dos serviços de educação especial ao educando portador de deficiência em unidades hospitalares e congêneres nas quais esteja internado por prazo igual ou superior a um ano; e
>
> VI – o acesso de aluno portador de deficiência aos benefícios conferidos aos demais educandos, inclusive material escolar, transporte, merenda escolar e bolsas de estudo. (BRASIL, 1999a, art. 24)

Educação Especial é a "de educação escolar oferecida preferencialmente na rede regular de ensino para educando com necessidades educacionais especiais, entre eles o portador de deficiência" (BRASIL, 2004b, art. 24, § 2º).

Os serviços de educação especial devem ser ofertados de forma transitória ou permanente nas instituições de ensino público ou privado do sistema de educação geral, mediante programas de apoio para o aluno que está integrado no sistema regular de ensino, ou em escolas especializadas exclusivamente quando a educação das escolas comuns não puder satisfazer as necessidades educativas ou sociais do aluno ou quando necessário ao bem-estar do educando.

A educação especial deve contar com equipe multiprofissional, com adequada especialização, e deverá adotar orientações pedagógicas individualizadas.

A Política Nacional para a Integração da Pessoa Portadora de Deficiência determina, ainda, que a construção ou reforma de estabelecimentos de ensino deverá observar o atendimento às normas técnicas da Associação Brasileira de Normas Técnicas – ABNT relativas à acessibilidade.

No que se refere às instituições de educação superior, o Decreto determina que estas procedam às adaptações de provas e os apoios necessários, previamente solicitados pelo aluno portador de deficiência, inclusive tempo adicional para realização das provas, conforme as características da deficiência.

No caso da educação profissional, a pessoa portadora de deficiência deve ser atendida nos níveis básico, técnico e tecnológico, em escola regular, em instituições especializadas e nos ambientes de trabalho. A matrícula deve estar condicionada à capacidade de aproveitamento e não ao nível de escolaridade da pessoa portadora de deficiência.

De acordo com o artigo 29 do Decreto n. 3.289/1999 (BRASIL, 1999a), as escolas e instituições de educação profissional deverão oferecer, sempre que necessário, serviços de apoio especializado para atender às peculiaridades da pessoa portadora de deficiência, tais como:

> I – adaptação dos recursos instrucionais: material pedagógico, equipamento e currículo;

II – capacitação dos recursos humanos: professores, instrutores e profissionais especializados; e

III – adequação dos recursos físicos: eliminação de barreiras arquitetônicas, ambientais e de comunicação. (BRASIL, 1999a, art. 29)

2.3 PORTARIA N. 1.679/1999 (BRASIL, 1999b)

A Portaria n. 1.679/1999 (BRASIL, 1999b), de 02 de dezembro de 1999, dispõe sobre os requisitos de acessibilidade de pessoas portadoras de deficiências, para instruir os processos de autorização e de reconhecimento dos cursos e de credenciamento de instituições de educação superior.

Por meio desta Portaria, o então Ministro de Estado da Educação, Paulo Renato de Souza, determinou a inclusão, nos instrumentos destinados à avaliação das condições de oferta de cursos superiores, para fins de autorização e reconhecimento, bem como para os fins de credenciamento e recredenciamento de instituições de educação superior, requisitos de acessibilidade de pessoas portadoras de necessidades especiais. O Ministro determinou, ainda, o estabelecimento destes requisitos tendo como referência à Norma Brasil 9050 (BRASIL, 2004a), da Associação Brasileira de Normas Técnicas, que trata da acessibilidade de Pessoas Portadoras de Deficiências e Edificações, Espaço, Mobiliário e Equipamentos Urbanos.

Os requisitos estabelecidos devem contemplar, de acordo com esta Portaria:

> *a) para alunos com deficiência física*
> * *eliminação de barreiras arquitetônicas para circulação do estudante, permitindo o acesso aos espaços de uso coletivo;*
> * *reserva de vagas em estacionamentos nas proximidades das unidades de serviços;*
> * *construção de rampas com corrimãos ou colocação de elevadores, facilitando a circulação de cadeira de rodas;*
> * *adaptação de portas e banheiros com espaço suficiente para permitir o acesso de cadeira de rodas;*

- colocação de barras de apoio nas paredes dos banheiros;
- instalação de lavabos, bebedouros e telefones públicos em altura acessível aos usuários de cadeira de rodas;

b) para alunos com deficiência visual
- compromisso formal da instituição de proporcionar, caso seja solicitada, desde o acesso até a conclusão do curso, sala de apoio contendo:
- máquina de datilografia braille, impressora braille acoplada a computador, sistema de síntese de voz;
- gravador e fotocopiadora que amplie textos;
- plano de aquisição gradual de acervo bibliográfico em fitas de áudio;
- software de ampliação de tela do computador;
- equipamento para ampliação de textos para atendimento de aluno com visão subnormal;
- lupas, réguas de leitura;
- scanner acoplado a computador;
- plano de aquisição gradual de acervo bibliográfico dos conteúdos básicos em braille.

c) para alunos com deficiência auditiva
- compromisso formal da instituição de proporcionar, caso seja solicitada, desde o acesso até a conclusão do curso, sala de apoio contendo:
- quando necessário, intérpretes de língua de sinais/língua portuguesa, especialmente quando da realização de provas ou sua revisão, complementando a avaliação expressa em texto escrito ou quando este não tenha expressado o real conhecimento do aluno;
- flexibilidade na correção de provas escritas, valorizando o conteúdo semântico;
- aprendizado da língua portuguesa, principalmente na modalidade escrita (para uso de vocabulário pertinente às matérias do curso em que o estudante estiver matriculado);

• materiais de informações aos professores, para que se esclareça a especificidade linguística dos surdos. (BRASIL, 1999b, parágrafo único, artigo 2º)

A observância dos requisitos estabelecidos na forma desta Portaria deveria ser verificada a partir de noventa dias de sua publicação pelas Comissões de Especialistas de Ensino, responsáveis pelas avaliações, quando da verificação das instalações físicas, equipamentos de laboratórios e biblioteca dos cursos e instituições avaliados. No entanto, como verificaremos ao longo deste trabalho, os requisitos de acessibilidade foram incluídos nos Instrumentos de Avaliação do MEC somente no ano de 2006, ou seja, sete anos depois.

2.4 LEI N. 10.048/2000 (BRASIL, 2000a)

A Lei n. 10.048/2000, de 8 de novembro de 2000 (BRASIL, 2000a), alterada pela Lei 10.741/2003 (BRASIL, 2003b), dá prioridade às pessoas portadoras de deficiência, os idosos com idade igual ou superior a 60 (sessenta) anos, as gestantes, as lactantes e as pessoas acompanhadas por crianças de colo de terem atendimento prioritário.

2.5 LEI N. 10.098/2000 (BRASIL, 2000b)

A Lei n. 10.098/2000 (BRASIL, 2000b) estabelece normas gerais e critérios básicos para a promoção da acessibilidade das pessoas portadoras de deficiência ou com mobilidade reduzida, mediante a supressão de barreiras e de obstáculos nas vias e espaços públicos, no mobiliário urbano, na construção e reforma de edifícios e nos meios de transporte e de comunicação.

A Lei n. 10.098/2000 (BRASIL, 2000b) estabelece, ainda, as seguintes definições:

Acessibilidade	Possibilidade e condição de alcance para utilização, com segurança e autonomia, dos espaços, mobiliários e equipamentos urbanos, das edificações, dos transportes e dos sistemas e meios de comunicação, por pessoa portadora de deficiência ou com mobilidade reduzida.
Barreiras	Qualquer entrave ou obstáculo que limite ou impeça o acesso, a liberdade de movimento e a circulação com segurança das pessoas.

Pessoa Portadora de Deficiência ou com Mobilidade Reduzida	É a pessoa que temporária ou permanentemente tem limitada sua capacidade de relacionar-se com o meio e de utilizá-lo.
Elemento da Urbanização	Qualquer componente das obras de urbanização, tais como os referentes à pavimentação, saneamento, encanamentos para esgotos, distribuição de energia elétrica, iluminação pública, abastecimento e distribuição de água, paisagismo e os que materializam as indicações do planejamento urbanístico.
Mobiliário Urbano	O conjunto de objetos existentes nas vias e espaços públicos, superpostos ou adicionados aos elementos da urbanização ou da edificação, de forma que sua modificação ou traslado não provoque alterações substanciais nestes elementos, tais como semáforos, postes de sinalização e similares, cabines telefônicas, fontes públicas, lixeiras, toldos, marquises, quiosques e quaisquer outros de natureza análoga.
Ajuda Técnica	Qualquer elemento que facilite a autonomia pessoal ou possibilite o acesso e o uso de meio físico.

Fonte: Elaborado com base na Lei n. 10.098/2000 (BRASIL, 2000b).

As barreiras, de acordo com a referida Lei, são classificadas em:

Barreiras Arquitetônicas Urbanísticas	São as existentes nas vias públicas e nos espaços de uso público.
Barreiras Arquitetônicas na Edificação	São as existentes no interior dos edifícios públicos e privados.
Barreiras Arquitetônicas nos Transportes	São as existentes nos meios de transportes.
Barreiras nas Comunicações	Qualquer entrave ou obstáculo que dificulte ou impossibilite a expressão ou o recebimento de mensagens por intermédio dos meios ou sistemas de comunicação, sejam ou não de massa.

Fonte: Elaborado com base na Lei n. 10.098/2000 (BRASIL, 2000b).

Serão identificados, a seguir, os elementos descritos na Lei n. 10.098/2000 (BRASIL, 2000b) que devem estar relacionados às instituições de ensino:

2.5.1. Da acessibilidade nos edifícios públicos ou de uso coletivo

Qualquer construção, ampliação ou reforma de edifícios públicos ou privados destinados ao uso coletivo deverão ser executadas de modo que sejam ou se tornem acessíveis às pessoas portadoras de deficiência ou com mobilidade reduzida.

A Lei estabelece alguns requisitos de acessibilidade para este elemento:

I – nas áreas externas ou internas da edificação, destinadas a garagem e a estacionamento de uso público, deverão ser reservadas vagas próximas dos acessos de circulação de pedestres, devidamente sinalizadas, para veículos que transportem pessoas portadoras de deficiência com dificuldade de locomoção permanente;

II – pelo menos um dos acessos ao interior da edificação deverá estar livre de barreiras arquitetônicas e de obstáculos que impeçam ou dificultem a acessibilidade de pessoa portadora de deficiência ou com mobilidade reduzida;

III – pelo menos um dos itinerários que comuniquem horizontal e verticalmente todas as dependências e serviços do edifício, entre si e com o exterior, deverá cumprir os requisitos de acessibilidade de que trata esta Lei; e

IV – os edifícios deverão dispor, pelo menos, de um banheiro acessível, distribuindo-se seus equipamentos e acessórios de maneira que possam ser utilizados por pessoa portadora de deficiência ou com mobilidade reduzida. (BRASIL, 2000b, artigo 11)

Os locais de aulas, conferências e espetáculos, bem como outros locais similares, deverão dispor de espaços reservados para pessoas que utilizam cadeira de rodas e de lugares específicos para pessoas com deficiência auditiva e visual, inclusive acompanhante, de acordo com a ABNT, de modo a facilitar-lhes as condições de acesso, circulação e comunicação.

2.5.2. Da acessibilidade nos edifícios de uso privado

Os edifícios de uso privado em que seja obrigatória a instalação de elevadores deverão ser construídos atendendo aos seguintes requisitos mínimos de acessibilidade:

I – percurso acessível que una as unidades habitacionais com o exterior e com as dependências de uso comum;

II – percurso acessível que una a edificação à via pública, às edificações e aos serviços anexos de uso comum e aos edifícios vizinhos;

III – cabine do elevador e respectiva porta de entrada acessíveis para pessoas portadoras de deficiência ou com mobilidade reduzida. (BRASIL, 2000b, artigo 13)

De acordo com o artigo 14, da Lei n. 10.098/2000 (BRASIL, 2000b), os edifícios com mais de um pavimento, além do pavimento de acesso, à exceção das habitações unifamiliares, não obrigados à instalação de elevador, devem dispor de especificações técnicas e de projeto que facilitem a instalação de um elevador adaptado, devendo os demais elementos de uso comum atender aos requisitos de acessibilidade.

2.5.3. Da acessibilidade nos veículos de transporte coletivo

Os veículos de transporte coletivo devem cumprir os requisitos de acessibilidade estabelecidos nas normas técnicas específicas.

2.5.4. Da acessibilidade nos sistemas de comunicação e sinalização

A Lei n. 10.098/2000 (BRASIL, 2000b) dispõe que o Poder Público deve promover a eliminação de barreiras na comunicação e estabelecer mecanismos e alternativas técnicas que tornem acessíveis os sistemas de comunicação e sinalização às pessoas portadoras de deficiência sensorial e com dificuldade de comunicação, para garantir-lhes o direito de acesso à informação, à comunicação, ao trabalho, à educação, ao transporte, à cultura, ao esporte e ao lazer.

A Lei n. 10.098/2000 (BRASIL, 2000b) define, ainda, que o Poder Público deve implementar a formação de profissionais intérpretes de escrita em braile, linguagem de sinais e de guias-intérpretes, para facilitar qualquer tipo de comunicação direta às pessoas portadoras de deficiência sensorial e com dificuldade de comunicação.

Este dispositivo da Lei n. 10.098/2000 (BRASIL, 2000b) foi regulamentado pelo Decreto n. 5.626 somente seis anos depois, em 2006 (BRASIL, 2006).

2.6 PORTARIA N. 3.284/2003 (BRASIL, 2003a)

Depois da promulgação da Lei n. 10.098/2000 (BRASIL, 2000b), somente em 2003 foi expedida pelo Ministro de Estado da Educação, em 7 de novembro de 2003, a Portaria n. 3.284/2003 (BRASIL, 2003a).

A Portaria n. 3.284/2003 (BRASIL, 2003a) dispõe sobre requisitos de acessibilidade de pessoas portadoras de deficiências, para instrução de processos de autorização e de reconhecimento de cursos e de credenciamento de instituições de educação superior. Esta Portaria determina que sejam incluídos os requisitos de acessibilidade nos instrumentos de avaliação que servem de subsídios para estes processos, tomando como referência a NBR 9050, da Associação Brasileira de Normas Técnicas, que trata da Acessibilidade de Pessoas Portadoras de Deficiências a Edificações, Espaço, Mobiliário e Equipamentos Urbanos.

Os requisitos devem compreender, no mínimo:

> I – com respeito a alunos portadores de deficiência física:
> a) eliminação de barreiras arquitetônicas para circulação do estudante, permitindo acesso aos espaços de uso coletivo;
> b) reserva de vagas em estacionamentos nas proximidades das unidades de serviço;
> c) construção de rampas com corrimãos ou colocação de elevadores, facilitando a circulação de cadeira de rodas;
> d) adaptação de portas e banheiros com espaço suficiente para permitir o acesso de cadeira de rodas;
> e) colocação de barras de apoio nas paredes dos banheiros;
> f) instalação de lavabos, bebedouros e telefones públicos em altura acessível aos usuários de cadeira de rodas;
>
> II – no que concerne a alunos portadores de deficiência visual, compromisso formal da instituição, no caso de vir a ser solicitada e até que o aluno conclua o curso:

a) de manter sala de apoio equipada com máquina de datilografia braile, impressora braile acoplada ao computador, sistema de síntese de voz, gravador e fotocopiadora que amplie textos, software de ampliação de tela, equipamento para ampliação de textos para atendimento a aluno com visão subnormal, lupas, réguas de leitura, scanner acoplado a computador;

b) de adotar um plano de aquisição gradual de acervo bibliográfico em braile e de fitas sonoras para uso didático;

III – quanto a alunos portadores de deficiência auditiva, compromisso formal da instituição, no caso de vir a ser solicitada e até que o aluno conclua o curso:

a) de propiciar, sempre que necessário, intérprete de língua de sinais/língua portuguesa, especialmente quando da realização e revisão de provas, complementando a avaliação expressa em texto escrito ou quando este não tenha expressado o real conhecimento do aluno;

b) de adotar flexibilidade na correção das provas escritas, valorizando o conteúdo semântico;

c) de estimular o aprendizado da língua portuguesa, principalmente na modalidade escrita, para o uso de vocabulário pertinente às matérias do curso em que o estudante estiver matriculado;

d) de proporcionar aos professores acesso à literatura e informações sobre a especificidade linguística do portador de deficiência auditiva. (BRASIL, 2003a, § 1º, artigo 2º)

Para as instituições federais de ensino, a Portaria determina a criação dos cargos correspondentes e a realização regular de provimento.

Embora a Portaria tenha determinado o prazo de noventa dias contados da vigência dela, as medidas necessárias à incorporação dos requisitos definidos aos instrumentos de avaliação das condições de oferta de cursos superiores, somente em 2006 foram aprovados os primeiros instrumentos de avaliação externa para credenciamento e recredenciamento de instituições de educação superior, e de avaliação de cursos, para autorização, reconhecimento e renovação de reconhecimento de cursos superiores.

2.7 NBR 9050/2004 (BRASIL, 2004a)

A Norma Brasileira 9050/2004 (BRASIL, 2004a) dispõe sobre a Acessibilidade a Edificações, Mobiliário, Espaços e Equipamentos Urbanos. A NBR 9050/2004 (BRASIL, 2004a) tem por objetivo estabelecer critérios e parâmetros técnicos a serem observados quando do projeto, construção, instalação e adaptação das edificações, mobiliário, espaços e equipamentos urbanos, considerando diversas condições de mobilidade e de percepção de ambiente, com ou sem ajuda de aparelhos específicos, proporcionando a utilização de maneira autônoma e segura do ambiente.

2.8 DECRETO N. 5.296/2004 (BRASIL, 2004b)

O Decreto n. 5.296/2004 (BRASIL, 2004b) regulamenta as Leis n. 10.048/2000, de 8 de dezembro de 2000 (BRASIL, 2000a), que dão prioridade de atendimento às pessoas que especifica e 10.098/2000, de 19 de dezembro de 2000 (BRASIL, 2000b), que estabelece normas gerais e critérios básicos para a promoção de acessibilidade das pessoas portadoras de deficiência ou com mobilidade reduzida.

Por meio deste Decreto, ficam sujeitos à promoção de acessibilidade:

I – a aprovação de projeto de natureza arquitetônica e urbanística, de comunicação e informação, de transporte coletivo, bem como a execução de qualquer tipo de obra, quando tenham destinação pública ou coletiva;

II – a outorga de concessão, permissão, autorização ou habilitação de qualquer natureza;

III – a aprovação de financiamento de projetos com a utilização de recursos públicos, dentre eles os projetos de natureza arquitetônica e urbanística, os tocantes à comunicação e informação e os referentes ao transporte coletivo, por meio de qualquer instrumento, tais como convênio, acordo, ajuste, contrato ou similar; e

IV – a concessão de aval da União na obtenção de empréstimos e financiamentos internacionais por entes públicos ou privados. (BRASIL, 2004b, art. 2º)

O inciso I, do § 1º, do artigo 5º deste Decreto relaciona o que se considera como pessoa portadora de deficiência, além das previstas na Lei n. 10.690/2003, de 16 de junho de 2003 (BRASIL, 2003), a que possui limitação ou incapacidade para o desempenho de atividade e se enquadra nas seguintes categorias:

Deficiência Física	Alteração completa ou parcial de um ou mais segmentos do corpo humano, acarretando o comprometimento da função física, apresentando-se sob a forma de paraplegia, paraparesia, monoplegia, monoparesia, tetraplegia, tetraparesia, triplegia, triparesia, hemiplegia, hemiparesia, ostomia, amputação ou ausência de membro, paralisia cerebral, nanismo, membros com deformidade congênita ou adquirida, exceto as deformidades estéticas e as que não produzam dificuldades para o desempenho de funções.
Deficiência Auditiva	Perda bilateral, parcial ou total, de quarenta e um decibéis (dB) ou mais, aferida por audiograma nas frequências de 500Hz, 1.000Hz, 2.000Hz e 3.000Hz.
Deficiência Visual	Cegueira, na qual a acuidade visual é igual ou menor que 0,05 no melhor olho, com a melhor correção óptica; a baixa visão, que significa acuidade visual entre 0,3 e 0,05 no melhor olho, com a melhor correção óptica; os casos nos quais a somatória da medida do campo visual em ambos os olhos for igual ou menor que 60°; ou a ocorrência simultânea de quaisquer das condições anteriores.
Deficiência Mental	Funcionamento intelectual significativamente inferior à média, com manifestação antes dos dezoito anos, e limitações associadas a duas ou mais áreas de habilidades adaptativas, tais como: ▷ comunicação; ▷ cuidado pessoal; ▷ habilidades sociais; ▷ utilização dos recursos da comunidade; ▷ saúde e segurança; ▷ habilidades acadêmicas; ▷ lazer; e ▷ trabalho.
Deficiência Múltipla	Associação de duas ou mais deficiências.

Fonte: Elaborado com base no Decreto n. 5.296/2004 (BRASIL, 2004).

Tem também direito a atendimento prioritário as pessoas com mobilidade reduzida, que, não se enquadrando no conceito de pessoa portadora de deficiência e tenha, por qualquer motivo, dificuldade de movimentar-se, permanente ou temporariamente, gerando redução efetiva da mobilidade, flexibilidade, coordenação motora e percepção (BRASIL, 2004b, inciso II, artigo 5º), e as pessoas com idade igual ou superior a sessenta anos (BRASIL, 2004b, § 2º, artigo 5º).

O Decreto relaciona, ainda, e apenas exemplificativamente, o que seja tratamento diferenciado:

> *I – assentos de uso preferencial sinalizados, espaços e instalações acessíveis;*
>
> *II – mobiliário de recepção e atendimento obrigatoriamente adaptado à altura e à condição física de pessoas em cadeira de rodas, conforme estabelecido nas normas técnicas de acessibilidade da ABNT;*
>
> *III – serviços de atendimento para pessoas com deficiência auditiva, prestado por intérpretes ou pessoas capacitadas em Língua Brasileira de Sinais – LIBRAS e no trato com aquelas que não se comuniquem em LIBRAS, e para pessoas surdo-cegas, prestado por guias--intérpretes ou pessoas capacitadas neste tipo de atendimento;*
>
> *IV – pessoal capacitado para prestar atendimento às pessoas com deficiência visual, mental e múltipla, bem como às pessoas idosas;*
>
> *V – disponibilidade de área especial para embarque e desembarque de pessoa portadora de deficiência ou com mobilidade reduzida;*
>
> *VI – sinalização ambiental para orientação das pessoas referidas no art. 5º;*
>
> *VII – divulgação, em lugar visível, do direito de atendimento prioritário das pessoas portadoras de deficiência ou com mobilidade reduzida;*
>
> *VIII – admissão de entrada e permanência de cão-guia ou cão-guia de acompanhamento junto de pessoa portadora de deficiência ou*

de treinador nos locais dispostos no caput *do art. 5°, bem como nas demais edificações de uso público e naquelas de uso coletivo, mediante apresentação da carteira de vacina atualizada do animal; e*

IX – a existência de local de atendimento específico para as pessoas referidas no art. 5°. (BRASIL, 2004b, § 1°, do artigo 6°)

Para fins de acessibilidade, o artigo 8° relaciona o que deve ser considerado:

Acessibilidade	Condição para utilização, com segurança e autonomia, total ou assistida, dos espaços, mobiliários e equipamentos urbanos, das edificações, dos serviços de transporte e dos dispositivos, sistemas e meios de comunicação e informação, por pessoa portadora de deficiência ou com mobilidade reduzida.
Barreiras	Qualquer entrave ou obstáculo que limite ou impeça o acesso, a liberdade de movimento, a circulação com segurança e a possibilidade de as pessoas se comunicarem ou terem acesso à informação.
Elemento da Urbanização	Qualquer componente das obras de urbanização, tais como os referentes à pavimentação, saneamento, distribuição de energia elétrica, iluminação pública, abastecimento e distribuição de água, paisagismo e os que materializam as indicações do planejamento urbanístico.
Mobiliário Urbano	O conjunto de objetos existentes nas vias e espaços públicos, superpostos ou adicionados aos elementos da urbanização ou da edificação, de forma que sua modificação ou traslado não provoque alterações substanciais nestes elementos, tais como semáforos, postes de sinalização e similares, telefones e cabines telefônicas, fontes públicas, lixeiras, toldos, marquises, quiosques e quaisquer outros de natureza análoga.
Ajuda Técnica	Os produtos, instrumentos, equipamentos ou tecnologia adaptados ou especialmente projetados para melhorar a funcionalidade da pessoa portadora de deficiência ou com mobilidade reduzida, favorecendo a autonomia pessoal, total ou assistida.
Edificações de Uso Público	Aquelas administradas por entidades da administração pública, direta e indireta, ou por empresas prestadoras de serviços públicos e destinadas ao público em geral.
Edificações de Uso Coletivo	Aquelas destinadas às atividades de natureza comercial, hoteleira, cultural, esportiva, financeira, turística, recreativa, social, religiosa, educacional, industrial e de saúde, inclusive as edificações de prestação de serviços de atividades da mesma natureza.
Edificações de Uso Privado	Aquelas destinadas à habitação, que podem ser classificadas como unifamiliar ou multifamiliar.
Desenho Universal	Concepção de espaços, artefatos e produtos que visam atender simultaneamente todas as pessoas, com diferentes características antropométricas e sensoriais, de forma autônoma, segura e confortável, constituindo-se nos elementos ou soluções que compõem a acessibilidade.

Fonte: Elaborado com base no Decreto n. 5.296/2004 (BRASIL, 2004).

O mais importante a destacar neste trabalho é o disposto no artigo 34 do Decreto n. 5.296/2004 (BRASIL, 2004b), pois trata especificamente dos estabelecimentos de ensino.

De acordo com este artigo, os estabelecimentos de ensino, de qualquer nível, etapa ou modalidade, públicos ou privados, deverão proporcionar condições de acesso e utilização de todos os seus ambientes para pessoas portadoras de deficiência ou com mobilidade reduzida. Isso vale para as salas de aula, bibliotecas, auditórios, ginásios e instalações desportivas, laboratórios, áreas de lazer e sanitários.

De acordo com o § 1º:

> *Para a concessão de autorização de funcionamento, de abertura ou renovação de curso pelo Poder Público, o estabelecimento de ensino deverá comprovar que:*
>
> *I – está cumprindo as regras de acessibilidade arquitetônica, urbanística e na comunicação e informação previstas nas normas técnicas de acessibilidade da ABNT, na legislação específica ou neste Decreto;*
>
> *II – coloca à disposição de professores, alunos, servidores e empregados portadores de deficiência ou com mobilidade reduzida ajudas técnicas que permitam o acesso às atividades escolares e administrativas em igualdade de condições com as demais pessoas; e*
>
> *III – seu ordenamento interno contém normas sobre o tratamento a ser dispensado a professores, alunos, servidores e empregados portadores de deficiência, com o objetivo de coibir e reprimir qualquer tipo de discriminação, bem como as respectivas sanções pelo descumprimento dessas normas.* (BRASIL, 2004b)

2.9 DECRETO N. 5.626/2005 (BRASIL, 2005)

O Decreto n. 5.626/2005, de 22 de dezembro de 2005 (BRASIL, 2005), regulamenta a Lei n. 10.436/2002, de 24 de abril de 2002 (BRASIL, 2002), que dispõe sobre a Língua Brasileira de Sinais – LIBRAS, e o artigo 18 da Lei n. 10.098, de 19 de dezembro de 2000 (BRASIL, 2000), que estabelece normas gerais e critérios básicos para a promoção da acessibilidade das pessoas portadoras de deficiência ou com mobilidade reduzida, mediante a supressão de barreiras e de obstáculos nas vias e espaços públicos, no mobiliário urbano, na construção e reforma de edifícios e nos meios de transporte e de comunicação.

O Decreto determina a inclusão da LIBRAS como disciplina curricular obrigatória nos cursos de formação de professores para o exercício do magistério, em nível médio e superior, e nos cursos de Fonoaudiologia, de instituições de ensino, públicas e privadas, do sistema federal de ensino e dos sistemas de ensino nos Estados, do Distrito Federal e dos Municípios, e como disciplina curricular optativa nos demais cursos de educação superior e profissional.

Além da inclusão da LIBRAS como disciplina, o Decreto dispõe sobre a formação do professor e do instrutor de LIBRAS, da formação do tradutor e intérprete de LIBRAS – Língua Portuguesa e do uso e da difusão da LIBRAS e da Língua Portuguesa para o acesso das pessoas surdas à educação.

A fim de garantir a inclusão de alunos surdos ou com deficiência auditiva; as instituições federais de ensino responsáveis pela educação básica deverão organizar:

> *I – escolas e classes de educação bilíngue, abertas a alunos surdos e ouvintes, com professores bilíngues, na educação infantil e nos anos iniciais do ensino fundamental;*

> *II – escolas bilíngues ou escolas comuns da rede regular de ensino, abertas a alunos surdos e ouvintes, para os anos finais do ensino fundamental, ensino médio ou educação profissional, com docentes das diferentes áreas do conhecimento, cientes da singularidade linguística dos alunos surdos, bem como com a presença de tradutores e intérpretes de Libras – Língua Portuguesa. (BRASIL, 2005, art. 22)*

A fim de assegurar aos alunos surdos ou com deficiência auditiva o acesso à comunicação, à informação e à educação, as instituições privadas e públicas dos sistemas de ensino federal, estadual, municipal e do Distrito Federal, de educação básica e superior, devem proporcionar aos alunos surdos:

> *os serviços de tradutor e intérprete de LIBRAS – Língua Portuguesa em sala de aula e em outros espaços educacionais, bem como equipamentos e tecnologias.* (BRASIL, 2005, art. 23)

2.10. INSTRUMENTO DE AVALIAÇÃO EXTERNA DE FEVEREIRO DE 2006 (BRASIL, 2006a)

O primeiro Instrumento de Avaliação Externa do SINAES – Sistema Nacional de Avaliação da Educação Superior dispôs de indicador específico a respeito das Condições de Acesso para Portadores de Necessidades Especiais. Este Indicador foi considerado como Imprescindível e ficou alocado dentro da Dimensão 7, de Infraestrutura Física.

Este indicador possuiu os seguintes critérios, com conceitos de 1 a 5:

> *Conceito 5 – Quando todas as Instalações são adequadas às condições de acesso para portadores de necessidades especiais; essa adequação resulta e/ou expressa uma diretriz de ação, acessível ao conhecimento da comunidade interna e externa; todas as Instalações contam com rampas com inclinação adequada, ou elevadores com espaço suficiente para cadeiras de rodas, instalações sanitárias apropriadas e vagas especiais de estacionamento, de acordo com as exigências legais.*

> *Conceito 4 – Quando a maioria das Instalações é adequada às condições de acesso para portadores de necessidades especiais; essa adequação resulta e/ou expressa uma diretriz de ação, acessível ao conhecimento da comunidade interna; a maioria das Instalações conta com rampas com inclinação adequada, ou elevadores com espaço suficiente para cadeiras de rodas, instalações sanitárias*

apropriadas e vagas especiais de estacionamento, de acordo com as exigências legais.

Conceito 3 – Quando algumas das Instalações são razoavelmente adequadas às condições de acesso para portadores de necessidades especiais; quando há adequação, esta resulta e/ou expressa, ainda que de forma incipiente, uma diretriz de ação; é de conhecimento da comunidade interna; algumas das Instalações contam com rampas com inclinação adequada, ou elevadores com espaço suficiente para cadeiras de rodas, instalações sanitárias apropriadas e vagas especiais de estacionamento, de acordo com as exigências legais.

Conceito 2 – Quando as Instalações são pouco adequadas às condições de acesso para portadores de necessidades especiais.

Conceito 1 – Quando as Instalações da IES são totalmente inadequadas às condições de acesso para portadores de necessidades especiais. (BRASIL, 2006a, Dimensão 7)

Vale dizer que este instrumento não está mais em vigor, o que está valendo é o Instrumento de Avaliação Externa aprovado no ano de 2010.

2.11. INSTRUMENTO DE AVALIAÇÃO DE CURSOS DE MARÇO DE 2006 (BRASIL, 2006b)

Por mais que a Portaria n. 1.679/1999 (BRASIL, 1999) e a Portaria n. 3.284/2003 (BRASIL, 2003a) tenham determinado a inclusão dos requisitos de acessibilidade nos instrumentos de avaliação de instituições e de cursos, o primeiro instrumento de avaliação de cursos não contemplou tais requisitos. Esses requisitos foram incluídos somente no instrumento de avaliação externa, para credenciamento e recredenciamento de instituições de Educação Superior.

Este instrumento não está mais em vigor, sendo revogado por vários outros ao longo da implantação do SINAES, e estando em vigor o Instrumento de Avaliação de Curso, aprovado em maio de 2012.

2.12. PORTARIA MEC N. 976/2006 (BRASIL, 2006c)

Por meio desta Portaria, a partir de 2006, qualquer evento realizado ou apoiado pelo MEC, periódico ou eventual, como: oficinas, cursos, seminários, palestras, conferências, simpósios, bem como qualquer outro de caráter técnico, educacional, cultural, de formação, divulgação ou de planejamento, deverá atender aos padrões de acessibilidade descritos no Decreto n. 5.296/2004 (BRASIL, 2004).

Considera-se acessibilidade, nesta Portaria:

> *as condições para a utilização, com segurança e autonomia, total ou assistida, dos espaços, mobiliário e equipamentos urbanos, das edificações dos serviços de transporte e dos dispositivos, sistemas ou meios de comunicação e informação, por pessoa com deficiência ou com mobilidade reduzida. (BRASIL, 2006c, artigo 2º)*

Esta Portaria prevê, ainda, as seguintes exigências quando da contratação dos serviços de organização, apoio e realização dos eventos:

> *I – disponibilização de serviços de tradutores e intérpretes de Língua Brasileira de Sinais – Libras para pessoas surdas ou com deficiência auditiva;*

> *II – disponibilização de serviços de guia-intérpretes ou pessoas capacitadas neste tipo de atendimento para pessoas pessoas surdo-cegas;*

> *III – disponibilização atendimento por pessoal capacitado às pessoas com deficiência visual, mental e múltipla, bem como às idosas e pessoas com deficiência auditiva que não se comunicam em Libras;*

> *IV – disponibilização de ajudas técnicas referentes a produtos, instrumentos, equipamentos e tecnologia adaptados; material*

legendado e com janela para intérpretes, textos em Braille ou em mídia magnética acessível e material com caracteres ampliados;

V – disponibilização de telefone adaptado para as pessoas com deficiência auditiva. (BRASIL, 2006c, artigo 3°)

Para todo evento, a Ficha de Inscrição para participação no mesmo deverá conter, também, orientações acerca do preenchimento, contemplando informações sobre como solicitar o atendimento diferenciado e recursos necessários para participação com condições de igualdade.

A Portaria prevê o asseguramento de

I – locais dos eventos com condições de acesso a vagas de estacionamento, com área especial para embarque e desembarque, com rampas de acesso a todos os ambientes;

II – locais dos eventos com condições de acesso e utilização de todas as dependências e serviços existentes, incluindo banheiros, quartos, salas, restaurantes, auditórios, saídas de emergência e demais ambientes livres de barreiras;

III – mobiliário de recepção e atendimento adaptado à altura e à condição física de pessoas que utilizam cadeira de rodas, conforme o estabelecido nas normas técnicas de acessibilidade da ABNT;

IV – a entrada e permanência de cães-guia nos locais do evento, mediante a apresentação da carteira de vacina atualizada do animal;

V – a sinalização de assentos de uso preferencial, de espaços e instalações acessíveis para a orientação de pessoas com deficiência ou mobilidade reduzida;

VI – outras condições de acessibilidade mediante solicitação do participante do evento no ato de inscrição ou confirmação de presença. (BRASIL, 2006c, artigo 5º)

2.13. INSTRUMENTO DE AVALIAÇÃO PARA CREDENCIAMENTO E RECREDENCIAMENTO DE IES DE SETEMBRO DE 2010 (BRASIL, 2010)

O instrumento de Avaliação Externa para Credenciamento e Recredenciamento de Instituições de Educação Superior, aprovado em setembro de 2010, dispõe de dois Indicadores de Qualidade que podem ser considerados como Indicadores para Acesso ao Portador de Necessidades Especiais.

Um deles está disposto na Dimensão 3, no item 3.3, intitulado Relações da IES com a sociedade: inclusão social. O Conceito Referencial Mínimo de Qualidade para este Indicador é:

> *Quando as ações da IES com vistas à inclusão social resultam de diretrizes institucionais e estão adequadamente implantadas e adequadas.* (BRASIL, 2010, Dimensão 3)

O outro Indicador vem disposto na Dimensão 9, item 9.3, intitulado Condições institucionais de atendimento ao discente. O Conceito Referencial Mínimo de Qualidade para este Indicador é:

> *Quando se verifica a adequação das políticas de acesso, seleção e permanência de estudantes* (critérios utilizados, acompanhamento pedagógico, espaço de participação e de convivência) praticadas pela IES e há adequada relação com as políticas públicas e com o contexto social. (BRASIL, 2010, Dimensão 9)

Neste Instrumento de Avaliação Externa, hoje em vigor, além dos Indicadores de Qualidade, que são conceituados de 1 a 5, o MEC incluiu o item Requisitos Legais. Os itens de Requisitos Legais não fazem parte do cálculo do conceito de avaliação, pois são itens essencialmente regulatórios. Os avaliadores devem fazer o registro do cumprimento ou não do dispositivo legal por parte da instituição, para que o MEC, de posse desta informação, possa tomar as decisões cabíveis, independentemente de a instituição tiver sido avaliada favoravelmente nos demais Indicadores de Qualidade e na Avaliação como um todo.

O primeiro dispositivo legal apresentado neste item Requisitos Legais é o correspondente às "Condições de acesso para portadores de necessidades especiais (Decreto 5.296/2004)", tendo como critério de análise "A instituição apresenta condições adequadas de acesso para portadores de necessidades especiais?". O avaliador deve registrar se a instituição apresenta ou não apresenta, respondendo "SIM" ou "NÃO" (BRASIL, 2010, Requisitos Legais).

2.14. INSTRUMENTO DE AVALIAÇÃO DE CURSOS DE MAIO DE 2012 (BRASIL, 2012)

O Instrumento de Avaliação de Cursos, aprovado em maio de 2012, e atualmente em vigor, contempla três Indicadores de Qualidade referentes à acessibilidade, quais sejam:

Indicador	Conceito	Critério de Análise
3.4. Salas de aula (Para fins de autorização, considerar as salas de aula implantadas para o primeiro ano do curso, se CSTs, ou dois primeiros anos, se bacharelados/licenciaturas)	1	Quando as salas de aula implantadas no curso não têm condições de funcionamento.
	2	Quando as salas de aula implantadas para o curso são insuficientes, considerando, em uma análise sistêmica e global, aos aspectos: quantidades e número de alunos por turma, disponibilidade de equipamentos, dimensões em função das vagas previstas/autorizadas, limpeza, iluminação, acústica, ventilação, acessibilidade, conservação e comodidade.
	3	Quando as salas de aula implantadas para o curso são suficientes, considerando, em uma análise sistêmica e global, aos aspectos: quantidades e número de alunos por turma, disponibilidade de equipamentos, dimensões em função das vagas previstas/autorizadas, limpeza, iluminação, acústica, ventilação, acessibilidade, conservação e comodidade.
	4	Quando as salas de aula implantadas para o curso são muito boas, considerando, em uma análise sistêmica e global, aos aspectos: quantidades e número de alunos por turma, disponibilidade de equipamentos, dimensões em função das vagas previstas/autorizadas, limpeza, iluminação, acústica, ventilação, acessibilidade, conservação e comodidade.

Indicador	Conceito	Critério de Análise
3.4. Salas de aula (continuação)	5	Quando as salas de aula implantadas para o curso são excelentes, considerando, em uma análise sistêmica e global, aos aspectos: quantidades e número de alunos por turma, disponibilidade de equipamentos, dimensões em função das vagas previstas/autorizadas, limpeza, iluminação, acústica, ventilação, acessibilidade, conservação e comodidade.

Fonte: Instrumento de Avaliação de Cursos, CONAES/INEP, 2012.

Indicador	Conceito	Critério de Análise
3.5. Acesso dos alunos a equipamentos de informática (Para fins de autorização, considerar os laboratórios de informática implantados para o primeiro ano do curso, se CSTs, ou dois primeiros anos, se bacharelados/licenciaturas)	1	Quando não há meios implantados de acesso à informática para o curso.
	2	Quando os laboratórios ou outros meios implantados de acesso à informática para o curso atendem, de maneira insuficiente, considerando, em uma análise sistêmica e global, aos aspectos: quantidade de equipamentos relativa ao número total de usuários, acessibilidade, velocidade de acesso à internet, política de atualização de equipamentos e *softwares* e adequação do espaço físico.
	3	Quando os laboratórios ou outros meios implantados de acesso à informática para o curso atendem, de maneira suficiente, considerando, em uma análise sistêmica e global, aos aspectos: quantidade de equipamentos relativa ao número total de usuários, acessibilidade, velocidade de acesso à internet, política de atualização de equipamentos e *softwares* e adequação do espaço físico.
	4	Quando os laboratórios ou outros meios implantados de acesso à informática para o curso atendem, muito bem, considerando, em uma análise sistêmica e global, aos aspectos: quantidade de equipamentos relativa ao número total de usuários, acessibilidade, velocidade de acesso à internet, política de atualização de equipamentos e *softwares* e adequação do espaço físico.
	5	Quando os laboratórios ou outros meios implantados de acesso à informática para o curso atendem, de maneira excelente, considerando, em uma análise sistêmica e global, aos aspectos: quantidade de equipamentos relativa ao número total de usuários, acessibilidade, velocidade de acesso à internet, política de atualização de equipamentos e *softwares* e adequação do espaço físico.

Fonte: Instrumento de Avaliação de Cursos, CONAES/INEP, 2012.

Indicador	Conceito	Critério de Análise
3.10. Laboratórios didáticos especializados: qualidade NSA para cursos que não utilizam laboratórios especializados. (Para fins de autorização, considerar os laboratórios didáticos especializados implantados para o primeiro ano do curso, se CSTs, ou dois primeiros anos, se bacharelados/licenciaturas) Para cursos a distância, verificar os laboratórios especializados da sede e dos polos Para Pedagogia, é obrigatório verificar a Brinquedoteca	1	Quando os laboratórios didáticos especializados não estão implantados; ou não existem normas de funcionamento, utilização e segurança.
	2	Quando os laboratórios especializados implantados com respectivas normas de funcionamento, utilização e segurança atendem, de maneira insuficiente, em uma análise sistêmica e global, aos aspectos: adequação, acessibilidade, atualização de equipamentos e disponibilidade de insumos.
	3	Quando os laboratórios especializados implantados com respectivas normas de funcionamento, utilização e segurança atendem, de maneira suficiente, em uma análise sistêmica e global, aos aspectos: adequação, acessibilidade, atualização de equipamentos e disponibilidade de insumos.
	4	Quando os laboratórios especializados implantados com respectivas normas de funcionamento, utilização e segurança atendem, muito bem, em uma análise sistêmica e global, aos aspectos: adequação, acessibilidade, atualização de equipamentos e disponibilidade de insumos.
	5	Quando os laboratórios especializados implantados com respectivas normas de funcionamento, utilização e segurança atendem, de maneira excelente, em uma análise sistêmica e global, aos aspectos: adequação, acessibilidade, atualização de equipamentos e disponibilidade de insumos.

Fonte: Instrumento de Avaliação de Cursos, CONAES/INEP, 2012.

Do mesmo modo do Instrumento de Avaliação Externa, além dos Indicadores de Qualidade, que são conceituados de 1 a 5, o MEC incluiu o item Requisitos Legais. Os itens de Requisitos Legais não fazem parte do cálculo do conceito de avaliação, pois são itens essencialmente regulatórios. Os avaliadores devem fazer o registro do cumprimento ou não do dispositivo legal por parte da instituição, para o que o MEC, de posse desta informação, possa tomar as decisões cabíveis, independentemente de instituição tiver sido avaliada favoravelmente nos demais Indicadores de Qualidade e na Avaliação como um todo.

Neste Instrumento de Avaliação de Curso, são dois os dispositivos legais exigidos:

> ⯈ O item 9 correspondente às "Condições de acesso para portadores de deficiência e/ou mobilidade reduzida (Decreto n. 5.296/2004), com prazo de implantação das condições até dezembro de 2008", tendo como cri-

tério de análise "A IES apresenta condições de acesso para pessoas com deficiência e/ou mobilidade reduzida?" (BRASIL, 2010, Requisitos Legais);

> O item 10 correspondente à "Disciplina de Libras (Dec. N. 5.626/2005)", tendo como critério de análise "O PPC contempla a disciplina de Libras na estrutura curricular do curso?" (BRASIL, 2010, Requisitos Legais).

3. CONSIDERAÇÕES FINAIS

A acessibilidade, seja urbanística, arquitetônica ou dos meios de comunicação, torna-se essencial e indispensável para que todos tenham seus direitos assegurados de acordo com a Constituição de 1988 (BRASIL, 1988).

Toda a legislação que precede a Constituição (BRASIL, 1988) referente à acessibilidade indica a necessidade de adequação e respeito à pessoa com necessidades especiais.

Assim, um poder coletivo de construir espaços e recursos de todos para todos, promovendo o bem, sem preconceito ou discriminação, garantindo o direito à educação, à igualdade de condições para o acesso e permanência e ao acesso aos níveis mais elevados de ensino, pesquisa e criação artística, segundo a capacidade de cada um.

Para que a acessibilidade ocorra em uma instituição de ensino, é necessário que as estratégias sejam realizadas de forma holística, atuando nas questões físicas, de comunicação, locomoção e sinalização. Além dessas adequações, a Instituição, por exercer uma função social, deve abranger também a questão humana, ou seja, uma adequação atitudinal, voltada aos aspectos antropológicos, que dizem respeito à pessoa e tudo o que esteja relacionado ao seu cotidiano.

Nesse sentido, deve-se promover soluções que permitam incluir pessoas que apresentam limitações, que a outras são passíveis, sendo elas idosas, gestantes, crianças, obesas, baixa estatura, com mobilidade reduzida, visão subnormal, necessidades especiais físicas, neurológicas ou sensoriais.

Em uma instituição de ensino, as pessoas com necessidades especiais podem ser encontradas em qualquer cargo ou função, sendo estudantes, docentes, agentes, funcionários administrativos, além da comunidade externa, família, comerciantes, entre outros, que por algum motivo estão ou são vinculados à Instituição. Portanto, um ambiente acessível pode contribuir para uma educação de fato inclusiva.

É inerente ao processo de inclusão que as instituições de ensino ofereçam meios eficazes para o acesso, começando pelo processo de divulgação, processo seletivo, quando for o caso, e matrícula, prosseguindo até a conclusão do curso. Vale ressaltar que, no caso do processo seletivo, esse procedimento deve ocorrer em todos os prédios, e não centralizar em um único, onde possivelmente o aluno se inscreveu, mesmo porque todo o ambiente desta instituição de ensino deverá estar disponível para este aluno.

A inclusão na área educacional das pessoas com necessidades especiais representa a acessibilidade, e esta, para que ocorra efetivamente, é preciso que as instituições promovam e garantam além da entrada/acesso dos alunos, o acompanhamento, a permanência e a conclusão do ensino.

> *Atualmente a atenção às pessoas com deficiência no Brasil e no mundo organiza-se a partir dos paradigmas de inclusão social e emancipação. O primeiro diz respeito à necessária construção de ambientes e contextos inclusivos e o segundo, ao desafio de promover a autonomia e independência das pessoas com deficiência. Estes paradigmas estão apoiados no reconhecimento e na garantia dos Direitos Humanos e sociais de todos os cidadãos, respeitando-se suas diferenças e peculiaridades. Uma sociedade inclusiva é aquela que reconhece, respeita e responde à diversidade humana.* (MINISTÉRIO PÚBLICO DO ESTADO DE SÃO PAULO, 2012, p. 10-11)

Nas dependências das instituições de ensino deverão acontecer algumas adequações dos pisos, banheiros adaptados, bebedouros e pias em locais de fácil acesso e que permitam sua operação manualmente, rampas com corrimão e inclinação adequadas, salas apropriadas, facilitando o deslocamento, além das portas com medidas mais largas, possibilitando a passagem.

Com o crescimento do número de alunos com necessidades especiais nas instituições de ensino, espera-se que aconteça uma ação mais eficaz no processo inclusivo destes em todos os níveis.

A falta de acessibilidade não é um problema individual, e sim coletivo, por interferir na vida de muitas pessoas. Enquanto a sociedade não se mobilizar para a remoção das barreiras, essas pessoas continuarão à margem dela.

REFERÊNCIAS

BRASIL. *Constituição da República Federativa do Brasil*. Brasília, DF: Congresso Nacional, 1988. Disponível em: <www.planalto.gov.br/ccivil_03/constituicao/constituicao.htm>. Acesso em: 14 jul. 2013.

_____. *Lei n. 7.853, de 24 de outubro de 1989*. Dispõe sobre o apoio às pessoas portadoras de deficiência, sua integração social, sobre a Coordenadoria Nacional para Integração da Pessoa Portadora de Deficiência – Corde, institui a tutela jurisdicional de interesses coletivos ou difusos dessas pessoas, disciplina a atuação do Ministério Público, define crimes, e dá outras providências. Brasília, DF: Congresso Nacional, 1989. Disponível em: <www.planalto. gov.br/ccivil_03/leis/l7853.htm>. Acesso em: 14 jul. 2013.

UNESCO. *Declaração de Jomtien*. Educação para Todos. Jomtien, 1990.

_____. *Declaração de Salamanca*: Sobre Princípios, Políticas e Práticas na área das necessidades educativas especiais. Salamanca, 1994.

_____. *Decreto n. 3.298, de 20 de dezembro de 1999*. Regulamenta a Lei nº 7.853, de 24 de outubro de 1989, dispõe sobre a Política Nacional para a Integração da Pessoa Portadora de Deficiência, consolida as normas de proteção, e dá outras providências. Brasília, DF: Congresso Nacional, 1999a. Disponível em: <www.planalto.gov.br/ccivil_03/decreto/d3298.htm>. Acesso em: 14 jul. 2013.

_____. Ministério da Educação e do Desporto. *Portaria n. 1.679, de 2 de dezembro de 1999*. Dispõe sobre requisitos de acessibilidade de pessoas portadoras de eficiências, para instruir os processos de autorização e de reconhecimento de cursos, e de credenciamento de instituições. Brasília, DF: Gabinete do Ministro, 1999b. Disponível em: <portal.mec.gov.br/sesu/arquivos/pdf/c1_1679.pdf>. Acesso em: 14 jul. 2013.

_____. *Lei n. 10.048, de 8 de novembro de 2000*. Dá prioridade de atendimento às pessoas que especifica, e dá outras providências. Brasília, DF: Congresso Nacional, 2000a. Disponível em: <www.planalto.gov.br/ccivil_03/leis/l10048.htm>. Acesso em: 14 jul. 2013.

_____. *Lei n. 10.098, de 19 de dezembro de 2000*. Estabelece normas gerais e critérios básicos para a promoção da acessibilidade das pessoas portadoras de deficiência ou com mobilidade reduzida, e dá outras providências. Brasília, DF: Congresso Nacional, 2000b. Disponível em: <www.planalto.gov.br/ccivil_03/leis/l10098.htm>. Acesso em: 14 jul. 2013.

_____. Ministério da Educação e do Desporto. *Portaria n. 3.284, de 7 de novembro de 2003*. Dispõe sobre requisitos de acessibilidade de pessoas portadoras de deficiências, para instruir os processos de autorização e de reconhecimento de cursos, e de credenciamento de instituições. Brasília, DF: Gabinete do Ministro, 2003. Disponível em: <portal.mec.gov.br/seesp/arquivos/pdf/port3284.pdf>. Acesso em: 14 jul. 2013.

ASSOCIAÇÃO BRASILEIRA DE NORMAS TÉCNICAS. NBR 9050: 2004. *Acessibilidade de pessoas portadoras de deficiências a edificação, espaço mobiliário e equipamentos urbanos*. 2. ed. Rio de Janeiro: ABNT, 2004a.

_____. *Decreto n. 5.296, de 2 de dezembro de 2004b*. Regulamenta as Leis nos 10.048, de 8 de novembro de 2000, que dá prioridade de atendimento às pessoas que especifica, e 10.098, de 19 de dezembro de 2000, que estabelece normas gerais e critérios básicos para a promoção da acessibilidade das pessoas portadoras de deficiência ou com mobilidade reduzida, e dá outras providências. Brasília, DF: Congresso Nacional, 2004. Disponível em: <www.planalto.gov.br/ccivil_03/_ato2004-2006/2004/decreto/d5296.htm>. Acesso em: 14 jul. 2013.

_____. *Decreto n. 5.626, de 22 de dezembro de 2005*. Regulamenta a Lei no 10.436, de 24 de abril de 2002, que dispõe sobre a Língua Brasileira de Sinais – Libras, e o art. 18 da Lei no 10.098, de 19 de dezembro de 2000. Brasília, DF: Congresso Nacional, 2005. Disponível em: <www.planalto.gov.br/ccivil_03/_ato2004-2006/2005/decreto/d5626.htm>. Acesso em: 14 jul. 2013.

_____. Ministério da Educação e do Desporto. *Portaria n. 300, de 30 de janeiro de 2006*. Aprova, em extrato, o Instrumento de Avaliação Externa de Instituições de Educação Superior do Sistema Nacional de Avaliação da Educação Superior – SINAES. Brasília, DF: Gabinete do Ministro, 2006a. Disponível em: <www.cmconsultoria.com.br/legislacao/portarias/2006/por_2006_300_MEC.pdf>. Acesso em: 14 jul. 2013.

_____. Ministério da Educação e do Desporto. *Portaria n. 563, de 21 de fevereiro de 2006*. Aprova, em extrato, o Instrumento de Avaliação de Cursos de Graduação do Sistema Nacional de Avaliação da Educação Superior – SINAES. Brasília, DF: Gabinete do Ministro, 2006b. Disponível em: <www.cmconsultoria.com.br/legislacao/portarias/2006/por_2006_563_MEC.pdf>. Acesso em: 14 jul. 2013.

_____. Ministério da Educação e do Desporto. *Portaria n. 976, de 5 de maio de 2006*. Dispõe sobre os critérios de acessibilidade aos eventos do Ministério da Educação, conforme decreto 5296 de 2004. Brasília, DF: Gabinete do Ministro, 2006c. Disponível em: <portal.mec.gov.br/seesp/arquivos/pdf/port976.pdf>. Acesso em: 14 jul. 2013.

_____. Ministério da Educação e do Desporto. *Instrumento de Avaliação Externa de Instituições de Educação Superior do Sistema Nacional de Avaliação da Educação Superior – SINAES*. Brasília, DF: Gabinete do Ministro, 2010. Disponível em: <download.inep.gov.br/download/superior/institucional/2010/instrumento_avaliacao_institucional_externa_recredenciamento.pdf>. Acesso em: 14 jul. 2013.

MINISTÉRIO PÚBLICO DO ESTADO DE SÃO PAULO. *Guia Prático:* Direito de Todos à Educação. Disponível em: <www.mp.sp.gov.br/portal/page/portal/home/banco_imagens/livdefictre270511_07062011.pdf>. Acesso em: 14 jul. 2013

_____. Ministério da Educação e do Desporto. *Instrumento de Avaliação de Cursos do Sistema Nacional de Avaliação da Educação Superior – SINAES*. Brasília, DF: Gabinete do Ministro, 2012. Disponível em: <download.inep.gov.br/educacao_superior/avaliacao_cursos_graduacao/instrumentos/2012/instrumento_com_alteracoes_maio_12.pdf>. Acesso em: 14 jul. 2013.

Capítulo 17

A FORMAÇÃO CIDADÃ E A EDUCAÇÃO DE JOVENS: EM FOCO O ENSINO MÉDIO

Francisco Carlos Franco

Algacir José Rigon

1. INTRODUÇÃO

Nas últimas décadas, a educação brasileira sofreu mudanças significativas nas concepções e legislações que organizaram o atual Ensino Médio, desde propostas voltadas apenas para a preparação dos educandos para o mercado de trabalho, até propostas de formação para a cidadania, em um processo participativo e democrático, com o objetivo de fazer frente ao sentido privatizante e mercadológico que a educação assumiu.

Nas décadas de 1960/1970, com a aceleração da industrialização em nosso país, e em pleno regime militar, tivemos a implantação do segundo grau, que se efetivou pela Lei de Diretrizes e Bases da Educação Nacional, Lei 5692/1971, que priorizou "[...] como finalidade para o ensino médio a formação de especialistas capazes de dominar a utilização de maquinarias ou de dirigir processos de produção" (BRASIL, PCN – Ensino Médio, 1999, p. 15). Tal redação indicava o sentido privatizante que a educação, ainda nesse nível, deveria assumir, de modo especial, pela diversidade dos modelos de cursos ofertados, bem como pelas instituições que poderiam ofertá-los.

Desta maneira, as políticas públicas para a educação dos jovens com idade média entre os 15 e 18 anos, que estudavam em escolas públicas no segundo grau, voltaram-se para a valorização da profissionalização dos educandos, orientando-se por uma concepção tecnicista. Tinha como princípios a organização dos tempos e espaços escolares inspirada no modelo taylorista, com rígida divisão de tarefas e de planejamento racional do trabalho educativo, com vistas a adequar a educação às exigências da sociedade industrial e tecnológica e para a formação de mão de obra qualificada para a indústria.

A implantação dessa política e modelo de escola sofre a influência, ainda, de órgãos e ideologias imperiais resultantes do acordo MEC (Ministério da Educação e Cultura) e USAID (Agência Norte-Americana para o Desenvolvimento Internacional) – agência financiadora de projetos educacionais. No Brasil, a efetivação desse processo atende à demanda do Regime Militar (Golpe de 1964) por maior controle social, haja vista que a escola, enquanto aparelho ideológico, é um mecanismo privilegiado para este fim.

Segundo Moura (2012, p. 50), com a profissionalização obrigatória no segundo grau, o governo acreditava que atenderia à crescente demanda das classes populares em busca de níveis mais elevados de escolarização e a crescente procura pelo ensino superior, além de qualificar a juventude por meio da educação profissional para atender ao chamado "milagre brasileiro", projeto governamental que visava à industrialização do país. Assim, o governo, ao propor a profissionalização no segundo grau, tentou atrair as classes populares com esta modalidade de formação, visto que era uma oportunidade de inserção no mercado de trabalho e que, ao mesmo tempo, eliminaria a dualidade entre a educação geral e a educação profissional.

Alguns intelectuais, encantados com o avanço tecnológico que ora se iniciava, bem como com as promessas de um novo mundo globalizado (ainda em germe), afirmavam ser essa via possível para a modernidade. Investidores de variados naipes começavam a projetar modos de ganhar dinheiro nesse nível de educação, negócio que, a partir da década de 1990, seria expandido para a educação superior com maior força. Esses e outros grupos de interesse estavam sob o domínio da ideologia hegemônica norte-americana, grupo da inteligência neoliberal e economicista que influenciou os países sob seu domínio, o que, no Brasil, se efetivou sem grandes máscaras no período da ditadura militar.

Para Apple, tais indivíduos, conhecidos como "modernizadores econômicos", são desejosos de uma "[...] política educativa centrada em torno da economia, objetivos de desempenho fundamentados numa relação próxima entre a escolarização e o trabalho assalariado." Essas mentes:

> *interpretam habitualmente as próprias escolas como necessitando de serem transformadas, tornando-se mais competitivas, inserindo-as numa dinâmica mercantilista mediante os planos de valores educativos e ou outras estratégias mercantilistas similares.* (APPLE, 2001, p. 15)

Vários aspectos estruturais e de implantação da proposta de profissionalização em nível médio comprometeram seu desenvolvimento, entre eles a concepção curricular que, segundo Moura (2012, p. 51), empobrecia a formação geral em detrimento da profissionalização com foco no mercado de trabalho, em contradição com os textos da reforma que postulavam a importância entre a teoria e a prática na formação integral do cidadão, uma vez que:

> *[...] ao invés de ampliar a duração do 2º grau para nele incluir os conteúdos da educação profissional de forma integrada à educação geral, o que se fez foi reduzir os últimos a favor dos primeiros. Estes assumiram um caráter instrumental, pois não havia base científica que permitisse caminhar na direção de conhecimentos mais complexos inerentes ao mundo do trabalho.* (MOURA, 2012, p. 51)

Ante essa realidade, notamos que uma formação meramente instrumental contagiou as propostas educativas para a educação dos jovens neste período, o que, em muitos momentos, veio acompanhado do descuido com o conhecimento e as significações historicamente construídas, orientando-se por processos de ensino-aprendizagem concebidos apenas pelas novidades e as exigências do mercado de trabalho e da manutenção do *status quo*. Isto é, ficam em evidência os objetivos de dominação política e ideológica do povo brasileiro:

> *O modelo alternativo utilizado pelos EUA conota uma marcante dimensão ideológica na solução dos seus problemas sociais na medida em que, reconhecendo as desigualdades sociais, procura dissimulá-las através de práticas políticas capazes de manter a hegemonia da classe dirigente. É a política de mudar para continuar. Neste sentido, não é de se estranhar que tenha sido justamente a solução aplicada para as minorias locais, nos EUA, a escolhida para o programa da ajuda pela USAID ao segmento educativo brasileiro. O financiamento desse programa é o financiamento da nossa dependência político-econômica aos EUA, na mesma medida em que aqueles programas alternativos aplicados para as minorias nos EUA constituem a legitimação daquelas classes como subalternas na sociedade norte-americana: os negros, índios, porto-riquenhos, mexicanos.* (ARAPIRACA, 1982, p. 127)

O modelo de educação assim pensado não considerava a realidade cultural do povo brasileiro, tampouco nem erradicava os principais problemas como o analfabetismo e as desigualdades sociais. Apesar dessa condição, com o enfraquecimento do regime militar, os anseios de construção de uma sociedade democrática começaram a repercutir com mais intensidade e a mobilizar vários setores sociais. Segundo Chauí (2006, p. 138), é uma das características da democracia não se limitar a um setor no âmbito do Estado, se expandindo nas relações sociais e em todas as instituições. Assim, assume uma forma social de existência coletiva, que institui o que denominamos "sociedade democrática".

A constituição de uma sociedade democrática se viabiliza pela participação popular, que é o meio em que se pode interferir diretamente nas questões públicas que afetam o coletivo, sendo que "[...] a participação popular só será política e democrática se puder produzir as próprias leis, normas, regras e instituições que dirijam a vida sociopolítica" (CHAUÍ, 2006, p. 140). O conceito de democracia diverge, portanto, da perspectiva hegemônica mercadológica, pois não se refere ao acesso e ao consumo apenas, enquanto conceito econômico, mas a uma prática apoiada no diálogo, na negociação e discussão de projetos.

É orientando-se por esses princípios que, no âmbito educacional, um intenso debate sobre a democratização dos sistemas de ensino, da defesa da qualidade da escola pública, da descentralização da gestão das unidades escolares e dos processos educativos, entre outros aspectos, que marcaram este período, questões que até então eram permeadas pelo autoritarismo e pela centralização administrativa.

Este processo pela luta da democratização da escola pública foi fundamental para a consolidação de reformas estruturais e funcionais, amparadas pelos princípios da democracia, participação e cidadania, que fundamentaram a legislação educacional mais recente em nosso país, como a atual Lei de Diretrizes e Bases da Educação Nacional (LDB), Lei 9394/1996, que explicita nos artigos 14 e 15 que a gestão da escola pública de educação básica deve ser democrática, garantindo-se a todos os segmentos da comunidade escolar e local, ampla participação no planejamento, na elaboração de propostas e na efetivação de ações a serem desenvolvidas nas unidades escolares.

Para o ensino médio, políticas públicas e legislações para a juventude buscaram garantir a superação da perspectiva tecnicista que ainda permeava a formação dos jovens, com o intuito de propiciar uma formação cidadã, o que podemos constatar na atual LDB, que destaca como finalidade para o ensino médio:

> *I – a consolidação e o aprofundamento dos conhecimentos adquiridos no ensino fundamental, possibilitando o prosseguimento nos estudos;*
>
> *II – a preparação básica para o trabalho e a cidadania do educando, para continuar aprendendo, de modo a ser capaz de se adaptar com flexibilidade a novas condições de ocupação ou aperfeiçoamento posteriores;*
>
> *III – o aperfeiçoamento do educando como pessoa humana, incluindo a formação ética e o desenvolvimento da autonomia intelectual e do pensamento crítico.* (BRASIL, 1996, art. 35)

Também relevante neste processo de mudança na concepção sobre juventude e de educação dos jovens em nosso país na década de 1990, foi a formalização do Estatuto da Criança e do Adolescente, Lei Federal n. 8069/1990, que considera a criança e o adolescente como sujeitos de direitos e, no âmbito educacional, os Parâmetros Curriculares Nacionais (1999), que, como na LDB 9394/1996, inspiram-se no relatório apresentado por DELORS (1996) à Comissão Internacional sobre a Educação para o Século XXI, produzido para a UNESCO. Nesse documento, destacam-se quatro competências que devem ser observadas na formação escolar das novas gerações e que devem ser contempladas ao longo de toda a vida, com foco no desenvolvimento pessoal e social das pessoas e de suas competências.

As dimensões que Delors (1996) defende em seu relatório são:

> Competência pessoal – aprender a ser – desenvolver a autoestima, o autoconhecimento e a autodeterminação. Preparar-se para agir de forma solidária, autônoma e responsável. Ter como referência o bem-estar pessoal e de sua comunidade em seu projeto de vida.

> Competência social – aprender a conviver – desenvolver a capacidade de comunicação e interação, orientando-se pelo respeito mútuo e pela ética. Cuidar de si, dos outros e do local onde vive. Compreender e valorizar as diferenças e a interdependência entre todos os seres humanos.

> Competência produtiva – aprender a fazer – habilitar-se a ingressar no mundo do trabalho. Preparar-se para aprender na prática o conhecimento adquirido em contextos do trabalho na modernidade, tendo como referência uma formação técnica e profissional. Desenvolver posturas de responsabilidade social e de abertura para o trabalho em equipe e para a capacidade de tomar iniciativa. Talvez esta seja a esfera de maior destaque e impacto na educação, no sentido em que se buscou a educação com fins econômicos, pois não girou em torno da dimensão do capital humano, mas sim em torno da esfera do investimento produtivo. Como identificado no relatório, "[...] a procura da educação com fins econômicos não parou de crescer na maior parte dos países. As comparações internacionais realçam a importância do capital humano e, portanto, do investimento educativo para a produtividade" (DELORS, 1996, p. 70). De alguma forma, as diferentes dimensões pare-

cem ter silenciado um pouco diante da nota predominante: educação com fins econômicos.

> Competência cognitiva – aprender a aprender – ter o raciocínio em leitura, escrita, expressão oral, cálculo, solução de problemas etc.; despertar o senso crítico, a curiosidade intelectual, a compreensão da realidade e a capacidade de discernir. Construir base para a autonomia para continuar aprendendo ao longo da vida.

A base de aporte para a consolidação da LDB 9394/1996, apesar dos valores explicitados, sugere outros tantos que tornam a sua realização duvidosa. O modelo que lhe serviu de apoio disseminou o credo de que a lei da oferta e da procura é suficiente para dar conta de melhorar a qualidade, gerar igualdade (de valores) e propiciar o respeito à diversidade, haja vista que por meio da competitividade há o fortalecimento da produtividade, da eficiência e da eficácia. Pode-se dizer que são algumas tendências do neofordismo ou pós-fordismo, tendendo respectivamente à flexibilidade de mercado, à privatização, ao individualismo competitivo e a investimentos em setores econômicos cruciais com desenvolvimento do "capital humano".

Ao Estado, inclusive aparecendo em segundo plano, no que reza o Art. 2º da LDB 9394/1996 – "A educação, dever da família e do Estado" – caberia apenas o papel mediação ou intermediação das transações que ocorrem, pois o Estado estaria impossibilitado de gerenciar as políticas educacionais, conforme já previa no Consenso de Washington, em que explicita:

> *1 – Equilíbrio orçamentário, sobretudo mediante a redução de gastos públicos. [...] 4 – Desregulamentação dos mercados domésticos, pela eliminação dos instrumentos de intervenção do Estado, com controle de preços, incentivos etc. 5 – Privatização das empresas e dos serviços públicos.* (DE TOMMASI; WARDE, HADDAD, 1996, p. 23)

Estamos diante do típico discurso neoliberal em que pese à lógica do mercado (lucro-eficiência), transparecendo nos antagonismos postos –

ineficiência × eficiência, crise × qualidade, falta de competitividade × produtividade – a condição negativa ao setor público e as virtudes ao setor privado.

Com esse ideário concorda, ou ao menos torna isso realizável, parte do texto da LDB 9394/1996, quando sugere:

> *Art. 3º O ensino será ministrado com base nos seguintes princípios: [...]; II – liberdade de aprender, ensinar, pesquisar e divulgar cultura, o pensamento, a arte e o saber; [...]; V – coexistência de instituições públicas e privadas de ensino; [...].*

Tais indicativos ainda reaparecem com clareza em momento posterior, quando apresenta, no Art. 7º, as condições necessárias para a atividade da iniciativa privada que tem liberdade de ensino. A saber:

> *I – cumprimento das normas gerais da educação nacional e do respectivo sistema de ensino; II – autorização de funcionamento e avaliação de qualidade pelo Poder Público; III – capacidade de autofinanciamento, ressalvado o previsto no art. 213 da Constituição Federal.*

Esse inciso (III) é novidade em termos de legislação e sugere com "capacidade de autofinanciamento" que não se deve esperar do Estado qualquer contribuição, a não ser que sejam instituições comunitárias, filantrópicas ou confessionais. Em momentos posteriores a legislação também não diferencia público e privado, não suficientemente e não em termos de estatuto jurídico, inclusive, podendo-se entender que podem ter fins lucrativos (LDB 9394/1996, Art. 19 e Art. 77).

Esses preceitos influenciaram a reestruturação da educação nacional para a juventude, que, por meio de vários documentos e políticas públicas instituídas após a década de 1990 reafirmam e reforçam a necessidade de uma formação cidadã no ensino médio, entre eles, destacamos a publicação "Protagonismo juvenil" (2007), promovida pelo Ministério da Educação, como parte do "Programa Ética e Cidadania: construindo valores na escola e na sociedade", que defende a participação democrática dos jovens na sociedade, como forma de contribuir para a transformação da realidade social e nas histórias de vidas dos jovens com idade entre 15 e 24 anos.

O documento destaca que são vários os tempos e espaços possíveis para potencializar a participação dos jovens por meio de ações em que sejam protagonistas, entre os quais destaca "[...] o papel da escola na constituição da noção de pertencimento social dos jovens e no desenvolvimento das capacidades éticas para a atuação social" (BRASIL, 2007, p. 15).

A palavra protagonismo é de origem grega, sendo que *protos* significa "o principal" e *agonista*, "o lutador". No *Dicionário Aurélio*, encontramos a seguinte definição: "Pessoa que desempenha ou ocupa o primeiro lugar de um acontecimento".

Consideramos o protagonismo juvenil como uma forma de participação do jovem no contexto social e cultural em que está inserido e em outros contextos sociais, amparados por posturas e atitudes cidadãs com o objetivo de proporcionar processos reflexivos que ampliem a leitura de mundo dos jovens, e que possibilitem uma percepção mais crítica e sensível frente à realidade.

Porém, vale lembrar, que o conceito de cidadania é ambíguo, tendo na atualidade uma concepção mais ampla, sendo que, de um lado, a cidadania é contemplada em uma perspectiva consumista, em que se articula com vistas a organizar as relações permeadas pelo capital, e de outro, com a qual compactuamos, em uma concepção plena que se fundamenta pela mobilização da sociedade como garantia para a conquista de novos direitos e de participação efetiva da população na gestão pública.

Orientando-se por esses preceitos, defendemos uma educação escolar que propicie aos educandos uma formação que contemple o meio físico e social com vistas a desvelar suas grandezas, incoerências, contradições, misérias etc. Uma educação que tenha como referência o bem-estar individual e coletivo, e que seja o espaço para que o mundo possa ser pensado em toda a sua complexidade e para questionar a consistência e a coerência das coisas que nos cercam.

Tais perspectivas nos ajudam na reflexão sobre o que, nos dias atuais, entendemos por qualidade na educação escolar e a superar a tendência meramente tecnicista que tem imperado em muitos sistemas de ensino e em muitas instituições educacionais da educação básica, pois não basta garantir o acesso e a permanência dos alunos na escola, aspectos importantes e fundamentais, mas que por si só não asseguram uma aprendizagem significativa e cidadã às novas gerações.

Apesar de todo o debate que se intensificou, a partir da década de 1980, sobre a democratização da educação, e da perspectiva de uma formação cidadã aos educandos, que veio acompanhada de uma legislação que contempla esses preceitos de democracia e participação no âmbito educacional, notamos que muitos sistemas de ensino e unidades escolares ainda hoje têm dificuldades de proporcionar tempos, espaços e recursos para que os alunos vivenciem processos participativos em sua plenitude.

Embora tenhamos algumas experiências significativas na implantação de projetos visando a uma formação cidadã em escolas do Ensino Médio, constatamos que em muitos contextos vários equívocos e incoerências foram se instituindo, sendo a formação para a cidadania contemplada como uma meta a ser alcançada, como um projeto para o futuro do jovem que se concretizaria na sua maioridade legal, ou seja, uma aprendizagem teórica que serviria de subsídios para uma participação ativa em sociedade após o período em que frequentou a escola de ensino médio. Tal perspectiva é um erro, visto que "[...] continuar defendendo um ritual sagrado de passagem para o reino da liberdade é uma forma de contribuir para que a cidadania continue a ser negada, reprimida e protelada" (ARROYO, 1995, p. 40).

Assim, consideramos relevante refletir sobre os programas, propostas, projetos e encaminhamentos que contemplem e valorizem a participação dos jovens que estudam em escolas de Ensino Médio, para que atuem no contexto educativo em que estão inseridos e de sua comunidade. Desse modo, garante-se que o jovem tenha tempos e espaços para que participe de maneira efetiva dos processos decisórios, de planejamento e de desenvolvimento de ações e projetos no âmbito escolar, para que vivencie uma aprendizagem cidadã que lhe permita desvelar o mundo de forma significativa e a se constituir como sujeito de sua história.

É por intermédio de projetos de intervenção que a superação da postura de meros expectadores de processos de ensino-aprendizagem e de gestão da escola imposta aos alunos, se torna possível, uma vez que amplia a possibilidade do desenvolvimento do protagonismo juvenil no âmbito escolar.

Nesse contexto, cabe apresentar a concepção que referendamos de projeto e dos processos formativos que esses possibilitam, visto que Projeto é conceito, de algum modo naturalizado no cotidiano; no entanto, possui história e uma definição. Enquanto histórico, é resultado de uma necessidade presente nas sociedades capitalistas para aperfeiçoar a organização do trabalho e orquestrar as relações humanas na divisão social do trabalho. Enquanto conceito, em seu significado universal, é a otimização das ações dirigidas a um determinado fim, em uma determinada direção. Boutinet (2002, p. 15), ao tratar do conceito, fala em "cultura do projeto", resultado de certa idealização dos comportamentos, por isso, tais condutas:

> *[...] revelam um contexto cultural, justamente aquele de culturas de projeto que, por razões que devem ser arroladas, leva a uma incompreensão, até mesmo a uma má utilização dos processos de idealização. Nossa inabilidade para dominar esses processos não deixa de provocar desvios patológicos, aqueles que se desenvolvem diante de nossos olhos quando recorremos a um uso intempestivo do projeto ou daquilo que o substitui. Atualmente, é indispensável classificar esses desvios a fim de compreender melhor como um regulador psicológico e cultural, o projeto, pode transformar-se em desregulador social, como um imaginário sempre apresentado como imaginário criador e emancipador que se transmuta em seu inverso, um imaginário enganoso e alienante.* (BOUTINET, 2002, p. 15)

Apesar da possibilidade de um projeto ser um desregulador social, o intuito do autor é mostrar uma dimensão oposta, isto é, o quanto um projeto pode colaborar para construir um sujeito social diferente, haja vista os pressupostos de todo Projeto. Um deles é exatamente "impedir que o indivíduo coincida com ele mesmo" (BOUTINET, 2002, p. 18). Impelido a criar, a planejar, a antecipar mentalmente suas ações, força-se a não coincidência do indivíduo com motivos imediatistas, possessivos, em especial, num ambiente social neoliberal em que se prima exatamente pelo desejo de apropriação (consumo), competição e monopólio.

Psicologicamente é o que nos distingue, em última instância, dos animais, no que tange à consciência. Estes, os animais, ao contrário do homem, têm uma reação imediata diante do mundo, sendo que suas ações são determinadas pela reação imediata em função de estabelecer a satisfação de uma necessidade. Quem explica essa situação de forma convincente é LEONTIEV (1978), em que consta no resultado de suas pesquisas sobre o desenvolvimento do psiquismo.

O autor entende que a atividade consciente não está mais determinada por necessidades advindas dos motivos biológicos, mas por "necessidades complexas" com motivos intelectuais, "superiores", como também é por meio da consciência humana que se pode distinguir o objetivo da sua relação como o objeto, ou seja, no animal o psiquismo é determinado por suas relações imediatas, recebidas do meio, o que não ocorre com a consciência humana. Uma característica, derivada dessa, é de que os animais não têm relação com nada, inclusive não as têm com seus semelhantes. Nas experiências de KÖHLER (*apud* VIGOTSKI; LURIA, 1996, p. 55-91) com os macacos, ele identificou que estes não são capazes de realizar um trabalho em grupo. Ao exigir deles que, para alcançar bananas penduradas a determinada altura, empilhassem caixas demasiadamente pesadas para um indivíduo apenas realizar a tarefa, cada um agia por si, em vista do objetivo (alcançar as bananas), sem, contudo organizarem-se, ou formarem uma "sociedade". Uma última característica da consciência humana, diferentemente da dos animais, é que suas aptidões não são hereditárias no sentido biológico. Apenas são hereditárias no sentido da história social, de geração em geração, por meio da apropriação ativa de toda a experiência da humanidade.

A explicação para estas particularidades que "distanciam" o homem do animal tem como ponto de partida o trabalho e, mais especificamente, a preparação dos instrumentos. Esta atividade, segundo LEONTIEV (1978, p. 76), foi a primeira atividade consciente. Isso porque pela primeira vez o homem primitivo se distancia do animal e faz algo que por si só está desligado do "sentido biológico". A preparação dos instrumentos só ganha sentido com o resultado final, o seu uso na obtenção e manipulação do alimento. Assim acontece quando um conjunto de homens se divide no trabalho de caça de animais. Uns fazem o papel de batedor e os outros ficam na espreita do animal, em outra ponta, para abatê-lo. A ação dos batedores, ao afugentarem o animal, somente ganha sentido no trabalho coletivo, enquanto outros irão abatê-lo e, ao final, cada um ganhará o seu quinhão para satisfação de sua necessidade: a alimentação. Reitera-se, a definição de projeto: otimização de ações em relação a um fim.

A contribuição da dimensão psicológica é na perspectiva de compreensão dos processos de idealização e dos mecanismos gerados para a tomada de decisão, escolha, refletindo no desenvolvimento da aptidão de apreender, acumular informações e criteriosamente (conscientemente) elencar as mais relevantes no conjunto daquelas disponíveis. O pressuposto epistemológico condiz com a ideia de projeto na proporção em que se refere à indeterminação da ação, o que segundo de BOUTINET (2002, p. 19):

> [...] submete os determinantes da história pessoal à possibilidade, para o autor dessa história, de pensar sua orientação ou sua reorientação e de outro, subordina o tratamento estrutural das informações à sua utilização sequencial com vistas a fins idênticos.

O sujeito que projeta e organiza suas ações também está condicionado por múltiplas consignações, uma vez que toda a possibilidade de se construir como sujeito e de se apropriar das conquistas efetivas pela sua espécie está condicionada ao desenvolvimento das funções psicológicas superiores. Essas funções psicológicas delimitam o modo do funcionamento psicológico tipicamente humano, como a capacidade de planejamento, a memória voluntária, a imaginação, enfim, processos do pensamento conceitual. O problema do desenvolvimento reside, então, em transformar as capacidades psíquicas naturais ou elementares em processos psíquicos superiores e especificamente humanos. As funções psicológicas superiores fazem parte de um todo complexo que é o ser humano. É o que lhe dá liberdade e possibilidades de ser um agente ativo no processo histórico, de projetar.

A perspectiva histórico-cultural propõe, por esse viés, que a atividade consciente humana não é inata, nem simplesmente adquirida, mas é uma atividade construída nas relações e pelas relações sócio-históricas de enfrentamento diário do indivíduo desde o seu nascimento, embora não se deva esquecer sua origem biológica enquanto espécie. Nesse sentido, Duarte (1993, p. 100) afirma que, "[...] sem gênese biológica das características da espécie humana, não haveria o processo histórico de desenvolvimento gênero humano".

A origem da atividade consciente do homem não deve ser buscada ou procurada nas peculiaridades da "alma", nem nas condições genéticas "íntimas" do ser humano, mas nas condições sociais de vida historicamente formadas, conforme postula Rego (2003, p. 48):

> *[...] a atividade consciente do homem tem uma terceira fonte, responsável pela grande maioria dos conhecimentos, habilidades e procedimentos comportamentais que é: a assimilação da experiência de toda a humanidade, acumulada no processo histórico social e transmitida no processo de ensino-aprendizagem. Podemos entender que, nessa perspectiva, o desenvolvimento do psiquismo animal é determinado pelas leis do desenvolvimento sócio-histórico. Isso então quer dizer que as características do funcionamento psicológico são elaboradas durante a vida a partir dos processos de interiorização do homem e seu meio físico e social.* (REGO, 2003, p. 48)

Sensatamente, a "cultura do projeto" ou a atividade consciente do homem, em si mesma, não é suficiente para o processo de humanização. O sujeito, ao estar inserido num determinado modo de produção (meio material, cultural) é condicionado por este, tanto em sua estrutura psíquica, quanto no conjunto das relações que trava com fins de produção dos meios para a satisfação das necessidades básicas e de bem-estar. Se as práticas (relações de produção) são competitivas, terão como resultado procedimentos que constituem éticas que se ajustem e que justifiquem tais práticas. Nesse caso, estar atento ao seu destino não é suficiente. A consciência não está para além dos processos históricos reais, mas numa relação de interdependência com esses processos e a diversidade de "consciências".

Assim, ganha sentido a perspectiva de Boutinet (2002), a qual denomina de atores os que participam de projetos (criam), possuem consciência dos seus atos, e que contribuem para que aqueles (outros indivíduos) em processo de aprendizagem se percebam atores e responsáveis pela trajetória de suas vidas.

Se for um projeto educativo, por certo, aponta para um fim, o de formar sujeitos que se compreendam nos rol de relações que estão inseridos, e, com isso, consigam constituir seus projetos de vida. Se, ainda, os sujeitos se autoproduzem em atividade, é preciso supor a necessidade de que estejam inseridos num sistema de atividades que lhe possibilitem a formação na direção intencionalizada anteriormente.

O projeto, assim, surge como necessidade para a realização da vida (organização dos processos de trabalho) e meio de fazer e fazer-se. A consciência de que o homem se constitui em atividade é que dá a dimensão da relevância de se fazer uso dessa perspectiva do projeto para a realização no plano ideal de um conjunto de atividades que, ao serem concretizadas, mobilizarão sujeitos munidos de instrumentos e modos de ação e de saberes acumulados que serão colocados em ação para objetivar o antes idealizado.

Estes princípios nos revelam a necessidade de se refletir sobre os tempos, espaços e recursos disponíveis, para que a participação do jovem nas escolas de Ensino Médio seja uma realidade, o que pode se concretizar no desenvolvimento de projetos de ação em três dimensões: nos processos de ensino-aprendizagem na sala de aula e em outros espaços com potencial educativo; na valorização da cultura do jovem e de sua comunidade no contexto escolar e na participação das instâncias decisórias institucionais, que podem se efetivar por meio do fortalecimento do Grêmio Estudantil, questões que apresentaremos a seguir.

2. A PARTICIPAÇÃO DO JOVEM E OS PROCESSOS DE ENSINO-APRENDIZAGEM

O que é ser sujeito e o que faz com que ele se desenvolva? O homem é sujeito, o indivíduo torna-se sujeito na proporção em que passa a ter conhecimento e consciência de sua necessidade objetiva e a utiliza de forma prática, isto é, o sujeito é um ser humano ativo e consciente. Como ele se desenvolve? A partir da atividade social (trabalho) na qual ele está inserido, atividade esta que é responsável pelo desenvolvimento do gênero humano, bem como, numa perspectiva individual, pelo desenvolvimento daquelas aptidões especificamente humanas.

Concordar com esta postura nos compromete em definir quais são as atividades que os indivíduos carecem participar, a fim de que tenha garantidas as aptidões que o tornem um sujeito, formado na dimensão do gênero humano, capaz de ter consciência de seu papel social e de participar no processo histórico de transformação social conquanto não apenas reproduza, mas produza cultura. A diversidade de aptidões (competências e habilidades, se desejar), de que dispomos socialmente, nos dá certa dimensão da também diversidade de atividades nas quais podemos estar imersos, bem como da complexidade das relações estabelecidas do sujeito para consigo mesmo, para com os outros e para com a natureza – atividade produtiva, trabalho.

Uma das atividades em que, ao estar inserido, o indivíduo pode desenvolver características, virtudes propriamente cidadãs, democráticas, de percepção das relações pessoais é na construção do Projeto Político-Pedagógico (PPP). Nessa perspectiva, se inserem muitos autores (PADILHA, 2002; GADOTTI & ROMÃO, 2001; VEIGA, 1999; VASCONCELLOS, 2006, entre outros) que defendem que a construção do PPP da escola deve ser fruto de uma gestão democrática. Um projeto que contemple as necessidades, desejos e anseios de toda a comunidade e que contribua para a construção, implantação, desenvolvimento, acompanhamento e avaliação das ações educacionais efetivadas na unidade escolar.

Esta concepção democrática na gestão e na implantação do projeto da escola está contemplada na legislação educacional brasileira mais recente, merecendo destaque o artigo 12 (inciso I) da Lei de diretrizes e Bases da Educação Nacional – LDB, Lei 9394/96, que explicita que os estabelecimentos de ensino deverão elaborar sua proposta pedagógica, respeitando as normas comuns do sistema de ensino, e no artigo 13 (incisos I e II), que destacam que a elaboração da proposta pedagógica deve ser construída pelos profissionais da educação que atuam na unidade escolar (diretores, coordenadores pedagógicos, professores e demais funcionários), pelos pais, alunos e demais segmentos da comunidade escolar e local.

Orientando-se pelos princípios explicitados no PPP da unidade escolar, que os professores e equipe diretiva irão planejar seu trabalho, em momentos distintos, como na organização dos projetos didáticos, que se apresentam como uma possibilidade de desencadear um processo de aprendizagem significativa para os alunos.

Quando nos reportamos à metodologia de projetos, várias propostas educativas emergem, por conta de que, nas últimas décadas, muitas propostas de trabalho em uma perspectiva interdisciplinar foram se desenvolvendo, com o objetivo de superar a dicotomia cartesiana que se impregnou nos sistemas educativos e nas práticas dos professores. A partir disso, temos várias expressões que concebem o trabalho pedagógico escolar nessa perspectiva, como: metodologia participativa, projetos de trabalho, projetos didáticos etc.

Vale lembrar que a busca em desencadear metodologias baseadas em um modelo que incentive a pesquisa, a autonomia dos alunos e que proporcione uma aprendizagem mais significativa e cidadã, entre outros aspectos, não é busca recente. Temos as primeiras iniciativas já no movimento da Escola Nova, que teve seu início no final do século XIX na Europa e nos Estados Unidos, e que teve repercussão no Brasil em meados de 1930.

PRADO (2011) destaca contribuições convergentes e sucessivas de educadores escolanovistas, como as propostas pedagógicas de Pestalozzi e Fröebel, no século XVIII, e as reflexões sobre os processos de ensino-aprendizagem desencadeados por vários educadores e estudiosos no início do século XX, como Decroly, Maria Montessori, Makarenko, Ferrière, até a década de 1920, momento em que Kilpatrich e John Dewey avançam no debate, pois "[...] passaram a insistir na necessidade de basear a aprendizagem em projetos, a fim de transformar a escola em um espaço vivo e aberto" (PRADO, 2011, p. 11).

Ao criticar a pedagogia tradicional, Dewey (1990) propõe a superação de métodos passivos, de simples recepção de saberes dos professores. Para ele, a escola deveria reorientar seu trabalho por meio de um clima cooperativo e com ampla participação do aluno para desenvolver competências para a convivência democrática, em que postula:

> *É com convicção que identificamos liberdade com o poder de conceber projetos, de os traduzir em atos. Esta liberdade é, por sua vez, idêntica ao autocontrole, porque a concepção dos fins e a organização dos meios são um trabalho da inteligência. Outrora, Platão definia o escravo por estas palavras: "Aquele que executa os projetos concebidos pelos outros", e, como acabamos de dizer, não é menos escravo a pessoa submetida aos seus próprios desejos, se*

eles forem cegos. Penso que não há, em toda a filosofia da educa-
ção progressiva, disposição mais judiciosa que esta importância
dada à participação do educando na concepção de projetos que
inspiram as suas atividades no decurso do ensino que lhes minis-
tramos. E também não há, na educação tradicional, defeito mais
grave que tornar o educando incapaz de cooperar ativamente na
construção de projetos intelectuais que os seus estudos implicam.
(DEWEY, 1990, p. 15)

Prado (2011) analisa o trabalho com projetos, proposto por Dewey, como uma possibilidade de uma educação pluralista, que permite articulações diversas, visto que educador e educando, por incitar várias formas de pesquisa, incitam debates abertos que propiciam a reflexão, a crítica, a criatividade, a ética etc. Tal dinâmica proporciona ao aluno um contato com várias formas de conceber as coisas, com uma diversidade de opiniões que ampliam a percepção e colaboram para o desenvolvimento de uma aprendizagem mais significativa.

Freitas (2003) afirma que a metodologia de projetos, inspirada nas premissas de Dewey, pode se constituir um diferencial na educação escolar. Para tanto, é preciso que:

[...] a escola precisa manter um clima cooperativo e participa-
tivo para que a criança desenvolva competências necessárias
para atuar, democraticamente, no grupo social. A Pedagogia de
Projetos é uma mudança de postura pedagógica fundamentada
na concepção de que a aprendizagem ocorre a partir da resolu-
ção de situações didáticas significativas para o aluno, aproxi-
mando-o o máximo possível do seu contexto social, através do
desenvolvimento crítico, da pesquisa e da resolução de problemas.
(FREITAS, 2003, p. 20)

É de acordo com estas convicções que vislumbramos a participação dos jovens em várias dimensões que constituem o processo pedagógico, que se torna possível desde o momento em que a escola se articula para construir seu Projeto Político-Pedagógico, por meio de assembleias dos estudantes e pelas suas representações para que influenciem e se façam presentes, explicitando suas expectativas e necessidades ante as questões de organização da escola e dos processos didático-pedagógicos dos quais serão parte integrante. Como também nos momentos posteriores em que a aprendizagem se concretiza, ou seja, no espaço da sala de aula, por intermédio de propostas educativas que insiram os estudantes como sujeitos de suas aprendizagens, o que se potencializa pela metodologia de projetos.

Além disso, também merece atenção os processos avaliativos que precisam ser democratizados, desde as avaliações voltadas às aprendizagens individuais, assim como da classe e da instituição escolar, pois:

> *A participação dos alunos no processo de avaliação da escola pode se revelar um excelente exercício de cidadania e corrige uma distorção nos encaminhamentos que durante anos orientou os processos avaliativos [...] e a negação aos alunos do direito a voz e a participação no debate do processo de ensino-aprendizagem que vivenciam.* (FRANCO, 2010, p. 104)

Proporcionar tempos e espaços para que o jovem seja parte integrante do processo avaliativo da escola e dos processos pedagógicos aumenta o sentimento de corresponsabilização de seu processo de aprendizagem, o que estimula o desenvolvimento de sua autonomia e de seu autoconhecimento, além de fortalecer o vínculo com a instituição, com os professores e demais profissionais que atuam na escola.

3. A VALORIZAÇÃO DA CULTURA DO JOVEM E DE SUA COMUNIDADE

A cultura do jovem e de sua comunidade também é uma dimensão que merece atenção na perspectiva do desenvolvimento do protagonismo infanto-juvenil na escola, de modo que em muitos momentos os alunos não se sentem presentes no mundo que a escola lhes apresenta, pois, ao contemplar apenas a cultura erudita, aspecto importante e imprescindível, a escola desconsidera outras formas do jovem conceber e significar o mundo.

As manifestações culturais dos jovens raramente são valorizadas na escola e, quando ocorrem, não raro, se apresentam como uma simples concessão de espaço. Geralmente, esses momentos são concebidos como atitudes e gostos pitorescos, ou então como provocações, coisas da idade que com o tempo tendem a desaparecer, entre outras percepções.

Essas posturas dos adultos (professores, coordenadores pedagógicos, diretores de escola) que atuam no contexto escolar desconsideram que:

> *Não é possível respeito aos educandos, à sua dignidade, o seu ser formando-se, à sua identidade fazendo-se, se não se levam em consideração as condições em que eles vêm existindo, se não se reconhece a importância dos "conhecimentos de experiências feitas" com que chegam na escola. O respeito devido à dignidade do educando não permite subestimar, pior ainda, zombar do saber que ele traz consigo para a escola.* (FREIRE, 1997, p. 64)

O respeito ao jovem se dá também por meio da valorização de sua cultura, que tem códigos próprios, manifestos pela forma de se vestir, de se expressar, pelas músicas que ouve, ou seja, por uma gama de representações que evidenciam sua leitura de mundo, o seu ser-no-mundo, por meio de seus posicionamentos frente à realidade social que vivenciam.

Nessa perspectiva, defendemos que as manifestações culturais dos jovens e de sua comunidade sejam acolhidas no âmbito escolar por meio de ações articuladas pelas suas representações, posto que:

> *O respeito a toda diversidade presente na cultura do jovem e da comunidade em que está inserido significa, antes de tudo, respeitá-lo como cidadão em seu direito à participação e interferência na organização social, democratizando o espaço da escola para as manifestações culturais locais estejam presentes, valorizando as pessoas e suas experiências e vivências.* (FRANCO, 2006, p. 67)

Dessa maneira, consideramos relevante que a cultura erudita e a cultura dos alunos sejam contempladas de forma integrada na escola nos espaços em que o processo de ensino-aprendizagem se desenvolve, em conjunto com atividades em que os jovens e a comunidade local e escolar possam participar como protagonistas. Isso pode ocorrer por meio de mostras de artes visuais e de artesanato, de *shows* de música, mostras de teatro, entre outras ações, com a participação dos alunos em todo o processo, desde o planejamento até a avaliação final das ações desenvolvidas.

Procedimentos desta natureza aproximam a comunidade local e a escola, porém de uma maneira diferente da qual costumamos observar, ou seja, os alunos, os pais/responsáveis e demais pessoas do bairro se articulam para serem produtores culturais e não apenas como simples receptores de cultura.

4. O PROTAGONISMO JUVENIL E AS INSTÂNCIAS DECISÓRIAS

A escola, de acordo com a sua realidade, pode ajudar os estudantes na organização das assembleias, tendo como apoio, quando necessário, o Professor Coordenador de Turma. Porém, é importante considerar que a participação do adulto é apenas no sentido de mediar o debate e auxiliar as crianças ou jovens no processo democrático, que também carece de aprendizado.

Segundo Costa (2006), a participação do jovem está sempre relacionada à postura e atuação assumidas pelos adultos, em nosso caso, dos professores, diretores de escola, coordenadores pedagógicos etc., que podem facilitar ou dificultar o processo. Em alguns momentos, as propostas e atitudes dos adultos no contexto da escola apenas proporcionam, de forma velada, espaços e oportunidades em que são desenvolvidas atividades que revelam uma pseudoparticipação do jovem. Como exemplos desse tipo de participação, temos:

> **Participação manipulada** – *os adultos determinam e controlam o que os jovens deverão fazer numa determinada situação.*
>
> **Participação decorativa** – *os jovens apenas marcam presença em uma ação, sem influir no seu curso e sem transmitir qualquer mensagem especial aos adultos.*
>
> **Participação simbólica** – *a presença dos jovens em uma atividade ou evento serve apenas para mostrar e lembrar aos adultos que eles existem e que são considerados importantes (COSTA, 2006, p. 181).*

O que se espera é que o jovem vá gradativamente construindo sua autonomia e que sua participação atinja patamares elevados, desde a decisão de se fazer algo, até o planejamento, a execução e avaliação de uma ação (COSTA, 2006).

Nesse contexto, entendemos que a participação dos alunos nos processos avaliativos e decisórios nos diversos colegiados da escola, como no Conselho de Classe, Série ou Ciclo, ou no Conselho de Escola, entre outros coletivos escolares, é um excelente aprendizado de participação democrática que, por meio de vivências concretas, tende a transcender o espaço escolar, com reflexos no meio social em que o aluno está inserido.

Uma das estratégias para se concretizar o processo participativo dos jovens no contexto escolar é o desenvolvimento de assembleias setoriais que, segundo Puig (2002, p. 28), ajudam os educandos em muitos aspectos, entre as quais destacamos:

> ▸ O reconhecimento da coletividade e o sentimento de pertencimento no grupo em que estão imersos;

> ▸ A construção da autonomia, que impulsiona o jovem a estabelecer critérios e posicionamentos pessoais, coletivos e de intervenção na instituição;

> ▸ A capacidade de construir normas para aperfeiçoar a convivência;

> ▸ A capacidade de dialogar de forma democrática e a predisposição de nortear as suas ações pautadas em valores como solidariedade, cooperação, tolerância, entre outros.

Araújo (2004, p. 30) destaca que a democratização das relações escolares que envolvem os alunos pode ocorrer em duas instâncias: no âmbito classe e no da escola. A primeira perspectiva se efetiva por meio de assembleias de classe, que contemplam questões referentes a cada sala de aula, tendo como objetivo regular e regulamentar a convivência e as relações interpessoais entre os estudantes. Têm o potencial de resolver, no contexto da cada classe, conflitos, questões pendentes da sala perante suas vivências e experiências educativas, sendo um excelente espaço para o diálogo, para o debate e a busca de soluções em uma perspectiva democrática para os problemas cotidianos que necessitam de reflexão e superação.

Também importante é a participação dos representantes dos alunos nos Conselhos Escolares para refletir sobre os anseios e necessidades dos alunos frente à organização da escola, dos tempos e espaços destinados ao desenvolvimento de atividades culturais, esportivas etc., que servirão como elementos para a participação de reuniões do Conselho de Escola, entre outras possibilidades.

As vivências em diversos espaços, como em reuniões institucionais e nas assembleias de classe, entre outros, proporcionam aos jovens experiências democráticas no âmbito escolar de forma autêntica, que favorece o "[...] ganho de autonomia, autoconfiança e autodeterminação numa fase da vida em que ele se procura e se experimenta empenhado que está na construção de sua identidade pessoal e social e no seu projeto de vida" (COSTA, 1999, p. 180).

Entretanto, incentivar a participação e o desenvolvimento da autonomia dos alunos carece de acompanhamento do adulto, visto que:

> [...] é um processo que necessita de paciência, pois os jovens podem cometer equívocos, precipitações etc., que devem ser acolhidos, pensados, avaliados e redimensionados, a fim de que os educadores e os educandos em conjunto busquem soluções para superar as dificuldades e/ou entraves que se apresentam. Deixar os jovens sozinhos, principalmente os que não desenvolveram sua autonomia, é abandono, pior ainda, é expô-los a situações de fracasso que os desmotivam em suas empreitadas. (FRANCO, 2006, p. 70-71)

Um dos canais para que as crianças e jovens possam gradativamente construindo uma autonomia responsável é o fortalecimento dos órgãos representativos dos discentes, que na dimensão escolar se efetiva pelos Grêmios Estudantis.

5. O GRÊMIO ESTUDANTIL

O início da organização dos estudantes por meio de agremiações estudantis em nosso país teve início em 1937, com a fundação da UNE (União Nacional dos Estudantes Universitários), entidade que desde esta época tem ampla participação nos debates educacionais, sociais, culturais e políticos em nosso país.

Com a colaboração da UNE, em julho de 1948, no Rio de Janeiro, que surgiu a UBES (União Brasileira dos Estudantes Secundaristas), instituição que visava organizar os estudantes secundaristas que buscavam espaços para debater a educação nacional, mas que ainda estavam dispersos atuando nos grêmios das escolas estaduais da época. A UBES teve intensa participação em momentos decisivos da história do país, sendo extinta no período de 1969 a 1980, pelo então regime militar, sendo muitos de seus militantes perseguidos e presos, além de proibir a atuação da entidade. Embora proibidos de se articular, os estudantes buscaram nas escolas espaços para se organizarem e participarem de forma ativa na resistência contra a ditadura, sendo que, somente em 1977, a entidade conseguiu se reorganizar.

No espaço escolar, é o Grêmio Estudantil que viabiliza a organização dos estudantes do Ensino Médio, entidade que tem amparo legal para sua existência no âmbito da escola pública assegurada pela Lei n. 7.398, de novembro de 1985, que considera os Grêmios Estudantis como entidades autônomas para representar os interesses dos educandos nas dimensões educacional, social, cultural, desportivas e cívicas.

A instituição do Grêmio Estudantil nas escolas também foi contemplada no Estatuto da Criança e do Adolescente – ECA (Lei n. 8.069, de 13 de julho de 1990), que, em seu artigo 53, inciso IV, garante o direito dos estudantes de se organizarem e participarem de entidades estudantis, e na atual Lei de Diretrizes e Bases da Educação Nacional (Lei n. 9.394/96), que garante sua criação, determinando que é de responsabilidade da direção da unidade escolar criar condições para sua organização e seu desenvolvimento.

Silva e Tavares (2012, p. 105) destacam que o Grêmio deve ser uma entidade independente, sem fins lucrativos e sem conotação político-partidária, sem distinção de raça, credo ou de qualquer outra forma de discriminação, tendo como objetivo contribuir para uma formação cidadã, com tempos e espaços para que as pessoas se tornem mais críticas, autônomas e participativas.

O Grêmio é uma organização estudantil que integra a comunidade escolar que:

> *Constitui-se em um meio de participação na vida escolar e local de discussão, criação e tomada de decisões sobre todos os aspectos relacionados à escola, e também um espaço de formação de cidadania ativa.* (SILVA e TAVARES, 2012, p. 105)

Nessa concepção, o Grêmio Estudantil se apresenta como um espaço coletivo, social e político, que possibilita a participação dos alunos, rompendo com as relações hierarquizadas de poder no contexto escolar, estreitando a relação entre os alunos entre si, entre os alunos e os professores e membros da equipe diretiva. É a via institucionalizada para que os discentes tenham espaço para explanar e debater suas inquietações e necessidades e para encaminhar suas propostas e reivindicações junto à equipe diretiva da escola.

Assim entendido, é relevante pensar que:

> *O Grêmio organiza-se, com mais facilidade, quando a escola encontra-se num momento de gestão democrática, em que a correlação de forças é menos desigual e tem vínculos firmes com a comunidade e com outras instituições. Quando o processo de eleição dos representantes acontece naturalmente, sem a interferência de outros segmentos, notamos maior facilidade na ação dos grêmios, uma vez que as lideranças surgidas nas turmas favorecem essa situação.* (GRACIO e AGUIAR, 2005, p. 81)

O Grêmio constitui-se por intermédio da aglutinação dos alunos com interesses comuns, que montam uma chapa composta por representantes de várias séries e períodos para elaborar a sua proposta de gestão e apresentar aos seus pares no processo eleitoral, que acontece em muitos sistemas de ensino, de dois em dois anos.

Os componentes do Grêmio Estudantil, geralmente, podem contar com o Conselho de Representantes, composto pelas representações das salas de aula para auxiliar nas reuniões, na tomada de decisões e na articulação dos demais alunos para o desenvolvimento das ações. Dessa maneira, por meio de assembleias das salas, e posterior participação dos representantes nos encontros do Grêmio, garante-se o envolvimento de grande parte dos estudantes nos debates e nas reflexões sobre questões relevantes para os alunos quanto às suas vivências em sala de aula, à organização da unidade escolar, entre outros aspectos.

As ações protagôneas desencadeadas pelo processo participativo dos estudantes liderados e organizados pelo Grêmio Estudantil se apresentam como um meio para que sua cultura esteja presente no espaço escolar, como também para desenvolver projetos e ações esportivas, culturais e de lazer.

6. CONSIDERAÇÕES FINAIS

A construção de uma autonomia responsável dos jovens no Ensino Médio se potencializa com a sua participação efetiva nos projetos desenvolvidos no âmbito escolar, o que exige o envolvimento de todos os segmentos da escola e da comunidade em que está inserida, desde a equipe diretiva da unidade escolar, até as famílias e entidades e instituições presentes em sua comunidade.

Proporcionar uma educação cidadã aos jovens é uma exigência para uma formação que supere a simples preparação para o mercado de trabalho, com propostas e projetos que permitam aos jovens, além de participar ativamente nos processos de aprendizagem em sala de aula, permitam também que sua cultura, suas formas de ser e de agir no mundo estejam em diálogo com os saberes, tempos e espaços das áreas de conhecimento com que a escola trabalha.

É nesse sentido que a participação dos jovens nas escolas de Ensino Médio seja uma realidade, o que se concretiza com a possibilidade de os educandos em planejar, desenvolver e avaliar o impacto de ações/projetos que envolvam várias dimensões do cotidiano escolar, que se reforça com um Grêmio Estudantil autônomo que represente os desejos, anseios e necessidades dos jovens frente às questões da gestão de sala de aula e da unidade escolar, e da organização de eventos e atividades que estejam em consonância com a cultura juvenil e de sua comunidade.

Contemplar a educação dos jovens segundo estes princípios revela um compromisso com sua formação de forma integral, pautada na cidadania plena, que prima em formar as novas gerações para atuar no mundo do trabalho como forma de realização pessoal e do coletivo, e, acima de tudo, para agir no mundo segundo os preceitos de uma sociedade democrática, que pauta suas ações no compromisso com a construção de um mundo mais humanizado, justo e solidário.

REFERÊNCIAS

APPLE, M. W. Reestruturação educativa e curricular e as agendas neoliberais e neoconservadoras: entrevista com Michael Apple. *Currículo sem Fronteiras*, v. 1. n. 1, jan./jun. 2001, p. 5-33.

ARAPIRACA, J. O. *A USAID e a Educação brasileira*. São Paulo. Autores Associados: Cortez, 1982.

ARAÚJO, U. F. *Assembleia escolar:* um caminho para a resolução de conflitos. São Paulo: Moderna, 2004.

ARROYO, M. G. *Ofício de mestre:* imagem e autoimagem. Petrópolis: Vozes, 2000.

BRASIL, Ministério da Educação. *Protagonismo juvenil. Programa de Ética e Cidadania:* construindo valores na escola e na sociedade. Módulo 2. Brasília: MEC, 2007.

_____. Secretaria de Ensino Fundamental. *Parâmetros Curriculares Nacionais:* ensino médio. Brasília: MEC/SEB, 1999.

_____. Ministério da Educação. *Lei de Diretrizes e Bases da Educação Nacional.* Lei n. 9394, de dezembro de 1996.

_____. *Estatuto da Criança e do Adolescente.* Lei n. 8069, de julho de 1990.

_____. Ministério da educação. *Lei de Diretrizes e Bases da Educação Nacional.* Lei n. 5692, de dezembro de 1971.

BOUTINET, J. *Antropologia do projeto.* Porto Alegre: Artmed, 2002.

CHAUÍ, M. *Cidadania cultural:* o direito à cultura. São Paulo: Fundação Perseu Abramo, 2006.

COSTA, A C. G. *Protagonismo juvenil:* adolescência, educação e democracia. São Paulo: FTD, 2006.

_____. A presença da pedagogia. São Paulo: Global/Instituto Ayrton Senna, 1999.

DE TOMMASI, L.; WARDE, M. J.; HADDAD, S. (Orgs.). *O Banco Mundial e as políticas educacionais.* São Paulo: Cortez Editora, 1996.

DELORS, J. (Org.). *Educação:* um tesouro a descobrir. São Paulo: Cortez, 1996.

DEWEY, J. O sentido do projeto. Trad. de Elvira Leite *et al.* In: *Trabalho de projeto.* Porto: Afrontamento, 1990.

DUARTE, N. *Educação escolar, teoria do cotidiano e a Escola de Vigotski.* Campinas: Autores Associados, 1993.

FRANCO, F. C. *As reuniões na escola e a construção coletiva do projeto educacional.* São Paulo: Loyola, 2010.

_____. O protagonismo juvenil e a coordenação pedagógica. In: ALMEIDA, L. R. e PLACCO, V. M. S. N. *O coordenador pedagógico e as questões da contemporaneidade.* São Paulo: Loyola, 2006.

FREIRE, P. *Pedagogia da autonomia.* Rio de Janeiro: Paz e Terra, 1997.

FREITAS, K. S. Pedagogia de Projetos. *Gerir.* Salvador, v. 9, n. 29, p. 17-37, jan./fev. 2003.

GADOTTI, M.; ROMÃO, J. E. (Org.). *Autonomia da escola: princípios e propostas.* São Paulo: Cortez/IPF, 2001.

GRÁCIO, J. C.; AGUIAR, R. C. F. *Grêmio Estudantil:* construindo novas relações na escola. Rio de Janeiro: DP&A, 2005.

LEONTIEV, A. *O desenvolvimento do psiquismo.* Lisboa: Horizonte Universitário, 1978.

MOURA, D. H. Políticas públicas para a educação profissional técnica de nível médio nos anos de 1990 e 2000: limites e possibilidades. In: OLIVEIRA, R. de (Org.). *Jovens, ensino médio e educação profissional:* políticas públicas em debate. Campinas: Papirus, 2012.

PADILHA, P. R. *Planejamento dialógico: como construir o projeto político-pedagógico da escola.* São Paulo: Cortez/IPF, 2002.

PRADO, F. L. do. *Metodologia de projetos.* São Paulo: Saraiva, 2011.

PUIG, J. M. As assembleias de sala de aula ou como fazer as coisas com palavras. In: ARGUIS, R. *et al. Tutoria:* com a palavra o aluno. Porto Alegre: Artmed, 2002.

REGO, T. C. *Vigotski:* Uma perspectiva histórico-cultural da Educação. Petrópolis: Vozes, 2003.

SILVA, A. N. M.; TAVARES, C. *A formação cidadã no Ensino Médio.* São Paulo: Cortez, 2012.

VASCONCELLOS, C. dos S. *Planejamento:* projeto de ensino-aprendizagem e projeto político-pedagógico. 7 ed. São Paulo: Libertad, 2006.

VEIGA, I. P. A. (Org.). *Projeto político-pedagógico da escola:* uma construção possível. Campinas: Papirus, 1999.

VIGOTSKI, L. S.; LURIA, A. R. *Estudos sobre a história do comportamento*: o macaco, o primitivo e a criança. Porto Alegre: Artes Médicas, 1996.

Capítulo 18

O FINANCIAMENTO EDUCACIONAL E AS POLÍTICAS PÚBLICAS NO BRASIL: DESAFIOS, POSSIBILIDADES E A NECESSIDADE EMERGENTE

Jefferson Baptista Macedo
Rosemary Roggero

1. INTRODUÇÃO

Abordar a temática *Financiamento Educacional* torna-se um grande desafio, na perspectiva de construção de uma visão sistêmica, na medida em que, para sua compreensão, é necessário analisar múltiplas relações, nas quais se incluem as dimensões legal, econômica, social, cultural e educacional, propriamente dita, que fundamentam, influenciam ou interferem nas *Políticas Públicas* existentes no país.

O assunto sempre esteve no centro dos discursos políticos e partidários, contudo, nos últimos 3 anos, tendo em vista o novo Plano Nacional de Educação (PNE), que entrou em vigor em 2011 com 20 metas a serem cumpridas, das quais uma delas diretamente ligada ao financiamento educacional, o financiamento educacional assumiu um outro patamar de importância nas discussões políticas do país e objeto de destaque na mídia.

Além de envolver interesses diversos entre os entes públicos federados (União, Estados, Distrito Federal e Municípios) e a iniciativa privada, o processo orçamentário que o sustenta está ligado diretamente à arrecadação de impostos, o que influencia e é influenciado pelas decisões governamentais que envolvem outras áreas, não diretamente ligadas à Educação.

Tendo em vista o exposto, é fundamental que a temática seja amplamente conhecida e discutida, envolvendo, em especial, os gestores públicos, os profissionais da educação, e também pais, estudantes e a sociedade civil organizada.

Com o objetivo de analisar o cenário da organização e da gestão das Políticas Públicas e do Financiamento Educacional, o presente capítulo pretende apresentar uma breve retrospectiva histórica sobre as mudanças ocorridas na área desde o advento da Constituição Federal de 1988; identificar os fundamentos legais e as políticas que estruturam o financiamento educacional; analisar as competências e responsabilidades na configuração do processo orçamentário, sua composição e execução; avaliar o contexto atual do Financiamento Educacional frente aos desafios, às possibilidades e às necessidades emergentes para o desenvolvimento sustentável no país.

2. FUNDAMENTOS LEGAIS E O FINANCIAMENTO EDUCACIONAL: PERSPECTIVA HISTÓRICA

Numa breve retrospectiva histórica das bases legais relacionadas à Educação, é possível perceber que o financiamento educacional público interfere diretamente na garantia do acesso à escolarização gratuita como um direito fundamental de todos os cidadãos. Apenas nos períodos entendidos como democráticos é que ocorre a vinculação de recursos financeiros à educação (1934-1937, 1946-1964, 1983, 1988); nos períodos autoritários, a vinculação de recursos não ocorre (1937-1945, 1964-1985), o que compromete a garantia de acesso e a gratuidade da educação a todos (DAVIES, 2004).

Após o período da ditadura militar, com a promulgação da Constituição Federal de 1988, mudanças significativas ocorreram para que importantes direitos fossem estabelecidos ou restabelecidos aos cidadãos brasileiros, dentre eles a Educação como direito de todos (BRASIL, 1988). Para que esse direito fundamental fosse garantido, a Carta Magna de 1988 estabeleceu competências e responsabilidades para a reorganização do sistema educacional brasileiro e definiu como princípio o trabalho em Regime de Colaboração entre os entes federados, como dispõe o Artigo 211 da referida Constituição (BRASIL, 1988).

Outra importante modificação instalada pela Constituição de 1988 (Art. 212) foi um percentual mínimo de recursos financeiros que deveriam ser aplicados à Educação e sua vinculação a impostos definidos, *sendo, anualmente*, nunca menos de 18% deles aplicados pela União e 25% aplicados pelos Estados, Distrito Federal e Municípios (BRASIL, 1988).

Com o acima exposto, a Constituição de 1988, complementada pelas Leis de Diretrizes e Bases da Educação Nacional de 1996 (Lei 9394/96, BRASIL, 1996), inovou em quatro aspectos importantes em relação ao financiamento educacional:

1. A organização do sistema educacional em Regime de Colaboração entre os entes federados;
2. Os recursos destinados à Educação passam a ser vinculados a impostos definidos;
3. O dinheiro destinado à Educação passa a ser depositado em uma conta específica e começa a ocorrer o repasse de verba entre os órgãos vinculados à educação;
4. Definição de um percentual mínimo a ser aplicado diretamente à educação por cada um dos entes federados.

Essas mudanças vieram requerer outros avanços na área, como o melhor controle do destino e uso das verbas e o sistema tributário partilhado entre as esferas de governo (BRASIL, 1988).

Dessa forma, uma parcela da arrecadação da União é repassada aos Estados e Municípios e uma parcela da arrecadação dos Estados também é repassada aos Municípios que, apesar de serem os que menos arrecadam, constituem o *locus* onde as políticas públicas educacionais efetivamente acontecem, pois são onde as pessoas vivem. Veja a tabela a seguir:

Quadro 1. Transferências de impostos por nível de governo, situação vigente. Constituição Federal de 1988.

Sentido	Modalidade de repartição
Da União para os estados	**Distribuição:** ▷ 21.5% da arrecadação líquida do IR e do IPI para o Fundo de Participação dos Estados (FPE) e do Distrito Federal, redistribuído através de fórmula (fixada em lei), objetivando promover o equilíbrio socioeconômico; ▷ 10% da arrecadação líquida do IPI, proporcionalmente ao valor das exportações de bens industrializados. **Partilha:** ▷ 100% do IR incidente na fonte sobre rendimentos pagos pela administração pública estadual; ▷ 30% do IOF incidente sobre o ouro definido como ativo financeiro ou cambial, conforme origem; ▷ 20% da arrecadação de novo imposto que a União venha a instituir (competência residual) – rateio determinado por lei federal.
Da União para os municípios	**Distribuição:** ▷ 22.5% da arrecadação líquida do IR e do IPI para o Fundo de Participação dos Municípios (FPM), redistribuído através de fórmula (fixada em lei), objetivando promover o equilíbrio socioeconômico. **Partilha:** ▷ 100% do IR incidente na fonte sobre rendimentos pagos pela administração pública municipal; ▷ 70% do IOF incidente sobre o ouro definido como ativo financeiro ou cambial, conforme origem; ▷ 50% da arrecadação do ITR, conforme sítio dos imóveis.
Dos estados para os municípios	**Distribuição:** ▷ 25% da arrecadação líquida do ICMS, através de fórmula, sendo, pelo menos, três quartos proporcionais ao valor adicionado gerado em cada localidade e até um quarto, segundo critérios de lei estadual; ▷ 25% da participação do Estado na repartição de 10% do IPI estadual, pela mesma fórmula de rateio do ICMS. **Partilha:** ▷ 50% do IPVA, conforme veículos licenciados na localidade.

Fonte: DOURADO, 2006.

Os recursos repassados são destinados conforme o Artigo 212 da CF de 1988 e regulamentados pela LDB 9394/1996, Art. 69, 70, à Manutenção e Desenvolvimento do Ensino (MDE), para o grupo de ações que compõem o MDE e atividades suplementares como merenda, uniformes e outros recursos, sendo administrados pelo Fundo Nacional de Desenvolvimento da Educação (FNDE).

O Fundo Nacional de Desenvolvimento da Educação (FNDE) é uma autarquia federal vinculada ao Ministério da Educação (MEC). É uma entidade pública, fiscalizada pelo Estado, mas que possui autonomia para sua gestão e que é responsável por executar parte das ações do MEC relacionadas à Educação Básica, prestando auxílio financeiro e técnico aos municípios, assim como o financiamento de projetos de ensino e pesquisa no Ensino Técnico e Ensino Superior.

O FNDE foi criado pela lei n. 5.537, de 21 de novembro de 1968, mas foi se constituindo aos poucos com a fusão de vários órgãos do governo. Tem como fonte principal de receita o salário-educação recolhido das empresas, pela União, por meio do INSS, além de outras contribuições sociais, como Programa de Integração Social (PIS), o Programa de Formação do Servidor Público (Pasep) e a Contribuição para o Financiamento da Seguridade Social (Cofins), e, atualmente, desenvolve vários projetos, como: o Programa Dinheiro Direto na Escola (PDDE); o Programa Nacional de Alimentação Escolar (PNAE); o Brasil Alfabetizado (antigo Alfabetização Solidária); o Apoio ao Atendimento à Educação de Jovens e Adultos (Fazendo Escola/PEJA) e o Programa Nacional de Apoio ao Transporte Escolar (PNATE).

Em 1996, foi criado o Fundo de Manutenção e Desenvolvimento do Ensino Fundamental e de Valorização do Magistério (FUNDEF) instituído pela Emenda Constitucional n. 14, de setembro de 1996, e regulamentado pela Lei n. 9.424/1996 e pelo Decreto n. 2.264/1997, como produto de parte das receitas específicas que, por lei, destinava-se à Educação (BRASIL, 2006c).

O Fundo foi a modalidade escolhida porque a sua efetivação ocorre mediante o sistema de contas bancárias, o que facilita a captação e distribuição dos recursos entre os entes os Estados e os Municípios, as quais recebem automaticamente os recursos oriundos de impostos definidos pela lei orçamentária e efetua-se a redistribuição proporcionalmente ao número de alunos matriculados nas escolas públicas de Ensino Fundamental anualmente.

O FUNDEF inova, trazendo uma mudança na organização estrutural do financiamento educacional por meio da subvinculação de parte dos recursos da Educação (60%) à etapa do Ensino Fundamental, promovendo a partilha entre os Estados e os Municípios, sendo receitas e despesas previstas no orçamento, e a execução, contabilizada de forma específica (BRASIL, 2006c).

Apesar dos benefícios ocorridos com a criação do Fundo, houve muitas críticas à subvinculação à apenas uma etapa da Educação Básica, levando em conta a insuficiência de recursos para implementação e manutenção de outras etapas e modalidades da Educação Básica como a Educação Infantil, Ensino Médio e Educação de Jovens e Adultos.

As críticas e discussões sobre o Fundo desencadearam propostas que culminaram na Emenda Constitucional n. 53/2006, que criava o *Fundo de Manutenção e Desenvolvimento da Educação Básica e Valorização dos Profissionais da Educação* (FUNDEB), em substituição ao FUNDEF, sendo regulamentado pela Lei n. 11.494/2007 e pelo Decreto n. 6.253/2007.

O objetivo do FUNDEB é distribuir os recursos destinados à Educação por todo o país considerando o desenvolvimento social e econômico de cada região, sendo a destinação de investimentos realizada de acordo como o número de alunos da Educação Básica, tendo como base os dados do Censo Escolar do ano imediatamente anterior. Em regiões em que o cálculo seja inferior ao valor mínimo fixado por cada aluno, a União efetua a complementação orçamentária. O controle e acompanhamento dos investimentos aplicados, a distribuição e a transferência dos recursos são feitos por meio de conselhos criados e capacitados pelo MEC em cada esfera do governo – federal, estadual e municipal (BRASIL, 2008).

A criação do FUNDEB gerou um avanço significativo às Políticas Públicas Educacionais, na medida em que previu recursos para a Educação Básica em todos os seus níveis e modalidades, ampliando o financiamento de parte da população na idade escolar para toda a população de 0 a 17 anos, assim como àqueles que não tiveram acesso na idade adequada. Apesar da estrutura legal do FUNDEB determinar o Regime de Colaboração, essa organização não indica ou garante um sistema plenamente descentralizado. A consolidação da democracia pelas competências e responsabilidades nos processos decisórios ainda é um desafio a ser superado e a questão do financiamento da educação não está resolvida.

Em encontros internacionais, foi convencionado aplicar o mínimo de 6% do PIB de cada país para a Educação, mas, no Brasil, nada foi homologado até 2010. Até então, a legislação brasileira não determinava qual o percentual que o poder público deveria aplicar do PIB brasileiro. Em 2000, no processo de votação da Lei 10.172/2001, que regulamenta o Plano Nacional de Educação

2001-2010, havia uma meta (Meta 20) em se alcançar o investimento de 7% do PIB na educação pública em 4 anos, mas apesar de ter sido aprovada no Congresso Nacional, o texto foi vetado no Poder Executivo. Em 2009 e 2010, novas discussões ocorreram nas etapas da Conferência Nacional de Educação – CONAE, nos Municípios e Estados de todo o país. O texto final do novo Plano Nacional de Educação 2011-2020, aprovado na Conferência Nacional de Educação – CONAE, realizada em Brasília no ano de 2010, foi enviado ao Poder Executivo e, por ele, encaminhado ao Congresso Nacional, como o Projeto de Lei n. 8035/2010, propondo como uma das metas (Meta 20) a ampliação progressiva do investimento público em Educação até atingir, no mínimo, o patamar de 7% do PIB. Atualmente, o Plano Nacional de Educação 2011-2020 ainda está em processo de aprovação, sendo os percentuais propostos no texto original, modificados por emendas e ainda discutidos no Congresso Nacional. O fato é que o percentual do PIB aplicado em educação no Brasil, hoje, é de 5,7%.

Outro assunto que se mantém no centro das discussões no cenário político da educação é o Projeto de Lei 5.500/2013, que dispõe sobre a destinação de recursos para a Educação com a finalidade de cumprimento da meta prevista no inciso VI do Art. 214 da Constituição Federal. A proposta original de autoria do Poder Executivo propunha a destinação de 100% das receitas provenientes dos *royalties* e da participação especial da produção do petróleo do pré-sal e 50% do dos recursos resultantes do retorno sobre o capital do Fundo Social, formado por parte do valor arrecadado nas licitações e parte das vendas de petróleo e gás. Esse projeto de lei foi discutido e votado no Congresso Nacional, sendo que os percentuais dos *royalties* passaram de 100% para 75% na Educação e 25% na Saúde. Atualmente, o tema ainda é objeto de discussões acirradas e o seu resultado final ainda se mantém em aberto – até porque a produção do pré-sal só está começando.

3. O PROCESSO ORÇAMENTÁRIO: COMPOSIÇÃO E EXECUÇÃO, COMPETÊNCIAS E RESPONSABILIDADES

Para analisar o financiamento educacional é necessário compreender o processo orçamentário, que orienta a execução dos planos governamentais. O orçamento é definido por Lei e nele devem estar previstas todas as receitas e despesas públicas no período de um ano. "Assim, no orçamento, seja da União, estado, Distrito Federal ou município, deve estar todas as fontes de receitas destinadas à educação (impostos, transferências, salário-educação e outras) e todas as despesas que serão realizadas" (DOURADO, 2006, p. 27). O orçamento público, seja federal, estadual ou municipal, deve prever todas as fontes de *receitas*, quanto às *despesas* que serão realizadas. Tanto as *receitas* quanto as *despesas* podem ser de dois tipos: as *correntes* e as de *capital*. São previamente classificadas com códigos específicos definidos pela Lei 4.320/1964 e as tabelas de códigos aprovadas por meio de Portarias do Ministério do Planejamento, Orçamento e Gestão.

As *despesas correntes* são aquelas efetuadas pela administração pública com o objetivo de possibilitar a execução e a manutenção da ação governamental, que ainda podem ser desdobradas em despesas de custeio e transferências correntes. As *despesas de capital* podem ser investimentos, inversões financeiras e transferências de capital, e têm por objetivo formar um bem de capital ou adicionar valor a um bem já existente, como, por exemplo, aquisição de propriedade, construção ou ampliação de uma escola.

As receitas podem ser provenientes dos recursos financeiros previstos na Lei Orçamentária e por meio da arrecadação compulsória para fazer face às suas despesas. As *receitas correntes* são compostas por receitas tributárias (impostos e taxas), contribuições, receita patrimonial, industrial, agropecuária, de serviços ou transferências correntes. As *receitas de capital* são provenientes de operações de crédito, alienação de bens, amortizações de empréstimos e transferência de capital (DOURADO, 2006).

Os recursos vinculados pela Constituição Federal de 1988 à Educação se originam por uma parcela de impostos específicos que se desdobram em quatro categorias, tendo em vista sua natureza: (a) imposto sobre o comércio; (b) imposto sobre o patrimônio e a renda; (c) imposto sobre a produção e circulação; (d) imposto extraordinário. O quadro a seguir descreve a lista de impostos que provêm recursos para a Educação:

Quadro 2. Origem dos Recursos Financeiros para a Educação (CF. 1988).

Impostos Federais (18%)	Impostos e transferências estaduais (25%)	Impostos e transferências municipais (25%)
IR – Imposto de Renda IPI – Imposto sobre Produtos Industrializados ITR – Imposto Territorial Rural IOF – Imposto sobre Operações Financeiras sobre o ouro II – Imposto sobre Importação IE – Imposto sobre Exportação	FPE – Fundo de Participação dos Estados IPI – Imposto sobre Produtos Industrializados proporcional às exportações IOF – Imposto sobre Operações Financeiras ICMS – Imposto sobre Circulação de Mercadorias e Prestação de Serviços IPVA – Imposto sobre Propriedade de Veículos Automotores ITCMD – Imposto sobre Transmissão *Causa Mortis* e Doações	FPM – Fundo de Participação dos Municípios IPI – Imposto sobre Produtos Industrializados proporcional às Exportações ITR – Imposto Territorial Rural IOF – Imposto sobre Operações Financeiras ICMS – Imposto sobre Circulação de Mercadorias e Prestação de Serviços IPVA – Imposto sobre Propriedade de Veículos Automotores IPTU – Imposto Predial Territorial Urbano ITBI – Imposto Transmissão de Bens Imóveis ISS – Imposto sobre Serviços

Fonte: BRASIL, MEC, FNDE, 2010.

A arrecadação por meio desses impostos implica a organização sistêmica que distribui competências e responsabilidades a cada ente federado e também uma assistência financeira entre estes, estruturando as relações em *Regime de Colaboração*, vinculando um percentual de recursos específicos que cada ente tem que empenhar na Manutenção e Desenvolvimento do Ensino – MDE (CF. 1988; LDB 9394/1996, Art. 70, 71).

A União organiza o sistema federal de ensino e financia as instituições de ensino públicas federais, exercendo, em matéria educacional, a *função redistributiva e supletiva dos recursos*, por meio do FUNDEB (que será explicado adiante), a fim de garantir a equidade de oportunidades educacionais e um padrão mínimo de qualidade do ensino por meio de assistência financeira e técnica aos Estados, Distrito Federal e Municípios, priorizando a escolaridade obrigatória (CF. 1988, Art. 211; EC. 14/1996; LDB 9394/1996, Art. 9, III).

Os Estados, Distrito Federal e Municípios desenvolvem colaboração na oferta do Ensino Fundamental, asseguradas a distribuição proporcional das responsabilidades, tendo seus recursos financeiros, proporcionais à população a ser atendida (CF. 1988, Art. 212; LDB 9394/1996, Art. 10, II). O Regime de Colaboração implica transferências entre os entes federados e estas também compõem as receitas. As transferências que têm como origem os impostos, para efeitos de vinculação, também são computadas como se fossem impostos. Assim, os Estados e o Distrito Federal computam à sua receita de impostos, as transferências provenientes da União; da mesma forma que os Municípios incorporam à sua base de cálculo para a MDE as transferências do Estado e da União que tenham como base de origem os impostos.

Uma das modalidades de transferência de recursos da União para os Estados e Distrito Federal é o *Fundo de Participação dos Estados e do Distrito Federal* (FPE), assim como disposto no Artigo 159 da CF. de 1988. As receitas do FPE são constituídas por 21,5% da arrecadação líquida do IR (Imposto sobre a Renda e Proventos de Qualquer Natureza) e do IPI (Imposto sobre Produtos Industrializados). São arrecadadas pela Secretaria da Receita Federal (SRF), contabilizadas pela Secretaria do Tesouro Nacional (STN) e distribuídas pelo Banco do Brasil. Um dos papéis mais importantes que o FPE exerce é a promoção da redistribuição da renda nacional por meio da transferência de parte dos recursos de áreas mais desenvolvidas para áreas menos desenvolvidas do país (BRASIL, 2010).

Outra modalidade importante de transferência é o Fundo de Participação dos Municípios (FPM) previsto na CF. 1988, Art. 159, I, b. É composto por 22,5% da arrecadação líquida do IR (Imposto sobre a Renda e Proventos de Qualquer Natureza) e do IPI (Imposto sobre Produtos Industrializados). A transferência desses valores é proporcional aos coeficientes individuais de participação no FPM determinados pelo Tribunal de Contas da União, sendo que 10% pertencem às capitais; 86,4% pertencem aos municípios do interior e o restante, 3,6%, compõe o Fundo de Reserva (BRASIL, 2010).

Além das receitas de impostos acima demonstradas, há a previsão de outras fontes de captação de recursos para a Educação definidas na CF. de 1988 (Art. 212, EC.53/2006) e na LDB 9394/1996 (Art. 68). Esses recursos, de competência exclusiva da União, são provenientes de contribuições sociais, como o *Programa de Integração Social* (PIS), o *Programa de Formação do Patrimônio do Servidor Público* (Pasep), a *Contribuição para o Financiamento da Seguridade Social* (Cofins). Até 31 de dezembro de 2007, havia a *Contribuição Provisória sobre a Movimentação ou Transmissão de Valores e de Créditos de Natureza Financeira (*CPMF), que foi extinta (BRASIL, 2010).

Dentre as contribuições vale destacar o *Salário-Educação*, instituído pela Lei 10.832/2003, que é uma contribuição social de 2,5% destinada à Educação Básica, calculada sobre a folha de contribuição para a previdência social dos funcionários de empresas. Após a dedução de 1% em favor do INSS (Instituto Nacional do Seguro Social), calculado sobre o valor por ele arrecadado, o Salário-Educação é distribuído pelo FNDE da seguinte forma: 10% distribuídos pela União; 30% quota federal; 60% quota estadual e municipal. O Salário-Educação é repassado por meio de transferência direta de recursos financeiros conforme o número de alunos matriculados no ensino fundamental, que é determinado pelo censo educacional realizado pelo MEC (BRASIL, 2010).

Voltando ao FUNDEB, cabe retomar que se trata de um fundo de natureza contábil na esfera de cada Estado, que capta e redistribui recursos de acordo com o número de alunos matriculados em cada nível e modalidade de ensino. Até o final de sua implantação, prevista para o final de 2010, o percentual de contribuição dos Estados, Distrito Federal e Municípios para a formação do Fundo atinge o patamar de 20%, calculado sobre as seguintes fontes de impostos e de transferências constitucionais:

a) Fundo de Participação dos Estados (FPE);

b) Fundo de Participação dos Municípios (FPM);

c) Imposto sobre Circulação de Mercadorias e sobre prestação de Serviços (ICMS);

d) Imposto sobre Produtos Industrializados, proporcional às exportações (IPIexp);

e) Imposto sobre Transmissão *Causa Mortis* (ITCMD);

f) Imposto sobre a Propriedade de Veículos Automotores (IPVA);

g) Imposto sobre a Propriedade Territorial Rural – Município (ITRm);

h) Recursos relativos à desoneração de exportações de que trata a LC n. 87/96;

i) Arrecadação de imposto que a União eventualmente instituir no exercício de sua competência (cotas-partes dos Estados, Distrito Federal e Municípios);

j) Receita da dívida ativa tributária, juros e multas relativas aos impostos acima relacionados (BRASIL, 2008).

Quadro 4. Escala de implantação financeira do FUNDEB.

UFs	Origem dos recursos	Contribuição à formação do Fundo			
		2007	2008	2009	2010 a 2020
Estados, Distrito Federal e municípios	FPE, FPM, ICMS, LC 87/96 e IPIexp (*)	16,66%	18,33%	20%	20%
	ITCMD, IPVA, ITRm e outros eventualmente instituídos (*)	6,66%	13,33%	20%	20%
União	Complementação federal (**)	R$ 2 bilhões	R$ 3 bilhões	R$ 4,5 bilhões	10% da contribuição total de Estados, DF e municípios

(*) Inclusive receitas correspondentes à dívida ativa, juros e multas relacionadas aos respectivos impostos.
(**) Valores originais a serem atualizados com base no INPC/IBGE.

Fonte: BRASIL, FNDE, 2008.

Caso o limite mínimo não seja alcançado com os recursos dos próprios governos estaduais e municipais, cabe à União complementá-los, com o objetivo de assegurar o valor mínimo nacional por aluno/ano, cumprindo assim sua *função redistributiva e supletiva dos recursos*. Essa complementação é distribuída aos Estados e Municípios beneficiários da seguinte forma: o mínimo de 90% do valor anual, na perspectiva da garantia do valor mínimo nacional por aluno/ano, mediante distribuição com base no número de alunos; e até 10% do valor anual para a melhoria da qualidade da educação, de acordo com decisão e critérios definidos pela Comissão Intergovernamental de Financiamento para Educação Básica de Qualidade.

Os critérios de consideração dos alunos na distribuição dos recursos do FUNDEB guardam relação com a competência de atuação de cada esfera do governo, conforme disposto na CF. 88, Art. 211, § 2°, § 3°, sendo assim considerados:

a) Educação Infantil (creche e pré-escola), Ensino Fundamental (de oito ou de nove anos), Ensino Médio;

b) Modalidades de Ensino Regular, Educação Especial, Educação de Jovens e Adultos e Ensino Profissional Integrado;

c) Escolas localizadas nas zonas urbana e rural;

d) Turnos com regime de atendimento em tempo integral ou parcial – matutino e vespertino ou noturno (BRASIL, 2008).

Quadro 5. Critérios na distribuição dos recursos do FUNDEB.

Segmentos da Educação Básica	Matrículas nas escolas			
	Estaduais	Distritais	Municipais	Conveniadas (*)
Educação Infantil (creches)	Não	Sim	Sim	Sim
Educação Infantil (pré-escola)	Não	Sim	Sim	Sim (por 4 anos)
Ensino Fundamental regular	Sim	Sim	Sim	Não
Ensino Médio	Sim	Sim	Não	Não
Educação Especial	Sim	Sim	Sim	Sim
Educação de Jovens e Adultos (Ensino Fund.)	Sim	Sim	Sim	Sim
Educação de Jovens e Adultos (Ensino Médio)	Sim	Sim	Não	Não

(*) A partir de 2008

Fonte: BRASIL, FNDE, 2008.

Na distribuição dos recursos do FUNDEB, são consideradas as matrículas de alunos em instituições comunitárias, confessionais ou filantrópicas sem fins lucrativos, conveniadas com Estados/Distrito Federal com atendimento na Educação Especial e com Municípios/Distrito Federal, com atendimento na Educação Infantil e Educação Especial também.

Existe um valor mínimo nacional por aluno/ano que representa o mínimo *per capita* a ser assegurado no ano. Caso este valor não seja alcançado, cabe à União complementar aos entes governamentais localizados no Estado cujo valor por aluno/ano seja inferior a esse mínimo *(função redistributiva e supletiva dos recursos)*. Para tanto, são considerados no cálculo do valor mínimo nacional, algumas variáveis do Fundo como:

a) O total geral da receita prevista para o Fundo no exercício (contribuição de Estados, Distrito Federal e Municípios);

b) O número de alunos matriculados, por segmentos da educação básica considerados;

c) Os fatores de diferenciação do valor por aluno/ano;

d) O valor da complementação da União para o exercício – depois de deduzida parcela de até 10% direcionada à melhoria da qualidade da educação básica, caso seja estabelecida para o exercício (BRASIL, 2008).

Conforme indica o Manual de Orientação do FUNDEB, publicado pelo Fundo Nacional de Desenvolvimento da Educação (BRASIL, 2008), o valor mínimo a ser aplicado aluno/ano em 2008 foi estabelecido em R$ 1.132,34 (para os Anos Iniciais do Ensino Fundamental urbano). A definição para os demais exercícios é publicada até 31 de dezembro de cada ano, para vigorar no ano seguinte.

Contudo, esse valor não é aplicado igualmente nas demais etapas/modalidades. Existem diferenciações aplicadas na distribuição dos recursos conforme cada etapa/modalidade que utilizam fatores de ponderação definidos pela Comissão Intergovernamental de Financiamento para Educação Básica de Qualidade e publicados pelo MEC e que representam diferenças de valor por aluno/ano utilizadas para os 21 segmentos em que a Educação Básica foi dividida, para fins de operacionalização do FUNDEB.

Como o Fundo é de esfera estadual (não há comunicação entre Fundos de Estados diferentes), o valor é calculado especificamente por cada Estado, de forma que há 27 valores diferentes, por aluno. Na tabela a seguir, estão os 21 desdobramentos da Educação Básica e seus respectivos fatores de ponderação aplicáveis (BRASIL, 2010, p. 57):

Quadro 6. FUNDEB – valor aluno/ano.

Segmentos da Educação Básica	Fatores de ponderação aplicáveis em 2009
Creche pública em tempo integral	1,10
Creche pública em tempo parcial	0,80
Pré-escola pública em tempo integral	1,20
Pré-escola pública em tempo parcial	1,00
Anos iniciais do Ensino Fundamental urbano	1,00
Anos iniciais do Ensino Fundamental no campo	1,05
Anos finais do Ensino Fundamental urbano	1,10
Anos finais do Ensino Fundamental no campo	1,15
Ensino Fundamental em tempo integral	1,25
Ensino Médio urbano	1,20
Ensino Médio no campo	1,25
Ensino Médio em tempo integral	1,30
Ensino Médio integrado à educação profissional	1,30

Segmentos da Educação Básica	Fatores de ponderação aplicáveis em 2009
Educação especial	1,20
Educação indígena e quilombola	1,20
Educação de jovens e adultos, com avaliação no processo	0,80
Educação de jovens e adultos integrados à educação profissional de nível médio, com avaliação no processo	1,00
Creche conveniada em tempo integral	0,95
Creche conveniada em tempo parcial	0,80
Pré-escola conveniada em tempo integral	1,20
Pré-escola conveniada em tempo parcial	1,00

Fonte: BRASIL, FNDE, 2010.

Para se contextualizar, tome-se como exemplo os fatores de ponderação relativos ao exercício de 2012. O valor anual mínimo por aluno ficou definido pela Portaria Interministerial n. 1.809/2011 em R$ 2.096,68. Tendo como fator base 1,0 por aluno/ano nos Anos Iniciais do Ensino Fundamental Urbano, que é o segmento mais expressivo em relação à quantidade de alunos da Educação Básica (BRASIL, 2011).

No mesmo exercício, o Ensino Médio Urbano tem fator 1,20, o que representa 20% superior ao valor por aluno/ano, totalizando R$ 2.516,01, e a Educação de Jovens e Adultos 0,70, correspondendo a 70% do valor aluno/ano, o que totaliza R$ 1.467,70 (BRASIL, 2011).

Na distribuição desses recursos aos Estados, Distrito Federal e Municípios, são consideradas as matrículas nas escolas públicas e conveniadas apuradas no Censo Escolar mais recente, que é realizado pelo Instituto Nacional de Estudos e Pesquisa Educacionais – INEP/MEC, em parceria com os governos estaduais e as prefeituras municipais. Os dados levantados são publicados no Diário Oficial da União e utilizados para cálculo dos coeficientes de distribuição dos recursos do FUNDEB para o ano seguinte, considerando:

a) Educação Básica de tempo integral: jornada escolar com duração igual ou superior a 7 horas diárias (exceto no exercício de 2007, em que se considerou a jornada igual ou superior a seis horas), durante todo o período letivo, compreendendo o tempo total que um mesmo aluno permanece na escola ou em atividades escolares;

b) Anos Iniciais do Ensino Fundamental: as primeiras 4ªs ou 5ªs séries ou os primeiros 4 ou 5 anos do Ensino Fundamental de 8 ou de 9 anos de duração, conforme o caso;

c) Anos Finais do Ensino Fundamental: as 4 últimas séries ou os 4 últimos anos do Ensino Fundamental de 8 ou de 9 anos de duração (BRASIL, 2008).

Um último aspecto importante a ser destacado sobre o FUNDEB é que os recursos devem ser utilizados exclusivamente em ações de desenvolvimento e manutenção da Educação Básica Pública, da seguinte forma: 60% do Fundo devem ser destinados à remuneração dos profissionais do magistério em efetivo exercício na educação básica pública, com vínculo contratual em caráter permanente ou temporário com o Estado, Distrito Federal ou Município em efetivo exercício em cargo, emprego ou função, integrantes da estrutura, quadro ou tabela de servidores, o que inclui: salário ou vencimento; 13º salário, inclusive 13º salário proporcional; 1/3 de adicional de férias; férias vencidas, proporcionais ou antecipadas; gratificações inerentes ao exercício de atividades ou funções de magistério, inclusive gratificações ou retribuições pelo exercício de cargos ou funções de direção ou chefia; horas extras, aviso prévio, abono; salário-família, quando as despesas correspondentes recaírem sobre o empregador; encargos sociais como Previdência e FGTS (BRASIL, 2008).

Assim que esteja garantido o cumprimento da exigência mínima de 60% para remuneração do magistério, os 40% restantes do montante total de recursos devem ser aplicados nas despesas consideradas como Manutenção e Desenvolvimento do Ensino (MDE), como previsto no Artigo 70 da LDB 9394/96, observando os critérios específicos para cada ente governamental e que compreende:

a) A remuneração e o aperfeiçoamento do pessoal docente e dos profissionais da educação, contemplando: remuneração de trabalhadores da educação básica; remuneração do Secretário de Educação do respectivo ente governamental; formação inicial e/ou continuada de professores da educação básica.

b) Aquisição, construção e conservação de instalações e de equipamentos necessários ao ensino.

c) Uso e manutenção de bens vinculados ao sistema de ensino.

d) Levantamentos estatísticos, estudos e pesquisas visando ao aprimoramento da qualidade e à expansão do ensino.

e) Realização de atividades necessárias ao funcionamento do ensino.

f) Concessão de bolsas de estudo a alunos de escolas públicas e privadas.

g) Aquisição de material didático-escolar e manutenção de transporte escolar.

h) Amortização e custeio de operações de crédito destinadas a atender ao disposto nos itens acima (BRASIL, 2008).

A criação do FUNDEB proporcionou a ampliação do atendimento e a melhoria qualitativa do ensino oferecido, contribuindo para a redução das variadas formas de desigualdades educacionais existentes, contudo, a garantia da Educação Básica pública como direito de todos ainda é um desafio a ser alcançado.

4. O CONTEXTO ATUAL: DESAFIOS, POSSIBILIDADES E A NECESSIDADE EMERGENTE

O contexto atual da educação brasileira impõe desafios a toda estrutura sistêmica das Políticas Públicas Educacionais hoje existentes. Conhecer a realidade e interpretar os números que registram os aspectos relacionados à educação é condição fundamental para se encontrar caminhos com objetivo de superar os desafios ora impostos pelas necessidades emergentes, numa realidade dinâmica.

De acordo com o Instituto de Pesquisas Econômicas Aplicadas (IPEA), atualmente, o número de escolas no sistema aproxima-se de 180 mil; só na Educação Básica, são quase 2 milhões de professores, dos quais, 1,6 milhão na rede pública; no Ensino Superior são cerca de 340 mil docentes, sendo por volta de 120 mil em instituições públicas. Além de toda essa infraestrutura e volume de recursos humanos, ainda existe a distribuição de 47 milhões de benefícios em alimentos e refeições, 110,2 milhões de benefícios em livros e materiais didáticos, 4,6 milhões de benefícios em transporte escolar e 10,3 milhões de benefícios em livros para bibliotecas, feitos pelos entes federados, em regime de colaboração (BRASIL, 2011).

Entre 1991 a 2009, as matrículas aumentaram em quase todos os níveis e modalidades e ampliou-se o apoio e benefícios aos estudantes, permitindo o acesso e a inserção escolar de grupos populacionais cada vez maiores durante esse período.

Gráfico 1. Educação Infantil.

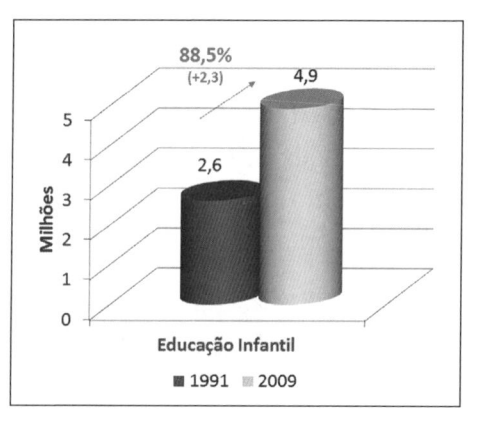

Gráfico 2. Ensino Fundamental.

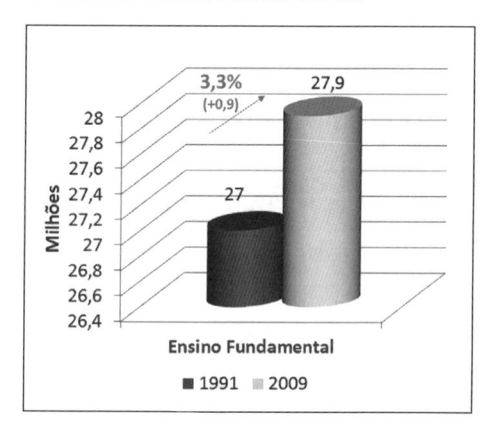

Fonte: IPEA, 2011.

A Educação Infantil foi a etapa que mais cresceu, foram mais de 2,3 milhões de matrículas durante o período, um aumento de 88,5%. O Ensino Fundamental também aumentou em 3,3%, uma vez que se encontra quase universalizado, com mais de 27,9 milhões de alunos matriculados.

Gráfico 3. Ensino Médio Profissionalizante.　　**Gráfico 4.** Ensino Superior.

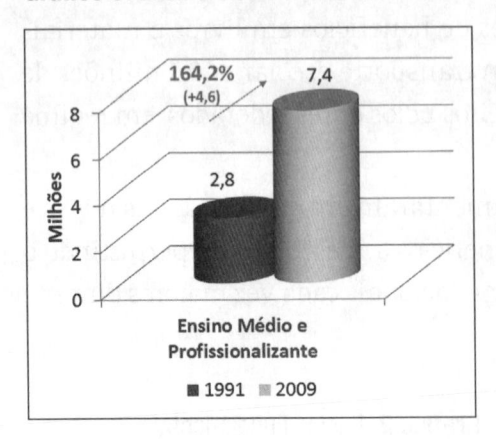 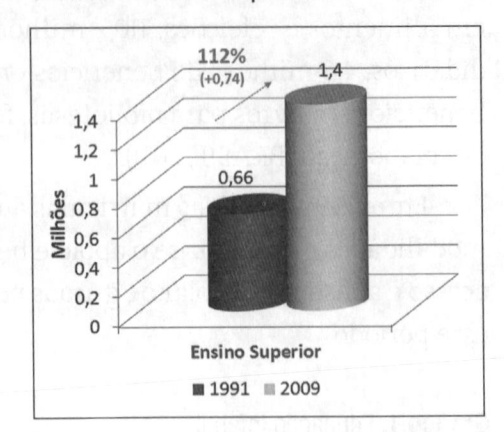

Fonte: IPEA, 2011.

O Ensino Médio e Profissionalizante foi a etapa/modalidade que teve o maior índice de crescimento, com mais de 4,6 milhões de matrículas, alcançando um crescimento de 164% no período. E o Ensino Superior, com mais de 740 mil matrículas, teve um crescimento de 112%, ou seja, mais que o dobro ao final do período.

Mas não foi somente o número de matrículas que cresceu durante o período. Os programas de apoio e o número de benefícios concedidos também são significativos para o financiamento educacional. O Programa Nacional de Alimentação Escolar passou de 33,2 milhões de alunos atendidos em 2005 para 47 milhões em 2009, um total de 13,8 milhões de novos alunos beneficiados, o que totaliza um crescimento de 41,5%. O número de livros adquiridos pelo Programa do Livro Didático aumentou de 80,2 milhões para 110,2 milhões, um crescimento de 37,4% (BRASIL, 2011).

Gráfico 5. Apoio ao Educando.

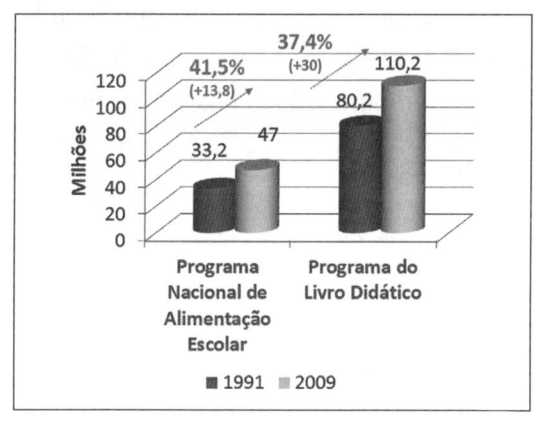

Fonte: IPEA, 2011.

Os gastos com o transporte escolar também são importantes valores na conta das despesas. No período, foram mais de 4,6 milhões de alunos transportados; foram adquiridos mais de 3,5 mil veículos e 10,3 milhões de livros para o Programa Biblioteca na Escola (BRASIL, 2011).

Gráfico 6. Gasto – IPCA médio de 2009.

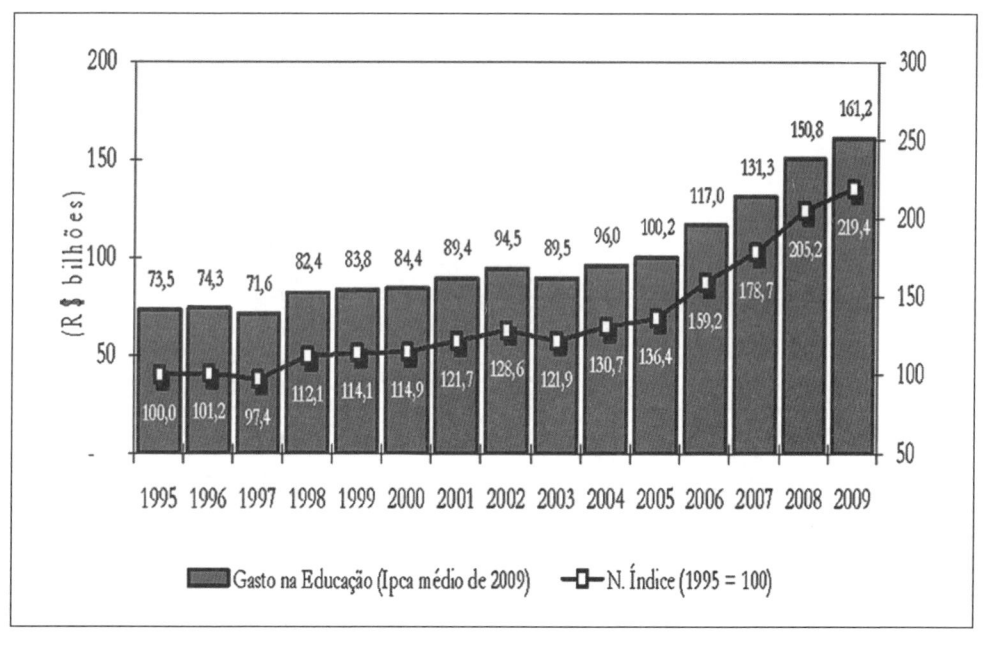

Fonte: IPEA, 2011.

Todo o aumento de matrículas e programas de apoio ao educando gerou uma ampliação real do Gasto Público Educacional (GPEdu), que compreende os recursos aplicados pelo setor público nas três esferas de governo. Os dados a seguir demonstram esse aumento no período entre 1995 e 2009, saindo de R$ 73,5 bilhões para R$ 161,2 bilhões, um crescimento real de 119,4% em 15 anos, equivalente a 5,9% ao ano, como apontam os dados do IPEA com valores corrigidos para 2009, pelo IPCA, e em relação ao PIB (BRASIL, 2011).

Se comparados com o PIB, os gastos com a Educação também cresceram. De 4% passou a 5% no período, o que representa um aumento de 25%. Em quase 10 anos, não houve estabilidade no investimento, pois o indicador vai de 4,01 em 1995 para apenas 3,9 em 2005, passando a crescer timidamente após esse período.

De acordo com o IPEA (BRASIL, 2011), em nível nacional, houve o crescimento de apenas 1,8 % do PIB de 2005 (5,7%) a 2011 (7,5%), evidenciando, assim como mostra o gráfico a seguir, que o crescimento do gasto durante o período não apresenta maiores investimentos, mas apenas o acompanhamento do crescimento da economia brasileira de forma geral.

Gráfico 7. Evolução do PIB Brasileiro.

	2005	2006	2007	2008	2009	2010	2011	2012
Evolução do PIB Brasileiro	5,7	3,2	4	6,1	5,2	-0,3	7,5	2,7

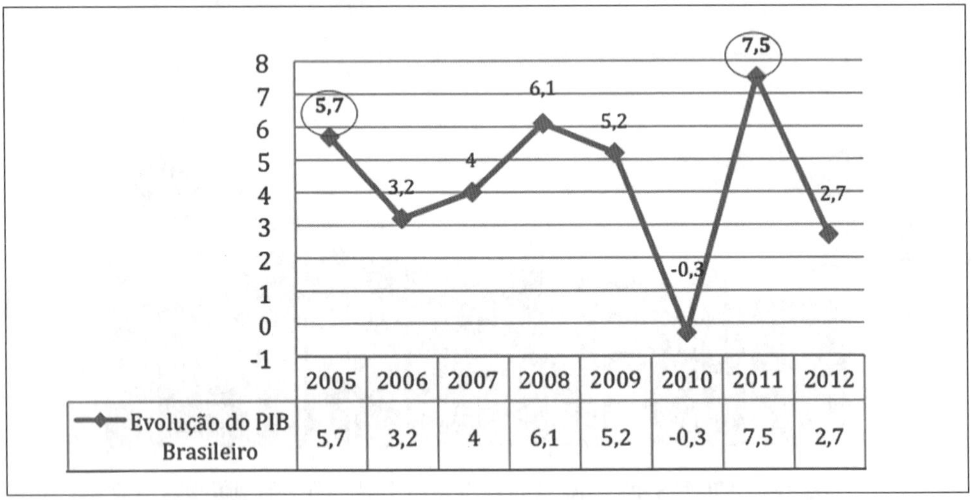

Fonte: IBGE

Os dados revelam um aparente crescimento, mas os números ainda não representam o alcance da universalização do ensino e a garantia do direito à Educação a todos, como dispõe o Artigo 205 da Constituição Federal. Permanece um grande número de pessoas que, mesmo em idade escolar, não frequenta a escola.

Gráfico 8. Gasto – em % do PIB.

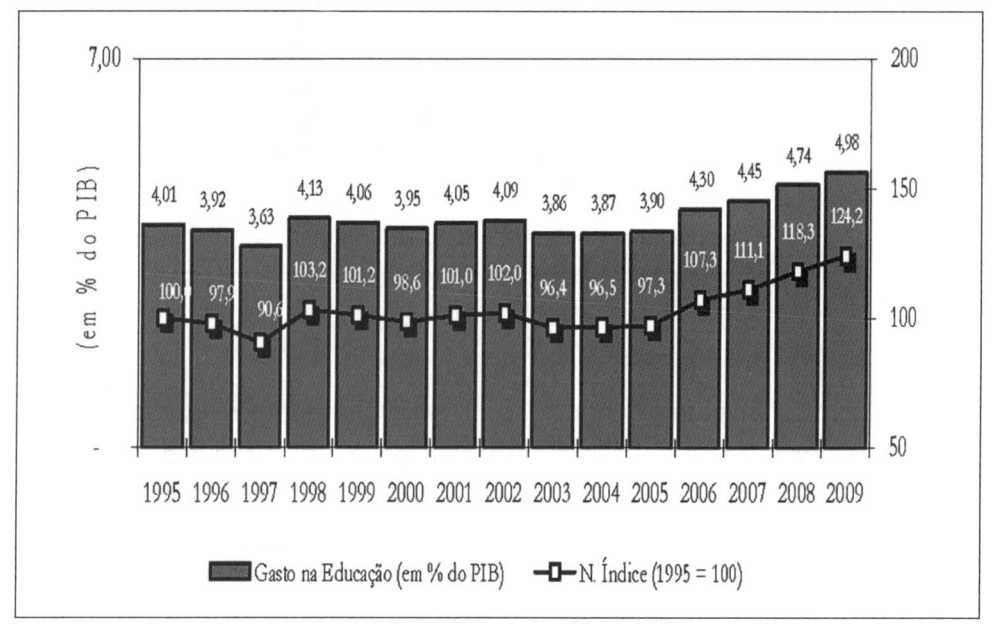

Fonte: IPEA, 2011

De acordo com o IPEA (BRASIL, 2011), o *deficit* perfaz 3,7 milhões de jovens que não frequentam as etapas da Educação Básica, incluindo o Ensino Médio, até o ano de 2009. Para efetivar a inserção escolar desses milhões de jovens, o custo adicional totaliza o valor de R$ 9,7 bilhões, como pode ser visto no gráfico a seguir:

Gráfico 9 – Deficit Educacional por faixa etária

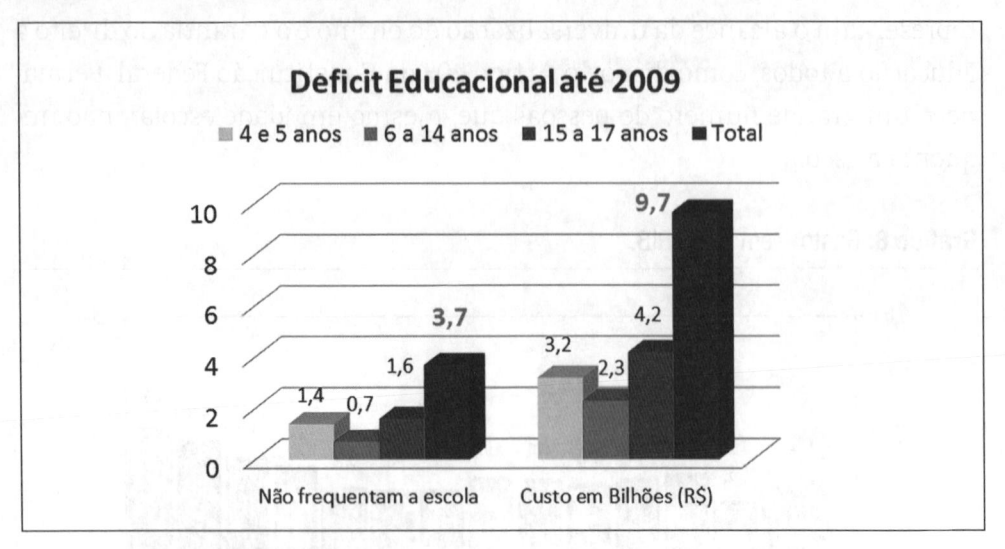

Fonte: Pnad/IBGE (população) e MEC (gastos). Elaboração: IPEA.

A Organização para a Cooperação e Desenvolvimento Econômico (OCDE), que é responsável pela aplicação e divulgação dos resultados do Programa Internacional de Avaliação de Alunos (PISA), divulgou o relatório *Education at a Glance 2013* ("Olhar sobre a Educação") que analisa os sistemas de ensino dos 34 países membros, como Brasil, China, Índia, Rússia, Arábia, África do Sul, dentre outros. Nele, o Brasil aparece entre os cinco piores colocados na Educação Infantil, com apenas 36% das crianças de 3 anos e 57% de 4 anos matriculadas na escola, sendo a média dos países da OCDE, respectivamente, de 67% e 85%. A taxa de matrícula de pessoas entre 15 e 19 anos em 2011 foi de 77%, bem abaixo da média dos países da OCDE, que é de 84%. O Brasil também aparece com o menor percentual da população com diploma em 2011, com 12% da população entre 24 e 64 anos, sendo a média da OCDE de 32% (OCDE, 2013).

Gráfico 10. Indicadores OCDE.

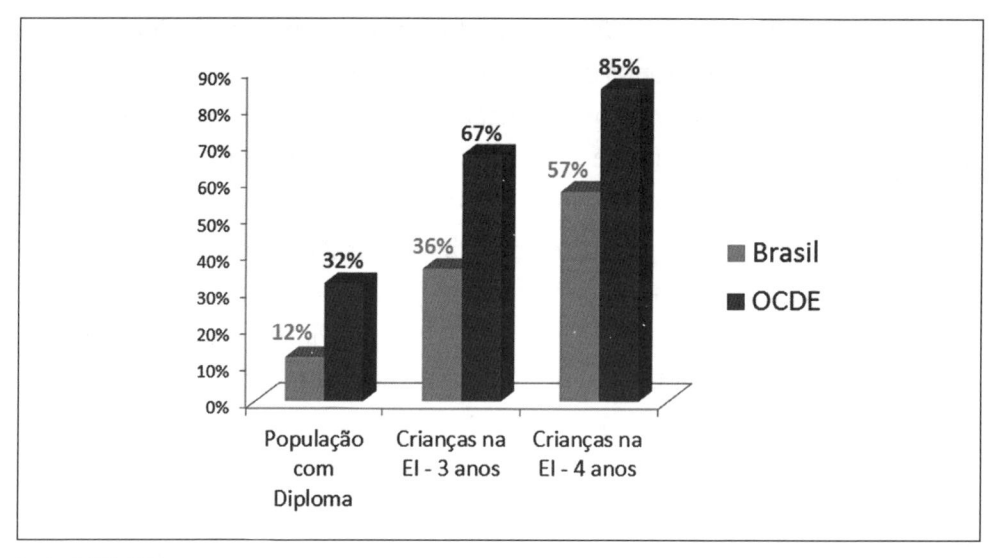

Fonte: OCDE, 2013

5. CONSIDERAÇÕES FINAIS

Os desafios para a expansão e melhoria na qualidade da Educação ainda sofrem significativamente pela forma como se articulou o processo orçamentário. Embora haja avanços reconhecidos no financiamento da educação, as demandas são crescentes e ainda se vive um momento em que o Plano Nacional de Educação – PNE, previsto para o período 2011-2020, ainda se encontra em processo de regulamentação, o que atrasa o equacionamento da estrutura do financiamento educacional a fim de se alcançar a universalização da Educação como direito de todos.

Esse PNE propõe a definição de um percentual do PIB destinado à Educação (Meta 20), objetivo que o PNE anterior (2001-2010) não alcançou, uma vez que o texto que previa 7% do PIB destinados à Educação foi vetado pelo Poder Executivo.

Por outro lado, outras instâncias de discussão e articulação mais ampla da sociedade buscam efetivar-se. Em 2009, a I Conferência Nacional de Educação – CONAE começou a ser realizada nas etapas municipais, intermunicipais e estaduais. O MEC enviou a todo sistema educacional o Texto Referência que foi discutido nas conferências municipais realizadas. Emendas foram feitas ao texto original e um novo documento foi gerado, sendo discutido nas conferências realizadas em todos os Estados brasileiros e reformulado conforme as novas emendas propostas pelos delegados participantes. A terceira versão do Texto Referência tornou-se base para as discussões realizadas na etapa nacional, realizada no início do ano de 2010.

O Documento Final, produzido após as discussões realizadas na CONAE em Brasília, foi enviado ao Poder Executivo, que encaminhou ao Congresso Nacional como Projeto de Lei n. 8035/2010 do novo Plano Nacional de Educação 2011-2020. No texto original do Projeto de Lei, 20 metas foram definidas, das quais a Meta 20 determinava, novamente, o percentual de 7% do PIB a ser destinado à Educação por meio da ampliação progressiva do investimento público. Ainda em 2010, o texto original da Meta 20 do Projeto de Lei sofreu alteração pela Comissão de Constituição e Justiça e de Cidadania. Dessa vez, o texto definia a ampliação do investimento público exclusivamente para a educação pública e previa o patamar mínimo de 10% do PIB aplicados à Educação ao final do decênio.

As outras Metas do novo PNE 2011-2020 incorporam as metas não cumpridas no PNE anterior (RAMOS, 2012):

- Ainda existem 2,4% de brasileiros de 7 a 14 anos fora da escola. São 680 mil crianças sem estudar – 450 mil delas negras e pardas, a maioria vivendo nas regiões Norte e Nordeste (Meta PNE 2001-2010: Universalizar o Ensino Fundamental).

- 19 milhões de pessoas que não chegaram à 4ª série e seriam o público--alvo dessa faixa de ensino (Meta PNE 2001: Assegurar a EJA para 50% das pessoas que necessitam).

- 25,7% de estudantes do Ensino Fundamental estão com idade acima da recomendada, a reprovação, por sua vez, aumentou de 11 para 12,1% entre 2001 e 2007 (Meta PNE 2001: Reduzir em 50% a repetência e o abandono).

- A taxa de analfabetismo caiu apenas de 13% entre 2001 e 2008 (16 milhões de pessoas) para 10% (14,5 milhões) (Meta PNE 2001: Erradicar o analfabetismo até 2010).

- Enquanto na pré-escola faltam apenas 2,4 pontos percentuais para atingir a meta, na creche somente 17,1% das crianças são atendidas (Meta PNE 2001: Atender 50% das crianças de até 3 anos e 80% das de 4 e 5 anos).

- O piso tornou-se uma realidade apenas em 2009, o valor pago aos professores, que em 2012 chega a R$ 1.024,00 para 40 horas trabalhadas, ainda é muito baixo (Meta PNE 2001: Implantar o piso salarial e os planos de carreira).

Para que essas Metas não cumpridas do PNE anterior e as novas Metas do PNE 2011-2020 sejam efetivamente alcançadas, para muitos especialistas em economia da educação (cite o pessoal do IPEA) é condição *sine qua non* que se busquem outras fontes de financiamento. A atual capacidade de financiamento educacional mal cobre as despesas das necessidades de manutenção do sistema e da demanda do cenário atual. É indispensável que se realize melhorias emergentes e substantivas na Educação, em especial na Educação Pública, tendo como foco as Metas de ampliação de acesso e as melhorias na qualidade, conforme propõe o PNE 2011-2020.

Para que as Metas do novo PNE 2011-2020 possam ser alcançadas, algumas ações são necessárias, tais como: aumentar os recursos investidos na área; redefinir o modelo e rever o papel da União no financiamento da Educação Básica; solucionar a desigualdade regional por meio de uma nova regulamentação e efetivação do Regime de Colaboração; valorizar efetivamente os profissionais da Educação; definir referenciais de qualidade para todos os níveis e modalidades da Educação; aprimorar os mecanismos de controle, transparência e participação com regulamentação do setor privado educacional; aplicar os recursos públicos efetivamente em instituições públicas e investir recursos no Ensino Superior para ampliação da oferta pública. Mas também é preciso melhorar a qualidade e a racionalidade dos gastos e investimentos em educação.

Para que o novo Plano Nacional de Educação 2011-2020 seja efetivado em sua plenitude, depois de quase 2 anos tramitando nas esferas políticas de Brasília, é necessário, primordialmente, que se tenha o PNE como uma Política de Estado e não de Governo. Com isso se oportuniza a efetiva ampliação do financiamento educacional, base para que toda e qualquer Meta possa ser cumprida, melhorando a qualidade do ensino em todas as etapas e modalidades. Também é importante contar com controle social dos gastos em educação muito efetivos, com qualificação da sociedade nesse âmbito.

Ações da sociedade civil organizada têm colaborado no acompanhamento da utilização dos recursos e se apresentam como um caminho de acesso e fiscalização do processo orçamentário educacional. Contudo, ainda é necessário que se fortaleça a participação mais efetiva e maciça dos segmentos da sociedade nos fóruns permanentes, conselhos e conferências municipais, estaduais e nacionais.

Nesse sentido, a mobilização social é fundamental para que o processo político e democrático se efetive e se pense e discuta uma nova estrutura de financiamento educacional articulada a práticas de gestão mais racionais e modernas, com controle social e avaliação permanente do sistema, que viabilize uma Educação em quantidade e em qualidade em todos os níveis e modalidades, como direito de todos.

REFERÊNCIAS

BRASIL. *Constituição da República Federativa do Brasil de 1988*. Brasília, 2006a. Disponível em: <www.planalto.gov.br/ccivil_03/Constituicao/Constituiçao.htm>. Acesso em: 10/12/2012.

_____. *Lei n. 9.424, de 24 de dezembro de 1996*. Dispõe sobre o Fundo de Manutenção e Desenvolvimento do Ensino Fundamental e de Valorização do Magistério, na forma prevista no artigo 30, § 7º, do Ato das Disposições Constitucionais Transitórias e dá outras providências. Brasília, 2006b. Disponível em: <www.planalto.gov.br/ccivil_03/Leis/L9424.htm>. Acesso em: 10/12/2012.

_____. *Lei n. 10.172/2001*. Aprova o Plano Nacional de Educação, 2001. Disponível em: <www.camara.gov.br>. Acesso em: 10/12/2012.

_____. *Lei n. 11.494, de 20 de junho de 2007*. Regulamenta o Fundo de Manutenção e Desenvolvimento da Educação Básica e de Valorização dos Profissionais da Educação FUNDEB, de que trata o art. 60 do Ato das Disposições Constitucionais Transitórias; altera a Lei n. 10.195, de 14 de fevereiro de 2001; revoga dispositivos das Leis nos 9.424, de 24 de dezembro de 1996, 10.880, de 9 de junho de 2004, e 10.845, de 5 de março de 2004; e dá outras providências. Disponível em: <ftp.fnde.gov.br/web/fundeb/lei_11494_20062007. pdf>. Acesso em: 10/12/2012.

_____. *Lei n. 8.035b/2010*. Aprova o Plano Nacional de Educação, 2010. Disponível em: <www.camara.gov.br>. Acesso em: 10/12/2012.

_____. Ministério da Educação. *FUNDEF* – Relatório sintético 1998/2002. Brasília: MEC, 2006c. Disponível em: <portal.mec.gov.br/index.php>. Acesso em: 10/12/2012.

_____. _____. Fundo Nacional de Desenvolvimento da Educação. *Formação pela Escola*. FUNDEB. Manual de Orientação. 1. ed. Brasília: MEC, FNDE, 2008.

_____. _____. Fundo Nacional de Desenvolvimento da Educação. *Formação pela Escola*. Módulo Competências Básicas. 3. ed. atual. Brasília: MEC, FNDE, 2010.

_____. _____. *Fundo Nacional de Desenvolvimento da Educação*. Portaria Inter-ministerial n. 1908, de 28 de dezembro de 2011. Disponível em: <www.fnde.gov.br/fnde/legislacao/portarias/item/3598-portaria-interministerial-n%C2% B 0-1809-de-28-de-dezembro-de-2011>. Acesso em: 10/12/12.

_____. _____. *Fundo Nacional de Desenvolvimento da Educação*. Disponível em: <www.fnde.gov.br/>. Acesso em: 10/12/12.

_____. Secretaria de Assuntos Estratégicos. Instituto de Pesquisas Econômicas Aplicadas – IPEA. *Financiamento da educação*: necessidades e possibilidades. Brasília: Ministério do Planejamento, n. 124, 2011.

_____. BRASIL. Ministério do Planejamento, Orçamento e Gestão. *Instituto Brasileiro de Geografia e Estatística – IBGE*. Disponível em: <www.ibge.gov.br/home/estatistica/economia/pibmunicipios/>. Acesso em: 15/12/12.

DAVIES, N. O financiamento da educação e seus desafios. *Eccos. Revista Científica*. São Paulo – SP, v. 6, n. 1, p. 43-63, 2004.

DOURADO, L. F. BRASIL. Ministério da Educação. Secretaria de Educação Básica. Programa Nacional de Fortalecimento dos Conselhos Escolares. *Conselho Escolar e o financiamento da Educação no Brasil*. Brasília: MEC, 2006.

OCDE. *Education at a Glance 2013*: OECD Indicators, OECD Publishing, 2013. Disponível em: <www.oecd.org/edu/eag2013%20(eng)--FINAL%2020%20June%202013.pdf>. Acesso em: 10/06/13.

RAMOS, M. N. Todos pela Educação. *Balanço do Plano Nacional de Educação 2001-2010*. Disponível em: <www.todospela educacao.org.br/biblioteca/>. Acesso em: 30/11/2012.

Capítulo 19

UMA INICIATIVA DE INSERÇÃO À DOCÊNCIA: O PROGRAMA INSTITUCIONAL DE BOLSA DE INICIAÇÃO À DOCÊNCIA – PIBID

Francine de Paulo Martins
Marli Amélia Lucas Pereira
Marli André

1. INTRODUÇÃO

A formação de professores ainda se apresenta como um grande desafio no cenário educacional. Estudos mostram que, nas últimas décadas, há certo distanciamento entre as necessidades da escola básica e o currículo das instituições formadoras de professores, evidenciando uma falta de articulação entre escola e universidade (GATTI e NUNES 2009; ANDRÉ *et al.*, 2010).

Nessa direção, ao tratar de políticas de inserção à docência no Brasil, Gatti, Barreto e André (2011) argumentam que algumas discussões têm direcionado a atenção aos cursos de licenciatura e a aspectos específicos da formação inicial com o intuito de tornar essa formação mais articulada.

Algumas iniciativas inovadoras vêm sendo desenvolvidas a fim de intervir nesta situação, como é o caso do Programa Institucional de Bolsa de Iniciação à Docência (PIBID), proposto e organizado pela Coordenação de

Aperfeiçoamento de Pessoal de Nível Superior (CAPES), com vistas à ampliação e desenvolvimento das Políticas de Formação de Professores da Educação Básica.

O PIBID é um programa que tem assumido a aproximação entre universidade e escola ao criar possibilidades de integração de experiências e conhecimentos da escola com os conhecimentos acadêmicos. Tem como objetivo proporcionar aos licenciandos uma experiência efetiva, como profissional da educação básica por meio da inserção no contexto de trabalho da escola pública, participando de experiências inovadoras que articulem as diferentes áreas do conhecimento, bem como favoreçam a conexão entre a teoria estudada na graduação e a prática, na escola básica. Outro ponto relevante e inovador do PIBID é a concessão de bolsas de iniciação para os alunos matriculados em cursos de licenciatura, para os professores das universidades e para os professores das escolas públicas que acolhem os alunos bolsistas e acompanham suas atividades. Há estímulo para que os professores da escola básica reflitam sobre a sua prática e a revejam, atuem como coformadores dos alunos bolsistas e desenvolvam um trabalho articulado com os professores formadores da universidade.

Canário (2000, p. 4) defende a estreita relação entre a formação profissional e o mundo do trabalho, num processo gradativo de inserção e imersão na atividade profissional. Para ele "[...] não faz sentido continuar a pensar os cursos ou formações de nível superior, à margem de qualquer preocupação profissionalizante" (CANÁRIO, 2000, p. 4).

Ao realizar a aproximação universidade e escola, o PIBID atende ainda aos princípios básicos defendidos por Nóvoa (2009), para a formação e o desenvolvimento profissional de professores, a saber: formação de professores por meio de vivência da prática na escola, considerando a contínua articulação dos conhecimentos teórico-metodológicos dos professores do ensino superior e dos conhecimentos da realidade concreta dos professores da educação básica.

Ao analisar o documento oficial do PIBID, o Decreto n. 7.219, que dispõe sobre o Programa Institucional de Iniciação à Docência, observa-se preocupação com a atuação ativa por parte do licenciando, conferindo a ele a "oportunidade de criação e participação", a "articulação entre a teoria e a prática", bem como "a possibilidade de superação de problemas identificados no processo de ensino-aprendizagem".

Ao lidar com os desafios postos pelo dia a dia da escola, o aluno é gradativamente inserido na docência e nas situações reais da profissão. Em outras palavras, o aluno tem a possibilidade de aprender "em contexto".

Marcelo, baseando-se nas ideias de Pérez Gomez (*apud* MARCELO 1999, p. 39), enfatiza que o ensino é uma atividade complexa "que se desenvolve em cenários singulares, claramente determinada pelo contexto, com resultados em grande parte sempre imprevisíveis e carregada de conflitos de valor que exigem opções éticas e política"

A formação de professores construída dentro da profissão supõe compreender que, ao atuar na escola, em articulação com as atividades da sala de aula, o licenciando desenvolve-se num processo que envolve uma dimensão cultural, profissional e pessoal, as quais estão imbricadas, constituindo a profissionalidade docente do professor.

Tanto a integração entre educação superior e escola básica, quanto a inserção de futuros professores em escolas da rede pública de educação, assim como a articulação entre teoria e prática devem ser elementos essenciais na elaboração dos Projetos Institucionais das Instituições de Ensino Superior participantes do PIBID, no sentido de contribuir para a mobilização de saberes e aprendizagem da docência pelos licenciandos e para a sua inserção gradativa no campo profissional.

Com base nessas considerações, foi realizada uma pesquisa com o objetivo de identificar as contribuições do PIBID, para a inserção e aprendizagem da docência de alunos dos Cursos de Licenciatura, bolsistas do PIBID, vinculados a três instituições de Ensino Superior, em três estados brasileiros: Minas Gerais, São Paulo e Rio de Janeiro.

Como procedimentos de coleta de dados, foram realizados três grupos de discussão, um em cada uma das instituições supracitadas. Os grupos de discussão contaram com a participação de cerca de 10 licenciadas[28] cada um.

---

28 Para a identificação das Licenciandas será utilizada a letra L seguida da identificação do estado/instituição de origem

As discussões dos grupos foram gravadas, transcritas e submetidas à análise de onde emergiram dois grandes eixos: "Articulação teoria e prática" e "O papel do outro na aprendizagem da docência"

2. A ESCOLA COMO *LÓCUS* DE APRENDIZAGEM DA DOCÊNCIA: POSSIBILIDADES DE ARTICULAÇÃO ENTRE A TEORIA E A PRÁTICA PROFISSIONAL

Os discursos e debates educativos estiveram, ao longo da história, marcados pela dicotomização entre teoria e prática e reverter essa situação representa, ainda, um desafio para as instituições formadoras (GATTI E NUNES, 2009).

Com o PIBID, o distanciamento entre teoria e prática parece ser minimizado, uma vez que o programa favorece tal articulação por meio da imersão das licenciandas no contexto escolar. Na visão das alunas bolsistas, essa lacuna vem sendo preenchida na medida em que, ao participarem do programa, vislumbram, na prática, as discussões e teorias aprendidas nos cursos de graduação, conforme atestam os depoimentos a seguir.

> *Antes de entrar no PIBID eu, parece que estava meio voando no curso, não consegui ligar as coisas e quando entrei e fui para a escola, consegui perceber o que os professores falam sobre relação da teoria com a prática, percebi o tanto que é importante conhecer uma teoria e ver ela na prática mesmo, só assim eu consegui ver sentido no curso, comecei a entender o que é a pedagogia, consegui enxergar a escola de um outro modo, não como aluna, mas como futura professora e é o PIBID que está me ajudando [...] a gente entra na escola, vive as coisas da escola junto com as professoras, os alunos. (L – MG)*

> *[...] você está sendo supervisionado dentro de uma escola com a oportunidade de estar colocando em prática tudo o que você aprende na teoria dentro da faculdade. Acho que foi isso que me chamou atenção pra poder participar do projeto. (L – SP)*

Essas falas são reveladoras da visão que as licenciandas participantes do grupo de discussão têm a respeito do significado do PIBID, para a sua formação inicial, ao mesmo tempo em que reconhecem que, antes de ingressarem no Programa, sua contribuição para a articulação era teoria e prática.

Recorremos aos escritos de Zeichner (2010), que aponta como alternativa para os cursos de formação inicial de professores experiências de campo cuidadosamente construídas, por meio da criação de espaços híbridos que articulem conhecimento profissional e acadêmico. Essas iniciativas são reveladoras de uma posição que acredita

> *[...] na criação de novos papéis para os formadores de professores e nos meios de aproximar conhecimento acadêmico, profissional e derivado da comunidade no processo de formação de professores, do que na mudança estrutural das instituições de formação de professores.* (ZEICHNER, 2010, p. 486)

A aproximação entre o conhecimento profissional e o conhecimento acadêmico vai ocorrendo no dia a dia da escola e permitindo a ressignificação pelas licenciandas dos seus conhecimentos, conforme aponta a fala a seguir:

> *Aqui na faculdade a gente estuda a criança e seu desenvolvimento, como ela aprende, mas lá a gente vê essa criança, quem realmente ela é, aí a gente entende que ela não é um adulto em miniatura, que ela é capaz de construir seu conhecimento, que ela é curiosa, sabe, a gente vê, nessa experiência do PIBID aquilo que estudamos na teoria, aí fica tudo mais fácil [...].* (L – MG)

A participação no PIBID revelou-se uma possibilidade de não só aprender na prática, mas de colocar "à prova" as teorias estudadas na graduação, conforme evidencia o relato a seguir.

> *[Foi uma possibilidade] de pôr em prova a questão da teoria. O que a gente aprende e até aonde vai a teoria pra gente. É criar o conjunto de teorias realmente pro nosso método, a nossa metodologia*

> *de ensino [...] o projeto se tornou também um laboratório pra esse desenvolvimento metodológico pra minha profissão, pro meu pessoal e consequentemente pros alunos que também acabaram tendo bom rendimento. É realmente essa parte prática que acabou dando fundamento mesmo. (L – SP)*

Pensar na aproximação entre teoria e prática, no contato com a escola real para além dos livros foi um fator motivador para vários licenciandos ingressarem no PIBID.

> *[...] desde o começo eles falaram que... que a gente teria esse contato com a escola. Eu acho que foi essa a parte que mais me interessou, [...] no contato diário, no que acontece na dinâmica da escola, não só na parte teórica, mas como que isso acontece no dia a dia da escola [...]. (L – RJ)*

> *[...] quando apareceu a oportunidade do PIBID, eu queria ver a realidade de uma escola municipal ou estadual pra poder estar com uma turma grande. Poder pegar uma matéria de verdade, aplicar. Aplicar um projeto porque nessa outra escola eu fazia o estágio obrigatório e eu não podia fazer o que eu queria. Eu tinha que seguir o livro e tal. Então o PIBID também abriu oportunidades pra que a gente pudesse participar de verdade. (L – SP)*

> *[...] às vezes, nas atividades do curso a gente não tem muito contato com a prática, mais com a teoria e no PIBID o tempo todo a gente estuda a teoria e vê a prática, é uma dinâmica muito grande o que estamos vivenciando. (L – MG)*

A articulação entre teoria e prática, valorizada pelos licenciandos, remete-nos aos aspectos defendidos por Canário (2000, p. 16), no que se refere à formação de professores. O autor explica que é "possível e desejável que a organização da prática profissional possa funcionar como base para construir uma política de formação continuada ("centrada na escola"), em articulação com a formação inicial de professores.

De acordo com Canário (2000), a valorização da prática e da experiência na formação dos professores não pode ser confundida com a mera reprodução da prática do outro, mas sim como uma ação em que o aprendiz possa analisar e investigar o contexto da prática e as ações realizadas.

Nessa perspectiva, o docente da escola passa a ser objeto de investigação, reflexão, referência para os licenciandos e para a constituição de sua prática e identidade profissional.

Para Charlot (2005, p. 77), a educação não se dá sem a interação com o outro, ou seja, supõe uma relação com o outro, já que não há educação sem algo de externo àquele que se educa. Para o autor: "Esse Outro é um outro universal da situação de ensino. Aquele Outro é um conjunto de valores, de objetos intelectuais, de práticas etc. é também um outro ser humano (ou vários) [...]". Assim, é na interação entre os sujeitos do processo de ensino e de aprendizagem que direta ou indiretamente ocorrem diferentes aprendizagens, seja pela afirmação, seja pela negação das situações vivenciadas no dia a dia da escola e da sala de aula.

Vejamos alguns exemplos de depoimentos que valorizam o papel do outro na aprendizagem da docência.

> *[...] algumas vezes a professora liga uma televisão com os mesmos DVDs todos os dias, vejo que é uma sala que não traz felicidade nenhuma e se fosse eu, no lugar da professora, eu faria completamente diferente, eu usaria o lado de fora, faria atividades interessantes de psicomotricidade, pois são muito importantes nessa fase, usaria jogos, brinquedos, mesmo feitos com sucata... a sala seria mais colorida enfeitada para a criança com coisas que são interessantes para ela (pausa...) então assim, eu aprendi que não quero fazer como faz a professora que acompanho, quero fazer algo pelas crianças e há muitas coisas a fazer, podemos trabalhar com cores, números, não a escrita porque ainda são pequenos, mas a visualização, fazer da sala um espaço mais aconchegante, com mesinhas e não apenas chão, pois passam o dia todo no chão, proporcionar um dia mais feliz para as crianças, ir além do cuidar, pois elas são apenas cuidadas e olhe lá (pausa...) então*

eu vejo que eu estou aprendendo, é aprendizagem, como você sem-
pre nos disse que todas as situações são situações de aprendiza-
gem e que temos que aprender com todas as experiências, como
eu disse, é aprendizagem não deixa de ser mesmo que seja uma
por meio desse tipo de prática. (L – MG)

O contato com uma situação considerada adversa pela licencianda exige certo posicionamento frente ao ocorrido. Ao postular o que faria de diferente da professora, a aluna bolsista se coloca numa situação de "analista simbó-lico" (CANÁRIO, 2000), na medida em que questiona e busca alternativas para resolver as situações reais, rompendo com a visão de escolas modelos ou salas de aula perfeitas. O contato com contextos reais de trabalho permite à futura professora perceber que não existem salas de aula exemplares nem escolas perfeitas. Nesse sentido, fica evidente que "todas as situações (desde que a regra seja a de lidar com a diversidade a partir de um olhar crítico) propiciam aprendizagem e a formação de profissionais [...]" (CANÁRIO 2000, p. 14).

A possibilidade de ter o contato com a prática realizada por um profissio-nal em ação e dela partilhar permite que o licenciando possa compreender os sentidos da instituição escolar, e da profissão na qual aos poucos vai se inse-rindo, conforme declara uma das alunas bolsistas do PIBID:

[...] Eu não compreenderia muitas coisas hoje em relação à escola,
à criança, se não fosse por essa experiência do PIBID que me
ajuda até a conversar com os professores em sala de aula, porque
eu tenho o que falar de uma coisa que eu vi na prática, de uma
situação em que o conhecimento da teoria foi importante, sabe
assim enriquece o nosso saber, os nossos conhecimentos. (L – MG)

Canário (1998) considera a escola um espaço de formação em potencial capaz de transformar o papel atribuído à formação inicial e continuada e contribuir para a formação profissional dos professores. Na medida em que as licenciandas participam do dia a dia da escola de educação básica, tornam presentes e vivos esses espaços na sala de aula das instituições formadoras, dialogando, refletindo e indagando sobre a realidade escolar. Isso favorece não só a aproximação universidade-escola, mas também exige a adequação e reformulação curricular dos cursos de formação, a fim de atender às demandas do contexto escolar, uma vez que "a organização da relação da formação com o mundo profissional real, contém em si mesma a possibilidade de articular num projeto (curricular) global a formação inicial e contínua, a pesquisa e a intervenção" (CANÁRIO 2000, p. 17)

Como enfatiza Nóvoa (2009, p. 3), a formação de professores deve assumir que a aprendizagem dos alunos, futuros professores, deveria ter como referência o trabalho escolar, sem pormenorizar ou descaracterizar a importância da prática pautada em conhecimentos científicos e entendimento teórico e metodológico do fazer docente.

A ação docente pressupõe a construção gradativa do conhecimento pelos alunos e promoção de práticas que promovam a aprendizagem. Logo, a ação docente deverá pautar-se pelo domínio e clareza dos conhecimentos e conteúdos a serem ensinados. Ao se deparar com algo diferente disso, uma das licenciandas relata sua indignação e, ao mesmo tempo, busca estratégias para solucionar o problema em questão. Vejamos:

> *A gente achou um absurdo... o cúmulo do absurdo numa escola que a gente trabalha, eles diziam que tinha uma nascente próximo a escola e que vários professores já tinham levado os alunos nessa nascente pra fazer trabalhos nela. Então beleza. A gente faz Biologia, vamos conhecer a nascente e vamos fazer alguma coisa com a nascente. Os alunos nos levaram até lá, qual foi a nossa surpresa quando chegamos lá? Aquilo era um córrego. [...] Então aquilo me impressionou. Chocou a gente. A educação está com uma falha tão grande que a gente está tentando correr atrás que conceitos básicos que a gente espera que qualquer profissional da área tenha aquilo como conceito, não existe. Então daí a gente vai ter que começar a pensar num trabalho diferenciado pra gente não atingir somente alunos, atingir a escola como um todo [...]. (L – SP)*

Deparar-se com o inesperado provocou na licencianda a reflexão e análise do problema, considerando que a proposição de um projeto para solucionar a questão deveria envolver não somente os alunos, mas também os professores e os diferentes profissionais da escola, atendendo às necessidades da demanda local. Ao mesmo tempo, abriu-se uma possibilidade de a licencianda tornar-se um sujeito e um agente da formação, como concebe Canário (2000, p. 29),

> [...] só no quadro desta transformação é que o formando (neste caso o futuro professor) deixa de ser tratado [...] como um objeto de formação para adquirir o estatuto de sujeito e agente de formação. Nesta última perspectiva, o futuro professor interage com as escolas na dupla condição de aprendiz e de agente socializador dos profissionais no terreno. [...] Esta capacidade de questionar criticamente as práticas de profissionais experimentados, aprendendo com elas e contra elas, só é possível se, dentro da escola de formação inicial, os alunos forem tratados como produtores de saberes. (CANÁRIO 2000, p. 29)

Para Nóvoa (2009) é na escola e no diálogo com os professores que se aprende a profissão; é na busca dos sentidos da escola; é na integração com os outros professores mais experientes, no registro e reflexão sobre as práticas, bem como no exercício da avaliação é que se aperfeiçoam, inovam-se as práticas e se faz avançar a profissão. Para o autor, é nesse momento também em que as dimensões profissionais se entrecruzam com as dimensões pessoais, inferindo nas tomadas de decisão; na forma como ensinamos e como compreendemos o ensino e a docência.

Ainda, a respeito do papel do outro na aprendizagem da docência, ficam evidentes as contribuições das coordenadoras da IES, responsáveis pelo acompanhamento e orientação dos licenciandos na execução dos projetos e atuação nas escolas de educação básica, no processo de inserção à docência.

A forma com que uma das coordenadoras conduz o projeto parece ter relevância na adesão ao subprojeto por parte de uma das alunas:

> *Acho que não podemos deixar de destacar o papel da nossa coor-*
> *denadora F., porque assim... a gente vê que alguns subprojetos*
> *aí que os coordenadores estão, mas não gostam muito daquela*
> *área, já a F. não, é uma pessoa apaixonada nessa área Educação*
> *Infantil, que se dedica o tempo todo e faz com todo prazer, então*
> *isso influencia muito pra gente, dá vontade de conhecer a Educa-*
> *ção Infantil como ela conhece, de ser uma professora que entende,*
> *acho que ela tem grande influência na minha escolha.* (L – MG)

A coordenadora em questão é, na visão da licencianda, um modelo positivo a ser seguido, o que provoca nela o desejo de dominar os conhecimentos acerca da Educação Infantil, como a coordenadora.

Algo semelhante ocorre também com relação ao trabalho desenvolvido pela professora supervisora da escola de educação básica, responsável por acompanhar as atividades das licenciandas no contexto escolar.

> *Eu quero reforçar o quanto essa experiência é importante para*
> *minha formação, eu não tinha noção nenhuma da escola, da sala*
> *de aula, a profa. que eu acompanho, profa. L. me ensina muito,*
> *ela conversa muito com a gente, mostra o plano, dialoga mesmo e*
> *eu acho, assim... que tem que acontecer isso mesmo, porque senão*
> *quando eu chegar na escola eu não vou saber o que fazer, eu quero*
> *aprender tudo o que eu puder mesmo.* (L – MG)

A atenção dispensada pela professora supervisora, a possibilidade da troca, do diálogo e da orientação fazem com que a licencianda se sinta acolhida e mais segura para enfrentar os desafios do dia a dia da escola e da sala de aula. Ao mesmo tempo, suscita na aluna bolsista o desejo de aprender cada vez mais sobre as especificidades da profissão.

Nóvoa (2009) ressalta que, cada vez mais, os modelos de profissionalidade docente implicam a existência de comunidades e dimensões colaborativas, do trabalho em equipe e intervenções conjuntas nos projetos e necessidades da escola. Assim, na medida em que há trocas e espaços de diálogo entre as futuras professoras e as professoras experientes, essas comunidades colaborativas vão sendo ampliadas, reconstruídas e solidificadas.

Outros depoimentos indicam não só a importância do outro para a aprendizagem da docência como também a compreensão dos diferentes desafios com que poderão se deparar ao longo da profissão.

> [...] Então, eu acho que quando a gente está dentro da sala de aula no papel de professor a gente aprende a valorizar mais os nossos professores. Porque a gente começa a ver o quanto é difícil você passar um dia todo preparando uma aula chegar pra aplicar e o aluno não prestar a mínima atenção em você [...]. (L – SP)

> [...] Que eu tive a oportunidade de ver a importância, mesmo depois de formada e estiver trabalhando, a importância de continuar estudando, que é o que acontece com as supervisoras. Elas, quando elas entraram, falaram como mudou seu modo de agir na sala, porque na minha cabeça qualquer um virava professora de educação básica. Você já sabe a matéria e não sei o quê, não precisa ficar estudando. Mas, não, professor de qualquer série é um estudo para sempre. (L – RJ)

Ao longo de sua estada na escola por conta do projeto, as licenciandas entram em contato com a realidade da profissão e com as contradições e incertezas nela presente. Isso tudo vai constituindo o seu "eu profissional", o qual vai sendo ressignificado ao longo da experiência no campo da docência e na trajetória profissional, uma vez que a identidade profissional é constituída e influenciada pelos diferentes contextos que o sujeito integra. (MARCELO, 2009).

Tardif (2010) contribui com nossas reflexões ao apresentar, como um dos fios condutores das suas discussões sobre trabalho docente, o trabalho interativo, ou seja, "[...] um trabalho onde o trabalhador se relaciona com seu objeto de trabalho fundamentalmente através da interação humana [...]" (TARDIF, 2010, p. 22). Com essa ideia de trabalho interativo é possível, de acordo com Tardif, compreender as características da interação humana que marcam o saber dos atores que atuam juntos, como, por exemplo, os professores com seus alunos em uma sala de aula.

Se levarmos em conta que o saber não provém de uma única fonte, mas de várias fontes, podemos levantar a questão da recomposição dos saberes pelo trabalho. Os alunos bolsistas que participaram dos grupos de discussão tenderam a hierarquizar os saberes em função de sua utilidade. Os saberes da experiência parecem constituir o alicerce da prática profissional

Os saberes da experiência, de acordo com Tardif (1991, 2010), têm origem na prática cotidiana do professor, é por meio de relações com os pares que os saberes da experiência adquirem certa objetividade. Cotidianamente, os professores partilham seus saberes através de materiais, de macetes, de modos de fazer, organizar a sala de aula. A experiência filtra e seleciona outros saberes e por isso permite ao professor retomar, julgar e avaliar seus saberes.

Esses saberes da experiência surgem então, como núcleo vital do saber docente. Os professores tentam transformar as relações de exterioridade com os saberes em relação de interioridade com sua própria prática. Os saberes da experiência são formados de todos os saberes, porém "[...] retraduzidos, polidos e submetidos às certezas construídas na prática e no vivido" (TARDIF 1991, p. 232).

Com o tempo, os professores aprendem a conhecer e aceitar seus próprios limites; aprendem que o domínio progressivo do trabalho provoca abertura em relação à construção de suas próprias aprendizagens, suas próprias experiências. Entendem que competências são adquiridas com o tempo e com experiências de trabalho que servem de base ao trabalho docente.

3. CONSIDERAÇÕES FINAIS

Frente aos desafios da formação docente, entendemos que o PIBID favorece e possibilita a aproximação universidade-escola de modo sistemático e articulado. Compreendemos que é possível identificar os problemas e fragilidades das escolas de educação básica e transformá-las em objeto de estudo, investigação e intervenção pelos licenciandos em parceria com os professores da educação básica e docentes das Universidades.

Na medida em que os alunos bolsistas, ao longo da formação inicial, participam de projetos como o PIBID, se veem gradativamente imersos no dia a dia da sala de aula, não só lidando com situações reais do contexto escolar e dos desafios postos pelo ensinar; mas também pelos desafios do contato com o aluno e com a dinâmica da escola.

A valorização, pelos licenciandos, da possibilidade de articulação entre os conhecimentos acadêmicos e sua aplicabilidade ou reconhecimento no contexto escolar parece tornar a formação inicial mais atrativa e contextualizada. Ao mesmo tempo, parece suscitar a readequação e adaptação do currículo dos cursos de formação inicial às demandas e intervenções dos alunos bolsistas em sala de aula, convergindo com o que Marcelo (1999) considera aprender "em contexto".

Ao se depararem com os desafios e incertezas da profissão, as licenciandas vão constituindo a sua identidade profissional, num processo longo e contínuo de negociações, ressignificações permeadas por influências do contexto em que estão integradas e pelos "outros" com quem se relacionam na atividade profissional.

Os desafios da docência são vividos ainda ao longo da formação com a possibilidade de serem discutidos e resolvidos de forma dialogada e partilhada com os professores mais experientes, seja o supervisor da escola de educação básica, seja com o coordenador da IES. Ambos os professores apresentam-se, na visão das licenciandas, como figuras de suma importância para a aprendizagem da docência e ressignificação do olhar que têm acerca da profissão, seja por representarem um modelo a ser seguido ou rejeitado.

Para finalizar, entendemos que o PIBID representa uma experiência exitosa e que muitas são as contribuições para o processo de inserção e aprendizagem da docência, bem como no que se refere à aproximação universidade-escola. No entanto, acreditamos que ainda há necessidade de outras iniciativas semelhantes ao PIBID para a efetivação de uma formação inicial mais sólida e que atenda às exigências da formação docente no mundo contemporâneo.

REFERÊNCIAS

BRASIL. *Decreto n. 7.219, de 24 de junho de 2010*. Dispõe sobre o Programa Institucional de Bolsa de Iniciação à Docência – PIBID e dá outras providências. Diário Oficial da União. Brasília: Casa Civil da Presidência da República, 2010. Disponível em: <www.planalto.gov.br/ccivil_03/Ato2007-2010/Decreto/D7219.htm>.

CANÁRIO, R. *A prática profissional na formação de professores*. Colóquio "Formação Profissional de Professores do Ensino Superior", Aveiro: INAFOP, 2000.

_____. *A escola:* o lugar onde os professores aprendem. Psic. da Educação, São Paulo, n. 6, pp. 9-27, 1º sem. 1998.

CHARLOT, B. *Relação com o saber, formação dos professores e Globalização:* questões para a educação hoje. Porto Alegre: Artmed, 2005.

GATTI, B. A.; BARRETO, E. S. S.; ANDRÉ, M. E. D. A. *Políticas Docentes no Brasil:* um estado da arte. Brasília: UNESCO, 2011.

_____; NUNES, M. M. (Orgs.). *Formação de professores para o Ensino Fundamental:* Estudo de currículos das licenciaturas em Pedagogia, Língua Portuguesa, Matemática e Ciências Biológicas. São Paulo: FCC/DPE, 2009.

NÓVOA, A. Para uma formação construída dentro da profissão. *Revista Educacion.* Madrid, 2009.

MARCELO, C. *Formação de professores:* para uma mudança educativa. Porto: Porto Editora, 1999.

_____. Desenvolvimento profissional docente: passado e futuro. *SISIFO – Revista de Ciências da Educação.* n. 8; jan/abr 2009; p. 7-22.

TARDIF, M. *Saberes Docentes e Formação Profissional.* Petrópolis, RJ: Vozes, 2010.

_____; LESSARD, C.; LAHAYE, L. Os professores face ao saber: esboço de uma problemática do saber docente. *Teoria e Educação.* n. 4, p. 215-233, 1991.

ZEICHNER, K. Repensando as conexões entre a formação na universidade e as experiências de campo na formação de professores em faculdades e universidades. *Educação.* Santa Maria, v. 35, n. 3, p. 479-504, set./dez. 2010.

Capítulo 20

POLÍTICAS PÚBLICAS EDUCACIONAIS NO BRASIL

Eugenia Vianna Picone
Eliete Maceno Novak

1. INTRODUÇÃO

O objetivo deste capítulo é compreender a função das políticas públicas educacionais, além de sua relação com o desenvolvimento do país e com a globalização do sistema capitalista, entender o novo papel do Estado diante das políticas educacionais e as ações governamentais em prol de uma educação básica de qualidade para todos. O artigo apoia-se em documentos oficiais, leis e autores como Neto e Souza (2011), Haddad (2007); Fernandes (2007). Como destaque de políticas públicas educacionais será evidenciado o Plano de Desenvolvimento da Educação, lançado em 2007, com uma de suas metas que tem se destacado nos últimos anos que se refere à avaliação e responsabilização: o IDEB.

2. POLÍTICAS PÚBLICAS EDUCACIONAIS

Diante da realidade composta pelo capitalismo, na qual se estabelece uma situação de dependência entre os países de periferia em relação aos grandes centros de exploração, devido à divisão internacional do trabalho que se materializa em inúmeras desigualdades sociais, econômicas e políticas, torna-se necessária a intervenção do Estado na criação de políticas públicas com o objetivo de amenizar o quadro que se instala no mundo.

As políticas públicas sociais, segundo Faleiros (1991, p. 14), procuram amenizar os conflitos entre as classes sociais, tendo, portanto, o objetivo de buscar a colaboração entre Estado e sociedade, garantindo a satisfação de necessidades básicas do cidadão. Ainda, segundo o autor (1991, p. 17), a lógica governamental é a de diminuir as relações conflituosas, tentando integrar os carentes no sistema de consumo e equipamentos.

Nota-se que as políticas públicas estão em constante movimento, buscando soluções para se adaptarem às novas exigências e demandas de acordo com a concepção de Estado e de sociedade de onde surgem. O Estado foi forçado pela luta de classes a definir e redefinir seu papel na sociedade, e um dos grandes desafios é propor ações preventivas para o bem-estar da coletividade.

O cidadão, suas prioridades e a trajetória da economia mundial precisam ser compreendidos e opções em "favor" da sociedade têm que ser avaliadas em âmbito nacional, regional e local. Isso, sem desconsiderar a sociedade de classes que sustenta o capitalismo.

Assim, no centro da mediação política estão os grupos que reivindicam ações e os que as executam, que são os atores sociais. Esses atores sociais fazem parte do processo de discussão, criação e execução das políticas públicas e são oriundos dos governos e da sociedade civil. Cada um tem um modo bem particular de representar o que ocorre na sociedade, em princípio, cada um age de acordo com os interesses de seus grupos, dificultando ou ajudando a formular as políticas públicas.

Segundo Vieira (1992, p. 19), a política social é uma estratégia do governo composta por planos e projetos que se relacionam diretamente com a política econômica de um determinado governo. Ou seja, são ações governamentais, e não de Estado, e, por isso, fragmentadas, já que acabam quando termina o governo. Elas propõem uma igualdade de cidadania numa sociedade desigual, equaliza os indivíduos mesmo que o acesso aos bens não aconteçam da mesma maneira.

Segundo Viana (2003), o Estado é a principal forma de regularização das relações sociais nas sociedades de classes e se caracteriza por ser uma relação de dominação de classes mediada pela burocracia com o objetivo de manter e reproduzir as relações de produção às quais está submetido.

Considerando as relações sociais (natureza histórica, econômica e política) que determinam as medidas adotadas pelo Estado, em favor, ou não, dos cidadãos, as reformas educacionais são difundidas como força legítima e legal de todos (BRASIL, 1988).

Nesse sentido, a Constituição Brasileira de 1988, em tese, uma lei, mas na prática, uma política pública eloquente de um Estado, ainda hoje tem dificuldades em garantir a educação básica para todos. Assim, entende-se que há um jogo constante de relações que vão se modificando historicamente e o homem deve se fazer presente (FREIRE, 1983).

A formulação das políticas públicas apresenta diversas fases, de acordo com Lopes e Amaral (2008), estágios ou ciclos que se misturam e podem ser descritos como um processo dinâmico e conflituoso. Dessas fases a formação da agenda ocupa papel central, embora se suponha que a agenda se inicie a partir da expressão pública e da articulação de atores específicos, isso não acontece. Sua formação envolve a emergência, o reconhecimento e a definição das questões de interesse das classes dominantes que serão tratadas.

A partir do exposto acima, entende-se que são os interesses que determinam as políticas públicas formuladas pelo Estado, ou seja, serão os programas e os planos formulados para atender aos interesses e objetivos que deverão ser analisados e não necessariamente as necessidades da população.

Essas políticas são originadas por anseios populares que acabam sendo atendidos pelo Estado, de acordo com o que é aceitável pelo grupo dirigente, sempre em prol do capitalismo e da conservação da desigualdade social. Segundo Saes (1993, p. 13), o Estado é uma organização, em última instância, a serviço da classe social exploradora e equivalente ao conjunto de todas as atividades voltadas para a conservação da exploração do trabalho.

No Brasil, a desigualdade se mostra por meio da pobreza, impedindo o acesso da população a um patamar mínimo de condições sociais, e as políticas sociais acabam resumindo-se a programas emergenciais e categoriais. E por meio da disputa política entre as classes e a má distribuição de renda advinda da exploração capitalista, consegue ser mais perversa ainda quando o Estado "[...] não ataca as causas da pobreza" (ROCHA, 2003, p. 116), e a nosso ver impõe a responsabilidade do desemprego, da marginalidade e do fracasso escolar aos trabalhadores através de programas condicionados.

A pobreza é um dos grandes maus dos últimos tempos, pois priva grande parte da humanidade de satisfazer suas necessidades básicas de sobrevivência. Como bem traduz Josué Castro (1946), "a fome é, conforme tantas vezes tenho afirmado, a expressão biológica de males sociológicos".

Consequentemente, a Educação é subvertida historicamente pela lógica do capital, a representação conceitual aqui descrita reflete como a educação é qualificada – uma concessão condicionada. Mudar as políticas públicas é mudar a natureza, uma ação voltada para si mesma, logo implica uma mudança do meio e dos agentes sociais.

3. POLÍTICAS EDUCACIONAIS: SUA TRAJETÓRIA

Várias reformas educativas aconteceram primeiro, no hemisfério norte, na década de 1980, e em seguida na América Latina, na década de 1990, todas com o objetivo de conseguir maior eficiência e produtividade e defendendo a luta pela qualidade da educação.

A globalização do capitalismo, segundo Ianni (1995, p. 163), "incute em praticamente todas as realidades preexistentes novos significados, outras conotações", bem como consequências que remodelam as relações e ocasionam uma mudança no papel do Estado no que se refere à sociedade civil e às políticas públicas.

Nos anos 1990, há uma adesão econômica e política à teoria neoliberal, que reconfigura o Estado e faz com que este promova políticas sociais e educacionais que se desenvolvam por meio da racionalização e do enxugamento de recursos e de uma democratização mercadológica que traz uma cidadania controlada e uma competitividade individual. Tal reforma é trazida pelo Ministério de Administração Federal e da Reforma do Estado (MARE), em 1995, que sofre influências do Banco Mundial, do Neoliberalismo, da globalização e das mudanças no processo produtivo, como afirma Oliveira (2004, p. 6.).

Através do MARE, o ministro Luiz Carlos Bresser Pereira cria o Plano diretor da reforma do aparelho do Estado brasileiro, que visa à estabilidade econômica e o crescimento sustentado da economia.

O Estado assume a característica, segundo Neto e Souza (2011, p. 58), de Estado mínimo que se configura como Estado mini-max, mínimo para o trabalho e as políticas sociais e máximo para o capital. Assume um papel mínimo na manutenção de políticas sociais e, especialmente, as educacionais. Ele implanta, e a sociedade e órgão responsáveis implementam as políticas sociais.

Tais transformações apresentam um forte centralismo do Estado, um processo velado de privatização que não considera a vontade da população e faz com que as políticas sociais se transformem em políticas clientelistas, que se traduzem em favores e vantagens, ou seja, não se tornam direitos do cidadão.

Como consequência, as políticas públicas que deveriam partir do Estado como intuito de garantir o bem-estar social da população se tornam meras medidas assistencialistas e compensatórias baseadas no interesse do mercado.

Segundo Nez (2006), as políticas públicas tentam resgatar e melhorar as condições sociais, como eixo central de um projeto de desenvolvimento para o país. Procuram incluir social e politicamente os cidadãos que se encontram às margens do sistema capitalista.

Nez afirma ainda que algumas das políticas para a superação da pobreza incluem programas de renda mínima e ênfase na universalização do acesso à educação a partir da implementação de uma política educacional adequada.

Esse contexto tem como pano de fundo a educação vista em vários momentos como uma estratégia para a construção de um novo ser social que seja capaz de se adaptar às mudanças do mundo, que atenda às demandas do mercado e, consequentemente, vê a escola como espaço de transformação e criação dos pensamentos, controlada pela elite, como defende Bauer (2007). Sendo os sistemas educacionais um aspecto decisivo para a concretização desse ideário político-econômico.

4. A INFLUÊNCIA DAS ORGANIZAÇÕES MUNDIAIS NAS POLÍTICAS EDUCACIONAIS

Inicialmente, a educação tinha a função de formar mão de obra para o mercado de trabalho. A partir da década de 1980, começa-se a falar de competências. Assim a educação começa a ser vista de maneira diferenciada e, como diz BAUER (2007), uma educação de qualidade é calcada na concepção histórico-social para a natureza humana, que forme sujeitos capazes de apreender criticamente a realidade e de contribuir para a sua transformação. Ela já não é mais apenas responsável por uma produção em massa da mão de obra industrial, mas sim local, onde se desenvolvem cidadãos autônomos e capazes de mudanças através de suas competências.

Com essa ênfase nas competências e na globalização, algumas organizações internacionais passam a formular leis que originam uma agenda educacional global estruturada, segundo Dale (2001):

> *A formulação de políticas educativas, particularmente nos países de periferia (e de semiperiferia) do sistema mundial, começou a depender cada vez mais da legitimação e da assistência técnica das organizações internacionais, o que permitiu, nos anos sessenta, uma rápida difusão das teorias do capital humano e da planificação educacional, núcleo duro das teorias da modernização, muito em voga neste período de euforia, em que a educação se tornou um instrumento obrigatório da autorrealização individual, do progresso social e da prosperidade econômica.* (HUSÉN, 1979 *apud* TEODORO, 2001, p. 127)

Tais leis são formuladas em encontros internacionais que analisam os problemas educacionais do mundo e buscam estratégias para superá-los, o que serve para manter o modo de produção e civilização capitalista através de certa democracia.

E, dessa maneira, como afirma Torres (1996, p. 126), o Banco Mundial oferece aos países de terceiro mundo um pacote de reformas que abrange um amplo conjunto de aspectos vinculados à educação, das macropolíticas à sala de aula.

As reformas tanto educacionais quanto políticas e econômicas são impostas pela hegemonia capitalista com o intuito de alcançar suas metas políticas, econômicas e sociais. Cabe então, ao Banco Mundial conduzir a superação da condição de país retardatário dos que a possuem, efetivada através de empréstimos feitos às políticas sociais e de uma assistência técnica.

A educação, para o Banco Mundial, levaria ao crescimento econômico e social do país e afirma que a escola tem de ser pensada a partir do mundo dos negócios, tornando-a eficiente e reduzindo seus custos. Prescreve a introdução de mecanismos de competitividade e flexibilidade, a necessidade de investir na permanência do aluno, na capacitação dos profissionais e na participação da comunidade na gestão escolar e a busca por eficiência, excelência e qualidade.

As políticas educacionais, segundo Martins (1994, p. 33), são responsáveis por assegurarem o direito à educação para todos os cidadãos, buscando, ao menos em teoria, oportunidades iguais de existência para todos. Transferindo para o cidadão seu sucesso ou fracasso de acordo com seu esforço próprio.

Uma das representações dessas leis globalizadas para a educação, sugeridas pelo Banco Mundial, são os Quatro Pilares da Educação, apontados no Relatório de Jacques Delors, publicado em 1996, no Brasil, através do MEC (Ministério da Educação). A partir deles foram formulados os Parâmetros Curriculares Nacionais (PCN) para a Educação Básica, documentos que servem como base para a consolidação do currículo escolar.

Segundo Trojan (2006), os Quatro Pilares da Educação centram-se em uma educação voltada para a construção de sujeitos capacitados cognitivamente, para o atendimento das necessidades individuais e a transformação das relações sociais em individuais. O que, possivelmente, conservará as desigualdades sociais e manterá o sistema vigente.

5. A NOVA LDB

Após a nova Lei de Diretrizes e Bases da Educação (9394/1996), há uma reorganização do ensino que envolve a progressão continuada e a organização do ensino por ciclos, no qual o Ensino Fundamental, de oito anos, foi dividido em dois ciclos de quatro anos, que tem como lógica dominante a tentativa de superar o fracasso escolar, expresso particularmente pelas altas taxas de reprovação. Há cada vez mais pressão para obtenção de resultados sem uma melhoria nas condições estruturais do trabalho na escola.

Tal proposta, segundo Silva (2000), se reduziu à mera progressão automática, com perversas consequências para o interesse escolar dos alunos.

Ainda em 1996, com a promulgação da Emenda Constitucional n. 14, que prevê ao Governo Federal a redução de sua responsabilidade com a educação, passando a aplicar, ao invés de 50%, 30% dos recursos na manutenção e desenvolvimento de ensino. Já os estados e municípios devem aplicar 60% dos recursos em educação. O que reserva ao governo federal as funções regulatórias e normativas, reforçando a ação distributiva deste.

Em 1998, os estados e municípios são encarregados a criar seus próprios fundos e aplicar programas e projetos que acabem com as dificuldades no setor. Assim, o estado planeja e indica as diretrizes, responsabiliza os municípios e coopta cidadãos para cobrarem e executarem o que os órgãos centrais planejaram, como afirma Viriato (2004, p. 48).

Passa-se a enfatizar então, a autonomia concedida à escola, melhor entendida como um processo de centralização/descentralização, no qual é descentralizado o financiamento e centralizado o controle, ou seja, há a centralização das diretrizes e da avaliação e a desobrigação do Estado em financiar as políticas educacionais.

No entanto, esta descentralização, ou autonomia da escola, é melhor entendida, se vista como uma terceirização da políticas educacionais. Pois, na realidade, descentraliza a responsabilidade e não os recursos.

A descentralização serve como forma de privatizar o espaço público sem permitir que haja poder decisório nas instituições e sim, apenas a legitimação das decisões vindas dos órgãos centrais. Quando uma real descentralização significaria redistribuir o poder central.

O Estado torna-se, nessa perspectiva, coordenador, repassando à sociedade as tarefas que inicialmente eram suas. O que vem a caracterizar uma lógica gerencial de administrar, na qual se priorizam elementos quantitativos, percebendo o cidadão como cliente e consumidor, que participará da manutenção da escola. Cria-se a administração gerencial baseada no controle de resultados do processo ensino-aprendizagem.

Essa administração gerencial trazida pelo Plano diretor transfere a responsabilidade do ensino público para as organizações sociais, publicizando o ensino público. O Estado passa de provedor a avaliador, controlador e punitivo.

Conforme Chauí (1998, p. 24), ao se colocar a educação no campo dos serviços, deixa-se de considerá-la um direito dos cidadãos e passa-se a tratá-la como qualquer outro serviço público, que pode ser privatizado ou terceirizado.

Essa delegação de tarefas feitas à escola possui um agravante, não vem acompanhada dos recursos necessários para que as tarefas e atribuições sejam cumpridas de modo satisfatório, como afirmam Neto e Souza (2011, p. 60).

Para legitimar tal processo de autonomia para a escola, a Lei de Diretrizes e Bases da Educação (LDB 9394/96) traz, no artigo 15°, o seguinte:

> *Os sistemas de ensino assegurarão, às unidades escolares públicas de educação básica que os integram, progressivos graus de autonomia pedagógica, administrativa e de gestão financeira, observadas as normas gerais de direito financeiro público.* (BRASIL, 1996)

Porém, esta autonomia, na prática, fica restrita à descentralização administrativa e financeira, tendo em vista que as metodologias e conteúdos são determinados pelo Estado. Além de servir para transferir para a escola a responsabilidade em relação aos índices de aprovação, reprovação e evasão escolar e culpar os professores pelo insucesso do sistema de ensino. Isentando o Estado de qualquer responsabilidade do sucesso ou fracasso escolar apenas assumindo os currículos, calendários e avaliação:

> *Delimita seu sentido à autonomia financeira – para cobrança de taxas, mensalidade e constituição de parcerias – e administrativa – para imprimir agilidade e flexibilidade às tarefas cotidianas [...]. Trata-se, portanto, de uma autonomia limitada, uma vez que diz respeito à liberdade das instituições e mais à responsabilidade sobre o que fizeram e deixaram de fazer.* (SHIROMA et al., 2000, p. 119)

O que ocorre efetivamente é uma descentralização das tarefas e atribuições, mas não do poder.

Segundo Barroso (*apud* Neto e Souza, 2011 p. 68), a autonomia da escola não é um fim em si mesma, mas um meio de a escola realizar, em melhores condições, a sua finalidade, que é a formação das crianças e jovens que frequentam estas instituições.

É esperado pela escola, nesse contexto de responsabilização, que a autonomia assegure que as peculiaridades de cada região sejam respeitadas e contemplem tanto a dimensão administrativa e financeira quanto a pedagógica.

Contudo, mesmo com a autonomia delegada à escola ainda deve ser de responsabilidade do Estado tornar pública a função da escola e promover políticas públicas e um projeto educacional de qualidade, como afirma Mendonça:

> *A autonomia da escola pública não pode estar associada a uma situação de afastamento do Estado de suas obrigações como provedor das necessárias condições infra estruturais. Não existe, portanto, autonomia da escola pública sem o indispensável custeio do Estado.* (MENDONÇA, 2000, p. 367)

Conforme Francisco das Chagas Fernandes, Secretário de Educação Infantil e Ensino Fundamental do MEC, a política educacional deve estar voltada ao desenvolvimento social e à inclusão com a garantia de padrões de qualidade ao ensino público, com a participação efetiva do Estado que tem a pretensão de assegurar o direito à escolaridade, à permanência e à aprendizagem em escolas públicas de qualidade.

Com isso, espera-se da escola um compromisso com a polivalência dos conteúdos, a pluralidade dos enfoques e a troca de experiência entre todos os sujeitos da ambiência escolar, sendo a escola uma sementeira de nova riqueza das nações, parafraseando Fernandes.

Atitudes que visam contemplar o artigo 205 da Constituição Federal:

> *Art. 205. A educação, direito de todos e dever do Estado e da família, será promovida e incentivada com a colaboração da sociedade, visando ao pleno desenvolvimento da pessoa, seu preparo para o exercício da cidadania e sua qualificação para o trabalho.* (BRASIL, 2004)

6. O PLANO DE DESENVOLVIMENTO DA EDUCAÇÃO (PDE)

Nesse contexto, algumas ações, oriundas do Estado e compartilhada com a sociedade, podem ser observadas a partir do Plano de Desenvolvimento da Educação (PDE), do Governo Federal, lançado em 2007, que está em sintonia com a Constituição Federal de 1988:

> *Art. 3º. Construir uma sociedade livre, justa, solidária; garantir o desenvolvimento nacional; erradicar a pobreza e a marginalização e reduzir as desigualdades sociais e regionais e promover o bem de todos, sem preconceitos de origem, raça, sexo, cor, idade e quaisquer outras formas de discriminação.* (BRASIL, 2004)

E também em conformidade como decreto n. 6094 de abril de 2007, sobre o Plano de Metas Compromisso, Todos pela Educação, com suas 28 diretrizes, que define: Art. 3º, parágrafo único, o IDEB será o indicador objetivo para a verificação do cumprimento de metas fixadas no termo de adesão ao Compromisso (BRASIL, 2007).

A principal função do PDE é enfrentar estruturalmente a desigualdade de oportunidades educacionais diminuindo as desigualdades sociais e regionais. Para isso, utiliza uma visão sistêmica da educação, na qual esta é tratada com unidade, da educação infantil à pós-graduação, promovendo uma articulação entre as políticas de cada nível.

Suas 28 metas envolvem desde a formação de professores e piso salarial nacional; financiamento: salário-educação e FUNDEB; avaliação e responsabilização: o IDEB; planejamento e gestão educacional; educação superior (REUNI, PNAES, FIES); avaliação do ensino superior: SINAES; educação profissional tecnológica; EJA profissionalizante; alfabetização; até educação continuada e diversidade.

Cada meta possui regulamentações e objetivos próprios em busca de uma qualidade de ensino para todos. Alguns têm se destacado no decorrer do desenvolvimento do Plano, dentre eles podemos citar:

- A busca da Secretaria de Educação Infantil e Ensino Fundamental (SEIF) em elaborar um Plano Plurianual (PPA), baseado em três eixos: formação inicial e continuada dos profissionais da educação; ampliação do Ensino Fundamental para 9 anos; redefinição do financiamento da Educação Básica;

- A parceria do SEIF com as Instituições superiores de ensino (IES), para a formação aos profissionais da Educação Infantil, ainda leigos, para que tenham uma competência polivalente;

- A parceria do MEC com as Instituições superiores de ensino para consolidar centros de formação continuada para professores que produzirão materiais didáticos, cursos, módulos, programas de formas e tecnologias de gestão de unidades e redes de ensino;

- A implantação do FUNDEB, substituindo o FUNDEF, que cobrirá toda a educação básica (fundamental, infantil e médio) com o objetivo de promover a equalização da distribuição dos recursos da educação entre os estados e seus municípios; reduzir desigualdades; universalizar o atendimento na Educação Básica e valorizar os profissionais da educação e assegurar condições de garantia de piso salarial nacional;

- O aumento do Ensino Fundamental para 9 anos, que busca reverter a situação de extrema vulnerabilidade a que ficam expostas as crianças sem acesso à escola e se consolidou em junho de 2004.

Porém, a que mais tem se destacado e assumido papel central nos últimos anos refere-se ao item avaliação e responsabilização: o IDEB. É uma forma de avaliação da instituição e, segundo Fernando Haddad, ex-ministro da educação, seu objetivo é verificar se os elementos que compõem a escola estão estruturados para a oferta de uma educação de qualidade.

7. O ÍNDICE DE DESENVOLVIMENTO DA EDUCAÇÃO BÁSICA (IDEB)

O IDEB (Índice de Desenvolvimento da Educação Básica) tem início em 2007, com a reformulação do SAEB, primeiro medidor de educação aplicado desde 1990, que se traduzia em uma avaliação aplicada a cada dois anos a uma amostra de alunos.

A Prova Brasil, criada em 2005, para complementar o SAEB, é uma avaliação aplicada em todas as escolas públicas, para todos os alunos de 5º e 9º anos do Ensino Fundamental, que envolve os conteúdos de Língua Portuguesa e Matemática.

O resultado dessa avaliação é combinado com os resultados do rendimento escolar (fluxo do censo escolar), o que resulta num único indicador de qualidade: o IDEB. Por meio do *ranking* que se estabelece a partir dos resultados do IDEB, é possível estabelecer metas a médio e curto prazos para as escolas, redes e para o país, além de traçar um panorama da educação brasileira.

O objetivo do Plano é alcançar a média 6, considerada como média de qualidade de ensino pela Organização para Cooperação e Desenvolvimento Econômico (OCDE), até 2021, meta já alcançada pelos países desenvolvidos em 2003.

Pode-se observar que muitas são as políticas educacionais desenvolvidas pelo governo, estados e municípios, porém a maior fragilidade destas políticas é a fragmentação de sua aplicação, ou seja, as políticas educacionais que deveriam ser para o país, traduzem-se em políticas de governo e duram o equivalente ao tempo de mandato de quem as idealizou.

Quando há trocas de representantes políticos, as políticas educacionais são substituídas ou simplesmente deixadas de lado, o que impede a construção real de uma nova forma de fazer a educação contemplando a qualidade necessária de ensino para o desenvolvimento do país.

8. CONSIDERAÇÕES FINAIS

As políticas sociais surgem como uma forma de amenizar as desigualdades sociais, cada vez mais presentes no capitalismo globalizado e de incluir os carentes no sistema de produção. Dessa maneira, as políticas sociais e, principalmente as educacionais, visam a perpetuar esse sistema por meio de normas colocadas mundialmente pelo Banco Mundial, de metas a serem alcançadas tanto na economia quanto na política que visam ao crescimento social e econômico dos países, inclusive os subdesenvolvidos.

Com o novo papel do Estado, a responsabilidade pelas políticas sociais e pelos resultados é distribuída para a sociedade e órgãos competentes, deixando-o apenas responsável por avaliar e acompanhar os resultados, bem como regulamentar e normatizar as políticas necessárias.

Segundo Faleiros (1991, p. 24), as situações sociais passam a ser problemas individuais, como se as oportunidades fossem iguais para todos, dominantes e dominados, exploradores e explorados, ricos e pobres, como se a ascensão social dependesse de cada um. Ou seja, a responsabilidade pela posição social que ocupa o cidadão não é responsabilidade do Estado ou do sistema capitalista, e sim do próprio cidadão que não procura as oportunidades dadas a todos.

Na educação, o Estado também assume o papel de avaliador, acompanhando os resultados obtidos nas avaliações nacionais pelas escolas e impondo metas a serem alcançadas por cada escola, município, estado.

Porém, segundo Enguita (1989), há duas funções básicas para a avaliação: diagnóstica e classificatória. A diagnóstica detecta os pontos fracos para saber onde dar ênfase depois, a classificatória tem o efeito de hierarquizar, estimular a competição distribuir desigualmente as oportunidades.

Tendo em mente tais classificações, pode-se dizer que a busca por uma qualidade do ensino, através das políticas públicas educacionais, que consideram as avaliações como a principal forma de acompanhamento dos objetivos através de números e *rankings*, provavelmente, não ocasionará uma evolução qualitativa, uma vez que ela não pode ser expressa apenas desta maneira.

Percebe-se, claramente, que a intenção das políticas públicas são governamentais e ficam restritas apenas ao governo que a implementa e de caráter clientelista e assistencialista, torna-se um favor e não um benefício de direito do cidadão.

No que se refere às políticas educacionais, essas se tornaram de responsabilidade da escola e da comunidade, principalmente, na questão resultados das avaliações nacionais, manutenção e qualidade de ensino. Elas são impostas pelos órgãos centrais sem conhecer as reais necessidades locais em busca da satisfação das metas mundiais traduzidas pelo PDE. Os reais protagonistas da educação não têm poder para decidir e agir de acordo com a sua realidade em busca de uma efetiva qualidade de ensino.

Dessa maneira, as escolas organizam-se para atender às exigências externas, preparando-se e focando-se nos resultados esperados pelo governo sem garantir uma melhora na qualidade da educação.

Podemos concluir então, parafraseando Nogueira (1998), que ficamos modernos, sobretudo naquilo que a modernização traz de mais singular: a diferenciação social. Pois, cada vez mais as políticas sociais tornam-se eleitoreiras e não mais de responsabilidade do governo, apenas incluindo, pouco significativamente, grande parte da sociedade no papel de cidadão, ao incluí-lo no processo de produção e consumo do capitalismo global sem considerar seus anseios reais enquanto ser humano.

REFERÊNCIAS

BRASIL. *Constituição da República Federativa do Brasil de 1988*. São Paulo: Saraiva, 2004.

_____. *Decreto n. 6.094, de 24 de abril de 2007*. Disponível em: <www.planalto.gov.br/ccivil_03/_Ato2007-2010/2007/decreto/D6094.htm>.

_____. INEP/MEC. Disponível em: <http//portalideb.inep.gov.br>.

_____. *Lei 9.394, de 20 de dezembro de* 1996. Estabelece as diretrizes e bases da educação nacional. Diário Oficial da República.

_____. *Ministério da Administração Federal e da Reforma do Estado*. Plano Diretor da Reforma do Aparelho do Estado. Aprovado pela Câmara da Reforma do Estado em 21 de setembro de 1995. Brasília: Presidência da República, 1995.

_____. MEC. *Plano Desenvolvimento Educacional* – PDE. 2007. Disponível em: <Ttp://simec.nec.gov.br>.

CASTRO, J. *Geografia da Fome*. Editora O Cruzeiro, Rio de Janeiro, 1946. Última Edição – Gryphus, RJ, 1992.

CHAUI, M. Raízes teológicas do populismo no Brasil: teocracia dos dominantes, messianismo dos dominados. In: Dagnino, E. (Org.). *Anos 90:* política e sociedade no Brasil. São Paulo: Brasiliense, 1994.

DALE, R. Globalização e Educação: demonstrando a existência de uma "Cultura Educacional Mundial Comum" ou localizando uma "Agenda Globalmente Estruturada para a Educação". In: *Revista Educação & Sociedade*. Campinas, v. 25, n. 87, p. 423-460, maio/ago. 2004.

FALEIROS, V. de P. *O que é política social*. São Paulo: Brasiliense, 1991.

FERNANDES, F. C. 2007. *Nova Política da Educação*. Organização dos Estados Ibero-Americanos: para a educação, a ciência e a cultura. Disponível em: <www.oei.es/inicial/politica/nova_politica_educacao_brasil.pdf>. Acesso em: 15 de fevereiro de 2013.

FREIRE, P. *Pedagogia do Oprimido*. 13. ed. Rio de Janeiro, Paz e Terra. 1983. Coleção O Mundo, Hoje, v. 21

HADDAD, F. O *Plano de Desenvolvimento da Educação:* razões, princípios e programas. Brasília – DF: Instituto Nacional de Estudos e Pesquisas Educacionais Anísio Teixeira, 2008.

IANNI, Octávio. *Teorias da globalização*. Rio de Janeiro: Civilização Brasileira, 1995.

LIMA, A. B. (Org.). *Estado, políticas educacionais e gestão compartilhada*. São Paulo: Xamã, 2004.

LOPES, B.; AMARAL, J. N. *Políticas públicas: conceitos e práticas*. Belo Horizonte: SEBRAE/MG, 2008.

NETO, A. C.; SOUSA, L. C. M. Autonomia da Escola Pública. Diferentes concepções em embate no cenário nacional brasileiro. In: AVIZ, M. J.; ARAÚJO, R. M. DE L. (Org.). *Políticas públicas educacionais*. Campinas, SP: Editora Alínea, 2011. 2. ed.

SAES, D. *Democracia*. São Paulo: Ática, 1993.

SILVA, R. C. *Progressão continuada ou reprovação:* camuflagem ou compromisso? Investigando saberes de professoras primárias e secundárias da escola pública. Araraquara: Faculdade de Ciências e Letras – UNESP, 2000 (Dissertação de Mestrado).

TEODORO, A. Organizações internacionais e políticas educativas nacionais: a emergência de novas formas de regulação transnacional, ou uma globalização de baixa intensidade. In: STOER, S. R.; CORTESÃO, L; CORREIA, J. A. (Orgs.). *Todos pela educação:* missão, objetivos e princípios. Disponível em: <www.todospelaeducacao.org.br>. Acesso em: 11 maio 2012.

TORRES, R. M. Melhorar a qualidade da educação básica? As estratégias do Banco Mundial. In: TOMMASI, L. D.; WARDE,M. J. E.; HADDAD, S. *O Banco Mundial e as políticas educacionais*. São Paulo: Cortez, 1996.

TROJAN, R. M. Os Quatro Pilares da Educação para o Século XXI: de onde vem e para onde não as políticas educacionais? *Anais do VI Seminário de Pesquisa em Educação da Região Sul – ANPED Sul e III Seminário dos secretários dos Programas de Pós-graduação em Educação:* novas questões. GT – Políticas Públicas e Gestão Educacional. Santa Maria: meio de divulgação: CD-ROM, 2006.

VIANA, N. *Estado, democracia e cidadania:* a dinâmica da política institucional do capitalismo. Rio de Janeiro: Achiamé, 2003.

Capítulo 21

POLÍTICAS PÚBLICAS: UMA VISÃO CONTEXTUAL DADA PELO ESTADO DE DIREITO À SOCIEDADE

Cristiane Paniagua de Souza Palaro

1. INTRODUÇÃO

À luz da vertente teórica da Análise Crítica do Discurso (ACD), aliada à visão sociocognitiva, este artigo tem a finalidade de fazer uma análise contextual do cenário de Políticas Públicas voltadas à educação, tendo em vista a representação social que o Estado de Direito exerce sobre a sociedade, cuja proposta precípua é colocar em prática o seu poder de criar, administrar e disciplinar relações sociais intencionadas a atender, ampliar e lapidar a proposta educacional do país, a fim de que possa preparar cidadãos críticos, conscientes e participativos, no que tange à vida em sociedade, sendo esta também subjacente ao Estado de Direito, no sentido de conduzir e impor limites aos processos de interação social, estabelecendo, portanto, um regime de interação social pacífica e democrática.

Dentro desta perspectiva, serão apresentadas, inicialmente, noções voltadas à Análise Crítica do Discurso, por compreender que as bases da ACD, uma vez aliada à vertente sociocognitiva, por serem relativas, defendem a proposta de que as informações dadas pelo social são capazes de guiar o individual, principalmente quando impostas pelo Estado de Direito.

Nesse sentido, conforme afirmam FAIRCLOUGH e WODAK (2000), a dialética existente entre o social e o individual, segundo a ACD, propõe que o social é capaz de guiar o individual e que este, por sua vez, também pode modificar o social, pois mudanças prescritas em lei e propostas pelo Estado de Direito têm origem nas alterações contemporâneas baseadas no (com) viver em sociedade.

Assim, ao situar a vertente sociocognitiva na ACD, faz-se necessário observar que, ao pôr em ação suas Políticas Públicas, o Estado de Direito busca viabilizar propostas mediante discursos públicos institucionalizados, representados em língua e materializados em forma de texto legal, e que estão voltados, intencionalmente, ao domínio das mentes, a fim de que possa estabelecer critérios de aceitabilidade e usufruição de toda melhoria discutida e implantada na sociedade, principalmente ao que se refere à educação no país, prescrita de maneira primordial na Constituição da República Federativa do Brasil, a ser mencionado posteriormente.

Doravante, em busca de melhor compreensão deste processo de análise, justifica-se que representações mentais, de origem social, permitem, ao indivíduo, a presença dos valores culturais representados pelos grupos sociais com os quais interage em diferentes contextos sociais. Já as representações mentais individuais permitem formar e organizar crenças diante daquilo que observa e vivencia em sociedade.

Ao ativar a capacidade de interpretar os acontecimentos, além de observar que diferentes interpretações são constituídas por um mesmo processo, por favorecerem a compreensão da interação existente na tríade homem-sociedade-discurso, o indivíduo, ao assumir a condição de sujeito social, acaba por representar-se de forma submissa perante os limites que margeiam o permitido e o proibido, o possível e o impossível, o acessível e o inacessível, vertentes impostas pelo Estado de Direito à sociedade, após serem discutidas, analisadas e propostas por meio de Políticas Públicas, tal qual ocorre na educação, foco de estudo a ser desenvolvido e outro cenário a seguir.

Sendo detentor da capacidade de interpretar acontecimentos decorrentes do contexto no qual está inserido, assim como do mundo, o homem coloca em evidência o seu querer-agir à sociedade por meio do seu discurso, que, por ser representado em língua, propõe apresentar o seu dever-dizer ou dever-agir, a fim de que possa atender às suas intenções e, com isso, tornar-se aceito dentro da proposta de convivência social pacífica e democrática, caracterizada como (com) viver em sociedade, considerado um dos processos de transformação ímpar proposto pela educação ao indivíduo ascendente a sujeito social.

Sob esse prisma e, para dar fechamento à análise proposta neste primeiro cenário de estudo, focaliza-se a sociedade como sendo um sistema de interações humanas cultural e institucionalmente organizadas, de acordo com símbolos, valores e normas capazes de definir posições e papéis sociais de cada indivíduo sujeito aos constantes processos de interação social, sempre guiadas pelas possibilidades de convivência social ditada pelo Estado de Direito ao estabelecer e implantar seu regime de Políticas Públicas.

Expostas sob os holofotes do palco representado como segundo momento deste cenário de estudo, a fim de representar a sua verdadeira importância ao tema em epígrafe, busca-se focalizar noções e conceitos voltados ao exercício de Políticas Públicas, Educação e Estado de Direito ao exercer, este último, a sua função precípua que é criar mecanismos que favoreçam melhores condições de vida em sociedade, tendo como base a formação "ideal" de cidadania aos indivíduos expostos em constante processo de aquisição de conhecimentos de ordem moral, ética e intelectual, oriundos de sua constante interação social vivenciada em diferentes contextos socioeducacionais.

Sabe-se que tratar sobre o termo sociedade, comumente usado como uma representação do coletivo de cidadãos de um país governado por instituições nacionais que aspiram ao bem-estar dessa coletividade, não é o suficiente. Para dar conta desse tema, faz-se necessário, então, que a palavra sociedade seja vista sob a égide da existência de uma organização social, de instituições e leis capazes de reger a vida dos indivíduos em suas relações mútuas vivenciadas em contextos distintos demarcados pela contemporaneidade.

Nesse sentido, por saber que o papel do Estado é, sobretudo, atender aos interesses fundamentais desse coletivo, atuando diretamente em diversas áreas, tais como a educação, saúde e meio ambiente, é por intermédio de Políticas Públicas que ele exerce a sua função de promover o bem-estar social ao colocar em prática ações, metas e planos governamentais direcionados a atender tais interesses públicos, ou seja, os anseios e expectativas de diferentes grupos sociais que compreendem um todo.

A fim de tratar do tema educação, considerada uma das metas subjacentes aos interesses do Estado, em que pese atender às necessidades fundamentais da sociedade, insta, agora, tratar, no decorrer desta proposta, a definição e papel social do Estado de Direito, representado como detentor da Administração Pública e que, ao por em ação Políticas Públicas direcionadas a apresentar melhorias à educação, ele busca, sobretudo, fazer da escola um local "treino" para o exercício da cidadania, ou seja, criar mecanismos de convivência pacífica e democrática vivenciada em sociedade, a fim de que, por meio de seu discurso, representado em língua, o aluno possa interagir, representando e apresentando seus interesses e anseios sem ultrapassar os limites margeados pelo Estado, cuja proposta é também gerir relações sociais voltadas a atender ao princípio da isonomia prevista na Constituição Brasileira.

Segundo Mirabete (1997), entende-se por Estado de Direito como sendo um sistema institucional destinado a representar o Poder Maior de uma Nação, cuja finalidade é ditar regras e normas a serem seguidas, tanto por indivíduos como pelo próprio Estado, ao direcionar a sua função para o exercício do seu poder organizado hierarquicamente, conforme diferentes funções distribuídas entre os poderes Legislativo, Executivo e Judiciário.

Tendo como premissa o Poder que o Estado de Direito exerce sobre a sociedade, ao criar condições de atender ao bem-estar social, compreende-se que é por meio do discurso que ele evidencia suas metas, ações e planos sociais desenvolvidos pelas Políticas Públicas, representados, em forma de texto legal, além de reproduzidos em língua.

É por esta razão que o Estado, mediante a atuação de sua Administração Pública, procura deixar expresso, em discurso, o seu poder e sua vontade sobre a sociedade, o que faz recuperar o dito anteriormente, ou seja, o social é capaz de guiar o individual e que este, por sua vez, também pode modificar o social, pois mudanças prescritas em lei e propostas pelo Estado de Direito têm origem nas mudanças contemporâneas baseadas no (com) viver em sociedade (VAN DIJK, 2000).

Na intenção de finalizar esta análise, visto como assunto irrelevante a ser tratado neste estudo, no terceiro e último cenário será abordada a noção de contexto global, aqui caracterizado como discurso institucional, ou seja, o querer-dizer do Estado de Direito ao atentar para a necessidade de atender aos interesses fundamentais da sociedade, representando, sobretudo, os interesses do próprio Estado, que também é a educação. Nesta perspectiva, também será apresentada a noção de contexto local, visto como um cenário definido pelos participantes em condição de interação, o que, em pauta, é representado pela instituição escolar ao fazer-exercer o que está previsto no discurso institucionalizado, ou seja, o texto legal criado, exercido, custeado e posto em prática pelo Estado de Direito ao colocar em ação Políticas Públicas, cuja intenção é poder atender ao seu querer-acontecer socioeducativo do indivíduo posto na condição de assujeitamento social, ou seja, à "mercê" dos anseios do Estado ao gerir toda uma sociedade.

2. A VERTENTE SOCIOCOGNITIVA NA ANÁLISE CRÍTICA DO DISCURSO, O PALCO DESTINADO AO DOMÍNIO DAS MENTES

Como primeira instância, busca-se apresentar as bases teóricas da Análise Crítica do Discurso (ACD), situando a vertente sociocognitiva, posicionada dentre as demais vertentes analíticas, por compreender que as bases da ACD, por serem relativas, procuram focalizar as informações dadas pelo social ao analisar o comportamento individual de membros pertencentes a determinado grupo social, cuja formação da sociedade compreende uma reunião de diferentes grupos sociais em constante processo de interação.

Além de considerar o posicionamento individual de cada um ao assumir determinada postura perante a sociedade, ao elaborar o seu discurso, pondo em prática a linguagem, o indivíduo busca expor o seu querer-dizer de maneira intencionada e adaptável às diretrizes dadas pelo Estado, ao expor valores culturais e ideológicos materializados em forma de discurso institucional representativo da vontade do Estado de Direito, no intuito de administrar relações sociais vivenciadas em diferentes contextos sociais.

Nesse sentido, conforme afirmam Fairclough e Wodak (2000), o social e o individual contracenam, segundo a ACD. Tal premissa propõe que o social é capaz de guiar o individual e que este, por sua vez, também pode modificar o social.

Dessa maneira, ao situar a vertente sociocognitiva na ACD, faz-se necessário observar que os discursos públicos institucionalizados estão voltados ao domínio das mentes; todavia, por mencionar que o discurso é capaz de favorecer o processo de interação entre o individual e o social e que ambos estão relacionados a determinado contexto, ele pode proporcionar ao homem a oportunidade de criar representações mentais de si e também dos outros, inclusive do Estado, tendo como base as intervenções tanto de origem social, individual e, principalmente, legal.

Nesse entremeio, faz-se necessário mencionar, também, que as representações mentais, de origem social, permitem, ao indivíduo, a presença dos valores culturais representados pelos grupos sociais com os quais interage. Já as representações mentais individuais permitem formar e organizar crenças diante daquilo que observa e vivencia em sociedade, ativando a capacidade de interpretar os acontecimentos, além de observar que diferentes interpretações são constituídas por um mesmo processo, e que são capazes de favorecer a compreensão da interação existente na tríade homem-sociedade-discurso.

Por saber que não há discurso sem que haja um contexto imbricado, há de se ressaltar que as condições de produção discursivas estão atreladas ao contexto circunscrito pelo acontecimento social e, ao identificar tais condições, o indivíduo adquire recursos suficientes para consolidar a aproximação dos seus propósitos à situação contextual. Fazendo isso, o discurso será moldado de acordo com os interesses particulares e coletivos, muitas vezes previstos em lei pelo Estado de Direito ao propor, por meio de Políticas Públicas, o atendimento de direitos fundamentais de sobrevivência em sociedade, dentre eles a educação, o que proporcionará uma interação social entre membros de um mesmo grupo, em razão de serem guiados pelos mesmos interesses e por compreenderem a vontade do Estado de Direito expressa, em língua, e materializada em forma de texto legal.

Nesse sentido, a partir do momento que o contexto é observado, particularidades como noções de tempo, lugar, posições do falante, além de outras circunstâncias especiais, determinadas pelo próprio ambiente físico, são capazes de permitir que o discurso seja adaptado de acordo com os interesses individuais e coletivos traçados pelos membros do grupo social. Tais particularidades, ao serem identificadas no discurso, são caracterizadas como Marcos de Cognição Social.

A noção de tempo, presente no discurso, representa a capacidade de interferência causada pelos fatores de temporalidade e são encontradas em situações como salas de aula, reuniões e sessões de plenário, ou seja, tal a noção compreende um fator de interferência no discurso, pois ela é capaz de ditar condições situacionais ao contexto.

Para Fairclough (2001), ao exercer a função de moldar e ou restringir formas de representar, em língua, o seu querer-dizer intencionado, o discurso, ao ser elaborado pelo sujeito social, é capaz de representar a expressão das normas e convenções impostas pela sociedade, ao serem observadas e adaptadas de acordo com os interesses particulares do indivíduo, cujo papel é, por meio do seu dever-dizer, constituir uma representação social de forma a ser aceita pelo grupo social. Nesse sentido, para que seja alcançado sucesso na representação social, o sujeito deverá basear-se na criação de papéis sociais diversificados e capazes de atender aos interesses individuais e também aos interesses tidos como de senso comum.

Nesse enfoque, é possível constatar que a formação discursiva, segundo a (ACD), é de origem social e não está relacionada, simplesmente, à expressão de subjetividade de cada indivíduo que nela interage, mas é definida, segundo Fairclough (2001), como uma prática social representada em forma de língua, subjacente às estruturas sociais, materiais, concretas e que constituem os valores de uma sociedade, conduzidas, expressas e guiadas pelo Estado de Direito ao acionar o seu Poder de administrar o atendimento voltado aos interesses fundamentais, colocando em prática o seu discurso institucionalizado.

Em última instância, a ser analisada neste palco, faz-se necessário compreender que, dentre as diversas discussões envoltas à preocupação de melhor definir o que seja uma sociedade, há de se considerar que sua definição está atrelada às diferentes formas de representações humanas caracterizadas por símbolos, valores e normas, assim como por posições e papéis sociais.

Com foco no tema desta análise, ou seja, do ponto de vista funcional do Estado, compreende-se que o tema sociedade é comumente usado para indicar o coletivo de cidadãos de um país governado por intermédio do exercício de Políticas Públicas voltadas a aspirar ao bem-estar da coletividade regida por uma organização social. Para tanto, ao voltar-se à disponibilização de recursos e melhorias focadas na educação, o Estado de Direito propõe mudanças a esta cadeira, sempre expressas em lei, o que representa o seu discurso institucional genuíno de vontade de gerir associada à necessidade de oferecer melhorias, tendo em vista o interesse em atingir ao senso comum.

Nesta perspectiva, segundo Durkhein (*apud* GOLDMAN, 1968), o homem é coagido a seguir regras tidas como sociais e impostas pela sociedade. Dessa forma, desde o nascimento, fatos sociais conduzem, por meio de regras, todas as ações humanas, tanto interiores como exteriores, pois condutas externas contrárias às regras sociais, implantadas pelo Estado de Direito, atentam ao princípio da soberania frente à gestão das relações e interações sociais compartilhadas em sociedade. Em contrapartida, a criação de tais regras e normas capazes de expressar a vontade e soberania do Estado sobre a sociedade está galgada em valores culturais e ideológicos costumeiramente compartilhados pelo indivíduo enquanto sujeito social.

3. POLÍTICAS PÚBLICAS E ESTADO DE DIREITO: UM PALCO ADMINISTRATIVO VOLTADO AO BEM-ESTAR DA SOCIEDADE

Sabe-se que grandes decisões políticas vivenciadas pela gestão democrática do país representam a vontade e a necessidade de toda uma sociedade. Nesta perspectiva, está o papel das Políticas Públicas, ou seja, tratar, em apenso, uma determinada situação específica da política, cuja proposta é representar a condição de participação do indivíduo, considerado sujeito social participativo, em decisões voltadas aos interesses do senso comum, a fim de acrescentar mudanças favoráveis diante das mais diversas circunstâncias sociais.

A discussão voltada às Políticas Públicas propõe uma relação social baseada em constantes processos de interação social, pois a participação do sujeito social na discussão de interesses voltados ao senso comum pode ocorrer de maneira direta e indireta, ou seja, por intermédio de representação, cuja realização é feita por pessoas eleitas pelo povo, e que serão imbuídas de se tornarem porta-vozes em discussões e decisões políticas direcionadas ao bem-estar da sociedade. Dentre elas, a educação, pois apresenta, em sua essência, a formação valorosa que é preparar o indivíduo para o verdadeiro exercício da cidadania.

Haja vista que processos de interação social são constituídos por duas partes, a outra parte desta relação é o Estado, cuja função é administrar relações sociais vivenciadas em sociedade, com base na imposição de limites e regras, para que possa fazer valer o princípio da isonomia.

Cabe ao Estado gerir a sociedade impondo regras de convivência pacífica e democrática a partir do instante que estabelece limites que vão do permitido ao proibido, do certo e do errado, do possível e do impossível. Dessa forma, para que possa atender ao senso comum, tais regras são criadas e materializadas em forma de texto legal, cuja função é trazer à tona a vontade soberana do Estado.

Ao pôr em prática a sua soberania, o Estado coloca em movimento o seu Discurso Institucionalizado, representado em língua, a fim de que seja imposto o dever-fazer social a ser seguido e respeitado pelos indivíduos da sociedade. Dentro dessa perspectiva, ao exercer a soberania, o Poder Público posiciona-se de maneira coercitiva, ou seja, não permite que tais regras sejam modificadas ou transgredidas, a não ser que surjam novas propostas de mudanças advindas do interesse do povo e expostas, em plenário, por meio de seus representantes, a fim de que sejam discutidas, votadas e aceitas como uma nova regra a ser imposta e respeitada por todos.

No cenário contemporâneo das mudanças sociais, estão presentes as novas propostas de alterações de regras sociais. Diante desse contexto, ao tratar de assuntos que venham ser renovados ou adaptados de acordo com os novos interesses e anseios da sociedade, vê-se entrar em cena as Políticas Públicas, pois representam uma junção de ações do governo destinadas a discutir, apreciar e propor resultados voltados às mudanças e ou ampliações focadas em determinados assuntos específicos.

Tida como foco de análise deste estudo, a educação é vista como prioridade para a governabilidade de uma Nação, uma vez que tratar do tema educação não significa gerir condições e recursos voltados somente ao contexto escolar, mas uma diversidade de contextos sociais tais como família, igreja, rua, teatro, enfim, todo e qualquer contexto que venha propor processos de interação social representados em língua.

Muito embora a educação seja compartilhada em diversos contextos sociais, tem-se como holofote desta análise o papel social desenvolvido pelas Políticas Públicas, diante do cenário representativo do Estado de Direito. Dessa maneira, entende-se que tratar de Políticas Públicas Educacionais se refere ao exercício da governabilidade da educação em ambiente escolar, cuja proposta é trazer, para a sociedade, melhoria da proposta educacional assumindo os resultados da ação ou omissão do Estado, uma vez que cabe a ele não só propor mudanças, mas oferecer condições de aplicabilidade a tais mudanças.

É sabido que toda e qualquer atitude política tomada pelo Estado, perante a sociedade, representa, sobretudo, a sua vontade direcionada a pôr em prática a soberania, no intuito de fazer com que seu discurso institucional seja aceito, torne-se público, respeitado e seguido por todos.

Nesse sentido, a fim de exercer o seu poder soberano, o Estado de Direito põe em prática o seu discurso representativo de sua vontade e que, em razão de ser proposto em língua, faz com que seja compreendido, absorvido e respeitado por todos, uma vez que é materializado em forma de texto legal e direcionado a toda a sociedade, sem nenhuma distinção.

Diante disso, faz-se necessário ressaltar o que anteriormente foi dito, ou seja, ao colocar em prática o seu poder de criar regras direcionadas a administrar uma sociedade, o Estado coloca em ação o seu Estado de Direito, postulado anteriormente por Mirabete (1997) como sendo um sistema institucional, cuja função é exercer o Poder de forma organizada, do ponto de vista hierárquico e imbricada na tríade dos Poderes Legislativo, Executivo e Judiciário.

Quanto à sua formação, o Estado de Direito é constituído pelo Estado, enquanto forma de organização política, e Direito, visto como um conjunto das normas capazes de reger o funcionamento de uma sociedade. Nesse contexto, muito embora o Estado possa representar sua vontade exaltando sua soberania sobre a sociedade, o Direito faz-se presente para limitar o Poder do Estado, no sentido de que as Leis são criadas pelo e para o Estado.

Para tratar do estudo proposto nesta análise, foram selecionados alguns textos legais capazes de representar o discurso institucionalizado do Estado, materializado em forma de texto legal e expressos em língua, exemplificados a seguir e organizados, metaforicamente, em forma de cenários.

CENÁRIO I

Discurso Institucionalizado do Estado de Direito, representado em forma de lei (CF, 1988).

> *CAPÍTULO III*
> *DA EDUCAÇÃO, DA CULTURA E DO DESPORTO*
>
> *Seção I*
> *DA EDUCAÇÃO*
>
> *Art. 205. A educação, direito de todos e dever do Estado e da família, será promovida e incentivada com a colaboração da sociedade, visando ao pleno desenvolvimento da pessoa, seu preparo para o exercício da cidadania e sua qualificação para o trabalho.*
>
> *Art. 206. O ensino será ministrado com base nos seguintes princípios:*
> *I – igualdade de condições para o acesso e permanência na escola;*
> *II – liberdade de aprender, ensinar, pesquisar e divulgar o pensamento, a arte e o saber;*
> *III – pluralismo de ideias e de concepções pedagógicas, e coexistência de instituições públicas e privadas de ensino;*
> *IV – gratuidade do ensino público em estabelecimentos oficiais;*
> (BRASIL, 1988)

CENÁRIO II

Lei das Diretrizes e Bases da Educação Nacional – Lei 9.394/1996:

> *Seção II*
> *DA EDUCAÇÃO INFANTIL*
>
> *Art. 29. A educação infantil, primeira etapa da educação básica, tem como finalidade o desenvolvimento integral da criança até seis anos de idade, em seus aspectos físico, psicológico, intelectual e social, complementando a ação da família e da comunidade.*

Art. 30. A educação infantil será oferecida em:

I – creches, ou entidades equivalentes, para crianças de até três anos de idade;

II – pré-escolas, para as crianças de quatro a seis anos de idade.

Art. 31. Na educação infantil a avaliação far-se-á mediante acompanhamento e registro do seu desenvolvimento, sem o objetivo de promoção, mesmo para o acesso ao ensino fundamental.

Seção III
DO ENSINO FUNDAMENTAL

Art. 32. O ensino fundamental, com duração mínima de oito anos, obrigatório e gratuito na escola pública, terá por objetivo a formação básica do cidadão, mediante:

I – o desenvolvimento da capacidade de aprender, tendo como meios básicos o pleno domínio da leitura, da escrita e do cálculo;

II – a compreensão do ambiente natural e social, do sistema político, da tecnologia, das artes e dos valores em que se fundamenta a sociedade;

III – o desenvolvimento da capacidade de aprendizagem, tendo em vista a aquisição de conhecimentos e habilidades e a formação de atitudes e valores;

IV – o fortalecimento dos vínculos de família, dos laços de solidariedade humana e de tolerância recíproca em que se assenta a vida social.

§ 1º. É facultado aos sistemas de ensino desdobrar o ensino fundamental em ciclos.

§ 2º. Os estabelecimentos que utilizam progressão regular por série podem adotar no ensino fundamental o regime de progressão continuada, sem prejuízo da avaliação do processo de ensino-aprendizagem, observadas as normas do respectivo sistema de ensino. (BRASIL, 1988)

CENÁRIO III

Lei n. 11.114, de 16 de maio de 2005:

> *Art. 1º. Os artigos 6º, 30, 32 e 87 da Lei n. 9.394, de 20 de dezembro de 1996, passam a vigorar com a seguinte redação:*
>
> *"Art. 6º. É dever dos pais ou responsáveis efetuar a matriculados dos menores, a partir dos 6 (seis) anos de idade." (NR)*
>
> *Art. 32. O ensino fundamental, com duração mínima de 8 (oito) anos, obrigatório e gratuito na escola pública a partir dos 6 (seis) anos, terá por objetivo a formação básica do cidadão mediante:*
>
> *Art. 87. ....*
> *§ 3º. ....*
>
> *I – matricular todos os educandos a partir dos 6 (seis) anos de idade, no ensino fundamental, atendidas as seguintes condições no âmbito de cada sistema de ensino:*
>
> *a) plena observância das condições de oferta fixadas por esta Lei, no caso de todas as redes escolares;*
>
> *b) atingimento da taxa líquida de escolarização de pelo menos 95% (noventa e cinco por cento) da faixa etária de 7 (sete) a 14 (quatorze) anos, no caso das redes escolares públicas; e*
>
> *c) não redução média de recursos por aluno do ensino fundamental na respectiva rede pública, resultante da incorporação dos alunos de 6 (seis) anos de idade." (NR)*

CENÁRIO IV

Lei n. 11.274, de 06 de fevereiro de 2006:

> *Art. 3º. O artigo 32 da Lei n. 9.394, de 20 de dezembro de 1996, passa a vigorar com a seguinte redação:*
>
> *"Art. 32. O ensino fundamental obrigatório, com duração de 9 (nove) anos, gratuito na escola pública, iniciando-se aos 6 (seis)*

anos de idade, terá por objetivo a formação básica do cidadão, mediante:

Art. 87. ....
§ 2º. O poder público deverá recensear os educandos no ensino fundamental, com especial atenção para o grupo de 6 (seis) a 14 (quatorze) anos de idade e de 15 (quinze) a 16 (dezesseis) anos de idade.
§ 3º. ....

Insta, neste momento, a necessidade de destacar que o discurso institucional proposto pelo Estado de Direito, em relação à Educação, tem origem na Constituição da República Federativa do Brasil, de 1988, conforme está destacado no artigo 205 e 206, VII, cuja proposta é garantia de qualidade de ensino.

Verifica-se que, com a Lei de Diretrizes e Bases da Educação Nacional, de 1996, o Estado de Direito, na condição soberana de gestão de toda a política educacional implantada no país, busca expandir, apresentando de forma estruturada, melhores condições de ensino-aprendizagem, organizando os ensinos infantil e fundamental, a fim de que possa oferecer melhores condições à égide da educação.

Observa-se, no entanto, que a educação passou por mudanças estruturais previstas nas Leis federais 11.114/2005 e 11.274/2006, cuja proposta estava galgada na organização dos ciclos de ensino-aprendizagem e ensino fundamental de nove anos.

Ao observar todos os cenários legais propostos nessa análise, notou-se que tais mudanças materializadas em forma de lei federal se deram em razão de uma constante busca por melhorias para educação, ou seja, foi por meio de Políticas Públicas que o Estado conseguiu implantar mudanças revogando trechos de seu texto legal e aprovando novas regras educacionais para que pudesse atender às necessidades fundamentais da sociedade ao apresentar medidas que pudessem expressar melhorias ao bem-estar social.

No momento seguinte, serão analisadas noções de contexto global e de contexto local, pois é por intermédio da interação social que ocorre a educação na escola. Sendo a escola um contexto educacional, nela são materializados vários discursos, ou seja, o discurso institucional, promovido pelo Estado de Direito, e o discurso local, capaz de representar todo o ambiente de aprendizagem.

4. CONTEXTO GLOBAL E CONTEXTO LOCAL: O DISCURSO LEGAL PRESENTE EM DIFERENTES PALCOS DA SOCIEDADE

Por saber que não há discurso sem que haja contexto, nota-se que toda e qualquer relação social, em que estejam presentes processos de interação social, não se concretiza fora de determinado contexto.

Para dar conta da proposta de análise elencada, neste estudo, buscou-se voltar o olhar para a presença e a importância das Políticas Públicas às questões relacionadas à educação, tendo em vista que, por ser esta uma necessidade básica e fundamental para a formação individual e por compreender as condições favoráveis ao exercício da cidadania na sociedade, concluiu-se que é dever do Estado atualizar a pasta educacional desenvolvida no país, a fim de que possa acompanhar e procurar suprir as carências reproduzidas pela sociedade contemporânea.

Nesse propósito, observou-se, também, que toda e qualquer mudança proposta e implantada na educação se dá em virtude de lei, ou seja, o Estado, ao pôr em prática a sua vontade, assim o faz por intermédio da atuação do Estado de Direito, ao trazer à tona o seu discurso institucional representado em língua e organizado em forma de texto legal, haja vista a necessidade de expressar e externalizar o processo gestacional do Poder Público sobre a sociedade ao impor limites que tencionarão atingir ao senso comum e bem-estar social.

Ressalta-se, desde outrora, que a educação sempre foi e será carente de implantação de novas propostas políticas, a ponto de torná-la mais adequada aos interesses e necessidades socioculturais vivenciados em nossa sociedade. Desse modo, à medida que a sociedade evolui, novas propostas na área do ensino-aprendizagem são estudadas e apresentadas pelas Políticas Públicas Educacionais, no intuito de adequar-se às diversidades culturais e socioeconômicas apresentadas pela sociedade.

Insta-se, neste momento, mencionar que, tanto a vontade, quanto interesses do Estado de Direito, sejam eles expressos em forma de lei ou, ainda, por meio de projeto defendido por Políticas Públicas, são subservientes à arte de Discursar, pois é pelo seu discurso que o Estado propõe mudanças à educação, ou seja, um querer-dizer intencional e representativo do exercício do seu poder sobre a sociedade, capaz de assumir um caráter coletivo ou individual, todavia, sempre direcionado a todos sem distinção, para que possa, sobretudo, dominar mentes e, assim, atingir ao senso comum.

Por este motivo, como último cenário deste estudo, lança-se, neste palco, a noção de contexto global e de contexto local, pertinentes a esta análise, por tratar-se da gestão de processos de diferentes relações sociais vivenciadas em sociedade.

Em razão de considerar que o contexto é um elemento importante para a dialética existente entre indivíduo-sociedade-discurso, Van Dijk (2000) afirma que contextualizar compreende toda a estrutura social direcionada a conduzir as propriedades presentes numa situação social, e que são indispensáveis à formação discursiva, pois é sabido que não há discurso sem que este esteja inserido em um contexto. Sendo assim, para compreender a sua presença, em determinada situação social, significa considerar o processo de racionalidade e de funcionalidade do discurso, constituído com base na estrutura social, cultural e ideológica de uma sociedade.

Nesse sentido, é possível fazer a distinção entre dois tipos de contexto, aquele destinado a representar as situações sociais ocorridas durante processos de interação, a ser definido como contexto local, e outro contexto, a ser gerenciado pelas circunstâncias sociais que norteiam o processo de interação, denominado contexto global.

Segundo Van Dijk (2000), a ideia de contexto local se faz presente no contexto global. Tal assertiva explica-se pelo processo de interação vivenciado pelo indivíduo, enquanto sujeito social, ao procurar adaptar-se às imposições sociais, culturais e ideológicas compartilhadas pelo grupo social no qual ele tem interesse em interagir e ser aceito. Esse processo de adaptação se dá em decorrência da análise que ele faz de todo o contexto vivenciado pelo grupo social, o que servirá de base para que elabore sua representação social moldada de acordo com seus interesses, aliada às imposições sociais e, sobretudo, adequada à sua aceitação, sendo esta a sua principal intenção.

Ao vivenciar experiências compartilhadas na dimensão do contexto local, por ser definido pelos participantes, o homem cria uma identidade para si ao representar papéis sociais direcionados à adaptação de sua representação, todavia, sempre adequados à noção de contexto global, a ser determinado e administrado pelas imposições da sociedade, neste estudo, representado pelo poder que o Estado de Direito exerce sobre a sociedade ao impor limites transcritos em regras de convivência materializadas em lei.

Por saber que o discurso representa a externalização do querer-dizer intencional, de caráter eventual ou coletivo, uma vez promovido em eventos discursivos particulares, caracteriza-se como contexto local, pois entrelaçam os interesses, limites e imposições dadas pelos próprios participantes.

Já o discurso promovido pelo Estado de Direito, ao pôr em pauta o seu poder de gerir a sociedade impondo limites e regras capazes de atender ao senso comum, apresenta-se como contexto global, em razão de atender a uma diversidade de outros contextos locais, ao posicionar-se de forma impositiva e dominadora de mentes, o que faz restar, tanto ao indivíduo quanto a grupos sociais, a prerrogativa de adequar-se às imposições institucionalizadas expressas em forma de texto legal capazes de representar, em língua, toda a gestão do Poder Público sobre a sociedade, cuja proposta precípua é conduzir as relações sociais de maneira pacífica e democrática, para que possa atender a todos sem distinção, prerrogativa magnânima prevista na Constituição Federal de 1988.

Dentre os assuntos protagonistas presentes no cenário de estudo, a Educação e Políticas Públicas também fazem parte das noções de contexto global e local, uma vez que a segunda faz parte do elenco presente no núcleo do contexto global, tendo em vista a sua atuação nos palcos do Poder Público, ao pretender discutir e propor melhoras à vida em sociedade, a fim de atingir o bem-estar social. Já a primeira, faz-se atuante na noção de contexto global por representar um dos holofotes do Estado de Direito ao propor e implantar melhorias à sociedade por meio da atuação de Políticas Públicas Educacionais.

Quanto à noção de contexto local, por ser tratar de um evento discursivo definido pelos participantes, em se tratando de Políticas Públicas, justifica-se pelas propostas a serem discutidas e definidas em plenário, a serem vistas como favoráveis à sociedade contemporânea, ou seja, é o poder público quem define, por meio de seu discurso, o que é favorável ou não à sociedade. Agora, quanto à educação, a noção de contexto local justifica-se pela implantação de toda regra gestora representativa ou não de mudanças propostas pelo Estado de Direito nas unidades escolares, ou melhor, é o fazer-acontecer em sua relação direta com o social, cujas aplicações e implantações são definidas pelos participantes responsáveis pelo dever-acontecer previsto no discurso institucionalizado representativo do poder do Estado sobre a sociedade.

5. CONSIDERAÇÕES FINAIS

À luz da Análise Crítica do Discurso (ACD), com vertente sociocognitiva, aparato teórico que serviu de suporte para todo este palco de estudo, presente neste trabalho, há de se ressaltar a importância do discurso representado, em língua, tanto para o indivíduo quanto para o Estado, pois ambos colocam em prática o seu querer-dizer, dever-ser e fazer-acontecer, intencionais, direcionados a atender aos interesses particulares, a fim de que possa atingir objetivos e, com isso, alcançar metas pessoais e ou de seu grupo social.

Dentro dessa concepção teórica, notou-se que é assertiva a afirmativa mencionada por Fairclough e Wodak (2000) ao dizerem que o social é capaz de influenciar o individual e que este, por sua vez, também modifica o social, tendo em vista que o indivíduo, ao interagir com o outro, em determinado contexto, procura posicionar-se como sujeito social, moldando seu discurso intencionalmente e de acordo com as imposições sociais advindas do Poder que o Estado exerce sobre a sociedade, ou do próprio grupo social no qual ele almeja ser aceito, para que, da melhor forma possível, possa representar-se e ser aceito, o que fará como que ele atinja seus interesses pessoais.

Nessa perspectiva, o Estado de Direito, mediante atuação de Políticas Públicas, foco deste estudo, tal qual a Educação, também sofre influências do individual, pois é com base neste que mudanças são discutidas e implantadas por meio de Políticas Públicas, a fim de proporcionar melhorias, como, por exemplo, a educação, considerada uma pasta de suma importância para o crescimento da Nação, em razão de preparar indivíduos críticos e conscientes no que tange ao exercício do seu papel de cidadania perante a sociedade.

Em se tratando da vertente sociocognitiva, notou-se que, ao estabelecer regras de convivência pacífica e democrática, galgando atingir ao senso comum, o Estado de Direito coloca em prática o seu poder e, com isso, faz ressaltar o domínio das mentes, pois ao estabelecer regras, faz surgir, no indivíduo, a necessidade de representar-se de acordo com seus interesses e sem transgredir a vontade do Poder e, após observar o contexto no qual está inserido, ele é capaz de criar papéis sociais adequados às imposições sociais, seja de ordem grupal ou impostas pelo Estado de Direito, todavia, todo esse processo é materializado em forma de texto, cujo querer-dizer é representado em língua e, por esse motivo, faz surgir crenças diante daquilo que observa e vivencia em sociedade.

Uma vez que não há discurso sem que haja um contexto imbricado, constatou-se que o indivíduo vivencia uma diversidade contextual muito grande, tal qual o Estado ao exercer a função de Estado de Direito, aqui, neste estudo definido como a capacidade e poder que o Estado tem de gerir relações sociais impondo, por meio de seu discurso institucional, regras de convivência pacífica e democrática à sociedade, cuja finalidade precípua é atender ao senso comum.

Nesse ínterim, buscou-se compreender as diferentes noções de contexto presentes em relações sociais ocorridas entre indivíduos, entre indivíduos e Estado e as diversas cadeiras de sua responsabilidade gestora, assim como a Educação.

Ao estudar os apontamentos de Van Dijk (2000), constatou-se que há noções diferenciadas de contexto e, neste estudo, foram encontradas noções de contexto global, representado pelo discurso institucional capaz de trazer à tona o querer-dizer do Estado ao impor regras à sociedade e, verificou-se também a noção de contexto local, representada pelo processo de interação social entre indivíduos interligados por interesses em comum e imbricados em determinado evento discursivo particular.

De acordo com Van Dijk (2000), o contexto local está inserido no contexto global. Tal prerrogativa faz-se assertiva porque o Discurso Institucional do Estado de Direito retoma a noção de Contexto Global, em razão da amplitude de posicionamento do poder do Estado sobre toda a sociedade, o que é capaz de envolver uma diversidade de contextos, cujos participantes tem que ater-se às regras voltadas a gestão de relações sociais, para que possa servir de norte perante seus interesses particulares. Em se tratando de Contexto Local, por caracterizar um evento discursivo particular, ele pode ser definido pelos participantes envolvidos de acordo com interesses em comum, ou seja, caracteriza-se por um contrato mútuo entre os participantes daquele evento, todavia, tal acordo jamais pode afrontar as regras sociais impostas pelo Estado de Direito, em razão de posicionar-se de forma subjacente ao Contexto Global.

Diante dos apontamentos teóricos relacionados anteriormente, verificou-se, durante a análise proposta, que a Educação pode ser caracterizada como uma fatia do Contexto Global, ou melhor, é caracterizada como um Contexto

Local pertencente ao poder. Nesse mesmo enfoque, estão Políticas Públicas, ou seja, uma função à parte exercida dentro do cenário do Contexto Global, pois tende a trabalhar o Contexto Local do bem-estar social.

Por considerar que a noção de contexto está em toda dimensão social, em que estejam presentes processos de interação social, concluiu-se também que, assim como o Estado de Direito e indivíduos, considerados sujeitos sociais representativos de papéis sociais moldados de acordo com interesses, as Políticas Públicas também elaboram o discurso representativo do seu querer-dizer, principalmente quando estão voltadas à cadeira da Educação, pois, ao propor implantação de melhorias, elas seguem o processo de análise das condições contextuais da situação atual. Isso serve de base de sustentação para que mudanças ocorram, de modo que seja possível colaborar com o bem-estar social de crianças, futuros cidadãos brasileiros responsáveis pelo desenvolvimento do país.

Por este motivo, há de se considerar as Políticas Públicas como parte do Contexto Global, no entanto, propõe eventos discursivos particulares, pois em seu contexto local, seus representantes discutem as melhorias a serem propostas e implantadas nas diversas escolas do país, conforme foi possível observar no segundo palco desse estudo.

Ao que se refere à educação, a noção de contexto local justifica-se, com toda veemência, quando é possível observar que medidas propostas por Políticas Públicas foram capazes de ter sido postas em prática na unidade escolar, no momento em que o contexto é representado pelo processo de ensino/aprendizagem, cuja criança consegue absorver que, naquele instante, começa a ser desenvolvido o seu futuro e o futuro de uma Nação.

Durante a organização deste estudo, disponibilizou-se, com frequência, as metáforas cenário, palco, representação, holofotes, que são palavras oriundas de um único contexto, aquele que nos faz concluir que a vida é um teatro e que os atores protagonistas são os educadores, pois somente eles são capazes de, no futuro, arrancar aplausos de uma plateia que um dia foi criança e que, no amanhã, será responsável pelo seu sucesso e sucesso do país.

REFERÊNCIAS

BRASIL. Constituição (1988). *Constituição da República Federativa do Brasil*. Brasília, DF, Senado, 1998.

_____. Senado Federal. *Lei de Diretrizes e Bases da Educação Nacional*: n. 9394/96. Brasília: 1996.

FAIRCLOUGH, N. *Discurso e mudança social*. Trad. de Izabel Magalhães. Brasília: Editora Universidade de Brasília, 2001.

_____; WODAK, Ruth (1997). Análisis critic del discurso. In: van Dijk, Teun A. (Org.). *El discurso como interacción social*. Trad. Espanõla. Gedisa editorial. Barcelona, 2000.

GOLDMAN, L. *Ciências humanas e filosofia*. São Paulo: Ed. Difel p. 27-70 1968.

MIRABETE, J. F.; FABRINI, R. N. *Manual de Direito Penal*, V. I. – Parte Geral: São Paulo: Atlas, 2009.

VAN DIJK, T. A. *El discurso como interacción social*. Estudos del discurso II: introducción multidisciplinaria. Trad. Espanhola, Barcelona: Gedisa, 2000.

_____. *Racismo y análises crítico de los médios*. Trad. Padiós. Buenos Aires. 1997.

Capítulo 22

POLÍTICAS PÚBLICAS EM EDUCAÇÃO E FORMAÇÃO DO PROFESSOR: NOTAS DE UMA REFLEXÃO ACERCA DO PROCESSO DE ALFABETIZAÇÃO[29]

Tatiana Platzer do Amaral

Luciano Nunes Sanchez Cores

Laura Beatriz de Carvalho

Valéria Velasco Bento

1. INTRODUÇÃO

Este artigo é resultado de pesquisa, desenvolvida em 2011, vinculada a um projeto de formação inicial de professores da rede pública de ensino, em parceria com a Universidade de Mogi das Cruzes envolvendo alunos dos cursos de Pedagogia e Letras. O projeto tem como principal objetivo de alfabetizar todos os alunos de até oito anos de idade, matriculados na rede pública de ensino. Cabe ao discente universitário, denominado aluno-pesquisador, acompanhar o professor regente no desenvolvimento cotidiano de sua prática pedagógica, bem como desenvolver explorações didáticas planejadas em conjunto, além de receber supervisão semanal, com estudos teóricos e práticos.

---

[29] Este artigo foi apresentado na forma de Comunicação no 18º COLE (Congresso de Leitura do Brasil) realizado na Unicamp em julho de 2012.

Especificamente, este artigo tem por objetivo analisar e discutir o processo de ensino e aprendizagem da leitura em sala de aula, enfocando os pressupostos do professor regente e a elaboração de estratégias de intervenção pedagógica em parceria com este. Fundamenta-se no aporte teórico do soc, consequentemente, sociointeracionismo de autores como: Ferreiro (1985), Lerner (2002), Saviani (1991) e outros.

Parte-se do pressuposto de que

> *Na clareza dos determinantes sociais da educação, a compreensão do grau em que as contradições da sociedade marcam a educação e, consequentemente, como é preciso se posicionar diante dessas contradições e desenredar a educação das visões ambíguas, para perceber claramente qual a direção que cabe imprimir à questão educacional.* (SAVIANI, 1991, p. 103)

Dessa forma, a leitura é compreendida como elemento fundamental no processo de humanização, sendo a escola produtora e reprodutora de leitores competentes e autônomos. Espera-se, assim, que as práticas escolares propiciem aos alunos o acesso aos conhecimentos historicamente acumulados por meio da construção de significados que justifiquem a permanência na escola.

2. MÉTODO

A pesquisa é de cunho etnográfico e qualitativo. A Etnografia é entendida como uma "pesquisa social", na qual as pessoas são observadas por um período longo de tempo, como uma unidade de estudo, neste caso, a escola. Inicialmente, relacionada à Antropologia, a etnografia busca obter a descrição densa, a mais completa possível, sobre um grupo específico de pessoas. Não é mero estabelecimento de ligações: "O que define é o tipo de esforço intelectual que ele representa: um risco elaborado para uma descrição densa" (GEERTZ, 1989 *apud* VIÉGAS, 2007, p. 104).

Como principal fonte, o diário de campo proporcionou a coleta e o levantamento de muitos dados que requisitaram um refinamento das informações.

Foram produzidos, então, relatos ampliados (VIÉGAS, 2007), que permitiram aprofundar e distanciar a análise de aspectos do cotidiano escolar, em específico as práticas de leitura. Também foram produzidos diários de aula que tinham como objetivo a sistematização da prática pedagógica, por meio do planejamento envolvendo a delimitação de tema, objetivo, estratégia e avaliação do aluno e da própria proposta.

Deste modo, a pesquisa social e a prática pedagógica atrelam-se com a própria ação nos planos de comunicação do eu e do outro, construindo uma relação de teoria e prática, designada pesquisa participante que "[...] indica que esse quem da pergunta é um sujeito. Uma pessoa com a qual interajo; que me ensina as coisas; descobre-me seus mundos e outras visões dos meus e, além disso, enriquece-me" (EZPELETA e ROCKWELL, 1989, p. 90). Nessa intersecção, criam-se condições favoráveis para o desenvolvimento de capacidades autônomas nos aprendizes, como o funcionamento da linguagem. O aluno apropria-se de instrumentos culturais e na interiorização de operações psicológicas constituídas na vida social.

A pesquisa foi desenvolvida em duas escolas da rede pública de ensino de cidades vizinhas da região do Alto Tietê. A Escola 1 está localizada longe do centro da cidade; entretanto, os alunos são de diversas localidades, inclusive alguns dependem do transporte escolar público. No seu espaço físico são quatorze salas de aula, sendo estas distantes da secretaria e diretoria. Suas instalações físicas incluem biblioteca, sala de informática, sala de vídeo, as quais, dificilmente, são utilizadas em atividades de professores com alunos. Funciona há vinte e dois anos, atende aos ciclos I e II, sendo este apenas para o 6º ano. A Escola 2 está localizada em uma região rodeada de comércios e não há empresas de grande porte. Em 2006, tornou-se escola de tempo integral de Ensino Fundamental (ciclo I). No período da manhã, os alunos têm aulas com professores do currículo oficial e, no período da tarde, oficinas curriculares. A escola possui sete salas de aula no primeiro andar, uma sala de diretor e uma sala de informática. No térreo, há refeitório, sala da coordenação, secretaria, uma quadra poliesportiva e banheiro feminino e masculino. Atualmente, a escola necessita de algumas reformas e melhorias.

A pesquisa teve como participante a equipe pedagógica das escolas, ou seja, todos aqueles que trabalhavam nas unidades escolares pesquisadas, como coordenação, merendeiras, secretárias, faxineiros; porém, o principal foco era professor e aluno. Os alunos estavam na faixa etária entre seis a sete anos de idade, em processo de alfabetização. A professora da Escola 1 tinha 26 anos e estava em início de carreira. A professora da escola 2 tinha 50 anos e maior experiência.

3. ORGANIZAÇÃO DO ESPAÇO FÍSICO

A organização dos lugares dos alunos na Escola 1 não era fixo e as carteiras eram organizadas de forma circular. A mesa da professora regente ficava à frente deste círculo, havia duas lousas na sala, uma à frente para os alunos e outra que ficava atrás, sendo utilizada para fixar as atividades. A Pesquisadora 1 não tinha um lugar fixo na sala, optava por sentar no fundo e/ou em lugares vagos. Dependendo da quantidade de alunos não havia carteiras e cadeiras suficientes para eles que, às vezes, ocupavam a mesa da professora. A configuração da sala era a seguinte:

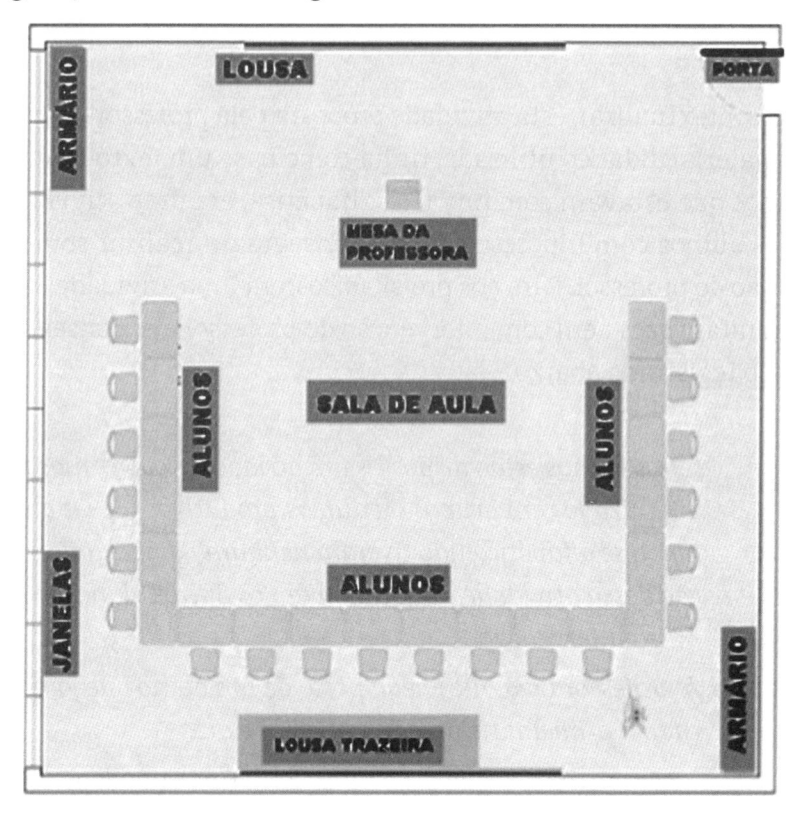

Pode-se perceber que a disposição dos lugares dos alunos favorecia a circulação de informação, mas as atividades, na maioria das vezes, não eram feitas em grupos, tal como neste trecho de um relato ampliado:

> [...] a professora regente pega uma cadeira e senta-se ao lado de um aluno e pergunta:
>
> — Vamos lá, Henrique, com que letra começa a palavra paixão?
>
> O garoto fica pensativo e o outro aluno, Antônio, que estava ao lado, ainda copia o cabeçalho em silêncio.
>
> Henrique então diz:
>
> — P?
>
> — Isso, P! E o que mais? Acrescenta a professora.
>
> Ele pensa e não responde.
>
> Então, a professora soletra: P A I X Ã O [...]. (RA n. 6 10/05/2011 – Pesquisadora 1)

Para contextualizar, esta atividade proposta pela professora regente, retirada do material didático utilizado, tinha como base um texto fragmentado. Para alunos que estavam com hipótese alfabética, era uma atividade muito fácil. Já os alunos com hipótese silábica conseguiam realizar somente com intervenção do professor. Para aos pré-silábicos, era uma atividade muito difícil, pois muitas vezes nem com intervenção do professor eles conseguiam realizar, como registrado abaixo.

> [...] Os alunos estão dispostos um ao lado do outro, mas não estão organizados em grupos ou duplas produtivas [...]. Os alunos com hipótese alfabética não tiveram nenhuma dificuldade na realização dessa atividade, enquanto para os outros alunos foi preciso a nossa intervenção.
>
> A professora regente chega perto de um aluno que já havia colocado a primeira tirinha da parlenda e diz:
>
> — Agora é a tira que diz assim: "Bota um, bota dois".
>
> O aluno procura nas tirinhas e a professora fala:

— "UM" começa com que letra?

O aluno responde:

— Com "U".

Então, ele coloca a tirinha em baixo da primeira que já havia sobre o livro, e a professora diz:

— Isso, agora onde está a tirinha que diz assim: "bota três, bota quatro".

O aluno procura nas tirinhas que estão sobre a mesa, enquanto a professora parte para ajudar outro aluno [...]. (RA n. 8 24/05/2011 – Pesquisadora 1)

As situações de aprendizagem por algumas vezes não partiam daquilo que era conhecido da escrita, pois as atividades não eram diversificadas para todos os alunos e não ofereciam desafios cognitivos que efetivamente fizessem avançar o conhecimento.

Na Escola 2, os alunos tinham lugares permanentes e as carteiras ficavam em fileiras. As mesas da professora e da Pesquisadora 2 posicionavam-se perto da porta, ou seja, na lateral das carteiras dos alunos. A sala era espaçosa e sobravam carteiras, pois no período da manhã havia mais alunos. Na sala de aula havia uma lousa que ficava na frente da sala, um painel lateral para fixar os trabalhos dos alunos e ao fundo da sala eram colocadas as carteiras que sobravam e também os armários onde eram guardados os materiais escolares. A figura a seguir ilustra a organização da sala:

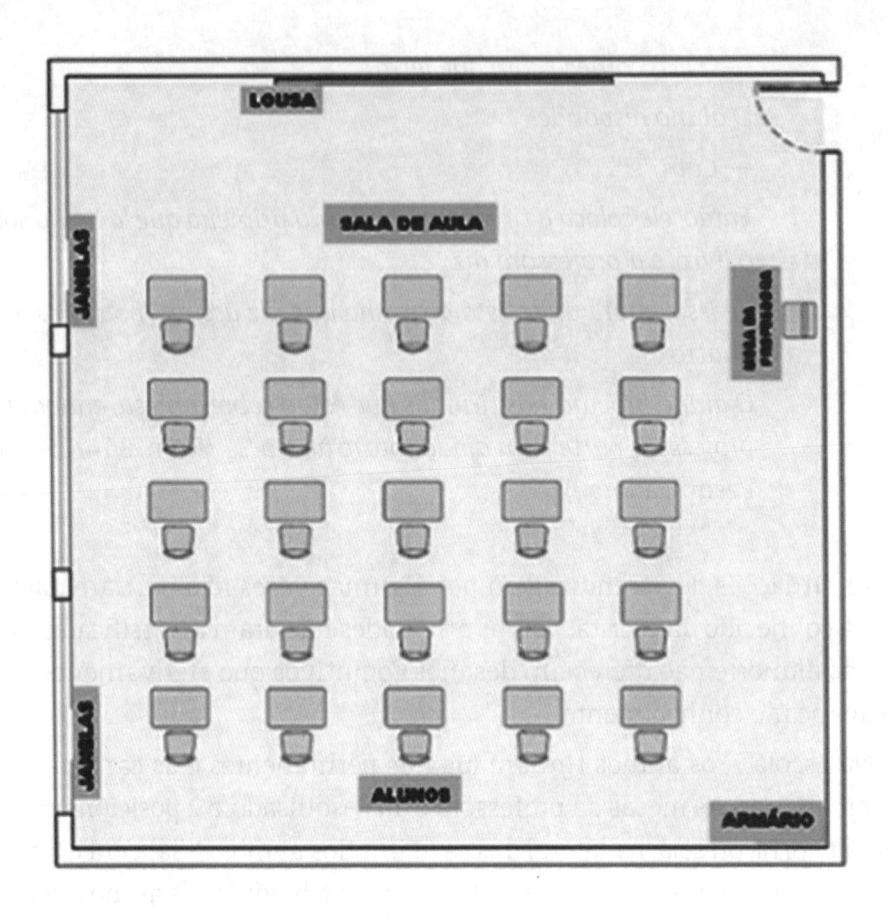

A disposição dos lugares dos alunos favorece a circulação de informação tanto aluno/professor como aluno/aluno, pois quase sempre os alunos trabalham em duplas produtivas, que a Pesquisadora 2 e a professora regente organizavam antes das atividades:

> *Os alunos já estão sentados em duplas produtivas para a realização da atividade no livro, pois anterior a essa atividade eles estavam fazendo uma ficha técnica sobre o papagaio. Dessa forma, é entregue às 16h40 o livro do* Ler e Escrever *para todos os alunos.* (RA n. 13 17/08/2011 – Pesquisadora 2)

Para contextualizar a sala onde atuava a aluna Pesquisadora 2, a professora regente também utilizava com frequência o material didático, mas adaptava a atividade conforme a hipótese de cada aluno, sempre trabalhando em duplas, porém o grau de dificuldade na atividade não era o mesmo para todos, mesmo que houvesse uma preocupação na adaptação da atividade.

> *[...] a professora explica aos alunos que eles farão uma atividade de leitura, em que alguns alunos ficarão com duas parlendas e outros ficarão apenas com uma* (as parlendas foram fatiadas por mim e pela professora no dia anterior) e que o objetivo dos alunos é organizá-las e colá-las no livro. [...] Pude observar que alguns alunos que já são alfabéticos terminaram de ordenar a parlenda em menos de 15 minutos, e outros demoraram bem mais e pediram a nossa ajuda. A professora disse-me que os alunos estavam terminando muito rápido porque a parlenda já estava cortada, pois aquela atividade teria a duração de 1 hora. (RA n. 3 04/05/2011 – Pesquisadora 2)

As situações de aprendizagem na Escola 2 partiam do que os alunos sabiam sobre a escrita, pois todas as atividades, além de serem adaptadas, eram também diversificadas, partindo sempre das hipóteses dos alunos. Ofereciam-se bons desafios cognitivos e sempre se trabalhava com letras móveis para os alunos não alfabéticos. Dependendo da atividade, como uma produção de texto, os alunos alfabéticos que tinham maior autonomia de escrita realizavam as atividades individualmente e o restante em duplas, porém com consignas diferentes.

4. O PROCESSO DE APRENDIZAGEM DA LEITURA REALIZADA PELO PROFESSOR PARA OS ALUNOS

Após o período de coleta de dados que ocorreu durante todo o ano letivo de 2011 e transcritos em nossos relatos ampliados, foram realizadas leituras coletivas e identificadas cenas mais recorrentes em diversas situações no âmbito escolar, para só então escolher aquelas que representassem o problema com mais exatidão.

Um aspecto recorrente foi a leitura feita sem planejamento, conforme os seguintes trechos:

> [...] Após a apresentação do jornal, a professora diz que irá ler uma matéria sobre o tabagismo, dizendo que hoje é um dia muito importante para que as pessoas se conscientizem dos malefícios que o cigarro traz para a saúde. Iniciada a leitura, a professora percebe que o dia do antitabagismo foi no dia 31/05, e diz para os alunos que na verdade foi ontem [...]. (RA n. 9-01/06/2011 – Pesquisadora 1)

> [...] A professora pede o livro de coletânea de textos do Ler e Escrever para a aluna Maria Eduarda, em seguida diz "vou ler poema porque faz tempo que não leio, tinha até separado para hoje uma fábula, mas decidi ler poema. Os poemas que vou ler são de Carlos Drummond de Andrade e Mário Quintana. (RA n. 11-29/06/2011 – Pesquisador 2)

Essas duas cenas retiradas de nossos relatos ampliados foram situações recorrentes e significativas, demonstrando a leitura do professor feita sem planejamento. O planejamento, para o docente, é de suma importância, pois evita a improvisação dos conteúdos, contribuindo, dessa forma, para a execução de atividades com um fim específico.

> Não basta, no entanto, que sejam planejadas, propostas e dirigida para constituírem automaticamente boas situações de aprendizagem para os alunos. Para terem valor pedagógico, serem boas situações de aprendizagem, as atividades propostas devem reunir algumas condições, respeitar alguns princípios. (WEISZ, 2002, p. 5)

O professor deve preparar a leitura de diversos textos e gêneros, proporcionando diferentes situações para os alunos, permitindo que aprendam o comportamento de leitor, para que consigam atribuir significados aos textos, ler com diferentes propósitos, confrontar ideias e opiniões e diferenciar cada gênero textual. Para que a leitura tenha sentido, é necessário que o aluno se identifique com ela, e cabe ao professor essa tarefa de ensinar ao aluno o comportamento leitor.

> *A professora entra na sala, aguarda os alunos acalmarem-se e pede para que eu pegue o livro "Corujices" no armário para ela começar a leitura. Depois que eu entrego o livro para ela, ela começa a falar primeiramente da autora do livro "Marica Batista", e cita outros autores: "Monteiro Lobato" "Charles Perrault" "Vinícius de Moraes" entre outros, e explica que "esses autores são escritores, ou seja, quem escreve os textos que eu leio aqui. (RA n. 5-10/05/2011 – Pesquisador 2)*

A leitura feita pelo professor deve auxiliar na construção de sentidos e seu desenvolvimento intelectual, para que isso reflita de modo a ajudar-lhe na sociedade.

> *Na escola [...] a leitura é antes de mais nada um objeto de ensino. Para que também se transforme num objeto de aprendizagem, é necessário que tenha sentido do ponto de vista do aluno, o que significa – entre outras coisas – que deve cumprir uma função para a realização de um propósito que ele conhece e valoriza. (LERNER, 2002, p. 79)*

A leitura é um ato de extrema importância na vida de um aluno: fundamental no processo de humanização. Na escola, o professor e aluno buscam uma solução conjunta ao ativar conhecimentos prévios, levantar hipóteses, fazer inferências e partilhar visão de mundo e conhecimentos historicamente construídos. Em uma perspectiva sócio-histórico-cultural, embasadas por Bakhtin e Vygostsky, sabe-se que o processo dinâmico e histórico ocorre a partir da interação dos sujeitos e leva à constituição social da linguagem, bem como a importância de se trabalhar conteúdos historicamente produzidos e socialmente necessários, pois este é um "[...] deve garantir que o leitor compreenda os diversos textos que se propõe a ler. É um processo interno, porém deve ser ensinado" (SOLÉ, 1998, p. 116).

O uso de estratégias de leitura, segundo a autora, são ferramentas que o professor deve incentivar antes, durante e depois da leitura, sempre contando com a participação ativa e reflexiva do aluno-leitor. Ativar os conhecimentos prévios requer do professor toda uma motivação para conduzir essa etapa do desenvolvimento das estratégias didáticas. Poderá, assim, atrair o aluno para uma forma de leitura mais significativa, induzindo-o a falar sobre os seus conhecimentos a respeito do assunto a ser tratado no texto. Mesmo que um ou outro aluno não consiga ativá-los, a interação entre aluno/texto, aluno/professor, aluno/aluno servirá como ponto de partida para desvendar ou atualizar os seus conhecimentos prévios, tornando essa etapa o mais produtiva possível.

Analisa-se, assim, a língua viva, mutável e em constante evolução. Por isso compreende-se que a professora deverá antecipar informações e aspectos do texto a ser lido, como o nome do autor, ilustrador se houver e personagens, para que ajude os alunos a se interessar pelo texto que será lido, podendo também se utilizar do conhecimento prévio dos alunos para que exista a interação desses perante o texto. O professor, ao ler o texto antes, para que esteja preparado, poderá destacar suas partes principais para que eventualmente possa esclarecer algumas dúvidas dos alunos perante o texto, também podendo haver a interação entre eles.

O docente, sendo ele intermediador do conhecimento, trabalha os conteúdos, para que todos os alunos aprendam; portanto, a leitura prévia feita por ele é de suma importância. Coloca para dentro da escola a leitura que é feita fora dela, estabelecendo diversos propósitos para que constitua significados para os alunos e que se torne mais próxima da realidade destes.

> *Após a aula de Arte, a professora pede para que eu vá até a sala ao lado para pegar o conto brasileiro "Sopa de Pedra". Entrego o conto a ela, que começa dizendo: "Esse é um conto brasileiro, conto popular, por ser conto popular não apresenta um autor, o conto que vou ler se chama* Sopa de Pedra". (RA n. 9-08/06/2011 – Pesquisador 2)

O ambiente escolar também necessitará propiciar a interação dos alunos com a leitura, e o professor, como o principal intermediador desse processo de construção da aprendizagem, deverá facilitar o acesso ao mundo leitor, mostrando os livros, falando dos autores, selecionando trechos que ocasionem comentários e impressões, estimulando o desenvolvimento de comportamentos leitores. O professor, ao expor os objetivos ampliando a informação referente ao assunto, auxilia na compreensão do aluno para que, de forma autônoma, construa significado e estabeleça relações com os conhecimentos prévios que durante a leitura crie hipóteses e possa estabelecer inferência e criticidade. O aluno, ao expor a finalidade da leitura, deve se sentir motivado e, sempre que possível, associar o que será lido ao contexto sociocultural real. Assim, o ato de ler é um processo que envolve diversos fatores, como objetivo e o conhecimento prévio, capacitando o leitor a desenvolver habilidades próprias de leitor proficiente. Isso compreendendo, sempre, o aluno como um ser ativo e atuante, assim como a leitura é uma prática social e de interação, e o conhecimento também é elaborado pelo sujeito/aluno e não só transmitido pelo professor.

> *A história era realmente bem curta e após o término a professora pergunta qual animal era mais rápido, a lebre ou a tartaruga. Todos respondem que é a lebre, e ela então pergunta por que a tartaruga ganhou. Os alunos ficaram quietos e a professora disse que a tartaruga ganhou, pois ela não desanimou e continuou andando lentamente enquanto a lebre dormia.*
> (RA n. 15-04/08/2011 – Pesquisador 2)

O procedimento pode fazer com que os alunos conheçam obras e os objetivos que a boa leitura pode proporcionar, ampliando seus conhecimentos e informações referentes a diversos assuntos, auxiliando-os na compreensão do que se lê, de forma autônoma construindo significados, criando hipóteses, estabelecendo relações com os conhecimentos que já têm para tornar-se um leitor crítico e, ao expor a finalidade da leitura, deve se sentir motivado.

Ao preparar a leitura que será proposta ao aluno, o professor se prepara, também, para a mediação desta junto às crianças, incentivando-as e proporcionando-lhes autonomia e compreensão do que está sendo lido.

A leitura é um dos meios de o indivíduo manter-se informado e aprender em todas as esferas do interesse humano. A palavra escrita tem características que a distinguem de outros meios de informação audiovisual, por sua flexibilidade e capacidade de transmissão de grande quantidade de informações, de estimular a imaginação e, especialmente, de ser controlada pelo leitor, sujeito ativo que processa o texto por meio de suas habilidades de raciocínio, conhecimentos, experiências e esquemas prévios. (SOLÉ, 1998, p. 75)

Estrategicamente, o professor pode propor aos alunos situações de leitura em que estes leiam em voz alta à frente da sala. O professor, como mediador e incentivador da classe, introduzindo tais situações, fornece aos alunos: desenvolver a leitura e as funções de leitura e autonomia, adquirir o comportamento leitor, ampliar seu repertório de leitura, identificar por si só formas diferentes de ler, ativar o interesse pelo fascínio de ler, saber transmitir informações, dialogar com o texto.

Segundo Lerner (2002), é necessário, desde o princípio, que a escola faça com que as crianças participem de situações de leitura e de escrita; é necessário pôr, à sua disposição, materiais escritos variados, sendo necessário ler para eles muitos e bons textos, para que tenham oportunidade de conhecer diversos gêneros e possam fazer antecipações fundadas nesse conhecimento.

Por muito tempo, acreditou-se que o contato com os livros somente aconteceria quando a criança já tivesse o domínio da leitura. Hoje, no entanto, sabe-se que é com o contato com textos que o aluno estabelece as relações que podem desenvolver comportamentos leitores e ajudar os estudantes a compreender a sua função comunicativa.

Certas atividades devem ser feitas diariamente com os alunos de todos os anos para desenvolver habilidades leitoras e escritoras, entre elas a leitura e a escrita feitas pelos próprios estudantes e pelo professor para a turma (enquanto eles não compreendem o sistema de escrita), as práticas de comunicação oral para aprender os gêneros do discurso e as atividades de reflexão e análise da língua. A leitura, coletiva e individualmente, em voz alta, precisa fazer parte do cotidiano na sala. O mesmo acontece com a escrita, no convívio com diferentes gêneros e propostas diretivas do professor.

O propósito maior deve ser a linguagem como uma interação do aluno com a leitura, e esta deverá, por sua vez, atribuir uma finalidade específica para o leitor, para que este busque informações, resolver situações diversas do cotidiano, ler para se informar, ler para escrever e ler por prazer.

> *[...] Cada situação de leitura responderá a um duplo propósito. Por um lado, um propósito didático: ensinar certos conteúdos constitutivos da prática social da leitura, com o objetivo de que o aluno possa reutilizá-los no futuro, em situações não didáticas. Por outro lado, um propósito comunicativo relevante, desde a perspectiva atual do aluno.* (LERNER, 2002, p. 80)

O professor é o intermediário do ato da leitura pelos alunos, propondo situações para que estes atribuam significados pela leitura por antecipação e interajam de forma ativa com o texto, expressando seus sentimentos, experiências, opiniões e ideias, apropriando-se das características dos textos e dos gêneros textuais a serem lidos. Dessa forma, o professor planeja atividades que contribuam para a construção de sentidos, propiciando a autonomia dos alunos, para que estes elejam aquilo que irão ler e consigam ler sozinhos atribuindo significados, ampliando seu repertório literário e contribuindo para acrescer sua competência de leitura.

5. ESTRATÉGIAS DIDÁTICAS: PROCESSO DE APLICAÇÃO E AVALIAÇÃO

Com base nos estudos de Lerner (2002), foram organizadas estratégias didáticas de leitura para os alunos, em parceria com o professor regente.

A primeira proposta de regência foi uma atividade desafiadora tanto para os alunos com hipótese de escrita silábica como para os alfabéticos. A proposta de regência para os alfabéticos era uma lista de frutas com erros ortográficos, e havia três listas diferentes para que não houvesse cópia entre eles. Já para os silábicos era uma lista de brinquedos e brincadeiras, e para os pré-silábicos o objetivo era escrever uma lista de material escolar utilizando o alfabeto móvel. Com o apoio das professoras regentes, foram delimitados os agrupamentos dos alunos. Considerou-se que a atividade foi produtiva e desafiadora para cada nível de hipótese de escrita, pois, apesar das diferenças de atividades, os alunos alfabéticos levaram o mesmo tempo que os silábicos para realizar a atividade.

A segunda proposta teve como base a leitura de um texto chamado Desafio do livro didático, no livro *Infância Feliz*. O texto relaciona várias personagens de contos de fadas, e os alunos deveriam dizer a qual conto as personagens descritas pertenciam. Explicou-se que a história era diferente e que havia um desafio, sendo esse também o nome da própria história. O objetivo desta proposta foi atingido com todos os alunos, independentemente do nível de domínio de leitura e escrita.

A terceira estratégia ocorreu de forma diferenciada nas escolas. Em princípio, havia sido selecionada a história "Quando eu não consigo dormir", de Mirna Gleich Pinsky, retirado do *Livro dos Medos*. No entanto, a pesquisadora 1 teve dificuldades de encontrar o livro, pré-reservado, na biblioteca da escola. Após um novo planejamento, decidiu-se que a pesquisadora 1 leria "Bruxinha e as maldades da Sorumbática", de Eva Furnari, enquanto a pesquisadora 2 permaneceria com a história inicial.

Na leitura feita pela pesquisadora 1, depois do resgate oral dos fatos acontecidos na história, os alunos discutiram sobre a questão da bondade da bruxa, e isso gerou opiniões diversas entre eles, o que foi relevante, pois a partir disso é que houve a reflexão e a participação de todos. Por sua vez, na leitura da aluna pesquisadora 2, o livro foi apresentado e houve um bate-papo sobre outros contos de medo. No decorrer da história, os alunos se dispersaram em alguns momentos, e isso foi avaliado pelo fato de estarem no chão um ao lado do outro, o que não era habitual.

Para que eles voltassem a ter interesse em escutá-la, a aluna pesquisadora começou a fazer questões sobre o texto, bem como a ressaltar trechos, e eles voltaram a ficar envolvidos. Após o término da leitura, em roda de conversa, os alunos falaram sobre seus medos e, em seguida, a professora regente perguntou se eles haviam gostado da leitura. A resposta foi positiva.

A quarta estratégia envolvia a leitura do texto informativo "Cisne e Pedalinho" viram conto de fadas, retirada do livro didático *Infância Feliz*. Ambas as pesquisadoras iniciaram a leitura perguntando se os alunos sabiam o que era um pedalinho e vários alunos expuseram suas opiniões. Com a pesquisadora 1, uma aluna respondeu à pergunta e, em seguida, explicou para os outros alunos o que é um pedalinho. Já com a pesquisadora 2 nenhum aluno chegou a uma resposta satisfatória do que era pedalinho e, por fim, receberam uma explicação por parte dela.

Depois das explicações iniciadas à leitura, eram feitas perguntas e expostas as gravuras do livro. Novamente a pesquisadora 2 teve de explicar o que era reflexo, pois os alunos não estavam entendendo essa parte da história. Foi perceptível, e mais evidente com a pesquisadora 2, a dificuldade de entendimento dos alunos de textos informativos. Acredita-se que um dos fatores que contribuíram para essa dificuldade foi a ausência deste gênero no cotidiano dos alunos.

Na quinta estratégia, optou-se por ler curiosidades extraídas da revista *Recreio*, mas esta atividade só foi possível de ser realizada na sala da pesquisadora 1, pois a turma da pesquisadora 2 teve, na sequência, excursão das crianças, reunião de pais, feriado e baixa frequência às aulas na semana posterior, em virtude de evento esportivo realizado na cidade – as escolas serviram de alojamento para delegações de diferentes cidades e as aulas seriam suspensas.

A pesquisadora 1 explicou o que seria lido e começou: "De onde veio o Hamburguer?" Comentou-se brevemente sobre isso e foi realizada a leitura. Em seguida, ela perguntou: "Como é feito o giz?", e alguns alunos disseram que era feito de cera. A pesquisadora 1, ao perguntar sobre o giz usado na lousa, recebeu a resposta de uma aluna: feito de gesso. Os alunos gostaram da leitura e fizeram seus comentários após todas as curiosidades lidas, pois eram informações novas e instigantes.

Na sexta e última proposta foi escolhido o conto "O Cavaleiro de Pedra", do livro *Meu livro de Histórias Assustadoras*. Novamente a pesquisadora 2 não aplicou a estratégia em virtude das aulas suspensas das escolas públicas da cidade. Durante a leitura da história, os alunos ficaram atentos e ansiosos.

Foram mostradas as ilustrações e, após o término, foi pedido que conversassem sobre os acontecimentos da história e não apenas sobre as partes de que mais gostaram.

Foi possível perceber que a compreensão de textos centrou-se no ensino de gêneros, e foram necessárias intervenções didáticas do professor em relação ao ensino-aprendizagem, explicando sobre as características linguísticas de cada texto. Com isso, definiu-se os objetivos do ensino do gênero, adaptando ao nível do aluno e às atividades voltadas para o ensino.

Segundo Dolz e Schneuwly (1997, p. 8), "Os gêneros, sendo concebidos como formas de representação de diferentes realidades, têm uma forma que não depende de práticas sociais, mas da realidade da mesma". Nesse sentido, buscariam confrontar os alunos com práticas de linguagem historicamente construídas, para dar-lhes a possibilidade de reconstruí-las e delas se apropriarem.

Dessa forma, deve-se colocar os alunos diante de uma situação real de produção, para, em seguida, discutir com eles sobre uma produção escolar, no caso o gênero, e abordar seus aspectos e características determinantes, na medida em que irão avançando na produção.

5. ALGUMAS CONSIDERAÇÕES

A apresentação dos dados nas tabelas assume real significado à medida que se contextualiza e apresenta diferentes faces de um processo bastante complexo, que é a apropriação da leitura. Foram feitas duas sondagens de leitura nos alunos – uma no início do semestre (fevereiro) e outra no final (novembro) de 2011.

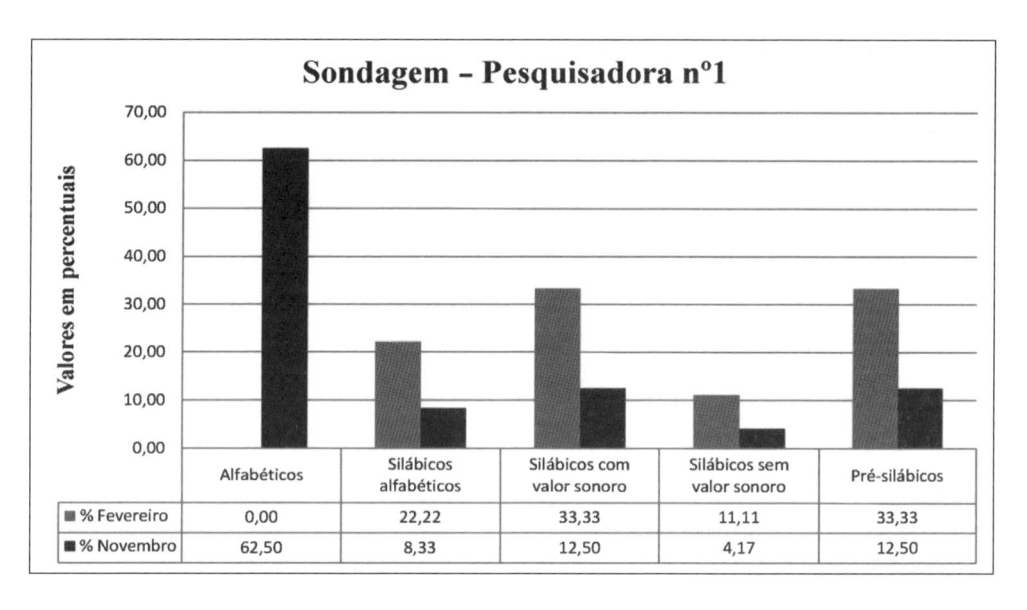

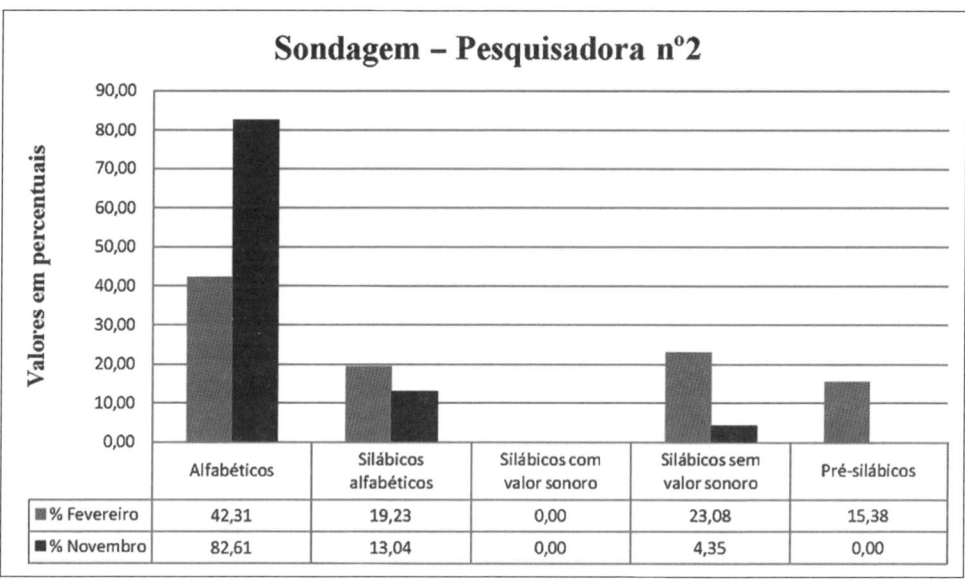

São resultados que revelam o cumprimento do objetivo proposto, tanto no processo de formação inicial de professores quanto na responsabilidade da professora regente. O processo de aquisição do sistema de escrita evidencia-se em termos dos dados coletados e atenta ao objetivo geral do trabalho desenvolvido, alcançando índices próximos da meta estabelecida. Tal avanço se dá, de modo evidente, em decorrência da qualidade das intervenções diretas em termos da aquisição do sistema, mas, em grande parte, é motivado também pela qualidade e variedade das interações com diferentes gêneros textuais e portadores de textos. A leitura em suas diversas modalidades, trabalhada na escola, antecipa-se e aprimora o processo de aquisição acerca do sistema. Tais reflexões, possíveis a partir do volume de registros produzidos, interferem na formação dos professores atuantes e ainda em formação inicial, construindo novos saberes dos professores e ressignificando o lugar ocupado pela teoria no processo de ensino e aprendizagem da leitura e da escrita.

REFERÊNCIAS

BERNARD, S.; DOLZ, J. *Os gêneros escolares:* das práticas de linguagem aos objetos de ensino. Artigo. 1997.

CARVALHO, M. P. *No coração da sala de aula:* gênero e trabalho docente nas séries iniciais. São Paulo: Xamã. 1999.

EZPELETA, J; ROCKWELL, E. *Pesquisa Participante.* São Paulo: Cortez: Autores Associados. 1989.

FERREIRO, E.; TEBEROSKY, A. *Psicogênese da Língua Escrita.* Porto Alegre: Artes Médicas, 1985.

LERNER, D. *Ler e escrever na escola.* São Paulo: Artmed. 2002.

SAVIANI, D. *Pedagogia histórico crítica:* Primeiras aproximações. São Paulo: Cortez: Autores Associados. 1991.

SOLÉ, I. *Estratégias de Leitura.* Porto Alegre: Artmed. 2008.

VIÉGAS, L. S. *Reflexões sobre a pesquisa etnográfica em Psicologia da Educação.* Artigo. 2007.

WEISZ, T. *O diálogo entre o ensino e a aprendizagem.* São Paulo: Ática. 2002.

Capítulo 23

POLÍTICAS PÚBLICAS PARA O ENSINO DE LÍNGUA PORTUGUESA: ALGUMAS REFLEXÕES

Rosália Maria Netto Prados
Sonia Maria Alvarez

1. INTRODUÇÃO

Discute-se, neste artigo, como as políticas públicas de ensino de língua materna foram se configurando na educação brasileira. Tais políticas públicas, sobre a configuração dos estudos de Língua Portuguesa no Brasil, refletem diretamente no processo de ensino-aprendizagem, que se constitui ao longo do processo histórico da educação brasileira.

Tal reflexão justifica-se, pois a discussão sobre política linguística já se caracterizava, ainda que de forma incipiente, desde os primórdios da colonização brasileira, em pleno século XVI. A constituição da identidade do povo brasileiro se cria e se desenvolve nesse panorama histórico, político, econômico e social. No romantismo, no século XIX, por exemplo, diferentes explicações e conflitos se estabelecem entre escritores brasileiros e portugueses e, no início do século XX, poetas modernistas, como Oswald de Andrade, Manuel Bandeira, dentre outros, enfocavam o conflito do uso que caracterizava o falar brasileiro e já inflamava muitas discussões. Recentemente, na mídia, em importante emissora, foram focalizadas questões de diferentes usos apresentados em um livro didático como "erros". Evidencia-se uma política linguística do uso do padrão da escrita, mas que não aceita os diferentes falares dos brasileiros, com grande clamor midiático.

O homem, como 'ser de linguagem', é produtor de variantes linguísticas nas mais diferentes práticas sociais em que está inserido. Esses processos de variações manifestam os sistemas de valores socioculturais e linguísticos e podem ser descritos segundo seu contexto de produção, como mencionado a seguir.

1. POLÍTICAS PÚBLICAS NO BRASIL E O MUNDO CONTEMPORÂNEO

A atualidade social que hoje se configura volta-se à transnacionalização das dimensões políticas e econômicas, com seu mercado, com a tecnologia em rápido crescimento e com o individualismo exacerbado. A hibridização do público e do privado é forte neste contexto, a subjetividade consumista, o prazer imediato, o culto à aparência, com o consequente declínio da interioridade e da reflexividade como valores. (FABRÍCIO, 2008)

Por sua vez, o processo de globalização é bastante antigo e podem ser citadas as primeiras explorações comerciais regionais lideradas, na antiguidade, pelos romanos; mais tarde pela Espanha e por Portugal, e, na modernidade, pela industrialização na Grã-Bretanha. No mundo pós-guerra, essas articulações político-exploratórias evidenciam-se com a hegemonia americana na economia mundial.

Hoje, a diferença em relação às globalizações anteriores diz respeito à intensidade das mudanças, com a diminuição da distância espacial e temporal e com a diluição das fronteiras. O traço distintivo dessa fase está representado pelas novas tecnologias de Internet. Para Bauman (2010), no mundo líquido dessa sociedade, a própria essência da ideia de educação, tal como ela se formou, é questionada. A solidez das coisas, assim como a solidez dos vínculos humanos, não é mais valorizada. São discussões que se impõem nesse contexto contemporâneo em que o consumo exige sempre a busca de soluções novas em sistemas também novos.

Essa educação caracteriza-se nesse respectivo contexto social. Ainda, segundo Bauman (2010), homens e mulheres desses tempos líquidos procuram consultores que os ensinem a caminhar e não professores que os orientem num percurso único. Na contemporaneidade, caracteriza-se um saber operativo, nem tanto um saber específico, e, para Bauman, o atual culto da educação permanente tem sua parte de concentração na necessidade de atualizar o saber – fazer na informação profissional.

Faz-se necessária uma reflexão sobre a ideia de discurso, a fim de se descreverem os discursos das políticas públicas culturais e educacionais nesse contexto.

Todos os sistemas têm universos de discursos próprios. A produção de discurso, segundo Pais (2007), é decorrente dos discursos que o precederam. Um discurso específico gerado num determinado contexto e prática social, como é o caso do discurso político, responde às forças e expectativas desse grupo e se caracterizaram num contexto social, histórico, cultural e linguístico.

A experiência individual do sujeito, em sua alta especificidade, é única e intraduzível e só será inteligível aos outros membros apenas quando traduzida em termos do "consenso" que é constituído social, histórico, cultural e linguisticamente por tal grupo. É importante considerar as palavras de Landowski, sobre a análise de textos, ou enunciados, produzidos no campo da sociologia, sobre o discurso político, por exemplo, e que podem ser analisados, segundo as relações que mantêm com a linguagem:

> *Se, hoje, para um número expressivo de pesquisadores, a ciência política, considerada parte integrante da Sociologia, tornou-se prioritariamente uma abordagem dos comportamentos e das atitudes, a análise das representações que comandam essas atitudes passa, por sua vez, pela decriptação e pela interpretação de certos tipos de textos.* (LANDOWSKI, 1992, p. 9)

Landowski, ao se referir à Ciência Política, esclarece que o texto é um material familiar aos pesquisadores das Ciências Sociais, mas o discurso, além de seu estatuto linguístico, pode ser analisado como objeto do conhecimento que se encontra numa problemática das relações e estratégias de poder. Nas redes sociais, como em qualquer interação pela linguagem, caracteriza-se a interdiscursividade, relações de linguagem.

O discurso possibilita novas perspectivas de análise, não só no estudo da temática das ideias e ideologias, ou do vocabulário e de figuras, mas, segundo Landowski, trata da questão do "funcionamento global e da eficácia social da atividade discursiva enquanto tal" (LANDOWSKI, 1992, p. 23). Os diferentes tipos de textos são produtos de universos discursivos construídos pelos sujeitos nas suas práticas sociais e discursivas.

Delineia-se, no contexto contemporâneo, um discurso político-educacional que pretende uma articulação com a sociedade brasileira como um todo, num esforço para a transformação do sistema educacional do Brasil, a partir de 1996, com a LDB 9394, depois com os Parâmetros Curriculares Nacionais, e contemporaneamente com as discussões propostas nas novas diretrizes curriculares. A transformação da sociedade, para o exercício da cidadania, passa necessariamente pela formação, tanto no sentido lato da palavra, quanto no percurso de sua significação: a formação do professor para a formação do aluno.

Os discursos político-educacionais de formação do professor para o ensino da língua materna trazem subjacentes sistemas de valores politicamente constituídos no contexto sociocultural, com todos os desafios que se lhe impõem.

Não é só oportuna essa questão sobre formação, mas pertinente, pois a transformação do sistema educacional tem de passar pela escola, porque é urgente a construção de um novo sentido de cidadania, um olhar sobre a diversidade e o sincretismo cultural para a redução da diferença. São conceitos que caracterizam o discurso das políticas públicas educacionais. É evidente a importância do papel da escola para a educação básica, responsável para formação integral do ser humano. Considera-se, assim, relevante esta reflexão sobre as políticas de ensino da língua materna e o efetivo exercício da cidadania.

2. POLÍTICAS PÚBLICAS E ENSINO DA LÍNGUA MATERNA

As políticas públicas culturais e educacionais, produzidas no contexto contemporâneo e voltadas ao ensino de Língua Portuguesa, configuram-se como preocupações efetivas voltadas à melhoria da qualidade do ensino-aprendizagem em língua materna.

A dinâmica sociocultural brasileira dissemina a escrita enquanto tecnologia e instrumento de poder e autoridade herdado da colonização e incorporado à aparelhagem do estado pós-colonial e traz como mito o poder da escrita, do livro e da cultura letrada, com a homogeneização dos usos linguísticos, com uma norma escrita única (SIGNORINI, 2006).

Para Geraldi (2008), nos dias atuais, a escola não se configura mais como o lugar de informação, pois os meios de comunicação e o próprio trabalho, em um mundo globalizado, tiram ou desfocam essa função escolar. O autor elabora uma retrospectiva histórica sobre o percurso da LP e seu ensino, no Brasil.

Geraldi inicia sua exposição com a implantação do Português no Brasil, com o Marquês de Pombal, que proíbe o uso das línguas gerais. Inicia-se, assim, o glotocídio das 180 línguas indígenas, até fins do século XIX.

A partir do início do século XX, a inteligência nacional preconizou o purismo linguístico que segue até a Semana de Arte Moderna, com Mário de Andrade e sua aproximação da Língua Portuguesa com o povo. De 1945 a 1960, centram-se os estudos no ensino da gramática, na correção gramatical. E, com a Ditadura Militar, em 1964, desaparece a reflexão sobre a língua, que passa a ser vista como Comunicação e Expressão.

O surgimento de uma nova universidade traz para a linha de frente os estudos linguísticos e não mais uma cultura clássica; aparecem novos pesquisadores, descendentes de imigrantes.

Os Planos Curriculares, da Secretaria de Educação do município de São Paulo, para Geraldi (2008), e as Propostas Curriculares da Secretaria de Educação do Estado de São Paulo servem de modelo para os Parâmetros Curriculares Nacionais. Vale lembrar que os planos e as propostas curriculares viram parâmetros, modelos a serem seguidos, com a ação como consequência.

Hoje, focaliza-se a não objetividade da ciência, sem verdades absolutas. Relaciona-se o ensino-aprendizagem de LP com o exercício de poder, com as atuais políticas linguísticas e as questões próprias das linguagens. Ainda, para Geraldi (1996), nos estudos linguísticos atuais, a língua é marcada pela fala, com a dêixis, as modalidades, a performatividade, a polissemia, a argumentação, a implicitação, a polifonia e a heterogeneidade. Menciona, ainda, a necessidade de se considerar nesses estudos, as instâncias sociais para o ensino de LP.

Esse novo quadro se sustenta, pois a função tradicional do ensino, a instrumental, resultou em diferentes deficiências, em função do uso oral rudimentar, da língua fechada em grupos sociais, da falta de domínio de estruturas linguísticas e do léxico. A escola, portanto, deve propiciar, hoje, uma diversidade de interações, com diferentes usos da língua em instâncias privadas e públicas, com a concepção de linguagem como atividade constitutiva, cujo *locus* de realização é a interação verbal, com o uso linguístico voltado à leitura e à produção de textos, com a utilização da Pragmática, da Análise de Discurso e da Sociolinguística, novas correntes linguísticas aplicadas às metodologias de ensino da Língua Materna.

A partir das considerações de Geraldi, uma pequena retrospectiva histórica se faz necessária sobre as Políticas Públicas para o ensino de LP no Brasil. Para isso, retoma-se o período de 1970/1980, com a intervenção do Estado no currículo escolar e a criação da matéria Comunicação e Expressão, que agruparia as disciplinas de LP, Educação Artística e de Educação Física. A lei 5692/1971 estrutura a escola de 1º grau, antes dividida entre curso primário e curso ginasial e a de 2º grau como aquela que se caracterizou como uma etapa de passagem para o ensino superior, sem caráter formativo. Essa etapa educacional que, para a grande maioria de jovens, sem possibilidades de acesso à continuidade dos estudos, tornara-se esvaziada de sentido e função.

Para Pietri (2012), houve o elo entre a LP e os conhecimentos produzidos pela teoria da informação e da comunicação, sendo que anteriormente o conhecimento era voltado ou fundamentado na Gramática Normativa.

Em 1975, surgem os Guias Curriculares para o ensino de 1º grau e os subsídios para a implementação dos guias, com a assessoria de linguistas. Desloca-se, aqui, o valor tradicional da escrita, sobretudo a literária, como referencial, e questiona-se como a linguística trataria do problema de caráter social da língua, com críticas voltadas ao caráter "permissivo da área" em relação aos chamados erros, que se constituíram a partir do estabelecimento de normas que devem ser seguidas, como havia sido caracterizada a gramática normativa. O objetivo desse trabalho seria divulgar os ideais linguísticos aos não especialistas em pleno regime militar.

Os Guias, por sua vez, não mencionavam o conteúdo programático; o caráter da disciplina voltava-se a um fazer; desconheciam-se os objetivos para o ensino, com sua consequente falta de fundamentação teórica em língua portuguesa, dentre outras questões.

Os pesquisadores dos estudos linguísticos, em 1976, iniciam o trabalho para elaborar e implantar as propostas curriculares, pela SEESP e, em 1978, surgem os Subsídios à Proposta Curricular de LP para o 2º grau, com oito volumes e com a coordenação de Ataliba Castilho, em parceria com a Unicamp, para o ensino de 2º grau.

A partir de 1985, com a assessoria de Carlos Franchi, do Instituto de Estudos da Linguagem, da Unicamp inicia-se o processo com o trabalho sobre as propostas curriculares de LP. Em 1986, o texto é analisado por monitores da rede pública do estado de São Paulo e em 1987 é reformulado e posto em discussão.

Em 1988, surge a versão definitiva da Proposta Curricular de LP, pela CENP, a Coordenadoria de Ensino e Normas Pedagógicas, do estado de São Paulo. Esta proposta tem por base diferentes pesquisadores de LP, da Unicamp, da USP e da Unesp. Dentre eles, Ilari (1988), que enfoca a importância do professor e do aluno ao dizer que a mudança virá daqueles que vivem o ensino. Todas as escolas recebem esse guia oficial para o ensino de LP, com republicação posterior.

São tópicos de estudo, tais como a definição de o que é linguagem, o que é texto, o que é criatividade, os preconceitos e discriminações sociais na atividade linguística etc. Não há referência explícita ao tradicional estudo de LP, apesar de os autores não se posicionarem contra a gramática normativa em momento algum. O que fazem nos treinamentos com monitores de LP, em encontros articulados pela CENP, é atualizar o monitor (responsável em sua diretoria de Ensino), para multiplicar os novos conhecimentos linguísticos contidos nas propostas.

Vale lembrar que tais encontros levaram muitos professores da rede pública a fazerem mestrado e doutorado, para se afinarem à nova realidade linguística que ora se apresentava para o ensino-aprendizagem de LP.

A seguir, surgem seções voltadas à alfabetização, ao Ciclo Básico e à 3ª série até a 8ª, com conteúdos de ensino voltados às atividades de linguagem, de reflexão e operação sobre a linguagem e a processos diversificados de avaliação, com o respeito ao texto do aluno e à correção voltada a esse mesmo texto e não a um texto modelo, abstrato ou referente aos grandes clássicos da língua, segundo a Gramática Normativa.

Nesse processo de democratização do ensino de Língua Materna, a presença das camadas populares na escola que, por sua vez, não só se distanciam do padrão da escrita, como também apresentam a falta de familiaridade com os saberes tradicionais exigidos pela escola, fez com que se estabelecesse um conflito no ensino. Nesse contexto, havia a necessidade de se estudar e trabalhar as variedades linguísticas que constituem os diferentes grupos sociais que passam a frequentar a escola e a aprender LP. Prega-se, assim, uma ordem social mais justa, com o respeito à variedade linguística do aluno frequentador dos bancos escolares, fundamentada em novas teorias linguísticas.

Em 1998, surgem os Parâmetros Curriculares Nacionais, PCN, com base nas propostas curriculares já mencionadas. Aqui são parâmetros a serem seguidos como modelos, e o professor, sem ter conhecimento das teorias que embasam tais parâmetros, não os consulta. Surgem textos, artigos explicativos para o uso e adequação aos parâmetros curriculares.

Em 2008, tem-se a Proposta Curricular e, a seguir, as Orientações Curriculares para o Ensino Médio, como reforço e esclarecimentos aos já mencionados Parâmetros Curriculares. Por eles são levantadas questões teóricas atuais sobre texto, gênero e letramento, e os professores atuantes em sala de aula carecem de fundamentação teórica para esse trabalho. Baseando-se na teorização de base linguística, outras questões teóricas também se impõem, como a da tecnologia no ensino, com as sociedades digitais.

Diferentes letramentos são discutidos, à luz dessas novas tendências, com as linguagens em transformação. Por sua vez, a sala de aula torna-se desatualizada e, em curso de formação de professores de LP, em muitas situações e disciplinas, não há valorização da presença e visibilidade da diversidade cultural e social, com a consequente diluição de fronteiras entre o público e o privado.

Para Masetto (2012), a carência de formação não prepara o professor para as atuais inovações, que não incluem somente as tecnologias de Informação. Para o autor, a inovação marca-se por projetos em movimento e a escola permanece estática.

Para Signorini (2012), os novos letramentos aparecem em ambientes multi e hipermidiáticos, que acarretam para a formação do professor de LP um caráter disruptivo de muitas das práticas de uso da linguagem em sala de aula, em relação ao tradicional letramento grafocêntrico conhecido e sua consequente relação a padrões de uso da língua, tidos como alvo para o ensino/aprendizagem e as necessidades e oportunidades criadas por tais práticas que não permitem uma fronteira clara entre elas. Melhor seria usar a metáfora de borda, para integração das práticas antigas e das novas.

Ainda, segundo Signorini, o professor deve, na atualidade, negociar as diferenças linguísticas e culturais, o acesso às diferentes linguagens profissionais, a promoção do engajamento crítico para o sucesso individual, tanto dos educadores quanto dos alunos, como participantes ativos, de uma pedagogia como *design*.

3. CONSIDERAÇÕES FINAIS

As reflexões estabelecidas sobre as políticas linguísticas para o ensino de Língua Portuguesa constituem a identidade do professor e do aluno de Língua Portuguesa na contemporaneidade. Tais políticas refletem o percurso de nossa formação enquanto povo brasileiro, com as diferentes políticas comuns a diferentes povos colonizados e sua consequente emancipação política e econômica, sem desconsiderar os ganhos com a globalização e suas consequências.

O processo de ensino-aprendizagem em Língua Portuguesa, na atualidade, retoma, em princípio, diferentes visões das teorias linguísticas, sem que se tenha consciência disso. As condições de produção específicas que regem a interpretação da linguística, em termos teórico-metodológicos em sala de aula, são as que se apreendem do momento histórico-social, em que seu uso se situa, como visto nas considerações acima elencadas.

Vale lembrar que as políticas linguístico-culturais refletem discursos historicamente determinados e geograficamente delimitados, pois a visão da língua materna, em determinada comunidade sociocultural e linguística, se acha sempre em processo de reformulação e em constante processo de mudança, o que, de forma contraditória, transmite a seus membros o sentido de estabilidade e continuidade.

Impossível negar, também, que a tecnologia atual mostra uma mudança de valores, com diferentes normas de socialização e diferentes modelos de identificação, inclusive em termos educacionais e linguísticos.

REFERÊNCIAS

BAUMAN, Z. *Capitalismo Parasitário*. Trad. de Eliana Aguiar. Rio de Janeiro: Zahar, 2010.

FABRICIO, B. F. Linguística Aplicada como espaço de desaprendizagem – redescrições em curso. In: LOPEZ, L. P. M. (Org.). *Por uma linguística Aplicada Indisciplinar*. São Paulo: Parábola, 2006, p. 45-63.

GERALDI, J. W. Correlações entre as situações políticas e as preocupações com a Língua Portuguesa. In: CINTRA, A. M. M. *Ensino de Língua Portuguesa* – reflexão e ação. São Paulo: EDUC, 2008.

_____. *Linguagem e Ensino*. Exercício de militância e divulgação. Campinas: Mercado de Letras, 1996.

ILARI, R. *Proposta Curricular para o ensino de Língua Portuguesa* – 1º grau. São Paulo: SE/CENP, 1988, p. 7 (epígrafe) 2008.

LANDOWSKY, E. *A Sociedade Refletida*. São Paulo: EDUC, 1992.

MASETTO, M. T. Inovação Curricular, tecnologias de informação e comunicação e formação de professores. In: SIGNORINI, I.; FIAD, R. S. (Orgs.). *Ensino de Língua – Das reformas, das inquietações e dos desafios*. Belo Horizonte: Editora UFMG, 2012, p. 230-247.

PAIS, C. T. Considerações sobre a Semiótica das Culturas, uma ciência da interpretação: inserção cultural, transcodificações transculturais. In: *Acta Semiótica et Linguística*. v. 11. Ano 30. São Paulo: 3ª Margem, 2007, p. 149-157.

PIETRI, E. de. Os estudos da linguagem e o ensino de Língua Portuguesa no Brasil. In: SIGNORINI, I.; FIAD, R. S. (Orgs.). *Ensino de Língua – Das reformas, das inquietações e dos desafios*. Belo Horizonte: Editora UFMG, 2012, p. 18-37.

SIGNORINI, I. A questão da língua legítima na sociedade democrática: um desafio para a linguística aplicada contemporânea. In: LOPES, L. P. M. (Org.). *Por uma linguística aplicada indisciplinar*. São Paulo: Parábola, 2006.

_____. Letramentos multi-hipermidiáticos e formação de professores de língua. In: SIGNORINI, I.; FIAD, R. S. (Orgs.). *Ensino de Língua das reformas, das inquietações e dos desafios*. Belo Horizonte: Editora UFMG, 2012, p. 282-303.

SOARES, M. B. *Linguagem e Escola:* uma perspectiva sociolinguística. São Paulo: Ática, 1986.

POLÍTICAS CULTURAIS E CIDADANIA

Patrimônio imaterial: inventário e registro dos fazeres das rezadeiras da Festa do Divino de Mogi das Cruzes
BONINI, Luci Mendes de Melo; PRIETO, Rute; SCHMIDT, Cristina; MELO, Eliana Meneses de

Política e comunicação no Brasil: anotações
GARCIA, Wilton

Políticas públicas, população de rua e os recortes culturais no cotidiano
MELO, Eliana Meneses de

Patrimônio ao léu: novas políticas para a preservação cultural em Mogi das Cruzes-SP
RIBEIRO, Glauco Ricciele Lemes Prado da Cruz

O jornalismo público e suas consequências nos discursos dos ouvintes de uma emissora de rádio
SCHIAVI, Marilei

A formação de lideranças: o processo de empoderamento comunitário e a participação nas Políticas Públicas
SCHMIDT, Cristina; RANGEL, SIlvia Aparecida do Carmo

Proteção social em uma das maiores favelas da cidade de São Paulo: o papel do Instituto Baccarelli
VALENTE, Heloisa Duarte; FONTERRADA, Marta

PATRIMÔNIO IMATERIAL: INVENTÁRIO E REGISTRO DOS FAZERES DAS REZADEIRAS DA FESTA DO DIVINO DE MOGI DAS CRUZES

Luci M. M. Bonini
Rute Prieto
Cristina Schmidt
Eliana Meneses de Melo

1. INTRODUÇÃO

As heranças imateriais são dignas de preservação porque estão ligadas à identidade de uma nação, de uma região ou de uma comunidade. No caso da Festa do Divino Espírito Santo no Brasil, muitos são os fazeres nas diversas celebrações ao longo de todo o território nacional que merecem ser tombadas como patrimônios, antes que a cultura de massa anule completamente as diferenças.

Esta festa originária de Portugal se espalhou pelo Brasil e, em cada região, foi adquirindo singularidades que fazem de cada uma delas uma celebração que conserva as mesmas vibrações religiosas da fé, por um lado, e, por outro, conservam-se tão diferentes em seus fazeres e saberes.

Em Mogi das Cruzes, cidade localizada na região do Alto Tietê do estado de São Paulo, a devoção ao Divino Espírito Santo é a mais antiga do Brasil, documentos encontrados nos arquivos da Câmara Municipal demonstram que em 1613 a população da Vila da Senhora de Santa Ana já mantinha a devoção por ocasião da celebração de Pentecostes (CAMPOS, 2013).

Entre os vários eventos desta festa, alguns já foram objetos de pesquisas mais profundas, como é o caso da Entrada dos Palmitos, uma procissão que serpenteia pelo centro da cidade na véspera do dia de Pentecostes, com milhares de devotos segurando suas bandeiras, carros de boi enfeitados e inúmeros grupos folclóricos que agradecem as graças recebidas. Esta procissão foi alvo de visita do escritor e defensor da cultura brasileira Mario de Andrade no ano de 1936 (RODRIGUES Fº; DE CARLO Fº; s/d).

Este estudo preliminar faz parte de um projeto de pesquisa que busca inventariar as referências culturais da região do Alto Tietê, suas festas folclórico-religiosas, entre as quais se destaca a Festa do Divino Espírito Santo de Mogi das Cruzes, de modo que este registro seja uma forma de convidar a uma reflexão mais profunda sobre a importância dos registros do patrimônio imaterial das expressões folclórico-religiosas da região em questão para o fortalecimento de políticas culturais adequadas de preservação da memória coletiva.

Com olhar voltado às manifestações culturais populares, o estudo avalia o percurso do sagrado nas casas dos devotos, onde as rezadeiras levam a possibilidade desse encontro. Dentro dos lares, os devotos pedem e agradecem, cantando e orando em comunhão.

2. PATRIMÔNIO CULTURAL IMATERIAL

As discussões sobre patrimônio imaterial no Brasil ainda são recentes. As preocupações mais antigas com a herança cultural são aquelas ligadas aos bens materiais, já que seus valores podem ser mais facilmente percebidos.

Para Kuutma (2009), o debate sobre a preservação de bens imateriais é recente e vem crescendo de forma global, porém, faz emergir uma contradição, pois a herança cultural imaterial é uma abstração e por isso mesmo está sujeita ao caráter subjetivo que cada legado tem para os sujeitos. São diversas interpretações possíveis diante de fazeres e saberes, e cabe aos pesquisadores decidirem quais devem ser preservadas, o que não é tarefa fácil. O autor ainda afirma que a expansão da preocupação com a preservação do passado e com o legado patrimonial popular vem num movimento crescente desde que veio à lume a Convenção para Proteção do Patrimônio Mundial Cultural e Natural na Conferência Geral da Organização das Nações Unidas para a Educação, Ciência e Cultura (UNESCO), de 1972, e depois de três décadas, em 2013, com a Convenção para a Salvaguarda do Patrimônio Cultural Imaterial.

Segundo o Instituto Nacional de Patrimônio Histórico e Artístico, IPHAN:

> *A Organização das Nações Unidas para a Educação, a Ciência e a Cultura (Unesco) define como Patrimônio Cultural Imaterial "as práticas, representações, expressões, conhecimentos e técnicas – com os instrumentos, objetos, artefatos e lugares culturais que lhes são associados – que as comunidades, os grupos e, em alguns casos os indivíduos, reconhecem como parte integrante de seu patrimônio cultural." Esta definição está de acordo com a* **Convenção da Unesco para a Salvaguarda do Patrimônio Cultural Imaterial**, *ratificada pelo Brasil em março de 2006.*

A herança é o produto de um emaranhamento temporal: embora haja um apelo ao "enraizamento diacrônico", a concepção de sua salvaguarda é um produto novo: é o presente pensando de que forma o futuro vai ver o passado preservado (KUUTMA, 2009).

Por ser novo é carregado de significados contemporâneos e ideologias que despejam novos olhares recheados de novos valores e reificados com a intenção de manifestar a etnicidade, a localidade, a história e as políticas culturais envolvidas no processo de catalogação, de armazenamento, descrição etc., de algo que já surgiu num tempo remoto, que pode estar em extinção ou não e vem sendo valorado com o olhar de agora.

Recentemente, a defesa de valores como qualidade de vida, proteção do meio ambiente e a preservação de referências culturais passou a ser entendida como direito do cidadão, pois por meio das garantias de preservação dos bens culturais é que grupos, antes sem voz própria, começam a ter reconhecidos seus direitos de preservar seu sentimento de pertencimento. (FONSECA, 2000)

Por isso, a herança cultural, para Kuutma (2009), só se torna real quando alguém a identifica como tal. Assim, o que é intangível passa a ter importância para alguém que mantenha um olhar mais atento e mais especulativo aos fenômenos culturais. As questões culturais têm sido objeto de pesquisa sob vários aspectos: antropológicos, sociológicos, psicológicos, semióticos, museológicos, folclóricos e por causa disto mesmo é que entendemos que este recente despertar para os estudos ligados à questão da herança cultural é um desafio multi e interdisciplinar. Várias áreas do conhecimento têm concorrido para o debate acerca das políticas de cultura no mundo, uma vez que já se sabe que a evolução das sociedades, altamente influenciadas pela cultura de massa, vem sufocando certas práticas rituais e muitos fazeres: alguns beiram à extinção, outros já desapareceram e nem mesmo uma memória dos mais velhos pode, sequer, recuperar.

A massificação desenfreada que ocorre no ocidente vem contaminando lentamente outras culturas e práticas de consumo oferecidas pela industrialização, mais "higiênicas", menos duradouras e mais "espetacularizadas" e que chamam mais atenção do que certas práticas consideradas antiquadas pelos mais jovens, adeptos das tecnologias que oferecem uma gama de produtos culturais efêmeros e plenos de significados das culturas desenvolvedoras destes produtos. Há um medo crescente de que as culturas ao redor do mundo venham a se tornar mais uniformes, justamente por causa da globalização, que por seu turno vem conduzindo, lentamente, a uma diminuição da diversidade cultural e da riqueza que advém dela. (PIETROBRUNO, 2009)

Diferentemente destes bens culturais passageiros, as heranças culturais, sejam materiais ou imateriais, falam de um lugar, trazem um sentimento de pertencimento, por isso, o primeiro passo para preservá-las é ativar nos representantes das comunidades a sua importância, pois só assim se cria uma responsividade pública que alerte as autoridades para sua preservação.

Fonseca (2000) afirma que para que se protejam as referências é necessário conhecer, identificar suas características mais evidentes, adentrar seus detalhes e suas características intrínsecas. Enunciando-se, assim, os detalhes, as minúcias, a fim de preservar traços culturais. Quando se trata de preservar traços de cultura, também se trata de demonstrar poder, da mesma forma que na medida em que uma comunidade demonstra sua vontade de perpetuar seus saberes, ela está sob uma ótica política de poder, é uma resposta confiável às autoridades políticas para a reafirmação do seu sentimento de pertencimento.

Os desejos da comunidade vêm referendando a proteção dos bens culturais por duas vertentes: a primeira delas é a vontade de pesquisadores de preservar certos fazeres e saberes e daí estimulam as comunidades a participar de pesquisas onde há relatos de vida, da mesma forma que esses intelectuais e pesquisadores ficam encarregados de construir e gerenciar museus, e uma segunda vertente que é aquela em que líderes dessas comunidades percebem que, a cada dia que passa, certos saberes despontam interesses econômicos ao redor do turismo, e que isso produz uma economia local que pode salvaguardar não só os bens culturais, como prover recursos, mudar a economia de uma determinada localidade, como vem acontecendo no país.

O Instituto do Patrimônio Histórico e Artístico Nacional – IPHAN criou o registro de bens imateriais, instituído pelo Decreto 3.551/2000, um instrumento que propõe a documentação e a produção de conhecimento como formas de preservação, que previa como bens imateriais quatro tipos de registros, dentro dos quais destacamos apenas dois, que se aplicam para este trabalho de pesquisa que busca caracterizar o saber-fazer das rezadeiras de Mogi das Cruzes: i) **celebrações**, para rituais, festas que marcam a presença de uma coletividade que pode ser no trabalho, na religião, no entretenimento ou outras práticas de vida social e ii) **saberes**, que se referem aos conhecimentos e modos de fazer que existem já há um tempo no cotidiano das comunidades (INRC, 2000).

Ferretti (2005) afirma que identificar um repertório de manifestações culturais que merece ser alcançado pelas políticas de salvaguarda, por ratificarem o amplo sentido da diversidade cultural do país e a identidade étnica desses grupos, é de extrema importância para o Brasil. Embora venha se preocupando de modo geral, tem ainda um grande caminho a percorrer, dada a diversidade de fazeres espalhada por todo o território nacional. O que se percebe num olhar mais rápido sobre as pesquisas é que, na maioria dos casos, há um jogo de interesses quando da escolha do que é prioridade, ou melhor, é difícil escolher quais são os bens merecedores de salvaguarda. Há muitos casos em que esta escolha conduz à "industrialização" da herança e acaba por converter certos locais e fazeres em destinos turísticos para dar sustentabilidade às comunidades ou para o enriquecimento de poucos que exploram certas atividades e produtos que delas decorrem.

3. MÉTODO

Este estudo teve início em 2012, quando as pesquisadoras acompanharam uma rezadeira, que, interessada pelo assunto, juntou-se ao grupo de estudiosos que pesquisam as referências culturais da Festa do Divino Espírito Santo de Mogi das Cruzes.

Em 2013, acompanhou-se o evento desde a pré-novena, passando-se pela missa do envio, as visitas aos lares dos devotos e algumas outras ações dentro da festa, assim como a quermesse, a Entrada dos Palmitos, as Alvoradas, os cafés, as novenas e missas.

Em 2012, acompanharam-se quatro residências, dois estabelecimentos comerciais e uma instituição de ensino com duas rezadeiras diferentes. Em 2013, foram observadas quatro residências, um estabelecimento comercial e uma instituição de ensino e uma única rezadeira. Várias anotações surgiram destes encontros e muitas conversas registraram a impressão dos participantes dos eventos, mas se focou, principalmente, nas anotações advindas das observações dos fazeres das rezadeiras.

4. AS REZADEIRAS DA FESTA DO DIVINO ESPÍRITO SANTO DE MOGI DAS CRUZES

4.1. A FESTA

A devoção ao Espírito Santo tem suas origens em Portugal, com a Rainha Isabel, esposa de D. Diniz (1261-1325), com o viés da caridade e do agradecimento pelas graças recebidas à fartura. Para Mariano (2005; 99): "Mesmo subordinada à religião católica, a festividade mantinha o caráter de culto dos vegetais e à natureza, incorporada, entre outros momentos, nas homenagens ao Divino Espírito Santo." Este é apenas um exemplo de outras celebrações católicas que sufocaram festas e comemorações pagãs na Europa.

A Festa do Divino de Mogi das Cruzes tem características próprias (ARAÚJO, 2004), pois vem se mantendo há mais de um século com características bem demarcadas, ainda que dentro de uma cidade que está bem demarcada pela verticalização e com forte influência da mídia, que, no contexto atual, transformou a festa num espetáculo midiático bem conhecido na região do Alto Tietê.

Campos (2013) aponta que, em 1613, a cidade de Mogi das Cruzes já cultivava a devoção ainda na categoria de Vila de Santa Ana de Mogi Mirim, pois um documento oficial da câmara revela que os moradores deveriam se dispor a arrumar o caminho de entrada da vila, depois do Espírito Santo.

Esta festa é um evento que dura dez dias e termina no domingo de Pentecostes, mas não é só isso. Há uma série de eventos que precedem estes dez dias, entre eles as coroas do divino, uma reza que visita a casa dos devotos e se estende do mês de janeiro até a semana que precede a festa. As rezas têm dois objetivos: i) preparar os devotos para a celebração maior e ii) buscar fundos para auxiliar as despesas da festa.

Como as muitas festas populares, esta não é diferente, pois apresenta uma divisão de atividades, que podem ou não trazer provisionamento de fundos. Podem ser folclóricas ou religiosas, mas o foco está nesta última.

A festa de Mogi das Cruzes é uma das maiores e mais antigas do Brasil e, como todos os grandes eventos que atualmente interferem na estrutura econômica e turística de uma localidade, fez emergir a Associação Pró-Festa do Divino, formada por ex-festeiros com o objetivo de auxiliar os mais jovens. Acompanhando a modernidade, a organização criou um *site* onde divulga algumas ações e notícias veiculadas pela mídia. Embora esta fonte de informação não venha sendo atualizada constantemente, é possível encontrar dados históricos, notícias e endereços úteis que fundamentam os eventos folclóricos e religiosos que juntos fazem a festa.

Segundo o *site* da associação, a festa compõe-se dos seguintes eventos: preparativos e abertura da festa, alvoradas e passeatas, quermesse, entrada dos palmitos e procissão. Os preparativos vão desde a escolha dos festeiros para o ano seguinte, tão logo se encerre a festa, promovem-se eventos mensais para angariar fundos um deles é a pré-novena, que acontece no segundo domingo de cada mês, com a Coroa do Divino e com as rezadeiras, na casa da festa, como é conhecida a sede da Associação. Neste evento mensal, que tem início em Agosto, logo após a reza, é servido um café e realiza-se um bingo.

Há também pré-novenas nas casas dos devotos. As rezadeiras vão de casa em casa, orando e recolhendo os pedidos dos devotos e captando doações.

A abertura da festa se dá 10 dias antes do domingo de Pentecostes, numa quinta-feira com a passeata das bandeiras que inaugura o Império, altar construído na praça principal da cidade em frente à catedral, para onde todos os devotos se dirigem a fim de receber as bênçãos em suas bandeiras. Durante os dez dias que se seguirão, o Divino Espírito Santo reinará na cidade.

Nas madrugadas que seguem acontecerão as Alvoradas, uma procissão que começa às cinco horas da manhã, partindo do Império e caminhando pelas ruas da cidade, durante a semana. Este evento atrai entre 500 e 800 pessoas; já nos finais de semana e no Domingo de Pentecostes, há em média 1.200 pessoas, calculadas pelos organizadores do café, que é distribuído no salão paroquial tão logo termina a procissão. Durante as Alvoradas, reza-se a Coroa do Divino, mesma oração entoada pelas rezadeiras. Para cada dia são convidados os puxadores da reza, que são pessoas e organizações ligadas à festa. Como o número de pessoas vem aumentando ao longo dos anos, providenciou-se um carro de som para que todos pudessem ouvir e responder a oração.

Estas e demais procissões durante a festa são momentos importantes, que, segundo Gonçalves & Contins (2008, p. 82):

> [...] estabelece contatos não apenas entre os seres humanos e o Divino, mas igualmente entre a irmandade e o bairro onde esta se situa. O bairro, que habitualmente é local de transações profanas, de ordem comercial, com o tráfego intenso de automóveis e ônibus, modifica-se nos dias de procissão.

A quermesse, outro evento que se desenrola ao longo dos dez dias é bastante concorrida, as barracas que servem comidas são todas ligadas às instituições beneficentes da cidade. A Associação também tem sua barraca para arrecadar fundos, que serve o afogado, prato de carne cozida com batata. São servidos em média de 2.000 a 2.200 por noite.

Grupos folclóricos também saúdam o Divino ao longo da festa: as folias do divino acompanham as alvoradas e as congadas e marujadas fazem suas apresentações no palco da quermesse e participam da Entrada dos Palmitos.

Esta última é o maior evento em número de pessoas num único dia de festa. Em 2013, a Polícia Militar calculou a presença de vinte mil pessoas. Esta procissão tem suas origens na ação de graças pela colheita, assim como relembra as origens da festa em Portugal.

A Entrada dos Palmitos está organizada de modo que na frente, o Imperador, menino escolhido para representar o poder nestes dias de festa, abre a procissão, seguido dos festeiros, de milhares de devotos com suas bandeiras, autoridades locais, grupos folclóricos, escolas da rede pública e particular, e turistas, por fim, carros de boi enfeitados com legumes e frutas e cavaleiros de diferentes romarias vindos de outras cidades. Depois de encerrada esta procissão, os romeiros dirigem-se ao local da quermesse onde é distribuído o afogadão. Este prato é distribuído gratuitamente, como um ato de gratidão aos romeiros que vieram de longe prestigiar o Divino Espírito Santo. Nos últimos anos, a distribuição do afogadão já atingiu a marca de oito mil pratos. Este ato remonta o início da festa em Portugal, fazendo menção à Rainha Isabel, que distribuía alimento aos pobres.

Seguem outros eventos de rua, como a procissão com os tapetes feitos pelos voluntários de escolas, patrocinadores e voluntários, e eventos religiosos dentro da Catedral de Santana: a novena, missa que acontece à noite, para a qual são convidados todos os padrinhos e madrinhas que colaboraram com a festa, que são pessoas que ofereceram suas casas para as coroas, que doaram prendas para os bingos ou fizeram doações em dinheiro.

Em todos estes festejos e eventos estão presentes os festeiros e os capitães do mastro, guardiões dos símbolos sagrados: a pomba, a bandeira, o mastro, a coroa e o império. A pomba branca representa o Divino Espírito Santo, tal qual se manifestou no batismo de Jesus Cristo; as bandeiras, na maior parte vermelha, são os estandartes da fé, todas trazem o desenho da pomba, algumas sustentam as sete fitas representando os dons, a saber: azul – sabedoria; prata – entendimento; verde – conselho; vermelho – fortaleza; amarelo – ciência; azul-escuro – piedade; roxo – temor de Deus. As fitas, geralmente, são renovadas todos os anos, pois elas também são portadoras de pedidos dos devotos, cada nó dado numa fita é um pedido ao Divino Espírito Santo. As fitas podem ser incineradas em duas ocasiões: no fogo sagrado da Alvorada do Domingo de Pentecostes ou no ritual de queima dos pedidos das caixas das rezadeiras no final da festa, também no mesmo dia, quando se fecha o império.

Outro símbolo é o mastro, que fica sob responsabilidade do casal de capitães, que manda preparar a bandeira e aguarda o primeiro dia da festa, em que todos se encontram e partem de sua casa em cortejo, em direção ao Império onde a bandeira será apresentada e por dez dias estará em sintonia com todos os eventos que ocorrem na praça.

O Império é uma tenda que se constrói na Praça da Catedral. Ele é renovado a cada festa e está sob a responsabilidade do festeiro, que, normalmente, pede a colaboração de artistas locais para decorá-lo. O Império abriga, durante os dez dias, todos os símbolos: a pomba, as bandeiras, a coroa e o cetro. Estes dois últimos, símbolos da importância e da responsabilidade herdados da tradição portuguesa, são carregados pelo festeiro, que, antigamente, ostentava o título de imperador (ASSOCIAÇÃO PRÓ-FESTA).

O poder local, entendendo a tradição e a complexidade da festa, fundou o Museu da Festa do Divino Espírito Santo, que tem por objetivos principais: fomentar as pesquisas sobre a Festa; recolher, armazenar e disponibilizar toda espécie de acervo concernente ao evento (fotos, cartazes, obras de arte, livros, objetos devocionais, bem como material de divulgação e de registro) a todos aqueles que se interessem pela história da Festa e pela devoção ao Espírito Santo. São políticas culturais que buscam preservar a memória e valorar os bens culturais advindos da festa do divino para salvaguardar a memória deste evento de grandes dimensões. O Museu recebeu o nome de Professora Amália Thereza Manna de Deus, uma homenagem feita pelo seu grau de comprometimento com a organização da festa e pelo papel de grande voluntária que ela representa na história da Festa do Divino de Mogi das Cruzes (CAMPOS, 2013).

4.2. AS REZADEIRAS

O que se pretende neste trabalho é demonstrar a importância do trabalho das rezadeiras e a forma como elas empreendem o fortalecimento da fé dos devotos, captam recursos para auxiliar nas despesas da festa e como se desdobram nas suas atividades nos quase cinco meses que antecedem a festa que movimenta, mais de duzentas mil pessoas, entre turistas, devotos e voluntários.

A história das rezadeiras é recente em relação às outras atividades que se desenrolam na festa do Divino de Mogi das Cruzes. Suas atividades surgiram no ano de 1974, a pedido de uma das voluntárias da equipe que servia o café na casa paroquial, depois das alvoradas (CAMPOS, 2013).

Nas palavras de Costa & Castro (2008, p. 128):

> *Patrimonializar uma tradição local atribuindo a ela importância de relevância nacional para a construção da memória, da identidade e da formação da sociedade brasileira por mais venerável que seja é, de certa forma, expropriar as experiências vivenciadas, possibilitando que esses saberes não mais se vinculem às paixões individuais que os mantêm vivos no interior do seu grupo portador.*

Por esta razão, este trabalho procura descrever e avaliar o saber-fazer das rezadeiras, gerando conhecimento a respeito de sua existência e a importância no contexto da festa, porque, embora recente, este patrimônio imaterial é uma referência cultural que partiu de um representante do povo, uma devota que obteve autorização do Bispo, em 1974, para levar a imagem do Divino às casas de outros devotos.

A atitude de D. Rita se espalhou, e, alguns anos depois, em 1989, às pessoas que já rezavam o terço, passaram a fazê-lo com apenas sete ave-marias, uma para cada dom atribuído ao Espírito Santo (CAMPOS, 2013).

Santos & Regato (2010, p. 25) assim descrevem a precursora das rezas:

> *Dona Rita, que faleceu em outubro de 2008, foi uma das precursoras dos grupos de rezadeiras – antigamente formado só por mulheres, mas que hoje também admitem homens. Orgulhava-se de nunca ter deixado de participar da festa durante toda sua vida. Segundo ela, que nunca revelou a idade, eram as andanças, orando de casa em casa, que renovavam sua fé no Divino e, principalmente, no ser humano.*

Dois anos depois se criou a Reza comunitária do Terço do Divino Espírito Santo, com um texto que enfatizava os sete dons e na conta maior rezava-se: *"Oh Maria, que por obra do Divino Espírito Santo, concebestes o Salvador, rogai por nós!"*. A prática estendeu-se pelos bairros da cidade, havia os pedidos dos devotos para a realização das rezas ou em função da festa que estava por vir ou para agradecer as graças recebidas.

A relação que se estabelece entre Deus e os homens sempre vem intermediada pelas orações ou pelas rezas. O verbo rezar, etimologicamente, vem do latim – *recitare*, que por sua vez denota falar em voz alta, de modo claro e cadenciado. Justamente a tarefa das rezadeiras: puxar a reza de todos que querem em uníssono pedir ou dar graças ao Espírito Santo.

Em 1993, uma das rezadeiras e voluntárias da festa, Amália Manna de Deus, cujo nome batizou um dos museus da cidade, numa viagem para Minas Gerais, aprendeu a Coroa do Divino, trouxe para Mogi das Cruzes e apresentou ao bispo. A reza foi autorizada oficialmente, a partir de então, todos os anos, os folhetos são impressos em papel *couche* vermelho, que traz na capa que o logo da festa, os nomes do casal de festeiros e do casal de capitães do mastro, na contracapa vem uma palavra do bispo, na quarta capa vem o endereço da página na *web* da Associação Pró-Festa do Divino.

As primeiras páginas trazem as sete divisões da coroa, uma para cada dom do Espírito Santo, e, em seguida, aparecem outras orações que podem ser feitas, escolhidas pelas rezadeiras ou pelos donos da casa que as recebe. Algumas letras de música também acompanham as orações. São músicas conhecidas entre os devotos que entoam as canções ao final da coroa.

A coroa do Divino leva este nome em homenagem ao símbolo real, memória de sua origem portuguesa, e é uma oração, em parte cantada, em parte recitada. Algumas partes apenas pelas rezadeiras, outras por todos os presentes. Neste percurso percebem-se as dimensões coletivas e individuais bem demarcadas pela hierarquia entre a rezadeira/rezador, pessoa escolhida pelas suas virtudes, pelas suas constantes presenças como voluntários dedicados à festa, exatamente como manda a tradição. São os voluntários mais devotados que recebem a missão de ser rezadeira ou rezador.

Em 2013, quando foi celebrado os 400 anos de devoção, a missa do envio das rezadeiras, que acontece sempre em janeiro, contava com quase cem membros. Do mês de janeiro até uma semana antes da festa elas agendam suas visitas nas casas dos devotos, que o fazem com antecedência com a rezadeira mais próxima da sua casa. As rezadeiras da festa do Divino de Mogi das Cruzes fazem o trabalho preparatório para a realização das promessas

A oração é dividida em três partes: o rito inicial, os pedidos pelos dons do Divino Espírito Santo e o rito final.

O rito inicial contém as invocações ao Divino, em seguida faz-se a leitura do Evangelho do dia. Não havendo necessidade de interpretações, todo este ritual contém falas da rezadeira e dos devotos.

A segunda parte é composta de sete orações, cada uma se refere a um dom, e ela está dividida numa invocação cantada por todos, numa fala individual, por um leitor convidado pelo dono da casa ou pelo próprio dono, e a fala conjunta, em que todos irmanados se concentram e se preparam para seus pedidos e agradecimentos. Para compor este ritual, normalmente a rezadeira pede ao dono da casa que escolha entre os presentes os leitores para os dons e para as invocações à Maria. Normalmente quem recebe as tarefas de leitores, sente-se honrado pelos donos da casa.

Assim se divide esta parte:

1º Mistério: Dom da Sabedoria, onde todos entoam o cântico:

> **Cântico:** 'Senhor, vem dar-nos sabedoria, que faz ver tudo como Deus quis, e assim faremos da Eucaristia o grande meio de ser feliz. Dá-nos, Senhor, este dom esta luz, e nos veremos que o pão é Jesus!'

Em seguida, o primeiro leitor lê a explicação sobre o dom da sabedoria, explica que sua cor é o azul-claro e pede:

> **Leitor nº 1:** 'Vinde Espírito da Sabedoria, desprendei-nos das coisas da Terra e infundi-nos o amor pelas coisas do céu.'

Todos repetem por sete vezes:

> 'Vinde Espírito Santo, enchei os corações de vossos fiéis e acendei neles o fogo do vosso amor, vinde e renovai a face da Terra.'

Ao final, todos dizem:

> *'Oh Maria, que por obra do Espírito Santo, concebestes o Salvador, Rogai por nos!'*

Na sequência, vêm os outros mistérios, cada um apresentando o pedido de um dom e as jaculatórias que se repetem:

2º Mistério

> **Cântico:** *'Dá-nos, Senhor, o entendimento, que tudo ajuda a compreender para nós vermos como é alimento o pão e o vinho que Deus quer ser. Dá-nos, Senhor, este dom esta luz, e nos veremos que o pão é Jesus!*
>
> **Leitor nº 2:** *Vinde Espírito de Entendimento, iluminai a nossa mente com a luz da Eterna Verdade e enriquecei-a de puros e santos pensamentos.*
>
> *Vinde Espírito Santo, ... (sete vezes)*
>
> *Ó Maria, ...*

3º Mistério

> **Cântico:** *'Dá-nos, Senhor, o teu conselho, que nos faz sábios para guiar: homem, mulher, jovem e velho, nós guiaremos ao santo altar. Dá-nos, Senhor, este dom esta luz, e nos veremos que o pão é Jesus!*
>
> **Leitor nº 3:** *Vinde Espírito de Bom Conselho, fazei-nos dóceis às Vossas santas aspirações e guiai-nos no caminho da salvação.*
>
> *Vinde Espírito Santo, ... (sete vezes)*
>
> *Ó Maria, ...*

4º Mistério

Cântico: *'Senhor, vem dar-nos a fortaleza, a santa força do coração. Só quem vencer vai sentar-se à mesa: para quem luta Deus quer ser pão. Dá-nos, Senhor, este dom, esta luz, e nós veremos que o pão é Jesus!*

Leitor nº 5: *Vinde Espírito de Fortaleza, dai-nos força, constância e vitória nas batalhas contra os nossos inimigos espirituais e corporais.*

Vinde Espírito Santo, ... (sete vezes)

Ó Maria, ...

5º Mistério

Cântico: *'Senhor, vem dar-nos a divina ciência, que como o eterno, faz ver sem véus: Tu vês por fora, Deus vê a essência, pensas que é pão, mas é nosso Deus. Dá-nos, Senhor, este dom esta luz, e nós veremos que o pão é Jesus!*

Leitor nº 5: *Vinde Espírito de Ciência, sede o Mestre de nossas almas e ajudai-nos a praticar os Vossos santos ensinamentos.*

Vinde Espírito Santo, ... (sete vezes)

Ó Maria, ...

6º Mistério

Cântico: *'Dá-nos, Senhor, filial piedade, a doce forma de amar, enfim, para que amemos quem, na verdade, aqui amou-nos até o fim. Dá-nos, Senhor, este dom esta luz, e nós veremos que o pão é Jesus!*

Leitor nº 6: *Vinde Espírito de Piedade, vinde morar em nossos corações, tomai conta deles e santificai todos os seus afetos.*

Vinde Espírito Santo, ... (sete vezes)

Ó Maria, ...

7º Mistério

Cântico: *'Dá-nos, enfim, temor sublime, de NÃO AMÁ-LOS COMO CONVÉM: O Cristo-Hóstia, que nos redime, o pai celeste que nos quer bem. Dá-nos, Senhor, este dom esta luz, e nós veremos que o pão é Jesus!*

Leitor nº 7: *Vinde Espírito do Santo Temor de Deus, reinai em nossa vontade e fazei que estejamos sempre dispostos a antes sofrer e morrer que Vos ofender.*

Vinde Espírito Santo, ... (sete vezes)

Ó Maria, ...

Encerrada esta segunda parte, vem o rito final, em que há as três invocações: a Maria, Oração ao Divino Espírito Santo, a oração do Pai Nosso e a oração final.

Algumas rezadeiras optam por fazer outras orações que constam do folheto e que, normalmente, também são feitas durante as Alvoradas.

Cada rezadeira/rezador tem seus apetrechos: os básicos são a bandeira, os folhetos da reza, o cofre onde se depositam as doações em dinheiro. Estes objetos são emprestados pela Igreja, são sempre de madeira com um cadeado. Uma outra caixa, que elas mesmas preparam e enfeitam, é a caixa onde os devotos depositam seus pedidos. Normalmente são simples, muitas são de papelão enfeitado com motivos relacionados. Algumas rezadeiras têm aparatos mais sofisticados: altares desmontáveis, velas e fitas coloridas para adorná-los, e normalmente elas possuem uma toalha vermelha, ou vermelha e branca, símbolos do Divino.

A presença de velas acesas durante toda a Coroa do Divino, assim como a toalha vermelha e a imagem da pomba num altar, fazem parte do ritual. Há altares mais bem elaborados, há devotos que mantêm em suas casas altares definitivos, com a presença de todos os elementos.

Elas também trazem consigo pedaços de papel e canetas para que todos os participantes possam registrar seus pedidos e colocar nas caixas. Estes pedidos serão queimados no domingo de Pentecostes, antes do encerramento da festa, numa fogueira que se faz em frente ao Império. Todas as rezadeiras, após a missa de encerramento da festa, se unem na praça onde se desenrolam todas as atividades principais, diante da Catedral e do Império, e queimam os pedidos feitos pelos devotos ao longo de quase um ano de peregrinação, desde a pré-novena. Ainda na noite do domingo de Pentecostes, os festeiros e capitães fazem o encerramento da quermesse e à meia-noite fecha-se o Império, marcando o término da festa.

Durante as rezas, normalmente, quem oferece a casa, oferece também um lanche, um café, ou algum tipo de comida, pois está aí o princípio da comemoração. Depois que se fazem os pedidos, comer juntos significa a abundância, a fartura, justamente a liga à tradição dentro da qual a festa teve origem.

A devoção espiritualizada na oração conjunta se individualiza, pois cada um formula em segredo seu pedido, e nos pedidos em voz alta, a assembleia pede coletivamente em nome dos doentes, dos idosos, das crianças, de parentes próximos ou distantes, de pessoa amigas, ou mesmo para eventos futuros da coletividade. Costuma-se pedir para que a festa traga bastantes devotos, que os festeiros sejam abençoados e possam ter energia e fé para a maratona de visitas e eventos paralelos que se realizam normalmente logo após o sábado de aleluia.

No rito final da reza, pede-se a benção ao Divino Espírito Santo, as rezadeiras, e quem mais trouxer a bandeira, passam por todos os presentes, para que eles recebam as graças. Beijar a bandeira e dar nó nas fitas que são amarradas nos mastros é uma prática bastante comum entre os devotos. Os nós nas fitas representam pedidos que cada um faz e que serão queimados juntamente com os papéis no último dia da festa. Enquanto a bandeira passa pelos devotos, todos cantam músicas populares já consagradas por estas festas em todo Brasil.

Muitas rezadeiras possuem uma carteira de devotos, ou seja, elas já se disponibilizam para aqueles que só têm disponibilidade nos finais de semana, ou outros que só podem neste ou naquele horário, enfim, elas se orientam de acordo com "seus companheiros" de oração. A rezadeira acompanhada ao longo de 2013 visitou 38 locais entre residências, instituições de ensino, clube de crochê, de clube de pintura e uma instituição de apoio ao combate ao câncer, num total de 556 pessoas.

As rezadeiras formam uma comunidade que compartilha um sentimento de pertencimento, são pessoas cujo sentido de identidade emerge de um relacionamento religioso e, ao mesmo tempo, histórico compartilhado, que está enraizado na prática e/ou na transmissão de suas heranças. Estes sujeitos compartilham experiências, ferramentas e práticas, recriam e transmitem suas experiências a outros praticantes ou aprendizes. Muitas rezadeiras têm suas auxiliares. Esta rede tem pontos em comum. Muitas pessoas que compartilham destes momentos se encontram apenas para este fim, porque compartilham da devoção.

5. CONSIDERAÇÕES FINAIS

As referências culturais aqui descritas levam a outras reflexões sobre a herança imaterial que cada uma leva junto de si: os cânticos, as entonações de vozes, a escolha de vozes para complementar ou modular os tons, a escolha das músicas, cantadas ou tocadas eletronicamente, as diferentes concepções na criação dos altares, dos terços de sete mistérios e das bandeiras que complementam os rituais.

As referências culturais imateriais ou intangíveis não são peças acabadas de museu, são, sim, organismos vivos, em constante processo de mutação, dada a singularidade de cada um, de seus aprendizes e sucessores que se renovam e se recriam nos rituais, nos objetos e nas orações, pois na história das rezadeiras se vê que elas chegaram a um modelo anos depois de a ideia ter sido colocada em prática. Foi um constante movimento para se chegar a um padrão de texto, vozes e papéis que cada um dos presentes desempenha no ritual, e isso não cabe como peça de museu.

O registro destes bens deve ser constante, ser realizado diferentemente do que vem sendo feito com o patrimônio material. Não se pode quantificar celebrações, ofícios, formas de expressão e modos de fazer porque se corre o risco de separá-los do fenômeno complexo de que fazem parte. Há que se considerar que novas formas de registro e armazenamento destas informações, assim como profissionais preparados para lidar com novos métodos de catalogação, descrição e armazenamento, para que se dê o devido trato na divulgação destas referências. Tradições orais, práticas sociais, saberes e fazeres que representam a identidade de uma comunidade, que mantém um sentimento de pertencimento que precisa ser preservado.

REFERÊNCIAS

ARAUJO. A. M. R. C. A cultura e a memória da festa do Divino de Mogi das Cruzes. Proj. História São Paulo, (28). 2004. 419-423.

ASSOCIAÇÃO PRÓ-FESTA DO DIVINO ESPÍRITO SANTO. Disponível em: <www.festadodivino.org.br>.

CAMPOS, J. F. (Org. e Dir.). *O Divino em Mogi das Cruzes*: quatrocentos anos de devoção, aspectos históricos e iconográficos. Mogi das Cruzes: Associação Pró-Festa do Divino Espírito Santo. 2013.

CHAVES, R. B. Festa do Divino Espírito Santo em Mogi das Cruzes. *Rev. Nures*. Pontifícia Universidade Católica SP. n. 15 maio/ago. 2010.

COSTA, M. L.; CASTRO, R. V. Patrimônio imaterial nacional: preservando memorias ou construindo histórias? *Estudos de Psicologia* 13(2), 125-131. 2008.

COROA DO DIVINO ESPÍRITO SANTO. *Folheto da Festa do Divino 2013*. Mogi das Cruzes: Associação Pró-Festa do Divino Espírito Santo. 2013.

FERRETTI, S. F. *Catálogo da exposição Divino Toque do Maranhão*. Rio de janeiro: Centro Nacional de Folclore e Cultura Popular/IPHAN/MEC. 9-2. 2005.

FONSECA, M. C. L. Referências culturais: base para novas políticas de patrimônio. In: *O registro do Patrimônio Imaterial*. 2000. Disponível em: <www.iphan.gov.br/baixaFcdAnexo.do?id=3305>. Acesso em: 14.07.2012.

GONÇALVES, J. R. S.; CONTINS, M. Entre o divino e os homens: a arte nas festas do Divino Espírito Santo. *Horizontes antropológicos*, Porto Alegre, ano 14, n. 29, p. 67-94, jan./jun. 2008.

INVENTÁRIO NACIONAL DE REFERÊNCIAS CULTURAIS: *Manual de aplicação*. Apresentação de Celia Maria Corsino. Introdução de Antônio Arantes Neto. Brasília: Instituto do Patrimônio Histórico e Artístico Nacional. 2000. Disponível em: <portal.iphan.gov.br/portal/montarPaginaSecao.do?id=10852&retorno=paginaIphan>. Acesso em: 12.07.2013.

KUUTMA, K. Cultural heritage: na introduction to entanglements of knowledge, politics and property. *Estonian Literary Museum*. University of Tartu. v. 3(2): 5-12. 2009.

MARIANO, N. F. O Divino de Mogi: uma festa tradicional na metrópole. Anais do X *Encontro de Geógrafos da América Latina*. Universidade de São Paulo. 1-26. Março de 2005.

_____. *Religiosidade popular e espetáculo*: a Festa do Divino de Mogi das Cruzes – SP. Cadernos CERU, serie 2, v. 9, n. 2. p. 93-111. Dez. 2008.

_____. De todas as cruzes de Mogi – O Divino Espírito Santo também faz festa em Biritiba Ussu. *XIX Encontro Nacional de Geografia Agrária*. São Paulo. 8575-8588. 2009.

MOGI NEWS. *Rezadeiras querem visitar 2 mil famílias*. Jornal Mogi News. 13.04.2010.

PIETROBRUNO, S. Cultural research and intangible heritage. *Cultural Unbound*. J. of Current Cultural research. V. 1; 2009: 227-247.

O DIÁRIO. *Rezadeiras levam fé às casas*. 27.05.2009.

RODRIGUES Fº, J. M.; Fº DE CARLO, J. *Das origens à Festa do Divino*. Mogi das Cruzes SP. s/d.

SANTOS, L.; REGATO, R. *Festa do Divino Espírito Santo de Mogi das Cruzes*: três séculos de tradição. São Paulo: Ed. dos Autores. 2010.

SCHMIDT, C. Sabores populares na mídia do Alto Tietê. *RIF* v. 10(20). Ponta Grossa-PR. 21-43. 2012.

SOUZA Fº, B., ANDRADE, M. P. Patrimônio imaterial de quilombolas – limites da metodologia de inventario de referências culturais. In: *Horizontes Antropológicos*. Porto Alegre. Ano 18, n. 38, 75-99. jul./dez. 2012.

Capítulo 25

POLÍTICA E COMUNICAÇÃO NO BRASIL: ANOTAÇÕES

Wilton Garcia

*Adstrita às influências que mutuam,
em graus variáveis, três elementos étnicos,
a gênese das raças mestiças do Brasil é
um problema que por muito tempo ainda
desafiará o esforço dos melhores espíritos.*

(Euclides da Cunha)

1. INTRODUÇÃO

A obra literária *Os Sertões*, de Euclides da Cunha, teve a primeira publicação em 1902. De lá pra cá muita coisa mudou. Ao documentar seu ponto de vista sobre a Guerra de Canudos (1896-97), no interior da Bahia, o autor observou traços da cultura nacional, dividida entre a terra, o homem e a luta. Ou seja, o lugar, a vida e o cotidiano. As imagens das precárias condições de subsistência humana são indicadas como fatores da sobrevivência do povo sofrido, diante de destoantes abusos políticos e sociais. E isso continua... O que se verifica na escrita deste autor, agora, se chama diversidade: um conjunto emaranhado de possibilidades híbridas que dispõe de soluções alternativas, plurais e múltiplas. A contingência de dados reúne a cultura cabocla, caiçara e/ou caipira como saudável mistura social. E tentar separar o povo em mestiçagens sequer delibera ações produtivas. Por isso, palavras elegantes que enunciaram a brasilidade, do litoral ao interior, não conseguiram ironicamente expor as aproximações dos corpos pulsantes, de diversos traços identitários advindos de diferentes culturas. Hoje, a esfera da vida social e política na realidade brasileira, ainda, tenta equacionar a emancipação do sujeito, em particular a partir de domínios das políticas públicas (SOUZA, 2006). A concentração de renda por poucos legitima uma voz destoante da população sem direitos básicos como alimentação, educação, moradia, saúde, transporte e informação.

Desse preâmbulo, o presente texto parte da pesquisa *Comunicação, consumo e tecnologia: estudos contemporâneos* desenvolvida junto ao Mestrado em Comunicação e Cultura da Universidade de Sorocaba (Uniso) – vide <devoradigital.worpress.com>. Portanto, trata de uma escrita ensaística, neste instante, cujo exercício parcial (em *labor*) de reflexão e registro aponta desdobramentos e características da contemporaneidade, sobretudo no tocante à política e à comunicação no Brasil pautadas pelas artimanhas da cultura digital.

Esta última permite que qualquer usuário-interator, conectado à rede mundial de computadores, possa postar sua "visão de mundo" diante de tamanha exclusão social, longe do dito "controle/domínio" ideológico da opinião. Claro que opiniões divergentes circulam na internet e causam reações distintas na sociedade. E diferentes posicionamentos proliferam variáveis de expressões ideológicas das/nas redes sociais.

O interesse em lidar com questões que tangem à cultura digital acende um maior vigor investigativo no campo contemporâneo da comunicação, ao considerar alguns aspectos econômicos, identitários, socioculturais e políticos. Nesse sentido, as tecnologias emergentes iluminam "novos/outros" caminhos a serem percorridos. Muito embora, enfatiza-se aqui uma perspectiva humanista, para além das possibilidades que evocam as tecnologias emergentes no *constructum* de experiências virtuais.

Questões envolventes – entre estética, técnica e ética da comunicação – estimulam a reflexão e, consequentemente a escrita, em especial quando se prevê algumas atualizações que regem atenção para as transformações sociais. Atentas à cultura digital, tais transformações são, também, incorporadas pelo esforço de intermediações que sistematizam mercado-mídia no país e no mundo.

Com isso, objetiva-se propor um tipo de informação atualizada, mais eficaz e coerente com a sociedade, cujas estratégias da comunicação podem ser anotadas como emaranhado de desdobramentos crítico-conceituais. Isso amplia experimentações criativas na interação do ato comunicacional e suas modulações representacionais. Ou seja, propõem-se variáveis – de simulacros, simulações e simultaneidades – na tessitura da informatização mercadológico-midiática.

Eminentemente, ao longo dessa escritura, interessa destacar as transversalidades criativas e críticas do campo contemporâneo da comunicação que possa implementar à produção do conhecimento humano. É preciso ter iniciativa para pensar e agir na velocidade do digital. Logo, o pensar sobre as coisas – artefatos, objetos, produtos, serviços – e sobre o corpo direciona para uma pluralidade de situações cotidianas, cada vez mais, (re)conduzidas pela flexibilidade e pelo deslocamento. E o fazer também!

De fato, a expectativa seria constituir um debate crítico-conceitual sobre predicações contemporâneas que envolvem a sociedade brasileira quando se elege a atualização dos modos de experimentar o consumo no inseparável binômio mercado-mídia. Como promessa intelectual, a discussão, sem dúvida, destaca diferentes marcadores sociais, em especial aqueles que tangem as políticas públicas – projeto político, social e cultural do desenvolvimento humano.

2. ESTUDOS CONTEMPORÂNEOS

Dessa forma, um conjunto de imagens prolifera, sugestiona e transforma os elementos axiológicos do discurso contemporâneo: são matizes efervescentes, em ebulição da atualização e da inovação. Ainda que acarretem uma possibilidade de risco, o perigo apresenta-se pelo desconhecido – aquilo que está por vir. Uma aventura, sem muitos limites. São resíduos que compreendem e acusam o efeito – longe da busca de sentido – como recorrência recursiva à lógica de uma reescrita expandida.

Por ora, apresenta-se um conjunto de desafios à lógica crítico-conceitual dos estudos contemporâneos (BAUMAN, 2013; BHABHA, 1998; CANCLINI, 2008; COSTA, 2004; EAGLETON, 2012; GUMBRECHT, 2010, 2012; HALL, 2002, 2003; MATURANA, 1997; SPIVAK, 2010; VILLAÇA, 2011), que considera o deslocamento e a flexibilidade de estratégias discursivas da sociedade atual. As artimanhas que tecem esses estudos ressaltam o ambiente de malhas e redes de debates. Nessa dimensão, há uma discursividade da teoria política como lugar legítimo de um percurso ideológico que pressupõe, por parte dessa demanda social, um posicionamento crítico, uma atitude.

Tais estudos, também, atualizam a cooperação entre discursividades contemporâneas (globalização, ecologia, empreendedorismo, neoliberalismo, sustentabilidade), cujo escopo concentra-se na passagem da teórica à prática (e vice-versa) sobre responsabilidades socioculturais, políticas e identitárias (HALL, 2002).

A articulação do tecido discursivo da teoria afina o ato político – um acontecer. Portanto, o eixo teórico baseia-se nos estudos contemporâneos, com os quais o percurso metodológico ocorre a partir da investigação (observação, descrição e discussão) de sujeitos consumidores, objetos e respectivos contextos e representações – aqui abordados no campo contemporâneo da comunicação. A comunicação contamina-se de tecnologia e economia ao (re)dimensionar as condições adaptativas de suas estratégias midiáticas. E a informação, no contexto comunicacional, transporta-se com maior velocidade e contribui ao desenvolvimento mercadológico-midiático. Para os estudos contemporâneos, a maneira de observar, descrever e discutir a condição adaptativa do sujeito instaura determinado grau comunicacional e enfatizam valores promocionais desse mercado-mídia como sofisticação, *status*, valor, crédito, ponto, bônus etc. Metodologicamente, o processo investigativo de observar – além de descrever e discutir – equivale ao propósito de elaborar as redes de coordenadas discursivas (MATURANA, 1997). São ideias fragmentadas e, simultaneamente, suturadas a pontuar princípios.

Com efeito, endosso que os estudos contemporâneos associam e desdobram os estudos culturais – em suas variantes (o multiculturalismo, o pós-colonialismo e a diáspora) – às novas tecnologias digitais da informação. Verifica-se um esforço congruente que estimula a sinergia entre diferentes correntes do pensamento. Tanto nos estudos culturais quanto nas tecnologias emergentes, a reflexão sobre a proposição binária (centro/periferia, hegemônico/subalterno, opressor/oprimido ou tradicional/moderno) torna-se ineficaz, bem como reduz a possibilidade de indagar outras abordagens mais avançadas. Por isso vale o plural, o múltiplo.

Esse posicionamento serve como contraponto de agenciamento/negociação da exclusão de termos e expressões. Isso só é possível com um pensamento contemporâneo capaz de validar aberturas necessárias para trocas e/ou intercâmbios de informações, (re)feitas em compartilhamento de soluções criativas.

Diante da emergência, a manifestação de qualquer discurso aproxima pensamento e experiência como extensão aplicável entre teoria e prática. O enfoque acerca do contemporâneo, desse modo, visa a alertar o que ocorre, agora, no evento/acontecimento. Perante a urgente necessidade, verifica-se o que está na agenda do debate atual, por exemplo, se instaura como perspectiva de "mudar a linguagem ocular da imagem para falar de identificações ou representações sociais de um povo" (BHABHA, 1998, p. 57). Mais que indicar uma questão temporal, a ideia de contemporâneo denomina um território de reflexões e desafios, em que noções, pressupostos, fundamentos e conceitos são (re)visitados, (re)lidos e (re)atualizados.

Em outras palavras, o atualizar e o inovar somam as características destes estudos. Todavia garantem um exercício laboratorial do pensar sobre as recorrências da sociedade atual. E as representações incomensuráveis no contemporâneo, em suas múltiplas (re)configurações, criam um grau significativo de indecidibilidades. Portanto, o contemporâneo se (re)faz paulatinamente como propriedade provisória, parcial, inacabada, efêmera. Ou seja, deslizante, plural, multidimensional.

Diante de tamanha instabilidade, sem dúvida, isso requer (re)pensar a respeito das ações pulsantes, latentes, que estremecem e acusam efeitos de sentidos. Alto grau de instabilidade recombina conceitos, dados, informações e inquietudes. Essas instabilidades ilustram as expressões que associam uma condição contemporânea, capaz de prever o deslocamento e a flexibilidade como atividades inerentes à linguagem e suas caracterizações: não linear, fragmentada, descontínua, simultânea, heterogênea, sincrética, acelerada, aberta, hermética, paródica, incompleta e impactante.

3. POLÍTICAS PÚBLICAS

Perante as adversidades que ressaltam na sociedade brasileira e seus estigmas (diluídos por ações de inclusão e exclusão social), a relação entre *comunicação, consumo* e *tecnologias emergentes* instaura-se como tema instigante para a pesquisa contemporânea. Isso legitima perspectivas discursivas que abordam, de alguma maneira, a comunicação, o consumo, a cultura, a tecnologia, a política. Disso, o mercado-mídia parece se prevalecer sobre o Estado e a sociedade. Logo, o processo comunicacional, influenciado pelas tecnologias emergentes, é capaz de lidar com a natureza humana quando envolve a sociabilidade de qualquer sujeito e sua sujeição (inter)subjetiva.

Homi Bhabha, autor dos estudos culturais, escreve:

> *Não pretendo afirmar o óbvio: que não existe saber – político ou outro – exterior à representação. Pretendo, isso sim, sugerir que a dinâmica da escrita e da textualidade exige que repensemos a lógica da causalidade e da determinação através das quais reconhecemos o "político" como uma forma de cálculo e ação estratégica dedicada à transformação social. (BHABHA, 1998, p. 48)*

O sujeito, assim, deve propor sua verdade política. E a dinâmica idiossincrática reverbera as sensações desse sujeito em estado vivencial, iniciadas por suas experiências percepto-cognitivas no viver (MATURANA, 1997). Mais que isso, urge a aceleração de mudanças de valores e novas potencialidades no cotidiano do discurso. Nesse caso, práticas comunicacionais alternam-se de acordo com variações (inter)subjetivas do sujeito que derivam fatores humanos inerentes a cada contexto social. A expectativa é dilatar as impregnâncias comunicacionais a um bem-estar social.

Para Terry Eagleton:

> *As necessidades essenciais à nossa sobrevivência e ao nosso bem-estar, como estar alimentado, aquecido e abrigado, aproveitar a companhia dos outros, escapar da escravidão e abuso e daí por diante, podem funcionar como uma base para a crítica política,*

no sentido de que qualquer sociedade que satisfaça tais requisitos nitidamente está deixando a desejar. Podemos, é claro, levantar objeções a tais sociedades com base em argumentos mais locais ou culturais, mas dizer que elas violam algumas das exigências mais fundamentais de nossa natureza carrega ainda mais força. Por isso é um erro pensar que a ideia de natureza humana não passa de uma apologia do status quo. *Ela também pode agir como um poderoso desafio a ele.* (EAGLETON, 2012, p. 73)

Com isso, tomo a liberdade de indicar algumas impressões sobre as políticas públicas, do ponto de vista da comunicação e da cultura na vida social do sujeito. Tal noção, aqui, deve constituir as diretrizes emblemáticas que demonizam ações governamentais do Estado e sua respectiva divulgação à sociedade. Isso formaliza um conjunto de normas e feitos da gestão desempenhada pelos dirigentes do Estado, a fim de promover o bem-estar social da população.

A República Federativa do Brasil legitimou a atual divisão do poder democrático entre diferentes instâncias como o executivo, o judiciário e o legislativo. São três instâncias de poder que juntas governam o país. Além disso, é possível recorrer às subdivisões geográficas na proposição (de nível) federal, estadual e municipal. Esse conjunto estrutural distribui responsabilidade e comprometimento de constituir as políticas públicas no país.

É comum observar que essas políticas públicas correspondem aos interesses partidários dos governantes brasileiros, que vendem as ações sociais ao desfrute do voto no momento da eleição. O que poderia ser uma valia interessante para o desenvolvimento humano torna-se, de modo lamentável, uma moeda corrupta na compra de votos feita por determinados candidatos políticos. Isso, inevitavelmente, enfraquece as ações sociais básicas, como o acesso à informação. São vícios enraizados na cultura assistencialista e corrupta da política partidária eleitoral, que atrasa o país.

De acordo com Zygmunt Bauman:

Os políticos, tanto quanto os mercados de consumo, são ávidos por tirar proveito dos medos difusos e nebulosos que saturam a sociedade atual. Os comerciantes de serviços e bens de consumo anunciam suas mercadorias como remédios garantidos contra o abominável sentimento de incerteza e as ameaças indefinidas. Movimentos e políticos populistas assumem a tarefa abandonada com a fragilização e o desaparecimento do Estado social, do mesmo modo que grande parte do que restou da esquerda social-democrática, amplamente desacreditada. Mas, em nítida oposição ao Estado social, eles estão interessados em expandir (e não reduzir) o volume desses medos; em particular, em expandir os medos provocados por aquele tipo contra o qual a TV o mostra resistindo galhardamente, enfrentando e projetando a nação. (BAUMAN, 2013, p. 28)

Agora, imagine as políticas públicas da comunicação!

Do ponto de vista comunicacional, a passagem do conhecimento em tecnologia hoje implica refletir sobre a produção de informação – a partir das mediações hipermidiáticas. É saber executar soluções criativas, cujo conhecimento se faz com recursos digitais. Talvez, traduzir esse conhecimento em tecnologia seria o aprimoramento das pesquisas contemporâneas na universidade para a indústria e o comércio, em particular a internet. Contudo, ressalta-se uma ideia de mercado-mídia contemporânea em que se possa prevalecer a condição social e política do sujeito, assim como (re)posicionar a adaptatibilidade da ideologia, em prol de valores humanos. A informação, assim, torna-se elemento fundamental ao desenvolvimento humano e social. E o governo deve prestar atenção no desempenho de políticas públicas para tal feitura, uma vez que esses valores quase não são trabalhados, de fato, conforme as necessidades da vida social do sujeito. Isso deve ser pontuado em longo prazo.

As políticas culturais devem ficar atentas às políticas de comunicação e cultura. Desafios potentes. E o escopo deste ensaio visa estimular a reflexão e o debate sobre o acesso à informação no país. Diferentes contrapontos expõem a diversidade de olhares, opiniões, e/ou posicionamentos que devem ser mantidos como pluralidade dinâmica da efetiva participação da sociedade no processo de desenvolvimentos que aborda a regulação dos meios de comunicação.

O monopólio da informação acentua a desigualdade social, porque destitui qualquer possibilidade divergente do sistema hegemônico. Observa-se que, quanto maior o impacto do consumo no mercado-mídia, perante o uso desenfreado das tecnologias emergentes (*tablets* digitais, telefones celulares, redes sociais etc.), maior fica o rombo das condições humanas, que cada vez mais distancia de um ideal social. Com isso, grandes emissoras de rádio e televisão concentram a programação dos veículos e massifica a informação em entretenimento. Portanto, o monopólio sinaliza ações mais comerciais e menos culturais, o que empobrece a qualidade da comunicação.

Então, como alterar o quadro atual da política comunicacional no Brasil? As políticas públicas devem constituir a regulação democrática dos setores privado e público que circundam as empresas de comunicação do país. Dessa forma, a discussão institucional sobre os veículos de comunicação no país não pode perpassar aos interesses específicos dos governantes e das empresas de comunicação. Falta prevalecer a ética como parâmetro democrático dos valores sociais e políticos. Tal regulação de mercado-mídia deve assinalar uma política de inclusão e não de privilégios.

Nízia Villaça, ao escrever sobre estudos da periferia, afirma:

> *É preciso considerar a diversidade das populações-alvo das políticas públicas, pois há uma heterogeneidade de problemas. Cabe à atividade jornalística sublinhar esse fato. [...] A diversidade do Brasil e de países da América Latina possui uma dupla matriz. A primeira faz referência à variedade da miscigenação nesses países, em virtude das origens raciais, imigrações internacionais etc. Num segundo viés, a diversidade resulta das lutas pelos direitos sociais e civis por diferentes grupos rurais e urbanos, envolvendo questões de gênero, questões etárias e sobre deficiências etc. Tal cenário exige o reconhecimento das desigualdades e das diferenças e decorre da crise das sociedades nacionais homogêneas. As políticas públicas devem também ter um caráter redistribuitivo, o que por vezes esbarra nos interesses das elites.* (VILLAÇA, 2011, p. 35)

Para além de uma mera assistência social, as políticas públicas devem ter em sua agenda a resolução de problemas. Nota-se a dificuldade de lidar com as adversidades no país, sobretudo quando se pensa o campo contemporâneo da comunicação. A ideia seria desenhar articulações que conduzam o desenvolvimento econômico e promoção da inclusão social, ao ressaltar diferentes atividades como produção, distribuição e difusão.

4. GESTÃO

Com efeito, a ideia de gestão parece invadir a sociedade contemporânea. De forma metafórica, instaura-se um ato de gestar como preparo – entre o gerir e o gerenciar. E tal situação a(di)ciona a capacidade de lidar com adversidades da natureza humana em contraponto aos desafios da sociedade em seus acordamentos coletivos.

A gestão faz gerir e movimentar uma empresa ou instituição, como conjunto de atividades reguladoras, providenciais, que ponderam ações efetivas entre o administrativo, o político, o econômico e, consequentemente, o financeiro. Num primeiro instante, trata de estabelecer as diretrizes de determinado provimento profissional: negócio, substancialmente econômico. Todavia, reger, comandar ou dirigir seria, talvez, o desempenho refinado de estratégias operacionais de qualquer espaço público e/ou privado, em que o gestor planeje as operações a serem aplicadas de maneira sistemática – distribuídas conforme planejamento, por várias etapas. Um rico movimento emblemático de trocas de ideias e informação. Seria um projeto que procura conciliar e/ou acordar perspectivas instrumentais entre *projeção* e *identificação*.

Verifica-se, então, um arquitetar, senão um orquestrar diante da delicada ação profissional, que demonstra o desempenho de atividades. O que confabula – a fim de buscar (re)soluções – uma resposta para uma pergunta como desfecho coerente de conflitos. Com um perfil empreendedor, um gestor articula e equaciona medidas cabíveis e necessárias: a conciliação. Elegem-se procedimentos que tangem decisões gerenciais – ditas eficientes – para supervisionar resultados esperados (a serem alcançados). Nesse caso, o fortalecimento da gestão (re)agrupa colaboradores e suas inter-relações, para propor resoluções de problemas aos embatimentos/enfrentamentos.

Para Canclini, "agora nos perguntamos se é possível organizar mundialmente uma sociedade civil, capaz de atuar na medida das redes e simulacros deste mercado polimorfo. Não só com ações simbólicas e efêmeras" (CANCLINI, 2008, p. 88). E disso configura um olhar sobre a gestão. Ênfase. Algo emergente!

No Brasil, a gestão pública está bastante distante da *res publica* (coisas do povo). E se é possível detectar de imediato tal condição precária, logo a qualidade das políticas públicas são questionadas, porque não representam a ansiedade da população. Consequentemente, configura-se uma crise nas representações políticas, uma vez que não consegue ser reconhecida e legitimada como representante social do povo, em seu discurso. Este último parece estar fora de sintonia e somente expõe interesses pessoais.

5. DEBATE

Para exemplificar tal situação crítica, cito a crônica "Políticos e Meios de Comunicação" escrita por Fernando Henrique Cardoso (FHC), no jornal *O Estado de S. Paulo*, no dia 3 de junho em 2012. As considerações abordadas por FHC seriam válidas se pensarmos, com cautela, sobre a cobertura (hiper) midiática de acontecimentos que viram notícia diante de enfrentamentos e dificuldades dos editoriais com a contundência imperativa do sistema hegemônico no país e no mundo.

Para o referido autor, não há política sem comunicação. Logo, não há política sem informação de qualidade, em que se possa traduzir com eficiência o fato em notícia. Essa última se faz a partir de estratégias discursivas, sobretudo mediante o olhar vigilante do sistema hegemônico, para que evite a manipulação da opinião; embora nem sempre isso ocorra. Quando a verdade preestabelecida atende aos interesses particulares e/ou escusos de determinado governo, significa que alguém paga a conta com impostos, cada vez mais caros, dentre os quais não são direcionados para nossa qualidade de vida.

O Estado democrático deveria garantir a diversidade de perspectivas críticas e políticas, em que as diferenças pudessem se estabelecer com o diálogo entre divergentes e/ou opositores. Porém, sabe-se que isso não acontece.

No Brasil, a frieza da política atual impede as articulações alternativas dos meios de comunicação, que conclamam flexibilidade e deslocamento nas diversas representações sociais contemporâneas.

No país das desigualdades sociais, pobreza, violência e segurança são temáticas que ilustram as páginas dos jornais impressos e televisivos, além das revistas semanais que elencam escândalos de CPI, corrupção e política partidária eleitoral. Violência e insegurança somam as fragilidades sociais que a política pouco atende. Infelizmente, o baixo nível de comportamentos inadequados dos políticos brasileiros assola as representações sociais e impede a melhoria da imagem do país interna e externamente.

Gosto quando Nestor Canclini questiona: "Será que chegaremos, com a internet, à democracia de duas mãos de direção: os cidadãos envolvidos em um assunto participarão da decisão governamental e o Estado deixará transparentes, suas contas, nas telas?" (CANCLINI, 2008, p. 29). Esse tipo de pergunta coloca em xeque a lisura dos governantes e a participação cidadã do sujeito perante o dito Estado democrático. O autor acrescenta: "A intervenção de cidadãos não consegue mudar a centralização da organização da informação e a tomada de decisões" (IDEM, p 29). O que solicita mais reflexão acerca dos despropósitos que engendram a realidade da política brasileira.

De fato, a população brasileira está cansada de assistir aos atropelos dos políticos e da polícia com atuações medíocres. E não é necessário ser sociólogo e/ou presidente de um país para afirmar que a política é enganadora e perigosa, ainda mais quando se gostaria de falar sobre a veracidade da informação. Como afirmação de interesses, a política atual pouco faz pelo povo e para o povo. Inclusive, deixa que as coisas aconteçam, de modo irresponsável, e abandona a educação, a saúde etc.

Daí cabe à mídia o papel de denunciar as falcatruas dos políticos. E se, por um lado, FHC critica a forma de produção da informação pelos meios de comunicação no Brasil, por outro, não assume o posicionamento neoliberal, que remete aos seus oito anos (1995-2002) de governança do país com a privatização de empresas estatais e o sucateamento da universidade pública. Foi uma situação deplorável, consequência de uma atitude irresponsável perante a sociedade, ainda mais para a população pobre.

Isso sim foi abuso de poder de um ex-presidente cujas resultantes gritam aos olhos da população carente, em especial aquela que vive abaixo da linha da pobreza. E continua a ocorrer neste instante. Um Brasil de miseráveis deve repensar suas condições de sobrevivência, distante da ideia da transformação social. Qualquer profissional da comunicação (fotógrafo, jornalista, repórter, publicitário) deve refletir sobre os Direitos Humanos. Faltam os direitos básicos indicados pela Constituição Brasileira (1988). Os dirigentes do Brasil não permitem a garantia dos direitos à alimentação, educação, moradia, saúde, transporte e informação. Onde estão as políticas públicas?

Em 2012, aconteceu no Rio de Janeiro a Conferência das Nações Unidas sobre Meio Ambiente e Desenvolvimento, a Rio+20. Para isso, o atual governo gastou muito dinheiro dos cofres públicos. E a cobertura (hiper)midiática retratou muito mais a importância das celebridades presentes no evento internacional. Nesse conjunto, efetiva-se uma (des)construção discursiva que perpassa a tônica expressiva da contemporaneidade. Qualquer ação de qualidade gera informação de qualidade. Essa posição neoliberal de FHC legitima o sistema político vigente. Do seu mandato como presidente para os dias atuais do PT houve pouca mudança no quadro político do país.

Hoje, quem detém o poder no Brasil? Aquele/a que consegue constituir, publicamente, uma voz que ecoa aos quatro cantos. Cabresto! O desejo de protagonizar na mídia traduz o esforço de denunciar as banalidades irresponsáveis dos governantes. Por isso, o pensamento único continua a imperar sem contrapontos nas mídias locais e regionais. O que aconteceu veemente – e, ainda acontece – com o privilégio de escrever em um jornal de grande circulação nacional. Isso sim é manipulação retórica!

6. CONSIDERAÇÕES FINAIS

Hoje, tentar examinar as políticas públicas brasileiras quando envolvem as diretrizes do consumo e da comunicação requer pensar ações capazes de propor "novos/outros" olhares crítico-conceituais sobre a tessitura de redes de agenciamento/negociação que geram valores entre governo, mercado e mídia. Notadamente, a visibilidade política tem a ver com as estratégias de mídia. Disso, o desenho e a execução de políticas públicas, tanto as econômicas como as sociais, ganham destaque quando a publicidade partidária enuncia os feitos do governo. A força da mídia convoca uma soma de votos no momento da eleição.

Do ponto de vista das políticas públicas, o ajuste fiscal e orçamento equilibrado entre receita e despesa, bem como as restrições à intervenção do Estado na economia e nas políticas sociais, devem sinalizar os objetivos do governo para impulsionar o desenvolvimento econômico e a promoção da inclusão social da população.

No espaço das ciências políticas e sociais, é preciso pensar *o papel do Estado*, ao perpassar *a ação do governo*, em sua extensão enunciativa. Seria otimizar as decisões para maximização os interesses sociais, em termos de políticas públicas. Evidente que se devem registrar outras variáveis à formulação e decisão governamental para garantir maior desempenho e legitimidade do feito político. São decisões categóricas, mas que acabam recebendo acréscimos de diferentes organizações institucionais como mercado, mídia, partidos etc. Isso gera embates, tendências e preferências em torno dos interesses. Na Universidade, as políticas públicas, assim, devem ser vistas/lidas como campo inter, multitransdisciplinar, em que diferentes áreas do conhecimento (Antropologia, Comunicação, Ciência Política, Direito, Economia, Geografia, Gestão, Planejamento, Semiótica, Serviços Sociais, Sociologia) participam ativamente, inclusive a Comunicação.

Como resultado, a discussão aponta para os problemas dos critérios de transparência das políticas da comunicação em busca de atualização e/ou inovação. Aqui, em especial, o que está em voga são as mediações e as tensões sobre os usos dos meios de comunicação atualmente. Isso cria uma oportunidade de debate, uma vez que falta criatividade para lidar com as adversidades que se organizam mais favoráveis à discussão. Verificam-se regulações tanto do poder público quanto do poder privado para enfrentar os desafios e as exigências como: liberdade de expressão; informação de qualidade; acesso a conteúdos; concentração de propriedades dos meios privados; criação de agência reguladora da comunicação no país etc.

REFERÊNCIAS

BAUMAN, Z. *Danos colaterais*: desigualdades sociais numa era global. Trad. de Carlos Alberto Medeiros. Rio de Janeiro: Zahar, 2013.

BHABHA, H. K. *O local da cultura*. Trad. de Myriam Ávila, Eliana L. L. Reis e Gláucia R. Gonçalves. Belo Horizonte: Ed. UFMG, 1998.

CANCLINI, N. G. *Leitores, espectadores e internautas*. Trad. de Ana Goldberger. São Paulo: Iluminuras, 2008.

CARDOSO, F. H. Políticos e Meios de Comunicação. Jornal *O Estado de São Paulo*, 3 jun. 2012. Disponível em: <www.estadao.com.br/noticias/impresso,politica-e-meios--de-comunicacao-,881642,0.htm>. Acesso em: 04/06/12.

COSTA, J. F. *O vestígio e a aura:* corpo e consumismo na moral do espetáculo. Rio de Janeiro: Garamond, 2004.

CUNHA, E. da. *Os Sertões:* campanha de canudos. Rio de Janeiro: Laemmert & C Editores, 1902.

EAGLETON, T. *Marx estava certo*. Trad. de Regina Lyra. Rio de Janeiro: Nova Fronteira, 2012.

GARCIA, W. *O metrossexual no Brasil:* estudos contemporâneos. São Paulo: Factash/Hagrado Edições, 2011.

GUMBRECHT, H. U. *Produção de presença*. Trad. de Isabel Soares e Markus Hediger. Rio de Janeiro: Contracampo, 2010.

_____. *Graciosidade e estagnação*: ensaios escolhidos. Trad. de Luciana Villas Bôas e Markus Hediger. Rio de Janeiro: Contraponto e EdPUC-Rio, 2012.

HALL, S. *Identidade cultural pós moderna*. 5 ed. Trad. de Tomaz Tadeu da Silva, Guaracira Lopes Louro. Rio de Janeiro: DP&A, 2002.

_____. *Da diáspora*: identidades e mediações culturais. Liv Sovik (Org.). Belo Horizonte: EdUFMG, 2003.

MATURANA, H. *A ontologia da realidade*. Trad. de Cristina Magro, Miriam Graciano e Nelson Vaz. Belo Horizonte: EdUFMG, 1997.

SOUZA, C. Políticas Públicas: uma revisão da literatura. *Sociologias*, Porto Alegre, ano 8, n. 16, jul./dez. 2006, p. 20-45. Disponível em: <www.scielo.br/pdf/soc/n16/a03n16.pdf>. Acesso em: 28/03/2013.

SPIVAK, G. C. *Pode o subalterno falar?* Trad. de Marcos Pereira Feitosa, Sandra Regina Goulart Almeida e André Pereira. Belo Horizonte: EdUFMG, 2010.

VILLAÇA, N. *A periferia pop na idade mídia*. São Paulo: Estação das Letras e Cores, 2011.

Capítulo 26

POLÍTICAS PÚBLICAS, POPULAÇÃO DE RUA E OS RECORTES CULTURAIS NO COTIDIANO

Eliana Meneses de Melo

1. INTRODUÇÃO

Os espaços urbanos são compostos por diferentes cenários sobre os quais crescem demandas por ações do poder público que gerem modificações no cenário complexo que envolve o cotidiano da cidadania urbana. São questões próprias dos universos das desigualdades econômicas e sociais que exigem medidas públicas. Desemprego, população pouco ou sem preparo algum para as atividades nos atuais ambientes organizacionais criam modos de vida alternativos que reproduzem cenas antigas da civilização humana.

Neste Sentido, *ir, vir e viver* sugerem encaminhamento para questões que espelham diversidade de olhares, de práticas da existência recobertas por recortes simbólicos plurais. As cidades transformam-se rapidamente com o surgimento de novos edifícios que sugerem formas diferentes de concepção de espaço e vida. Novos condomínios que integram trabalho e habitação, linguagens arquitetônicas dos edifícios e casas denominadas inteligentes pelo uso das novas tecnologias para conforto e segurança.

Ao mesmo tempo, com semelhante pluralidade, seres humanos como personagens de romances de Victor Hugo e Aluísio Azevedo habitam as demarcações possíveis nas ruas das cidades, expressando os contrastes socioeconômicos e culturais de forma atípica, difícil de ser delimitada por uma tipologia. O ponto de intersecção entre os que moram na rua é justamente a casa sem parede que procura um muro, um suporte para além do chão.

A população sem casa, sem lar, ao mesmo tempo em que está no espaço da vulnerabilidade, produz no outro, pertencente à população com casa, semelhante sentimento de vulnerabilidade. É a tragédia motivada pelo medo da violência em ser ou não cidadão residente e domiciliado. A presença do habitante das ruas significa por si só a manifestação de condição humana afastada da sociedade e objeto, portanto, das políticas inclusivas.

Viver na rua implica uma constante reinvenção pela sobrevivência diária, deslocam-se constantemente. Muitas vezes são retirados de seus espaços através de ações violentas. Compõem a marginalidade comunitária acentuadamente heterogenia e diversa quanto aos motivos que os posicionam na condição em que estão. Sobre este aspecto, merece destaque o Plano de Política Nacional para a Inclusão Social da População em Situação de Rua:

> *Fenômeno presente na sociedade brasileira desde a formação das primeiras cidades, a existência de pessoas em situação de rua, traz na própria denominação 'rua' a marca do estigma e da exclusão a que são submetidas. Sua presença incomoda e desconcerta quem busca ver nas ruas a mesma tranquilidade asséptica de conjuntos habitacionais com circulação restrita de pessoas.* (BRASÍLIA: 2008)

O fragmento documental traz a afirmação sobre as leituras estigmatizadas que recaem sobre a população de rua. Elas são emanadas pela sociedade civil e, em decorrência, pelo próprio poder público, justificando por muito tempo ações de cunho assistencialista, proteção paternalista e também autoritária definidas como "higienização social". Explica-se assim o motivo do fracasso de políticas públicas norteadas por leitura preconceituosa e parcial do problema.

O conteúdo geral do documento oficial expõe o saber sobre a complexidade do quadro para procedimentos de inclusão dessas pessoas nos eixos da família, trabalho, moradia, saúde no conjunto dos Direitos Sociais. As estratégias apresentadas representam diretrizes capazes de conduzir a população em situação de rua ao desenvolvimento social, uma vez que no corpo do documento há estudos relacionados aos diferentes perfis dessa população.

Os espaços destinados à participação democrática em torno das Políticas Públicas cresceram nas últimas décadas em número e efetivamente no conjunto de reflexões e ações sobre as questões que nutrem as inquietações da sociedade organizada e dos gestores públicos. O percurso participativo na elaboração de Políticas Públicas ganha legitimidade quando apresentar, sobretudo a capacidade de ler os reais compromissos do Poder oficial junto à sociedade e quando o diálogo com as diferentes vertentes comunitárias interessadas se faz presente e entendidas como manifestação de sujeitos do processo.

Tendo como objeto de interesse as linguagens sobre as quais se manifestam os agentes dos diferentes segmentos culturais e sociais, este estudo foi concebido a partir das problemáticas sobre as quais se edificam os discursos que manifestam políticas públicas. A concepção inicial para nortear o percurso de pesquisa teve como entendimento que políticas públicas devem ser configuradas como um universo de discurso com características diferentes do que classicamente se define como discurso político. O percurso teórico escolhido para o estudo se fundamenta na Interdisciplinaridade, na semiótica, nos estudos do léxico e nos estudos voltados aos discursos sociais.

Para material de análise, elegeram-se dois seguimentos: matérias jornalísticas publicadas pela *Folha de São Paulo* no primeiro semestre de 2012 e a discussão proposta no documento *Política Nacional para a Inclusão Social da População em Situação de Rua – Governo Federal:* 2008. Reside na heterogeneidade e nos componentes semânticos da cultura para inclusão o fio condutor da pesquisa.

2. POLÍTICAS PÚBLICAS: PALAVRAS, DISCURSO E SENTIDOS

De maneira geral, é próprio do discurso político conter a retórica e os elementos de persuasão cuja intencionalidade se inscreve no levar o outro a um querer. Um poder que se manifesta no campo do sujeito institucionalizado ou que queira se legitimar a partir da adesão de outro sujeito. No caso da concepção de políticas públicas como discurso, o que se sobrepõem são as estratégicas e as operações que expressem decisões políticas. Neste caso, é perceptível um "propor-ação: um fazer". O sujeito, em conformidade com o contexto, já não visa à sedução e sim à eficácia em dar materialidade às demandas sociais.

Secchi (2010), estabelecendo diferenças entre os termos políticas e políticas públicas, afirma que *políticas públicas tratam do conteúdo concreto e do conteúdo simbólico de decisões políticas, e do processo e atuação dessas decisões.* É justamente a existência de um conteúdo simbólico que torna possível a tipificação de políticas públicas como um universo de discurso e não um apêndice do discurso político. Ainda em conformidade de Secchi:

> *Uma política pública é uma orientação à atividade ou à passividade de alguém; as atividades ou passividades decorrentes dessa orientação também fazem parte da política pública; uma política possui dois elementos fundamentais: intencionalidade pública e resposta a um problema público, em outras palavras, a razão para o estabelecimento de uma política pública é o tratamento ou a resolução de um problema entendido como coletivamente relevante.* (SECCHI: 2010, p. 2)

Em diálogo com a definição apresentada, *a intencionalidade pública e resposta a um problema público* pressupõem a realização de leitura das diferentes dimensões sociais, troca simbólica entre os agentes. Elas emergem da criação, planejamento e materialidade no fazer, tudo em conformidade com a visão de mundo dos agentes. Trata-se de um discurso marcado pela interdiscursividade e por uma base axiológica variável na medida em que se sustenta e alimenta uma semiótica hibrida, complexa.

Nota-se que, neste contexto, a linguagem verbal conduz projetos, discussões e uma série de produções discursivas por onde se faz a circulação das problemáticas sociais, bem como das diferentes posturas dos vários atores, de tal forma que a palavra sinaliza o patrimônio cultural das forças atuantes nos discursos, quer seja na configuração isolado do universo vocabular, quer seja na dinâmica contextual das palavras.

Em que medida o conjunto de palavras destinado ao morador de rua recebem e refletem signos da interdiscursividade social? Em termos de concepção espacial, a rua é lugar de trânsito dos sujeitos da cidadania estabelecida, ao mesmo tempo é o espaço que contempla o discurso dos sujeitos em *situação de rua* para os quais o espaço destinado ao transitar se configura como habitação.

Os discursos das Políticas Públicas respaldados na oficialidade política e social de suas mediações refletem valores culturais para o cotidiano das vivências da cidadania no tocante à inclusão social? Na concepção de leitura e análise, o discurso jornalístico assume o papel de narrador do cotidiano, o discurso das políticas públicas como manifestação legítima da busca da justiça social e cidadania e qualidade de vida.

A palavra, o léxico de uma língua, constitui-se em parte material da manifestação de uma cultura. Por diferentes trajetórias, o século XX trouxe à tona muitas reflexões e bases conceituais que apontaram para este elo que, nos tempos contemporâneos, já se tornaram clássicos. Apenas em caráter exemplificativos, cita-se os trabalhos de Sapir, Whorf, Pottier, Harris, Benveniste, entre outros.

Pensar o léxico na dimensão social e cultural da língua significa, em primeira instância, ter em mente o trabalho coletivo que está presente no léxico de qualquer realidade linguística e territorial. Fruto da criação social, o léxico é uma propriedade da comunidade que, através dele, cria recria e atualiza valores, manifestando-os no conjunto de suas múltiplas produções discursivas.

Nestes termos, os trabalhos sobre linguagem e os múltiplos discursos demandaram reflexões em torno de questões relacionadas às dinâmicas de produções discursivas na emanação do percurso semiótico para além da produção do sentido. A significação é a referência a uma dada realidade, na dialética entre o olhar e o sentir da comunidade criadora. É por meio de articulações interna e externa aos diferentes textos que se apreende o sentido possível.

O sentido produzido nas comunicações está envolto pelo caminho pelo qual circulam atores de um discurso no contexto de sua manifestação. Os atores trazem para cenários discursivos a memória das experiências vivenciadas, revestidas dos traços de cultura. Elas, as memórias, aparecem nas dinâmicas das linguagens através do encadeamento de certos elementos que na enunciação expressam marcas de espaço, tempo e dos sujeitos que se situam no plano de expressão. Cada discurso contém determinantes para a sua leitura, diretamente implicados aos valores e intenções que os justifiquem e ao conjunto de signos em torno dos quais se constituem.

Quando se mergulha nas dimensões dos signos, símbolos e nas diferentes linguagens, encontra-se uma gama enorme de percursos revestidos por signos em múltiplas significações. São as linguagens em criação e recriação a percorrerem os espaços do contraditório. Verbo e imagens se associam em torno de suas variadas formas de expressão, fato que permite lembrar-se da interdisciplinaridade, sempre presente nos atos investigativos sobre os discursos, produção e circulação de sentidos.

As linguagens expressas na comunicação humana das práticas cotidianas são elaboradas por marcas de diversidades em signos e símbolos, compondo significações. Dos recortes poéticos que alimentam sentidos e almas às produções das ciências e tecnologias. Linguagens expressam as narrativas criadas, reinventadas. Materializam objetos, formas e os contraditórios da vivencia civilizatória humana. É por esse motivo que os discursos são importantes para o pesquisador que nutre seus interesses de pesquisa nas confluências das práticas sociais, como no caso das Políticas Públicas.

Percursos espessos em variedade de conteúdos, os discursos sociais são aberturas para as realidades de diferentes modos da vida humana. Reflexo e reflexões de diálogos e de suas vozes. Por eles ecoam objetividades e subjetividades do ser em vida que se lança, que se perde e que se edifica. Tensões, confrontos e conflitos a serem lidos, analisados, desmanchados pelo pesquisador principalmente pelo enfoque interdisciplinar.

A tradição dos estudos linguísticos e das linguagens humanas sempre assinalam nos seus resultados a existência do outro. Tome-se, por exemplo, estudo descritivo dos componentes linguísticos: os sons vistos pelos pontos de articulação, pelos variantes socioculturais, pelas interferências acústicas, pelos traços de sentido e contexto de ocorrência, entre outros.

Assim, conceber o mundo em termos de configuração semiótica pressupõe existência plural de discursos recortados e interligados pela ação das diferentes experiências e dos atores que dão forma aos discursos sociais em sistemas abertos e dinâmicos, sempre gerando novos sentidos e possíveis interpretações. Elas atualizam e mantêm os processos dinâmicos criados no próprio âmbito das múltiplas vivências sociais (MELO, 2008, p. 13).

A rede de sentidos que forma a base deste trabalho advém de emanações discursivas do Poder e de poder. Trata-se, nos termos propostos por Foucault, de trama semântica construída das tensões entre micro e macroestruturas (FOUCAULT, 2000, p. 1966). Sobre os sistemas semióticos, as tensões estão presentes em discursos verbais, afloradas na escolha lexical e discursos presentes na rua (espaço de trânsito de signos).

Todo sistema semiótico é constituído por diversidade de significações, seu funcionamento está pautado pelo princípio de ordem desigual. Ele convoca outros sistemas e seus subsistemas, Fonseca (2003 p. 261): "As mensagens que em um sistema se vazam representam a resultante de uma mais ou menos forte interação que se trava entre ele e os outros sistemas." Lugar da ocorrência da heterogeneidade.

Em decorrência, discursos apontam para a diversidade entre sujeitos, seja na construção ou apropriação de sentidos. Neste caso, a lembrança à polifonia nos moldes bakhtiniana de Ducrot merece destaque, como assinala Martins:

> *O sentido do enunciado consiste assim numa descrição da enunciação, o que quer dizer que, numa confrontação de várias vozes que se sobrepõem ou se respondem umas às outras. É verdade que o responsável pelo enunciado (o locutor) é único, e que olhadas as coisas apenas a este nível, o enunciado é um monólogo. No entanto, a nível mais profundo, o locutor do enunciado põe em cena, no seu monólogo, um diálogo entre vozes mais elementares, a que chama enunciadores.* (MARTINS, 2002, p. 95)

No caso do *corpus* em análise, os enunciadores são sujeitos coletivos de discursos sociais que se manifestam e que só ganham existência na medida em que geram novos discursos. A temática sobre o ser humano habitante da rua demonstra haver vários discursos que necessariamente emprestam a outros, normas de funcionamento, significações e, em termos pragmáticos, bases argumentativas para novos discursos, justamente por residir na finalidade social sua razão primeira de ser.

Cada discurso tem marcas dos sujeitos que os produzem. Sendo assim, objetividades e subjetividades estão presentes na medida em que diferentes agentes atuam como leitores e reprodutores desses discursos, mesmo sendo eles alimentados por determinações coletivas. Fala-se aqui de uma objetividade discursiva que passa pelo olhar subjetivo do outro sobre o sentido. Justamente pela análise semiótica, visa-se tornar perceptível aquilo que possa estar presente no plano das intencionalidades.

Em conformidade com as intenções do estudo, procurou-se a tipificação do morador de rua. Identificar os traços de sentidos utilizados pelos discursos oficiais voltados a esse segmento social. O discurso jornalístico foi compreendido como o espaço do narrador do cotidiano, enunciador de cenas que revestem os acontecimentos do dia a dia em anomalias, chamando nossa atenção e motivando ou nutrindo outros discursos.

3. RUA E O TRÂNSITO DA INTOLERÂNCIA E DA EXCLUSÃO SOCIAL: REDES E DIÁLOGOS

Os discursos que se criam e se manifestam nas dimensões da urbanidade e que refletem as desigualdades sociais e as relações contraditórias da tolerância e inclusão social. Neste caso, o mundo contemporâneo é entendido como a expressão dos muitos discursos que percorrem as múltiplas ações e reações na dimensão da vida cotidiana. Os espaços pelos quais transitam os diferentes sujeitos refletem fragmentos de marcas culturais em trânsito.

A rua recebe e reflete signos da interdiscursividade social. Microuniverso nos termos proposto por Michel Foucault, a rua dá passagem aos sujeitos da cidadania estabelecida, ao mesmo tempo é o espaço que contempla o discurso dos sujeitos em *situação de rua* para os quais o espaço destinado ao transitar se reveste em moradia.

A rua assinala o contexto de ocorrência de um discurso de poder na medida em que as políticas públicas são realizadas com base em valores democráticos, negados, por princípio, pelos sujeitos que assumem um discurso de poder não verbalizado, para os quais o espaço da rua é de circulação da higiene dos signos e símbolos de consumo. Como em um ritual, queimam o humano não visível.

Trabalhar análise em nível hiperdiscursivo nos direciona aos procedimentos da etnografia, posto que implica trazer para a leitura a visão mediada pelo conhecimento. Diferentemente de outros estados de leitura, ao pesquisador que tem nos discursos o percurso investigativo, a leitura caminha por eixos cada vez mais profundos do texto – documento no qual se detém na busca dos sentidos.

O discurso jornalístico se configura como o lugar do olhar que se permite ver e dialogar com os diversos sujeitos discursivos que por ele (ou nele) se manifestam, direta ou indiretamente. Definido o jornal como documento de pesquisa, o próximo passo foi definir o eixo narrativo sobre o qual se definiria a seleção de matérias. A escolha recaiu sobre matérias cuja utilização do termo *moradores de rua* fosse manifestada na sintaxe de superfície.

Quem são os moradores de rua no cotidiano midiático? A resposta vem: atores que ao mesmo tempo em que são sujeitos na matéria jornalística, se constituem em objetivos da perversidade de agentes de atos de violência em Brasília e em Recife. Associadas ao mês de fevereiro de 2012, na *Folha de S. Paulo*, edição *on-line*.

A primeira produção discursiva *"2 moradores de rua são mortos a tiros no Distrito Federal de Brasília"* narra episódio sobre dois moradores mortos nos arredores de Brasília, em Taguatinga, com tiros na cabeça. Diz ainda que duas semanas antes do ocorrido, sete homens incendiaram dois mendigos em Santa Maria, outra cidade satélite de Brasília. Um deles teve 63% do corpo queimado e morreu no dia seguinte. O outro teve queimaduras em 22% do corpo e continuava internado em estado grave. Segundo o polícia, *o mandante, dono de uma marcenaria, pagou R$ 100 para que os demais dessem "um susto" nos moradores de rua, cuja presença prejudicava o comércio.*

O segundo discurso destaca a cidade de Recife: *Morador de rua é atacado e tem 45% do corpo queimado em Recife.* Neste episódio, um morador de rua, com 31 anos de idade, foi atacado por duas pessoas que atearam fogo em seu corpo, enquanto a vítima dormia. *Os policiais disseram que o crime pode ter sido cometido por um casal também morador de rua.* Alguém entregou para a polícia uma garrafa contendo álcool, provavelmente utilizada para a prática do crime.

A leitura inicial revela a existência de um cenário onde sobressai a violência, comum aos espaços urbanos e às periferias dos grandes centros. Sendo comum, seria apenas mais um fato entre tantos que denotam a banalização da vida humana. Entretanto, as duas matérias apontam para um resultado relevante: morador de rua aparece no discurso jornalístico, no período estudado, como objeto da violência, marcada por dois campos distintos: violência como higienização por agentes contratados e violência entre pares.

Uma sondagem inicial sobre o eixo condutor **morador de rua** faz com que sejam identificados alguns marcadores lexicais: a rua como morada "casa ou lugar onde se habita; período em que permanece domiciliado; endereço; morador: que mora ou habita." No caso em análise, o contexto de ocorrência *morador de rua reforça* o sentido de haver uma categoria humana em nossa sociedade que tem como endereço a rua:

> *Dois **moradores de rua** foram mortos ontem de manhã em, cidade satélite de Brasília.* (1º discurso)

> *Um **morador de rua**, de 31 anos, sofreu queimaduras após ser atacado por duas pessoas que atearam fogo no seu corpo no Recife.* (2º discurso)

Evidencia-se um campo semântico que expressa uma valia em termos de sentido, um indicativo que presume em termos sociais o entendimento de que, em nossa sociedade, há aqueles que têm na rua sua residência. Observa-se uma categorização, uma tipificação em termos de cidadania. Ao mesmo tempo, haver a aceitação do termo, presumida pelo uso e ocorrência, evidencia que a terminologia é compreendida e fazendo parte de muitos discursos em circulação no cotidiano, não apenas do discurso jornalístico, no eixo, portanto, da normalidade.

O estudo da fala ou escrita pública foi elaborado com outra configuração semântica: *população em situação de rua*. Neste caso, a expressão pressupõem um número de brasileiros que está em situação de rua, sem moradia, sem residência. As ações das políticas públicas são pensadas para a eliminação de uma anomia, permitindo entender que *morador de rua* está fora da aceitação para a vida cidadã, gerando, em decorrência, a Elaboração da Política Nacional de Inclusão Social da **População em Situação de Rua** (Decreto s/n., de 25/10/2006).

No plano das contradições, nota-se que a normalidade aprendida pelo uso da expressão *morador de rua* manifestada no discurso jornalístico está carregada de uma aceitação e compreensão aparente. O *morador de rua* não é nomeado, é apenas "um" indefinido morador que foi queimado, tão incômodo ao enunciador do cotidiano jornalístico como à sociedade em sua totalidade. Tão inoportuna sua existência que motiva a *Política Nacional de Inclusão Social em Situação de Rua.*

Neste contexto, a contradição está assinalada na forma pela qual se busca eliminar o incômodo. Um seguimento opta pelas práticas democráticas, gerando Políticas Públicas, assumindo papéis de sujeitos capazes de engendrarem ações transformadoras para a sociedade. A escolha pelo caminho oficial é modalizada pelo *poder – dever – fazer.*

Por outro lado, aqueles que seguem um caminho marcado pela intolerância. Negam haver um ser humano morador de rua, queimando-o, matando-o. Ao agirem pela violência, além de não reconhecerem no outro a cidadania, também não se reconhecem como cidadão do Estado de Direito e democrático. O desrespeito à vida vem acompanhado pelo não respeito à sociedade. São agentes excluídos da civilização que têm suas ações marcadas pelo não poder – saber cidadania.

Do ponto de vista da macroestrutura, a população em situação de rua simboliza sentidos do termo exclusão: expulsão, desenraizamento e privação. Na tipificação do sujeito, o discurso público traz a seguinte fala:

> *[...] pode-se dizer que o fenômeno população em situação de rua vincula-se à estrutura da sociedade capitalista e possui uma multiplicidade de fatores de natureza imediata que o determinam. Na contemporaneidade, constitui uma expressão radical da questão social, localiza-se nos grandes centros urbanos, sendo que as pessoas por ele atingidas são estigmatizadas e enfrentam o preconceito como marca do grau de dignidade e valor moral atribuído pela sociedade.* (SILVA, 2006, p. 95)

Reconhecer essa população e sua condição de não pertencimento, de que essas pessoas *são estigmatizadas e enfrentam o preconceito como marca do grau de dignidade e valor moral atribuído pela sociedade*, além de revelar que não é para ter pessoas sem lar, sem habitação, no eixo do contraditório reconhece certa naturalidade do fenômeno. Em síntese, o morador de rua é frágil, descoberto, exposto à violência nos vários traços de sentido que configuram o vocábulo.

4. CONSIDERAÇÕES FINAIS

O estudo aqui apresentado faz parte de um projeto de pesquisa que tem em seus objetivos buscar elementos que permitam trazer subsídios para uma maior compreensão sobre as políticas públicas de inclusão social, principalmente aquelas destinadas às cidades e seus habitantes e que perpassam questões em torno da qualidade de vida. Quais são os valores embutidos nos processos de recepção por parte do habitante cidadão das problemáticas coletivas e dos encaminhamentos para demandas tão específicas.

No caso da população em situação de rua, ou do morador de rua, foi possível perceber que, ainda que em estudos iniciais, a violência e a axiologia ligada não podem ser compreendidas apenas dentro dos cenários urbanos da sociedade brasileira. Encontra-se a presença do habitante de rua em várias cidades do planeta. Neste caso, a situação econômica e os valores presentes nas políticas públicas produzem ações com maior ou menor eficácia para a questão.

Os fragmentos discursivos analisados revelaram a existência de outro componente de sentido atuando como agente motivador: o medo. A sociedade contemporânea busca a semelhança e tem medo do diferente. Tolerância é palavra chamada para o cotidiano pela necessidade de aceitação das diferentes de gênero, religião, regionais, preferências esportivas e nacionalidade.

A população em condição de rua elabora sua memória de vida em trânsito. Fica, mora onde todos transitam, ilhada no movimento que joga o não ser, não pertencer. Marca da não limpeza social, prova das diferenças e injustiças sociais e dos roteiros do consumo. Em oposição, homens formados pela sociedade do consumo, da aparência, das necessidades da posse dos objetos materiais na constituição de identidades.

Os moradores dos grandes condomínios espalhados pelas cidades buscam o distanciamento do que lhe representa o medo da perda da posse, das marcas da violência, da feiura da pobreza. O medo do outro, o medo de perder sua condição social, o medo motivado pelo estranhamento do outro que faz romper a identidade como o humano que mora na rua.

A rua assinala o contexto de ocorrência de um discurso de poder na medida em que as políticas públicas são realizadas com base em valores democráticos, negados, por princípio, por estes sujeitos que assumem um discurso de poder não verbalizado. Para eles, o espaço da rua é de circulação da higiene dos signos e símbolos de consumo. Como em um ritual, queimam o humano não visível.

Bauman (2009) aborda a questão do medo do estranho na sociedade contemporânea contrapondo a modernidade sólida à modernidade líquida. Esta última, ao retirar a ideia de permanência e revelar a não estabilidade das relações de trabalho e da posse do capital, fortalece o individualismo e a defesa do que lhe é local. A solidariedade é trocada pela competição e os indivíduos manifestam um sentimento de abandono,

Talvez seja possível entender as ações de violência aqui apresentadas como parte de um sentimento de negação do estranho. De certa forma, os aspectos dinâmico e estágio implícitos em *situação* e *morador* de rua evidenciam que nossa sociedade tem como valor a melhora de qualidade de vida para todos e que a violência não é um bem coletivo.

REFERÊNCIAS

BAUMAN, Z. *Confiança e Medo na Cidade*. Rio de Janeiro; ZAHAR, 2009.

FONSECA, J. *Heterogeneidade na Língua e no Discurso*. Disponível em: <ler.letras.up.pt/uploads/ficheiros/2626.pdf>.

FOUCAULT, M. *Arqueologia das Ciências e História dos Sistemas de Pensamento*. São Paulo: Forense Universitária, 2000.

GOVERNO FEDERAL. *Política Públicas Para Inclusão da População em Situação de Rua*. Brasília, Ministério do Desenvolvimento Social e Combate a Fome. Disponível em: <www.mds.gov.br>.

JORNAL FOLHA DE SÃO PAULO, *2 moradores de rua são mortos no Distrito Federal de Brasília*. Reportagem local. Fev. 2012.

_____. *Morador de rua é atacado e tem 45% do corpo queimado em Recife*. Reportagem local. Fev. 2012.

MARTINS, M. L. *A linguagem, A Verdade e o Poder. Ensaio de Semiótica Social.* Coimbra: Fundação Calouste Gulbenkian/Mistério da Ciência e Tecnologia.

MELO, E. M.; PRADOS, R. M. N.; GARCIA, W. *Linguagens, Tecnologias e Culturas:* discursos contemporâneos. São Paulo: Factash Editora, 2008.

SECCHI, L. *Política Publica. Conceitos,Esquemas de Análise, Casos Práticos.* São Paulo: CENGAGE Learning, 2010.

SILVA, M. L. *Mudanças recentes no mundo do trabalho e o fenômeno de população de rua no Brasil – 1995-2005-2006.* Dissertação Mestrado. Universidade de Brasília. Disponível em: <www.bce.unb.br/>.

Capítulo 27

PATRIMÔNIO AO LÉU: NOVAS POLÍTICAS PARA A PRESERVAÇÃO CULTURAL EM MOGI DAS CRUZES-SP

Glauco Ricciele Prado Lemes da Cruz Ribeiro

1. HISTÓRICO

A Preservação do Patrimônio Cultural no Brasil vem, nas duas últimas décadas, ascendendo positivamente, mas as relações de incentivos financeiros dos governos esbarram na temida burocracia desnecessária. A iniciativa civil representa uma porcentagem alta no financiamento de restauro ou mesmo levantamentos de dados presentes em nossos bens culturais. Este percurso que aqui se descreve, esboça uma preocupação com o patrimônio cultural de uma cidade do interior paulista, Mogi das Cruzes, mas pode servir de exemplo par ao despertar da preservação de patrimônio de qualquer município, seja ele grande ou pequeno.

A Lei Federal de Incentivo à Cultura – Lei n. 8.313 de 23 de dezembro de 1991 – conhecida popularmente como "Lei Rouanet", institucionalizada a partir de 1991, despertou através do anseio e reivindicações populares novos rumos para as Políticas Culturais. Esta lei de incentivo à cultura, apesar de sua importância como mecanismo de fomento, consolida, na prática, o processo de fortalecimento do poder do mercado na tomada de decisão dos investimentos no campo artístico e cultural, além da inauguração de um crescente processo de burocratização nos processos de apoio às manifestações culturais no Brasil, ainda que sem grandes repercussões naquele momento no campo das culturas populares (SALGADO; PEDRA & CALDAS, 2010).

Há empenho na preservação de bens culturais por parte dos órgãos de fiscalização e fomento, como Instituto do Patrimônio Histórico e Artístico Nacional (IPHAN), Conselho de Defesa do Patrimônio Histórico, Arqueológico, Artístico e Turístico (CONDEPHAAT), em nível nacional, e no caso deste capítulo, percebe-se também no poder local o Conselho Municipal de Preservação do Patrimônio Histórico Cultural, Artístico e Paisagístico de Mogi das Cruzes (COMPHAP). No entanto, eles ainda não correspondem de forma clara suas posições perante projetos de conservação, tombamentos e restauros.

As leis de incentivos e órgãos de preservação e fiscalização são idealizadas, mas suas intervenções são praticadas para uma pequena minoria. Seus impactos são observados apenas em grandes centros urbanos e históricos. Núcleos de médio e pequeno grau sofrem e, por vezes deixados ao léu, perdem sua identidade cultural por falta de estruturas e planos efetivos de políticas culturais. Mesmo para os estudiosos, há muitas dificuldades em se decidir o que se pode ser preservado, quais métodos de pesquisa são adequados para o estabelecimento de critérios de preservação e tombamento.

O município de Mogi das Cruzes está situado na região metropolitana da Grande São Paulo. Sua história por vezes se confunde com fatos da história nacional. Segundo apontamentos realizados por Azevedo Marcos (1879), Mogi nasce como sesmaria doada pela Coroa Portuguesa ao fidalgo Braz Cubas, fundador da cidade de Santos-SP. Mas em 1932, em plena Revolução Constituinte, o professor Emílio Ferreira descobre no porão da prefeitura uma cópia autêntica do Foral, um documento que revela novos rumos para a construção de uma história local.

O Bandeirante Braz Cubas não aparece como fundador, mas donatário da sesmaria. Gaspar Vaz, sertanista responsável pela abertura de estradas, a mando do então Governador da Província, Dom Francisco de Souza, que acreditando que nas terras da futura Mogi encontrava-se ouro, surge como Povoador e Fundador da Villa de Sant'Anna de Mogy-Mirim em 1611, futura Mogi das Cruzes. Os escritos também relevam que, ao invés de Jesuítas, os "Enviados de

Deus" eram Carmelitas vindos de Recife, com o dever de catequizar "os negros da terra". O povoado cresceu, e, finalmente, o poder público municipal oficializou como data de fundação 1560, pertinente a Braz Cubas.

Em meio a este panorama, Mogi das Cruzes completou, em 2010, 450 anos num turbilhão de controvérsias. A cidade em quatro décadas constituiu sua identidade cultural e patrimonial que perdurará até início do século XX preservada, demonstrando que os três primeiros séculos e suas gerações passaram por evoluções, mas não interferindo na identidade local. O patrimônio cultural edificado pode ser pensado enquanto suporte da memória social, ou seja, os edifícios e áreas urbanas de valor patrimonial podem ser tomados como um ponto de apoio da construção da memória social; como um estímulo externo que ajuda a reativar e reavivar certos traços da memória coletiva em uma formação socioterritorial (MESENTIER, 2012).

2. POLÍTICAS DE PRESERVAÇÃO CULTURAL: NOVOS RUMOS

Mogi das Cruzes tornou-se pioneira na Grande São Paulo por ter criado, em 30 de maio de 2003, pela Lei n. 5.500, o Conselho Municipal de Preservação do Patrimônio Histórico Cultural, Artístico e Paisagístico de Mogi das Cruzes (COMPHAP). O Conselho é composto por 22 representantes, porém a burocratização do órgão torna os processos e diálogos ineficientes. A falta de técnicos qualificados em meio aos representante demonstra uma política de "destruição" ao invés de preservação. Não há registro de que a entidade tenha organizado palestras, cursos ou mesmo educação patrimonial aos membros e comunidade. Em dez anos de existência realizou apenas tombamentos de patrimônios imateriais (Festa do Divino Espírito Santo, Festa de São Benedito, Entrada dos Palmitos, Afogado, Congada e Moçambique), com relação aos patrimônios materiais, o trabalho foi pouco significativo para uma cidade de quatro séculos.

A seguir analisam-se alguns desses patrimônios:

Patrimônio Material	
Patrimônios	**Descrição**
Igrejas da Ordem Primeiro e Terceira do Carmo	Exemplar de arte religiosa do fim do século XVIII em São Paulo. A igreja da Ordem Terceira tem especial interesse pela pintura de seu forro, de autor desconhecido, que, juntamente com as da Matriz da Candelária de Itú e as da Ordem Terceira do Carmo da Capital de São Paulo, caracterizam a pintura paulista do período anterior ao auge do café. As igrejas tiveram as obras de restauro iniciadas na década de 70 com a colaboração da Prefeitura e foram concluídas em 1984. A Igreja da Ordem Terceira possui notável retábulo em madeira entalhada, no estilo barroco-rococó, com o forro da nave possuindo primorosas pinturas ilusionistas no estilo das igrejas barroco-mineiras. Ambas as igrejas foram tombadas e restauradas pelo IPHAN (Instituto do Patrimônio Histórico e Artístico Nacional). Decreto Municipal n. 701/1979.
Casarão do Chá	Edifício representativo da imigração japonesa no Brasil foi projetado por Kazuo Hanaoka, em 1942, para abrigar uma fábrica de chá. Utilizando elementos construtivos ocidentais – telhas marselha, esquadrias, taipa de mão – e soluções formais inspiradas na arquitetura dos castelos e templos do Japão, com a utilização de madeira de eucalipto em ensambladura, obtém resultado de grande plasticidade, identificado com a cultura japonesa no Brasil. Resolução – 64, de 25-11-1982 – CONDEPHAAT.
Casa da Câmara	Construído em 1860, sediou a Câmara Municipal até 1929. Com a saída da Câmara, abrigou a Escola Normal, o Ginásio do Estado, a Escola Técnica Industrial e, atualmente sedia o Arquivo Histórico "Historiador Isaac Grinberg" e a Biblioteca Pública Municipal "Benedicto Sérvulo de Sant'Anna". Edifício com características de estilo neoclássico, apesar da utilização de técnica típica do período colonial. Obra edificada pelo construtor Veríssimo Afonso Fernandes. Em processo de tombamento.
E. E. Coronel Almeida	Construído em 1901, é uma das primeiras escolas do município que guarda ainda as características originais, sendo o único representante da Arquitetura Escolar Paulista do início do século XX em nossa cidade, tendo sofrido acréscimo apenas do pátio coberto e sanitários em sua parte externa. Projeto de autoria do Arquiteto José Van Humbeeck. Resolução SC – 60, de 21-7-2010.
Theatro Vasques	A ideia da construção nasceu do movimento de um grupo de mogianos, que arrecadaram o dinheiro necessário vendendo ações. A pedra fundamental foi lançada em 19 de setembro de 1901 e o Theatro foi inaugurado em 6 de dezembro de 1902. Com o advento do cinema e o declínio de certos espetáculos teatrais, o Theatro Vasques acabou tornando-se sede da Câmara Municipal de 1936 a 1937, quando foi fechado pelo Estado Novo, e só foi reaberto em 1948 para abrigar novamente a Câmara Municipal. A partir de 1980, o teatro é reformado e reinaugurado, como Teatro Municipal "Paschoal Carlos Magno". Após nova reforma em 2002, o Teatro volta a chamar-se "Theatro Vasques". O projeto original do edifício, cenografia, pintura e distribuição interna, inclusive os camarins, foram confiados ao ator Roque de Castilhos, ex-aluno da Escola Politécnica do Rio de Janeiro. Decreto Municipal n. 9.241/2008.

Patrimônio Material	
Patrimônios	Descrição
Casarão do Carmo	Construção do século XIX, em Estilo Colonial, de taipa de pilão e taipa de mão, foi construído para servir de residência a importante família Bourroul e a partir dos anos 30 abrigou diversas atividades culturais e comerciais, até ser desapropriado e restaurado pela prefeitura municipal na década de 1980, a partir de então vem sendo ocupado para atividades culturais. Hoje, sedia o Projeto Canarinhos do Itapeti. Decreto Municipal n. 12.344/2012.
Casarão do Largo Bom Jesus	Construção da segunda metade do século XIX (1870) representa o programa arquitetônico de moradia e comércio do Brasil Império. Construído em taipa de pilão e taipa de mão, serviu de residência e comércio. Localizado no Largo do Senhor Bom Jesus de Matosinhos, o imóvel era ponto de parada na rota de passagem do Caminho Real sentido ao Vale do Paraíba. Decreto Municipal n. 10.543/2010.

Figura 1. Igrejas da Ordem Primeiro e Terceira do Carmo.

Figura 2. Escola Estadual Coronel Almeida.

Em Mogi das Cruzes, a lei municipal de tombamento é basicamente estruturada nas vertentes da Lei Federal 25, de 30 de novembro de 1937. Basicamente, o município tomba um imóvel e obriga o proprietário a manter todas as linhas arquitetônicas da fachada do imóvel, em alguns casos o processo cita o interior do imóvel. O processo mais conturbado entre os tombamentos na cidade está no Casarão do Largo Bom Jesus, de propriedade da família Mello (Figura 3).

O imóvel em processo de inventário e 2010 foi tombado sem aviso prévio aos herdeiros. A problemática central foi criada pelo poder público, que limita as adaptações do imóvel. A única forma de a cidade manter este bem cultural está na aquisição do local, mas não há interesse das autoridades. A família realizou adaptações necessárias para preservar as estruturas comprometidas e levantou orçamentos de empresas especializadas em restauro, inicialmente as obras de restauração custariam um milhão e duzentos mil reais aos familiares. Legalmente, o município não poderia custear este restauro pelo fato de o local ser particular. O único incentivo perante o decreto de tombamento está na isenção do Imposto Predição e Territorial Urbano (IPTU).

Figura 3. Casarão da Família Mello. Fonte: Arquivo Pessoal.

Em meio à especulação imobiliária dos grandes centros, cada ano nossas cidades perdem suas áreas urbanas de valor patrimonial, portadoras de um duplo caráter: são bens de caráter artístico-cultural e são suportes da memória social de valor histórico.

Curiosamente, até nos cemitérios percebe-se a ineficácia de políticas e a desvalorização da memória social geral, o descarte de restos mortais e demolições de jazigos artisticamente confeccionados há décadas, que embelezam um panorama bucólico para darem lugar a jazigos sem estética.

É o caso do Cemitério São Salvador instalado em 1871, em Mogi. Conforme levantamentos fotográficos e apontamentos realizados desde 2010 em jazigos com importância história e arquitetônica, descobriu-se que se perdem peças de valor inestimável. Em três anos de balanço, perderam-se duas peças: o jazigo da família Arouche de Toledo, antigos tabeliões do município, que era composto de bustos dos patriarcas confeccionados em Mármore estilo Carrara (Figura 4). Depois de reformada a sepultura, as esculturas foram removidas para um canto no muro do cemitério.

O jazigo da família Mello Franco (Figura 5), único exemplar em estilo gótico, confeccionado em 1875, teve o mesmo fim, foi demolido, dando lugar a túmulo com gavetas, aumentando a disponibilidade de local para sepultamentos.

Figura 4. Jazigo da família Arouche de Toledo. Fonte Arquivo Pessoal.

Figura 5. Jazigo da família Mello Franco. Fonte: Arquivo Pessoal.

Como pôde ser lido anteriormente, as Políticas Culturais relacionadas aos Patrimônios de Mogi das Cruzes são inexistentes. A perpetuação da história e memória da cidade tem sido um esforço da sociedade civil, defensores da preservação do patrimônio buscam resguardar a memória e a história da cidade. Neste contexto é possível identificar inúmeros projetos, mas nenhum ligado ao fomento público. A sociedade civil atua em prol da preservação, realizando cada vez mais políticas públicas, sem incentivo do poder público.

Nas páginas de livros a História local é preservada desde a década de 1950 do século passado, conforme apontam as obras de Grinberg (1954); Batalha (1958); Freire (1958) e Ferraz (1978). Este quarteto de "Historiadores" locais iniciou, na década de 1950, uma vasta fase de preservação, mas apenas bibliográfica, retratando personagens ilustres, mas deixando sem registro histórias e modos de vida de grande parte da população. Visto que Mogi das Cruzes desde a fundação da vila pelo Bandeirante Gaspar Vaz, em 1611, até nossos dias, vem crescendo nos sentidos econômico, social e populacional e a falta de planejamento acarreta para a cidade uma perda inestimável em patrimônio histórico imobiliário. O que resta neste caso, e em outros pelo país, é a contemplação das cidades em registros fotográficos em livros e fotos, limitando futuros estudos por falta de fontes.

3. INICIATIVA DE PRESERVAÇÃO DA MEMÓRIA: A INTERNET COMO REPOSITÓRIO DE IMAGENS E TEXTOS

Uma das iniciativas que vem sendo bastante eficientes na preservação de materiais iconográficos ou textuais é a internet. Na tentativa de se manter um registro dos bens culturais e da memória da cidade, foi criado o portal eletrônico "Confraria Mogyana" (confrariamogiana.com.br/). Este projeto nasceu da necessidade de se reconstituir fatos e acontecimentos históricos de Mogi das Cruzes e da região do Alto Tietê. Foi necessária, para a concepção de construção eletrônica do Portal "Confraria Mogyana", a contratação de uma empresa especializada. Durante dois meses foram idealizado através de reuniões semanais todo seu projeto nas seguintes etapas: compra do domínio na rede, elaboração do *layout* com temática retrô baseada nos anos 1930, definições das nove páginas e suas abas, conceber formas de efetuar *links* com *sites* das redes sociais como Facebook, YouTube e Flickr. Após este processo e concluído o *site*, este foi disponibilizado à comunidade. Acreditando-se na boa vontade da sociedade civil e da iniciativa privada e com o intuito de custear os gastos do processo de elaboração, dentro do portal criou-se uma aba destinada a parcerias, em que empresas e comunidade firmam um acordo com o *site*. Por meio desta ação foi possível angariar fundos para a execução do projeto, pois há contratos de custeio e cobertura da imprensa. Nesta última, foi firmado um acordo entre o *site* e o maior grupo de comunicação e imprensa da região do Alto Tietê, em que tanto o *site* da "Confraria Mogyana" quanto o *site* do grupo de comunicação estão interligados, dividindo informações sobre a cultura da região.

Por meio de pesquisas arquivísticas, entrevistas e levantamento de dados, a "Confraria Mogyana" traz à luz a rica história de Mogi das Cruzes repleta de Culturas e Tradições. O *site* é dividido em quatro partes: "Blog", "Arquivo Mogyano", "Vídeos" e o "Museu Mogyano". Neste projeto de pesquisa, o procedimento metodológico é basicamente descritivo da história do município e do levantamento de histórias de vida.

No "Blog" é possível ler notas, ensaios e críticas referentes a episódios passados e presentes. Com aproximadamente 115 postagens, mais de 30.000 mil acessos. O *blog* para as redes sociais é uma via de acesso rica e com grande poder exploratório. Sua disseminação é alta e compartilhada em redes sociais.

Por meio do "Arquivo Mogyano", uma iniciativa inédita na região do Alto Tietê, Mogi das Cruzes surge como pioneira, ganhando o primeiro Arquivo Digital, reunindo fontes iconográficas, cartográficas, manuscritos e periódicos. Através de fontes como "Arquivos Pessoais", "Arquivo Histórico Municipal de Mogi das Cruzes", "Arquivo do Estado", "Biblioteca Nacional", "Arquivo Nacional" e "Hemerotecas", entre outros. Reunimos inicialmente 5.000 mil fontes iconográficas, por meio dos quais se pode consultar um vasto índice de assuntos.

Os "Vídeos" são formas lúdicas que trabalham a imagética, passam para o consulente a história em um formato de fácil compreensão. As temáticas variam como Histórias de Vida, Cultura, Acontecimentos, Reportagens e Símbolos Cívicos. Pela plataforma "YouTube", os mais de 70 vídeos foram acessados por 300.000 vezes. O impacto deste método é perceptível, as imagens antigas são atreladas a uma trilha sonora, instigam as sensibilidades e se transformam em saudosismo.

O "Museu Mogyano" visa a resgatar e a perpetuar as histórias pessoais de Mogyanos de sangue ou de coração, que aqui puderam contribuir de diversas formas com o crescimento de nossa cidade. Inicialmente, coletamos apenas depoimentos de mogianos da "melhor idade", idosos na faixa etária entre 63 anos a 100, que são pela idade marginalizados pela sociedade. Por meio das entrevistas, estes idosos estão registrando suas vidas que muito contribuíram em décadas passadas para o avanço do município e do país. Estes relatos de vida trazem a público histórias que até então estavam veladas. O desvelar e revelar e o intuito de estudo do Museu Mogyano. Dessa forma, perpetuou histórias vividas em décadas passadas e revelou antigos costumes e modos de viver.

O último projeto iniciado pelo *site* é a instalação de QR Code (Quick Response), patrimônios históricos da cidade. O QR foi desenvolvido em 1999 por programadores japoneses, após o ano 2000 empresas americanas compram os direitos e iniciam em 2009 a utilização dos códigos em propagandas e *marketing*. A primeira vista o código nos remete a um enigma, mas sua versatilidade é extrema num mundo informatizado. Basta ter um celular com internet e um leitor de códigos instalado e filmar o código. Por meio desta leitura digital, o indivíduo é levado a uma plataforma de *site* em que podem encontrar inúmeras informações relacionadas ao assuntos, previamente preparadas.

Iniciamos o projeto no bairro do Alto da Boa Vista, mais conhecido como Remédios, primeiro bairro do município. Foi instalado no piso da calçada em frente à igreja o QR Code, onde o turista ou mesmo o morador pode conhecer mais sobre a localidade.

Figura 6. Igreja dos Remédios e o QRCode para acesso à *web*. Fonte: Arquivo Pessoal.

A utilização da informática é fato em nossa contemporaneidade. Esta ferramenta, atrelada à preservação e difusão de matérias de pesquisa, é fundamental. A popularização da cultura de massa tem a internet como grande norteadora. Os resultados aqui citados no portal "Confraria Mogyana" são utilizados por diversas camadas da sociedade, meios de comunicação, escolas e indivíduos conhecedores de nossa história. Com o *site*, Mogi ganha mais uma opção de acesso à sua história e cultura, visando não só preservar o passado, mas o hoje.

4. CONSIDERAÇÕES FINAIS

A falta de Políticas Culturais efetivas é evidente na conservação de nossos bens culturais. Legislações são implementadas, mas sua aplicação em manter as diversas formas de culturas preservadas esbarram na temida burocracia. A sociedade organizada posiciona-se como defensora de suas tradições e culturas e desta ação surgem indivíduos que fazem por vezes o papel do Estado na preservação e manutenção de bens. A internet tem-se mostrado uma grande aliada neste processo de preservação iconográfica, já que muitos destes bens culturais materiais e imateriais podem se perder ao longo do tempo.

A conquista na preservação em nossas cidades somente começará a frutificar quando segmentos sociais somarem esforços com o poder público. Com o Estado desonerando e desburocratizando a legislação, nossos patrimônios se recuperarão, promovendo o resgate de nossa identidade cultural.

REFERÊNCIAS

BATALHA, J. R. *Calhaus e Burgaus*, São Paulo. Prefeitura Municipal de Mogi das Cruzes, 2002, Edição Fac-similar (Coleção Boigyana, n. 1).

BOSI, E. *Memória e sociedade:* lembranças de velhos. 11. ed. São Paulo: Companhia das Letras, 2005.

CAMPOS, J. F.; CARVALHO, F.; PAULA, T. *Santa Anna das Cruzes de Mogy: Huma villa de Serra aSima*. Global Editora, 1978.

CHUVA, M.; NOGUEIRA, A. G. R. (Org.). *Patrimônio Cultural:* Políticas e Perspectivas de Preservação no Brasil. Rio de Janeiro, Ed. FAPERJ, 2012.

FREIRE, M. S. M. *História das histórias de Mogi das Cruzes*. São Paulo. Prefeitura Municipal de Mogi das Cruzes, 2002, Edição Fac-similar (Coleção Boigyana, n. 2).

FOUCAULT, M. *Vigiar e punir. Nascimento da Prisão*. Trad. Raquel Ramalhete. 23ª ed. Rio de Janeiro: Vozes, 2000.

GINZBURG, C. *O Queijo e os Vermes:* o cotidiano de um moleiro perseguido pela inquisição. São Paulo: Companhia das Letras, 2006.

GRINBERG, I. *História de Mogi das Cruzes*, 1954.

MESENTIER. L. M. *Patrimônio urbano, construção da memória social e da cidadania*. 2012.

RIBEIRO, G. R. P. L. C. Confraria Mogyana. Disponível em: <confrariamogiana.com.br/>.

SALGADO, G. M.; PEDRA, L. S.; CALDAS, R. S. (2010) As políticas de financiamento à cultura a urgência de uma reforma. In: RUBIM, Antônio A. C. (Org.). *Políticas Culturais no Governo Lula*. Salvador: EDUFBA. p. 87-110.

Capítulo 28

O JORNALISMO PÚBLICO E SUAS CONSEQUÊNCIAS NOS DISCURSOS DOS OUVINTES DE UMA EMISSORA DE RÁDIO

Marilei J Schiavi

1. INTRODUÇÃO

Nos momentos finais da pesquisa que resultou na dissertação de mestrado, algumas questões ficaram latentes para que se continuasse a dissecar a interatividade entre ouvintes e radialistas. Este estudo tem como objetivo analisar os efeitos da interatividade entre os ouvintes e um programa jornalístico numa emissora de rádio localizada na região do Alto Tietê, estado de São Paulo.

Num programa de rádio, a interação entre o público e os locutores, jornalistas, apresentadores vêm, ao longo de décadas, acontecendo. Sabe-se que os programas de rádio, desde o seu aparecimento no Brasil, nas décadas iniciais do século passado, incentivavam a intervenção do ouvinte. Programas de prêmios, de adivinhas, de calouros premiados e uma infinidade de exemplos na trajetória do rádio brasileiro povoaram a imaginação de muitos ouvintes. A participação, que se fazia por carta no início da história, arrefeceu durante o período em que a televisão sobrepujou o rádio, mas ela voltou há algumas décadas e o telefone móvel e a internet aceleraram as interações.

Este trabalho, ancorado por alguns estudiosos, é parte da pesquisa de campo feita no mestrado em Ciências Sociais na Pontifícia Universidade Católica de São Paulo e vem amparado por teóricos e pensadores do jornalismo que se preocupam(ram) em manter o acesso à informação, de modo a favorecer uma pronta resposta do cidadão aos seus problemas sociais ou individuais.

O jornalismo visto por esta ótica nos auxilia a encontrar soluções para a construção da cidadania e da democracia, como atestam os sujeitos aqui pesquisados.

2. O CONCEITO DE JORNALISMO PÚBLICO NO PROCESSO DE DEMOCRATIZAÇÃO DA INFORMAÇÃO E CONSTRUÇÃO DA CONSCIÊNCIA CRÍTICA DO CIDADÃO

A interação entre o público e o veículo de comunicação é, sem dúvida nenhuma, o sonho de todos os comunicadores, pois a interatividade que se busca nas comunicações é justamente a resposta que o cidadão tem para obter ou complementar a informação.

No final dos anos 1980, por causa da queda da leitura de diários impressos e o descrédito dos meios de comunicação, como a TV e o rádio, começa a ganhar adeptos a corrente do Jornalismo Público. O Jornalismo Público parece ter sido uma reação de professores, editores e jornalistas que saíram a campo abrindo mão da postura-padrão, para se lançarem em um novo relacionamento com o público.

Para Barros (2009), este tipo de jornalismo, surgido nos Estados Unidos, fundamentava-se nos princípios democráticos da liberdade de expressão, tão decantada naquele país. Alimentados pela mesma ideia, no Brasil não tem sido diferente. Muitos jornalistas buscam construir o debate público para que haja uma resposta mais efetiva do cidadão. Neste caso, os jornalistas deixam de ser meros narradores, aparentemente isentos, para serem atores de um processo que exige um posicionamento crítico dos espectadores/ouvintes.

Claro está que a isenção ingênua nunca houve no jornalismo e nas outras narrativas que o precederam, mas há uma forte tendência atual de que o jornalismo deva ser um instrumento público, de construção de cidadania.

Por estar ligado ao conceito de construção da cidadania, dados os ares de renovação democrática no Brasil, inaugurado pela Constituição Federal de 1988, este tipo de jornalismo também é conhecido como jornalismo cívico (LAMBETH e CRAIG, 1995, *apud* COSTA FILHO, 2006). Para Merritt (*apud* ARCE, 2007, p. 616), este tipo de jornalismo concebe o público como "ator social", colaborando para a formação "crítica dos sujeitos".

Barcellos (2007) aponta que, no caso brasileiro, o termo Jornalismo Cidadão é adequado, porque a palavra "cidadania" remete às iniciativas que tratam da inclusão social, da busca pelos direitos dos cidadãos e está consagrado na linguagem da própria imprensa.

Por isso, acredita-se que a interatividade, neste caso específico, longe de se caracterizar como localismos inexpressivos, são formas de incentivar a participação do cidadão, aguçar sua curiosidade para o que ocorre à sua volta, incentivar a comunidade a pensar as questões mais prementes do dia a dia, assim como a refletir nas necessidades de sua comunidade, exigindo do poder público mais efetividade na garantia do processo de democratização por que passa o país.

Abreu (2003, p. 5-6) caracteriza o jornalismo público praticado no Brasil em duas frentes: "jornalismo de utilidade social" e "jornalismo de utilidade pública". Enquanto o primeiro procura responder às preocupações da audiência, o segundo está voltado para a prestação de serviços ao público.

Este movimento está bem explícito na grande mídia. É de se notar, com frequência, notas e reclamações dos leitores. A aproximação da tecnologia móvel fez também surgir o cidadão repórter, que denuncia fatos, fotografa eventos e participa da pauta, principalmente em rádios, televisões e na internet.

Abreu (2003) refere-se à prática do Jornalismo Público no Brasil já na década de 1950, quando afirma que alguns jornais já faziam alguns atendimentos ao público. Certos jornais populares mantinham canais abertos, procurando dar soluções a algumas reclamações recebidas. Mas foi na década de 1990 que houve um grande salto deste tipo de iniciativa. O Brasil se abria francamente à democracia, a liberdade de imprensa tinha sido devolvida aos meios de comunicação de massa e houve um aumento considerável do número de jornais que abriram espaço para reivindicações dos leitores, aumentando o número de frequentadores dessas colunas.

A trajetória do rádio, um meio de comunicação mais acessível para a população de todo o mundo, comprova que muitas de suas características de vinculação social podem ser resgatadas durante as transformações que exigem a nova era. Por exemplo, a agilidade na cobertura e a sua fácil portabilidade são pontos positivos para um cidadão que não têm mais paciência de esperar com tanta informação disponível. O rádio também sai na frente quando a rotina diária desse cidadão é atribulada. Afinal, pode-se ouvi-lo em qualquer lugar, seja *on-off* ou *on-line*, sem deixar de fazer alguma outra atividade (QUADROS, 2005, p. 50).

Ao considerar uma das premissas do Jornalismo Público, que é a de estar em contato permanente com o cidadão, a interatividade garante ao rádio renovação do meio. Barbeiro (2004, p. 139) afirma que "[...] o radiojornalismo precisa interagir com o ouvinte-cidadão", precisa, nas palavras do autor, "ser reinventado, como tantas e tantas outras atividades humanas são modificadas todos os dias". Nesse aspecto, segundo Quadros (2005, p. 50), o radiojornalismo pode abrir mais espaço para o cidadão e colocar em prática o jornalismo público e é "uma forma de reinventar-se, é um modo de prolongar seus dias".

De acordo com Quadros (2005), no jornalismo público, inserido na nova era digital, também existe uma interação entre mediador e ouvinte. Nessa interação está estabelecido que jornalistas e cidadãos construam uma agenda de forma conjunta, repercutindo as vozes de uma sociedade em benefício de uma causa comum. No entanto, essa relação não pode ser apenas aparente, "pois se o cidadão descobre manipulação na troca de informações, ele definitivamente deixará de ouvir o programa" (QUADROS, 2005, p. 51).

Barros (2009; p. 61) afirma que:

> *Em resumo, o que podemos constatar é que o Jornalismo Público pode e deve ser uma ferramenta da Comunicação de Interesse Público e existe para cumprir a função de envolver o cidadão nos assuntos que determinam a sua vida, individual ou coletivamente. O Jornalismo Público é um dos bons caminhos a ser trilhado pelo jornalismo e o cidadão precisa saber disso.*

3. JORNALISMO PÚBLICO: UMA EXPERIÊNCIA, UMA EMISSORA DE RÁDIO

No final do século XX e início do XXI, as grandes mudanças tecnológicas advindas das tecnologias de informação e comunicação trouxeram para as emissoras de rádio transformações profundas, forçando-as a se reinventarem mais uma vez, já que, com o advento da televisão, em meados do século XX, isso já tinha ocorrido uma vez.

Mudanças ocorreram, sobretudo, com a chegada do Jornalismo Cívico, as inovações do radiojornalismo e a trajetória do veículo de comunicação, que tentou e conseguiu chegar sempre mais próximo do cidadão. Afinal, como o rádio conseguiu superar tantas transformações nas últimas décadas e se manter firme e forte com o ouvinte sempre ligado aos assuntos que realmente interessam para o dia a dia da comunidade foi seu grande desafio, que se pretende apresentar na sequência.

Em 1961, o proprietário de uma empresa de alto-falantes trouxe para a cidade de Mogi das Cruzes a primeira emissora de rádio. Inaugurada num prédio central da cidade, na presença de muitas pessoas, que curiosas assistiam à inauguração de uma emissora de rádio, com direito à bênção de um cardeal e o discurso inaugural de um padre (MARANGONI, 2005, p. 69).

Na época, o município de Mogi das Cruzes era apenas uma cidade do interior do estado de São Paulo. A distância de 50 quilômetros que a separava da capital era percorrida gastando-se um tempo muito grande, talvez o equivalente a uma viagem de automóvel entre São Paulo e Rio de Janeiro, dadas as condições de transportes e de vias de acesso.

Desde a sua fundação, houve uma preocupação com a programação jornalística, uma vez que era a única da região. Muitos fatos convergiam para ela, na condição de voz da região onde ela se instaurou. Da mesma forma, estimulou os ouvintes para a interatividade, prática que se sustenta até os dias atuais. Atualmente, as distâncias ficaram mais curtas, a tecnologia melhorou o alcance das ondas do rádio, o crescimento populacional e o processo de regionalização da comunicação fizeram com que se adensasse a responsabilidade de sua programação, por isso com ênfase na programação jornalística voltada para os ouvintes da região do Alto Tietê, incluindo-se aí também a informação globalizada. A emissora teve como foco principal o jornalismo, que continuou dando passagem ao ouvinte, como uma espécie de *ombusdman* da região.

4. JORNALISMO PÚBLICO: REFLEXOS NOS DISCURSOS DOS OUVINTES DE UM PROGRAMA DE RÁDIO

O programa jornalístico da rádio Metropolitana, Radar Noticioso, está no ar desde 1962 e, ao longo de cinco décadas, é um dos mais antigos de sua categoria em toda a região onde está instalada a emissora. Como guarda ainda suas características locais, por um lado, os ouvintes sentem-se à vontade para utilizar os canais disponíveis para ele se manifestar, o que, por outro lado, assume a característica da modernidade na interatividade em seus diferentes níveis na mídia atual.

Portanto, abrir o microfone para a comunidade, prestar serviços para resolver os problemas dos cidadãos e cobrar as autoridades constituídas tem sido imprescindível para o jornalismo público, que tem como mérito articular o conceito e a técnica na elaboração da notícia e dirigi-la a um público ainda em formação. O principal foco de uma rádio regional é na produção local da notícia

Voltada à sua vocação local, a programação do Radar Noticioso começa às 5h30 com o Radar Rural, com notícias de interesse direto para o agricultor-ouvinte que precisa de informações sobre o cinturão verde de São Paulo, que fica na região do Alto Tietê, conhecida por ser responsável pela maior produção de hortifrutigranjeiros do Estado de São Paulo. A partir das seis horas da manhã, o foco passa a ser os destaques nacionais e regionais, seguidos, a partir das sete da manhã, dos comentários sobre o assunto em destaque do dia, facilitando, assim, a entrada do ouvinte a partir das sete e meia.

A produção do jornal preocupa-se em abrir espaço para a comunidade no sentido de reclamar, perguntar, criticar, para, dessa forma, os profissionais que produzem o programa poderem fazer com que a emissora não perca o caráter de prestadora de serviços, desde o compartilhamento de informações até a cobrança de poder público na solução de problemas da comunidade ou de apenas um cidadão.

O "Momento do Ouvinte" recebe as contribuições e as reclamações, da mesma forma que procura sanar as dúvidas e trazer respostas às indagações. Geralmente entram no ar, por dia, de quatro a cinco ouvintes com suas reivindicações, e, à medida que eles vão se colocando, vão acompanhando as soluções já encontradas pelos produtores do programa aos questionamentos de dias anteriores.

O rádio acaba tendo, assim, a função da reciprocidade em relação ao ouvinte. E vai além porque significa compreender o ouvinte que tem um problema na sua casa, na sua rua ou na sua comunidade. Essa característica de proximidade com o ouvinte foi apresentada na fala dos entrevistados da pesquisa, na medida em que mencionam sintonizar a Rádio Metropolitana por estar de algum modo vinculado à sua realidade local, tal como se expressa nas seguintes falas:

> *[...] é uma maneira de nós poder ter acesso direto a nossa cidade de Mogi das Cruzes, que é mais a cidade que nós atua cobrando, para que possam os órgãos públicos, possam levar as melhorias, até nossa comunidade.*

> *[...] nós temos que valorizar a Rádio da nossa cidade e a Metropolitana é a Rádio da minha cidade, a cidade onde eu nasci então é pra ela que eu tenho que ligar.*

A fala dos ouvintes confirma o que afirma Haussen (1997), que o rádio contribui com a organização dos relatos da identidade e do sentido de cidadania, possibilitando que as populações mais distantes entrem em contato com o mundo.

O conceito de jornalismo público, principalmente na questão local, emerge nas falas dos ouvintes, como se pode ver a seguir:

> *Meu querido, muito importante é a Metropolitana pra mim, que sou um cidadão, como liderança de bairro, a Metropolitana pra gente aqui no Alto Tietê é tudo na vida da gente através dos programas, né, [...].*

> *Pra mim é muito importante, pois, a Rádio passa informação sobre a cidade, sobre o que está acontecendo, eu fico sempre atualizada com tudo o que acontece na minha cidade e nos municípios ao redor.*

Ela divulga tudo sobre a cidade, ela ajuda a população no sentido que nós temos um canal aberto no Radar Noticioso para solicitar as coisas, exigir até melhorias na comunidade e alegra também a população com a sua programação.

Nossa, ela é importante em todos os âmbitos, na saúde, no transporte, em estar falando algo que ninguém tem coragem de falar, então acho que ela é importante em todos os âmbitos em minha vida.

Muitos dos ouvintes acabam procurando a rádio a fim de buscar respostas para questões com aspectos gerais, que atingem o interesse de toda a comunidade, como apresenta as falas que seguem:

O mais importante, o Jardim Margarida, nós não tinha rede de água, era um sofrimento, e quando eu entrei na Associação em 2002 eu comecei a fazer um trabalho, a primeira coisa que eu fiz foi chamar a Rádio Metropolitana e começou aquela batalha travada para levar água para o bairro da divisa [...].

[...] Assim que começou circular o Expresso Leste aqui em Mogi das Cruzes, embora num horário reduzido, os moradores do nosso bairro tinha dificuldades de embarcar as 5 da manhã e aí, através da Rádio Metropolitana, nós fizemos uma reivindicação e a Secretaria de Transportes nos atendeu, mudando o horário para que os moradores embarcassem no Expresso Leste.

Outros mencionam questões de cunho mais pessoal, mas que de algum modo acabam por revelar problemas sociais maiores, conforme presente nas seguintes falas:

Me lembro, foi duma, eu precisei ligar, pois aqui na escola onde minha filha estuda não tem calçada e as crianças vão tudo pelo meio da rua e isso é um perigo e era tudo cheio de mato e a Rádio denunciou, eles vieram, limpar, não fizeram calçada, mas limparam, pelo menos já ajudou um pouco as crianças.

[...] E também nas vezes que eu tava precisando asfalto na minha rua e que a gente foi ferrenho, sabe, quase todo dia eu ligava, aí as autoridades foram tomando conta que, depois algumas pessoas também ligavam, falavam sobre a escola, que a escola estava em mal estado, sabe, muitas outras coisas.

De acordo com DEUS (2002), as respostas podem ser procuradas na análise do discurso do rádio por ser um canal competente de encaminhamento das angústias do ouvinte. Enquanto o ouvinte/cidadão se conforta buscando auxílio da rádio, o veículo de comunicação nem sempre é capaz de representá-lo ou dar sentido à cidadania em muitos casos.

O quadro "Momento do Ouvinte" realizou ações que realinharam políticas públicas de saúde, de educação, de transporte entre outras, como se pode observar nas falas desses ouvintes.

Estas e outras falas levaram a algumas ações sociais, promovidas pela emissora de rádio, que surgiram, dada a necessidade de uma resposta mais eficiente de apoio de alguns voluntários, diante da ineficiência da responsividade governamental.

As ações sociais empreendidas pela emissora chamavam-se Metropolitana na Comunidade e sua função era levar aos bairros a oportunidade de se deparar com serviços de voluntários especialistas, tais como: médicos, advogados, psicólogos, fisioterapeutas, assistentes sociais, conselheiras tutelares e muitos outros serviços como atendimentos especializados para a população. Ao longo deste trabalho, estabelece-se um canal livre para o ouvinte que pode reclamar de algum problema que atinge o seu bairro.

5. CONSIDERAÇÕES FINAIS

Para uma reflexão mais atenta, pode-se afirmar que em grandes conglomerados urbanos as emissoras de rádio mantém seu foco nos globalismos diários; já as emissoras de rádio no interior do Brasil tem como foco o local.

Neste caso específico, o crescimento socioeconômico e populacional da região do Alto Tietê, composta de dez municípios e com uma população de mais de dois milhões de habitantes, expandiu os alcances do que se pode considerar local, pois a emissora de rádio, aqui em estudo, conseguiu atingir uma grande audiência e, por um lado, teve uma participação do ouvinte muito parecida com a das emissoras locais e, por outro lado, redirecionou políticas públicas em níveis estaduais, dadas as respostas aos problemas que os ouvintes traziam à baila.

À medida que o Brasil avança na identificação de seus problemas coletivos e se preocupa com o resgate da cidadania, nem sempre o Estado dá conta de atender aos anseios da população; nesse sentido, a mídia, mais especificamente o rádio com seu poder de penetração e persuasão, pode cumprir esse papel nesta árdua tarefa.

Não se tem a pretensão de substituir os papéis na conscientização do cidadão, nem mesmo o papel do Estado, mas as lacunas existentes entre o que se pode ter no Brasil e o que ainda precisamos alcançar é que acabam por auxiliar o enfrentamento das diferentes questões que afligem o cidadão e auxiliá-lo a buscar seus direitos e garantias individuais. No atual estágio da democracia brasileira, este tem sido o foco do jornalismo público efetuado pelo programa jornalístico estudado.

REFERÊNCIAS

ABREU, A. A. *Jornalismo cidadão*. Estudos Históricos, Mídia. Rio de Janeiro, n. 31, 2003. Disponível em: <bibliotecadigital.fgv.br/ojs/index.php/reh/article/download/.../1324>. Acesso em: 12/02/2012.

ARCE, T. Jornalismo Público: possibilidades e limites de atuação em uma rádio educativa. In: *5º Congresso da Sociedade Portuguesa de Comunicação*, 2007, Braga. E-book, 2007.

BARBEIRO, H. Radiojornalismo Cidadão. In: BARBOSA Fº, A.; PIOVESAN, A.; BENETON, R. *Rádio: Sintonia do Futuro*. São Paulo: Paulinas, 2004.

BARCELLOS, Z. R.; ALVETTI, C. Jornalismo Cidadão, uma proposta brasileira ao Jornalismo Cívico. In: Intercom Sul 2007 – VIII Congresso de Ciências da Comunicação da Região Sul, 2007, Passo Fundo. *Anais VIII Congresso de Ciências da Comunicação da Região Sul*, 2007.

BARROS, A. T. Jornalismo cidadão: informa ou deforma?. *Ci. Inf.*, Brasília, v. 38, n. 1, Apr. 2009. Disponível em: <www.scielo.br/scielo.php?script=sci_arttext&pid=S0100-196520090001000010&lng=en&nrm=iso>. Acesso em: 16/07/2013.

COSTA FILHO, P. C. Jornalismo público: por uma relação com os públicos. In: *Organicon*, ano 3, n. 4, 2006. Disponível em: <www.revistaorganicom.org.br/sistema/index.php/organicom/article/viewFile/59/193>. Acesso em: 12/02/2012.

DEUS, S. F. B. Reclamação do ouvinte: ouvinte reclama? In: *IX SIPEC – Sudeste*, 2002, Campos de Goytacazes-RJ. Trabalhos do IX SIPEC – Sudeste, 2002.

HAUSSEN, D. F. Rádio brasileiro: uma história de cultura, política e integração. In: BARBOSA Fº, A.; PIOVESAN, A.; BENETON, R. (Org.). *Rádio:* sintonia do futuro. São Paulo: Paulinas, 2004.

MARANGONI, N. *Minha vida de jornalista* – trajetória profissional. Ed. Independente. 1999.

QUADROS, C. I. Jornalismo Público, rádio e internet – Uma combinação possível? *Comunicação e Espaço Público*. Brasília: Ano VIII, v. 5, n. 1, 2005. Disponível em: <www2.eptic.com.br/sgw/data/bib/artigos/c77a318c2e9a1ed812b93672773f8a16.pdf>. Acesso em: 12/02/2012.

Capítulo 29

A FORMAÇÃO DE LIDERANÇAS: O PROCESSO DE EMPODERAMENTO COMUNITÁRIO E A PARTICIPAÇÃO NAS POLÍTICAS PÚBLICAS

Cristina Schmidt
Sílvia Aparecida do Carmo Rangel

Todo desenvolvimento verdadeiramente humano significa o desenvolvimento das autonomias individuais, das participações comunitárias e do sentimento de pertencer à espécie humana.

(Edgar Morin)

1. INTRODUÇÃO

Este trabalho propõe uma reflexão sobre as articulações dos líderes ativistas, focando a trajetória do empoderamento individual e suas consequências para a coletividade, que produz uma dinâmica que culmina na formação dos movimentos e redes sociais nas comunidades. Líderes sociais que ascendem à estrutura política administrativa fortalecem a comunicação de massa e direcionam o povo estrategicamente organizado para uma influência dentro dos espaços propositivos e caminham para o desenvolvimento social e local.

O acompanhamento de suas atividades na perspectiva da inclusão social das famílias mostra a evidente influência do discurso ativista que contagia um povo com os mesmos ideais e anseios. A comunicação, os discursos políticos, a identificação sociocultural e as garantias das ações propostas por este grupo mobilizam a sociedade, sensibilizam outros indivíduos e os levam a um controle social sobre as articulações políticas de sua cidade, deixando evidente que há uma relação entre o empoderamento de atores e a movimentação das redes sociais que resultam em uma participação mais consistente das comunidades na elaboração de propostas de políticas públicas.

2. A DESCENTRALIZAÇÃO E A FORMAÇÃO DE LIDERANÇAS

As políticas públicas e sociais têm sido amplamente discutidas no meio científico em todas as áreas do conhecimento, nos bancos universitários do Brasil, a partir da Constituição de 1988, e mais especificamente após ser oficializado o SUAS – Sistema Único de Assistência Social, que vem trazendo novas caracterizações da constituição familiar, a tipificação dos serviços socioassistenciais, a importância do fortalecimento dos vínculos afetivos e a autonomia do indivíduo. É visto como sujeito de direitos, que incorpora as necessidades da comunidade e intervém ativamente através da participação popular acompanhando sua evolução, que atende aos gastos, à execução e aos resultados.

Segundo dados do IPEA – Instituto de Pesquisa Econômica Aplicada, do Ministério do Planejamento, Orçamento e Gestão (2001), o Brasil, nas últimas décadas, vem demonstrando uma tendência e um quadro que confirma uma enorme desigualdade na distribuição de rendas e altos índices de pobreza. O PNUD (Programa das Nações Unidas para o Desenvolvimento) classifica o Brasil como um dos países mais ricos do mundo, não sendo um país pobre, mas injusto e desigual.

Diante deste quadro, ocorreram transformações nas políticas públicas e sociais com modelos e ritmos diferenciados. O Sistema Único de Assistência Social trouxe a configuração de uma política descentralizada, seletividade das ações a partir de diagnósticos locais e acompanhamento com maior participação da sociedade civil através dos conselhos de direitos.

A descentralização contribui para a garantia de direitos em realidades diferentes, enfrentamento de situações que fragilizam tanto os moradores do campo como da cidade, em diferentes lugares do país, possibilitando trilhar caminhos diversos com histórias e modos de vidas diferentes.

Essas diretrizes fortaleceram o papel dos Conselhos, ao articular o que é comum a todos e orientar sobre as divergências regionais, além de constituir uma rede de proteção social.

> *Art. 5°. A organização da assistência social tem como base as seguintes diretrizes:*
> *I – descentralização político-administrativa para os Estados, o Distrito Federal e os Municípios, e comando único das ações em cada esfera de governo;*
> *II – participação da população, por meio de organizações representativas, na formulação das políticas e no controle das ações em todos os níveis.* (Art. 5°, CF 1988)

A rede de proteção da Política Pública de Assistência Social liga todos a um mesmo objetivo, realizam-se de forma integrada as políticas setoriais, considerando as desigualdades locais, provendo e garantindo condições para minimizar as situações de miserabilidade e prover a universalização dos direitos sociais.

A LOAS, Lei Orgânica de Assistência Social, veio complementar e detalhar alguns pontos da CF, Constituição Federal de 1988, no que tange à política social, com o desafio de executar de forma descentralizada e participativa, garantindo a convivência entre as ações regionais e nacionais.

Esta lei não foi marcada só por avanços. Alguns recuos e enfrentamentos entre governo e sociedade civil apareceram ao longo dos anos de 1990. Muitos fatores levaram a isto, um deles: a visão sobre a participação popular.

Na década de 1990, estavam presentes dois entendimentos sobre a participação da sociedade na política pública de assistência social. De um lado, a participação dos segmentos que haviam lutado e conquistado os espaços dos conselhos como uma força capaz de interferir nos rumos da política pública; de outro lado, a participação da sociedade civil mais ligada à solidariedade social, voltada para a realização das políticas públicas ou ações organizadas pela própria sociedade e menos ligadas ao debate sobre os rumos da política pública.

Esta última visão da participação da sociedade é bastante marcada pela atuação de fundações empresariais e centros de voluntariado. Ela é "ancorada na ideia de gestão eficaz dos recursos sociais, sejam públicos ou privados. Esta vertente passou a construir um projeto alternativo, no qual defende a intervenção estatal limitada no espaço da proteção social" (IPEA, 2005).

A Declaração Universal dos Direitos Humanos, ao instituir em seu artigo 21 que "todo o ser humano tem o direito de tomar parte no governo de seu país diretamente ou por intermédio de representantes livremente escolhidos", contribuiu para que os povos em diversos países proclamassem em suas Constituições nacionais o direito à participação política.

Dentro deste contexto participativo surgem os líderes sociais que são vistos como representantes na luta pelo desenvolvimento, pela busca da justiça, são articuladores das redes, referências na articulação política municipal, estadual e federal, visto o envolvimento de muitos com os Conselhos de Direitos, espaços de participação e manifestação da sociedade civil e dos movimentos sociais trazidos pela constituição cidadã de 1988, que entrelaçam propostas em nível nacional por meio das Conferências e Fóruns para construção das diretrizes das políticas públicas e sociais.

3. INCLUSÃO SOCIAL E EMPODERAMENTO COMUNITÁRIO

Os líderes comunitários são indivíduos que ampliam sua fala para a comunidade, formatam e engajam-se em movimentos sociais com poder de articulação e comunicação. Passam a contextualizar a voz do povo, alguns exercem o papel de líderes de opinião da massa, que, segundo Beltrão (1971), é estruturada de forma horizontal, semelhante à comunicação interpessoal, intercambiando manifestações, opiniões, ideias e atitudes, com mensagens elaboradas por um líder que conhece e vive a realidade desta comunidade, mesmo que de forma dispersa.

Melucci (2001) apresenta os integrantes dos movimentos sociais como atores que utilizam a comunicação como recursos de mobilização, sendo os movimentos contemporâneos profetas dos presentes, não tendo força dos aparatos, mas a força das palavras, anunciando a mudança possível, não para um futuro distante, mas para o presente da nossa vida.

O reconhecimento das lideranças diante do povo, que os admira e os transforma em autoridades reconhecidas diante da comunidade, é extremamente importante para a formação das redes sociais, que desempenham um papel de articulação e provocação por melhorias contínuas, promovem uma interligação recebendo e direcionando a comunicação de massa em estâncias diferentes, de interesses comuns.

A Rede Sócio Assistencial é a porta de entrada para o atendimento às pessoas em situação de vulnerabilidade e atua com um conjunto integrado de ações de iniciativa pública e da sociedade, que oferta e opera benefícios, serviços, programas e projetos, o que supõe a articulação entre todas estas unidades de provisão de proteção social, sob a hierarquia básica e especial e ainda por níveis de complexidade (NOB, 2005, p. 94). Essas ações são constantemente fiscalizadas e questionadas em suas frentes de atuação por grupos já desenvolvidos e atuantes, no caminho da efetiva inclusão social.

A inclusão social é formada por um conjunto de ações e meios para prover a vida em sociedade de forma mais digna, com acesso às garantias básicas, definidas pela CF/1988. A constante luta por uma sociedade mais participativa forma o elo entre vários movimentos e torna-se o discurso da maioria dos líderes de opinião, receptores da informação e mediadores ativistas na busca por uma transformação social e cultural que leve ao empoderamento, o que, sinteticamente, Perkins e Zimmerman (1995, p. 1) definem como "um construto que liga forças e competências individuais, sistemas naturais de ajuda e comportamentos proativos com políticas e mudanças sociais".

O desenvolvimento local comunitário é um processo coletivo que promove o desenvolvimento individual das pessoas, ampliando as relações, oportunidades, gerando novos empreendimentos e possibilitando novas perspectivas a partir de anseios locais.

> *Olhar para os movimentos sociais, analisar suas práticas, seus discursos, os jogos de poder e as formas de inserção peculiares a eles são buscar novos horizontes de compreensão das relações entre ética e pesquisa e encontrar novas (e, muitas vezes, nem tão*

novas) formas de produzir um Estado interessado não na mera felicidade de cada indivíduo, mas na felicidade coletiva, no bem comum, sem a qual a felicidade individual sequer poderia ser pensada. (SILVA, 2010, p. 54)

O fortalecimento deste grupo com interesses comuns, relações de confiança, experiências de aprendizado em equipe e potencial criativo para mudança, amplia sua representatividade e força, direcionando-se na formulação de propostas de relevância e importância coletiva e constituindo fato inquestionável para o desenvolvimento local. A Comunidade transforma-se em núcleo participativo e formulador de novas proposições da política pública, com aspirações para o futuro e direcionamento sociopolítico.

As políticas públicas são ações fundamentais para o enfrentamento dos problemas públicos. Em seu processo de elaboração, a tomada de decisão é o momento de apresentar os interesses estrategicamente organizados na busca por soluções e a participação coletiva possibilita uma maior discussão em torno de caminhos para a tomada de decisões, execução, avaliação e controle social sobre as políticas públicas.

Sechi (2010) define os atores como indivíduos nas arenas políticas, com capacidade de influenciar, direta ou indiretamente, o conteúdo e os resultados da política pública, sensibilizando a opinião pública sobre os problemas de relevância coletiva.

4. CONSIDERAÇÕES FINAIS

Deve-se reconhecer a importância da personalização dos líderes locais, sua influência e direcionamento na condução dos movimentos sociais que buscam o empoderamento, a inclusão social e o desenvolvimento comunitário. Os caminhos para uma atuação mais efetiva estão na inversão dos papéis de indivíduos passivos para ativos, influenciando nas escolhas políticas, participando nas tomadas de decisões, organizando interesses em torno de uma rede local de políticas públicas, articulando ações individuais em prol de benefícios coletivos.

REFERÊNCIAS

BELTRÃO, L. *Folkcomunicação*: A comunicação dos marginalizados. São Paulo: Cortez, 1980.

_____. *Comunicação e folclore*. São Paulo: Melhoramentos, 1971.

BRASIL. Constituição da República Federativa do Brasil de 1988. Disponível em: <www.brasil.gov.br>.

_____. Desenvolvimento Social. *Guia de Políticas e Programas do Ministério do Desenvolvimento Social e Combate a Fome* – MDS. Brasília, 2008.

_____. *Lei Orgânica de Assistência Social*. Disponível em: <www.planalto.gov.br/ccivil_03/Leis/L8742.htm>.

_____. Ministério do Desenvolvimento Social e Combate à Fome.Conselho Nacional de Assistência Social. *Tipificação Nacional de Serviços Socioassistenciais*: Resolução n. 109, de 11 de novembro de 2009. DOU 25 de nov. de 2009. Brasília, 2009.

IPEA – INSTITUTO DE PESQUISA ECONÔMICA APLICADA. *Políticas sociais – acompanhamento e análise*, Ano I, 2000.

MELUCCI, A. *A invenção do presente*. Petrópolis: Vozes, 2001.

PERKINS, D. D.; ZIMMERMAN, M. A. (1995). *Empowerment meets narrative*: listening to stories and creating settings. *American Journal of Community Psicology*. Oct. v. 23. n. 5. p. 569-79.

SECCHI, L. *Políticas públicas*: conceitos, esquemas de análise, casos práticos. São Paulo: Cengage Learning, 2010.

SENAC SÃO PAULO. *Cartilha de Desenvolvimento Local*. Disponível em: <www.sp.senac.br/>.

SCHLITHER, C. R. B. *Redes de desenvolvimento comunitário*: iniciativas para a transformação social. São Paulo; IDIS – Instituto para o Desenvolvimento de Investimento Social, 2004.

SILVA, A. S. *Contribuições dos movimentos sociais para a desprivatização da ética na perspectiva da psicologia política*. São Paulo: Rubio, 2010.

Capítulo 30

PROTEÇÃO SOCIAL EM UMA DAS MAIORES FAVELAS DA CIDADE DE SÃO PAULO: O PAPEL DO INSTITUTO BACCARELLI

Heloísa de A. Duarte Valente

Marta de Oliveira Fonterrada

1. INTRODUÇÃO: *UNA LACRIMA SUL VISO*

A Orquestra de Heliópolis, sediada no bairro onde se encontra uma das maiores favelas de São Paulo, já não é mais apenas considerada fruto de um projeto social, pois alcançou notoriedade como um conjunto profissional, chamando a atenção de artistas internacionais, como o maestro Zubin Mehta, que se ofereceu como padrinho do conjunto.

Mas nada disso começou da noite para o dia. Foi preciso a destruição da favela para que ela fosse notada. Um incêndio de grandes proporções em 1996 chamou a atenção do maestro Silvio Baccarelli. Entristecido com a desgraça que testemunhou em noticiários televisivos, o veterano maestro pensou em ajudar aquela comunidade. Tomou, então, a iniciativa de oferecer aulas de música para crianças e adolescentes. O bem-sucedido projeto deu seus frutos após uma longa jornada de dificuldades e etapas a vencer.

Hoje, a Orquestra de Heliópolis é o grande exemplo de sucesso da iniciativa, projetando internacionalmente o Instituto Baccarelli, que oferece à população local uma série de atividades artísticas e educativas, proporcionando às famílias uma alternativa à dura vida no dia a dia de uma comunidade extremamente carente em vários sentidos. Em outra instância, verificam-se potencialidades e talentos – prova cabal de que a falta de recursos financeiros não é sinônimo de falta de capacidade intelectual – rompendo com uma mentalidade conservadora e preconceituosa que ainda parece subsistir no meio social. Essa foi a razão principal que nos moveu a conhecer de perto o trabalho realizado pela Fundação.

Fizemos uma primeira visita ao local no dia 10 de abril de 2013, data em que tivemos a oportunidade não apenas de visitar as instalações, mas também de entrevistar pessoas que lá trabalham há vários anos – tal é o caso da professora e diretora pedagógica Silmara Drezza e Vitório Broetto, arquivista da orquestra. Tivemos a oportunidade, ainda, de registrar um ensaio coral e uma aula de musicalização infantil. Nesta visita também conversamos com funcionários sobre o *feedback* das famílias destas crianças e adolescentes, que, segundo eles, parecem se integrar totalmente ao trabalho realizado com seus familiares.

2. O FIM DO ESTADO DE BEM-ESTAR SOCIAL: NINGUÉM APRENDE SAMBA NO COLÉGIO?

Coincidentemente, no dia anterior à visita recebíamos a notícia da morte de Margaret Thatcher, mais conhecida como a Dama de Ferro, primeira-ministra da Inglaterra entre 1970 e 1990, uma das protagonistas no desmanche do estado de proteção social (SEVCENKO 2001, p. 35-42). Segundo o autor, até a década de 1980, os Estados nacionais controlavam a economia e grandes corporações que, através de um sistema de taxas, revertiam parte do lucro a setores carentes da sociedade, gerando a redistribuição de recursos em saúde, educação, moradia, infraestrutura, seguro social, lazer e cultura.

A globalização permitiu que grandes empresas tivessem mobilidade, redução de mão de obra e capacidade de negociação, podendo deslocar suas fábricas em locais com mão de obra mais barata (SEVCENKO 2001, p. 31). Foi ao lado do presidente americano Ronald Reagan que a então primeira-ministra britânica se proclamou madrinha do liberalismo, evocando frases como "não há nem nunca houve essa coisa chamada sociedade, o que há e sempre haverá são indivíduos" e "A ganância é um bem". (SEVCENKO 2001, p. 35).

Ora, se os novos paradigmas político-econômicos do mundo ocidental eram ditados pelos poderosos aliados Reagan-Thatcher, é de se imaginar as consequências que suas estratégias resultariam para os países considerados do Terceiro Mundo, como o Brasil e o restante da América Latina.

Foi durante os mesmos anos 1970 que a música na escola era retirada da grade escolar como disciplina única, dividindo com as outras formas de expressão artística uma mesma matéria, criando um hiato que perduraria pouco mais de 40 anos. Hoje, com a volta da música nas escolas assegurada por Lei, embora para isso tornar-se realidade talvez demande mais 40 anos, os alunos já apresentam uma lacuna tão grande na sua formação intelectual que não lhes permite fruir qualquer gênero musical que não aqueles em que se inserem, como pode ser atestado pela ocorrência de que recentemente o pianista André Mehmari foi vaiado por uma plateia de crianças em Campinas por estar tocando... Ernesto Nazareth! O mesmo Nazareth que atraía plateias na antessala do Cine Odeon, na Cinelândia carioca, há praticamente um século. Entenda-se aqui: a música de Nazareth é por muitos considerada "música ligeira"; isto é, de assimilação fácil por um público diversificado e, nem sempre, educado musicalmente.

André Mehmari descreveu a atitude que chocou o pianista e toda a classe musical em seu perfil no Facebook. O mesmo assunto foi tema da coluna de José Miguel Wisnik, no jornal *O Globo*:

> *Ao começar uma explicação sobre a sua participação, e mesmo antes de tocar, começou a receber vaias e xingamentos pesados, intensivos, que se multiplicaram e continuaram ao longo de toda a apresentação. [...] ironicamente intitulado "Ouvir para crescer", com o agravante de que vinha de pré-púberes, é um sinal, entre outros, de pontos de ruptura no tecido civilizatório que passa pela escola.* (WISNIK, 2013)

Perguntamos em que medida e até que ponto tal atitude não seria resultado de uma lacuna deixada pela falta de ensino de música nas escolas. Para analisar esta questão mais de perto, faz-se necessário consultar as leis referentes ao ensino de música no Brasil.

De acordo com a Lei Federal 5692/1971, a música, junto com artes cênicas, artes plásticas e desenho, passaria a integrar a disciplina de educação artística. Nesse modelo, o aluno de Licenciatura tinha de aprender as quatro linguagens em dois anos, assimilar suas técnicas e, ainda por cima, adquirir capacidade para ensiná-las em todos os níveis da educação básica. Descreve a educadora Marisa Fonterrada: "Ao negar-lhe a condição de disciplina e colocá-la com outras áreas de expressão, o governo estava contribuindo para o enfraquecimento e quase total aniquilamento do ensino de música; os cursos superiores de educação artística surgiram em 1974, um pouco depois da promulgação da LDB, e tinham caráter polivalente" (2005, p. 201). E ressalta: "Sob a influência de técnicos em administração escolar, em educação e em psicologia da educação, as propostas pedagógicas governamentais são feitas, no fundo, mais por especialistas em gestão empresarial do que por educadores e, menos ainda, por especialistas em educação musical" (FONTERRADA, 2005, p. 203). A formação fraca e pouco consistente levou a música a um estado de indigência que só não a fez desaparecer por completo por conta de alguns projetos bem-sucedidos, conduzidos por professores músicos.

Não é preciso contar que o conhecimento musical do brasileiro tornou-se muito inconsistente, colocado em segundo plano, muito longe das expectativas imediatas de um ideário tecnicista. Não se aprende mais a cantar, a ouvir, a ter noções básicas da música, que também colabora para outros aprendizados; a educação musical exercita outras áreas da inteligência, atendendo demandas cognitivas específicas, de outras naturezas: desde psicomotoras, proprioceptivas até aquelas vinculadas ao desenvolvimento e maturação das emoções.

Com o enfraquecimento da música nas escolas, a prática musical se tornou cada vez mais elitizada? A questão é que a disciplina não foi extinta. A orientação para isso consta da LDBEN nº 9293/1996. Consta dos parâmetros curriculares nacionais, com objetivos e metas a serem alcançadas, e sugestões de atividades para toda a educação básica. Ela se enfraqueceu por uma série de fatores, entre os quais, talvez, o mais danoso, tenha sido a criação dos cursos de Licenciatura em Educação Artística e a área de conhecimento não apenas afasta possíveis interessados em desenvolver aptidões que, em muitos casos, permanecem latentes, por falta de meios de despertá-las. Num sentido lato, gera audiências despreparadas, tal é o caso dos estudantes que vaiaram o talentoso e reputado André Mehmari.

Em um outro patamar, encontra-se a formação artística, propriamente dita: verifica-se hoje que muitos dos músicos atuantes nas mais renomadas orquestras vêm de outros países, os brasileiros, a não ser quando são descobertos pelo talento, não têm a capacitação técnica que lhe permita integrar uma orquestra de alto padrão de qualidade técnico-artística.

Conduzindo a análise desta situação em termos de direitos civis e cidadania, verifica-se a ausência de um dos direitos essenciais: a oferta de educação plena e eficiente, propiciando a prática e usufruto de bens culturais e artísticos.

Se a educação musical voltou à formação básica nas escolas públicas, não se pode garantir, de imediato, um "batalhão" de professores devidamente preparados para a sua tarefa. A Lei de Diretrizes e Bases da Educação (LDB 11.769/2008) dispõe sobre a obrigatoriedade do ensino da música na educação básica, o que implicaria **gradual volta da música nas escolas**, alterando a Lei n. 9.394, de 20 de dezembro de 1996. Em outras palavras, a Lei nº 11769/2008 acrescenta que a música deve ser conteúdo obrigatório, mas não exclusivo do componente curricular e que os sistemas teriam três anos letivos para se adaptarem às exigências estabelecidas nos artigos 1º e 2º desta lei.

Enquanto isso, músicos e educadores vêm reivindicando a volta do ensino nas escolas que, segundo eles, ainda carece de regulamentação e nem todas as escolas públicas estão cumprindo a lei. Estas foram as reivindicações em ato realizado no dia 30 de junho de 2013, em Porto Alegre.

Educar musicalmente e pela arte é, antes de tudo, promover o acesso mínimo à cultura, ao gosto musical, à educação do ouvido. Obviamente, se bons músicos surgirem, tanto melhor!

Projetos de ensino à classe baixa servem como vitrines eleitoreiras e não têm a preocupação verdadeira de formar cidadãos. Mesmo com profissionais bem intencionados, não há prioridade do governo.

3. HELIÓPOLIS, SOB A BATUTA DO MAESTRO BACCARELLI

Mas nadando contra a corrente, existem iniciativas de grande valor, como a criação do maestro Silvio Bacarelli: a Orquestra Sinfônica de Heliópolis, fruto do trabalho desenvolvido pelo maestro.

Antes de contarmos essa história, vale traçar alguns comentários sobre o Estado de proteção social destruído na era Reagan e Thatcher, ou seja, durante a década de 1970. Como fruto daquilo que se costuma designar capitalismo selvagem, o imperialismo americano e liberalismo econômico praticado pelas grandes corporações veio atingir os países poderosos do primeiro mundo. Como se poderia conjeturar, os países em desenvolvimento, como o Brasil, conseguiram expandir-se economicamente, sem, contudo, obter resultados consideráveis no âmbito social, ressalta o economista Márcio Pochmann (2004, p. 7). O autor aponta como uma das principais características do subdesenvolvimento brasileiro a permanência de grande parte da população prisioneira de condições precárias de vida e trabalho. Durante a década de 1990, ainda segundo Pochmann, o rendimento do trabalho perdeu nove pontos percentuais de sua participação relativa no total da renda, enquanto a carga tributária era elevada em dez pontos percentuais.

Assim, as favelas foram tomando uma dimensão gigantesca no entorno e mesmo no meio das cidades. São Paulo mudava vertiginosamente a sua paisagem no decorrer dos anos. Esta numerosa relação de imensas desigualdades começou a conviver com paisagens tradicionais da cidade, praticamente construídas pela imigração dos italianos nas primeiras décadas do século XX. Foi no meio desses imigrantes italianos que apareceram artistas, arquitetos, compositores, maestros, criando uma tradição cultural musical grande na cidade, contrastando com a lacuna da desigualdade educativa de hoje. Muitos destes músicos fizeram nomes, tanto na área erudita como popular, entre eles, Mignone e Adoniran Barbosa.

O maestro Baccarelli, de ascendência italiana, realizou um trabalho – que embora isolado – ganhou notoriedade com holofotes internacionais, mas ele nada mais fez do que criar um elo entre os *virtuosi* e a meninada sem qualquer aproximação com a prática musical, mostrando que o trabalho pode ser realizado independentemente da camada social.

Silvio Baccarelli comoveu-se com a notícia do fogo na maior favela de São Paulo em 1996. O maestro já possuía um conjunto musical sólido, a Orquestra e o Coral Baccarelli, conhecidos por apresentar música em casamento e outras ocasiões festivas.

Baccarelli criou um projeto de dar o que ele sabia àquela população que havia perdido suas casas, suas histórias. Ao ver o incêndio pela televisão, o maestro dirigiu-se a uma escola pública da região (EMEF Luiz Gonzaga do Nascimento Jr.) e ofereceu-se para ensinar instrumentos de orquestra para crianças e adolescentes. Em poucos meses já havia 36 garotos estudando instrumentos de cordas. No início, o maestro arcava pessoalmente com todas as despesas do projeto. A partir de 1998, profissionais a ele ligados e à sua empresa inscreveram o projeto na Lei Nacional de Incentivo à Cultura/Lei Rouanet. A partir de então, foi possível buscar patrocinadores no setor privado e ampliar as atividades, resultando, dentre outras coisas, na mudança do Instituto para a comunidade de Heliópolis, ocupando o prédio de uma antiga fábrica de sucos.

Foi neste momento que entrou para a equipe Vitorio Broetto: coordenador de acervo de partituras da instituição. A importância da busca por recursos financeiros é fundamental: "Não posso dar uma esperança para uma pessoa e de repente esta esperança ser jogada fora do dia para a noite" (BROETTTO, 2013). Acrescenta, ainda, que as partituras são confeccionadas no Instituto, geralmente eles conseguem uma partitura de regente e "destrincham" para os instrumentos, mas no início do projeto, o maestro Baccarelli fazia pessoalmente as adaptações para o grupo de instrumentistas. Feita a escolha de partituras, passa-se para o arranjo: "Temos um ótimo arranjador[30] que se encarrega da tarefa".

Outros compositores de prestígio também já dedicaram obras à Sinfônica de Heliópolis, como André Mehmari e Chiquinho de Moraes. Em 2009, o Instituto inaugurou a primeira etapa de sua sede própria, doada pela Pró-Vida, com 2.800.000 m² e cinco andares. Um projeto inédito no Brasil, pensado e planejado para atender cerca de dois mil alunos (INSTITUTO BACCARELLI: 2013).

---

30 Trata-se de Jether Garrotti Jr.

4. "FORMAR PARA TRANSFORMAR"

Estas são as palavras da coordenadora pedagógica, Silmara Drezza, na entrevista concedida à nossa equipe. Segundo ela, que ingressou no Instituto em 2002, é pela formação que conseguimos a transformação: "Não formamos músicos, formamos pessoas para a vida; fazemos que eles lutem por um objetivo".

Hoje, com aproximadamente 1.500 crianças, o Instituto Baccarelli costuma fazer intervenções nas escolas da região para mostrarem o trabalho para as crianças e familiares, além do projeto "Encantar na escola", iniciação em canto coral aplicado em escolas da rede pública. Ao ingressar aos estudos de música, a porta de entrada é o coral[31].

Para Vitório Broetto, é uma forma de aprender música com o instrumento que já faz parte das pessoas, a voz. Conforme o interesse dos alunos , eles vão começando a aprender instrumentos, mas alguns preferem ficar nos corais.

Informa Drezza que o Instituto oferece prática coral para desde iniciantes até o nível profissional, passando por dois intermediários. Com as orquestras ocorre da mesma maneira, até chegar à conhecida Sinfônica de Heliópolis.

Pudemos acompanhar um ensaio coral em nível intermediário e nos surpreendemos com a afinação, pronúncia e disciplina das crianças, que cantavam em vários idiomas sem descuidar da coreografia. Para Silmara Drezza, são três frases as proibidas na sala de aula: "Eu não sei, eu não posso eu não consigo. Depois de muito lutar e de trabalhar, às vezes, passagens difíceis, os estudantes dão o retorno aos educadores quando se mostram satisfeitos" (DREZZA, 2013).

As aulas de instrumento também são coletivas, com grupos de 10 a 15 pessoas. Segundo Vitorio Broetto, é uma forma de diminuir o acanhamento entre as crianças. "Se um erra, o outro erra também, não há constrangimento. Eles só começam a ter aulas sozinhos quando já estão preparados para tocar sem acanhamento", afirma. "Os instrumentos – frutos de doações – são emprestados

---

31 Os cursos atendem a três modalidades básicas: o Coral da Gente, a Orquestra do Amanhã e a Orquestra Sinfônica de Heliópolis.

aos alunos e devolvidos ao final do dia. Mas quando um aluno esta em estágio avançado, que necessita continuar os estudos em casa, deixamos que ele leve o instrumento" (BROETTO, 2013).

Outra preocupação dos professores e pedagogos é com a família das crianças e adolescentes. Eles são participantes ativos do dia a dia das crianças no Instituto. Silmara diz que atende familiares desde às sete da manhã. Há pais que buscam o desabafo; outros, pedem conselhos... e se envolvem ao ver o trabalho realizados com seus filhos. Os pais são participantes ativos das reuniões pedagógicas e aulas abertas. Drezza diz também perceber "na hora" quando uma pessoa da família está com problemas, pois isso se reflete automaticamente no comportamento da criança. Felizmente, a família dá subsídios para que os professores consigam trabalhar com as crianças: "Vemos a coletividade, mas também vemos a unidade", conclui a professora. "É através da cultura que a gente vai melhorar a vida dessas pessoas..." (DREZZA, 2013)

5. CONSIDERAÇÕES FINAIS

Ainda que o objetivo primeiro do Instituto, idealizado pelo Maestro Silvio Baccarelli, tenha sido de formação educativa, motivado por uma ação humanitária, o corpo docente e toda a equipe têm, como meta, a formação do músico pleno, apto a assumir uma profissão: *"Nosso objetivo é que eles se tornem profissionais, alguns trabalham hoje em outras orquestras, inclusive fora do país"*. Essa afirmação, em tom entusiasmado, por Vitório Broetto, parece sintetizar os anseios não apenas dos entrevistados, mas dos próprios estudantes e suas famílias.

Com os resultados obtidos ao longo dos vários anos junto ao público beneficiado, o Instituto Baccarelli conquistou o respeito da iniciativa pública e privada que viu no apoio financeiro à entidade uma oportunidade de projetar favoravelmente a imagem institucional das empresas. Sendo assim, conta, desde 1998, com o apoio da Lei Federal de Incentivo à Cultura – a Lei Rouanet, que permite isenção de imposto de renda para patrocinadores. Hoje, o Instituto conta com apoio da Eletrobras, Volkswagen, Petrobras, Instituto Votorantim,

Bradesco, Banco Volkswagen e apoio institucional, através de serviços e permutas de Aidar SBZ advogados, Setor 2 e meio e Dita Comunicações.

Como palavras finais, teríamos algumas conclusões iniciais. A primeira delas é que, se de um lado é possível verificar-se em iniciativas polêmicas[32] como a aplicação da Lei Rouanet real eficácia, tal como ocorre no caso do Instituto Baccarelli, cujos benefícios são reais e comprovados, de outro percebe-se o quanto a formação educacional, em vários níveis, ainda se encontra restrita às iniciativas de benemerência. Afora isso, restam os cursos particulares, ditos "livres" ou as escolas ditas "de elite"[33]. A segunda conclusão a que podemos chegar é reafirmar que o poder público ainda tem por fazer pelos seus cidadãos. Se a escolarização básica ainda se mostra deficiente, em vários aspectos, a compreensão da necessidade da educação pela arte ainda não parece ter sensibilizado tanto os legisladores, como os próprios pais dos alunos, para quem – equivocadamente, é claro – a introdução a essa área do conhecimento não é entendida como de formação, mas acessória[34].

Por fim, mas não menos importante, são os critérios que constituirão os crivos de seleção e análise dos projetos a serem beneficiados, bem como das determinações do poder público, por meio de campanhas educativas e da legislação. Se grande parte dos governantes de hoje não passou por uma educação cultural e artística na escola, que capacitação técnica terão estas pessoas para separar o joio do trigo?

Com essa inquietação – não apocalíptica, mas probabilística – direcionamos nossas aspirações para que – Quem sabe? – Os atuais talentos que se formaram no Instituto Baccarelli venham a se guiar pela atitude do velho maestro

---

32 Ainda que de utilidade inegável, a Lei Rouanet vem sendo objeto de revisão, à medida que permite que as empresas apliquem os recursos em eventos culturais e artísticos que, ao fim e ao cabo, não têm outro objetivo senão promover a sua imagem pública. Dessa forma, são preferencialmente financiáveis artistas já conhecidos, através da mídia. Some-se a isso o fato de estes se concentrarem na região Sudeste do país. Outra situação bastante questionável é a transferência dos numerário a grupos estrangeiros, como ocorreu com o Cirque du Soleil, em 2006.

33 Existem, ainda, as escolas públicas, de acesso gratuito: EMIA, da Escola Municipal de Música, da ETEC de Artes e do Conservatório de Tatuí, para ficar só em São Paulo.

34 Nossa experiência profissional revela manifestações de pais de alunos pleiteando a substituição de aulas de educação artística por desenho geométrico ou matemática, matérias "importantes" para a preparação para os exames vestibulares...

e, por conta própria, tornem-se multiplicadores do seu empreendimento. Mas, antes disso, preferiríamos que essa iniciativa brotasse de uma necessidade percebida pelas famílias – e, tanto quanto aprendizagem de esportes – fosse cobrada das autoridades do poder público.

REFERÊNCIAS

ABEM – Associação Brasileira de Educação Musical. *Lei Volta do ensino de música nas escolas.* Disponível em: <www.abemeducacaomusical.org.br/noticias2.html>.

ARANTES, S. 2006. MinC libera R$ 9,4 mi para Cirque du Soleil no Brasil. In: *Folha de S. Paulo (on-line)*. Disponível em: <www1.folha.uol.com.br/folha/ilustrada/ult90u59903.shtml>. Acesso em: 15 de junho de 2013.

BACCARELLI, S. *Através da música, maestro Baccarelli rege um novo futuro para jovens carentes de Heliópolis.* Disponível em: <www.youtube.com/watch?v=2_bBJgykZCY.> Acesso em: 12 de junho de 2013.

BROETTO, V. *Entrevista a Heloísa Valente e Marta Fonterrada.* São Paulo: 10 abr. 2013.

DREZZA, S. *Entrevista a Heloísa Valente e Marta Fonterrada.* São Paulo: 10 abr. 2013.

FONTERRADA, M. *De Tramas e fios* – um ensaio sobre música e educação. 2. ed. São Paulo: Editora UNESP; Rio de Janeiro: FUNARTE.

INSTITUTO BACCARELLI: Disponível em: <www.baccarelli.com.br/site/institutobaccarelli.php>. Acesso em: 12 jun. 2013.

PENNA, M. A dupla dimensão da política educacional e a música na escola: I – analisando a legislação e termos normativos. *Revista ABEM*, n. 10. Mar. 2004.

POCHMANN, M. Proteção social na periferia do capitalismo, considerações sobre o Brasil. *São Paulo em perspectiva*, 18(2) 3-16, 2004.

SEVCENKO, N. *A Corrida para o século XXI* – No loop da montanha russa. São Paulo: Companhia das Letras, 2001.

TV MACKENZIE: *Orquestra Sinfônica Heliópolis.* 2008. Disponível em: <www.youtube.com/watch?v=3B9POpm8LHc&NR=1&feature=endscreen>. Acesso em: 12 jun. 2013.

WISNIK, Jguel. Não ouvir. O pianista André Mehmari é um dos maiores fenômenos da música instrumental surgida no Brasil nos últimos tempos. In: *O Globo* (25/05/2013). Disponível em: <conteudolivrenews.blogspot.com.br/2013/05/nao-ouvir-jose-miguel-wisnik.html>. Acesso em: 12 jun. 2013.

Parte 6

DIREITO, POLÍTICA, JUSTIÇA E POLÍTICAS PÚBLICAS

Cultura de paz e a justiça restaurativa: o resgate da dignidade humana dos adolescentes
BONINI, Luci M. M.; CÂNDIDO, Valéria Bressan

Políticas públicas e a *voz das ruas*: uma tentativa de interpretação da crise: junho/2013
TAVARES, Francisco Claudio; CARVALHO, Dioceli Gabriela de

Responsabilidade patrimonial do sócio
VECHIATO JÚNIOR, Walter

CULTURA DE PAZ E A JUSTIÇA RESTAURATIVA: O RESGATE DA DIGNIDADE HUMANA DOS ADOLESCENTES

Luci M. M. Bonini
Valéria Bressan Candido

1. INTRODUÇÃO

Este trabalho apresenta um breve panorama dos trabalhos desenvolvidos no Estado de São Paulo, através da parceria entre o Poder Judiciário e a Secretaria Estadual de Educação envolvidos em processos de mudança e aperfeiçoamento das instituições brasileiras. Bons resultados vêm sendo obtidos da parceria entre os Sistemas de Justiça e de Educação.

Esta pesquisa teve como bases os seguintes autores: Mazda (2007); Penido (2009) e Zehr (2008).

2. CONCEITO DE JUSTIÇA RESTAURATIVA

A Justiça Restaurativa é um conceito em construção, pois é um modelo complementar de resolução de conflitos, consubstanciada numa lógica distinta da punitiva. Embora seja um conceito ainda em construção e não possua uma conceituação única e consensual, pode-se dizer que:

Em uma de suas dimensões, pauta-se pelo encontro da "vítima", "ofensor", seus suportes e membros da comunidade para, juntos, identificarem as possibilidades de resolução de conflitos a partir das necessidades dele decorrentes, notadamente a reparação de danos, o desenvolvimento de habilidades para evitar nova recaída na situação conflitiva e o atendimento, por suporte social, das necessidades desveladas. (ZEHR, 2008, p. 151)

Ao endossar a Declaração de Sevilha sobre a Violência (1986), a UNESCO, na 25ª Sessão da Conferência Geral em 1989, deu o primeiro passo de um importante processo de reflexão, levando a refutar o mito de que a violência humana organizada é determinada biologicamente. Essa Declaração deve ser disseminada no maior número de idiomas possível juntamente com material explicativo apropriado. O processo de reflexão deve ter continuidade por meio de seminários interdisciplinares que estudem as origens culturais e sociais da violência Acker (1989, s/p).

No mundo, mais especificamente em países como a África do Sul, Brasil, Peru, Colômbia, Argentina, onde há a violência e que a justiça restaurativa tem encontrado seu desenvolvimento, a violência gerada pelo desemprego e por outros problemas sociais graves exigem soluções permanentes para a disseminação da cultura de paz.

Como experiência, na América Latina, pode-se citar a Argentina, que em 1998 experimentou o programa, inspirado no art. 38 e 45 da lei do Ministério Público combinado com o art. 86 e seguintes do Código de Processo Penal da Província de Buenos Aires, operando com o eixo em dois centros – o Centro de Assistência às Vítimas de Delitos e o Centro de Mediação e Conciliação Penal (AMÂNCIO, 2010).

Já na África do Sul, explica Rodrigues Pinto (2007, s/p):

A transição democrática na África do Sul foi dolorosa, mas pacífica. Após anos de opressão estatal violenta em uma sociedade marcadamente dividida entre brancos e negros, o processo transicional permitiu o surgimento de uma sociedade democrática, caminhando para a restauração psicológica e reconciliação social.

> *Um dos fatores principais para o êxito deste processo foi o fato de se ter optado pela justiça restaurativa como meio de resolver os crimes cometidos pelo regime passado. Por meio de uma Comissão de Verdade e Reconciliação, a África do Sul abre mão de um modelo punitivo tradicional sem deixar de lado a responsabilização dos criminosos e a apuração da verdade.*

No Peru, foi realizado o I Congresso Mundial de Justiça Restaurativa Juvenil, que aconteceu na cidade de Lima, de 4 a 7 de novembro de 2009. O evento foi organizado pela "Fundação Terre des Hommes Lausanne", a "Associação Encuentros – Casa de la Juventud", o Ministério Público do Peru e a Pontifícia Universidade Católica do Peru. Nele ocorreram trocas de experiências práticas, intercâmbios e de propostas futuras que impulsionem decididamente o modelo de Justiça Juvenil Restaurativa.

E, também, neste país, a maioria dos menores infratores estão presos, mesmo nos casos de pequena criminalidade, com cerca de 68% com penas de três anos ou menos. Isso é verdade, apesar da inclusão de penas alternativas, como serviços comunitários e remissão da pena no Código Penal. Para atender a essa realidade, a ONG Suiça "Terre des Hommes", que projetou e implementou um projeto-piloto chamado "Justicia Pará Crecer", para introduzir conceitos de justiça restaurativa. Parceiros neste projeto incluem a ONG peruana "Encuentros-Casa de la Juventud" e diferentes entidades governamentais nas áreas de "el Agostino" e "Chiclayo" (PARKER, 2007).

E na Colômbia, em dezembro de 2002, o Congresso Nacional fez várias alterações no artigo 250 da Constituição de 1991, que trata das obrigações do Ministério Público na investigação e no julgamento de processos criminais. Uma dessas muitas mudanças foi a inclusão de justiça restaurativa.

No Brasil, a cultura de paz é recente e foi introduzida formalmente em 2004, por meio do Ministério da Justiça, por meio de sua Secretaria da Reforma do Judiciário, que elaborou o projeto "Promovendo Práticas Restaurativas no Sistema de Justiça Brasileiro", e juntamente com o PNUD – Programa das Nações Unidas para o Desenvolvimento.

O marco legal é de janeiro de 2012 com a Lei n. 12.594, de 18 de janeiro de 2012, que instituiu o Sistema Nacional de Atendimento Socioeducativo

(SINASE), regulamenta a execução das medidas socioeducativas destinadas a adolescentes que pratiquem ato infracional, entre outras providências. Esta lei contemplou as práticas ou medidas que sejam restaurativas em seu Título II (Da execução das medidas socioeducativas), Capítulo I, assim estabelecendo;

DISPOSIÇÕES GERAIS

Art. 35. A execução das medidas socioeducativas reger-se-á pelos seguintes princípios:

[...]

III – prioridade a práticas ou medidas que sejam restaurativas e, sempre que possível, atendam às necessidades das vítimas; *(grifo nosso).*

Nasceu assim o primeiro diploma legal a inserir as práticas restaurativas como meio de ressocialização do adolescente infrator.

Ao instituir o SINASE, a nova lei define as competências dos entes federativos, os planos de atendimento nas respectivas esferas de governo, os diferentes regimes dos programas de atendimento, o acompanhamento e a avaliação das medidas, a responsabilização dos gestores e as fontes de financiamento. Tratam ainda da execução das medidas socioeducativas, abrangendo os procedimentos gerais e os atendimentos individuais, a atenção integral à saúde do adolescente em atendimento (com previsão específica para casos de transtorno mental e dependência de álcool ou substância psicoativa), os regimes disciplinares e a oferta de capacitação para o trabalho.

A lei recomenda a individualização do plano de execução das ações corretivas, levando em conta as peculiaridades de cada adolescente, como o registro de doenças, deficiências e dependência química. O princípio da não discriminação do adolescente, em razão de etnia, gênero, nacionalidade, classe social, orientação religiosa, política ou sexual, é outro norteador das ações socioeducativas abrangidas pelo SINASE.

Outra inovação é que, com a promulgação da lei, deverá ser elaborado um Plano Individual de Atendimento (PIA), com a participação do adolescente, familiares e equipe técnica. O PIA tem de ser elaborado em até 15 dias após a entrada dos meninos e meninas no sistema e deve ter os objetivos declarados pelo jovem, a previsão de suas atividades de integração social e capacitação profissional, atividades de integração e apoio à família etc.

Na sequência, a Corregedoria Geral de Justiça do Estado de São Paulo, em parecer lançado por seu juiz assessor, Dr. Reinaldo Cintra de Torres Carvalho, no processo n. CGJ 2006/506, aprovou a parceria entre a Secretaria Estadual da Educação e o Judiciário para que ocorresse a implantação de práticas restaurativas em 10 (dez) escolas públicas de Ensino Médio na região de Heliópolis.

Também, o Governo do Estado, visando implementar as práticas restaurativas na rede estadual de ensino, através da Secretaria de Educação, baixou a Resolução SE n. 19, de 12-2-2010, que assim dispõe:

> *Art. 7º. Para implementar ações específicas do Sistema de Proteção Escolar, a unidade escolar poderá contar com até 2 docentes, aos quais serão atribuídas 24 (vinte e quatro) horas semanais, mantida para o readaptado a carga horária que já possui, para o desempenho das atribuições de Professor Mediador Escolar e Comunitário, que deverá, precipuamente:*
>
> *I – adotar práticas de mediação de conflitos no ambiente escolar e apoiar o desenvolvimento de ações e programas de Justiça Restaurativa;*

No mesmo passo também a Fundação Casa, em seu novo Regimento Interno, passou a prever a aplicação das práticas restaurativas para os casos de falta disciplinar, assim dispondo:

> *Art. 77. A Equipe de Referência do adolescente, recebendo o Registro de Ocorrência de que trata o § 2º do artigo 76 deste Regimento, procederá imediatamente a uma intervenção socioeducativa, permitida a realização de práticas restaurativas ou atividades educativas, fazendo as devidas anotações na Pasta de Execução de Medida do adolescente.*

Na abertura do III Simpósio Internacional de Justiça Restaurativa, realizado no Salão Nobre da Faculdade de Direito da Universidade de São Paulo (USP), situada no Largo São Francisco, na capital paulista, em novembro de 2012, Berenice Giannella, presidente da Fundação Casa, destacou a importância das práticas restaurativas:

> *É importante que todos saibam que, desde abril de 2012, numa nova edição do Regimento Interno da Fundação CASA, já iniciamos a prática para resolver os conflitos por meio da Justiça Restaurativa. A partir desta prática, verificamos que vários casos tidos como atos de indisciplina cometidos pelos adolescentes não merecem uma punição, mas sim uma solução do conflito por meio das práticas restaurativas.*

Já no âmbito do Tribunal de Justiça, em 1 de outubro de 2012 é baixada a Portaria n. 8656/2012, alterando a estrutura da Coordenadoria da Infância e Juventude, para incluir dentro da Coordenadoria do Núcleo de Apoio Profissional de Serviço Social e de Psicologia, a Seção Técnica de Justiça Restaurativa, criando, assim, uma seção exclusiva para o assunto.

3. JUSTIÇA E EDUCAÇÃO: PARCERIA PARA A CIDADANIA EM HELIÓPOLIS/SP: A IMPRESCINDIBILIDADE ENTRE JUSTIÇA RESTAURATIVA E EDUCAÇÃO

Os primeiros passos dados no estado de São Paulo em busca da justiça restaurativa, como acima já citado, ocorreu em abril de 2006, quando foi firmada uma parceria entre a Secretaria Estadual da Educação e o Judiciário para que ocorresse a implantação de práticas restaurativas em 10 (dez) escolas públicas de Ensino Médio na região de Heliópolis no segundo semestre daquele ano.

Concomitantemente, no bojo desta parceria, iniciou-se também a implementação do projeto junto a 10 escolas públicas de Ensino Médio na Cidade de Guarulhos/SP, que é coordenado pelo Juiz da Vara da Infância e Juventude daquela Comarca.

A Secretaria Estadual da Educação assim justificou a iniciativa:

Acreditando que a violência é um fenômeno que decorre não apenas de fatores, mas também de determinantes culturais e psicossociais, a SEE-SP vem buscando formas de apoiar as escolas para que elas possam transformar-se em espaços democráticos de construção de uma cultura de não violência e de uma educação para a sustentabilidade. A parceria entre a Justiça e Educação pode contribuir na realização dessa meta, desfazendo a associação entre jovens e violência, e capacitando atores sociais na escola e comunidade para lidar de forma produtiva com situações de conflito envolvendo alunos, educadores e membros da comunidade. (MADZA, 2007; p. 17)

Para a efetivação do projeto, a Secretaria da Educação do Estado de São Paulo recebeu recursos – por meio da Fundação para o Desenvolvimento da Educação – FDE e da Coordenadoria de Ensino da Grande São Paulo – COGSP, em convênio como o Fundo Nacional de Desenvolvimento e o Ministério da Educação e Cultura.

Consta no "Plano de Trabalho" do MEC/FNDE que:

O projeto pretende rever o conceito de Justiça e o processo que é desencadeado para lidar com atos de violência e infração cometidos pelos jovens alunos, ao serem apreendidos pela polícia ou encaminhados ao Conselho Tutelar, através do trinômio Justiça, Educação e Cidadania, garantindo a integração entre justiça e a comunidade escolar. Estão contempladas ações preventivas para situações que ocorrem em escolas com vistas à superação da conduta que levou à violência, objetivando alterar a regra ética, as práticas jurídicas, os termos em que pode se assentar a solidariedade social, trazendo, para o momento atual, novo sentido no modo como se organiza a vida social. Busca-se uma luta contra a violência física primária. Poderá envolver alunos ou professores como vítimas ou agressores.

Tais recursos foram destinados exclusivamente para a realização da capacitação dos facilitadores restaurativos, para que pudessem atuar em círculos restaurativos e para a capacitação de lideranças educacionais, que pudessem operacionalizar a realização dos círculos e levar para o projeto pedagógico da escola os princípios restaurativos. Além disso, estes recursos foram destinados para a realização de uma publicação e de um videorregistro sobre a implementação do projeto.

Foram parceiros deste projeto, ainda, o CECIP – Centro de Criação de Imagem Popular (organização não governamental, com longo histórico no campo de mudanças institucionais educacionais, que assumiu a gerência administrativa do projeto e a consultoria pela capacitação das lideranças educacionais, no formado que será exposto a seguir), bem como os consultores para capacitação dos facilitadores restaurativos, Vânia Yasbek Curi (especialista em mediação transformativa) e Dominic Barter (responsável pela implementação da Rede de Comunicação Não Violenta no Brasil).

Foram capacitados 10 (dez) educadores por escola (professores, alunos, integrantes do corpo diretivo da unidade escolar, funcionários e representantes dos pais e das mães), além de integrantes da equipe técnica das Varas Especiais da Infância e Juventude da Capital (assistentes sociais e psicológicas, somando ao todo 6 pessoas) e de lideranças comunitárias, atuantes em organizações na região de Heliópolis que tivessem alguma parceria ou interlocução com o Judiciário (conselheiras tutelares, integrantes de organizações responsáveis pela aplicação de medidas socioeducativas de liberdade assistida, entre outros, somando ao todo 8 pessoas).

Os educadores receberam dois tipos de capacitação. Uma, para as lideranças educacionais (envolvendo cinco pessoas, entre elas, necessariamente, o coordenador pedagógico e a diretora ou vice-diretora), cuja função é: (a) operacionalizar e pensar a logística de implementação dos círculos restaurativos no interior da escola (em que local ele ocorre; como se solicita um círculo; como se faz a divulgação do projeto; qual a forma de obter a autorização dos pais para que seus filhos participem do círculo etc.); e (b) promover os princípios da Justiça Restaurativa para o projeto pedagógico da escola (uma vez que se está implementando uma prática horizontal, baseada numa ética do diálogo, com uma dinâmica de cooperação etc., dentro de uma estrutura hierárquica, que muitas vezes promove processos de exclusão e estigmatização). A outra capacitação voltou-se para os facilitadores restaurativos, envolvendo também cinco pessoas escolhidas entre os professores, alunos, funcionários, integrantes da direção da escola e representantes de pais.

A capacitação das lideranças educacionais somou 42 (quarenta e duas horas) e as de lideranças 80 (oitenta) horas. Assim, concomitantemente à preparação das escolas públicas da região de Heliópolis, foi desencadeada a implementação de um "setor informal" de Justiça Restaurativa junto às Varas Especiais da Infância e Juventude na Capital (abrangendo a região de Heliópolis), bem como foram organizados espaços para a realização de círculos restaurativos na comunidade de Heliópolis.

O projeto objetiva contribuir para a transformação de escolas e comunidades que vivenciam situações de conflito e violência em espaços de diálogo e resolução pacífica de conflitos, tornando-as espaços democráticos de construção de uma cultura da não violência e de uma educação para a sustentabilidade. No âmbito do Judiciário, o projeto visa contribuir para o aperfeiçoamento do Sistema de Justiça da Infância e Juventude. Nesta parceria, busca-se tornar a Justiça mais educativa e a Educação mais justa.

Assim, foram criados espaços de realização de círculos restaurativos nas escolas, para qualquer tipo de conflitos, questões de disciplina ou situações de violência (envolvendo eventuais atos infracionais referidos a delitos de menor potencial ofensivo).

Anote-se que, embora a Justiça Restaurativa possa ser aplicada em crimes tidos como de maior potencial ofensivo, nesta primeira fase de implementação do projeto optou-se pela aplicação apenas ao de menor potencial ofensivo.

Uma vez realizados os círculos restaurativos nas unidades escolares, os acordos são encaminhados para a Diretoria de Ensino da região (Diretoria Centro-Sul da Capital) e, eventualmente, tratando-se de atos referidos a delitos, podem ser encaminhados ao representante do Ministério Público designado para atuar no projeto, o qual, não constatando qualquer irregularidade, sugere a remissão ao juiz responsável pelo projeto, que a homologa.

Do mesmo modo, foram criados espaços de resolução de conflitos, na própria comunidade do entorno das unidades escolares, onde os conflitos ali surgidos podem ser resolvidos por meio de círculos restaurativos. Na comunidade, os acordos são encaminhados diretamente ao Ministério Público, seguindo, a partir de então, a mesma sequência descrita no parágrafo anterior.

Visando ampliar o impacto do Projeto, sensibilizando, gradativamente, um número cada vez maior de pessoas para que possa revisitar suas percepções sobre a maneira possível de lidar com os conflitos e resolver questões de violência, foram organizados eventos com a participação de todos os atores envolvidos direta e indiretamente no processo.

Como exemplo, podemos citar a realização do Fórum Justiça e Educação: parceria pela cidadania, no dia 27 de abril de 2009, com o objetivo de apresentar os resultados alcançados com o Projeto, seus desafios, aprendizagens e produção de conhecimento sobre a prática de Justiça Restaurativa e a implementação de Círculos Restaurativos em espaços escolares, na comunidade e nas Varas da Infância e da Juventude. O evento foi direcionado a gestores escolares, professores, educadores sociais, conselheiros de direitos e tutelares, defensores públicos, promotores de justiça e outros operadores das diversas áreas do Sistema de Garantia dos Direitos da Infância e da Juventude.

Por fim, se eventualmente vier a ser lavrado um boletim de ocorrência e o caso for formalmente encaminhado para o Fórum das Varas Especiais da Infância e Juventude, estando presentes as condições necessárias, estabeleceu-se o seguinte fluxo: é proposta aos envolvidos a suspensão do procedimento (ainda na fase do artigo 179 do Estatuto da Criança e do Adolescente, ou mesmo depois, até antes da sentença), e os envolvidos são encaminhados para o círculo restaurativo (o qual poderá ser realizado no ambiente do Fórum, na própria comunidade ou na escola de um dos envolvidos). Elaborado o acordo, retornam os autos ao Ministério Público que, da mesma forma que nas situações anteriores, requer a aplicação da remissão, que é homologada.

O procedimento utilizado é o círculo restaurativo, que possibilita que vítima, ofensor e representantes da comunidade falem sobre o que ocorreu, possam se expressar e ouvir o outro e, quando o diálogo for reestabelecido, chegar a um plano de ação que restaure a relação rompida.

Os círculos restaurativos possuem três fases: o pré-círculo (em que se pontua o foco do conflito a ser trabalhado, se estabelece quem participará do encontro e toda a logística dele); o círculo restaurativo (que se faz de modo ordenado, mediante técnicas de comunicação, mediação e resolução de conflito de modo não violento); o pós-círculo (em que se verifica se o acordo elaborado no círculo restaurativo foi cumprido ou não – e, se não foi, quais as causas deste descumprimento).

São requisitos para ocorrer o círculo restaurativo: (a) a voluntariedade de todos (não se faz o círculo de modo imposto); e (b) que o causador do ato não negue a ação que lhe é imputada (no círculo, portanto, não se discutirá se ele fez ou não aquela ação; não se trata de uma câmara de julgamento). O círculo pressupõe também o sigilo, a confidencialidade.

Por fim, é importante ainda ressaltar que, além do círculo restaurativo, constitui-se um segundo eixo fundamental do projeto a construção e articulação de uma rede de apoio, que atue de modo sistêmico e interdisciplinar em torno do projeto.

E, como terceiro eixo do projeto, vêm sendo desenvolvidas ações e capacitações visando a mudanças institucionais e educacionais nas escolas e nas Varas da Infância e Juventude, possibilitando as condições físicas e organizacionais para que os princípios que norteiam a Justiça Restaurativa possam fazer parte do projeto pedagógico da escola e das redes de atendimento do Judiciário.

4. UMA PRÁTICA QUE TRAZ SEUS PRIMEIROS RESULTADOS

No balanço dos resultados deste processo ao término de 2008, quando o Projeto passou a ser considerado um Programa da Secretaria do Estado de Educação de São Paulo, em que foram consideradas as localidades de Guarulhos, Heliópolis e São Caetano, durante os últimos três anos, podemos constatar que, na formação:

- ⊳ 42 escolas da rede pública foram envolvidas no Projeto;
- ⊳ 239 lideranças educacionais foram capacitadas para atuar nas escolas e comunidades;
- ⊳ 292 facilitadores de práticas restaurativas;

- 922 profissionais da área da Educação participaram da videoconferência, transmitida para 92 diretorias de ensino do estado de São Paulo, com 528 acessos pela Internet;

- cerca de 80 gestores foram capacitados para acompanhar o desenvolvimento da proposta do Projeto em suas unidade escolares e consolidarem as ações em curso de forma integrada à prática educativa de suas escolas;

- no Fórum Justiça e Educação: parceria pela cidadania, em que participaram 450 pessoas das escolas, comunidades, da Rede de Apoio de garantia dos direitos de crianças e adolescentes;

- a colocação em segundo lugar de um Prêmio voltado a instituições governamentais (FDE/SEE-SP) pela implementação de iniciativa na área da garantia de direitos, concedido pela Secretaria Especial de Direitos Humanos – SEDH, do Ministério da Justiça;

- a aprovação de uma Resolução editada pela Secretaria de Educação do Estado de São Paulo prevendo a contagem do tempo disponibilizado por professores na construção dos círculos restaurativos para a evolução na carreira do magistério;

- A criação de um Comitê Permanente de Acompanhamento envolvendo representantes de órgão do sistema Educacional e representante do Tribunal de Justiça, do Ministério Público do Estado e Defensoria Pública do Estado de São Paulo;

- a incorporação de práticas restaurativas na atividade de atendimento desenvolvida pela equipe técnica do Fórum das Varas da Infância e Juventude da Capital (assistentes técnicas e psicólogas);

- expansão do Projeto, agora como um Programa, para outras 9 regiões do estado de São Paulo.

Indiretamente, são beneficiadas todas as comunidades escolares das 42 escolas das três regiões envolvidas no Projeto.

5. MUDANÇAS INSTITUCIONAIS RELATADAS POR PARTICIPANTES DO PROJETO

Entre as pessoas que já participaram como voluntários, destacam-se os depoimentos de membros da secretaria de educação relatos na obra: Justiça e Educação em Heliópolis e Guarulhos: parceria para a cidadania.

> *Antes de incorporar a Justiça Restaurativa na escola, conversávamos com agressores e/ou vítimas, chamávamos os responsáveis conforme o caso e achávamos que o caso estava "resolvido". Atualmente, procuramos oferecer círculos restaurativos. Mais do que falar, procuramos ouvir todos os envolvidos. Buscamos as responsabilizações citadas pelas próprias pessoas.*

> *[...] A empatia e a responsabilização, no lugar de julgamento e condenação, para que o problema seja, efetivamente, "descoberto", para que não volte a se repetir.* (Iraci Nagoshi, Diretora da E. E. Profa. Jeana Motta, São Caetano)

> *Hoje, eu ouço muito mais as pessoas envolvidas no conflito, sem a obrigação de julgar e dar um veredicto para o caso. Houve uma mudança de paradigma.* (Arlete Aparecida Gobo Caltran, Vice-diretora da E. E. Profa. Olga Benatti, Heliópolis)

Diante da experiência desenvolvida no Estado de São Paulo, na parceria do sistema de Justiça com o sistema de Educação, constatou-se que, para a implementação de projetos e programas de Justiça Restaurativa que não se limitem a apenas a resolução pontual de um conflito, é fundamental desenvolver concomitantemente e em igualdade de prioridade a capacitação de resolução de conflitos, a capacitação de agentes de mudanças institucionais e ações de rede de apoio, promovendo ações de gestão de modo sistêmico e interdisciplinar, com os recursos locais colocados à disposição. Além disso, constatou-se ser fundamental a parceria e a capacitação de agentes públicos, representantes da sociedade organizada e da comunidade. Percebeu-se, também, que cada contexto institucional requer capacitações específicas e ações permanentes de sustentação das ações. Por fim, avaliou-se ser imprescindível que as mudanças institucionais se façam por meio de ações que envolvam também as esferas que estabelecem as diretrizes de ações de cada instituição.

Constatou-se que as práticas restaurativas, por meio de seu feixe de ações, contribuem de modo eficaz para que a Educação e a Justiça cumpram com sua função pedagógica, social e libertária, transmitindo valores, possibilitando o empoderamento consciente de todos envolvidos numa situação de conflito e a restauração do valor da justiça.

6. METODOLOGIA E ESTRATÉGIAS DOS CÍRCULOS RESTAURATIVOS

Tanto em Guarulhos, como em Heliópolis, a metodologia utilizada para gradativamente envolver as equipes de diferentes profissionais das Varas da Infância e da Juventude na nova abordagem representada pelos procedimentos de Justiça Restaurativa se baseou na crença do poder do diálogo entre diferentes, e na força da demonstração da eficácia dos novos procedimentos.

Algumas estratégias foram utilizadas:

> Reuniões individuais formais interpares (Juiz × Juízes; Promotora × Promotores), para apresentação e discussão da proposta-Heliópolis.

> Reunião realizada pelo Juiz sobre Justiça Restaurativa, com os Promotores – Varas Especiais da Infância e da Juventude da Capital.

> Reuniões com os Diretores de Cartório sobre os procedimentos em relação aos processos em casos de aplicação da Justiça Restaurativa (Círculos).

> Conversas informais, com os colegas, pelo Juiz e Promotora designada para o Projeto.

> Distribuição de textos informativos sobre Justiça Restaurativa.

> Convite aos membros da equipe técnica (assistentes sociais e psicólogas) para que participem do Curso de Formação de Facilitadores de Práticas Restaurativas, aprendendo a conduzir os Círculos Restaurativos.

- Encontros com a equipe técnica, cujos membros estão sendo capacitados para atuar como facilitadores de Práticas Restaurativas para discussão de casos.

- Valorização do trabalho desempenhado pelos membros da equipe, motivando-os.

- Apresentação, aos pares, dos procedimentos técnicos e dos resultados dos Círculos realizados, demonstrando a seriedade destes.

A definição clara dos procedimentos e fluxos de comunicação envolvidos na implementação do Círculo Restaurativo no Fórum, com ampla divulgação destes junto aos profissionais das Varas da Infância e da Juventude foi também uma estratégia-chave utilizada nessa etapa do processo de implantação da Justiça Restaurativa em Heliópolis e Guarulhos.

Anote, ainda, que, em Guarulhos, a Procuradoria do Município participou das capacitações e das oficinas por meio de uma procuradora-chefe e um funcionário, os quais cooperaram com a equipe da VIJ para a realização de Círculos Restaurativos no âmbito do Fórum. Representantes de todos os quatro Conselhos Tutelares do Município estiveram presentes às reuniões de capacitação, oficinas de líderes e supervisão. Uma assistente social da Secretaria Municipal da Assistência Social também frequentou a capacitação, tendo a referida Secretaria decidido pela implementação de Círculos para o atendimento de conflitos familiares no âmbito do CRAS (Centro de Referência da Assistência Social).

6.1. PROCEDIMENTOS E FLUXOS PARA REALIZAÇÃO DOS CÍRCULOS RESTAURATIVOS NO FÓRUM

O encaminhamento aos Círculos Restaurativos depende da admissão, pelo adolescente, da prática do ato tido como infracional, de sua concordância, bem como o consentimento do responsável, da vítima e da Defensoria. Isso se dá, em princípio, nos casos de prática de atos infracionais equivalentes aos delitos de menor potencial ofensivo.

A participação dos envolvidos – adolescente, seu responsável, vítima e pessoas por ambos indicadas – no Círculo Restaurativo, que tem como objetivo a efetiva responsabilização do jovem, com a percepção por ele, das consequências de seu ato, o empoderamento da vítima e da comunidade e a construção de acordo que importe na reparação dos danos causados e na restauração da relação rompida com a prática da infração. O encaminhamento ao Círculo propicia, também, que sejam verificadas e trabalhadas as causas da infração.

Os procedimentos e fluxos para realização dos Círculos Restaurativos no Fórum são basicamente os mesmos em Heliópolis e Guarulhos; no entanto, é importante notar as pequenas diferenças/nuances, uma vez que apontam para a flexibilidade dos caminhos restaurativos. Respeitados os princípios básicos, eles podem ser adaptados e recriados de acordo com as exigências específicas de cada realidade.

7. CONSIDERAÇÕES FINAIS

Passada a primeira fase de implementação do projeto, foi possível constatar as dificuldades pelas quais passa a educação pública na capital do Estado de São Paulo. Temos verificado o quanto a violência física e moral no interior das escolas têm contribuído para a queda da qualidade do ensino, para a evasão escolar e para o desânimo e a falta de motivação dos educadores.

Também foi possível atestar que a parceria Justiça-Educação representa significativo avanço na abordagem da questão da violência nas escolas, da escola e contra a escola. Constata-se que as escolas são espaços onde a implementação da Justiça Restaurativa se mostra não apenas de fundamental necessidade e urgência, mas, estrategicamente, como espaços de máxima eficácia na construção de uma efetiva cultura de paz, efetivando, assim, o exercício da cidadania e respeitando a dignidade da pessoa humana.

REFERÊNCIAS

ACKER, T. V. *Declaração sobre a Paz na Mente dos Homens*. São Paulo, 1999.

AMANCIO, M. L. C. *Justiça restaurativa*: um novo modelo de Justiça. São Paulo, 2010.

BRASIL. *Lei n. 12.594*, de 18 de janeiro de 2012. Disponível em: <www.planalto.gov.br/ccivil_03/_ato2011-2014/2012/lei/l12594.htm>.

CARRIEL, P. Nova lei amplia direitos de adolescentes "presos". *A Gazeta do Povo*, Londrina, 27/01/2012. Justiça.

1° CONGRESSO MUNDIAL DE JUSTIÇA JUVENIL RESTAURATIVA. Lima, Peru, 2009.

MAZDA, E. (Org.). *Justiça e Educação em Heliópolis e Guarulhos:* parceria para a cidadania. São Paulo: CECIP, 2007.

MELO, E. R.; MADZA, E.; YAZBEK V. C. *Justiça restaurativa e comunitária em São Caetano do Sul*: aprendendo com os conflitos a respeitar direitos e promover a cidadania. Rio de Janeiro: CECIP, 2008.

MUMME, M. M. R.; PENIDO, E. A. Justiça e Educação: O Poder Público e a Sociedade Civil na Busca de Ações de Resolução de Conflitos. In: *I Congresso Mundial sobre Justiça Juvenil Restaurativa*, 2009, São Paulo.

PARKER, L. Desenvolvimento de Justiça Juvenil Restaurativa no Peru. *Restorative Justice On-line*. Jul. 2007.

PENIDO, E. A. *Justiça e Educação:* parceria para a cidadania em Heliópolis/SP: a imprescindibilidade entre Justiça Restaurativa e Educação. Disponível em: <www.tjsp.jus.br/EGov/InfanciaJuventude/Coordenadoria/JusticaRestaurativa/>.

PINTO, S. M. R. *Justiça transicional na África do Sul:* restaurando o passado, construindo o futuro. Disponível em: <www.scielo.br/scielo.php?script=sci_arttext&pid=S0102-85292007000200005>.

PAZ, S. *Mediación Penal, inédito no Brasil.* Disponível em: <jus.com.br/revista/texto/19579/justica-restaurativa-um-novo-modelo-de-justica/4ixzz2WDjFFPUU>. Acesso em: 14.06.2013.

SÃO PAULO. (Estado). *Resolução SE n. 19*, de 12 de fevereiro do 2010. Disponível em: <siau.edunet.sp.gov.br/ItemLise/arquivos/19_10.HTM?Time=6/27/2013%205:28:39%20PM>.

3° SIMPÓSIO INTERNACIONAL DE JUSTIÇA RESTAURATIVA. São Paulo, 2012.

ZEHR, H. *Trocando as Lentes, um novo foco sobre o crime e a Justiça Restaurativa.* Palas Athenas, 2008.

Capítulo 32

POLÍTICAS PÚBLICAS E A *VOZ DAS RUAS*: UMA TENTATIVA DE INTERPRETAÇÃO DA CRISE: JUNHO/2013

Francisco Claudio Tavares
Dioceli Gabriela de Carvalho

1. INTRODUÇÃO

A democracia é o pior sistema político, porém, nada existe atualmente melhor do que ela! Nesse sentido, os cidadãos buscam construir sistemas políticos e econômicos que possam levá-los à felicidade, à justiça social, ao desenvolvimento das forças produtivas, à realização no trabalho, à sustentabilidade (econômica, social, ambiental), à cultura, ao lazer etc.

Nesse sentido, os seres humanos já construíram modelos e sistemas diversos: a monarquia absolutista, a monarquia parlamentarista, o parlamentarismo puro, o presidencialismo puro e o presidencialismo com parlamentarismo. Um dos maiores sistemas políticos e econômicos, o "socialismo real" ou "comunismo" que congregou a União das Repúblicas Socialistas Soviéticas (URSS), vigorou entre 1917-1989/1991; a China, Cuba e Coreia do Norte vivem no sistema chamado de "comunista", embora a primeira tenha se definido como "em busca do socialismo de mercado" – um traço comum em todos estes países é que não há liberdade! Além dessas experiências, vários países têm seus sistemas políticos e econômicos interligados pela religião com clérigos ocupando cargos de direção como: experiências teocráticas que combinam religião, poder das armas e censura.

Esta reflexão é o fruto do acompanhamento diário dos acontecimentos deflagrados pela cidadania que, enquanto alguns pensavam estar "deitado eternamente em berço esplêndido", na base e no cotidiano se armazenava um conjunto de reivindicações que estava longe de várias políticas públicas e de seu efetivo funcionamento e retorno. Não se apresenta uma metodologia no sentido clássico, mas um conjunto de informações para que o leitor possa minimamente entender a complexidade da sociedade denominada "pós-moderna".

Talvez se possa afirmar que, cada vez mais, a interface política-economia ou economia-política limita a ação do cidadão em um mundo globalizado; as redes sociais permitem uma relativa interface cidadão-cidadão. Por elas, o pequeno grupo marcou a primeira manifestação contra R$ 0,20; por elas, milhões aderiram às manifestações e podem mudar a realidade do Brasil.

Este artigo tem por finalidade refletir sobre como o agente e/ou formulador de políticas públicas deve ter clareza de que as demandas sociais têm um alto grau de complexidade e de interface: são sobrepostas questões de finanças públicas, eficiência e eficácia dos serviços públicos, falta de conhecimento das esferas de governo, processos e modelos de decisão, custos financeiros e respectivos níveis de financiamento etc.

Nesse sentido, captar e expor as complexidades, como em um grande painel de operações no qual tudo se move simultaneamente, indica que os gestores públicos precisam de novos instrumentos e modelos de intervenção no social que contemplem o planejamento e a participação social e política.

2. MODELOS E SISTEMAS POLÍTICOS

No presidencialismo puro, como o implantado no Brasil, o presidente da República é, ao mesmo tempo, chefe de Estado e chefe de Governo. Deriva, portanto, que toda a crise na esfera Federal recai diretamente sobre o presidente da República como ocorreu nos governos Sarney, Collor, FHC e, agora, nesta primeira quinzena de junho/2013, no governo Dilma Rousseff (Partido dos Trabalhadores-PT).

Em 21 de abril de 1993, os eleitores foram convocados (conforme disposição na Constituição Federal de 5 de outubro de 1988) para decidirem sobre presidencialismo, monarquia com parlamentarismo ou presidencialismo com parlamentarismo. A decisão confirmou o sistema presidencialista.

A interdependência dos Poderes é um sinal de contrapeso para que haja equilíbrio e simetria no sistema político. Assim, os Poderes Legislativo e Executivo são eleitos pelo voto livre e direto; o Poder Judiciário é organizado por carreira pública e pela meritocracia. Nesta estrutura os três poderes são atores institucionais que se autorregulam na delicada ação cotidiana entre o poder da força, o poder da lei, o poder de julgar e interpretar e o poder do povo.

Neste processo temos os vereadores (os eleitos mais próximos do cidadão), deputados estaduais, deputados federais e senadores; prefeitos, governadores, presidente da República: todos eleitos pelo voto; o corpo de juízes em seus vários níveis, sendo que os dois tribunais mais conhecidos são o Tribunal Superior do Trabalho (TST) e o Supremo Tribunal Federal (STF).

Na democracia, o poder político pertence à coletividade dispersa e difusa: cada eleitor vale um voto e todos – ricos e pobres, doutores e analfabetos – são, absolutamente, iguais diante da urna eletrônica (esta tecnologia tem sido aplicada no Brasil com muito sucesso, embora tenha extinto a emoção do "primeiro voto").

Atendendo ao clamor das ruas, os Constituintes (Emenda Constitucional n. 26, de 27 de novembro de 1985 determina que os membros da Câmara dos Deputados e do Senado Federal se reunirão, unicameralmente, em Assembleia Nacional Constituinte, livre e soberana, no dia 1º de fevereiro de 1987, na sede do Congresso Nacional) escreveram que "Todo poder emana do povo, que o exerce por meio de representantes eleitos ou diretamente, nos termos desta Constituição".

Particularmente este texto deveria estar no Preâmbulo da Constituição. Apenas a frase "Todo poder emana do povo" é, seguramente, a síntese maior e absolutamente clara de que, na democracia, "o povo" é o senhor da história, de seus destinos e, somente a ele cabe o processo de decidir.

Com o aumento da população e da urbanização, a democracia "pura", de participação direta, deu lugar à "democracia representativa", na qual os "representantes eleitos" recebem nas urnas – e somente nas urnas – a responsabilidade clara e definida de representar a totalidade da população. Nesse sentido, 180 milhões de brasileiros são representados por 513 deputados federais e por 81 senadores federais, que representam quase 27 partidos políticos em funcionamento e com direito ao Fundo Partidário – recursos públicos (de toda a sociedade) para a manutenção dos partidos políticos.

O desenvolvimento da vida urbana (cada vez mais complexa e com atividades ininterruptas) afastou os cidadãos da militância política. Soma-se a este processo o período de ditadura militar de 1964-1985, que acabou com os partidos políticos, criando a Aliança Renovadora Nacional (ARENA) e o Movimento Democrático Brasileiro (MDB), extinguindo as centrais sindicais, a União Nacional dos Estudantes, o movimento secundarista e impondo rigorosa censura aos meios de comunicação.

Os partidos políticos, após a redemocratização de 1988, cresceram e se dividiram e subdividiram; com o surgimento do Partido dos Trabalhadores (com sua militância aguerrida, organizada oscilando entre o "socialismo – qual socialismo?" e a "reforma do sistema capitalista – qual reforma?"), a militância voltou a fazer política de rua, isto é, os assuntos do cotidiano estavam na ordem do dia e perpassavam os controles tecnocráticos e burocráticos para afirmarem que a precedência é da Política sobre a técnica e a burocracia.

Não se pode esquecer as ações da militância que se agregou às Comunidades Eclesiais de Base (CEBs – Igreja Católica Apostólica Romana) como processo de interface fé – cidadania – militância – partido político. Outro elemento indispensável na redemocratização foi a liberdade sindical com a (re)construção das centrais sindicais como espaço para a militância cidadã-política a partir do local do trabalho e a retomada dos conceitos de exploração e expropriação. Outro elemento que despontou foi a organização nos bairros – associação de moradores (discussão politizada sobre as condições de moradia, saneamento básico, transporte etc.) e os clubes de mães. Esta organização remonta às décadas de 1980 e 1990.

Nas primeiras semanas de junho de 2013, os manifestantes, que inicialmente eram uns 300 contra o aumento no preço das tarifas de ônibus, (ainda) não tinham um conjunto organizado de demanda(s) nem agenda, não se conheciam canais condutores e interlocutores e as lideranças das manifestações não podem falar em nome dos eleitores, pois não têm mandato para tal ação.

Os pressupostos de um novo acordo político não estão definidos nem mesmo são considerados uma demanda fundamental. Sabe-se que sem partidos políticos organizados e estruturados não existe democracia representativa, pois a lei é atribuição específica da organização e do funcionamento do Poder Legislativo que pode e deve ser pressionado e acompanhado. A coleta de assinaturas que deu origem à lei "ficha limpa" é o corolário de um processo que saiu de entidades, percorreu as ruas, deu entrada no Congresso e com muita pressão tornou-se Lei.

Se vai surgir um novo sistema de elaboração, discussão e votação de leis ainda não está claro. Neste complexo contexto haverá a necessidade de fazer as demandas avançarem e se transformarem em medidas concretas: lei, aplicabilidade e disponibilidade de recursos financeiros. Fundamental é definir quem vai pagar a conta e de onde virão os recursos.

Pode-se dizer que a redução das tarifas foi uma grande vitória, não há dúvidas! Porém, como a demanda é específica, não se sabe quem pagará por esta redução. Seria possível estatizar todo o sistema de transporte? O sistema estatal de serviços é, em muitos setores, de péssima qualidade: como (re)organizar o sistema se a experiência é muito ruim?

3. A ONDA "DAS RUAS" E A ONDA NEOLIBERAL

A onda neoliberal (Margaret Thatcher – primeira-ministra da Inglaterra, maio/1979 a novembro/1990; Ronald Reagan – presidente dos Estados Unidos da América – janeiro/1981 a janeiro 1989), a crise mundial de desemprego, a redução da inflação com o Plano Real (Governo Itamar Franco, a partir de 1994) e o Partido dos Trabalhadores (PT) – no governo federal (a partir de 2002) apontaram para um caminho novo: a desmobilização da militância e a transformação de quase todos os (pequenos) partidos políticos em satélites, com uma das piores práticas possíveis engendradas para manter a decantada "governabilidade": a formação de bases de apoio entre diferentes partidos políticos, tão diferentes entre si que o eleitor não reconhecia a base de sustentação do governo federal. Nesse sentido, o Partido da Social da Democracia Brasileira (PSDB) com o Partido da Frente Liberal (PFL) e o Partido dos Trabalhadores (PT), Partido da Frente Liberal (PFL) com o Partido do Movimento Democrático Brasileiro (PMDB) se, por um lado, garantiram a necessidade da governabilidade Federal, por outro lado, constituíram-se em um afastamento do cidadão da política cotidiana, pois não estava claro para o cidadão seu espaço de militância.

Como pode a social-democracia do PSDB conviver com o atraso do PFL? Como pode o "socialismo – qual socialismo?" do PT conviver com o PMDB e seu esgarçamento ideológico? Como entender que partidos políticos se aliem para concorrer à presidência da República e se oponham localmente, no Estado e/ou no município? Quem entende? Como estão juntos aqueles que ontem se excluíam? Pode não ser a causa central do afastamento do cidadão da política cotidiana e de sua presença e militância na política partidária, mas esta convivência dos desiguais deve ser considerada como um elemento constitutivo da falta de participação cotidiana que, a partir de 6 de junho de 2013, explodiu nas grandes capitais e cidades médias e do interior sem a condução de lideranças consagradas pelas urnas, dos partidos políticos, lideranças do movimento sindical, religioso, astros dos esportes, da intelectualidade, do empresariado etc.

Dizer somente que a *Internet* e as redes sociais possibilitam a convocação dos cidadãos e estes se mobilizam apenas pela essência da causa é muito pouco para explicar um fenômeno complexo como a falta de representatividade e o fracasso dos partidos políticos como canais de representação concreta das necessidades mais básicas da população.

Outro dado importante: neste processo específico de reivindicações difusas, é o silêncio da classe média que, com maior poder aquisitivo, se afastou dos serviços públicos de baixa qualidade com acesso à escola particular, plano de saúde, segurança, lazer, automóvel, além de pagar o equivalente cinco meses por ano em impostos etc. Onde está a classe média? Onde está o pequeno e médio empresário? O que pensa sobre as manifestações? Está participando? Qual sua pauta de reivindicações? Se há uma pauta de reivindicações, ela é econômico-financeira, é contra a má qualidade dos serviços públicos? É contra a corrupção?

Ao partido político no poder e à sua base de sustentação (cinco, seis, dez, doze partidos) era "proibido" fazer greve, manifestações, questionar, argumentar, propor, fazer agenda proativa, fazer prévias etc., ou seja, os militantes não podiam "derrubar" seu partido político e a base de sustentação da denominada "governabilidade" Decorre, assim, o "silêncio" dos intelectuais, dos estudantes e dos trabalhadores. Neste "silêncio", parte da imprensa ficou ilesa, pois continuou em seu papel de "quarto poder" contra o qual muitos querem definir um código de conduta ou, na força, querem "enquadrá-la" quando se esquecem de que as redes sociais são até mais dinâmicas, rápidas e penetrantes. Será que vão enquadrar, também, as redes sociais?

Neste (breve e grave) trajeto histórico, a redução da inflação (governos Itamar Franco – início do Plano Real – e Fernando Henrique Cardoso – sequência do plano Real), as reformas estruturais na economia, privatizações e o sistema de "bolsas" (governo Lula da Silva) minaram os discursos das lideranças e da militância política; uma crise exógena, a crise do *subprime* (crise de condições de pagamentos dos compradores de imóveis em abril de 2008 a partir dos Estados Unidos) fez ver que o sistema econômico mundial estava e está alicerçado no "fio da navalha", ou seja, a liberdade de mercado nos EUA impôs ao mundo um severa e rigorosa crise econômica que se desdobra na falta de liderança mundial na política quanto nos instrumentos de intervenção (a denominada Política Econômica) que não são proativos e geram mais desconfiança do que resultados positivos.

Neste caldo de crise, agora econômica e mundial e, particularmente no Brasil, no governo federal do PT não há saída: mais Estado, mais intervenção e mais recursos do orçamento para evitar uma recessão econômica ou até mesmo uma depressão econômica que nos destruiria.

Optou-se, em 2007, claramente pela intervenção estatal com um mecanismo fantástico tanto quanto audacioso: o Plano de Aceleração do Crescimento (PAC) – um Plano de Metas/JK (Juscelino Kubitscheck) rebatizado. O governo federal lança-se para apoiar o mercado com algo próximo de R$ 600 bilhões.

Ora, se pensarmos linearmente, em época de crise todos se defendem. Partidos políticos, empresários, estudantes, movimentos sociais etc. O seguro é aquilo que já se sabe e se conhece! Reprimem-se as demandas, pois a crise impede a contestação.

Assim, se a sociedade brasileira avançou muito em termos políticos, sociais e econômicos, a distância entre o poder político – sua qualidade e eficiência, sua operacionalidade e proatividade, o discurso de campanha e o cotidiano da resolução de problemas, o cidadão foi sendo afastado da política cotidiana e as relações foram se deteriorando e se esgarçando a tal ponto que, quando tudo parecia estar bem por causa de R$ 0,20, a uma onda gigante de manifestações irrompeu no Brasil, tirando-nos da "paz dos cemitérios" para uma marcha contra os simbólicos R$ 0,20 até a Copa do Mundo.

4. POR R$ 0,20: SERÁ?

Se a importância financeira que motivou a onda de manifestações for só essa então, alguma coisa está errada! Neste breve painel, algumas informações poderiam ter gerado ou alimentado as manifestações deste início de junho de 2013.

> ▸ **Inflação medida pelo índice de Preços ao Consumidor Ampliado – Fundação Instituto Brasileiro de Geografia e Estatística (IPCA/IBGE):** acumulada em 6,50% em 12 meses. A "Meta de inflação" é de 4,5% ± 2 pp (pontos percentuais) em 12 meses corridos. Sabemos por experiência que, quando a inflação aumenta, todos ficam mais pobres, especialmente os mais pobres que vivem de salário fixo. Se a inflação aumentou, então, todos os preços aumentaram. Se todos os preços aumentaram, então, por que as manifestações estão centradas apenas no preço da passagem de ônibus?

> ▸ **Correção do Fundo de Garantia por Tempo de Serviço (FGTS):** a única poupança (forçada, compulsória) que os trabalhadores fazem se refere ao FGTS. Este que fica retido até a aposentadoria do trabalhador (existe legislação sobre o saque antes da aposentadoria) tem a menor correção financeira possível do mercado: 3% ao ano. Se a inflação é de 6,50%, em um ano os depósitos no FGTS perdem 3,5 pp: quem reclama? Por que estes recursos não são livres para o trabalhador decidir? Se pelo menos estivessem na caderneta de poupança, o ganho seria maior!

- **Alteração no crédito da caderneta de poupança:** até as decisões tomadas por Collor e Zélia – Fernando Collor de Mello (presidente da República/1990-1992) e Zélia Cardoso (ministra da Economia), em março de 1990, a caderneta de poupança representava um dos ícones mais sagrados da sociedade brasileira. Com o confisco financeiro para, supostamente, combater a inflação, ninguém jamais teve coragem de uma mudança nos cálculos de correção deste instrumento importante para as classes de menor renda. Pressionada pela correção das prestações do sistema financeiro de habitação e pela queda na taxa de juros Sistema Especial de Liquidação e Custódia (Selic – taxa de juros básica que remunera os títulos do governo federal e que serve de base para os juros de mercado), o governo Dilma Rousseff fez uma nova intervenção na caderneta de poupança que, assimilada pelos poupadores – pequenos e agora com a redução da Selic médios e grandes poupadores que se deslocaram para este tipo de poupança tendo à vista a segurança em um mercado totalmente volátil –, gerou um descontentamento latente.

- **Pedágios:** ir ao interior de São Paulo é sentir como o sistema de taxas cobradas pelo setor público é incisivo: fazer um contorno em uma rotatória e pegar uma nova estrada é indicativo de um novo pedágio. Mas não se paga anualmente o Imposto sobre Propriedade de Veículos Automotores (IPVA)? Neste imposto, 50% destinam-se ao Estado e 50% às prefeituras. Não estaria o usuário e a sociedade pagando duas vezes – o pedágio mais o IPVA – pelo mesmo serviço público? Note-se que quem tem veículo paga o IPVA mesmo que – em tese – não o utilize. Como o pedágio é cobrado de todos os veículos – ônibus, caminhões, automóveis, motos – quem pode repassar este custo para o preço final?

- **Zona azul:** se a "praça é do povo", a rua é da concessionária! Privatizaram o estacionamento em vias públicas. Como a cada ano são fabricados, aproximadamente, um milhão de automóveis e, como a lógica no Brasil é o transporte individual somado à explosão de crescimento das grandes cidades e a precariedade total da mobilidade urbana, os tecnocratas inventaram a zona azul: é justo e é uma relação de mercado alugar um trecho da rua para estacionar em via pública.

- **Imposto de Renda (IR):** o mais temido de todos os impostos é, sem dúvida, o IR. De início, o IR tem como "garoto-propaganda" um leão. Como se já não bastasse um imposto sobre o salário – que não é renda! –, imagine o contribuinte vigiado e sendo entregue ao leão para prestar contas! Somente os romanos, no Coliseu, tiveram uma ideia tão brilhante para matar os cristãos! Agora se matam cristãos e não cristãos. Diga-se, também, que a tabela do IR não é corrigida e, assim, os contribuintes – especialmente a classe média – pagam mais do que seria necessário. Quando se pede transparência no trato da coisa pública é de estarrecer que os critérios para definir o que se pode ou não abater no IR não são discutidos pelo Congresso Nacional e são normatizados – apenas e tão somente – pela Receita Federal. E por que não é permitido abater tudo o que é gasto em cursos de idiomas no Imposto de Renda? A classe média não se mobiliza?

- **Imposto sobre Operações Financeiras (IOF):** considerado como imposto indireto – ou invisível –, ele está presente em todas as transações financeiras. Sobre as compras no exterior com cartão de crédito, paga-se mais de 6% de IOF.

- Quando se pensa em preços altos, os remédios ocupam um lugar central. Em maio/2013, o aumento dos **preços dos remédios** chegou a 0,715% sobre a classe de renda E que recebe até R$ 977 por mês (dados da FECOMERCIO). E, em 12 meses, o Índice de Preços do Varejo (IPV) total acumulado chegou a 6,68%. No Brasil, que caminha para um envelhecimento da população, com as aposentadorias totalmente defasadas, alimentação e remédios representam gastos imensos para os grupos de idosos.

- **Metrô:** chama atenção a notícia veiculada no *Valor Econômico* (BRANCO *apud* CASTRO; p. F10): "Enquanto a capital fez 74 km de vias, a Cidade do México construiu 226 km, com 195 estações". Sabe-se que a engenharia brasileira é uma das mais desenvolvidas e eficientes; sabe-se que a mobilidade urbana é um ponto crítico nas médias e grandes cidades; sabe-se que o metrô de SP transporta mais de um milhão de passageiros/dia; sabe-se que "o transporte metroviário é mais seguro, confiável, regular, menos agressivo ao meio ambiente e mais rápido e confortável"; sabe-se... sabe-se... e? Quando o Orçamento Público é debatido na Assembleia Legislativa de São Paulo (ou na Câmara Municipal), como são conduzidos estes debates sobre o transporte público de qualidade? Quais são os parâmetros de qualidade? Em "Curitiba, a primeira linha de metrô será inaugurada em 2016, com investimento orçado em R$ 2,331 bilhões, em um trajeto de 14,2 quilômetros e 13 estações" (MURGEL BRANCO *apud* CASTRO, 2013: F10). Pelo expressivo montante dos recursos e...?

> Uma (simples) régua: sabe aquela régua que os estudantes usam para fazer gráficos, entre outras coisas? No seu preço pago pelo consumidor, há quase 40% de imposto. A educação não é prioridade? Quanto será o imposto total no **material escolar**? Todo início de ano as famílias fazem um grande malabarismo e sacrifício para comprar todo o material escolar: não seria também parte das demandas deste movimento propor alíquota zero para toda a cadeia de material escolar?

> A **Bolsa de Valores de São Paulo**, de janeiro a 23 de junho/2013 apresenta um crescimento negativo de 22,80%, mas em uma grave crise econômica e política, a Bolsa Merval da Argentina apresenta um crescimento de 7,59%! Se o Brasil, até o final de 2012, era apresentado ao mundo (em crise financeira) como um dos países mais promissores, com um governo eleito democraticamente e com ampla maioria no Congresso Nacional, com instituições sólidas, com um dos maiores mercados potenciais, o que aconteceu neste breve espaço de tempo? Por que perdemos a credibilidade do mercado financeiro? Por que o Vietnã e o México estão no topo dos países promissores para receber investimentos externos? Em uma área mais técnica, despercebida pela grande maioria da população, as contas externas estão se deteriorando.

> **Tarifa zero:** em uma economia de livre mercado, os agentes econômicos pagam pelo que usam (Teoria Liberal Pura). Em uma economia socialista, parte dos bens e serviços que os agentes consomem é

custeada pelo Estado: ora, como o Estado em si não existe, os recursos são provenientes do Orçamento, isto é, os que ganham mais pagam mais impostos e compensam os que ganham menos e necessitam de acesso aos bens e serviços.

▷ **Subsídios:** temendo perder competitividade da indústria nacional para os produtos importados, principalmente da China (que reprime manifestações da sociedade civil), o governo federal reduziu substancialmente impostos em várias cadeias de produção para manter o nível de emprego. A contrapartida seria, imediatamente, reduzir as despesas para equilibrar a redução das receitas e, adicionalmente, com a redução do Produto Interno Bruto (PIB), haverá a redução global na arrecadação de impostos. Mas, em uma política confusa em relação às Finanças Públicas, nada foi feito. Segundo Loyla (2013, p. A13): "o Estado brasileiro arrecada praticamente 40% [em impostos pagos pelos cidadãos e empresas] do PIB nacional e oferta serviços públicos de baixa qualidade em áreas críticas como saúde e educação". Nos "[...] últimos 25 anos, a carga tributária cresceu cerca de 50%". O autor prossegue afirmando que "[...] a baixa qualidade dos serviços prestados pelo Estado à população indica que o modelo brasileiro de muita tributação e muito gasto público para pouco resultado está esgotado". Outra informação importante do autor (2013, p. A13) é que "[...] a carga tributária aqui cresceu com base na expansão da taxação indireta, do que resulta um sistema tributário com características marcadamente regressivas".

Freire (2013, p. B4) adverte que:

> *Repressão tarifária tende a provocar rombos nos Orçamentos dos governos ou corte de investimentos, pelo menos no curto prazo. Logo, também é fator de deterioração econômica [...], [pois] Empresas concessionárias de serviços públicos vivem de tarifas, claro. Se há risco de repressão dos reajustes de tarifas, há risco do negócio [quebrar].*

Em modelos da social-democracia, grande parte dos bens e serviços é pago diretamente pelos agentes consumidores em função de seu salário e/ou renda e sua capacidade de compra. Como a pobreza é imensa, o nível educacional é muito precário e o salário-mínimo é muito baixo, uma parte do acesso a bens e serviços dos grupos sem renda ou de menor renda é rateada entre os agentes econômicos via impostos ("princípio de equidade: quem ganha mais, paga mais"), tendo presente o grau de essencialidade do bem ou serviço.

Nesse sentido, se não há uma grande discussão nacional (esta discussão deve ser realizada quando o Poder Legislativo recebe o Orçamento) sobre quais bens e serviços serão custeados pela sociedade para os que têm menor renda, ou, uma vez custeado o acesso a tais bens e serviços, que retorno trarão no médio prazo (até cinco anos) e no longo prazo (mais de cinco anos), sabendo-se que estes recursos são escassos e que oneram maciçamente os contribuintes que podem pagar? Uma expressão é verdadeira: não existe nada de graça em uma economia capitalista, seja ela radicalmente liberal ou social-democrata.

A questão que se coloca à sociedade é: como escolher e decidir pelo uso dos recursos escassos e, ao longo do tempo, qual será o retorno para o conjunto da sociedade?

Segundo Bonduki (10 de junho de 2013, p. A3), "o preço da passagem de ônibus seria de R$ 4,13 (correção pela inflação e não subsídio pela Prefeitura), R$ 3,43 (com o subsídio da Prefeitura) e R$ 3,20 (com 6,71% de isenção federal)".

Segundo dados da Prefeitura de São Paulo, o custo total do transporte público é de, aproximadamente, R$ 6 bilhões por ano; em subsídios para as empresas, a Prefeitura concede até R$ 1,5 bilhão. Tudo isso esta escrito no Orçamento Público que é votado pela Câmara dos Vereadores de São Paulo. Quando, na votação do Orçamento, ocorreu alguma manifestação contra esta política? Os usuários do transporte coletivo sabem?

5. POLÍTICAS PÚBLICAS

Segundo Santos (2010, p. 3), "As políticas públicas são disposições, medidas e procedimentos que traduzem a orientação política do Estado e regulam atividades governamentais relacionadas às tarefas de interesse público".

Seguindo o conceito da autora (2010, p. 3), com ênfase em "[...] disposições, medidas e procedimentos [...]" e "[...] tarefas de interesse público [...]", e, de conformidade com a Constituição Federal de 1988, o Poder Executivo (prefeito) elabora, segundo as prioridades de campanha e acordos com os diversos grupos sociais e atores políticos, as peças do Orçamento Público que se compõem de um "ciclo integrado ao planejamento de ações [...] compreende o Plano Plurianual – PPA, a Lei de Diretrizes Orçamentárias – LDO – e a Lei Orçamentária Anual –LOA – para explicitar todas os serviços públicos, obras e atividades que serão custeados pelos impostos cobrados das pessoas físicas e jurídicas, além das transferências de receitas.

Como exemplo, a Câmara Municipal de Mogi das Cruzes (SP) votou em "segunda discussão o projeto de Lei [de autoria do Poder Executivo] que estabelece as diretrizes do Orçamento para 2014 no total de R$ 1,2 bilhão, para 2015 e 2016, no valor aproximado de R$ 1,3 bilhão [respectivamente]" (*Mogi News*, 27 jun. 2013, p. 11). Em função da redução da tarifa, a previsão é de que "o Município tenha uma perda de até R$ 1,5 milhão no período de junho a dezembro/2013 e mais R$ 1,5 milhão em 2014", pois, com "a menor alíquota do Imposto sobre Serviço de Qualquer Natureza (ISS), dois vereadores (PT) solicitaram alterações no Orçamento, tendo presente a redução da receita" (*Mogi News*, 27 jun. 2013, p. 11).

A Câmara Municipal (vereadores) recebe a proposta orçamentária do Poder Executivo e, em sessão pública e aberta, debate o Orçamento indicando alterações de acordo com as bases eleitorais, compromissos de campanha e com as necessidades do Município. Em cidades mais avançadas, o Orçamento, denominado de Orçamento Participativo, é discutido e debatido em bairros e distritos para captar as demandas e urgências locais. O resultado é a maior participação da sociedade organizada politicamente com maior credibilidade e a elaboração e aceitação de uma agenda em favor das prioridades dos cidadãos.

Se não há interesse, estudo, acompanhamento, conhecimento, divulgação e credibilidade, o Orçamento é, apenas, uma peça técnica e burocrática que não envolve o cidadão em sua militância política no espaço que é seu: o Poder Legislativo.

No processo democrático, as partes interessadas devem abrir canais de diálogo e negociação. Do mesmo modo que as redes sociais permitiram a convocação dos cidadãos para o ato que reuniu 40 mil pessoas, o acordo firmado entre os representantes do grupo "Vem para rua Mogi" e o prefeito do município de Mogi das Cruzes (Partido Social Democrático – PSD) deverá permitir que "[...] a transparência quanto às licitações públicas e a operação do transporte público seja divulgada no *site* da Prefeitura" (SANTANA, 2013, p. 7).

Quanto à questão da "representatividade", Ribeiro *apud* Santana (2013, p. 7) afirmou que "Queremos deixar claro que não representamos a população. Qualquer pessoa pode exigir estas informações, nós só tomamos a frente no dia do protesto", relata Santana (*idem*, *ibidem*). Duas questões estão claras nesta postura: em primeiro lugar, o cidadão tem meios e mecanismos de obter informações do Poder Público e, em segundo, no processo e na prática democrática, a representação obriga um reconhecimento implícito dos cidadãos e dos pares. É claro que nenhum eleitor elegeu o grupo "Vem pra rua Mogi" como seu representante juridicamente constituído; na manifestação, fica evidente a função da liderança transitória, que não se confunde com e eleição para o encargo de vereador.

Se olharmos os números do "investimento público brasileiro em educação em comparação a outros países, em % do PIB, em 2010" temos na faixa de 5%: "Argentina, 5,8%; Brasil, 5,8%; EUA, 5,6% e México, 5,3%", mas "Cuba investe 12,9%" (FRAGA, jun. 2013, p. B8). Dados primários do Ministério da Educação e Unesco/Organização das Nações Unidas). Observando os "investimentos em educação no período de 2000 a 2011 (em % do PIB)", os números apontam um aumento na participação de "3,9% para 5,3%". Chama atenção a diferença do total de investimentos entre os níveis de ensino: o ensino superior recebe 55,3% do total de investimentos; a Educação Infantil participa com 10%; o Ensino Fundamental tem uma participação de 23,4% e o Ensino Médio tem 11,3% do total de investimento.

A pergunta que se coloca é: se existem recursos, por que a qualidade do ensino é tão precária? Claro que a discussão deste tema exige múltiplas respostas que não cabem neste trabalho, porém é de se estranhar que comparativamente aos EUA nossa defasagem seja absurdamente grande.

Um dado marcante no raciocínio de "mais recursos para educação é igual a mais qualidade" vem da cidade de Sobral (CE), onde um estudante custa a metade do que custa um estudante em São Paulo; o aluno de Sobral tem melhor desempenho do que o aluno de São Paulo em Matemática e Português (FRAGA, 2013, p. B8).

Mais do que recursos para a educação, o que se discute é a gestão da escola. Gestão significa acompanhar o desempenho dos alunos, utilizar com eficiência a biblioteca e a Internet, remunerar professores e funcionários dignamente, qualificar sempre mais os professores, adotar a residência para o professor, integrar cada vez mais o conteúdo às necessidades cotidianas e de vivência dos alunos.

A discussão sobre a "mobilidade urbana" está na ordem do dia das manifestações. Segundo Oliveira, Cruz e Pereira (2012, p. 63), "mobilidade urbana" refere-se à "relação entre os deslocamentos de pessoas e de bens no espaço urbano, levando em consideração a facilidade destes deslocamentos na cidade".

O transporte coletivo sustentável é um meio de apoiar a mobilidade urbana, pois utiliza "[...] menor relação de espaço por passageiro e de combustível por passageiro" (OLIVEIRA, CRUZ, PEREIRA, 2012, p. 63).

Se, tecnicamente, os conceitos estão corretos e se o transporte coletivo é um imperativo nas cidades, então, existe verba para tanto investimento? A primeira resposta pode ser "não"! Mas se todos os cidadãos e, mais especialmente, aqueles que necessitam do transporte coletivo soubessem que, segundo Otta (2013, p. B4), "[...] dos R$ 89 bilhões disponíveis, apenas existe contrato para R$ 40 bilhões".

Qual é a causa? No relato de Otta (30 jun. 2013), "O processo de investimento pelas prefeituras é tão ou mais lento do que o do governo federal". Ou seja, existem recursos disponíveis, mas não existem projetos factíveis. Então, a política pública de transporte coletivo sustentável e mobilidade urbana está parada por falta de conhecimentos técnicos e projetos que atendam aos cidadãos?

6. CONSIDERAÇÕES FINAIS

As manifestações políticas ocorridas entre seis de junho e primeiro de julho de 2013 mostraram a face contundente de um País que se moderniza (embora lentamente), que inclui novos segmentos sociais no consumo (com aumento de emprego e do endividamento financeiro), que expande o ensino (embora com relativa precariedade), que acessa a Internet para obter informações e análises, que se sente cidadão/cidadã quanto ao atendimento do serviço público (em grande parte com baixíssima qualidade), que não entende e não compreende o sistema político partidário atual (a governabilidade e a base de sustentação política), que, trabalhando em empresas do setor privado e submetido à pressão por resultados, vê o setor público trabalhar com outros parâmetros, que sente a carga tributária se expandir sem o retorno social, que vive a dificuldade de um centro urbano sem planejamento (transporte, enchentes, violência) etc.

Nesta complexidade de problemas de ontem, mais os problemas de hoje que a (recém) democracia brasileira, ainda não conseguiu resolver a fração de R$ 0,20 que motivou o início das manifestações e pode ser apenas o início de (re)tomada da cidadania que cansou do jogo político e de sua forma de dar as cartas.

Os canais de comunicação e de representação deste movimento (ou movimentos) não foram objetos deste estudo, pois os processos estão em andamento. Apenas, pode-se dizer que, neste momento, que ninguém ficou indiferente a estas manifestações.

REFERÊNCIAS

BONDUKI, N. Reduzir o custo e melhorar o transporte. *Folha de S.Paulo*: 10 jun. 2013. Tendências/Debates.

BRASIL. CÂMARA FEDERAL. *Antecedentes à Assembleia Nacional Constituinte*, s/d. Acesso em: 29 jun. 2013.

_____. *Constituição da República Federativa do Brasil*, 5 out. 1988.

_____. *Lei de Diretrizes Orçamentárias*, s/d. Acesso em: 28 jun. 2013.

CASTRO, G. Metrô de SP gasta 1,7 km ano por km construído. *Valor Econômico*, 24 jun. 2013, Especial – Mobilidade Urbana.

FRAGA, É. Aprendendo a gastar. *Folha de S.Paulo*. 30 jun. 2013. Mercado.

FREIRE, V. T. Consequências econômicas da rua. *Folha de S.Paulo*. 27 jun. 2013. Mercado.

LOYLA, Gustavo. Muita tributação e muito gasto. *Valor Econômico*. 1º jul. 2013.

MOGI NEWS. LDO é aprovada em segunda discussão. 27 jun. 2013. Cidade.

OLIVEIRA, L. A.; CRUZ, S. N; PEREIRA, A. P. B. Mobilidade Urbana em Palmas – TO. *Revista UFG*, Ano VIII, n. 12. jul. 2012.

OTTA, L. A. Sobra dinheiro para mobilidade urbana. *O Estado de S.Paulo*. 30 jun. 2013. Economia.

ROLLI, C. Gasto com saúde é o que mais pesa no bolso do paulistano. *Folha de S.Paulo*. 24 jun. 2013. Folhainvest.

SANTANA, J. População terá acesso aos gastos públicos com o transporte municipal. *Mogi News*. 25 jun. 2013.

SANTOS, M. G. Políticas Públicas. In: KANAANE, Roberto; FIEL Fº Alécio; FERREIRA, Maria das Graças. *Gestão Pública*: planejamento, processos, sistema de informação e pessoas. São Paulo: Atlas, 2010.

ANEXO I

Parte-se do pressuposto de que o cidadão e o agente de política pública devem se exercitar nas ações políticas e de cidadania. Assim, o exercício de formas de ação política e cidadã deve ser praticado, e este (breve) roteiro pode colaborar com esta prática.

1. Reúna um grupo e elabore uma pauta de reivindicações

1.1. Submeta esta pauta à crítica do grupo:

    a) quanto custa a execução dos itens da pauta?

    b) quem será beneficiado com a execução dos itens da pauta?

    c) se os recursos são escassos, de onde virão estes recursos para o cumprimento da pauta?

        c.1.) como será a negociação com os outros grupos para permitir o deslocamento dos recursos?

        c.2) se os recursos financeiros não existirem, quem vai custeá-los?

1.2. Apresente esta pauta ao Prefeito (Poder Executivo) e aos Vereadores (Poder Legislativo).

    1.2.1. Acompanhe cada passo do encaminhamento da pauta.

        1.2.1.1. Anote cada item resolvido da pauta.

1.3. Em caso negativo, como o grupo pode propor alternativas?

1.4. Quem são os agentes contrários à proposta?

2. Responda

Este breve questionário quer medir a participação e o envolvimento nos canais clássicos da militância política:

2.1. Eu sou filiado ao Partido..........................

2.2. Eu sou filiado ao Sindicato........................

2.3. Acesso os *sites:* da Presidência da República, do Governo do Estado, da Prefeitura Municipal, do Senado Federal, da Câmara dos Deputados, da Assembleia Legislativa, da Câmara Municipal?

2.4. Quais são as fontes da imprensa/internet que me informam sobre política e economia?

2.5. Quem são os meus autores em política e em economia?

2.6. Vou às reuniões do meu prédio?

2.7. Participo de algum movimento/grupo, ONG de intervenção social?

2.8. Separo o lixo domiciliar que pode se transformar em resíduo?

2.9. Participo de campanhas como: economia de energia elétrica, água, descarte ambiental etc.?

ANEXO II

LEITURAS SUGERIDAS

Alguns livros são importantes para leitura rigorosa e compreensão da formação do pensamento político e econômico. Alguns títulos estão elencados a seguir.

> ‣ Adam Smith. *Uma investigação sobre a natureza e as causas da riqueza das nações.*

> ‣ Alexis de Tocqueville. *A Democracia na América.*

- André Singer. *Raízes sociais e ideológicas do Lulismo.*
- Celso Furtado. *Brasil:* a construção interrompida.
- Celso Furtado. *Teoria política do desenvolvimento econômico.*
- Fernando Henrique Cardoso. *A soma e o resto.*
- Jean-Jacques Rousseau. *Do Contrato Social.*
- Mário Sérgio Cortella; Renato Janine Ribeiro. *Política para não ser idiota.*
- Nicolau Maquiavel. *O Príncipe e Escritos Políticos.*
- Thomas More. *A Utopia.*

Capítulo 33

RESPONSABILIDADE PATRIMONIAL DO SÓCIO

Walter Vechiato Júnior

1. INTRODUÇÃO

O objetivo deste capítulo é pontuar conceitos e itens sobre a responsabilidade do sócio na sociedade limitada e na sociedade anônima, com base na legislação pertinente. Reside importância nas políticas públicas dada a inserção empresarial na ordem econômica capitalista e as consequências para os sócios diante das obrigações societárias.

2. PATRIMÔNIO

Patrimônio é o conjunto de bens/direitos e obrigações que compõem a vida do sujeito de direito (pessoa física, pessoa jurídica). Patrimônio positivo indica que o ativo (bens) é maior do que o passivo (obrigações) – solvência; negativo, no caso inverso – insolvência.

Na ordem econômica capitalista, todos os sujeitos de direito são credores e devedores. Descumprida a obrigação, o devedor responde com seus bens à satisfação do crédito – presunção de solvência. É forçado a cumprir a obrigação extraída de documento com eficácia de título executivo judicial ou extrajudicial, mediante constrição (penhora) e expropriação (venda) de seus bens (CPC

475-J, 646). Já a insolvência (patrimônio negativo) exige prova; daí a cobrança tem rito bifurcado, em que primeiro se demonstra a insolvabilidade e depois a arrecadação e a distribuição proporcional de bens existentes ou o produto da alienação aos credores (CPC 748).

Aqui o estudo é delimitado na solvência do devedor-sócio pessoa física.

3. OBRIGAÇÃO E RESPONSABILIDADE

Obrigação é dívida ou prestação de fazer, não fazer, entregar bem e pagar quantia em dinheiro, proveniente de lei, negócio jurídico ou decisão judicial. A obrigação corresponde ao crédito – fazer, não fazer, entregar bem e pagar quantia em dinheiro.

Formada a obrigação, o objetivo é que ela seja satisfeita voluntariamente pelo devedor. O descumprimento garante ao credor forçar a satisfação, mediante cobrança (execução) judicial, na qual o devedor sofre as medidas executivas adequadas sobre seus bens.

Responsabilidade indica a sujeição de bens à satisfação do crédito. A obrigação e a responsabilidade convivem ou existem separadamente. Na convivência, o obrigado (devedor e executado) é também responsável e se sujeita à responsabilidade patrimonial – execução real que recai sobre bens do executado (CPC 591; CC 391). Na existência separada (responsabilidade independe da obrigação), o responsável (mas não obrigado, nem executado) pode suportar a execução real sobre seus bens (CPC 592). Em suma, os efeitos da execução podem ser suportados pela parte processual (devedor/executado) ou por terceiro (responsável).

Exemplos – responsável sem obrigação: a) fiador com direito de excussão em relação ao obrigado (locatário); b) sócio da sociedade empresária anônima ou limitada executada; c) herdeiro e sucessor do obrigado falecido após a partilha; d) terceiro em conluio com o obrigado.

4. TÍTULO EXECUTIVO

Título executivo é o atributo de determinado documento que, seguindo os requisitos legais (forma e conteúdo), reveste negócio jurídico entre sujeitos de direito (pessoa física ou pessoa jurídica), sujeitando o devedor ao cumprimento da obrigação ao credor. A forma e o conteúdo tornam o título executivo um instituto complexo. A forma consiste no documento e o conteúdo, no negócio jurídico (direito material). Existem títulos executivos cuja essência reside no aspecto documental (título-documento) e outros no negocial (título-negócio ou título-direito material, em que o documento apenas prova o negócio jurídico).

Exemplos – título-documento: a) cheque; b) nota promissória; c) letra de câmbio; d) duplicata; e) debênture; f) instrumento particular de confissão de dívida.

Exemplos – título-negócio: a) crédito de aluguel e condomínio; b) sentença judicial.

O título executivo reveste a obrigação e garante a sua rápida satisfação no processo judicial de cobrança forçada (execução). Para tanto, a obrigação deve apresentar a tríplice qualidade certeza (existência formal documentada), liquidez (valor determinado) e exigibilidade (fixação de vencimento); a ausência de uma qualidade compromete a eficácia executiva do título executivo.

A lei estabelece a executividade do título e define suas espécies: título executivo judicial (CPC 475-N) e título executivo extrajudicial (CPC 585). O primeiro forma-se no Poder Judiciário ou na arbitragem; o segundo decorre de negócio jurídico ou qualificação legal. Deve o título executivo preencher os requisitos formais de sua existência e consubstanciar obrigação certa, líquida e exigível, sob pena de nulidade (CPC 618).

5. EMPRESÁRIO E SÓCIO

Considera-se empresário quem exerce profissionalmente atividade organizada para a produção ou circulação de produtos/bens ou serviços (CC 966). Exige-se capital (dinheiro), mão de obra (empregados), tecnologia (conhecimento) e maquinário (máquinas e equipamentos, operador por informática ou força humana). O empresário pode ser individual (pessoa física: ME – Microempresário, EPP – Empresário de Pequeno Porte, MEI – Microempresário Individual, e EIRELI – Empresário Individual de Responsabilidade Limitada) e sociedade empresária (pessoa jurídica: LTDA – Sociedade Limitada, SA – Sociedade Anônima).

Sócio não é empresário. O sócio indica a pessoa física que pode ser empreendedor e investidor; o primeiro investe e trabalha (tem salário – *pro labore* e direito ao lucro) e o segundo apenas investe (tem direito ao lucro).

A regularidade do empresário exige o registro (CC, 967), mas este não é condição para a prática da atividade empresarial. Assim, a sociedade regular (registrada) e a sociedade irregular (sem registro) podem firmar negócios jurídicos, mas o tratamento sobre a responsabilidade é desigual.

6. CAPITAL SOCIAL – SUBSCRIÇÃO E INTEGRALIZAÇÃO

O capital social indica uma cifra (FRANÇA e ADAMEK, 2008, p. 32-36), valor estimado pelos sócios ao desenvolvimento da atividade social e expresso em moeda corrente nacional no contrato (CC, 997, III) ou no estatuto (LSA 5º). Permite a verificação do lucro, a sua divisão entre os sócios e os direitos destes. É um valor ideal (e não uma realidade corpórea), indisponível (enquanto durar a sociedade, salvo nas hipóteses legais) e disposto na coluna passivo inexigível do balanço (não é dívida; as contribuições dos sócios (dinheiro ou bens) para integralizar o capital social vão para o ativo e não são passíveis de restituição, salvo na liquidação da sociedade).

O capital social representa uma garantia indireta aos credores: a subscrição exige a integralização, que indica valor nominal em dinheiro no contrato ou estatuto social inatingível (somente utilizado na atividade social, vedada a devolução aos sócios, exceto na liquidação da sociedade ou hipótese legal) e modificável (aumento ou redução) nas hipóteses legais[35].

---

[35] Os autores mencionados promovem um exemplo: o LSA 30 veda que a Sociedade Anônima adquira as próprias ações na Bolsa de Valores – tal comportamento restituiria aos acionistas o valor com o qual eles integralizaram o capital.

Quando for definido o capital social, o sócio subscreve e integraliza. A subscrição indica a promessa de pagamento do valor correspondente e a integralização, o efetivo pagamento. Assim, é possível a formação da sociedade (pessoa jurídica) com capital social subscrito e não integralizado (com definição sobre a forma e o tempo de pagamento) ou totalmente integralizado.

Na Sociedade Limitada (Contrato Social), a pessoa que pretende ingressar na sociedade contratual, visando se tornar sócio e obter os louros do negócio, deve contribuir para o capital social. Faz a subscrição na participação societária (promessa de pagamento na assinatura do contrato social) e a integralização (efetivo pagamento), que pode ser à vista ou parcelada (com fixação de prazos). O instrumento do contrato social é documento particular com eficácia de título executivo extrajudicial, que obriga o sócio subscritor ao cumprimento da integralização.

O sócio que não integraliza a sua participação societária é moroso e considerado remisso, podendo ser expulso da sociedade (CC, 1.004, 1.058). Sendo mantido na sociedade, o sócio remisso tem legitimidade passiva originária e os demais sócios legitimidade ativa originária na execução autônoma (fundada no instrumento do contrato social) do valor a ser integralizado e na ação cognitiva condenatória do valor a ser indenizado por perdas e danos decorrentes da mora.

Na Sociedade Anônima (Estatuto Social, Boletim de Subscrição ou Chamada), a pessoa que pretende ingressar na Sociedade Anônima, visando ao lucro, subscreve e integraliza a participação societária denominada Ação (LSA, 106). A falta de integralização indica mora e sujeita o sócio remisso ao pagamento de juros e multa, bem como confere à companhia (sociedade empresária) legitimidade ativa na execução em face do sócio remisso, com base no título executivo extrajudicial – estatuto social, boletim de subscrição ou chamada (avisos publicados na imprensa, por 3 (três) vezes, no mínimo, fixando prazo, não inferior a 30 (trinta) dias, para o pagamento. Independentemente da execução autônoma ou no seu curso, a companhia pode alienar as ações subscritas pelo sócio remisso na Bolsa de Valores, restituindo-lhe eventual saldo (LSA, 107).

7. PARTICIPAÇÃO SOCIETÁRIA – AÇÕES E COTAS

As ações e as cotas (ou quotas) são participações societárias e consideradas bens (imateriais) no patrimônio dos sócios. Ação indica a participação societária do sócio na Sociedade Empresária Institucional (Estatuto Social – Sociedade Anônima), e a cota, na Sociedade Empresária Contratual (Contrato Social – Sociedade Limitada).

A ação e a cota não pertencem à sociedade empresária. São dos sócios e podem ser, por estes, alienadas a terceiro (sócio ou não sócio), que, ao adquirir, torna-se sócio ou conquista o aumento da participação societária e exerce os direitos e as obrigações pertinentes. Se a figura (elemento subjetivo) do sócio está atrelada à realização do objeto social (atividade econômica exercida pela sociedade), a disposição da cota ou ação fica condicionada à concordância dos demais sócios (que podem proibir o ingresso de terceiro não sócio) – sociedade de pessoas. Se a figura do sócio nada influencia na realização do objeto social, a disposição da cota ou ação é livre – sociedade de capital. Assim, a sociedade contratual e a sociedade institucional podem ser, quanto à disposição da participação societária, de pessoas ou de capital.

O sócio de sociedade empresária (de pessoas ou de capitais), por obrigação particular, suporta a penhora (ou arresto) em sua cota ou ação na execução movida por seu credor.

Na sociedade de capital (anônima e limitada), é sempre admissível a penhora da ação ou cota do sócio. Com a penhora, o executado é depositário e o exequente pleiteia a sua liquidação, com base na situação patrimonial da sociedade à data da resolução, verificada em balanço especialmente levantado (CC, 1.026, parágrafo único, 1.031).

Na sociedade de pessoas (anônima e limitada), a característica básica é que os sócios podem vetar a entrada de terceiro no quadro associativo, o que conclui, em princípio, a impenhorabilidade da ação ou cota do sócio, pois o expropriante (adjudicante, adquirente ou arrematante) não conseguiria ingressar na sociedade; porém, tal raciocínio não é justo ao credor do sócio e à dignidade da justiça, o que torna razoável a penhora da ação ou cota e o ingresso do expropriante no quadro societário com direito patrimonial (e não de administração); não se olvide a regra da adjudicação preferencial pelos demais sócios (CPC 685-A § 4º).

8. RESPONSABILIDADE DO SÓCIO

Os bens do sócio podem se sujeitar à execução pelas obrigações da sociedade empresária, decorrente da responsabilidade subsidiária (até o limite do capital social não integralizado), responsabilidade solidária (sócios atuam como garantidores) ou desconsideração da personalidade jurídica (CPC, 592, II).

O sócio que contrata (em seu nome) obrigação e não a cumpre, sem nenhuma relação com a sociedade empresária, responde com seus bens (CPC, 592, I); cabe, inclusive, a penhora das cotas sociais pelo credor (CC, 1.026, parágrafo único, 1.031).

9. RESPONSABILIDADE SUBSIDIÁRIA

A regra é de que o sócio não responde com seus bens pelas obrigações da sociedade empresária (autonomia patrimonial). A responsabilidade do sócio é subsidiária (direito de excussão ou benefício de ordem); primeiro são excutidos os bens da sociedade (cumprindo ao sócio a indicação do lugar em que se encontram – na mesma ou diversa comarca da execução) e, posteriormente, no caso de inexistência ou insuficiência, os bens do sócio no passivo da sociedade (e não os bens particulares) (CPC, 596, § 1º; CC, 1.024). O sócio pagador se sub-roga nos direitos do credor e pode exigir o valor pago administrativa (ex.: retiradas mensais) ou judicialmente (mesmos autos) da sociedade (CPC, 595, parágrafo único, 596, § 2º; CC, 349, 350).

A responsabilidade subsidiária do sócio é limitada (Sociedade Limitada e Sociedade Anônima). O sócio responde até o limite total do capital não integralizado por qualquer sócio. Assim, um sócio que tenha subscrito (prometido pagar) plenamente a sua parcela do capital social é responsável por todo o capital subscrito e não integralizado dos demais sócios, assegurando-se o direito de regresso daquele contra estes. Na sociedade anônima, o sócio anônimo só responde até o limite do seu capital subscrito e não integralizado (LSA, 1º). Em qualquer caso, a integralização plena do capital social livra os sócios da responsabilidade subsidiária – os credores da sociedade empresária suportam o prejuízo ou pleiteiam a desconsideração da personalidade jurídica, nas hipóteses legais.

Exemplos: a) a transferência de imóvel à sociedade, quando integrar a cota social, deve ser registrada no cartório imobiliário (LRP, 167, I-32); b) a falta de registro não livra os sócios da responsabilidade.

A saída do sócio (retirada, morte, cessão de cotas) não retira a sua responsabilidade (ou de seus herdeiros) pelas obrigações sociais no período de 2 (dois) anos, contados da averbação da modificação ou resolução do contrato social no órgão competente (CC, 1003, parágrafo único, 1.032). Após este prazo, eventual penhora sobre bens dos antigos sócios tornam-se nulas e ineficazes na execução comum ou especial (fiscal, trabalhista).

No caso da sociedade com único sócio, criação da L, 12.441/2011 (empresa individual de responsabilidade limitada – EIRELI), a sua formação exige a integralização do capital social e a responsabilidade do sócio é ilimitada (tal como o Empresário Individual – ME, EPP e MEI) (CC, 44, VI, 980-A).

10. RESPONSABILIDADE SOLIDÁRIA

Existe responsabilidade solidária do sócio pelas obrigações da sociedade empresária regular (registrada), quando assinar negócios jurídicos como garantidor (avalista, fiador)[36] ou em decorrência da lei. Observa-se o direito de excussão, mas o sócio responde com seus bens particulares.

Diante da sociedade empresária irregular ou de fato (sem registro na Junta Comercial), a solidariedade dos sócios afasta o direito de excussão (CC, 990).

---

36 O avalista assina o título de crédito e responde somente pelo valor nele mencionado (Princípio da Literalidade). O fiador assina o instrumento de contrato e responde por todas as obrigações nele inseridas. Daí, os juros legais e as cláusulas penais contratuais são de responsabilidade exclusiva do fiador, e não do avalista (inexistentes no título de crédito). Já a correção monetária apenas atualiza a moeda dentro da ordem econômica capitalista, pelo que se faz exigível de qualquer garante pessoal.

11. RESPONSABILIDADE TRIBUTÁRIA DO SÓCIO

A responsabilidade tributária do sócio (com função de gerente, diretor, administrador, representante ou equivalente) pela obrigação fiscal ou tributária da sociedade empresária (objeto de execução fiscal) é alcançada via desconsideração da personalidade jurídica, com a prova do dolo ou culpa da atividade mediante fraude, má-fé, infração à lei, infração ao contrato social ou estatuto, excesso de poder ou dissolução irregular (CTN, 135, III; LSA, 158, I, II; ISTJ 386 – RREsp 1.101.728). O sócio tem responsabilidade subjetiva "em relação aos débitos da sociedade. A responsabilidade fiscal dos sócios restringe-se à prática de atos que configurem abuso de poder ou infração de lei, contrato social ou estatutos da sociedade (CTN, 135). O sócio deve responder pelos débitos fiscais do período em que exerceu a administração da sociedade apenas se ficar provado que agiu com dolo ou fraude e que a sociedade, em razão de dificuldade econômica decorrente desse ato, não pôde cumprir o débito fiscal. O mero inadimplemento tributário não enseja o redirecionamento da execução fiscal" (ISTJ 353 – EDiv/AgIn 494.887).

Exemplo – dissolução irregular: a) existência de dissolução irregular – mudança de endereço sem comunicação à Junta Comercial (CTN, 127; ISTJ 282 – REsp 800.039); b) inexistência de dissolução irregular – "carta citatória ser devolvida pelos correios não faz presumir o encerramento irregular da sociedade. Uma vez que não concretizada a citação pelos correios, deve a Fazenda Nacional requerer a citação por oficial de justiça ou por edital... antes de presumir que houve dissolução irregular da sociedade" (LEF, 8°, III; ISTJ 375 – REsp 1.017.588).

O ônus da referida prova é da exequente (fazenda pública), quando pretende direcionar ou redirecionar a execução fiscal, promovida em face da sociedade empresária, contra os sócios; a simples inclusão do nome do sócio na certidão de dívida ativa (CDA) não presume a sua responsabilidade. Cabe à Fazenda Pública provar que o sócio, "para quem pretende direcionar a execução fiscal, exercia, ao tempo da constituição do crédito, cargo de gerência ou administração da pessoa jurídica, e que agira com excesso de mandato" (TRF – 1ª Região – AgInst 2009.01.00.016326-8, AASPN 9-6-2009). Em sentido contrário, o STJ sustenta o ônus da prova ao sócio "de que não houve o dolo, culpa, fraude ou excesso de poder" (ISTJ 373 – EDiv/REsp 852.437, EDiv/REsp 716.412)[37].

O sócio inscrito na CDA, isolada ou juntamente com a pessoa jurídica, pode arguir sua ilegitimidade por meio de embargos à execução (LEF, 16; CPC, 585 VII, 745 V) ou agravo de instrumento (CPC, 522, 524). Inscrita somente a pessoa jurídica, o sócio responde após a desconsideração da personalidade jurídica declarada por atos fraudulentos decorrentes do excesso de poder ou abuso do estatuto ou contrato social.

> *Presume-se dissolvida irregularmente a empresa que deixar de funcionar no seu domicílio fiscal, sem comunicação aos órgãos competentes, legitimando o redirecionamento da execução fiscal para o sócio-gerente.* (STJ Súmula 435)

12. DESCONSIDERAÇÃO DA PERSONALIDADE JURÍDICA

A desconsideração da personalidade jurídica (*disregard doctrine*) da sociedade empresária regular indica o afastamento da autonomia da pessoa jurídica em decisão judicial motivada com base nas hipóteses legais, para afetar os bens dos sócios nas relações de consumo (CDC, 28), trabalho (CLT, 2º, § 2º), mercado livre (LCADE, 18), meio ambiente (L 9.605/1998, 4º), infração da ordem econômica, falência, insolvência, encerramento ou inatividade por má administração (L 8.884/1994, 18) e em todas as caracterizadoras de abuso da personalidade jurídica, pelo desvio de finalidade ou pela confusão patrimonial (CC, 50). Incluem-se as relações tributárias.

As hipóteses legais observam a teoria subjetiva e a teoria objetiva. As hipóteses subjetivas da desconsideração exigem a prova da intenção dos sócios na

---

37 Quanto ao ônus probante, o STJ sustenta que *"se a execução foi ajuizada apenas contra a pessoa jurídica, mas o nome do sócio consta da certidão de divida ativa, a ele incumbe o ônus de provar que não ficou caracterizada nenhuma das circunstâncias previstas no artigo 135 do Código Tributário Nacional (CTN), ou seja, não houve a prática de atos 'com excesso de poderes ou infração de lei, contrato social ou estatutos'"* (fontes: STJN 29-9-2009 e AASPN 29-9-2009). Esta fundamentação serviu para a elaboração da Súmula 393: *"a exceção de pré-executividade é admissível na execução fiscal relativamente às matérias conhecíveis de ofício que não demandem dilação probatória".*

má utilização da pessoa jurídica – desvio de finalidade, violação do contrato social ou estatuto social, excesso de poder, abuso de direito, infração da lei, má administração, fato ou ato ilícito a prejudicar terceiro. Já as hipóteses objetivas da desconsideração dispensam a prova do dolo, negligência, imprudência ou imperícia dos sócios no mau uso da pessoa jurídica – confusão patrimonial, obstáculo ao ressarcimento (indenização), falência, insolvência, encerramento ou inatividade por má administração.

Diz o STJ:

> *[...] para a desconsideração da pessoa jurídica nos termos do art. 50 do CC/2002, são necessários o requisito objetivo – insuficiência patrimonial da devedora – e o requisito subjetivo – desvio de finalidade ou confusão patrimonial.* (ISTJ 462 – REsp 1.141.447)

Constata-se a responsabilização do sócio, tendo em vista a expressão nos termos da lei no CPC, 591, 592, II e 596. A desconsideração da personalidade jurídica independe da modalidade de responsabilidade dos sócios; estes, incluídos na demanda via citação[38], respondem com seus bens com direito de excussão e pela totalidade da obrigação (inexiste limitação conforme a participação societária – ações ou cotas).

> *A responsabilidade do sócio executado por desconsideração da pessoa jurídica não se limita ao valor de sua cota social. [...] a lei não faz qualquer restrição à execução contra a pessoa física após a desconsideração da pessoa jurídica, não podendo o julgador estabelecer distinções.* (STJ – REsp 1.169.175)

---

[38] **Contra:** dispensa de citação a empresas do mesmo grupo – confusão patrimonial – "*Não é obrigatória a citação de todas as empresas pertencentes ao mesmo grupo econômico quando a divisão entre elas é apenas formal*". Desconsiderada a personalidade jurídica para fins de penhora por confusão patrimonial existente entre as empresas do grupo – empresas com os mesmos sócios e atividades empresariais semelhantes; "as empresas formalmente se apresentam como autônomas, mas substancialmente se integram, formando um grupo empresarial com interesses convergentes. Em todas elas figurava como diretor uma mesma pessoa". "Muito embora inexistentes regras legais claras acerca da responsabilidade solidária dos grupos empresariais, não é razoável que se admita a coligação de sociedades apenas quando favoreça a sua constituição, e, por consequência, o rápido giro comercial e financeiro, desprezando-se esta realidade quando arguida em benefício dos credores de boa-fé" (STJ – REsp 907.915).

Note-se que a desconsideração exige a má utilização da pessoa jurídica pelos sócios, visando, notadamente, à fraude. Daí, o simples inadimplemento (falta de pagamento) das obrigações de qualquer natureza (por insolvência ou não), por si só, não autoriza a desconsideração da pessoa jurídica para atingir os sócios[39]. "O inadimplemento da obrigação tributária pela sociedade não gera, por si só, a responsabilidade solidária do sócio-gerente" (STJ Súmula 430).

A sociedade empresária regular é preservada, assim como são válidos os negócios jurídicos firmados, mas a desconsideração de sua personalidade a transforma, provisoriamente, em sociedade irregular – busca bens particulares dos sócios até a satisfação do crédito. Não se olvide que o sócio pode ser pessoa natural ou empresário (individual ou sociedade empresária). Exige-se a citação dos sócios (via mandado), para incorporá-los à execução (autônoma ou cumprimento da sentença) e viabilizar a prática de atitudes (CPC, 222, d, 596; RT 787/287). Dada a regra de responsabilidade subsidiária, o sócio pode exercer o direito de excussão (benefício de ordem) com a indicação de bens da sociedade empresária; sendo estes inexistentes ou insuficientes, o patrimônio positivo do sócio pode ser alcançado pela constrição judicial (penhora, arresto, indisponibilidade). Atingindo a constrição judicial os bens dos sócios, estes têm legitimidade recursal (e não a sociedade que suporta a desconsideração da personalidade jurídica).

A decisão que desconsidera a personalidade jurídica deve ser fundamentada (motivada) (CF, 93, IX), razoável no caso concreto – harmonia social (CF, preâmbulo, 1º), bem como respeitar o devido processo legal (CF 5º LIV) e a propriedade privada (CF, 5º, XXII, 170, II). Pelo contrário, é inconstitucional e ilegal. A inconstitucionalidade ocorre pela ofensa aos princípios constitucionais descritos; a ilegalidade, pela violação do CC, 1.024 e CPC, 596.

---

[39] **A favor:** "Estado de insolvência da empresa e encerramento irregular de suas atividades comerciais não constituem pressupostos bastantes para a decretação da desconsideração da personalidade jurídica da empresa. Inteligência do art. 50 do CC/2002. É indispensável a prova robusta de abuso da personalidade jurídica da empresa caracterizada pelo desvio da finalidade ou pela confusão patrimonial. Inadmissibilidade de incidência de penhora sobre seus bens pessoais. O fato de ter constatado o encerramento das atividades da empresa devedora e ter deixado dívidas em aberto não é suficiente para o deferimento do pedido de desconsideração da personalidade jurídica da agravada" (e-BAASPJ 2.741, TJSP – AgInst 990.10.085159-4).

13. DESCONSIDERAÇÃO DA PERSONALIDADE JURÍDICA INVERSA

A Teoria da Desconsideração da Personalidade Jurídica Inversa atinge o sócio (pessoa física ou pessoa jurídica) que utiliza a sociedade para desviar ou ocultar seus bens com prejuízo a terceiros (credores do sócio). Esta conduta do sócio devedor indica fraude ou abuso de direito para evitar a constrição judicial (penhora, arresto, indisponibilidade etc.) em seus bens particulares.

Para fraudar credores, o sócio integraliza o capital social da sociedade com seus bens particulares como autêntica máscara de dilapidação patrimonial e exerce a atividade empresarial em nome próprio (e não em nome da sociedade empresária de quem é sócio).

A decretação da desconsideração, para atingir os bens particulares do sócio devedor, exige decisão judicial com base em prova da malícia (fraude, abuso de direito).

Exemplo:

> *A confusão patrimonial foi identificada pelo juiz, que observou que o veículo encontrava-se em nome da sociedade, porém era utilizado apenas para fins particulares do sócio majoritário. Verificou, também, lesão ao direito de terceiros – no caso, o exequente, que não havia recebido seu crédito em razão da inexistência de bens penhoráveis em nome do executado". 'Nos casos em que o sócio controlador esvazia o seu patrimônio pessoal e o integraliza na pessoa jurídica, conclui-se, de uma interpretação teleológica do artigo 50 do Código Civil de 2002, ser possível a desconsideração inversa da personalidade jurídica, de modo a atingir bens da sociedade em razão de dívidas contraídas pelo sócio controlador, conquanto preenchidos os requisitos previstos na norma'. (ISTJ 440 – REsp 948.117, AASPN 6-7-2010)*

> *É possível que se determine a penhora sobre a participação do executado, pessoa física, nos lucros das pessoas jurídicas das quais é sócio, sem que esse ato se caracterize como desconsideração inversa*

da personalidade jurídica da empresa. O princípio que vigora no processo de execução é aquele previsto no art. 612 do CPC, que dispõe que a execução se processa no interesse do credor e não do devedor. (e-BAASPE 2.688, TJSP – AgInst 1.251.883)

REFERÊNCIAS

ADAMEK, M. V. V.; FRANÇA. E. V. A. A proteção aos credores e aos acionistas no aumento de capital. *Revista do Advogado*, n. 96 – Temas atuais de direito comercial. São Paulo: Associação dos Advogados de São Paulo (AASP), mar. 2008.

VECHIATO Jr. W. *Manual de Execução Civil*. São Paulo: Juarez de Oliveira, 2007.

AASPN – Notícias no site da Associação dos Advogados de São Paulo (www.aasp.org.br).

AgIn – Agravo Interno.

AgInst – Agravo de Instrumento.

Art. – Artigo.

CC – Código Civil.

CDA – Certidão da Dívida Ativa.

CF – Constituição Federal.

CPC – Código de Processo Civil.

CTN – Código Tributário Nacional.

e-BAASPE – Ementário de jurisprudência do Boletim da Associação dos Advogados de São Paulo.

EDiv – Embargos de Divergência.

EIRELI – Empresário individual de responsabilidade limitada.

EPP – Empresário de Pequeno Porte.

ISTJ – Informativo do Superior Tribunal de Justiça.

L – Lei.

LEF – Lei de Execução Fiscal.

Ltda – Sociedade Limitada.

LRP – Lei de Registro Público.

LSA – Lei da Sociedade Anônima.

ME – Microempresário.

MEI – Microempresário Individual.

REsp – Recurso Especial.

RREsp – Recurso Especial Repetitivo.

RT – Revista dos Tribunais.

TRF – Tribunal Regional Federal.

SA – Sociedade Anônima.

STJ – Superior Tribunal de Justiça.

STJN – Notícias no *site* do Superior Tribunal de Justiça (www.stj.jus.br).

TJSP – Tribunal de Justiça do Estado de São Paulo.

impressão e acabamento:

EXPRESSÃO & ARTE
GRÁFICA
Fones: (11) 3951-5240 / 3951-5188
E-Mail: expressaoearte@terra.com.br
www.expressaoearteeditora.com.br